高等院校道路桥梁与渡河专业精品教材

隧道及地下工程

陈志敏　欧尔峰　马丽娜　编著

清华大学出版社
北京

内容简介

本书主要介绍隧道及地下工程的基本概念和发展历程,特性及利用形态,选址与方案比选,平、纵断面设计,结构构造,地质环境,设计原理与方法,施工方法,施工组织设计与施工管理,养护维修,高速铁路隧道及大断面隧道和施工机械等内容。

本书可作为高等院校教学用书,还可供从事隧道及地下工程设计、施工及养护的工程技术人员参考。

版权所有,侵权必究。举报: 010-62782989, beiqinquan@tup.tsinghua.edu.cn。

图书在版编目(CIP)数据

隧道及地下工程/陈志敏,欧尔峰,马丽娜编著. —北京:清华大学出版社,2014(2025.1重印)
高等院校道路桥梁与渡河专业精品教材
ISBN 978-7-302-34609-8

Ⅰ.①隧… Ⅱ.①陈… ②欧… ③马… Ⅲ.①隧道工程-高等学校-教材 ②地下工程-高等学校-教材 Ⅳ.①U45②TU94

中国版本图书馆 CIP 数据核字(2013)第 290897 号

责任编辑:赵益鹏
封面设计:陈国熙
责任校对:刘玉霞
责任印制:刘海龙

出版发行:清华大学出版社
网　　址:https://www.tup.com.cn, https://www.wqxuetang.com
地　　址:北京清华大学学研大厦 A 座　　邮　编:100084
社 总 机:010-83470000　　邮　购:010-62786544
投稿与读者服务:010-62776969, c-service@tup.tsinghua.edu.cn
质量反馈:010-62772015, zhiliang@tup.tsinghua.edu.cn

印 装 者:天津鑫丰华印务有限公司
经　　销:全国新华书店
开　　本:185mm×260mm　　印　张:26.25　　字　数:637 千字
版　　次:2014 年 1 月第 1 版　　印　次:2025 年 1 月第 10 次印刷
定　　价:75.00 元

产品编号:052643-02

Foreword

  21世纪是地下空间大发展的世纪。随着我国国民经济的快速发展和西部大开发的深入推进,地下空间的开发和利用进入新的发展阶段,亟须大量的基础扎实、视野宽广的综合性工程技术人才。对于承担高素质人才培养重任的高等院校,不仅需要传授隧道与地下工程设计、分析理论与施工方法的基础知识,还应能够使学生理解这一领域的先进理念和科学思维方法。为了满足这一要求,作者编著了《隧道及地下工程》这本教材,供大家参考。

  本教材全面介绍了隧道及地下工程的基本概念和发展历程、设计原理与施工方法,也介绍了其特性及利用形态、选址与方案比选、平纵断面设计、结构构造、地质环境、施工组织设计与施工管理、养护维修、高速铁路隧道及大断面隧道和施工机械。结合目前隧道及地下工程的发展,补充了不很多新理论、新技术。

  本教材注重培养学生解决实际工程技术问题的能力。教材内容丰富,信息量大,知识结构系统,理论与实践并重,并将经典理论、方法与新方法、新技术相结合,引导学生掌握理论知识。

  本教材为土木工程专业隧道及地下工程方向本科生教材,也可作为相关专业研究生和地下工程设计施工人员的参考书。

  本教材的编写人员均具有丰富的教学经验,参加编写的有陈志敏、欧尔峰和马丽娜。李德武教授对全书进行了审阅,清华大学出版社的赵益鹏编辑也对本书的完善提出了大量宝贵意见和建议,在此深表感谢!

  本教材在编写过程中,参阅了许多学者的著作,并吸纳了其中的一些成果,有些资料甚至出处不甚明了,在此对所有作者表示诚挚的谢意!

  由于时间仓促和水平所限,如有错误或不妥之处,期望同行专家及阅读本书的读者提出批评意见和建议,以便在再版中得到改正和完善,作者表示衷心的感谢!

编 者

2013 年 12 月于兰州

Contents

第1章 绪论 ………………………………………………………………………… 1
  1.1 隧道及地下工程基本概念 …………………………………………………… 1
  1.2 隧道及地下工程的分类及作用 ……………………………………………… 2
    1.2.1 隧道工程的分类及作用 ………………………………………………… 2
    1.2.2 地下工程的分类及作用 ………………………………………………… 5
  1.3 隧道及地下工程的发展历程 ………………………………………………… 6
    1.3.1 隧道及地下工程的发展历史 …………………………………………… 6
    1.3.2 我国隧道及地下工程的发展概况 ……………………………………… 7
    1.3.3 国外隧道及地下工程的发展概况 ……………………………………… 9
  1.4 本课程的研究内容及任务 …………………………………………………… 10
  习题 …………………………………………………………………………………… 10

第2章 隧道及地下工程特性及利用形态 ……………………………………… 11
  2.1 隧道及地下工程的特性 ……………………………………………………… 11
    2.1.1 工程特性 ………………………………………………………………… 11
    2.1.2 空间特性 ………………………………………………………………… 12
    2.1.3 经济性及可持续性 ……………………………………………………… 12
    2.1.4 隧道及地下工程的优缺点 ……………………………………………… 13
  2.2 隧道及地下工程的利用形态 ………………………………………………… 14
  习题 …………………………………………………………………………………… 18

第3章 隧道及地下工程选址与方案比选 ……………………………………… 19
  3.1 规划原则 ……………………………………………………………………… 19
  3.2 调查和勘测 …………………………………………………………………… 19
    3.2.1 调查 ……………………………………………………………………… 19
    3.2.2 勘测 ……………………………………………………………………… 22
  3.3 隧道工程选址及方案比选 …………………………………………………… 24
    3.3.1 位置选择 ………………………………………………………………… 24

  3.3.2 方案比较 ……………………………………………………………………… 35
  3.3.3 隧道洞口位置的选定 …………………………………………………………… 39
 3.4 其他地下工程选址 ………………………………………………………………………… 41
  3.4.1 地下铁道选址 …………………………………………………………………… 41
  3.4.2 地下(商业)街、地下停车场选址 …………………………………………… 43
  3.4.3 伴随科学技术发展而利用的地下工程选址 ………………………………… 43
  3.4.4 防御和减少灾害的地下设施选址 …………………………………………… 45
 习题 …………………………………………………………………………………………… 45

第 4 章 隧道及地下工程平、纵断面设计 ……………………………………………………… 47
 4.1 铁路隧道平、纵断面设计 ………………………………………………………………… 47
  4.1.1 平面设计 ………………………………………………………………………… 47
  4.1.2 纵断面设计 ……………………………………………………………………… 48
 4.2 公路隧道平、纵断面设计 ………………………………………………………………… 52
  4.2.1 平面设计 ………………………………………………………………………… 52
  4.2.2 纵断面设计 ……………………………………………………………………… 53
  4.2.3 连接线 …………………………………………………………………………… 54
 4.3 其他地下工程平、纵断面设计 …………………………………………………………… 55
  4.3.1 地下铁道 ………………………………………………………………………… 55
  4.3.2 地下街 …………………………………………………………………………… 57
  4.3.3 地下停车场 ……………………………………………………………………… 58
  4.3.4 地下综合体 ……………………………………………………………………… 60
  4.3.5 地下共同沟 ……………………………………………………………………… 63
 习题 …………………………………………………………………………………………… 64

第 5 章 隧道及地下工程结构构造 …………………………………………………………… 65
 5.1 隧道洞身衬砌 …………………………………………………………………………… 65
  5.1.1 衬砌类型 ………………………………………………………………………… 65
  5.1.2 衬砌结构构造 …………………………………………………………………… 67
  5.1.3 衬砌的一般构造要求 …………………………………………………………… 73
 5.2 明洞 ……………………………………………………………………………………… 84
  5.2.1 拱式明洞 ………………………………………………………………………… 84
  5.2.2 棚洞 ……………………………………………………………………………… 86
 5.3 隧道洞口景观与结构 …………………………………………………………………… 88
  5.3.1 隧道洞口景观设计原则 ………………………………………………………… 89
  5.3.2 隧道洞门分类 …………………………………………………………………… 90
 5.4 隧道附属建筑物 ………………………………………………………………………… 97
  5.4.1 通风建筑物 ……………………………………………………………………… 97
  5.4.2 避车洞 …………………………………………………………………………… 100

		5.4.3 防排水建筑物 ……………………………………………………… 102
		5.4.4 电缆槽及高低压供电 …………………………………………… 108
		5.4.5 伸缩缝、沉降缝与施工缝 ……………………………………… 109
5.5	其他地下工程结构构造 ……………………………………………………… 110
习题	……………………………………………………………………………………… 117

第 6 章 隧道及地下工程的地质环境 ……………………………………………… 119

6.1	概述 ………………………………………………………………………………… 119
6.2	围岩的工程性质 …………………………………………………………………… 120
	6.2.1 岩体的变形特性 ………………………………………………………… 121
	6.2.2 循环荷载作用下岩体的变形特性 ………………………………………… 122
	6.2.3 岩体的强度 ……………………………………………………………… 122
	6.2.4 岩体的流变特性 ………………………………………………………… 125
	6.2.5 岩体结构分类及其破坏特征 ……………………………………………… 126
6.3	围岩的初始应力场 ………………………………………………………………… 127
	6.3.1 围岩初始应力场的组成 …………………………………………………… 128
	6.3.2 初始应力场的变化规律 …………………………………………………… 128
	6.3.3 围岩初始应力场的确定方法 ……………………………………………… 131
6.4	地下洞室围岩分级的影响因素和指标 ……………………………………………… 136
	6.4.1 影响围岩稳定性的主要因素 ……………………………………………… 136
	6.4.2 围岩分级(类)的因素指标及其选择 ……………………………………… 137
	6.4.3 围岩分级(类)的发展方向 ………………………………………………… 140
6.5	国内外主要地下工程围岩分级(类)标准 ………………………………………… 141
习题	……………………………………………………………………………………… 145

第 7 章 隧道及地下结构设计原理与方法 ………………………………………… 147

7.1	概述 ………………………………………………………………………………… 147
7.2	隧道及地下结构的设计原则与设计内容 …………………………………………… 148
	7.2.1 隧道及地下结构的形式的选择 …………………………………………… 148
	7.2.2 围岩与支护结构的相互作用机理 ………………………………………… 151
	7.2.3 支护结构的基本要求 ……………………………………………………… 155
	7.2.4 地下结构的设计内容 ……………………………………………………… 157
7.3	隧道及地下结构体系的计算模型 …………………………………………………… 158
	7.3.1 建立计算模型的原则 ……………………………………………………… 158
	7.3.2 常用的计算模型 …………………………………………………………… 159
7.4	围岩压力 …………………………………………………………………………… 161
	7.4.1 围岩压力分类 ……………………………………………………………… 162
	7.4.2 确定围岩松动压力的方法 ………………………………………………… 164
7.5	隧道及地下结构体系设计计算方法 ………………………………………………… 170

7.5.1　结构力学方法 …………………………………………………… 170
　　　7.5.2　岩体力学方法 …………………………………………………… 181
　　　7.5.3　以围岩分级为基础的经验设计方法 …………………………… 182
　　　7.5.4　监控设计方法 …………………………………………………… 185
　7.6　隧道及地下结构有限元分析 …………………………………………… 187
　习题 ……………………………………………………………………………… 196

第8章　隧道及地下工程的施工方法 …………………………………………… 197

　8.1　隧道及地下工程施工概述 ……………………………………………… 197
　　　8.1.1　隧道及地下工程施工的基本概念 ……………………………… 197
　　　8.1.2　隧道及地下工程施工的特点 …………………………………… 197
　　　8.1.3　隧道及地下工程施工方法及其选择 …………………………… 199
　　　8.1.4　隧道及地下工程施工技术的发展 ……………………………… 200
　8.2　开挖、钻爆和装渣运输 ………………………………………………… 201
　　　8.2.1　开挖方法及掘进方式 …………………………………………… 201
　　　8.2.2　爆破施工技术 …………………………………………………… 208
　　　8.2.3　装渣运输方法 …………………………………………………… 229
　8.3　新奥法 …………………………………………………………………… 230
　　　8.3.1　新奥法的概念与原则 …………………………………………… 230
　　　8.3.2　新奥法理论要点及施工要点 …………………………………… 231
　　　8.3.3　新奥法适用范围 ………………………………………………… 232
　8.4　新意法 …………………………………………………………………… 233
　　　8.4.1　新意法概念 ……………………………………………………… 233
　　　8.4.2　相关概念 ………………………………………………………… 234
　　　8.4.3　新意法隧道设计施工程序 ……………………………………… 234
　　　8.4.4　新意法与新奥法的比较 ………………………………………… 234
　8.5　其他施工方法 …………………………………………………………… 236
　　　8.5.1　浅埋暗挖法 ……………………………………………………… 236
　　　8.5.2　挪威法 …………………………………………………………… 239
　　　8.5.3　明挖法 …………………………………………………………… 241
　　　8.5.4　盖挖法 …………………………………………………………… 246
　　　8.5.5　掘进机法 ………………………………………………………… 247
　　　8.5.6　盾构法 …………………………………………………………… 249
　　　8.5.7　沉管法 …………………………………………………………… 252
　　　8.5.8　顶进法 …………………………………………………………… 255
　8.6　施工监控量测与信息反馈 ……………………………………………… 257
　　　8.6.1　量测元件及仪器 ………………………………………………… 257
　　　8.6.2　现场监控量测设计 ……………………………………………… 263
　　　8.6.3　量测数据的反馈 ………………………………………………… 269

8.7　超欠挖与塌方 …………………………………………………… 271
　　　　8.7.1　超挖与欠挖 ………………………………………………… 271
　　　　8.7.2　塌方 ………………………………………………………… 274
　　8.8　防排水与通风防尘措施 ………………………………………… 277
　　　　8.8.1　地下水控制 ………………………………………………… 277
　　　　8.8.2　通风 ………………………………………………………… 282
　　　　8.8.3　防尘 ………………………………………………………… 285
　　8.9　支护措施 ………………………………………………………… 286
　　　　8.9.1　预支护措施 ………………………………………………… 286
　　　　8.9.2　初期支护措施 ……………………………………………… 292
　　　　8.9.3　二次衬砌 …………………………………………………… 297
　　　　8.9.4　辅助坑道 …………………………………………………… 298
　　习题 ……………………………………………………………………… 301

第9章　隧道施工组织设计与施工管理 ………………………………… 302

　　9.1　隧道施工组织设计 ……………………………………………… 302
　　　　9.1.1　隧道各阶段施工组织设计的内容 ………………………… 302
　　　　9.1.2　隧道实施性施工组织设计编制依据、原则及程序 ……… 304
　　　　9.1.3　隧道施工前的准备工作 …………………………………… 305
　　　　9.1.4　施工进度计划 ……………………………………………… 306
　　　　9.1.5　施工组织设计案例 ………………………………………… 309
　　9.2　隧道施工管理 …………………………………………………… 320
　　　　9.2.1　隧道施工计划编制 ………………………………………… 320
　　　　9.2.2　隧道施工技术管理 ………………………………………… 321
　　　　9.2.3　隧道施工质量管理 ………………………………………… 323
　　　　9.2.4　隧道施工经济管理 ………………………………………… 325
　　　　9.2.5　隧道施工安全管理 ………………………………………… 327
　　习题 ……………………………………………………………………… 327

第10章　隧道及地下工程养护维修 …………………………………… 328

　　10.1　隧道养护维修概述 ……………………………………………… 328
　　　　10.1.1　隧道及地下工程养护维修基本概念 ……………………… 328
　　　　10.1.2　隧道及地下工程病害现状 ………………………………… 328
　　　　10.1.3　隧道养护面临的问题 ……………………………………… 330
　　　　10.1.4　隧道病害检查 ……………………………………………… 330
　　　　10.1.5　隧道病害的原因 …………………………………………… 334
　　　　10.1.6　隧道病害维修养护原则 …………………………………… 336
　　　　10.1.7　养护及维修措施 …………………………………………… 336
　　　　10.1.8　安全性及稳定性评价 ……………………………………… 337

10.2 隧道档案的建立 ·· 338
10.3 隧道水害及整治措施 ·· 341
   10.3.1 水害的种类及其危害 ·· 341
   10.3.2 水害产生的原因 ·· 342
   10.3.3 水害的分级 ·· 343
   10.3.4 水害的整治措施 ·· 343
10.4 衬砌裂损及整治措施 ·· 348
   10.4.1 衬砌裂损的类型 ·· 348
   10.4.2 衬砌裂损的特点 ·· 351
   10.4.3 衬砌开裂的分级 ·· 352
   10.4.4 衬砌裂损的整治措施 ·· 353
10.5 衬砌侵蚀及整治措施 ·· 356
   10.5.1 衬砌侵蚀的种类及危害 ··· 356
   10.5.2 衬砌侵蚀的分级 ·· 357
   10.5.3 混凝土侵蚀的整治措施 ··· 357
10.6 隧道冻害及整治措施 ·· 359
10.7 地震后隧道维修措施 ·· 362
习题 ··· 366

第11章 高速铁路隧道及大断面隧道 ·· 367

11.1 概述 ··· 367
   11.1.1 高速铁路及大断面隧道概念 ······································ 367
   11.1.2 高速铁路隧道及大断面隧道的特点 ···························· 368
11.2 高速铁路隧道空气动力学问题 ·· 369
   11.2.1 主要空气动力学效应 ·· 369
   11.2.2 瞬变压力 ·· 370
   11.2.3 微气压波 ·· 371
11.3 高速铁路隧道缓解气动效应设计 ···································· 372
11.4 大断面隧道设计 ·· 375
习题 ··· 381

第12章 施工机械 ·· 382

12.1 装渣机械 ·· 382
12.2 运输机械 ·· 383
12.3 凿岩台车 ·· 384
12.4 喷锚机械 ·· 386
12.5 衬砌模板台车 ·· 388

12.6 全断面隧道掘进机 ·· 391
12.7 臂式隧道掘进机 ·· 393
12.8 盾构机械 ··· 395
　12.8.1 分类、特点及适用范围 ·· 395
　12.8.2 机械化盾构的主要结构及工作原理 ··· 398
习题 ·· 405

参考文献 ··· 407

第1章 绪 论

随着国际隧道协会(ITA)提出的"大力发展地下空间,开始人类新的穴居时代"的倡议,以及世界人口的迅速增加和城市化建设步伐的加快,各国政府都把地下空间的利用作为一项国策来推进,使地下空间为国民经济的发展做出了巨大的贡献。地下空间的利用,已扩展到交通运输方面的铁路、道路和运河隧道,以及地下铁道和水底隧道等;工业和民用方面的市政、防空、采矿、储存和生产等用途的地下工程;军用方面的各种国防坑道;水力发电工程方面的地下发电厂房以及其他水工隧洞等。

1.1 隧道及地下工程基本概念

地下工程是指为开发利用地下空间资源而深入地面以下所建造的地下土木工程。它包括地下房屋、地下构筑物、地下铁道、公路隧道、水下隧道、地下共同沟和过街地下通道等。广义来讲,它包括建造在地下的全部工程结构物,但是一般不包括矿井等地下构筑物,而单指建造在地下的工业、交通、民用和军事建筑物。

在地下工程的广泛范围中,用以保持地下空间作为运输孔道的,称为隧道。

一般来说,隧道的修建总是首先在地下开挖出一个洞穴并延伸成为一个长形的孔道,称为导坑。然后,以导坑为基础逐步扩大到所需要的空间。由于地层被挖开后,容易变形、塌落或是有水涌入,所以除了在极为稳固的地层且没有地下水的地方以外,大都要在坑道的周围修建支护结构,称为衬砌。

以交通为用途的隧道,两端将自地面引入,隧道端部外露面一般都修筑可以保护洞口和排放流水的挡土墙式结构,称为洞门。如果洞口容易坍塌或有落石的危险,还要在洞门与洞身间修筑明洞。洞身衬砌、洞门和明洞就组成了隧道的主体支护结构,作用是保持岩体的稳定和行车安全。此外,隧道中还需设置一些附属建筑物以保证正常使用。这些附属建筑物是为了运营管理、维修养护、给水排水、供蓄发电、通风、照明、通信和安全等而修建的建筑物,包括为工作人员在隧道进行维修或检查时,能及时避让驶来的列车而在隧道两侧开辟的大小避车洞;为了保证隧道洞口的稳定与安全而修建的边坡和仰坡;为了引导洞口边坡和仰坡地表水流而修建的排水天沟;为了排除隧道内渗入的地下水,保证列车正常运行而设置的防水及排水设备;为了净化隧道内机车所排出的烟尘和有害气体而设置的通风系统等。隧道的主体支护结构和隧道的附属建筑物组成了隧道建筑物。

隧道工程的修建,首先必须把施工地区的地质和水文的情况勘察清楚。将勘察到的资料结合工程使用的要求,进行结构设计和施工方法的选择。通过施工组织设计的指导,有步骤地进行施工,并在施工的过程中随时进行各种量测,不断有针对性地修正支护结构设计和施工方案,使之趋于合理。在隧道建成、交付使用以后,还要定期检查,并按检查出的问题或病害做出养护计划,分轻重缓急予以维修或大修,务必使工程建筑物时刻处于良好状态,正常发挥它的工作效能。

地下工程与隧道工程既有区别又有联系。隧道工程是地下工程的重要形式,但隧道工程不能代表地下工程的全部内涵,在世界范围内,诸多修建于地下的博物馆、购物中心、剧院、舞厅及其他设施都是很好的例证。鉴于隧道在地下工程中的重要地位及其不可替代性,本书命名为《隧道及地下工程》。

1.2 隧道及地下工程的分类及作用

1.2.1 隧道工程的分类及作用

1970年OECD(世界经济合作与发展组织)隧道会议从技术方面将隧道定义为以任何方式修建,最终使用于地面以下的条形建筑物,其空洞内部净空断面在$2m^2$以上者均为隧道。从这个定义出发,隧道包括的范围很大,且种类繁多,从不同的角度来区分,就有不同的分类方法。

1. 按隧道所处地质条件分类

隧道按所处地质条件可以分为土质隧道和石质隧道。

2. 按隧道埋置的深度分类

隧道按埋置深度可以分为浅埋隧道和深埋隧道。根据《铁路隧道设计规范》(TB 10003—2005),浅埋隧道覆盖厚度值可按表1-1取值。

表1-1 浅埋隧道覆盖厚度值　　　　　　　　　　　　　　　　　　　　m

围岩级别	Ⅲ	Ⅳ	Ⅴ
单线隧道	5~7	10~14	18~25
双线隧道	8~10	15~20	30~35

3. 按隧道横断面积分类

按国际隧道协会(ITA)定义的隧道横断面积的大小划分标准,隧道可以分为极小断面隧道($2\sim3m^2$)、小断面隧道($3\sim10m^2$)、中等断面隧道($10\sim50m^2$)、大断面隧道($50\sim100m^2$)和特大断面隧道(大于$100m^2$)。

4. 按隧道长度分类

隧道按长度可以分为短隧道(铁路隧道规定:$L\leqslant500m$;公路隧道规定:$L\leqslant500m$)、中长隧道(铁路隧道规定:$500<L\leqslant3000m$;公路隧道规定$500<L\leqslant1000m$)、长隧道(铁路隧道规定:$3000<L\leqslant10000m$;公路隧道规定$1000<L\leqslant3000m$)和特长隧道(铁路隧道规定:$L>10000m$;公路隧道规定:$L>3000m$)。

5. 按隧道所在的位置分类

隧道按所在位置可以分为山岭隧道、水底隧道和城市隧道。

6. 按隧道用途分类

1) 交通隧道

交通隧道(交通线上的隧道)是隧道中为数最多的一种。它的作用是提供交通运输和人行的通道,以满足交通线路畅通的要求,一般包括有以下几种。

(1) 铁路隧道。我国内地大多是山区,地势起伏、山峦纵横,铁路穿越这些地区时,往往会遇到高程障碍。而铁路限坡平缓,无法拔起需要的高度,同时,限于地形又无法绕避。这时,开挖隧道直接穿山而过最为合理。它既可使线路顺直,避免许多无谓的展线,使线路缩短;又可以减小坡度,使运营条件得以改善,从而提高牵引定数,多拉快跑。所以,在铁路线上,尤其是在山区铁路线上,隧道的方案常为人们所选用,修建的数目也越来越多。我国铁路采用隧道克服山区地形的范例是很多的,例如川黔线上的凉风垭隧道,使铁路线跨越分水岭时拔起高度小、展线短、线路顺直且造价也低。越岭高度降低了 96m,线路缩短了 14.7km,并避开了不良地质区域。宝成线宝鸡至秦岭一段线路上密集地设有 48 座隧道,总延长为 17.1km,占线路总延长的 37.75%。由此可知,隧道在山区地带铁路线上具有重要作用。

(2) 公路隧道。公路的限制坡度和限制最小曲线半径都没有铁路那样严格,所以,过去在山区修建的公路为节省工程造价,常常选择盘山绕行,宁愿多延长一些距离以避开修建费用昂贵的隧道。因此,过去公路隧道为数不多。但是,随着社会经济和生产的发展,高速公路的大量修建,对道路的修建技术提出了较高的标准,要求线路顺直、坡度平缓、路面宽敞等,于是在道路穿越山区时出现了大量的隧道方案。隧道的修建在改善公路技术状态、缩短运行距离、提高运输能力以及减少事故等方面起到了重要的作用。例如,穿越秦岭终南山的隧道全长 18.1km,它将翻越秦岭的道路缩短了 60km,时间减少 2 个多小时。

(3) 水底隧道。当交通线路需要跨越江、河、湖、海或洋时,一般可以选择的方案有架桥、轮渡和隧道。当采用架桥方案时,考虑到河道通航需要较高的净空,而桥梁受两端引线高程的限制,一时无法抬起必要的高度,就难以克服净空限制这一矛盾。而轮渡方案的通行量有限。此时,采用水底隧道方案可以解决净空限制和通行量小的矛盾。水底隧道方案的优点是不受气候影响,不影响通航,引道占地少,战时不暴露交通设施目标等,该方案越来越受到人们的青睐。横跨黄浦江、全长 2793m 的上海延安东路南线越江水底隧道,把黄浦江两岸的交通连接起来,这在一定程度上改变了遇水架桥的思维定式。水底隧道方案的缺点是造价较高。

(4) 地下铁道。地下铁道是可以解决大城市中交通拥挤、车辆堵塞问题,而且能大量快速运送乘客的一种城市交通设施。它可以使很大一部分地面客流转入地下而不占用地面面积。地下铁道没有平面交叉,而各走上、下行线,因而可以高速行车,且可缩短车次间隔时间,节省了乘车时间,便利了乘客的活动;在战时还可以起到人防的功能。北京、上海、广州和天津等城市已经建成的地下轨道交通系统,为改善城市的交通状况、减少交通事故起到了重要的作用。其他城市如深圳、南京、杭州、青岛、大连、武汉、沈阳、重庆、哈尔滨和成都等已在规划或修建地下铁道。

(5) 航运隧道。当运河需要越过分水岭时，克服高程障碍成为十分困难的问题，一般需要绕行很长的途程。如果层层设立船闸，则建设投资很大，运转和维修的费用也很高，而且过往船只会延误大量时间。如果修建航运隧道，把分水岭两边的河道沟通起来，既可以缩短航程，又可以省掉船闸的费用，使船只迅速而顺直地驶过，航运条件就大为改善了。

(6) 人行地道。在城市闹市区，行人众多，往来交错，而且与车辆混行，偶有不慎便会发生交通事故。在十字路口，即使有指示灯和人行横道线，快速行驶的机动车也不得不频频减速，甚至要停车避让。为了提高交通运送能力及减少交通事故，除架设街心高架桥以外，也可以修建人行地道来穿越街道或跨越铁路、高速公路等。这样既可以缓解地面交通互相交叉的繁忙景象，少占用地面空间，同时也大大减少了交通事故。

2) 水工隧道

水工隧道是水利工程和水力发电枢纽的一个重要组成部分。水工隧道包括以下几种类型。

(1) 引水隧道。进行水资源的调动或把水引入水电站的发电机组，产生动力资源。有的引水隧道内部充水，因而内壁承压的称为有压隧道；有的只是部分过水，因而内部只受大气压力而无水压的称为无压隧道。

(2) 排水隧道。它是把发电机组排出的废水输送出去的隧道。

(3) 导流隧道或泄洪隧道。它是水利工程中的一个重要组成部分，可以疏导水流并补充溢洪道流量超限后的泄洪作用。

(4) 排沙隧道。它是用来冲刷水库中淤积的泥沙，把泥沙裹带运出水库。排沙隧道有时也用来放空水库里的水，以便进行库身检查或修理建筑物。

3) 市政隧道

市政隧道是城市中为安置各种不同市政设施而修建的地下孔道。由于城市不断发展，工商业日趋繁荣，人民生活水平逐步提高，对公用事业的要求也越来越高。从城市空间的合理利用和可持续发展的国策来说，把它们安置在地下，既不占用地面面积，又不致扰乱高空位置和损伤市容的整齐性，这是现代化城市的标志之一。市政隧道有以下几种。

(1) 给水隧道。城市自来水管网遍布市区，必须合理有序地规划和布置地下的孔道来容纳、安置这些管道。给水隧道既不破坏市容景观，不占用地面，也可避免遭受人为的损坏。

(2) 污水隧道。城市污水除一部分可以净化返用外，仍有大部分需要排放到城市以外的河流中。这就需要有地下的排污隧道。这种隧道可能是本身导流排送，此时隧道的形状多采用卵形；也可能是在孔道中安放排污管，由管道排污。排污隧道的进口处，多设有拦渣隔栅，把漂浮的杂物拦在隧道之外，不致涌入造成堵塞。

(3) 管路隧道。城市供给煤气、暖气、热水等的管路都放置在地下的孔道中。经过防漏及保温措施，管路隧道把这些能源送到生产和居家的目的地。

(4) 线路隧道。城市中输送电力的电缆以及通信电缆都安置在地下孔道中。这既可以保证电缆不为人们的活动所损伤或破坏，又免得悬挂高空，有碍市容景观。这些地下孔道多半是沿着街道两侧敷设的。

在现代化的城市中，将以上四种具有共性的市政隧道，按城市的布局和规划，合建一个大隧道，称为共同管沟。共同管沟是现代城市基础设施科学管理和规划的标志，也是合理利用城市地下空间的科学手段,是城市市政隧道规划与修建的发展方向。

(5) 人防隧道。人防隧道是为战时的防空目的而修建的防空避难隧道。城市中建造人防工程,是为了预防战争中空袭的需要。人防工程是在紧急情况下人们避难用的,因此,在修建时应考虑人生活环境的一般要求,除应设有排水、通风、照明和通信设备以外,还应考虑储备饮水、粮食和必要的救护设备。此外,在洞口处还需设置各种防爆装置,以阻止冲击波的侵入。同时,要做到多口联通、互相贯穿,在紧急时刻可以随时找到出口。

4) 矿山隧道

在矿山开采中,常设一些为采矿服务的隧道,从山体以外通向矿床,并将开采到的矿石运输出来。矿山隧道有以下几种类型。

(1) 运输巷道。向山体开凿隧道通到矿床,并逐步开辟巷道,通往各个开采面。前者称为主巷道,是地下矿区的主要出入口和主要的运输干道;后者分布如树枝状,分向各个采掘面。此种巷道多用临时支承,仅供作业人员进行开采工作的需要。

(2) 给水隧道。送入清洁水为采掘机械使用,并通过泵抽将废水及积水排出洞外。

(3) 通风隧道。矿山地下巷道穿过许多地层,将会有多种地下气体涌入巷道中,再加上采掘机械不断排出废气,以及工作人员呼出气体,使得巷道内的空气变得污浊。如果地层中的气体含有瓦斯,在含量达到一定浓度后,将会发生危险。轻则令人窒息,重则引起爆炸。因此,要净化巷道中的空气,创造良好的工作环境,必须设置通风巷道,用通风机及时把有害气体和污浊空气排除出去,并把新鲜空气补充进来。

1.2.2 地下工程的分类及作用

地下工程有多种分类方法,常见的有如下几种。

1. 按地下工程的功能分类(见表 1-2)

表 1-2 地下工程按功能分类

用 途	功 能
工业民用	地下展览馆、住宅、工业厂房、人防工程等
商业娱乐	地下商业城、图书馆等
交通运输	隧道、地铁、地下停车场等
水利水电	电站输水隧道、农业给排水隧道等
市政工程	给水、污水、管道、线路、垃圾填埋等
地下仓储	各种地下储库、食物、石油及核废料储存等
人防军事	军事指挥所、地下医院、军火物资库、通信枢纽等
采矿巷道	矿山运输巷道和开采巷道等

2. 按地下工程的存在环境分类

地下工程不是建造在岩体环境中,就是建造在土体环境中。因此,地下工程可以分为岩体中的地下工程和土体中的地下工程。

3. 按地下工程的建造方式分类

地下工程是采用不同的施工方法修建而成的。按照施工方法，地下工程可分为明挖地下工程和暗挖地下工程。

4. 按埋置的深度分类

各类地下工程埋藏在地下不同深度。按埋深，地下工程可分为深埋地下工程、中深地下工程和浅埋地下工程，见表1-3。

表1-3　地下工程按埋深分类　　　　　　　　　　　　　　　　m

名 称	埋 深 范 围			
	小型结构	中型结构	大型运输系统结构	采矿结构
浅埋地下工程	0～2	0～10	0～10	0～100
中深地下工程	2～4	10～30	10～50	100～1000
深埋地下工程	>4	>30	>50	>1000

1.3　隧道及地下工程的发展历程

1.3.1　隧道及地下工程的发展历史

自从人类出现以后，地下空间便作为人类防御自然和外敌侵袭的防御设施而被广泛利用。随着科学技术和人类文明的发展，这种利用也从自然洞穴的利用向人工洞室方向发展，到现在地下空间的利用已经千姿百态，远远超出为个人生活服务的利用领域。

地下工程及隧道的发展历史与人类的文明史相呼应，可以分为四个时代。

第一时代——从人类出现至公元前3000年的远古时期。原始人类穴居，天然洞窟成为人类防寒暑、避风雨、躲野兽的处所；人们利用天然洞穴作为栖身之所，并且逐步会在平原地区自己挖掘类似天然洞穴的窑洞来居住。此时的洞穴是用兽骨、石器等工具开挖，修筑在可以自身稳定而无需支承的地层中。

第二时代——从公元前3000年至5世纪的古代时期。这是为生活和军事防御目的而利用隧道的时代，埃及金字塔和古代巴比伦引水隧道均为此时代的工程典范。我国秦汉时期（公元前221年—公元220年）的陵墓和地下粮仓，已具有相当技术水准与规模。这个时代的隧道开发技术形成了现代隧道开发技术的基础。我国古代的帝王将相在地下修建一些坟墓陵寝，如长沙的楚墓、洛阳的汉墓。明朝的定陵更是壮丽堂皇，成为今天人们游览的名胜。我国古籍《左传》中，曾有"隧而想见"和"晋侯……以隧"的记载，说明当时已经有过通道式的隧道了。又如，古埃及金字塔的建设就代表其开始修建地下建筑。古代巴比伦王朝为连接宫殿和神殿而修建了约1km长的隧道，断面为3.6m×4.5m，施工期间将幼发拉底河水流改道，采用明挖法建造，该隧道是一种砖砌建筑。

第三时代——从5世纪至14世纪的中世纪时代。世界范围内出现矿石开采技术。欧洲经历了约1000年的文化低潮,建筑工程技术发展缓慢,隧道技术没有显著的进步,但由于对地下铜、铁等矿产资源的需要,开始了矿石开采。

第四时代——从15世纪开始的近代与现代。诺贝尔发明黄色炸药,成为开发地下空间的有力武器,加速了隧道技术的发展。如有益矿物的开采,灌溉渠、运河、公路和铁路隧道的修建,以及随着城市的发展而修建的地下铁道、上下水道等,使得隧道的修建技术得到极大的发展,其应用范围迅速扩大。

1.3.2 我国隧道及地下工程的发展概况

我国最早的交通隧道是陕西汉中县的"石门"隧道,建于公元66年,是供马车和行人通行的。我国第一座铁路隧道修建在台湾,是基隆到台南的铁路线上一座长仅261m的窄轨净空隧道。1907年,京包线上修建了八达岭隧道,这是由我国工程师詹天佑主持施工的。新中国成立前,我国经济不发达,隧道修建得不多。新中国成立后,随着国民经济实力的不断增强,隧道修建技术有了飞跃的进步,隧道的修建才得到蓬勃的发展。

陕西汉中的石门隧道是我国历史上最早的人工山体隧道——褒斜道石门。石门位于古褒斜道南端汉中褒谷口七盘岭下,隧洞长16.3m,宽4.2m,南口高3.45m,北口高3.75m。两车在洞内可并行。石门开凿于公元1世纪,始于汉明帝永平六年(公元63年),到九年(公元66年)4月建成,距今已有1900多年的历史,是世界上最早的人工穿山隧道。

京张铁路中的八达岭隧道是我国自主建成的。它是由中国杰出的工程师詹天佑亲自规划督造,依靠中国人自己的力量建成的第一座铁路隧道。这座单线越岭隧道全长1091m,工期仅用了18个月。

新中国成立之初,我国处于国民经济恢复时期。在短短的三年之内,把全国原有铁路线上被破坏和发生病害的所有隧道都予以修复。成渝线修复了13座隧道,宝天线改建了136座隧道,并修建了天兰线上的48座隧道,使当时支离破碎、断断续续的铁路得以修复,全国铁路畅通无阻。

1952年修建的沙丰一线,线路通过险峻的山区,需要修建密集的隧道。该线全长100.6km,共有56座隧道,总延长为27.03km,占全线长的27%。之后,宝成线上修建了总延长为84.4km的304座隧道。其中,在三个马蹄形和一个8字形的复杂展线区段,就集中了48座隧道,占全线长的37.7%,这成为以隧道克服山区高程障碍、完成复杂展线的典型范例。

世界第一高隧道是青藏铁路风火山隧道。该隧道坐落在海拔超过5000m的青藏高原风火山上,全长1338m,轨面海拔高程为4905m,比秘鲁铁路的海拔最高点4817m高出88m,是世界海拔最高的隧道。同时,该隧道也是青藏铁路重点、难点控制工程。该隧道位于青藏高原可可西里"无人区"边缘,这里地质复杂,自然条件严酷,平均海拔4900m左右,年均气温-7℃,寒季最低气温低于-40℃,空气中氧气含量只有内地的50%左右,被喻为"生命禁区"。隧道所处地质环境包含土冰层、饱冰冻土、富冰冻土、裂隙冰和融冻泥岩等,冻土层最厚达150m,覆盖层最薄只有8m,施工稍有不慎,就会导致大面积塌方。因此,该隧道工程难度大、科技含量高。

世界最长的高原冻土隧道是青藏铁路昆仑山隧道。全长1686m的昆仑山隧道地处高原多年冻土区,地质结构复杂,自然条件严酷。2001年9月开始施工,2002年9月贯通。

我国第一条双管双层越江隧道是上海复兴东路隧道。该隧道西起浦西复兴东路、光启路,东至浦东张杨路、崂山东路,全长2785m,共设有两层6个车道,成为连接浦东、浦西的又一条"黄金通道"。

在隧道施工机械化方面,现已舍弃原始的人工开凿方法,机械钻孔已由人力持钻进到支腿架钻,进而采用风动和液压的钻孔台车。修建衬砌已由砖石垒砌改为用混凝土就地模筑,混凝土泵挤送,进而采用喷射混凝土的柔性衬砌,近期又出现了双层模筑混凝土衬砌,弥补了喷射混凝土的不足。开挖程序已由小导坑超前,进而采用少分块的大断面开挖;从木支承、钢木支承,到采用喷锚支承。施工方法从传统矿山法逐步过渡到新奥法,以量测信息并调整施工。这种施工方法不但可用在硬岩中,同时在软弱围岩和一些困难条件下也成功修建了各种类型的地下工程。在西安—安康铁路上18456m长秦岭隧道的修建中使用了包括全断面掘进机在内的现代隧道施工机具;实现了隧道施工的机械化。公路隧道和地下铁道使用了半机械化盾构和机械化盾构,1970年上海隧道工程公司使用直径为10.2m的挤压式盾构修建了穿越黄浦江的第一条水下隧道。珠江的黄沙隧道和甬江隧道是用沉管法修建的,这些水下隧道的成功修建,在很大程度上改变了"遇水架桥"的思维定式。

近年来地下工程发展迅速,已建成一些举世瞩目的地下工程。以我国交通地下工程——隧道工程为例,截至2012年底,我国已建成公路隧道7384座、5122.6km,比上年末增加1245座、1180.6km,比"十五"末增加4495座、3595.5km;我国建成通车的铁路隧道总数量突破10000座,总长度突破12000km。我国已成为世界上隧道及地下工程建设数量最多、规模最大、发展速度最快的国家。在特长隧道建设方面,全长27.839km的太行山隧道于2009年建成通车。截至2013年4月25日,国内在建最长铁路隧道、世界高海拔最长隧道——新关角隧道正洞完成开挖61382.8m,占设计长度的94%。工程计划2013年12月10日全部贯通。在公路隧道方面,我国建成了世界规模第一的长18km的秦岭终南山公路隧道,长10km以上的甘肃大坪里隧道、陕西包家山隧道和山西宝塔山隧道等也已通车。我国在建或建成的3km以上特长隧道已达200余座。在大跨隧道方面,我国已建成深圳雅宝隧道、重庆白鹤嘴隧道和广州龙头山隧道等多条双洞八车道隧道。福建省机场路二期工程双洞八车道的小净距隧道、连拱隧道也在建设之中。在水下隧道建设方面,近年来在建和建成的隧道有厦门海底隧道(钻爆法)、上海长江隧道(盾构法,已贯通)、武汉长江隧道(盾构法)、上海外环越江隧道(沉管法,已建成)等。此外,我国还建成大量连拱隧道和小净距隧道,以及如厦门万石山隧道大型地下立交工程等大跨、复杂结构公路交通工程,该工程的地下大跨平交段多达6处。

在隧道工程的理论方面,分析结构内力的方法已经从结构力学计算转到以矩阵分析的方式用电子计算机计算,并进一步用有限元方法进行分析;从把地层压力视为外力荷载,到把围岩和支护结构组成受力统一体系的共同作用理论;从过去认为地层岩体为松散介质,转变为考虑岩体的弹性、塑性和黏性以及各种性质的转变,建出各种能进一步体现岩性的模型,进行受力分析;在隧道的设计计算理论中已经引入了不确定性的概念,现正向可靠度设计过渡。

近期,除了修建以交通为目的的隧道以外,隧道工程还扩展到其他用途的地下工程。由于地下建筑物不占地面面积,具有抗震稳定性,国防上有隐蔽性等优点,于是充分利用地下空间的途径逐渐为人们所重视。在工业方面，建成了许多地下仓库、地下工厂、地下电站、地下武器库、地下停车场和地下粮仓等。在人民生活方面，建造了形成网络的防空洞、地下影院、地下招待所、地下游乐场、地下体育中心、地下街、地下餐厅、地下会堂、地下战备医院和地下养殖场等。到目前为止，地下工程已经发展到国民经济的各个方面，成为人们活动的又一层世界。

1.3.3 国外隧道及地下工程的发展概况

在国外，最早的地下工程用于矿山的开采。用于交通线上的第一座隧道是公元前2180—2160年在巴比伦城幼发拉底河下修造的一条地下人行道。此后，为了灌溉农田，修了少量的给水隧道。随着生产工具和生产技术的进步，修建隧道的技术也有了提高。为保证内河运输的需要，陆续修建了一些航运隧道。位于法国马赛至罗纳的水路干线，本来需要绕过地中海，航程几十千米，而且风浪很大，安全也无保证。罗佛（Rove）航运隧道建成以后，航程缩短为7km，而且快速平稳，巨型内河航船可以双向行驶，十分便利。

铁路事业的兴起对交通隧道的发展起了很大的推动作用。蒸汽机车牵引的第一座铁路隧道，是1826—1830年在英国利物浦至曼彻斯特的铁路上修建的隧道，全长1190m。之后，陆续出现了更多的铁路隧道。火药的改进和钻眼工具的创制，促使修建隧道的技术有了显著的提高。1857—1871年间，建成了连接法国和意大利的仙尼斯山隧道，长12850m；1898年意大利又修建了辛普伦隧道，长达19700m；1971年日本新干线上修建了大清水隧道，全长22230m；1988年日本修成了位于本州和北海道两大岛之间横跨津轻海峡的新干线上的青函隧道，全长53850m。

除了山区的铁路隧道以外，还发展修建了一些在城市附近跨越河海的水底隧道。美国修建了宾夕法尼亚东河水底隧道，长7190m；日本修建了新关门隧道，长达18675m。

由于欧洲汽车运输量急剧增长，迫切需要扩大公路网，因而出现了不少公路隧道。奥地利修建了阿尔贝格（Arlberg）公路隧道，长13927m；瑞士修了圣哥达（St. Gothard）公路隧道，长16918m；挪威正在修建的Aurland-Laerdal公路隧道，长度达24500m。这是目前最长的公路隧道。

自从城市发展以来，城区交通繁忙，车辆拥挤，安全问题日益突出。又因新开挖工具——盾构的出现，地下铁道随之兴起。1863年英国伦敦修筑了第一条地下铁道。到目前为止，美国纽约的地下铁道已修了393.5km，英国伦敦也修了总长为387.9km的地下铁道，而且把地上、地下的交通连接起来，成为城市中的立体交通网。地下铁道中的建筑也日益规模宏大。德国慕尼黑地下铁道的卡尔广场车站建筑上下深达六层。第一层是人行通道及商店餐厅；二层作为货栈及仓库；三、四层为地下停车场，可同时容纳800辆汽车；五、六层才是车站集散厅及车道。华盛顿的地下铁道已经实现用计算机指挥和控制列车运行。

近期以来，隧道及地下工程的科学技术得到了相应的发展。在原有的技术基础上，现已普遍使用钢拱支承、喷射混凝土衬砌和锚杆加固围岩；新奥法理念已广泛应用于隧道及地下工程的设计与施工；随着电子技术发展，有限元技术已经被广泛接受并应用于隧道及地下结构的受力分析。

在掘进工具方面，出现了联合掘进机，它能以最佳工况适用于各种岩石，效率高、噪声低,能改善工作环境。最近欧洲开始使用预切施工法,以链条式的切割机切出沟槽,然后在其内部断面进行爆破开挖。与此类似,所谓扩挖法,即先爆破出80%的断面,然后用履带式的扩孔机挖出整齐的周边,既可减少超挖,又可最少地扰动围岩。日本有很多采用冻结法的实例。在城市中,为了不危及临近建筑物的安全,常常把围岩冻结起来,再进行开挖。瑞士的苏黎世城公路隧道,在密集的建筑群的地底下仅6~8m的超浅埋条件下,开挖了一个断面面积为12.1m×14.3m且不允许地面有较大沉陷条件下的公路隧道,就是采用了冻结法的成功范例。近年来,日本还研制出一种静态破碎剂,可以进行安全而无公害的爆破。在城市建筑物群中,拆除某建筑物或进行地下洞室扩挖时,使用这种爆破方式最为适宜。它不产生爆破冲击的噪声,也不产生有破坏力的震动,可以破碎任何种类的岩石。

自1974年起,成立了国际隧道协会(ITA),汇集了各国的专家学者,集思广益,交流有关隧道的各种问题。每年召开一次年会,宣读并讨论各国研究人员撰写的论文。

1.4 本课程的研究内容及任务

隧道与地下工程包括岩石地下工程与土层地下工程,而这两类工程在规划设计和施工工艺等方面,既有相似之处又有显著区别。目前,隧道与地下工程正逐步成为一门独立的学科,涉及的内容相当广泛,除涉及建筑和规划的一些基本内容外,还包含多个交叉学科的知识,如水文与工程地质学、岩土力学、结构工程学、防护工程学和系统工程学等。同时,它还涉及一些设计施工工艺知识,如液体燃料储藏工艺、铁路公路设计工艺和地下工程施工工艺等。如果对这些工艺没有相当程度的了解,就无法有效利用地下空间、满足施工工艺的特殊要求。

本书系统地介绍隧道及地下工程的特性及利用形态、选址与方案比选、平纵断面的设计、结构构造、地质环境、设计原理与方法、施工方法、施工组织设计与施工管理、养护维修、高速铁路隧道及大断面隧道等内容。

本课程是土木工程学科的一门专业课,课程的主要任务是使学生掌握隧道与地下工程的基础知识,重点掌握隧道及地下工程的构造设计和工程设计的基本原理、方法及施工工艺,能够根据工程所处的不同地质环境(围岩)、使用功能和施工方法,设计出安全、经济、合理的结构,掌握施工组织设计与施工管理方法,同时了解隧道及地下工程病害的养护维修措施。

习 题

1. 如何理解地下工程的概念及分类方式?
2. 如何理解隧道的概念及分类方式?
3. 地下工程及隧道的发展历经哪几个阶段?

第 2 章　隧道及地下工程特性及利用形态

2.1　隧道及地下工程的特性

2.1.1　工程特性

地下工程是在岩体或土体中开挖构筑的结构，与地面工程相比，地下工程具有完全不同的特点，主要表现在以下几个方面。

1. 工程受力特点不同

（1）地面工程是先有结构，后有荷载。地面工程结构是经过工程施工，形成结构后，承受自重、风、雪以及其他静力或动力荷载。

（2）地下工程是先有荷载，后有结构。地下工程是在处于自然状态下的岩、土地质体内开挖的，在工程开挖之前就存在着应力环境（地应力）。

2. 工程材料特性的不确定性

地面工程材料多为人工材料，如钢筋混凝土、钢材和黏土砖等，这些材料虽然在力学与变形性质等方面也存在变异性，但与岩土体材料相比，不仅变异性要小得多，而且人们可以对其加以控制和改变。地下工程所涉及的材料，除了支护材料性质可控制外，其工程围岩均属于难以预测和控制的地质体。

由于地质体是经历了漫长的地质构造运动的产物，因此，地质体不仅包含大量的断层、节理和夹层等不连续介质，而且还存在着较大程度的不确定性，其不确定性主要体现在空间分布和随时间的变化。

1）空间上的不确定性

对于地下工程来说，不同位置围岩的地质条件（岩性、断层、节理、地下水条件和地应力等）都存在着差异。这就是地下工程地质条件和力学特性的空间不确定性。因此，人们通过有限的地质勘察和取样试验，仅仅是对整个工程岩体的特性进行抽样分析和研究，很难全面掌握整个工程岩体的地质条件和力学特性。

2）时间上的不确定性

即使对于同一地点，在不同的历史时期，其地应力和力学特性等也会发生变化，这就是时间上的不确定性。尤其开挖后的工程岩体特性除随时间变化外，更重要的是还与开挖方式、支护形式和施工时间与工艺等密切相关，这常常是一个十分复杂的变化过程。

3. 工程荷载的不确定性

地面结构所受到的荷载比较明显。尽管某些荷载也存在随机性(如风载、雪载和地震荷载等),但是其荷载量值和变异性与地下工程比相对较小。

对于地下工程而言,工程围岩的地质体不仅会对支护结构产生荷载,同时它又是一种承载体。不仅难以估计作用到支护结构上的荷载,而且此荷载又随着支护类型、支护时间及施工工艺的变化而变化。所以,对于地下工程的计算与设计,一般难以准确地确定作用到结构上的荷载类型和具体量值。

4. 破坏模式的不确定性

工程的数值分析与计算的主要目的在于为工程设计提供评价结构破坏或失稳的安全指标(如安全系数、可靠性指标等)。这种指标的计算是建立在结构的破坏模式基础之上的。

对于地面工程而言,其破坏模式一般比较容易确定,在结构力学和土力学中已经了解诸如强度破坏、变形破坏和旋转失稳等破坏模式。

对于地下工程而言,其破坏模式一般难以确定,它不仅取决于岩土体结构、地应力环境和地下水条件,而且还与支护结构类型、支护时间及施工工艺密切相关。

5. 地下工程信息的不完备性

地质力学与变形特性的描述或定量评价取决于所获取信息的数量与质量。然而,地下工程只能获得局部的有限工作面或从露头获取信息。因此,所获取的信息是有限且不充分的,而且可能存在错误资料或信息。这就是地下工程信息的不完备性。

6. 地下工程信息的模糊性

地下工程围岩的力学与变形特征的描述对地下工程的设计与分析是非常重要的。影响岩体工程特性的材料与参数多数是定性的,而节理特征、充填物性质以及对岩性的描述等,又都具有模糊性。

2.1.2 空间特性

地下工程中的空间阴暗而潮湿,几乎完全与地面隔离,对人们来说不是一个舒适的场所。所以,在利用地下空间时,必须充分了解其特性。

(1) 构造特性:空间性、密闭性、隔离性、耐压性、耐寒性和抗震性;
(2) 物理特性:隔热性、恒温性、恒湿性、遮光性、难透性和隔音性;
(3) 化学特性:反应性。

这些特性有的对地下空间有利,有的不利。因此,在规划地下空间时,应充分了解这些特性并加以充分利用。

2.1.3 经济性及可持续性

修建地下工程时,不可避免地会导致附加投资,但这往往会以得到附加收益作为补偿。

选择地下工程解决方案可以减少地面建设带来的一系列问题,尤其是在繁华的大都市,从补偿和索赔角度来看,这可以节省一笔不小的投资。修筑地下工程带来的附加投资常常被其上地表发展带来的效益所抵消,因为修筑地下工程意味着其上地表还可以作为其他发展之用,即投资-效益法则,不仅考虑直接效益,还要考虑间接效益。

同时,对地下空间的利用可以作为可持续发展战略的一部分。可持续发展意味着要保持一种平衡,即一方面要保护作为地表生物提供地基的那部分岩层,另一方面要开发地下空间以增加人类生活空间,这两者之间要达到一种平衡。而经验告诉我们,合理的统筹及创新往往能够带来更多的附加价值。所以,在发展中合理地考虑利用地下空间将从中创造价值。

2.1.4 隧道及地下工程的优缺点

从地下工程的空间因素、环境因素、设备因素和施工因素四个方面来分析地下空间利用的一般优点和缺点,如表 2-1 所示。

表 2-1 地下工程的优点和缺点

因素	优　点	缺　点
空间因素	**建筑物的高度向地下转换** • 城市的高密度化:打破地上的建设密度的限界; • 确保地面上的空地:保存景观,保护环境,确保动植物的生存空间; • 建筑物高度的限制:保存景观,确保飞机通过、视程、雷达视程等;形成建筑空间上下重叠效果; • 缩短步行距离:把各种设施集中在距车站一定距离之内; • 上下位置的关系:在正下方设置的情况	**修筑地下空间场所的限制** • 地上空间确保困难:如人、物的出入,通风,采光等,需设置开口部 **过度集中的弊病** • 超过城市的容许密度:人口集中、能源消耗、给排水的高密度化 **建筑空间上下多层量叠** • 人的移动距离增大 **影响地下空间自身** • 对地下空间固有的影响:切断地下水脉; • 崩塌、埋没:危险性、被塌方埋没的恐怖。 **避难的安全性**
环境因素	**可利用厚地层的遮蔽性能和热容量** • 热:恒温、恒湿; • 光:遮挡日照; • 水:雨、雪等的下渗; • 放射线、宇宙线:核设施; • 电波、磁力等:各种实验; • 地震力; • 人、物和外敌等	**进入因素的弊病** • 地下水、洪水:地下水、洪水、漏水等的自然排水非常困难 **没有进入的作用因素的弊病** • 无日照 • 不能眺望 • 自然排水困难 • 自然通风困难 • 重力排水困难。 **心理的影响** • 封闭场所引起人们的恐怖、潜在的埋没恐怖

续表

因素	优　点	缺　点
设备因素		**完全的人工环境** • 排水：废水、雨水、地下水和结露水等的重力排水非常困难； • 设备运转需较大能量； • 设备空间的增大
施工因素	**地下开挖、建筑施工的优点** • 外装的省略：没有必要考虑结构物的外观； • 既有的空洞：可对既有空洞加以利用	**地下开挖、建筑施工中的缺点** • 开挖硬地层； • 搬运土砂； • 崩塌的可能性：崩塌事故的增加

2.2　隧道及地下工程的利用形态

地下工程的利用形态是多种多样的，归纳起来大致有以下几种。

1. 为人类生存、确保安全的地下工程，如地下各种储藏设施、地下住宅等

1）生活设施

生活设施主要指个人用以生活的住宅、储藏室、车库及掩护体等地下设施。由于我国区域地质的特征，在黄土地区广泛修建窑洞，就是这方面应用的成功实例。这类窑洞多数是单层建筑，呈拱形结构。在东北寒冷地区，人们用挖地下洞的方法来储藏蔬菜。近年来，城市的集中和人口的激增造成住宅用地不足，而且由于生活水平的提高，人们对居住条件的要求也提高了。因此，城市地下住宅的利用也引起社会各界广泛的重视。在这方面，欧、美各国比较先进，日本次之。

2）地下储藏设施

地下储藏设施的修建是在世界范围内进行的，它是地下空间利用的一个重要方面。其主要利用形式有能源储藏、粮食储藏、用水储藏及放射性废弃物处理等方面。

能源储藏主要是利用埋入地下的金属贮槽、废弃坑道、岩盐溶解地下空洞及其他施工方法修建地下空洞形成储藏空间来储藏石油、液化石油、液化天然气、压缩空气和超导能等。

用水储藏设施的主要利用形式是储藏农业用水的地下坝以及储藏饮用水的地下贮槽等。地下坝的形态有平地坝和盆地坝两类（见图 2-1）。

3）放射性废弃物处理设施

放射性废弃物的处理设施，大体有如图 2-2 所示的几种形式。其中，以地下方式最好，一般都设在地下 500~1000m 深处，不仅易于维修管理，而且结构坚固，造价适宜。

4）粮食储藏设施

我国在 5000 年前就开始对粮食进行地下储藏。目前，除粮食外，水果、蔬菜等也可进行地下储藏。地下储藏主要是利用地下恒温性这一特点。此外，地下储藏的成本低，可保护环境、节约能源，具有较多优点。尤其是地下冷库，近几年发展极为迅速。

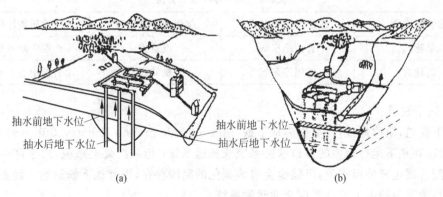

图 2-1 地下坝的形态
（a）平地坝；（b）盆地坝

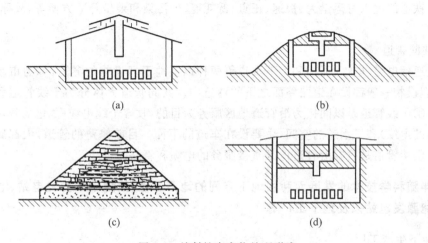

图 2-2 放射性废弃物处理形式
（a）地上式；（b）古墓式；（c）金字塔式；（d）地下式

2. 为发展人类文明、伴随城市的现代化发展而利用地下空间的地下工程，如城市有轨交通系统、上下水道等

1）地下（商业）街

地下（商业）街修建在大城市繁华的商业街下方或客流集散量较大的车站广场下方，由许多商店、人行通道和广场等组成的综合性地下建筑称为地下街。从目前的利用情况来看，地下街有三种基本类型：广场型、街道型和复合型。

2）地下停车场

为获得舒适的城市环境，发展停车场是非常必要的，而在拥挤的城市中有效利用地下空间显得更加重要。缺少停车场将会引起在街上停放的车辆增加，产生交通拥挤；汽车停在无人行道街道的路边则会妨碍人行交通。从 20 世纪 80 年代初开始，我国城市中的地下停车场数量逐年增加。地下停车场的分类形式如表 2-2 所示。

表 2-2　地下停车场的分类

按建筑形式分类	按使用性质分类	按运输方式分类	按地质条件分类
单建式	公共停车场	坡道式	土层中地下车库
附建式	专用停车场	机械式	岩层中地下车库

3) 地下铁道

地下铁道,简称地铁,也简称为地下铁(Metro、Underground Railway、Subway),狭义上讲,专指以在地下运行为主的城市铁路系统或捷运系统;但从广义上来说,由于许多此类的系统会配合周边环境而修建,可能也会有地面化的路段存在,因此地下铁道通常涵盖了城市地区各种地下与地面上的高密度交通运输系统。

在城市中修建的快速大动量、用电力牵引的轨道交通线路通常设在地下隧道内,有的线路在城市中心以外地区从地下转到地面或高架桥上。

地下铁道的优点有运量大、快速、正点、低耗能、少污染和乘坐舒适方便等,故称为"绿色交通"。

4) 共同管道

设置通信电缆、电气、瓦斯和上下水道等两种以上地下埋设物的隧道,称为市政地下管道,这些埋设物一般都设在道路路面之下的隧道中。共同管道大体分为干线管道和供给管道两类。①干线管道是以间接为沿管道地区服务为目的,收容干线电缆(如电力线和连接电话中继站的电缆)和下水道的空间,主要设在车道的下面。目前修建的管道,大都属于这种类型。②供给管道是收容沿管道地区直接服务的电缆和管路的设施。

3. 伴随科学技术的发展而利用地下空间的地下工程,如地下水力发电站、地下能源发电站以及地下工厂等

1) 地下生产工厂

一般来说,把地上卓有成效的生产设施移到地下,主要考虑以下六方面原因:①利用选址上的经济效果;②利用其防止噪声公害的效果;③利用恒温和恒湿等物理效果;④利用防灾效果;⑤保护景观的效果;⑥对已建地下空洞的利用。

2) 地下水力发电站

近年来,地下发电站发展很快,日本 1997 年建成的新高濑川发电站如图 2-3 所示,装机容量为 1287 万 kW,洞室尺寸为宽 27m、高 55m、长 163m,开挖量达 21.2 万 m^3。

3) 原子能发电站

长期以来,人类使用的能源主要是石油,但石油资源很有限。为了确保能源供给,不得不寻求新的能源,原子能发电就是一种很有前景的能源。地下原子能发电站有半地下式和全地下式两类,如图 2-4 所示。

4) 废弃物地下处理设施

废弃物地下处理设施包括废弃物的排除、收集、运输、处理和处置等一系列作业设施。废弃物地下输送设施,与车辆运输系统完全不同,是一个新的系统:利用气流排出场所的废弃物,通过地下埋设的管路,输送到处理场,如图 2-5 所示。

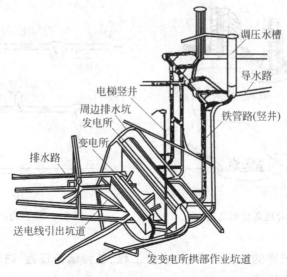

图 2-3　日本新高濑川地下发电站

地下式原子能发电站 { 半地下式
全地下式 { 深层设置式
山腹设置式 { 原子炉、发电机全部设于地下
原子炉设于地下、发电机设于地上

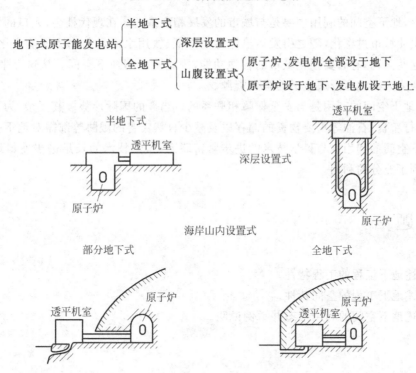

图 2-4　地下原子能发电站形式

以空气为媒介的废弃物处理方式有三种类型，即吸引式、压送式和垃圾袋式，如图 2-6 所示。

4. 大规模国土的有效利用，如城市间、国家间的交通设施、隧道工程等

大规模国土的有效利用，多数是跨省和跨国家的交通建筑，如大规模的铁路、公路、管道运输设施以及国际间的联络通道工程等。与隧道工程相关的主要有铁路隧道、公路隧道和海峡通道工程中的海底隧道等。

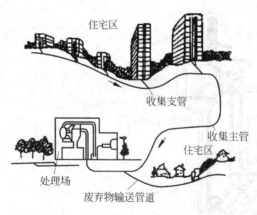

图 2-5　废弃物处理系统示意图

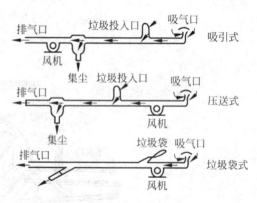

图 2-6　废弃物处理方式示意图

5. 防御和减少灾害的地下设施，如人防工程、各种储备设施、防御洪水灾害的地下河和地下坝等

实际上，地下空间的利用主要是与城市的发展相联系的。在现代社会，人口的增加和城市化现象促使城市过密化，随之引发运输能力的降低、饮用水不足和生活环境恶化等问题。为了解决这些问题，有必要强化城市的各项功能，因此要利用地下空间。从这点来看，地下空间可以视为人类城市舒适生活的重要资源。

此外，地下空间的利用是与安全保障相联系的。当今的国际形势极其复杂，为了适应这种形势，进行粮食、石油等重要物资的储存以及减少自然灾害的威胁等都需对地下空间进行利用。地下空间的利用也与科学技术的进步紧密联系，科学技术的长足进步使得地下空间的特性得到了充分的利用。

习　题

1. 简述地下工程的工程特性。
2. 简述地下工程的空间特性。
3. 简述地下空间的利用形态并举例说明。

第3章 隧道及地下工程选址与方案比选

3.1 规划原则

1. 隧道规划设计的基本原则

(1) 隧道的设计必须与公路(铁路)总体设计相协调。
(2) 隧道及地下结构的位置应选择在稳定的地层中。
(3) 越岭隧道应进行较大范围的方案选择,进行全面的技术、经济比较,选择在地质条件较好的地段穿越。
(4) 沿河傍山隧道,其位置宜向山侧内移,避免一侧洞壁过薄产生偏压。
(5) 选择隧道位置时,应注意洞口位置和有关工程的处理,一般宜采取"早进洞、晚出洞"的原则。
(6) 原则上采用直线,避免曲线。
(7) 当必须设置曲线时,半径不宜小于不设超高的平面曲线半径。

2. 地下工程规划设计的基本原则

随着人们对地下空间重要性的逐渐认识,对城市地下空间利用力度的加大,以及地下综合体的出现,城市规划工作难免要接触到地下空间的设计。

现阶段在地下空间的利用上,地下综合体是最为常见的一种表现形式,它常常出现在城市中心区最繁华的地段,并和地下交通系统紧密结合。地下工程的规划主要根据以下几个方面来确定:

(1) 地下工程的主要功能;
(2) 各种结构在地下工程的作用;
(3) 地下工程的建设方针。

3.2 调查和勘测

3.2.1 调查

地下工程的大型化、深层化,决定了其需要高度的地质调查技术。在地质条件差的情况下,即使是小规模的工程,如果没有进行充分的调查,也会变成相当困难的工程。因此,在地下空间利用中,为了追求其安全性、经济性以及环境保护,必须发展和完善与地质状态相适应的调查技术系统。其中包括在修建地下结构物时,为了预测地下结构物的崩塌、向地下空间的涌水以及因生活环境变化等进行的试验、调查,如土压和变形动态的量测,空隙水压及透水系数的测定等。

地层的调查流程,一般分为下述几个阶段:①规划阶段的调查(概略调查);②设计阶段的调查(精密调查);③施工阶段的调查(施工中调查);④维修、管理阶段的调查(施工后的调查)。

在第①阶段,主要以收集地形、地质资料,判读航空照片,进行地表勘察为主,必要时还可进行弹性波测定和少数的钻孔调查。在第②阶段,应使用机具进行详细的调查,对在第①阶段中预测的地质重要处和地质不明处进行钻孔探测及详细的弹性波探测,还要在孔内及调查坑道内进行变形、强度和透水性等原位试验,在室内进行试件试验等;还要预测施工中及完工后的枯水、地表下沉和爆破等对周围环境的影响。第③阶段的调查对施工管理和施工方面的对策非常重要,可依此修正①、②两阶段中所推定的地质情况的错误,更明确地掌握物性值及问题处的状态。第④阶段主要实施岩体和地下水位、水质等变化的长期观测。

实际的地质调查,视结构物类型的不同而有不同的调查重点。例如,在坝基调查中,原位置试验对找出用于设计的必要数据非常关键;而对隧道来说,预测施工中的涌水和强大的地压才是重点,因而应把破碎带的位置、规模和涌水性作为调查的重点。

地层分为土体和岩体两大类,其调查是为了收集从规划到设计、施工、维修管理各阶段所需的信息,同时应很好地理解所建设结构物的类型、规模、构造、功能、施工方法、工期和环境等,从而明确掌握设计、施工中的关键问题。因此,虽然各阶段的调查在质和量上有所不同,但都要与工程的进展相协调。

1. 隧道及地下工程调查

隧道及地下工程调查包括以下内容。

(1) 自然概况:地形、地貌特征。

(2) 地质条件:工程地质特征和水文地质特征。其中,工程地质特征指地层、岩性及地质构造特征,着重查清地质构造变动的性质、类型、规模、断层、节理、软弱结构面特征及其与隧道的组合关系和围岩的基本物理力学性质等。水文地质特征指地下水类型、含水的分布范围、水和补给关系、水质及其对混凝土的侵蚀性等。

(3) 影响隧道洞口安全或洞身稳定的不良地质和特殊地质现象:如崩坍、错落、岩堆、滑坡、岩溶、人为坑洞、泥石流、流沙、盐渍土、盐岩、地温、多年冻土、雪崩、冰川等。必须查明其发生、发展的原因及其类型和规模,根据其发展的趋势,判明其对隧道的影响程度。

(4) 有害气体和矿体:通过含有害气体和矿体的地层时,应查明其分布范围、成分和含量。

(5) 地震:应查明基本烈度等级。

(6) 气象资料:包括气温、气压、风向、风速以及雨量、雪量、寒冷和严寒地区的冻结深度等。

(7) 施工条件:包括建筑材料、水电可资供应情况,交通运输现状,施工场地及弃渣条件等。

对越岭的长隧道、特长隧道和地质条件十分复杂的隧道,应进行大面积的区域性工程地质调查、测绘,并加强地质勘探和试验工作,查清区域地质构造及工程地质、水文地质条件;当地下发育对隧道影响较大时,应进行地下水的动态勘察。

2. 地下埋设物调查

在地下空间利用规划中,地下埋设物是相当重要的调查项目。它不仅影响施工,而且其占有的空间会对规划的地下设施的位置产生影响。因此在进行规划、设计或施工前,必须对有无直接障碍物或位于施工影响范围内的各种设施进行详细调查。

此调查应从保护隧道周边各种设施和确保施工安全两方面进行,研究既有建筑物的变异、枯水、水井污染、喷发、漏气、流泥和作用在隧道上的土压、超载等。对地下埋设物的调查包括以下内容。

(1) 地上结构物。应调查结构形式(如建筑物的材料、修建年代、使用性质、结构尺寸和位置)、结构物底面的深度等,地面建筑的基础结构,有无地下室,基础埋深和位置等。同时,应调查这些建筑的使用情况。对有特殊设置的建筑物,要进行特别仔细的调查。

(2) 供给设施和通信电缆、煤气管、上下水道、电力通信电缆。应预先进行沿线调查,掌握其平面和立面的位置、大小及重要程度。尤其在竖井设置位置,要进行仔细的调查。

(3) 井和古井。主要应调查其使用情况、喷发、缺氧空气的喷出等危险。特别是采用压气盾构时,此项调查的范围应比其他项目的调查更广泛些。调查内容有位置、深度、使用情况、缺氧程度、有无污染可能等,还应调查测试1年内的水位及水质变化情况。对于古井来说,应将当地人提供的住处与现场的实际情况相对照,予以确认。

(4) 文物和古迹。应调查修建地区的地面和地下有无需保护的文物和古迹,确认其年代、重要程度和价值等。

(5) 临时工程遗迹。这项调查是困难的,但为防止在盾构推进过程中遇到意外的障碍及对周围地层产生过多的扰动,应尽可能地向土地管理单位进行了解。另外,还应对残存物、回填情况、土壤和地下水的污染情况进行调查。

另外,应对计划修建的结构物与既有结构物进行同样的调查,尽可能地减少相互间的干扰。调查时,不仅要收集已有资料,也要采取试验坑探和地中探查等方法,实地确认其规模、深度和老化程度等。

3. 环境保护调查

在隧道施工前及施工过程中,会给所在地区的自然、生活和社会环境造成一定的影响。为把这些影响降到最小限度,使设计、施工与环境相协调,应进行详细的环境调查。调查项目一般为噪声、振动、地层变形、地下水、枯水、缺氧空气和有害气体、化学注浆、施工废弃物以及交通等。

规划阶段的环境调查应以包括比较方案在内的较大范围为对象进行。但在设计、施工阶段,应以地下工程、施工用设备和运输道路等为中心,以可能产生的影响和预计范围为对象,掌握施工前的状况,预测施工产生的影响,并加以评价。

对预计在施工及使用时会发生枯水、噪声、振动和下沉等的地区,施工前、后的对比是很重要的,所以对预测影响范围内的调查应在施工前及早进行,对比其后的变化,直到问题明确为止。

4. 调查结果整理

关于地质调查成果,不仅要从地质学的观点,而且要从工程学的观点加以整理。地质调查结果的整理不是单纯地整理,而应对对工程规划、设计和施工有重要意义的围岩进行评价。勘测结果是进行工程规划、设计和施工的重要资料,故应合理地利用并认真整理。

在整理地质调查结果时,应综合判断各项调查和试验结果,并把与工程相关的围岩条件、有特殊问题的地质分布、性状以及编制施工计划所需的事项等汇总在地质平面图及地质纵剖面图上,其比例尺通常为 1/1000~1/5000,洞口附近及坑道应采用 1/100~1/500 的比例尺。地质调查得到情报量的多少,因地质图的精度而异。根据局部的露头观察和钻孔调查推断全体是不够的,要对地质学进行详尽的考察。在编制施工计划时,如存在不确定性,则应进行补充调查。

在各种试验中,岩石的试验值包括原位试验等都是局部的信息,是否能够代表整体情况,还需要加以充分研究后对整个围岩进行评价。在设计中如果采用试验结果的特性值,要确认与其他试验结果有无矛盾,并作出判断,根据离散性选定合适的代表值。

所编制的地质图不仅要表示地质构造,也要易于用来制订地下工程的开挖方法等施工计划,要从工程的角度来编制。如有凝灰角砾岩,要记载砾石的大小、硬度、比例和基质的固结状态等。此外,即使是同样的地质,因埋深不同,土压和涌水现象也不同,要加以注明。

地质纵断面图应标明地质构造、弹性波速度分布状况、调查位置和地下水位等。此外,还要标明决定支护模式的岩石类型、弹性波速度、预计的涌水状况和膨胀性围岩的性质等。

地质图不仅要表示地质构造,还要表示对工区划分、整个工区的开挖方法、开挖方式的建议,应从工程学的观点加以绘制。例如,同样是凝灰角砾岩,应视砾径的大小、硬度和固结程度的不同,有的用机械开挖,有的则需采用其他方法开挖,在这种情况下,就要进一步从工程学角度加以划分。

3.2.2 勘测

1. 勘测的一般规定

勘测的一般规定如下:
(1) 制订勘测计划;
(2) 完备勘测资料;
(3) 确定两个阶段;
(4) 评价隧道工程对环境可能造成的影响。

2. 调查测绘

1) 调查的内容

通过调查所取得的资料,应能充分说明工程通过地段的地形、地质条件、自然条件和施工条件等。实践证明,这些资料是隧道设计和施工必备的基础资料,其内容及深细度可根据各阶段的勘测设计要求和隧道规模来确定,使其能满足设计和施工需要,最后应形成系统资料。调查内容包括:①自然概况;②工程地质特征;③水文地质特征;④不良地质地段;⑤地震基本烈度等级;⑥气象资料;⑦施工条件。

2) 隧道工程测绘应遵守的规定

(1) 按设计阶段要求收集或测绘地形图、纵断面图和横断面图;

(2) 测绘资料的图纸内容需反映隧道所在地的工程地质及水文地质情况;

(3) 在隧道洞口和辅助坑道口的附近,按规定设置必要的平面控制点和水准点;

(4) 测绘资料应符合规定的精度要求。

3) 长隧道、特长隧道和地质条件复杂的隧道的调查

4) 设计阶段地质调查

5) 施工阶段地质调查

施工阶段地质调查应完成下列任务:

(1) 核定地质构造、岩性和地下水等;

(2) 及时预测和解决施工中遇到的工程地质及水文地质问题;

(3) 为验证、修改设计提供依据。

目前各国十分重视隧道及地下工程施工阶段地质调查工作,其中对开挖工作面的直接观察是极其重要的,在每次爆破后,应立即派专人进行开挖工作面观察并绘制素描图,其主要内容有:①地层、岩石分布、岩层走向、倾角;②固结程度、风化及变质程度、软硬程度;③裂隙方向及频率、充填物及性质;④断层位置及走向、倾角、破碎程度;⑤涌水位置及涌水量;⑥坍塌位置及形态。

6) 工程评价及处理措施

根据调查结果,应对下列各项内容作出工程评价并提出处理措施:①围岩自稳性;②隧道涌水量、涌水压力、突然涌水等;③岩土膨胀压力;④滑坡、偏压;⑤围岩状态和土压特性;⑥高地应力区应力场;⑦瓦斯、岩溶及人为坑洞等。

对开挖工作面围岩的自稳性、突然涌水,会产生偏压的地形、洞口附近的边坡崩塌、滑坡及对相邻结构的影响、膨胀性围岩等的评价是很重要的。一般来说,这些围岩条件用围岩级别或物性值等进行准确的表达是很困难的,只能依靠以往的经验、资料和实例进行定性判定。

在进行隧道设计时,有时需设定围岩的工程模式、初始地应力场等,采用理论分析法和数值分析法来分析围岩的动态和稳定性。

与喷锚衬砌或喷锚支护设计、施工有密切关系的围岩评价应着重阐明围岩的状态,其中隧道自稳性和土压特性是最重要的。

7) 围岩级别的确定

判断围岩级别是解决隧道设计、施工中各种问题的基础。围岩级别的判定按设计和施工两个阶段进行。施工阶段可根据已暴露的围岩条件判定围岩级别,可对设计阶段的预判断进行修正,是客观、可靠、可信的判断。

3.3 隧道工程选址及方案比选

3.3.1 位置选择

隧道工程对线路技术条件、工程造价、施工工期等都起着控制作用。因此，在线路勘测设计中，如何正确地选好隧道线路，是一个十分重要的课题。

隧道位置与线路是互为相关的。在一般情况下，当一段线路的方案比选一旦确定以后，区段上隧道的位置就只能依从于线路的位置大体决定，最多是在上、下、左、右很小幅度内做些少量的移动而已。但是，如果隧道较长、工程规模大、投资量大、工期长、技术上也有一定的困难、属于本区段的重点控制工程，那么这一区段的线路就要依从于隧道所选定的最优位置，然后将线路以相应的引线凑到隧道的位置上来。所以，隧道位置的选定应与线路的选定同时考虑，又与隧道工程规模的大小紧密相关。

隧道具体位置的选择与当地的地质条件、水文地质条件、地形地貌条件、工程难易程度、投资的数额、线路技术条件、工期的要求，以及施工技术现有的水平和今后运营条件等因素有关。其他如辅助坑道及运营通风的设置条件、施工场地、弃渣处理、运输便道的利用及引入等因素也存在不同程度的影响。其中，最为重要的是地质条件和地形条件。

要选择好隧道线路位置，一般来说，主要应对沿线的地形、地质作详尽的了解，充分掌握这两方面的资料，认识它们之间的内在联系，分清主次，统筹研究，处理好近期与远期、隧道工程与其他工程的关系，从而选择出较为理想的隧道线路位置和恰当的隧道进出口位置。

3.3.1.1 按地形及地质条件进行选择

1. 按地形条件进行选择

隧道位置的选择在很大程度上受着地形的制约。当线路前进方向遇到地形障碍时，采用隧道来克服地形障碍是一种有利的手段。地形障碍有高程障碍和平面障碍之分。

1) 高程障碍

线路前进方向如果遇到高山，由于一条线路坡度的限制，不能在一定的距离内拔起越过山峰，高山就成了高程障碍。要克服这种障碍，有三种方案可供选择：

(1) 绕行方案。克服高程障碍的一个比较简易的办法是避开前方的山峰，迂回绕行而过。但应具备以下条件：附近地形开阔，山坡地带宽敞。绕行方案的优点是工程容易，工期较短，工程费用也较少。其缺点是绕行势必要延长路线，必然增加今后长期的运程；路线弯道增多，曲线半径也可能减小，使长期的运行条件变坏，行车速度和牵引定数都会有所降低。尤其是今后随着国民经济的发展，对运输任务提出更高的要求时，就会给技术改造带来困难。此外，当绕行方案靠近山坡、地质条件复杂时，工程困难程度也较大。所以，从长远的利益来看，这一方案是不可取的，只有具体条件相宜时，才好采用。

(2) 深堑方案。当地形比较开阔，有山谷台地可资展线时，就可以尽量地把线路展长、坡度用足，以争取把线路标高抬起到可能的高度。然后把高程尚有不足之处，在山顶部位开凿深路堑通过。若具备上述条件,深堑方案也不失为一个可供比较的方案。该方案的优点是展线比绕行方案略少。其缺点是急弯陡坡仍然较多,前述的缺点依然存在。但是,在山顶开挖深路堑,往往工程量很大,施工困难,边坡切削太多,易于引起坍方落石,需要加强防护。若地下水发育,还会引起滑坡,给今后的运行和养护遗留下防不胜防的隐患。这一方案在展线方面是具备改良性质的,而在劈山方面仍包含着不利因素。所以,这也不是太好的方案。

(3) 隧道方案。当地形紧迫,山坡陡峭,不具备上述条件时,开凿隧道穿山而过,就成为唯一可行的方案,而且是比较有利的方案。隧道方案的优点是它能使线路平缓顺直,不需用较大的坡度,不需设置太多、太急的曲线。今后在长期的运营中,由于技术条件好,可以牵引更大的重量,可以使行驶速度提高,缩短运程,还不受外界干扰,战争时期将是良好的掩护所。其缺点是修建隧道可能工程量大,工期更长。因此,从全局和长期考虑,隧道方案往往是比较合理的。

2) 平面障碍

铁路进入山区,这里山峦起伏,河谷蜿蜒,线路不得不依山傍河迂回前进。有时走行在凹岸,则须注意是否受到河水冲刷。如果走行在凸岸山嘴,则沿山坡走行,凸度较大时,曲线半径势必很小,行车条件恶化。若是山嘴伸出太急,线路就无法随之环绕。这就出现了平面障碍。解决平面障碍有以下两种方案:

(1) 沿河傍山绕行方案。沿着山体自然弯曲傍山绕行,如果地形条件尚能允许,则可采用。在不得已时,只得大劈坡,或高层填土,上设御土墙,下设护坡护岸,有时还需跨谷建桥,为防滚石坠落,还需设置防护明洞。这往往使线路增长,桥隧毗邻,工程量大,运营条件差,并常伴有一些不良地质病害工程的出现。由于线路走行在山坡表层内,地质多为风化松散带,施工时极易坍方。行车后也难保安全。至于遇急弯猛拐处,线路条件也较差,行车不能多拉、快跑。因此,这种方案只有在条件允许时才能采用。

(2) 隧道直穿方案。如果在平面障碍的前方,开凿隧道,穿山而过,虽然初期工程略大一些,但线路顺直平缓,工程单一,可不设急弯,没有陡坡,缩短路线行程,改善运营条件,而且不受山坡坍方落石的威胁。如图3-1所示。从长远利益来看,隧道方案往往是比较合理的。

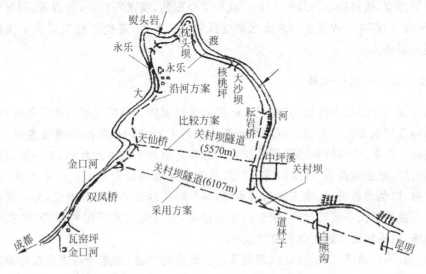

图 3-1 隧道直穿方案示意图

如衡广复线坪石至乐昌之间,于1987年5月通车的大瑶山双线隧道,全长14.3km,位于南岭山脉南麓圆螺角至永济桥弓形河湾处,如图3-2所示。既有单线铁路坪石至乐昌线路(全长53.2km,沿武水东岸依山傍水蜿蜒而行,河谷狭窄,两岸坡陡,冲沟发育,共有130个曲线,占该段线路长度的64.7%,其中半径小于400m的曲线65个,占该段线路长度的32.8%,最小半径229m,路基防护工程已占该段的1/3以上,每年雨季路基病害仍在不断发生),还有13.14km线路低于设计洪水位,技术标准低,通过能力小,为京广铁路南段的控制区段。

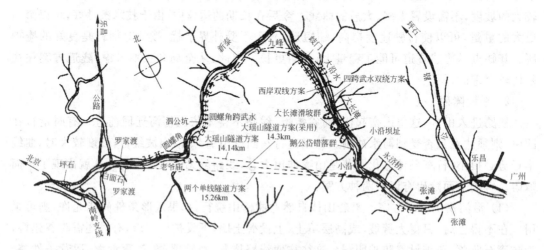

图 3-2　大瑶山隧道方案平面示意图

为不干扰既有铁路运营,妥善解决铁路线与水库争地的矛盾,制订了考虑预留水库裁弯取直的长隧道方案和不考虑水库多次跨河的沿河线方案,并对单、双线以及不同坡度等各种方案进行比选。由于沿河线路曲线多,隧道成群,隧道与挡墙相连,施工互相干扰,洞口偏压、斜交,接长明洞等工程量也大,且因沿河傍山地质复杂,要通过四处滑坡、2.2km顺层及错落群等不良地质地段。鉴于上述情况,在增建复线时,经过全面比选,采用了裁弯取直的大瑶山隧道方案,线路较沿河线短11km,减少4个车站,线路顺直,运营费省,洞身地质条件好,有利于施工,保存了武水峡谷水库水利资源和航运条件,避免了施工运营干扰和弃渣对武水河道的淤塞。

2. 按地质条件进行选择

隧道是埋置在地层内的结构物,受着地层岩体的包围。周围地层的地质条件,对结构物应具备的构造形式和适宜的施工方法都有着决定性的影响。在选择隧道位置时,应力求选择在地质构造简单、岩性较好的稳固地层中。这样将对施工和运营有利,也可节约投资。对岩性差的地层、断层破碎带、含水层等工程地质和水文地质极为复杂的严重不良地质地段,应避免穿越,以免增加设计、施工和运营困难,甚至影响隧道的性能和安全,发生意料不到的病害。若不能绕避而必须通过时,应有充分的理由,并应缩短其穿越的长度,采取可靠的工程处理措施,以确保隧道施工及运营的安全。

如何避开不良地质区域,或是拟定克服不良地质的措施,是选择隧道位置时必须审慎考虑的问题。

1) 单斜构造与隧道位置的选择

在单斜构造的地区,地层各层间,有的是紧密贴附的,有的是出现裂缝又被一些细碎物质所填充了的。不管是哪一种情况,层间接触面比岩层实体总是较为薄弱的,称为软弱结构面。从力学观点来看,一种岩体的强度常常不是由岩石本身的强度来控制,而是由它的软弱结构面的强度来控制的。

单斜构造的层次大体平行而有同一倾角。常见的工程地质问题有不均匀的地层压力、偏压、顺层滑动等,故隧道中线以垂直走向穿越最为有利。按岩层的倾角不同,可分为以下三种情况。

(1) 水平或缓倾角岩层。如图 3-3 所示,当隧道通过坚硬的较厚岩层时,较为稳定。若通过很薄的岩层,则施工时顶部易产生掉块现象,此时,以不透水的坚硬岩层作顶板为最好。

(2) 陡倾角岩层。陡倾角岩层一般有偏压和不均匀压力存在,当有软弱夹层伴以有害节理切割时,易产生坍方和顺层滑动。在此情况下,如以明洞通过时应慎重对待。隧道开挖虽处于约束状态,但当开挖造成临空后,洞壁如有两组及以上结构软弱面或节理裂隙组合时,同样将引起较大偏压或顺层坍滑。当隧道中线可能沿两种不同岩性的岩层走向通过时,地层滑动将使隧道结构受到很大的剪力,以致结构物损坏。应避免将隧道置于两种不同的岩层软弱构造(破碎)带,而宜将隧道置于岩性较好的单一岩层中。如果隧道恰在层间软弱面的上方,地层滑动会使隧道的某一段发生横向推移,而与邻段断开。如果层间软弱面正在隧道的上部,或是距上部不太厚的地方,常会把隧道的拱部挤裂,如图 3-4 所示。因此,在单斜构造的地质条件下,必须事先把地层的构造和倾角大小调查清楚,一定要尽可能避开软弱结构面。特别是不要把隧道中线设成与软弱结构面的走向一致或平行,至少要成一定的交角。

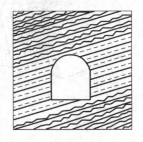

图 3-3 缓倾角岩层隧道位置的选择

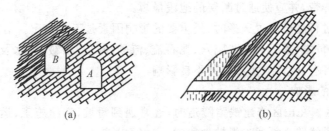

图 3-4 软弱结构面地带隧道位置选择

(3) 直立岩层。隧道通过直立岩层时,其中线宜垂直于岩层的走向穿过,如图 3-5(a)所示。如隧道中线与岩层走向一致时,如前所述,仍应避开不同岩层接触带。尤应注意的是,当层状岩层较薄,并有软弱夹层,伴有微量地下水活动时,也可产生不对称压力,在隧道开挖过程中易产生坍塌,如图 3-5(b)所示,甚至会产生大的坍塌,致使地面形成"天窗",在选择隧道位置时应予重视。

2) 褶皱构造与隧道位置的选择

褶皱构造有向斜和背斜两种基本类型,当隧道通过褶皱构造时,应尽量避免将隧道置于向斜或背斜的轴部,如图 3-6(a)、图 3-6(b)所示,应将隧道置于翼部,如图 3-6(c)所示,则隧道所处的地质条件类似单斜构造。背斜的地层受弯而在上面出现开裂,切割岩体成为上大下小的楔块。楔块受到两侧邻块的夹持,使得楔块的重量由邻块分担,因而只产生小于原重的压力。与此相反,向斜地层受弯而在下面开裂,切割岩体成为上小下大的楔块。这种楔块在重力作用下,极易脱离母岩而坠落,产生较大的压力,也就是给结构物以较大的荷载,而且在施工时极易发生掉块或坍方,对工程产生不利影响。当对隧道通过向斜和背斜轴部作比较时,则背斜较向斜略好。若向斜轴部处于含水层中,地下水积聚凹底,洞身开挖所出现的涌水及坍塌将比背斜严重,也将增加施工的困难。

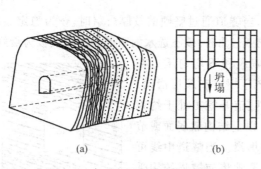

图 3-5 直立岩层中隧道位置选择

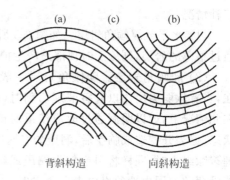

图 3-6 褶皱构造隧道位置的选择

3) 断裂构造,接触带与隧道位置的选择

断裂构造及不同岩层的接触带,其裂隙发育,并有被挤压破碎的块碎石角砾及断层泥存在,地下水量也较大,常呈突水涌出,一般在该处开挖隧道易产生坍塌,会给施工带来一定的困难,同时地层压力变化较大,衬砌结构也难处置。因此,在选择隧道位置时,切忌沿着(或靠近平行)断层带或破碎带修建隧道,如图 3-7(a)所示,特别是对于区域性大断裂,尤应注意绕避。当隧道线路必须通过断层带时,应尽量使线路与断层走向正交,如图 3-7(b)所示,同时应避开严重破碎带,并应使通过断层的地段最短。

从地质条件进行隧道位置选择时,最重要的影响因素是不良地质。不良地质系指滑坡、错落、崩坍、岩堆、危岩、落石、岩溶、陷穴、泥石流、流砂、断层、褶皱、涌水及第四纪堆积层等不良地段。它们各有其特点,也各有其不良影响。

4) 不良地质的影响

(1) 滑坡地区。在山区修建铁路隧道时,经常遇到滑坡,它给施工、运营可能造成极大危害,因此,当隧道线路必须通过滑坡地段时,应慎重对待。

采用隧道避开滑坡时,应使隧道洞身埋藏在滑床(可能滑动面)以下一定厚度的稳固地层中,如图 3-8 所示,以确保施工及运营过程中滑坡滑动时不致影响隧道安全。当隧道通过古滑坡体时,应充分预计到不致因施工开挖和运营中人为因素导致古滑坡体的复活。

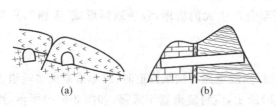

图 3-7 断裂构造地带隧道位置的选择

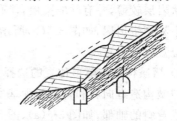

图 3-8 滑坡地带的隧道位置选择

当隧道或明洞必须通过滑坡体时，应在查明滑坡的成因、性质、类型和构造的基础上，采取上部减载，下部支挡，抗滑桩（墙）、地表及地下排水、加强衬砌结构等工程措施，在能确保滑坡稳定的情况下，才允许隧道或明洞在滑坡体通过。

当隧道穿山坡进洞，通过不稳定并有软弱夹层的岩体时，多有引起山体滑动的可能。为此，选择隧道位置时，应充分预计由于施工开挖和爆破、河岸冲刷和剥蚀、人文活动的影响所导致软弱夹层的不稳定和山体的滑动，当隧道通过时，宜避开软弱面（夹层）而将其置于可能滑动面以下一定深度处并应有足够的覆盖厚度，对上述可能产生的危害必须采取相应的工程措施，以防患于未然。

（2）岩堆、崩坍、错落、堆积层以及危岩落石地区。岩堆表面的坡度一般与该堆积物的安息角接近，常处在极限平衡状态或趋于暂时稳定的过渡状态（与原地面基床坡度陡缓密切相关）。当基床陡峻时，一经外界某种因素影响（如暴雨、地震、爆破开挖等），即会丧失平衡，向下滑移或坍落。当隧道通过岩堆地区时，极易引起坍塌、衬砌开裂和难以处理的工程事故。

崩坍的破坏现象是急剧、猛烈的，规模大者达万方以上，对隧道的威胁很大，一旦发生崩坍危及线路时，可导致砸毁隧道洞口或明洞衬砌，中断行车，甚至堵塞河道。

错落在外形和成因方面与滑坡有些类似，但它的错动面或软弱带不像滑坡面那样光滑和有规律，对隧道具有与滑坡相同的危害。

堆积层一般多呈松散状态，隧道开挖后容易引起坍塌，情况严重者常导致地表开裂、坍陷，洞内压坏支撑或衬砌变形，对隧道施工威胁很大。

在上述不良地质地区选择隧道位置时，应查明工程地质及水文地质情况，原则上应避免从不稳定的岩堆、崩坍、错落、堆积层地区中通过，应将洞身置于稳定的地层，如图3-9中a所示。当隧道必须通过时，首先应分析并确认其具有稳定性，且一定要采取有效可靠的工程措施，方得以如图3-9中b所示位置通过。

过去往往忽视危岩、落石的危害性，只注重路基堑坡开挖的安全临界高度，而忽视堑坡外自然坡面的危岩和落石，因而在运营期中常常引起断道，危害运营安全，如图3-10所示。为此，当新建线路时，在充分掌握地形、地质，确认危岩、落石危害范围的情况下，不宜采用短隧道群、高边坡防护方案。如已成为路堑，若采用"支、顶、锚、拦"等措施的把握不大时，以采取隧道或明洞方案为宜，以免危害运营，事倍功半。

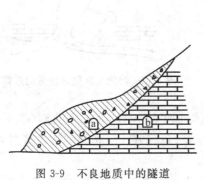

图3-9　不良地质中的隧道

图3-10　落石地带的隧道

(3) 泥石流。山顶积聚的土壤和各种砾石、岩块受到水的浸融成为流体,顺山沟或峡谷流淌而下,来势凶猛,破坏力极大。有时可能摧毁铁路路基,甚至掩埋铁路、堵塞隧道。当线路通过泥石流地区时,首先应充分预计和判明泥石流的成因、规模、发展趋势和冲、淤变化规律,论证以路基、桥梁通过或者以隧道等方式绕道的合理性,并判定工程安全度,以决定隧道方案的可行性。

当采用隧道与明洞方案比较时,一般以隧道方案通过较为安全可靠。在决定隧道位置时应使洞身置于基岩中或稳定的地层内,其顶板覆盖厚度应充分考虑如下因素对隧道产生的最不利影响:预计河床(主河谷和本沟)最大下切及侵蚀基准面对隧道的影响;泥石流可能的改道和变迁对洞身的影响;充分预计隧道防排水的处理难以达到要求或泥石流沟床顶板坍顶等危害的最不利情况时的影响;施工爆破可能带来的危害,如顶板塌陷引起超载等对施工、衬砌结构安全等的影响。

当采用明洞方案穿过泥石流时,除应考虑上述因素外,其基础必须置于基岩或牢固可靠的地基上。洞顶回填的处理,应考虑河床下切和上涨以及相互转化的各种不利情况。

在受彼岸山嘴或洪积扇影响而压缩河床,导致冲刷侧蚀威胁线路安全时,应考虑侧蚀作用对隧道或明洞的危害,在这种情况下,线路位置宜往里靠,如图 3-11 所示。

当隧道(明洞)洞口位置毗邻泥石流沟时,应注意适当延长以避免泥石流可能扩散范围的影响。

(4) 溶洞地区。石灰岩质地区,岩石受流水的化学作用,溶蚀而形成空穴。穴中有的积水,有的被土石填充,均为不可承重的虚地基。当隧道通过岩溶地区时,应力求避免穿越岩溶严重发育的网状洞穴区、巨大空洞区及有利于岩溶发育的构造带,尽量避开洞身置于碳酸盐岩与非碳酸盐岩(可溶岩与非可溶岩)的接触带。当不可能避免时,应选择在较狭窄地段,以垂直或大角度穿过,使通过岩溶地段为最短。

当洞身不能避开时,宜使隧道与岩溶壁间(特别是顶板及底板)有足够的岩壁厚度,或采取相应的工程处理措施,如图 3-12 所示,并要选择在岩溶水不发育的地带通过,特别注意岩溶水突然袭击的可能性。这种现象对施工、运营危害极大,须采取合理可行的预防措施。实在无法做到而又在坚硬的岩类中,则可在隧道内建桥跨过。

图 3-11 侧蚀地带的隧道

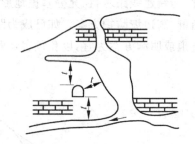

图 3-12 溶洞地区隧道位置的选择

(5) 瓦斯地区。在产煤的地区中蕴藏着有害气体,如甲烷(CH_4)和二氧化碳(CO_2)。隧道开挖时,有害气体逸出,轻则使人窒息,重则引起爆炸,危害甚大。选择隧道位置时,最好能避开瓦斯地区。不得已时,应做好通风稀释的措施。

(6) 黄土地区。黄土具有干燥时坚固,遇水容易剥落和遭受侵蚀的特征。黄土地区常见的有冲沟、陷穴、滑坡及泥石流等不良地质现象,对隧道危害是不容忽视的,特别是有地下水活动和陷穴密集的地段,在隧道施工中极易发生坍塌,产生较大的围岩压力,导致支撑变形、基础下沉及衬砌开裂等危害。因此,选择隧道时应避开沟壑及地下水活动和地面陷穴密集的地区。

5) 不良水文地质的影响

(1) 地下水。地下水多是由地表水的渗透或地下水源补给的。例如岩层裂隙中的裂隙水,或溶洞中储藏的溶洞水,它们有时是流动的,有时是静止的,有时还有压力水头。地下水的存在,使岩石软化、强度降低,层间夹层软化或稀释,促成了层间的滑动。裂隙中的水在开挖时涌入坑道,使施工发生困难,给以后养护也带来无止无休的灾害。隧道施工时发生的涌水不仅对作业环境有影响,也会使掌子面不稳定,影响喷锚混凝土的施工质量。特别是在有大量高压涌水的情况下,常常酿成重大事故。一旦事故发生,必然要改变施工方法、增加辅助工法,致使工期拖后、工程费增加等。我国西北地区的一座隧道断层水曾达 10000t/d。贵昆线上一座隧道,在大雨之后,所有溶洞同时出水达 50000t/d。选择隧道位置时,最好不从富水区中经过。不得已时,也要尽可能地把隧道置于地下水位以上的地方,或在不透水层中穿过。

(2) 地温。地球核心有巨大的热量。随着地表与大气接触而逐渐冷却,成为地表温度。地热的形成按热源分类,可分为三大类:地球的地幔对流,火山岩浆集中处的热,放射性元素的裂变热。其中,对隧道工程造成施工影响的,主要是火山的热源和放射性元素的裂变热源。地表以下每增大一定深度,地温将提高 1℃。这个深度间隔称为地温梯度。据一般测定,地温梯度约为 33m。隧道如果埋置很深,地温太高,将会降低施工效率。隧道通过高温、高热地段,会给施工带来困难。一般在火山地带的地区修建隧道或地下工程会遇到比较高温高热的情况,如日本某某地的发电厂工程的隧道,其围岩温度高达 175℃。更甚者,在高温隧道中还发生过施工人员由于地层喷出热水或硫化氢等有害气体而烫伤或中毒的事故。为保证隧道施工人员进行正常的安全生产,我国有关部门对隧道施工作业环境作了一些规定。如铁路部门规定,隧道内气温不得超过 28℃;公路部门规定,隧道内气温不宜高于 30℃。据国外的资料介绍,日本规定隧道内温度低于 27℃。为达到规定的标准,在施工中一般采取通风、洒水及通风与洒水相结合的措施。地温较高时,可采用大型通风设备予以降温。所以,选择隧道位置时,应尽可能不把隧道放在山体太深处。遇到部分地区埋深太大或高地温时,则应作好通风降温措施。

3.3.1.2 按线路类别进行选择

1. 越岭线上隧道位置的选择

当铁路路线需要从一个水系过渡到另一个水系时,必须跨越高程很大的分水岭。这段线路称为越岭线。

越岭线路的特点是要克服很大的高差,线路长度和平面位置又取决于线路纵坡。因此,选择越岭隧道位置时应综合分析,慎重比选。

越岭隧道主要应解决的问题是垭口的选择、过岭高程的确定、垭口两侧线路展线方案的布局,这三者是相互联系又相互影响的。如何处理好三者之间的关系相当重要。因此,要全面考虑垭口的位置、高程、地形条件、地质情况和不同的洞外展线方式,方能做好方案的比选工作。

跨越分水岭是无法绕行的,唯一方法就是以隧道通过。选择越岭隧道的位置时,应在附近较大范围内对各个垭口普遍进行调查,弄清各个垭口的高程和垭口处的地质与水文地质条件。还要对垭口两侧的沟谷地势、山体厚薄、山坡台地的分布情况,做出详细的调查。然后,选择一个最恰当垭口并把隧道定在最合适的高程上。

1) 隧道平面位置的选择

当线路必须跨越分水岭时,分水岭的山脊线上总会有高程较低处,称为垭口。一般情况下,常常有若干个垭口可以通过。此时,就要进行分析比较,选定最为理想的垭口。

垭口是选定越岭隧道线路方案的控制点。因此,应根据线路走向及地形条件选择可供越岭的垭口。选择越岭垭口时,可由面到线,由线到点,由近而远,由低而高,寻找可能穿越的各个垭口进行研究。一般利用小比例尺的航测照片或地形图根据线路的方向和克服高程的不同要求及条件,进行大面积纸上选线,而后对这些方案进行同等的调查研究,特别是区域工程地质的调查、测绘,查清区域性构造与线路的关系,地质条件与隧道的关系。除了考虑平面位置以外,还要考虑垭口两端沟谷的分布情况和台地的开敞程度,主沟高程是否相差不大,与沟谷是否靠近,以便设计必要的展线。结合线路条件和施工水平,合理地确定隧道工期。要充分注意到,较长的隧道往往具有显著的技术经济效益和较好的运营条件,但常因工期原因而遇到困难。因此,要正确处理好施工与运营的要求,近期与远期的利益,结合两端展线情况,对各方案作出评价,全面进行技术经济比选,合理确定方案。

例如,图 3-13 所示为沙木拉打越岭隧道的方案比选平、纵断面示意。成昆线乃托至泸沽一段,当中有明显的分水岭把两地隔开。乌斯河一侧与分水岭的高差达 1600m,分水岭与泸沽一侧高差也有 620m。线路要跨越,必须选择隧道通过。由于工程较大,需要慎重比选,于是在小相岭纵横几十千米范围内进行了大面积的测绘及调查,得知这一地区是个横断山脉,小相岭的脊线是明显的分水岭。所有可跨越的垭口都在 2500m 高程以上。在越西至泸沽两控制点间,在线路航空方向及其附近,共找到 1#、2#、3#、4# 四个垭口,可作为越岭隧道位置的比选方案,除 1# 垭口高程较低外,其余三个垭口高程与泸沽的高差达 700m,各方案线路沿河谷倾坡而下,地势开阔,都有展线条件。通过比选,3# 垭口最靠近航空方向,线路长度最短,其越岭隧道长度为 19.5km;4# 垭口稍偏离航空方向,越岭隧道最长为 25.8km,其造价最高;2# 垭口偏离航空方向稍远,其越岭隧道长度为 14.5km,两端引线工程较大;1# 垭口线路较长,但越岭隧道最短,仅为 6.379km。就当时技术条件及施工工期等因素,经综合比选后,确定采用 1# 垭口越岭隧道方案。事实证明,这一方案是比较切合当时具体情况和工期要求的。

2) 隧道立面位置的选择

分水岭的山体,一般是上部比较陡峭而下部比较平缓。隧道位置定得越高,山体越薄,隧道越短,工程量可以越小,但两端的引线却要迂回盘绕以凑必要的高程。这样,就使得线路陡弯多,技术条件恶化。反之,隧道位置定得越低,隧道将越长,工程规模越大。但它无需太多的引线,线路顺直平缓,技术条件好,对今后运行有利。这二者之间是互有利弊的。在选定隧道高程时务必全面衡量,从技术和经济两方面,尤其是在今后长远运行条件上,做出综合的比较,才好做出合理的决定。

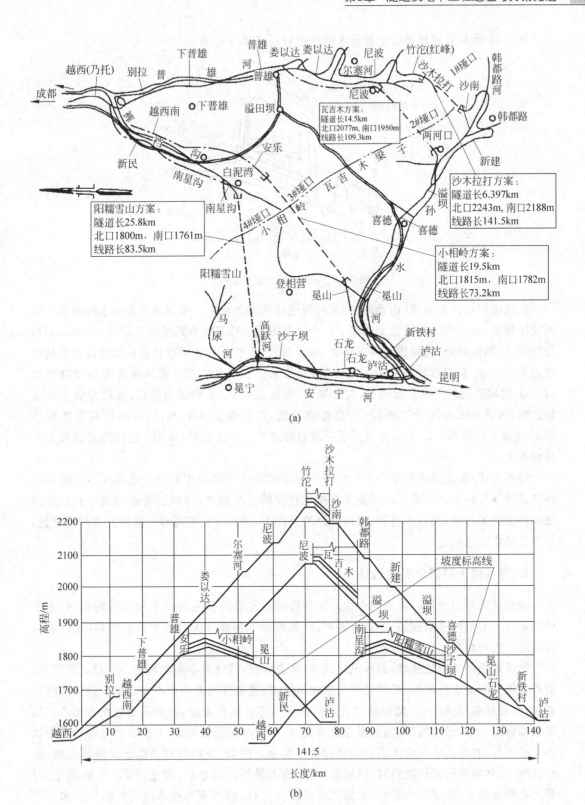

图 3-13 沙木拉打越岭隧道方案示意图
(a) 平面图；(b) 纵断面图

图 3-14 所示为穿越娄山山脉分水岭的越岭隧道选线实例。

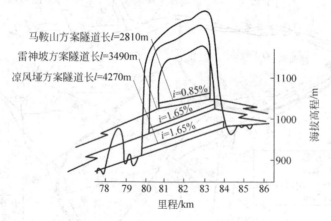

图 3-14　隧道立面位置的选择

凉风垭垭口地形陡峻,山梁薄,分水岭两侧地面高差较大。根据地形及分水岭两侧沟谷等具体情况,在不同高程位置上选择了三个主要方案:马鞍山方案越岭隧道长 2810m,洞口位置最高,隧道最短,线路拔起高度最大,展线最长,运营条件相对也较差;雷神坡方案越岭隧道长 3490m,其高程较马鞍山方案为低,线路条件也有所改善;凉风垭方案越岭隧道长 4270m,越岭高程较上两方案均低,线路顺直,展线最短,但越岭隧道最长,在两控制点比较段之间,隧道总长及其他工程较少,总造价也低,与马鞍山方案相比较,越岭高程降低达 96m,线路长度缩短 14.7km,并避开了一段岩溶地区。经比选后,采用了越岭隧道最长的凉风垭方案。

综上所述,拟定隧道穿越分水岭时的高程是越岭线路选择中的一个重要环节。随着我国隧道设计与施工技术水平以及施工机械化程度的逐步提高,为使铁路运量满足和适应国民经济发展的需要,在技术可行、经济合理的条件下,应充分认识越岭长隧道方案的优越性,并通过慎重比选确定。

2. 河谷线上隧道位置的选择

铁路沿河傍山而行时称为河谷线。这种线路的左右两侧受到山坡和河谷的制约,上下受到标高和限制坡度的控制,比选方案时,可能移动的幅度不大。虽然摆动的幅度很有限,但其对工程的难易、大小都有影响。

河谷地段往往山坡陡峻,岩体风化破碎,河道蜿蜒,线路势必随之弯转。走行在凹岸时,更有可能受到河水的冲刷,必须设置防护建筑物,并且常伴随着地质不良现象。设计线路位置时,如果稍偏河流一侧,则线路位置恰恰落在山体的风化表层内,极易引起坍方落石;如果稍偏靠山一侧,形成浅埋,洞顶覆盖太薄,将受到山体的偏侧压力,对施工和结构的受力状态十分不利,有时会导致施工困难和结构的不安全。例如,金口河隧道位于大渡河左岸,山势陡峻,岩体破碎。设计线路时,位置靠外,使隧道处于山坡之间,洞壁过薄。一经施工,时常发生坍顶露空,山坡变形开裂,给施工带来极大困难,给国家造成不应有的损失。多年实践总结出一条经验,就是"宁里勿外",就是在河谷线上,隧道位置以稍向内靠为好。当然,过分内靠,使土石方量增加太多,隧道增长,也是没有必要的。

例如成昆线大火夹至柳田坝段，沿大渡河峡谷而行，地形陡峻，并有断续的悬岩峭壁，原拟采用短隧道群通过，则线路挂在岩边，上有落石、下有冲刷，上下均有病害隐患，桥隧相连，在 1km 范围内有 7 座隧道(0.77km)，2 座大桥，8 座小桥，5 处挡墙，洞门多、工程类别复杂，施工便道与正线工程干扰，难以处理危岩、落石，不易保证运营安全。经比较后采用线路内移方案，避开了不良地质地段。内移后的线路有 2 座隧道(1.297km)，4 座小桥涵，1 处挡墙，线路顺直，运营安全。

为了使隧道顶上有足够的覆盖岩体，隧道结构不致受到偏压，还能形成天然拱，洞顶以上外侧应有足够的厚度。《铁路隧道设计规范》(TB 10003—2005)规定的厚度如表 3-1 所示。

表 3-1　偏压隧道外侧拱肩山体最小覆盖厚度 t　　　　　　　　　m

地面坡 1:m	线别	围岩级别			
		Ⅲ	石Ⅳ	土Ⅳ	Ⅴ
1:0.75	双线	7.0	—	—	—
1:1	单线	—	5.0	10.0	18.0
	双线	7.0	—	—	12.0
1:1.25	双线	—	—	18.0	—
1:1.5	单线	—	4.0	8.0	16.0
	双线	7.0	11.0	16.0	30.0
1:2	单线	—	4.0	6.0	12.0
	双线	—	10.0	14.0	25.0
1:2.5	单线	—	—	5.5	10.0
	双线	—	—	13.0	20.0

注：Ⅵ级围岩的 t 值可通过计算确定；
　　Ⅲ、Ⅳ级石质围岩的 t 值应扣除表面风化破碎和坡积层厚度。

当地层结构面倾向山一侧时，地层比较稳定，覆盖厚度可以酌减。当地层结构面倾向河流一侧时，覆盖厚度宜予加大，如图 3-15 所示。

3.3.2　方案比较

线路通过地质不良的地区，或是要克服前方的高程障碍，在准备采用隧道方案时，还应当从工程难易、规模大小、工期长短、造价高低以及今后运营的能力、经济效益和国防作用等方面与其他方案进行比较，才能显示出该隧道方案的合理性。下面列举一些应予比较的情况。

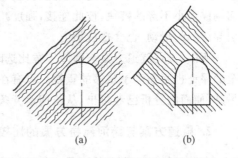

图 3-15　结构面倾向对隧道位置的影响
(a) 不利的结构面倾向；(b) 有利的结构面倾向

1. 隧道方案与明堑的比较

有时，从地形条件看，克服前方的高程障碍可以采用隧道方案，但是如果适当地抬高坡度或是用不太困难的展线，把路线拔高一个相当的程度，剩下需要的高度用略深一点的明堑劈峰越过,也能达到目的。此时,就应当对隧道方案和明堑方案进行比较,择优选取。

1) 经济和技术上的比较

一般来说,隧道造价比明堑要贵一些,施工技术也复杂一些,因此,除了展线和抬坡以外,单纯从经济和技术上比较,明堑方案常常是比较省钱、省事、快速的。我国几十年来新建铁路工程中,以明堑通过高程障碍而获得成功的例子也不少。明堑方案在节省投资和加速施工进度方面起了一定的作用。

2) 安全条件比较

在比较隧道方案与明堑方案时,如果忽略了安全条件,就会造成错误。例如,为了避免修建工程较难的隧道,有意识地将线路向靠河一侧移动,把本该用隧道穿过的地方,硬以明堑通过。由于明堑劈坡太深,开挖后会导致边坡不稳,施工时坠石掉块,运营后塌坡坍方,给长期运营带来安全方面的威胁和防护方面的困难。

以宝成线秦岭盘山道为例,本应用隧道通过,但为了赶工期,节约投资,草率地改用明堑方案。深挖边坡为 1∶0.75 和 1∶0.5 的陡边坡,边坡的高度达 60m,个别边坡达到 90m,岩层虽为花岗岩,但属于风化破碎带。开挖后,表层岩石很快风化,边坡站立不住。施工期间就不断坍方,其中最大一次塌方达 10 万 m^3。边坡顶上普遍出现纵向裂缝。以后多次刷方,刷到坡顶达 130m 仍不能稳定。直到铺轨时才不得不增添明洞,但已造成不应有的损失,并使施工程序极度混乱。

根据经验,山体可穿而不宜大挖,大挖必坍。也就是说,山体本来是处于暂时平衡状态的,一旦开挖出暴露面,使平衡受到破坏,就要进行内力调整,产生位移,于是出现了坍方。开挖得越深,扰动越大,引起塌方的可能性也就越高。特别是沿河路线,地质条件复杂,开挖暴露面越大,这种情况就越严重。所以,大挖的地方,往往最容易发生坍方,造成各种后患的所在,贻害无穷。

对于土质的明堑,由于边坡平缓,虽然不易坍塌,但受到地表水流冲刷侵蚀,也会部分下滑。对于岩体明堑,一般边坡较陡,石质坚硬,但岩体存在着节理和层理,这些结构面把岩体切割成大小不等的楔块,彼此连接,强度减低,或是夹层泥质受到地下水的侵蚀塑化,很容易引起层间的滑动,也会造成坍方。

所以,进行隧道方案与明堑方案比选时,除了在经济和技术方面进行比较以外,对于安全的保证也必须给予足够的重视。只有在保证安全的前提下,才能谈到经济和技术的比较。另外,前面的分析已经指出,从长期运营条件来看,隧道方案优于明堑方案。

2. 隧道方案与跨河建桥方案的比较

在河谷线上遇到高程障碍,而地形紧迫,绕行有困难,展线又没有足够回旋的余地时,采用隧道穿山而过自然是可行的。但是当线路沿河傍山,线路坡度较为自由时,如在不太宽的河段上,桥也不太高时,应尽量采用反复跨河交替利用左右岸有利地质、地形条件的方案,绕避不良地质和减少隧道工程。这种反复跨河"避难就易"的方案效果很好。

如在成昆线南段龙川河上阿南库至龙丹甸段的 11km 范围内,跨河 10 处之多,既避开了左右岸地质病害工点和含盐地层地段,又使洞身位置相对优越,隧道长度相应减少,取得了良好的效果。又如我国沙丰一线,在全线 100.6km 的线路上,7 次跨河,线路盘旋于河道两岸,各段充分利用了两岸地形的有利条件,是比较成功的例子。

1) 跨河建桥方案的优缺点

(1) 一般情况下桥梁长度短而每延米的造价高；

(2) 一般跨过河谷的桥梁，河心不宜设墩，所以中孔跨度较大，两端基础必须十分坚实；

(3) 在洪水或严寒时期，施工就比较困难，因而施工有季节性；

(4) 跨河桥的最大缺点是桥头两端必然是曲线，甚至曲线半径很小，这就使得线路的行车条件变坏；

(5) 如果线路原本要抬坡争取高程，转为桥梁后，桥身及两端引线都要放在平坡上，则达不到争取高程的目的；

(6) 在国防意义上，跨河建桥往往是空袭的明显目标，一旦受到破坏，全线就要中断，而且不能做临时便线。

2) 隧道方案的优缺点

(1) 隧道相对较长，而每延米的造价要低一些；

(2) 隧道穿山而过，线路直、短、平；

(3) 施工不受季节影响；

(4) 隧道建成后维修养护的工作量较小；

(5) 战时可作列车掩蔽所；

(6) 如果线路前方遇到不良地质地段，将增加修建隧道的困难；

(7) 如果隧道太长，工程太大，出渣太多，则堵塞河道，施工场地不如桥梁开阔，不能容纳更多的人同时施工，那就不如建桥了。

因此，隧道方案与跨河建桥方案的比较，必须从多方面综合考虑，需要以轻重主次来权衡，选出较优方案。

3. 双线单隧道和单线两隧道的比较

随着我国国民经济不断向前发展，许多原有的单线铁路已经明显不能满足运量日益增长的需要，迫切要求把这些单线铁路扩建为双线铁路。于是铁路线上的隧道相应地要求从单线扩建为双线，或是增建第二线的隧道。

双线隧道的优点是：①所需的宽度比两座单线隧道的宽度要小，选线时易于安排布置；②开挖面面积比两座单线隧道的开挖总面积小，也就是工程量要小，而施工的相互干扰也少些；③双线隧道的净空较大，坑道宽敞，有条件使用大型机械施工；④双线隧道的通风条件好，维修养护方便。

双线隧道的缺点是：①双线隧道断面跨度大，所受围岩压力大，因此需要更为有力的支护结构；②隧道施工时，因为压力大，临时支护困难，发生坍方事故的威胁较大；③双线隧道的一次工程投资比两座单线隧道先后修建的初期投资大；④隧道断面积大，不能充分利用列车活塞风。

单线隧道的优缺点与上述相反。它的优点是：①断面小，压力小，坑道的稳定性好，施工容易，支护简单而且安全；②对于近期尚不准备修第二线的新建隧道来说，可以先修第一线的单线隧道，预留第二线，待需要时再修，则初期一次投资较少；③若第一线隧道施工时采用了平行导坑，则平导即可作为第二线隧道的前进导坑。

单线隧道的缺点是：①两座单线隧道必须横向相隔一定的安全距离，才能保证两隧道间的围岩土柱有足够的支承能力,以避免在修筑第二线时对第一线隧道有影响;②两座单线隧道无论是同时施工还是先后施工,总会有些相互干扰,尤其是在修第二线隧道时,多半是在已成第一线不间断行车的条件下进行的,这就增加了施工的困难。

根据实践经验,在松软地层、不良地质或黄土地区修建隧道时,跨度大小对隧道工程的影响较其他地区更为显著,修建两座单线隧道往往比修建一座双线隧道易于保证施工质量和施工安全,且工程费用增加较少。

总之,两种方案各有其优缺点。比较时要根据铁路运量的要求,结合地形、地质以及施工条件、工期要求、资金运用等因素,综合比较,择优选定。

应当指出,近年来我国隧道施工的技术水平和机械化程度都有较大幅度的提高,修建大跨度隧道已经非常有经验。因而,在一次修建复线的新建铁路上,多半倾向于修建一座双线隧道,对于长度不大、地质较好的隧道,一次修筑双线隧道也是合理的。

当复线本身相距一定横向距离时,就可以各自修建单线隧道,但要保证两座隧道之间有足够的安全距离。在实践的基础上归纳出的最小间距数值,如表 3-2 所示,仅供参考。

表 3-2　复线两隧道间的横向最小距离

围岩级别	最小安全距离/m	围岩级别	最小安全距离/m
Ⅰ	$(1.5\sim2.0)B$	Ⅴ	$(3.0\sim5.0)B$
Ⅱ～Ⅲ	$(2.0\sim2.5)B$	Ⅵ	$>5.0B$
Ⅳ	$(2.5\sim3.0)B$		

注:表中 B 为隧道开挖断面的宽度(m)。

表 3-2 所列数据与围岩的工程地质、水文地质、坑道断面大小、埋置深度和开挖爆破时的扰动程度有关。所以设计时,不应单纯以该表为依据,还应结合实际条件,参考以往经验,进行类比确定。

修建两座单线隧道时,一线隧道宜修建于靠山里的一侧,留着外侧给二线,这样可以减少对一线的影响和干扰。

4. 长隧道与短隧道群方案的比较

沿河线上,往往会遇到山坡一侧峡谷排列,呈七沟八梁的情况。由于横坡较陡,路线位置稍稍偏外,则将引出许多断断续续的短隧道,路线位置稍稍偏里,则将成为一座较长的隧道。因此,在选线设计时,要在一座长隧道与短隧道群的方案之间进行比较。

短隧道群方案的优点:①短隧道是比较容易施工的,技术上的困难也不多;②一群短隧道并不相连,隧道之间留有长短不等的明线部分,这样它们各自有出口和入口,可以开辟较多的工作面,施工进度较快;③建成后,由于隧道短,多半只靠自然通风,不必另配机械通风系统;④运营成本低,可以减轻车上旅客长时间处于地下的不舒服感觉。

短隧道群方案的缺点:①河谷边坡的地质多是比较复杂的,尤其是地表覆盖层更是风化地带,岩体松散破碎,节理切割严重,短隧道在此通过,坑道多不稳定,围岩压力很大,开挖时易致坍方;②隧道外侧覆土太薄,形成偏侧压力,使隧道的支护结构处于不利的受力状态中,若岩体的层理是向外下倾的,更易发生剪切破坏,对隧道的稳定形成威胁;③多个隧道进、出口,施工时互相干扰,洞口场地也不好布置;④多条隧道要多建许多洞门建筑物,工程造价上不经济。

线路稍稍内移,则将引出一座较长的隧道代替一群短的隧道。

长隧道方案的优点:①位于岩体深处坚固稳定的地层中,围岩压力小,坑道稳定,无偏压受力的情况;②支护简单,施工比较安全;③工程单一,施工不受干扰;④只有两个洞门建筑物,比多座短隧道少。

长隧道方案的缺点:隧道长,技术上要复杂一些,工程造价较高。

多年实践经验表明,线路应向里靠一些,尽管隧道会长一些,但只建一座隧道为好。虽然各隧道的条件不同,不能把它绝对化,但这一倾向是经过许多经验总结而来的。

5. 对相关工程的考虑

1) 桥隧工程毗邻的统一安排

在同一条线路上,常常分布着若干座隧道、桥梁和路基支挡结构等。它们之间看来似乎是个体,但从整条线路的选定出发,又是彼此相关的组成体,需要有统一的安排。例如,桥梁与隧道紧紧相连,隧道口就紧接着桥梁的台座。它们既相邻,就要有一致的条件,平面上要在一个坐标方向,立面上要在同一个高程上。为此,必须把隧道和桥梁的各自条件统一起来。就隧道来说,位置定得高了,隧道可能短一些,但要求把桥梁抬高,从而影响到桥梁两端引线的坡度要陡一些。就桥梁来说,桥的高程只需满足洪水位的要求,桥身最好矮一些,尽量与河道垂直,这要求隧道放低,与山体直贯。二者常常不好兼顾,需统筹协调。此时,需要分析矛盾所在、利害关系的轻重大小,然后经过比较判断,决定彼此依从的关系。

例如,成昆线的乌斯河隧道与大渡河大桥首尾相连,在确定标高时,出现了互相矛盾的情况。初步设计乌斯河隧道从地质较好的地层中穿过,工程容易,造价低。但大渡河水深流急,水下施工困难,工期十分紧迫。经过认真分析、权衡,该大桥工程艰巨,是控制工期的重点,是困难的主要方面,因而最后决定把高程放在对大桥有利的高程上,而乌斯河隧道只好从一层砂卵石层中穿过。这样设计虽然给隧道施工增加了一些困难,但是实践证明,从整体利益考虑,这样的安排是合理的。

2) 隧道位置与前后线路防护措施的关系

沿着河谷行进的铁路,由于侧坡较陡,线路稍有偏外就会落入河道之中或跨到河岸之上,需要设置栈桥或高填路基,需建护坡建筑物。线路稍偏内,则会插进山体,需要大劈大挖或延长隧道。大挖则需设置御土墙,如果有落石还要修建明洞。这些相应建筑物虽非大型建筑物,但数目较多,工程量也不小,而且今后的维修养护都较费事,雨季流水常会引发病害,危及行车。若采用隧道,虽然工程略有增加,但可以克服上述缺点。如果能把路线的横向位置处理好,也许用不太深的路堑或不太长的隧道便可以解决此类问题。因此,在设计线路方案时必须亲临现场,勘察实际的地形,结合地质条件,就地比较选定,从而得出切合实际的最优方案。

3.3.3 隧道洞口位置的选定

隧道的位置选定以后,隧道的长度是由两端洞口位置来决定的。而隧道的造价大小和施工难易在很大程度上与其长度密切相关。

在一般情况下，隧道进洞以前总要有一段引线路堑。当路堑深度达到一定程度时就开始进洞。因此，决定洞口位置实质上就是决定从引线路堑转为隧道最适宜的转换点。隧道洞口位置选择恰当，隧道和路堑的安全稳定程度就高，造价也最合理。反之，选择不恰当，就会产生路堑边坡坍塌、崩解；隧道上方的仰坡滚石掉块，危及行车安全。必要时，还要花加倍的费用接修明洞。所以，洞口的位置需审慎决定。

通过多年实践经验，总结出一个指导思想，叫做"早进晚出"，指在决定隧道洞口位置时，为了施工及运营的安全，宁可早一点进洞，晚一点出洞。这样做，虽然隧道稍稍长了一些，但却安全可靠得多。从全局观点出发，这样做是合理的。当然，所谓早和晚都是相对的，并不意味着进洞越早越好，出洞越晚越好。不应当盲目地加长隧道，而是应当从安全方面来考虑问题。在一般情况下，这一指导思想是符合实际的。

通过实践，总结出选择隧道洞口位置有以下几点原则。

(1) 洞口应尽可能地设在山体稳定、地质较好、地下水不太丰富的地方。避开不良地质，如落石、崩塌、滑坡、岩堆、岩溶、流砂、泥石流、多年冻土、盐岩、雪崩、冰川等对结构物会造成危害的地方。如遇到不良地质地段，宜早进洞或加接明洞，还可以设柔性钢丝网防护，对于有些大型危石和集中落石区，根据具体情况分别采用清除、支顶、锚杆和锚索加固措施处理，保证隧道运营安全。

(2) 洞口不宜设在垭口沟谷的中心或沟底低洼处，不要与水争路。因为在一般情况下，垭口沟谷在地质构造上是最薄弱的一环，常会遇到断层带或褶曲带、古坍方、冲积土等松散地质。此外，地面流水都汇集在沟底，再加上洞口路堑的开挖，破坏了山体原有的平衡，更容易引起塌方，甚至不能进洞。所以，洞口最好放在沟谷一测，让出沟心，留出泄水的通路。

(3) 洞口应尽可能设在线路与地形等高线相垂直的地方，使隧道正面进入山体，洞门结构物不致受到偏侧压力。傍山隧道，限于地形，有时无法做到上述要求，只能斜交进洞时，不应使交角太小，而且要有相应的补救措施，如采用斜洞门或台阶式洞门。切忌隧道中线与地形等高线平行。《铁路隧道设计规范》(TB 10003—2005)规定：当地形等高线与线路中线斜交角在45°~60°之间、地面横坡较陡、地质条件较好(单线Ⅰ~Ⅲ、双线Ⅰ~Ⅱ围岩)时，可采用斜交洞门，其端墙与线路中线的交角不应大于45°。

(4) 当线路位于有可能被淹没的河滩上或水库回水影响范围以内时，隧道洞口标高应在洪水位以上，并加上波浪的高度，以防洪水倒灌到隧道中去。

(5) 为了保证洞口的稳定和安全，边坡及仰坡均不宜开挖过高，不应使山体扰动太多，暴露面太大。一般情况下，设计各类围岩中隧道洞口上方的仰坡和路堑的边坡控制高度和坡度可参考表3-3。

表 3-3 洞口边、仰坡控制

围岩级别	Ⅰ~Ⅱ			Ⅲ		Ⅳ			Ⅴ~Ⅵ	
坡率	贴壁	1:0.3	1:0.5	1:0.5	1:0.75	1:0.75	1:1	1:1.25	1:1.25	1:1.5
高度/m	<15	<20	25左右	<20	25左右	<15	<18	20左右	<15	<18

(6) 若洞口附近遇有水沟或水渠横跨线路时，应慎重处理。当线路横沟进洞时，设置桥涵净空不宜太小，以免后患。当地形条件不适于设置桥涵时，应结合地形、地质情况和水流大小，经过技术经济比较，采取相应的工程措施。如扩大洞门墙顶水沟，将水引离隧道；利

用明洞洞顶做过水渡槽引接；当洞顶水沟流量大，对隧道施工、运营不利时，应结合地形、地质条件，改沟排出。

（7）若洞口前方岩壁陡立、基岩裸露时，最好不刷动原生坡面，不挖开山体。因为山体经过若干年的地质构造运动，内力已经自行调整，达到稳定的平衡。如不扰动，它是稳定的。一旦挖开，尤其是刷方太甚，原有的平衡遭到破坏，反而会产生移动，出现坍方。所以，不宜破坏天然平衡，尽管纵坡超出了限值，仍以不动为好。此时，可以贴壁进洞，只把洞门墙留出一定的空档，用以挡截小量的剥落碎块即可。

（8）洞口以外必须留有生产活动的场所。隧道洞口一般都在山地沟谷中，地势狭窄，而施工有许多工序是在洞外进行的，需要一定的场地。尤其是隧道不断深入，则不断出渣，堆卸，地面就更显狭小。因此，在选定洞口位置时要考虑到场地的布置。例如，需要布置运输便道位置、弃渣地点、材料堆放位置、生产设施用地以及生产生活房屋面积等，也需要预先估计到。

总体来说，选定隧道洞口位置时，首先要按照地质条件控制边坡和仰坡的高度和坡面长度，其次是避开不良地质区域和排水影响，最后考虑经济因素。

3.4 其他地下工程选址

在进行地下工程选址时，要考虑区域稳定性的因素，尽量避开地质不良地段，同时参考隧道选址的主要影响因素进行考虑。而对大规模国土的有效利用的地下工程主要是针对隧道工程，关于其选址 3.3 节有充分说明，可作为选址依据。根据地下工程的利用形态，地下工程可分为多种类型，本节针对几种典型的地下工程选址进行说明。

3.4.1 地下铁道选址

结合城市地铁建设要求，按照"协调发展，按需设置，技术可行，经济合理"的根本原则，归纳总结出地铁站点选址的如下几条原则。

1. 与城市发展相协调

城市地铁站点的设置往往能吸引大量人流的聚集，也能增强区域间的可达性，进而带动沿线片区经济的发展与规划格局的变更。地铁站点一般会聚集大量的人流、商流，使地铁沿线片区发展成为城市副中心，形成城市空间新格局。为了协调城市的远期发展规划，地铁站点的选址应与近远期的城市土地开发和道路网建设相结合，在满足现有条件的同时为后续城市发展留有余地，满足城市未来交通出行、环境发展和城市规划布局的长远发展要求。

2. 满足乘客出行需求

1）满足乘客乘车需求

城市地铁的客流主要是城市客流，它具有明显的潮汐式特点。客流在上下班的高峰时期迅速集聚，这就要求城市地铁能在很短时间内实现客流疏散。因此，要真正达到迅速疏散客流的目的,城市地铁与其他交通方式之间在客流量和时间上都要充分协调好。可将地铁站位选择在公交车站密集区,或者是通过先进的设施与空间立体化衔接,合理组织人车分离,满足城市居民便捷乘车要求,提高居民出行质量。而站点的设置,应选择在人流集散强度大的区域,并能满足乘客便捷进出站的要求。偏远处乘客可以与地面公交配合,安排一些接运公交线路将乘客从低密度地区运到地铁线路站点,尽可能方便乘客出行。

2) 方便乘客换乘

城市地铁站位应保证各交通方式客运设备的运输能力相互适应和匹配,充分考虑地铁站位的乘客流量、换乘时间和与站位其他交通方式顺畅衔接和配套的策略,使乘客尽可能均匀分布在换乘过程的每一个环节,实现便捷换乘,不要在任何环节滞留、集聚,使旅客在完成各交通方式间的搭乘转换时形成一个完整而连续的过程。同时,城市地铁线路站点的设置要充分与现有铁路、公交、航空以及其他轨道交通线路等交通方式密切配合,集多条城市轨道交通线路于一体,形成地铁枢纽,减少乘客换乘步行距离,节省出行时间,保证乘客换乘的便捷性。

3. 保证施工建设的顺利实施

地铁车站的建设,尤其地下车站的建设,往往由于周围地质条件和既有建(构)筑物的影响而增加施工难度。在城市中心区,地下污水管、电缆等管线布设较多,车站建设之前需先探测地下管线情况并根据方案做管线迁移。在管线布设较多的地方,管线迁移工作量大、工程复杂。另一方面,地铁线路站点的出入口应结合车站主体位置进行合理设置,其出入口红线内以及地下车站主体上方的地面建构物需进行拆迁。因城市中心征地拆迁成本较高,征地难度大,在实施过程中给线路站点的选址带来难度。因此,为减小车站结构建设难度,城市地铁线路站位的选择要充分考虑实地管线以及周边征地拆迁情况。

4. 节约车站建设投资

不同站点位置的地质条件、施工方式以及车站设计方案都有所不同。而地铁车站建设的工程造价远远大于区间隧道的建设,其建设费用在地铁建设中所占比例很大。在满足乘客出行需求、保证施工技术条件的状况下,为提高地铁建设的经济意义,站点规划建设过程中应尽量减少投资浪费,创造更多的经济效益。

5. 符合线路规划对车站间距的要求

站点选址是继线路规划之后的"点"阶段,是站位方案确定后对站址优化修正的细化阶段。在选址过程中,备选方案的站址要在相邻站点最小站间距与最大站间距要求之间的合理范围内,即按照城市地铁的建设程序,站点选址要充分符合线路规划中站位规划对车站间距的要求。

6. 其他原则

(1) 需兼顾整条线路运营组织的便利性,通过站点设置尽量构筑起最优的市区轨道交通线路骨架。确定站址时应注重发挥网络整体运营效率,为今后线路的合理运营创造条件。

(2) 考虑地铁线路的路由走向与客运交通走廊应相吻合,同时要降低这两大因素的工程投资。地铁站点应尽量设置于道路之上,有利于地铁线路尽可能地沿城市道路敷设,减小工程建设难度和风险,并有利于减少工程投资。

(3) 考虑站点甚至区间线路的工程可实施性,尽量减小工程建设的实施难度。

(4) 考虑列车的运行条件以及列车性能的发挥,线路上的站点应尽量均衡分布。在符合站点间距要求及道路安全规定等各项指标条件的基础上,站点选址应尽量满足城市居民出行的便利性。

总之,地铁站点的选址要以"协调发展,按需设置,技术可行,经济合理"为根本原则,并结合地铁建设的根本原则以及建设实施中的实际要求和作业特点。城市地铁线路站点建设的原则是与城市发展相协调,满足乘客出行需求,保证施工建设的顺利实施,节约车站建设投资。

3.4.2 地下(商业)街、地下停车场选址

1. 地下(商业)街选址

结合城市交通、生产、生活的特点及城市总体规划,地下商业街的设计原则有以下几点。

(1) 地下商业街的建设必须与城市内再开发同步进行,必须纳入城市地下空间开发利用的总体规划;

(2) 在拟定建设地下街时,首先要明确其功能,并相应确定各组成部分的合理比例,特别要与城市地下交通设施、公用设施等一并进行综合利用;

(3) 在设计前,一定要对其经济、社会和环境效益进行综合分析,并对可能的投资偿还期做出预测;

(4) 选择地下商业街空间形状和尺度时,必须把功能使用要求和精神感受统一考虑,使之既经济、适用,又能遵循美学原则,给人以空间美的享受。

2. 地下停车场选址

停车场规划大体上分为两大类:一类是在城市综合交通体系的基础上规划停车场;另一类是特定停车场的规划。

在编制规划时,应该特别注意的是:

(1) 要与停车位计划相配合。对停车场规划来说,其车位规划就是土地利用规划和交通规划,不仅要计算停车位的需求,还要考虑停车场设施的配置。

(2) 综合考虑各种需求。城市公共停车场,不仅要考虑该地区的交通停车需求,还要考虑民间的、专用停车场的设置和分布状况等,同时还要充分预测周围土地的利用状况。

(3) 机械式停车设施是压缩修建成本的重要途径。在保证停车场满足需要的情况下,从经济性和土地的充分利用上出发,采用机械式停车设施也是目前城市规划停车场的发展方向。

3.4.3 伴随科学技术发展而利用的地下工程选址

1. 地下生产工厂

一般来说,把地上卓有成效的生产设施移到地下,是有其原因的。

1) 利用选址的经济效果

由这一原因决定的地下设施是常见的。例如报社的地下印刷厂,为了缩短报纸从编辑到发行的时间,有必要让印刷厂靠近编辑部。编辑部为了收集情报的便利,通常都选在城市中心地区,而城市中心地价高昂,印刷厂只能建设在地下。此外,从选址的经济效果看,在大规模矿山中将某些机械修理车间设在地下,可大大节省向地面搬运的时间,这种例子随着坑道的延长和深度的增加,其经济效果更显著。

2) 利用防止噪声公害的效果

接近住宅地区的生产设施,噪声是一个很大的公害。而地层具有较强的隔断效能,因此把一些设施移到地下,可较好地解决噪声问题。但是,如果仅因为这个目的就采取地下方式,通常成本是很高的,因此修建时要综合分析考虑。

3) 利用恒温和恒湿等物理效果

如果埋深在 3~5m 以上,温度一年间几乎不会变化,而且湿度也几乎恒定。由于隔热性能好,储藏在内部的热量不易边散。因此,把利用这些特性的生产设施设在地下是有利的,如冷冻工厂、冷冻仓库等。美国曾将此技术用于苗木栽培,其所需光线由电灯供给,因温度管理成本低,故成绩斐然。此外还有匈牙利的葡萄酒工厂。日本曾利用废弃隧道的环境条件生产食用菌,也非常成功。

4) 利用防灾效果

地下设施的防灾效果在于战时对炸弹、平时对地震和火灾等灾害的防护性能较好,因此,从防护和安全观点出发,把一些生产设施放在地下是较为安全的。例如斯德哥尔摩的地下电话交换设施,平时为了安全,还把磁带保管在地下,这都是地下空间的利用效果。

5) 保护景观的效果

在城市中,有时会出现既要修建某些制造厂,又要保护城市景观的矛盾,解决这一矛盾的有效办法就是将制造厂移入地下。如瑞士为保护市内的纪念物,将报社印刷厂修建在地下;将公园内的地热发电站修建于地下也是这个原因。

6) 已建空洞的地下利用

如矿山采掘后的地下空洞、城市的防空洞等,都可用作谷物和食品的储藏基地及小型制造厂等。

2. 地下水力发电站

地下水电站的选址与设计主要考虑如下因素。

(1) 地下发电站都设在坚硬、整体性好的岩体中。

(2) 确定地下空洞的位置和方向时,要考虑距地表及大断层的距离、断层及节理组合对开挖面的影响、对平行或相互交叉的地下结构物的影响及初始地压与空洞的方向等。

通常,地下发电厂的埋深在 100~300m,初始地压为 5.0~10.0MPa。由于地形和地质构造的影响,侧压系数大于 1 的情况较多。因此,在水平方向的初始应力为主的情况下,最好使空洞的纵轴方向与最大主应力平行,这样在横断面方向将作用有较小的侧压。

(3) 断面形状一般都采用应力集中较小的接近椭圆形的马蹄形断面,有的采用直墙式断面。

3. 原子能发电站

地下式原子能发电站的优点有：①选址条件的范围大，不需要宽阔的平坦地，海岸或山区均可修建；②修建在地下，对景观的影响小；③地下空洞周围岩体对放射性有良好的遮蔽效果，并可容纳放射性物质；④抗震性好；⑤防御外部下落物。

其不利之处有：①为了开挖大型空洞，需坚实岩体，因而建设费用高、工期长；②扩建、改建困难。

3.4.4 防御和减少灾害的地下设施选址

1. 防护建筑

地下的暂时避难设施，不仅可在紧急时利用，平时也可加以使用，如用作仓库、停车场和体育设施等，这是很重要的。

2. 储备设施

一般地下的储水设施需要注意发生灾害，水槽、水道或管道可能破损，会使饮用水、防火用水等不足，尤其是在人口过密的城市中，可能会造成重大的事态。因此，在规划、设计中要给予足够的重视。

3. 防御洪水灾害的地下坝和地下河

应该指出，这些设施由于城市用地的减少，多求助于地下空间。因此，近年来地下式储留池、地下式渗透槽等日益增多。

地下坝就是在地下修筑大规模的混凝土结构物作为储水结构的设施。目前地下坝的规模远远没有地上坝的规模大，这是由于自然地形、地质构造特性决定的，即在不透水性岩层上堆积的砂砾层中构筑不透水的连续壁，利用砂层的空隙储留河川水，在枯水期河川水不足时用泵提取使用。

作为地下的不透水性的连续壁，并不需要像地上坝那样自稳的大规模结构物，而只要采用地下连续壁和压浆等方法确保其不透水性即可。因此，只要地形、地质条件合适，地下坝就是一个非常有效的水资源开发的方法。

习　题

1. 隧道勘测分为哪两个阶段？这两个阶段的勘测内容、范围和精度各有什么不同？
2. 隧道工程调查的主要内容是什么？
3. 隧道工程测绘的地形图、纵断面图和横断面图的比例尺是如何规定的？
4. 设计阶段和施工阶段地质调查的主要内容是什么？

5. 隧道位置的选择与哪些因素有关？
6. 不良地质条件对隧道位置的选择有哪些影响？选择洞口位置的原则是什么？
7. 在越岭线和河谷线上选择隧道位置应注意哪些问题？
8. 隧道方案与其他方案比较有哪些主要特点？
9. 地下铁道选址的基本要求是什么？

第4章 隧道及地下工程平、纵断面设计

4.1 铁路隧道平、纵断面设计

隧道内的线路是整条线路中的一个区段。隧道设计时,首先要满足线路明线所规定的各种技术指标。由于隧道的施工、运营、养护及改建等工作条件均比明线差,所以,在设计隧道内的线路时,除了遵照线路明线所规定的技术指标以外,还要附加上适应隧道内工作条件的一些技术要求。

附加的技术要求可以从平面设计和纵断面设计两个方面来阐述。

4.1.1 平面设计

就铁路线路而言,是越直越好。线路顺直,列车可以快速通过,走行的距离也较短,有利于列车多拉快跑,提高线路的运营效率。在隧道内,线路就更应设计成直线。除了上述原因外,还由于位于曲线上的隧道有以下缺点。

(1) 曲线上的隧道,由于列车倾斜和平移,隧道建筑限界需要加宽,坑道的尺寸相应加大,不但增大了开挖土石数量,而且增加了衬砌的圬工量;

(2) 在不同曲率曲线上的隧道建筑限界加宽不同,隧道的断面是变化的,因而施工时,支护和衬砌的尺寸均不一致,技术上较为复杂;

(3) 列车运行在曲线隧道内,空气阻力比直线隧道大,机车牵引力的损失大,这降低了运营效率,甚至可能造成溜车事故;

(4) 列车在曲线上行驶,产生了离心力,再加上洞内空气潮湿,使得钢轨磨损加速,从而使洞内的养护工作量增大;

(5) 曲线隧道洞身弯曲,洞壁对气流的阻力加大,使通风条件变坏,有害气体不易排出;

(6) 运营中为了保证隧道建筑限界的要求和正常的行车条件,需要经常检查线路平面和水平,曲线隧道较直线隧道增加了维护作业量和难度;

(7) 由于曲线关系,洞内进行施工测量时,操作变得复杂,精度也有所降低。

由此可见,从节省工程投资、减少施工难度、简化洞内施工维修作业、缩短作业时间、争取较好的通风条件、改善维修养护人员和乘务员的工作环境和看视条件以及提高行车速度等方面来看,直线隧道都优于曲线隧道。因此,隧道内的线路应该设计为直线,这在一般情况下是容易做到的。但是,由于受到某些地形的限制或是地质的原因,有时也不得不采用曲线。例如,当线路绕行于山嘴时,为了避免直穿隧道太长,或是为了便于开辟辅助性的施工横洞,有时也会有意识地设置与地形等高线相接近的曲线隧道。

对于越岭线上的隧道,线路常常是沿着垭口的一侧山谷转入山体后,又沿顺垭口的另一侧山谷转出。可以使隧道较长的中段放在直线上,但由于地形原因,隧道两端为了转向都要落在曲线上,这种情况是常见的。此时,如果垭口两侧沟谷地势开阔,则可将曲线放在洞口以外。如果因地势条件必须把曲线引进隧道,那么,施工时先按主体的直线隧道开挖,两端暂开直的照准导坑,以补救曲线所形成的缺点,待全隧道的导坑开通后,再把两端按原设计的曲线调整过来,如图 4-1 所示。

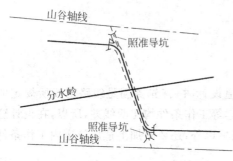

图 4-1 隧道设置曲线示例

有时,隧道已经施工,在开挖过程中发现前方有不良地质,不宜穿过。此时,不得不临时改线绕行,于是出现曲线,而且有左转与右转两个曲线,才能回到原线上来。

上述情况在山区的铁路中会经常遇到。当隧道必须设置曲线时,应注意以下几方面的问题:

(1) 应尽可能采用较短的曲线,或是半径较大的曲线,且将曲线设置在隧道洞口附近为宜,使曲线的影响小一些。

(2) 在曲线两端应设缓和曲线时,最好不使洞口恰恰落在缓和曲线上,因为缓和曲线在平面上半径总在改变,竖向的外轨超高也在变化。这样,在双重变化下,列车行驶不平稳,所以,应尽可能将缓和曲线设在洞外一个适当距离以外。

(3) 隧道内若设置圆曲线,其长度不应短于 1 节车厢的长度。

(4) 在一座隧道内最好不设一个以上的曲线,尤其是不宜设置反向曲线或复合曲线,如果列车同时跨在两个曲线上,行驶会很不稳当。

(5) 当必须设置两条曲线时,两曲线间应有足够长的夹直线,一般是要求在 3 倍车辆长度以上。

4.1.2 纵断面设计

为了保证隧道内列车能安全平顺地行驶,机车能够牵引足够的列车重量,同时考虑将隧道内的水顺利排出洞外以及通风要求等因素,必须对隧道内线路的纵断面进行合理设计。隧道纵断面设计的主要内容包括选定隧道内线路的坡道形式、坡度大小、坡段长度和坡段连接等。

1. 坡道形式

隧道处于地层之内,除了地质有变化时,线路的坡形不受什么限制,不需采用复杂多变的形式,一般可采用简单的单坡形或人字坡形。如图 4-2 所示。

单坡多用于线路的紧坡地段或是展线的地区,因为单坡可以争取高程,拔起或降落一定的高度。此外,单坡隧道两洞口的高程差较大,由此而产生的气压差和热位差也大,能促进洞内的自然通风。单坡道的优点还有施工及测量都比较方便。其缺点是在施工阶段,下坡进洞的一端,出于上部的水自然地流向下部开挖工作面,使开挖工作受到干扰,不但需要随

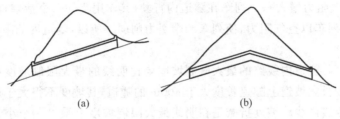

图 4-2 坡道形式
(a) 单坡形；(b) 人字坡形

时抽水外排，也会影响到电爆破的绝缘质量；此外，运渣时，空车下坡重车上坡，运输效率低。

人字形坡道多用于长隧道，尤其是越岭隧道。因为越岭无须争取高程，而垭口两端都是沟谷地带，同是向下的人字形坡道，正好符合地形条件。人字坡的优点是施工时，水自然流向洞外，排水措施相应地简化；而且重车下坡，空车上坡，运输效率高。其缺点是列车通过时排出的有害气体聚集在两坡间的顶峰处，尽管用机械通风，有时也排除不干净。经过长时积累，有害气体浓度渐渐增大，使列车司乘人员以及洞内维修人员的健康受到影响。

两种不同的坡形适用于不同的隧道，设计时应结合隧道所在地段的地形、工程地质与水文地质、线路纵断面、牵引类型、隧道长度、施工条件和运营要求等具体情况全面考虑。对于位于紧坡地段的隧道、要争取高程的区段上的隧道、位于越岭隧道两端展线上的隧道、地下水不大的隧道或是可以单口掘进的短隧道，可以采用单坡形。对于长大隧道、越岭隧道、地下水丰富而抽水设备不足的隧道以及出渣量很大的隧道，设计为人字形坡往往比较有利。

2. 坡度大小

考虑到运营效率，线路应具有良好的行车条件，其坡度以平坡为最好。但是，天然地形是起伏不定的，为了能适应天然地形的形状以减少工程量，需要随着地形的变化设置与之相适应的线路坡度。但坡度不能太大，若坡度超过了线路最大允许的限制坡度，机车的牵引能力不足，将导致列车爬不上去，此时必须减轻列车的牵引重量。所以设计坡度时，注意应不超过限制坡度 $i_{限}$。

如果在平面上有曲线，还需为克服曲线的阻力，再减去一个曲线的当量坡度，即

$$i_{允} = i_{限} - i_{曲} \tag{4-1}$$

式中 $i_{允}$——设计中允许采用的最大坡度；

$i_{限}$——按照线路等级规定的限制最大坡度；

$i_{曲}$——曲线阻力折算的坡度折减量。

以上讨论的是明线的坡度要求，隧道内的行车条件要比明线差，对线路最大限制坡度的要求更为严格，因此隧道内线路的最大允许坡度要在明线最大限制坡度上进行折减。要求坡度折减的主要原因如下。

(1) 列车车轮与钢轨踏面间的黏着系数降低——机车的牵引能力有时是由车轮与轨面之间的黏着力来控制的。隧道内空气的相对湿度较露天处大，因而钢轨踏面上凝成一层薄膜，使轮轨之间的黏着系数降低，于是机车的牵引力也随之降低。此外，如果是由蒸汽机车牵引，机车喷出的煤烟渣滓落在轨面上，也会使黏着系数降低。因此，隧道内线路的限制坡度应比明线的限制坡度有所减小。

(2) 洞内空气阻力增大——列车在隧道内行驶,其作用犹如一个活塞,洞内空气将像活塞那样给前进的列车以空气阻力,使列车的牵引力削弱。所以,隧道内的限制坡度要比明线的限制坡度小。

由于上述原因,隧道内线路的最大限制坡度要比明线的最大限制坡度小。现行隧道设计规范规定,位于长大坡道上隧道长度大于400m的隧道,其坡度不得大于最大坡度按规定折减后的数值,隧道内线路坡度折减是在明线最大限制坡度上乘以一个小于单位1的折减系数 m。当隧道内有曲线时,要先进行隧道的线路坡度折减,然后再扣除曲线折减。折减的方法按下式进行:

$$i_{允} = mi_{限} - i_{曲} \tag{4-2}$$

式中 m——隧道内线路的坡度折减系数,与隧道的长度有关。

《铁路隧道设计规范》(TB 10003—2005)中规定了隧道内线路坡度折减系数 m 的经验数值,列于表4-1,可参照使用。

表4-1 隧道内线路最大坡度系数

隧道长度/m	电力牵引	内燃牵引
401~1000	0.95	0.90
1001~4000	0.90	0.80
>4000	0.85	0.75

当列车的机车进入隧道时,空气阻力就已增加,黏着系数也已开始减小,机车的牵引能力就降低,因此不但隧道内的线路应按上述方式予以折减,洞口外一段距离内,也要考虑相应的折减。在上坡进洞前半个远期货物列车长度范围内,同样按洞内予以折减。至于列车出洞,机车已达明线,就不存在折减的问题了,如图4-3所示。

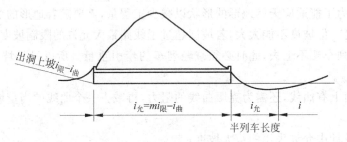

图4-3 坡度折减区段示意

另一方面,考虑到隧道排水的需要,除了最大坡度的限制以外,还要限制最小坡度。因为隧道内的水全靠排水沟向外流出,如果隧道坡度设为平坡,那么很长的水沟,按照流水的坡度要求,势必沟槽很深,这是比较难以设置的,有时甚至是不可能的。《铁路隧道设计规范》(TB 10003—2005)规定,隧道内线路不得设置为平坡,最小的允许坡度应不小于0.3‰,在最冷月平均气温低于-5℃的地区、地下水发育的隧道宜适当加大坡度。

3. 坡段长度

隧道内的线路坡段也不宜太短,因为坡段太短就意味着变坡点多而密集,列车行驶就不平稳,驾驶员的操纵要随时调整。当列车经过变坡点时,受力情况也跟着变化,车辆间会发生相互的冲撞,产生附加力和附加加速度。如果坡度太短,列车在行驶中,同时跨越两个变坡点,车体、车钩都在同时受到不利的影响,有时会因此发生事故。另外,如果隧道内坡度变化太多,也将给施工、运营、养护和维修增加困难。所以,从行车平稳的要求及照顾施工和养护的方便出发,隧道内坡段长度最好不小于列车的长度。考虑到长远的发展,坡段长度最好不小于远期到发线的长度。对于凸形纵断面的分坡平道,当货物列车以接近计算速度通过时,车钩呈拉紧状态,附加力及附加加速度的变化较小,接近规定最大坡差的假设条件,可以用较短的坡度长度。《铁路隧道设计规范》(TB 10003—2005)规定,隧道内纵断面坡段设计,必须满足行车安全和平稳的要求,并应考虑施工和养护的方便,隧道内宜设置长坡段。对于凸形纵断面的分坡平道,当货物列车以接近计算速度通过时,允许坡段长缩短至200m。

隧道内线路的坡形应单一,但不宜把坡段定得太长,尤其是单坡隧道。由于坡度已用到了最大限度,如果是一气上大坡,列车就必须用尽机车的全部潜在能力,持续奋进,会使机车疲劳或超负荷。虽然坡度未超限制,但坡段长了,也会越爬越慢,以至有停车的可能或出现车轮打滑的情况,容易发生事故。在下坡时,由于坡段太长,制动时间过久,机车闸瓦摩擦发热,将使燃油失效,以致刹不住车,易发生溜车事故。如果隧道很长,坡度又不想变动,为了不使机车爬长坡,可以设缓坡段,使机车有一个喘息或缓和的时间。

此外,顺坡设排水沟时,如果坡段太长,水沟就难以布置,不是流量太大,就是沟槽太深。为此,有时需要设置许多抽水、扬水设施,分级分段排水,这就给今后的运营和维修增加了工作量。

4. 坡段连接

为了使行车平顺,两个相邻坡段坡度的代数差值不宜太大。因为坡差太大会引起车辆之间仰俯不一,车钩受到扭力,容易发生断钩。因此,在设计坡度时,坡间的代数差要有一定的限制。从安全的观点出发,两坡段间的代数差值 Δp 不应大于重车方向的限坡值 $i_允$。

对于人字坡形的越岭隧道,坡顶上一侧为上坡,另一侧为下坡,它们的代数坡差 Δp 很容易超过限值。此时,允许在坡顶处设置一段长度不超过200m的分坡平道。在此200m范围内,设置水沟还是很容易的。

在整个隧道内,由于坡度不同,纵断面上把各坡段连起来形成了一条折线链。当坡度差小于0.3%时,行车不平顺的情况还不太严重,当坡差大于0.3%时,列车行驶就有不平顺的感觉。为此,在变坡点处应设置竖曲线来连接。《铁路隧道设计规范》(TB 10003—2005)规定,Ⅰ、Ⅱ级铁路相邻坡段的坡度差大于0.3%,Ⅲ级铁路相邻坡段的坡度差大于0.4%时,应设曲线形竖曲线连接;竖曲线的半径在Ⅰ、Ⅱ级铁路应为10000m,Ⅲ级铁路应为5000m。还要注意,如果隧道内有缓和曲线,务必不要使缓和曲线与竖向曲线相重叠。在缓和曲线范围内,外轨轨面高程一般以不大于0.2%的超高递减,坡度逐渐升高。在竖曲线范围内的轨顶将以一定的变化率圆顺变化。若两者重叠时,由于两者变化率不能协调,而在一定程度上外轨顶改变了竖曲线和缓和曲线在立面上的形状。若要做好理论要求的形状,则对养护工作要求较高,存在一定困难。

隧道内线路坡度不但要按上述情况考虑,还要检算列车在相应坡段上的行车速度。因为列车上坡需要有一定的速度,才能将动能转为势能。如果列车开始上坡时,还有足够的前进能力,行至中途机车的效能就会有所降低,逐渐衰减以至趋近于不能前进而出现打滑、停车以致倒退等危险情况。即使能勉强爬上,缓缓而过,洞内行车时间过长,发出的污浊空气会使机车乘务人员以及旅客感到非常不舒服,甚至酿成窒息、晕倒等事故。因此,《铁路隧道设计规范》(TB 10003—2005)规定,内燃机车牵引的铁路隧道,长度在 1000m 及以下的隧道检算车速不应小于计算速度,长度在 1000m 以上的隧道检算车速不应小于 25km/h。当检算车速小于上述值时,应在洞外设置加速缓坡。

车站上的隧道,因受站场作业限制,应采取必要的工程措施,以保排水畅通。

当隧道洞口位于滨河可能被洪水淹没的地带、水库回水影响范围或受山洪威胁地段,其路肩高程应高出设计水位加波浪侵袭高度和壅水高度至少 0.5m。设计水位的洪水频率标准在Ⅰ、Ⅱ级铁路应为 1/100,Ⅲ级铁路为 1/50;当观测洪水(包括调查可靠的有重现可能的历史洪水)高于上述设计洪水频率标准时,则应按观测洪水设计,但当观测洪水的频率在Ⅰ、Ⅱ级铁路超过 1/300,Ⅲ级铁路超过 1/100 时,则应分别按 1/300 和 1/100 设计。

4.2 公路隧道平、纵断面设计

隧道位置应选择在稳定的地层中,尽量避免穿越工程地质和水文地质极为复杂以及严重不良地质地段,当必须通过时,应采取切实可靠的工程措施。

公路隧道在选择隧道位置时,必须对隧道所处位置、地形和地质等自然条件进行全方位的调查,这也是隧道结构设计以及计划投资等方面工作的依据。在《公路工程技术标准》(JTG—2003)中,明确规定了"隧道必须根据隧道所处地区的工程地质和水文地质情况,综合考虑运营和施工条件,按照安全、经济、合理的原则进行设计"。

隧道位置应尽量避开地质不良地区而位于稳固地层中。对岩性不佳地层、断层破碎带、含水层等工程地质、水文地质复杂和地质不良地段,则应发挥公路定线灵活的优点,尽量避免穿越,以免增加勘测设计、施工和运营的困难,甚至影响隧道的性能与安全,发生意料不到的灾害。

4.2.1 平面设计

道路隧道的平面线型设计与普通道路一样,应按《公路工程技术标准》(JTG—2003)规定进行,同时要考虑到隧道的特点。隧道的平面线型原则上采用直线,避免设置曲线。若在某些情况下必须设置曲线时,其曲线半径不宜小于不设超高的平面曲线半径(见表 4-2),并应符合视距要求。在隧道洞口不应采用小半径曲线的引线与隧道衔接。

这里有两个问题应当引起注意:一是小半径曲线,二是超高。如果设置小半径曲线,会产生视距问题,为确保视距,势必要加宽隧道断面。设置超高时,车辆倾斜,也会导致隧道断面的加宽。隧道断面加宽,一方面要增加工程费用,另一方面使施工变得困难。加宽后的断面宽度不统一,以及不同断面之间的相互过渡都给隧道施工带来困难。由于隧道内一般禁止超车,只能采用停车视距,设计时根据停车视距可以换算出设置曲线时的不加宽最小平曲线半径。

即使曲线隧道不加宽,在测量、衬砌、内装和吊顶等工序上也会变得复杂。此外,曲线隧道增加了通风阻抗,对自然通风不利。从这些方面考虑,也希望不设曲线。不过,是否设置曲线,应该根据隧道洞口部分的地形地质条件及引线的线型等进行综合考虑确定。由隧道及其前后引线组成的路段应做到线型平顺、连续、行车安全舒适,并与环境景观协调一致。如果长大隧道需要考虑利用竖井、斜井通风时,在线型上应考虑便于设置。

表 4-2 不设超高的平面曲线半径

公路等级	汽车专用公路							一般公路					
	高速			一		二		二		三		四	
地形	平原微丘	重丘	山岭	平原微丘	山岭重丘	平原微丘	山岭重丘	平原微丘	山岭重丘	平原微丘	山岭重丘	平原微丘	山岭重丘
不设超高最小半径/m	5500	4000	2500	1500	2500	1500	2500	600	2500	600	1500	350	600	150

顺便指出,单向行车的隧道,如果在出口一侧设置大半径曲线,面向驾驶者的出口墙壁亮度是逐渐增加的,尤其是当隧道出口处的阳光可以直接射入,以及洞门面向大海等亮度高的场合,有利于驾驶员的"亮适应"。此时,设置曲线反而是有利的。遇到这种情况时应慎重考虑。

4.2.2 纵断面设计

隧道内纵断面线形应考虑行车安全、营运通风规模、施工作业效率和排水要求,隧道纵坡不应小于0.3%,一般情况下不应大于3%。隧道的纵坡过大,无论是行车还是施工养护都不利;受地形等条件限制时,高速公路以及一级公路的中、短隧道可适当加大,但不宜大于4%;短于100m的隧道纵坡可与该公路隧道外路线的指标相同,在寒冷及严寒地区地下水发育的隧道,为了避免冬季排水沟产生冻害,应适当加大排水纵坡以增加流速,对于变坡点的凸形竖曲线应按照表4-3所规定的凸形曲线最小半径和最小长度进行设置。隧道洞口内外各3s设计速度行程长度范围的纵向线形应一致,有条件时宜取5s设计速度行程。

表 4-3 凸形曲线最小半径和最小长度

公路等级		汽车专用公路							一般公路					
		高速			一		二		二		三		四	
地形		平原微丘	重丘	山岭	平原微丘	山岭重丘	平原微丘	山岭重丘	平原微丘	山岭重丘	平原微丘	山岭重丘	平原微丘	山岭重丘
凸形竖曲线半径/m	极限最小值	11000	6500	3000	1400	6500	1400	3000	450	3000	450	1400	250	450	100
	一般最小值	17000	10000	4500	2000	10000	2000	4500	700	4500	700	2000	400	700	200
竖曲线最小长度/m		100	85	70	50	85	50	70	35	70	35	50	25	35	20

道路隧道的纵坡以不妨碍排水的缓坡为宜。在变坡点处应设置足够的竖曲线,保持线路的良好衔接。隧道纵坡设置不宜过大,否则无论是在汽车行驶方面还是在隧道施工和养护方面都不利。道路隧道控制纵坡的主要因素是隧道通风问题,汽车排出的废气及有害物

质随着纵坡的增大而急剧增多。一般将隧道纵坡保持在2%以下比较好,超过2%时,汽车有害物质的排出量迅速增加,纵坡大于3%是不可取的。不存在通风问题的隧道,可以按普通道路设置纵坡。对于单向行车的隧道,设计成下坡对隧道通风非常有利。另外,从隧道施工及运进材料来看,大于2%的纵坡也是不利的。考虑自然通风的隧道,隧道两端洞口的高差是决定自然通风效果的重要因素之一,坡度和断面都应适当加大。

竣工后的排水,包括涌水、漏水、清洗隧道用水和消防用水等,如果能满足施工排水的需要,那么在用混凝土修建的排水沟中排水是没有问题的,其最小坡度不宜小于0.2%;在高寒地区,为了减少冬季排水沟产生冻害,适当加大纵坡坡度,使水的流动能增大,对排水是有利的;从两个洞口开挖隧道时,采用人字坡,施工涌水容易排出,采用单坡,处于高位的洞口,涌水不能自然向外排出,这是设计时应当考虑的问题;隧道坡陡且涌水量大时,应考虑减缓坡度。

隧道纵坡对施工作业安全及工程费用有影响,计划时应考虑到这个问题。纵坡变化处应根据视距要求设置竖曲线,其半径和竖曲线的最小长度应符合《公路工程技术标准》(JTG—2003)的规定。为了提高视线的诱导作用,在隧道中只能考虑选择较大的竖曲线长度。

4.2.3 连接线

隧道是公路的重要组成部分,也是公路上的重要工程结构物。因此,合理地处理隧道两端与路线的连接是十分必要的。在设计中,既要满足技术、经济的要求,又要从美学方面予以充分考虑,特别是避免急弯转坡,以保证汽车行驶时的安全性和舒适性。

连接公路与隧道两端洞门的一段线路称为公路隧道的连接线或者引线。引线的平面及纵断面线形,应当保证有足够的视距和行车安全,尤其在进口一侧,需要在足够的距离外能够识别隧道洞口。为了使汽车能顺利进入隧道,驾驶员应尽早知道前方有隧道。通常,汽车驶近隧道但尚有一定距离时,驾驶员需集中注意力观察隧道洞口及其附近的情况,并保证有足够的安全视距,可以及时察觉障碍物,从而采取适当措施,保证行车安全。将开始注视的点称为注视点,从注视点到安全视距点所需时间称为注视时间。从注视点到洞口采用通视好的线形极为重要。在洞口及其附近设置平面曲线或竖曲线的变坡点时,应以不妨碍观察隧道且保证有足够的注视时间为最低限度。表4-4所示为公路隧道两端平面线形与路线线形一致的最小长度。

表4-4 公路隧道两端平面线形与路线线形一致的最小长度

公路等级	高速				一		二		三		四	
地形	平原微丘	重丘	山岭		平原微丘	山岭重丘	平原微丘	山岭重丘	平原微丘	山岭重丘	平原微丘	山岭重丘
最小长度/m	100	80	60	40	80	40	60	20	40	15	20	10

隧道需要机械通风时,引线的纵坡应使汽车能以均匀速度驶入隧道,洞口前的引线纵坡与隧道纵坡在必要的距离之内应保持一致。若在洞口前设置陡坡,车速会降低,进入隧道后加速行驶,必然使排气量增加,从而导致通风设备加大功率或导致隧道内通风量不足。

隧道内的路肩宽度与一般道路相比要缩小很多,需要进行平滑过渡,路肩应在适当的距离内收缩,使汽车顺利进出隧道。为此,通常根据设计车速设计成 1/50～1/25 的楔形过渡段,在这个收缩过渡段中,一般应当设置路缘石、护栏、路面标志线以及其他洞口附近的构造物等。另外,设计引线时还应考虑到接近洞口的桥梁、路堤等。

4.3 其他地下工程平、纵断面设计

4.3.1 地下铁道

地下铁道的规划必须与城市总体规划和地面路网规划统一考虑。其一般原则包括:①线路走向和路由应该与城市交通主客流方向一致,比如沿城市地面干道布设;②与城市的街道布局和发展规划密切结合,并为长远发展留有余地;③在长途汽车站、火车站、飞机场、商业中心和大型居民区等客流集散量大的地区设置车站;④适当选择路网密度和分布,以减小路网中各车站之间的"时距"(时间距离,即任意两个车站之间的行走总时间);⑤与其他城市公共交通系统相协调;⑥路网中各规划线上的运量负荷应该尽量均匀;⑦线路走向选择,除了考虑地形、地貌、地质、水文等自然条件以外,还应该充分了解沿线既有的地面和地下建筑情况,并与地面建筑和市政设施的未来发展相结合,从而合理有效地综合利用地面和地下的空间资源。

路网的结构形式(即路网中各条线路组成的几何形状)一般应该与城市路网的结构形式相适应。路网结构形式是否得当,直接关系到路网的经济与社会效益。路网结构形式与政治、经济、社会、历史等众多因素有关,其选择和形成并无成定之规,几种典型的形式是放射形、放射加环线形、棋盘形和棋盘加环线形,图 4-4 所示为北京轨道交通的路网规划示意图。选择线路方向及路由时需要考虑的主要因素有:①线路的用途;②客流分布和走向;③城市道路网分布(快速路、主干道、次干道和支路等);④隧道主体结构施工方法(明挖、盖挖、矿山法暗挖和盾构法暗挖等)。

地铁的规划设计年限可以划分为初期、近期和远期。根据国内外经验,设计年限分期采用的设计标准可以按该期最后一年采用:初期为建成通车,也就是交付运营以后的第 3 年;近期为第 10 年;远期为第 25 年。地铁工程的建设规模要按远期设计年限的预测客流量和列车通过能力确定。由于地铁属于大型建设工程,投资大并且建设周期长,为了节省初期和近期投资,对于可以分期建设的工程,应分期扩建或增建。但地下车站和区间隧道等土建工程,后期扩建增建往往困难很大,应一次建成。

1. 城市地下铁道的平面设计

地下铁道线路的正线必须是双线,其平面设计必须与城市发展规划相结合。地下铁道往往是在高人口密度、高建筑密度和高交通密度的城市环境里修建的,剩余空间有限而宝贵。地下铁道线路必须尽量节省空间,浅埋线路尽量与道路红线相平行。地铁的区间隧道、车站和出入口等,应尽量与城市建筑相结合。地铁线路平面设计的技术指标主要有如下两个方面。

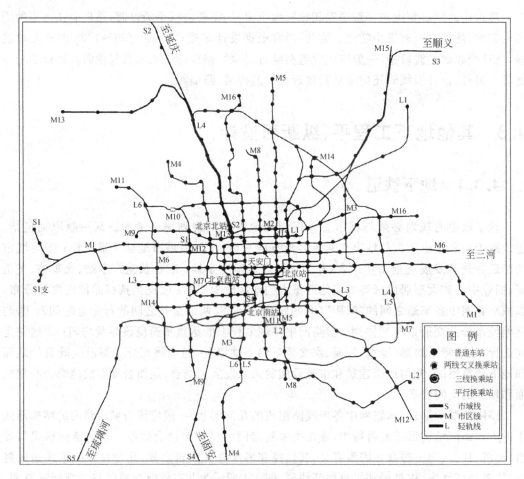

图 4-4 北京轨道交通路网规划(2003年)示意图

(1) 曲线半径和长度：宜大不宜小，最大一般很少超过 3000m；400m 以下的曲线半径会产生较大的轮轨磨耗和噪声，应尽量少用。《地铁设计规范》(GB 50157—2003)规定：对 B 型车，行车速度不大于 80km/h，地铁正线的最小曲线半径在一般情况下为 300m，困难情况时为 250m；车站站台范围内一般不设曲线，不得已时，曲线半径不应小于 800m。正线及辅助线的圆曲线最小长度，A 型车不宜小于 25m，B 型车不宜小于 20m，困难情况下不得小于 1 个车辆的全轴距。

(2) 曲线连接：缓和曲线一般采用三次抛物线。在正线上，当圆曲线的半径小于或等于 3000m 时，圆曲线与直线之间应根据圆曲线半径和行车速度设置一定长度的缓和曲线，困难地段，不宜采用复曲线；在复曲线上，当两圆曲线的曲率差大于 1/2500 时，中间应设长度大于 20m 的缓和曲线。

在平面相对位置上，地铁线路应该与城市道路、地面建筑物和地下设施或其他建筑物相协调；图 4-5 所示的 3 种不同的地铁线路平面位置选择各有利弊，一般可以选择城市道路红线范围以内的位置。

如图 4-6 所示，一般站的车站平面位置往往可以有跨路口站位、偏路口站位、两路口之间站位和道路红线外侧站位等 4 种选择。

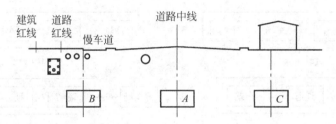

图 4-5 地铁线路与周边环境相对位置的选择

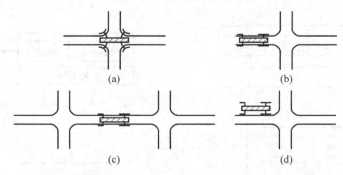

图 4-6 地铁车站站位与道路的相对平面位置选择
(a) 跨路口站位；(b) 偏路口站位；(c) 两路口之间站位；(d) 道路红线外侧站位

2. 城市地下铁道的纵断面设计

地铁线路纵断面设计应该在保证列车运行安全、平稳的前提下，综合考虑列车运行规律、地形、地质、水文、埋深、施工方法以及地面和地下既有建筑物及设施等条件，例如，将车站设在高于区间隧道的地方可以节省列车的牵引能量。

最大允许坡度与行车系统有关。《地铁设计规范》(GB 50157—2003)规定(不考虑各种坡度折减值)，正线的最大坡度不宜大于 3‰，困难地段可用 3.5‰，联络线、出入线的最大坡度不宜大于 4‰；车站线路最好用平坡。如兼顾纵向排水需要，则不宜过小，在车站站台计算长度范围内线路坡度宜采用 0.2‰，在困难条件下可以采用 0.3‰。坡段纵向长度不宜小于远期列车长度；两相邻竖曲线之间的过渡直线坡段的长度不应小于 50m；当相邻坡段坡度之间的代数差等于或大于 0.2‰时，应设置圆形竖曲线。

4.3.2 地下街

地下街的各种功能，需要通过一定的方式组织在地下建筑空间之中，建筑布置就是各组成部分在平面和竖向的组合。根据地下街所处的位置、地面和地下交通情况、管理方式和施工方法等条件，地下街的建筑布置可以有多种方式。平面组合如图 4-7 所示，竖向组合如图 4-8 所示。

从建筑布置方式中，可以总结出以下几点经验。

(1) 地下街的建筑布置越简洁越好，不论从安全的角度，还是从结构和施工方面看都是有利的；同时，地下街的组成内容应尽量单纯，体型和外轮廓应尽量简单。

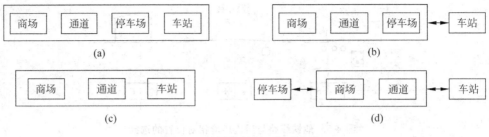

图 4-7 地下街的平面组合方式

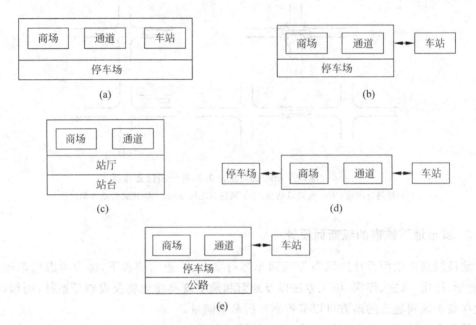

图 4-8 地下街的竖向组合方式

（2）车站与商场布置在同一层面上，虽然使用方便，但会使内部交通复杂化，对安全是不利的，因此地下街经通道与车站连接是可取的。

（3）为了安全，商场只能布置在地下一层，二层以下不应设商场。

（4）停车场布置在商场的下层，对统一经营是有利的，但在一定的条件下，在平面上分两部分布置停车场也有某些优点，例如停车场的使用和管理相对独立，可采用符合停车技术要求的柱网，使坡道的使用率较高等。

4.3.3 地下停车场

1. 地基选址

地下汽车库基地选址的一般原则是：

（1）应符合城市总体规划和道路交通规划的要求，与城市结构和路网结构相适应；

（2）保持合理的服务半径，公用汽车库的服务半径不宜超过 500m，专用汽车库不宜超过 300m；

(3) 所选位置应使地下汽车库的充满度有一定的保证,三级以下(含三级)汽车库的充满度应不小于70%,二级以上(含二级)应不小于85%,周转率均不应小于8次/d;

(4) 应符合城市环境保护的要求,地下汽车库的排风口位置应避免对附近的建筑物、广场和公园等造成空气污染;

(5) 应符合城市防火要求,设置或出露在地面上的建筑物和构筑物,其位置应与周围建筑物和其他易燃、易爆设施保持必要的防火和防爆间距;

(6) 基地应选择在水文和工程地质条件比较有利的位置,避开地下水位过高或地质构造特别复杂的地段;

(7) 基地应避开已有地下公用设施主干管、线和其他已有地下工程。

2. 总平面设计

由于地下汽车库在地面上的基地一般较小,有的几乎没有,故总平面设计的内容比较简单,重点应放在库内外交通的组织上,特别是出入口的设置。

1) 车辆出入口

整体规划要注意使出入口尽可能避开主要交通干道;避开车流量、人流量集中的场所,即交通流量不应大于300辆/h,而停车又比较方便的地段。对于100辆以上的大型车库,在车库与街道之间应设置车行道或车辆逗留回转用的小广场,车行道长度和宽度视停车场周围环境、车库规模及建筑布置形式而定;对于宽广马路下的停车场,车辆的出入口必须特别注意防止与地面交通互相干扰,出入口与地面车流之间至少要设置1条以上的慢车道或逗留场所,并使出口与入口的车流与地面上的车流方向一致。

地下汽车库出入口的允许进、出方向如图4-9所示。地下汽车库车辆出入口的视野要求如图4-10所示。

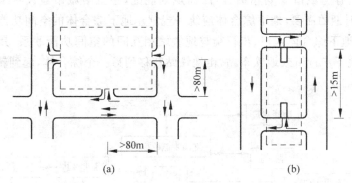

图4-9 地下汽车库出入口的允许进、出车方向
(a) 出入口在广场上;(b) 出入口在街道上

2) 人员出入口

人员出入口的位置尽可能做到缩短用车人员的步行距离,并适当靠近地面公交车辆的停靠站。据日本实际调查统计,步行距离在30m以内的人员出入口占50%~70%,200m以内占80%~90%,管理人员出入口或紧急出入口则尽可能靠近办公室和设备房间。

容纳10~30辆汽车的小型车库可只设一个出入口,一般车库则分设车辆出口和入口,如有地下街则还需另设顾客通行出入口。

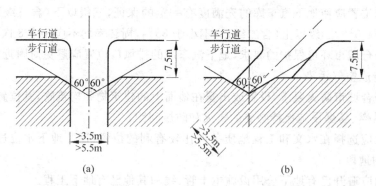

图 4-10 地下汽车库基地车辆出入口的视野要求
(a) 与道路垂直;(b) 与道路成一定角度

4.3.4 地下综合体

城市地下综合体是集交通、商业和娱乐等多种功能为一体的地下建筑,在功能上包括地下商业、地下公共建筑、地下停车场以及地铁车站等,因此空间设计较复杂。与地面建筑相比,地下综合体由于空间的封闭性,使得人们无法利用外界环境的变化来确定方位和感知时间,因此很容易迷失方向,找不到自己的位置。可见,良好的、易于理解的空间布局方式不仅对于人们建立空间的方位感有很重要的作用,同时对于防灾也是有利的。

1. 地下综合体空间组合功能分析

地下综合体的空间布局与组合规则是城市总体规划的重要组成部分,过去单一功能的地下空间建筑没有与城市规划相结合,因而规划混乱,甚至给城市建设带来负面影响。因此,考虑到不同时期的需要,地下综合体应统一规划。地下综合体的空间功能组合如图 4-11 所示,它表示了地下综合体入口、步行街与地铁站相互间的空间功能联系,其基本流线是人员从入口进入地下步行街或地铁车站,由地铁站转移到另一个综合体,起到转移疏散人流的作用。

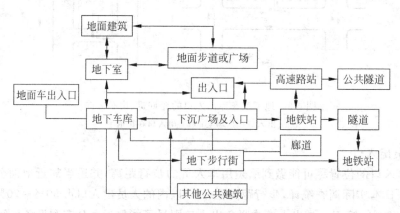

图 4-11 地下综合体功能分析

2. 地下综合体竖向空间组合

地下综合体除平面所占面积很大之外,通常通过竖向组合方式完成它应有的功能。竖向组合方式是采用垂直分层式解决。其基本关系是人流首先进入地下步行街,然后由步行街进入深层地铁车站;车由入口进入地下车库,存车后人员从车库进入地下街或返回地面街以及建筑。图 4-12 是地下综合体分层总和示意图,地下空间建筑划分为四部分,依次为地下步行街、地下车库、地下铁道车站和管线廊道,并连接两端的高速公路隧道,地下车库与地下街既可平行设在同一高程上,也可设在地下街下部。图 4-13 为以此为指导的地下综合体竖向布局方案示意图。

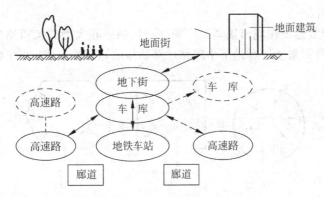

图 4-12 地下综合体竖向空间组合关系

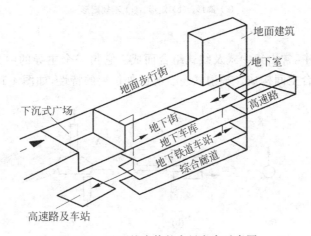

图 4-13 地下综合体的布局方案示意图

3. 地下综合体平面空间组合

1) 线式条形组合

该形式主要由于地面道路的约束,在道路下垂直分层布置地下综合体,每层分别设计或有不同功能,一般是地下街、车库、公共建筑设在上面几层,而交通设施中地铁车站设在最下层,高速路车站既可在上,也可在下。条形组合形式为我国大多地下综合体开发的类型,其主要特点是在地面街道下并受到街道和相邻建筑的限制。条形组合中有走道式组合、穿套式组合和串联式组合,如图 4-14 所示。

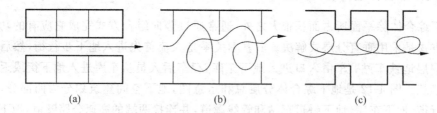

图 4-14　线式条形组合
(a) 走道式组合;(b) 穿套式组合;(c) 串联式组合

2) 集中厅式组合

集中厅式组合常建设在城市繁华区广场、公园、绿地和大型交叉道路中心口等地下,常用于地下过街、步行街集散厅和地下中间站厅等功能的地下综合体,如图 4-15 所示。

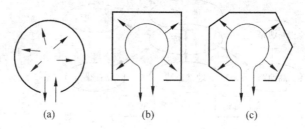

图 4-15　集中厅式组合
(a) 圆形;(b) 矩形;(c) 不规则形

3) 辐射式组合

在辐射式组合中,常由集中式及线式组合而成。它由一个主导的中央空间和一些向外辐射扩展的线式组合空间构成。辐射式组合有向外扩展的特性,如图 4-16 所示。

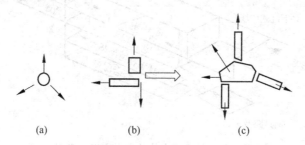

图 4-16　辐射式组合
(a) 三角式;(b) 四角式;(c) 多角式

4) 组团式组合

组团式组合是由各个独立空间紧密连接起来而形成的整体,常由同形式不同形状的类似功能空间相互连接而成,如地下街同地下室的连接、地下广场与地下车库的连接等。每个组的组合形式可为线式、集中式或辐射式。因此,组团式组合在形式上较其他组合复杂,如图 4-17 所示。

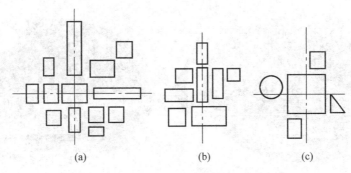

图 4-17 组团式组合
(a) 多轴组团；(b) 单轴组团；(c) 环形组团

4.3.5 地下共同沟

1. 平面线形规划

干管平面线形规划，原则上设置于道路中心车道下方，其中心线平面线形应与道路中心线一致，干管和邻近建筑物的间隔距离一般应维持在 2m 以上。干管断面因受收容管线的多寡或特殊部变化的影响，一般需设渐变段加以衔接，其变化率为 1∶3（横向 1，纵向 3）。干管做平面曲线规划，还应充分了解收容管线的曲率特性及曲率限制。

支管各结构体上方若以回填土方式来收容煤气管时，回填土沟盖板原则上应设置于人行道上，但因特别原因在不影响道路行车安全及舒适时，也可设置于慢车道上。

缆线类共同沟原则上应设置于人行道上，其人行道的宽度至少要有 4m，其平面线形应配合人行道线形。缆线类共同沟因沿线需拉出电缆接户，故其位置应靠近建筑线，外壁离建筑物应有至少 30cm 以上距离以利于布设电缆。

2. 纵断面线形规划

共同沟干（支）管纵断面线形应视其覆土深度而定，一般标准段应保持在 2.5m 以上，以利于横越其他管线或构造物通过，特殊段的硬土深度不得小于 1m；而纵向坡度应维持在 0.2% 以上，以利于管道内排水，规划时应尽量将开挖深度减到最小，干管与其他地下埋设物相交时，其纵断面线形常有很大的变化，为维持所收容各类管线的弯曲限制，必须设缓坡作为缓冲区间，其纵向坡度不得小于 1∶3（垂直于水平长度比）。

缆线类共同沟纵向坡度应以配合人行道纵向坡度为原则，纵向曲线必须满足收容缆线铺设作业要求，特殊段（暗渠段）覆土厚度至少应大于路面（人行道）的铺面砖厚度。

3. 结构形式规划

共同沟干管的结构形式，因施工方法不同、受到外在空间因素影响或收容管线特性不同，而有不同形式，其结构外形依道路宽度、地下空间限制、收容管线种类、布缆空间需求、施工方法和经济安全等因素而定，若采用明挖施工，其结构形式以箱形为主，若采用盾构工法，以圆形为主。图 4-18 所示为旧城改造中共同沟结构形式。

图 4-18 旧城改造中共同沟结构形式

支管共同沟的结构形式因收容服务道路沿线用户的管线,一般采用较为轻巧简便的形式,从接户的便利性、地下空间规模、经济性、安全性、布设性和施工性等因素来考虑。

缆线类共同沟的结构形式一般采用单 U 形或双 U 形,结构可采用现浇或预制方式。

习 题

1. 铁路隧道平面设置曲线有哪些缺点?
2. 铁路隧道设置平面曲线时应注意哪些问题?
3. 铁路隧道纵断面设计的主要内容有哪些?
4. 隧道纵坡形式有哪些?各自优缺点如何?
5. 铁路隧道内线路坡度折减的原因主要有哪些?
6. 公路隧道平面线形设计应注意哪些问题?
7. 公路隧道纵断面线形设计应注意哪些问题?
8. 地下铁道平面设计的主要内容有哪些?
9. 城市地下综合体与地下街的区别是什么?

第 5 章　隧道及地下工程结构构造

隧道及地下工程的结构构造基本上都是由主体构造物和附属构造物组成的。主体构造物是为了保持岩体的稳定和安全运营而修建的人工永久建筑物,通常指洞身衬砌和洞门构造物。附属构造物是主体构造物以外的其他建筑物,是为了运营管理、维修养护、给水排水、供蓄发电、通风、照明、通信和安全等而修建的构造物。

5.1　隧道洞身衬砌

5.1.1　衬砌类型

隧道开挖以后,坑道周围地层原有的平衡遭到破坏,引起坑道的变形甚至崩塌。因此,除在岩体坚固、整体又不易风化的稳定岩层中,可以只开成毛洞以外,在其他所有的地层中的隧道,都需要修建支护结构,即衬砌。支护的方式有外部支护、内部支护和混合支护三类。外部支护,即从外部支承着坑道的围岩(如模筑混凝土整体式衬砌、砖石衬砌、装配式衬砌、喷射混凝土支护等);内部支护,即对围岩进行加固以提高其稳定性(如锚杆支护、压入浆液等);混合支护,即内部与外部支护结合使用的衬砌(如喷锚支护)。从衬砌施工工艺方面,可将隧道衬砌的形式分为以下四类。

1. 整体式模筑混凝土衬砌(整体式衬砌)

整体式衬砌是传统衬砌结构形式,在新奥法(NATM)问世前广泛地应用于隧道工程中,目前在山岭隧道中还有不少工程采用整体式衬砌。该方法不考虑围岩的承载作用,主要通过衬砌的结构刚度抵御地层的变形,承受围岩的压力。

整体式衬砌采用就地灌筑混凝土衬砌的方式,也称为模筑混凝土衬砌。其工艺流程为:立模—灌筑—养生—拆模。模筑衬砌的特点是:对地质条件的适用性较强,易于按需成型,整体性好,抗渗性强,并适用于多种地质条件,且适合多种施工方法,如可用木模板、钢模板或衬砌模板台车等。因此,整体式衬砌在我国隧道工程中得到广泛使用。

2. 装配式衬砌

整体式混凝土衬砌虽然在我国被广泛地采用,但其在灌注以后不能立即承受荷载,必须经过一个养护的过程,因而施工进度受到一定的限制。随着社会不断地向工业化和机械化发展,隧道施工也提出向工业化和机械化改进,随着隧道施工机械化的发展,出现了装配式隧道衬砌。这种衬砌是将若干在工厂或现场预制的构件运入坑道内,用机械拼装而成,一经装配,即可承受围岩压力。国外早在 19 世纪就已开始使用装配式衬砌,尤其在盾构法施工的城市地下铁道中采用较多。

这种衬砌具备下列优点：

(1) 一经装配成环，不需养生时间，即可承受围岩压力；

(2) 大量构件可以在工厂成批生产，在洞内进行机械化拼装，从而改善了劳动条件，节省了劳动力；

(3) 拼装时，不需要临时支护如拱架、模板等，从而节省了大量的支承材料及劳动力；

(4) 因采用了机械化而提高了拼装速度，缩短了工期，还可能降低造价。

我国宝兰线上曾使用过半圆形拱部的装配式衬砌。黔桂线上试用过 T 形镶嵌式装配式衬砌。但装配式衬砌还存在着一些缺点，如需要坑道内有足够的拼装空间；制备构件尺寸上要求一定的精度；接缝多，防水较困难等。由于以上的原因，我国铁路上未能推广使用装配式衬砌。相信在不久的将来，克服了上述的缺点后，装配式衬砌会成为有使用前途的衬砌形式。

3. 喷锚支护

喷射混凝土是以压缩空气为动力，将掺有速凝剂的混凝土拌合料与水汇合成为浆状，喷射到坑道的岩壁上凝结而成的。当岩壁不够稳定时，可加设锚杆、金属网和钢架，这样构成的一种支护形式，简称为喷锚支护，如图 5-1 所示。

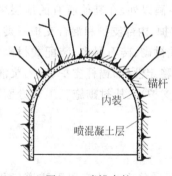

图 5-1 喷锚支护

喷锚支护是一种符合岩体力学原理的支护方法，它与围岩密贴、支护及时，且柔性好，同时封闭了围岩壁面以防止风化，并能封闭围岩的张性裂隙和节理，提高围岩的固有强度，控制围岩的变形，能充分调动围岩本身的自稳能力，从而更好地起到支护作用。另外，喷锚支护有效地利用了洞内净空，能提高作业的安全性和作业效率，并能适应软弱和膨胀性地层中的隧道开挖，还能用于整治塌方和隧道衬砌的裂损。目前，对喷锚支护作用原理的研究还不完善，有待进一步探索和改进。

喷锚支护包括锚杆支护，喷射混凝土支护，喷射混凝土锚杆联合支护，喷射混凝土钢筋网联合支护，喷射混凝土与锚杆及钢筋网联合支护，喷射钢纤维混凝土支护，喷射钢纤维混凝土锚杆联合支护，以及上述几种类型加设型钢支撑（或格栅支撑）而成的联合支护等。

喷锚支护是目前常用的一种围岩支护手段，适用于各种围岩地质条件，但是若作为永久衬砌，一般考虑在 Ⅰ、Ⅱ 级等围岩良好、完整、稳定的地段中采用。

在某些不良地质、大面积涌水地段和特殊地段，不宜采用喷锚支护作为永久衬砌。地下水发育或大面积淋水地段，喷射混凝土很难成型，且即使成型，也难以保证其强度及与围岩的黏结力，也无法保证锚杆与围岩的黏结或锚固力，难以发挥喷锚支护所应有的作用。膨胀性围岩和不良地质围岩，如黏土质胶结的砂岩、粉砂岩、泥砂岩、泥岩等软岩，开挖后极易风化、潮解、遇水泥化、软化、膨胀，造成大的围岩压力，稳定性极差，甚至流坍。堆积层、破碎带等不良地质，往往有水，施工时缺乏足够的自稳能力和一定的稳定时间。这样，锚杆无法同膨胀性围岩和有水堆积层、破碎带形成可靠的黏结，喷射混凝土与围岩面也很难形成良好的黏结。因此，喷锚支护就难以阻止围岩的迅速变形和通过喷锚支护形成可靠、稳定的承载圈。

不宜采用喷锚支护单独作为永久衬砌的情况有：对衬砌有特殊要求的隧道或地段，如洞口地段要求衬砌内轮廓很整齐、平整；辅助坑道或其他隧道与主隧道的连接处及附近地段；有很高的防水要求的隧道；围岩及覆盖太薄，且其上已有建筑物，不能沉落或拆除者等；地下水有侵蚀性，可能造成喷射混凝土和锚杆材料的腐蚀；最冷月平均气温低于－5℃地区的冻害地段。

4. 复合式衬砌

复合式衬砌是目前隧道工程常采用的衬砌形式。这种衬砌不同于单层厚壁的模筑混凝土衬砌，它把衬砌分成两层或两层以上，可以是同一种形式、方法和材料施作的，也可以是不同形式、方法、时间和材料施作的。目前实践的都是外衬和内衬两层，所以也有人称其为双层衬砌。复合式衬砌按内、外衬的组合情况可分为以下几类：①喷锚支护与混凝土衬砌；②喷锚支护与喷射混凝土衬砌；③可缩性钢拱架（或格栅钢构拱架）喷射混凝土与混凝土衬砌；④装配式衬砌与混凝土衬砌。目前最通用的是外衬为喷锚支护，内衬为整体式模筑混凝土衬砌。

复合式衬砌是先在开挖好的洞壁表面喷射一层早强的混凝土（有时也同时施作锚杆、钢筋网或局部钢筋网），凝固后形成薄层柔性支护结构（称为初期支护）。它可以满足初期支护施作及时、刚度小、易变形的要求，且与围岩密贴，从而能保护和加固围岩，促进围岩的应力调整，充分发挥围岩的自承作用。它既能容许围岩有一定的变形，又能限制围岩产生有害变形，其厚度多在 5～20cm 之间。一般待初期支护与围岩变形基本稳定后再施作内衬，通常为就地灌筑混凝土衬砌（称为二次衬砌）。二次衬砌完成后，衬砌内表面光滑平整，可以防止外层风化，装修内壁，可增强安全感。为了防止地下水流入或渗入隧道内，可以在外衬和内衬之间设防水层，其材料可采用软聚氯乙烯薄膜、聚氯乙烯片和聚乙烯等防水卷材，或用喷涂乳化沥青及"881"等防水剂。总之，复合式衬砌是一种较为合理的结构形式，适用于多种围岩地质条件，有广阔的发展前途。

5.1.2 衬砌结构构造

1. 整体式模筑混凝土衬砌

整体式模筑混凝土衬砌，是在坑道内树立模板、拱架，然后浇灌混凝土而成。它是作为一个支护结构，从外部支承着坑道围岩的，是一种传统衬砌结构形式。

依照不同的地质条件，或是按照不同的围岩级别，又有直墙式和曲墙式两种形式。

1) 直墙式衬砌

这种形式的衬砌适用于地质条件比较好，属于我国铁路隧道围岩分级中的Ⅱ、Ⅲ级围岩，有时也可用于Ⅳ级围岩。围岩压力以竖向为主，几乎没有或仅有很小的水平侧向压力。衬砌由上部拱圈、两侧竖直边墙和下部铺底三部分组合而成。图 5-2 所示为单线非电气化铁路隧道衬砌断面。顶部拱圈可采用圆弧形拱、坦三心圆拱或尖三心圆拱。三心圆拱是指以大小两种不同半径分别做成三心圆弧线，当中用较小的半径，两边用较大的半径。拱圈是等厚的，所以外弧的半径是各自增加了一个拱圈厚度的尺寸。由于它们是同心圆弧，所以内外半径的圆心是重合的。两侧边墙是与拱圈等厚的竖直墙,与拱圈平齐衔接。洞内一侧设有排除洞内积水的排水沟,所以有水沟一侧的边墙深度要大一些。整个结构是敞口的,并不闭合,只是以贫混凝土作成平槽,称为铺底。

在地质条件较好时,为了节省圬工,直墙式衬砌可在构造上采取若干改进措施。例如在整体岩层坚固的情况下,几乎没有什么水平侧压力,也没有地下水侵入,则可采用大拱脚喷混凝土(或喷砂浆)边墙衬砌,如图 5-3 所示。设大拱脚主要是为了保证洞壁岩体有足够能力以支承拱圈传来的压力,两侧岩壁表面喷浆裹面的目的是保护岩面不受风化作用的剥蚀,也可以阻止少量地下水的渗透。

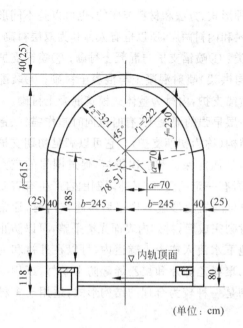
图 5-2 直墙式衬砌

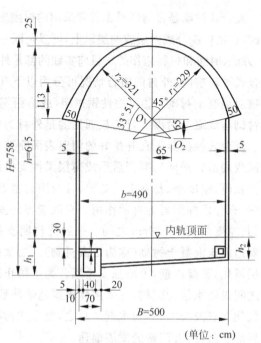
图 5-3 大拱脚喷混凝土(或喷砂浆)边墙衬砌

在地质条件尚好,侧压力不大,但又不宜采用大拱脚喷混凝土(或喷砂浆)边墙衬砌时,为了节省边墙圬工,可以简化边墙。一种方法是降低边墙建筑材料的等级,如将混凝土边墙改为石砌边墙;另一种方法是采用柱式边墙,或连拱式边墙,统称为花边墙。柱式边墙是做成一排均匀间隔的立柱,其间是孔洞,孔洞内围岩表面喷 3~5cm 厚的混凝土,立柱的尺寸一般不宜小于 3m,柱间间隔不宜大于 3m。连拱墙做成带支墩的连拱形式,支墩的纵向尺寸不小于 2m,墙上拱形孔洞的纵向跨度不宜大于 5m,墙拱顶至拱圈起拱线的高度距离不宜小于 100cm,如图 5-4 所示(图中括号内尺寸用于Ⅱ级围岩)。

2) 曲墙式衬砌

曲墙式衬砌适用于地质比较差,岩石松散破碎,强度不高,又有地下水,侧向水平压力也相当大的Ⅳ、Ⅴ和Ⅵ级围岩情况。它由顶部拱圈、侧面曲边墙和底部仰拱(或铺底)组成。除在Ⅳ级围岩无地下水,且基础不产生沉降的情况下可不设仰拱,只做平铺底外,一般均设仰拱,以抵御底部围岩压力,防止衬砌沉降,并使衬砌形成一个环状的封闭整体结构以提高衬砌的承载能力。顶部拱圈的内轮廓与直墙式衬砌的拱部一样,但它的拱圈截面是变厚度的,拱顶处薄而拱脚处厚。边墙是变厚度的,做成向外拱的曲线形,以抵抗较大的水平压力。仰拱一般为等厚度的。图 5-5 为单线非电气化铁路隧道衬砌Ⅴ级围岩直线断面曲墙式衬砌标准图,其内部轮廓线由五心圆曲线组成。

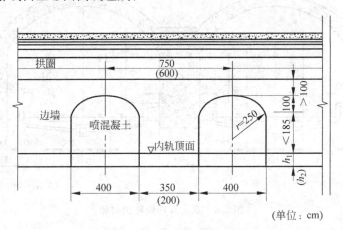

图 5-4 连拱式边墙衬砌

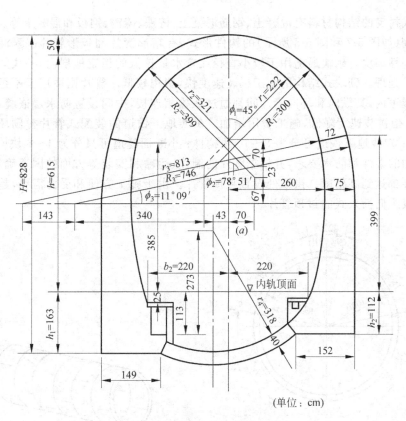

图 5-5 单线非电气化曲墙式衬砌

双线或三线隧道的洞身衬砌可以采取单孔式,四线隧道可采取双孔式。单孔式衬砌应满足双线或三线隧道衬砌净空要求。双孔式衬砌做成两个洞身孔道,中间设隔墙,为了节省圬工,隔墙中间可以设有纵向孔洞。以贵昆线上某四线铁路隧道衬砌断面为例,隔墙厚度为

3m,孔洞跨度为4m,高为3.6m,隔墙孔洞的纵向间隔为2.6m,如图5-6所示。

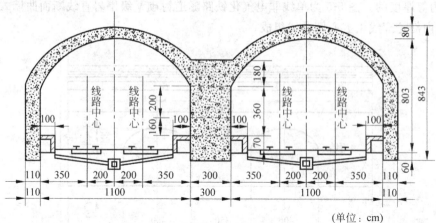

图 5-6 双孔式四线隧道衬砌

2. 装配式衬砌

装配式衬砌的结构材料有混凝土、钢筋混凝土、铸铁、铸钢、钢板和混凝土等。钢筋混凝土管片衬砌(如图5-7和图5-8所示)的构件形式,有箱形管片和板形管片。素混凝土衬砌则多做成刚性砌块。砌块最适用于较小直径或含水量较低的稳定地层内,各块间接缝的防水需要妥善处理。砌块式结构的施工拼装速度快,费用较低。管片则适用于不稳定地层各种直径的隧道内,其纵向和环向管片间都通过螺栓相连接,中间设置防水层嵌缝,防水性能较有保证;但拼装速度降低,施工费用增加。单线地下铁道的装配式管片衬砌环一般可分为6~8块;双线地下铁道可分为8~10块构件;小断面隧道可只分为4~6块构件。分块要考虑结构的柔性和防水要求,并根据管片的制作、运输和安装等方面的因素确定,使管片尺寸和拼装都达到高精度。拱顶处设置封顶管片。由于施工方便和受力需要,趋向于采用径向楔入或纵向插入式的封顶管片。

图 5-7 盾构管片分片示意图

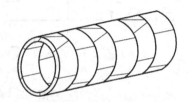

图 5-8 盾构管片错缝拼装示意图

管片衬砌各环间的纵向连接方式有通缝和错缝两种。所有衬砌环的纵缝对齐的称为通缝;而环间纵缝互相错开,犹如砖砌体一样的称为错缝。通缝拼装方便,但错缝的整体性较好。砌块间接头用球铰式、榫槽式或销钉式等；管片间接头则由双排或单排螺栓连接。为增加结构柔度，采用位于断面 1/3 处的单排螺栓居多。接头防水是装配式衬砌的关键问题，除要求管片制作保证精度，以尽量消除初始缝隙外，接头本身要有防水措施。当采用多道防水接头构造时，其第一道为防水密封垫，具有良好的弹性变形性能；第二道为内侧嵌缝槽，最好在隧道变形已趋基本稳定时再做；必要时可再添设第三道灌浆孔，待隧道变形稳定后进行灌浆。实际工程视重要性而采取一道至多道防水措施。

在用盾构法施工的圆形隧道中，广泛采用了装配式管片衬砌。在施工阶段作为临时支承使用，并承受盾构千斤顶顶力和其他施工荷载；竣工后则作为永久性承重结构，并防止泥水渗入。必要时可在其内部灌筑混凝土或钢筋混凝土内衬，以提高隧道的防水能力，修正施工误差，并起装饰作用。在用矿山法施工的隧道中，当地质条件允许并有施工场地和相应的机械设备时，也可采用装配式衬砌。马蹄形装配式衬砌，可由数块管片或砌块拼装而成。还有的采用石块砌筑边墙，顶拱用一整块半圆拱或两块三铰拱构件组成直墙拱形衬砌。用明挖法施工的地下结构，更适于采用装配式衬砌。当具有一定的运输和吊装能力时，对无水地层或解决好接头防水措施后，都可以大力推广。也可以先装配内层为一次衬砌，再以它为模板，在其外层再灌筑一层现浇衬砌。此外，采用结构装配而接头为现场灌筑的装配-整体式衬砌，在保证防水的条件下，可以增大结构的整体刚度。

装配式衬砌的构造应满足下列条件：①强度足够而且耐久；②能立即承受荷载；③装配简便，构件类型少，形式简单，尺寸统一，便于工业化制作和机械化拼装；④构件尺寸大小和重量适合拼装机械的能力；⑤有防水的设施。

3. 喷锚支护

1) 喷射混凝土支护层

喷射混凝土的拌合材料是：标号不低于 325 号的普通硅酸盐水泥和粒径不应大于 16mm 的坚硬耐久的卵石或碎石，以及不含土质或杂物的河砂，再加上少量的速凝剂。在我国较为普遍采用的是干拌合料。在输送到喷嘴以前，与水汇合而成喷射的浆液，称为干喷。也可以把拌合料先与水拌合，以浆液从输料管送至喷嘴，与速凝剂汇合然后喷出，称为湿喷。二者共同之处是都借助于喷出的压力和速度，使材料有力地与岩壁黏着牢固，凝成固结的衬砌层。掺入的速凝剂是为了使喷出的浆液黏附在岩壁上以后，能迅速凝结，减少向下流淌和向后回弹，并使之早强，及时发挥支护作用。

喷射混凝土层是依从着洞壁的形状而成型的。为了使喷层厚度均匀，喷混凝土结构的受力状态合理，一般要求使用预裂和光面爆破的方法开挖坑道，使围岩扰动最少，爆破后的岩壁平整而光滑，减少超欠挖，喷层厚度也比较均匀。喷层的厚度一般最薄不应小于 5cm，遇有局部岩体突出，也足以覆盖。最厚应不大于 25cm，再厚则失去了柔性衬砌的特点，也达不到节省圬工的目的。

在比较松散软弱的岩层中，为了提高喷层的强度与稳定性，可以加金属网或钢支撑，使之结合成一体，变为钢筋混凝土层。钢筋网的钢筋直径一般为 6~12mm，间距为 200mm。钢筋网与岩面绑扎焊接牢固后，即可喷射混凝土。

2) 锚杆

锚杆是一种插入到围岩岩体内的杆形构件，利用锚杆杆体或杆端锚头的膨胀作用，或利用灌浆黏结,把锚杆固定在岩体内,使之增加了岩体的紧密程度,补强了抗剪能力,起到了组合、悬吊及挤压加固的作用,从而提高了围岩的自稳能力。

相对于模筑混凝土衬砌而言,喷锚支护是一种与模筑混凝土衬砌本质不同的支护方式。从作用原理上看,它不是以一个刚度强大的结构物来抵抗围岩所给予它的压力荷载,而是施加一种措施以发挥围岩本身的自稳能力,与围岩合成一体,共同作用,成为柔性的衬砌。从施工方法来看,它不用拱架和模板来灌注和盛装建筑材料,而是把建筑材料喷到岩壁上,直接凝成支护层。它节约了大量的木材,降低了工人的劳动强度,使坑道断面缩小,从而减少了开挖量,圬工量也因减薄而节省。可以说,锚杆是一种极有发展前途而带有改革性质的方向性进步。目前,锚杆不但在我国隧道工程中逐步在取代厚壁的模筑混凝土衬砌,而且在许多其他土建工程中,也在大力推广使用,取得了很好的效果。

4. 复合式衬砌

复合式衬砌是与喷锚支护和新奥法施工结合起来进行的。在洞壁表面先喷射一层混凝土,有时也同时施加锚杆,凝固以后形成一个薄层的柔性支护结构,允许它有限度地产生变形以及少许的裂纹,把围岩因开挖坑道而引起的形变压力全部吸收或吸入了绝大部分,并把洞壁的位移逐渐地稳定下来,使外衬与围岩共同组成的初期支护体系处于暂时平衡状态。在施工的同时,定期地量测支护变形的信息,将这些信息反馈到施工和结构的设计中去,据以确定内衬的最佳施作时间,以及内衬的适宜厚度。在外衬变形终止或基本稳定以后,再施作内衬。为了防止地下水流入隧道内,可以在外衬与内衬之间,敷设一层以塑料防水板等为材料的防水层。

复合式衬砌既能调动围岩的自承能力,又可以充分发挥结构的承载能力。根据铁道科学研究院和隧道工程局共同进行的模型实验和有限元分析,试验结果表明:复合式衬砌的极限承载能力比同等厚度的单层模筑混凝土衬砌可以提高 20%~30%,并且如能调整好内衬的施作时间,还可以改善结构的受力条件。

(1) 外衬(也称为初次衬砌)。为了使围岩在开挖后的变形及早地受到约束,外衬多半使用能达到早强的喷射混凝土和锚杆,使柔性的外衬既能容许围岩有所变形,而又施加约束使其变形不会发展太大、太快。一般来说,外衬的厚度多在 5~20cm 之间。为此,开挖坑道时,要求采用光面爆破,使洞壁平整光顺,喷层足以覆盖凸点,同时内表面也平整,便于以后敷设防水层。

(2) 内衬(也称为二次衬砌)。从理论上讲,围岩的形变压力已为外衬所吸收,内衬基本不再需要承受力量,内衬仅仅是当作洞内的被服,取得洞内的整齐外观,或是用以隔潮而已。但实际上,外衬的变形并未完全停止,况且影响外衬共同作用的因素很多,因而仍会有一部分力量需由内衬承担,如围岩的残留变形,以及施工后围岩物理力学参数的降低等。所以,设计时内衬仍应按受力结构来计算。内衬可以用喷射混凝土层柔性结构,也可以用较厚的模筑混凝土。其厚度应视当时外衬变形的情况,或变形的速度而定。当围岩无明显的流变性质,而位移有较明显的减缓趋势,水平收敛小于 0.2mm/d,拱顶下沉小于 0.1mm/d,而且当时的位移值占总位移值的 80% 以上时,单线隧道内衬厚度可为 25cm,双线隧道内衬厚度可为 30cm,均为等厚截面。

(3) 防水层。内外层衬砌之间的防水层可以用软聚氯乙烯薄膜、聚异丁烯片、聚乙烯片等防水卷材,或用喷涂乳化沥青等防水剂。在喷层表面凹凸不平,须先以砂浆敷面,做成找平层,务使岩壁与防水层密贴。防水层接缝处,一般用热水焊接,或电敏电阻焊接,也可用适当的溶剂作溶解焊接,用以保证防水的质量。

铺底及仰拱的厚度与一般模筑混凝土衬砌的铺底或仰拱相同。

复合式衬砌最适宜在Ⅱ~Ⅵ级围岩中使用,但遇到下列情况时,应慎重对待。必要时应辅以相应的加固措施。①拱顶以上覆盖厚度小于隧道直径时;②有明显偏压力时;③在无自稳能力的未胶结砂砾石地层中时;④在大膨胀性的地层中时;⑤在大涌水的地层中时;⑥在严重冻害的地区中时。

复合式衬砌可以保证初期支护施作及时,刚度小,易变形,与围岩密贴,从而能保护和加固围岩,促进围岩的应力调整,充分发挥围岩的自承作用。二次衬砌完成后,衬砌内表面光滑平整,可以防止外层风化,装饰内壁,增强安全感。它既能够充分发挥喷锚支护的优点,又能发挥二次衬砌永久支护的可靠作用。

复合式衬砌是目前隧道工程常采用的衬砌形式。其设计、施工工艺过程与其相应的衬砌及围岩受力状态均较合理,十分符合衬砌结构的力学变化过程,能按衬砌受力和变形的规律、时间和变形发展的状况,给予最适宜的工程措施;且其质量可靠,能够达到较高的防水要求;也便于采用喷锚、钢支撑等工艺。因此,它是比较合理的结构形式,有广阔的发展前景。

对于复合式衬砌,由于初期支护是限制围岩在施工期间的变形,达到围岩的暂时稳定,二次衬砌则提供结构的安全储备或承受后期围岩压力。因此,初期支护应按主要承载结构设计;二次支护在Ⅲ级及以下围岩时按安全储备设计,在Ⅳ级及以上围岩时按承载(后期围岩)结构设计,并均应满足构造要求。

5.1.3 衬砌的一般构造要求

1. 隧道衬砌的建筑材料及要求

修建隧道衬砌的材料,应具有足够的强度和耐久性,在某些环境中,还必须具有抗冻、抗渗和抗侵蚀性。此外,还应满足就地取材,降低造价,施工方便及易于机械化施工等要求。

常用的隧道衬砌材料有以下几种。

1) 混凝土与钢筋混凝土

混凝土是目前隧道施工采用最广泛的建筑材料之一。这种建材的优点是:整体性和抗渗性较好,既能在现场浇筑,也可以在加工厂预制,而且能采用机械化施工。可以在水泥中掺入密实性附加剂,以提高混凝土的密实度,从而提高混凝土的抗渗性和防水性能。此外,混凝土可以根据使用和施工上的需要加入其他附加剂,如低温早强剂、常温早强剂、速凝剂、缓凝剂、塑化剂、加气剂和减水剂等。现浇混凝土的缺点是:混凝土浇筑后需要养生而不能立即承受荷载,需要达到一定强度后才能拆模,占用和耗用较多的拱架及模板,化学稳定性(耐侵蚀性能)较差。但其优点是主要的,故目前混凝土仍然是隧道衬砌结构的主要建筑材料。

隧道工程所用的混凝土强度等级不应低于C15。最冷月平均温度低于零下15℃的地区及受冻害影响的隧道,宜采用整体式混凝土衬砌,应适当提高混凝土强度等级。洞门用混凝土整体灌筑,其强度不应低于C20。

钢筋混凝土材料主要用在洞门、明洞衬砌及地震区、偏压、通过断层破碎带或淤泥、流砂等不良地质地段的隧道衬砌中,其强度等级对于衬砌段不应低于C20,对于洞门不应低于C15。在特殊情况下,可采用旧钢轨或焊接钢筋骨架加强衬砌。

2) 片石混凝土

为了节省水泥,在岩层较好地段的边墙衬砌,可采用片石混凝土(片石的掺量不应超过总体积的20%)。此外,当起拱线以上1m以外部位有超挖时,其超挖部分也可用片石混凝土进行回填。选用的石料要坚硬,其强度等级不应低于MU40,有裂隙和易风化的石料不应采用。

3) 石料和混凝土预制块

石料衬砌的优点是可就地取材,降低造价,可保证衬砌厚度并能较早地承受荷载,可以节省水泥和模板,耐久性和耐侵蚀性能较好。其缺点是整体性差,砌缝多容易漏水,防水性能较差,施工主要靠手工操作,难以机械化施工,费工、费时,施工进度较慢,而且需要大量熟练工人。对于盛产石料的地区及隧道边墙地基的地质条件较好时,本着就地取材及经济的原则,仍可采用石料衬砌,尤其是洞门挡墙、挡土墙、路缘石和人行道盖板等仍然经常使用石料。

石料或混凝土预制块应用强度等级不低于M10的水泥砂浆砌筑衬砌。石料的强度等级不应低于MU60,并且不应采用有裂隙和易风化的石料。混凝土预制块强度等级不应低于MU20。

4) 喷射混凝土

喷射混凝土早期强度和密实性均较普通混凝土高,能封闭围岩的裂隙,能很快起到支护围岩的作用。其施工过程可以全部机械化,且不需要拱架和模板。在石质较软的不稳定围岩,它还可以与锚杆、钢丝网等配合使用,是一种理想的衬砌材料。

喷射混凝土的强度等级采用C20,所用的水泥应优先采用硅酸盐水泥或普通硅酸盐水泥,也可采用矿渣硅酸盐水泥。必要时可采用特种水泥,水泥标号不得小于325号。粗集料应采用坚硬耐久的碎石或卵石,不得使用碱活性骨料,石子粒径不宜大于16mm,喷射钢纤维混凝土的石子粒径不宜大于10mm。骨料级配宜采用连续级配,细集料采用坚硬耐久的中砂或粗砂,细度模数宜大于2.5,砂的含水率宜控制在5%～7%。钢筋网材料可采用Q235钢,直径宜为6～12mm。

喷射钢纤维混凝土中的钢纤维宜采用普通碳素钢制成,等效直径为0.3～0.5mm的方形或圆形断面,长度宜为20～25mm,长度直径比宜为40～60,抗拉强度不得小于380MPa,不得有油渍和明显的锈蚀,钢纤维掺量宜为混合料质量的1%～3%。

5) 锚杆

锚杆是用机械方法加固围岩的一种金属材料。锚杆的杆体宜用20MnSi钢筋,也可采用Q235钢筋;缝管式锚杆宜采用16MnSi钢管,也可采用Q235钢管;锚杆直径宜为18～22mm,垫板可采用Q235钢板。

锚杆用的各种水泥砂浆强度等级不应低于M20。

6) 装配式材料

对于衬砌材料,可采用一些装配式材料,如钢筋混凝土大型预制块、加筋肋铸铁预制块等。在修筑棚式明洞时,可用预制板或预制梁装配板式棚洞或梁式棚洞。采用新奥法施工时，为了防水、防落石和美观，可以加设离壁式结构，如采用波纹钢拱式大型装配预制件或采用玻璃钢代替钢材等作衬砌材料。另外，为了提高洞内照明、防水、通风、美观、视线诱导或减少噪声等，可在衬砌内表面粘贴各种各样的装修材料。

2. 铁路隧道净空及要求

1) 直线隧道净空

隧道净空是指隧道衬砌的内轮廓线所包围的空间。隧道净空是根据"隧道建筑限界"确定的，而"隧道建筑限界"是根据"基本建筑限界"制定的，"基本建筑限界"又是根据"机车车辆限界"制定的。

"限界"是一种规定的轮廓线，这种轮廓线以内的空间是保证列车安全运行所必需的。"建筑限界"是建筑物不得侵入的一种限界。

(1) 机车车辆限界：机车车辆最外轮廓的限界尺寸。要求所有在线路上行驶的机车车辆停在平坡直线上时，沿着车体所有部分都必须容纳在此限界范围内而不得超越。

(2) 基本建筑限界：线路上各种建筑物和设备均不得侵入的轮廓线，如图 5-9 所示。它

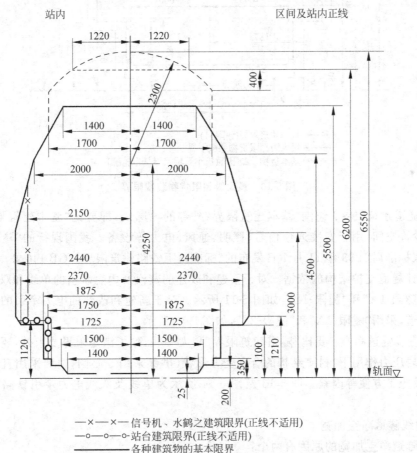

图 5-9　基本建筑限界

的用途是保证机车车辆(包括超限车辆,其最大装载高度为 5300mm,宽为 4450mm,最大级超限货物装载限界如图 5-10 所示)的安全运行及建筑物和设备不受损害。

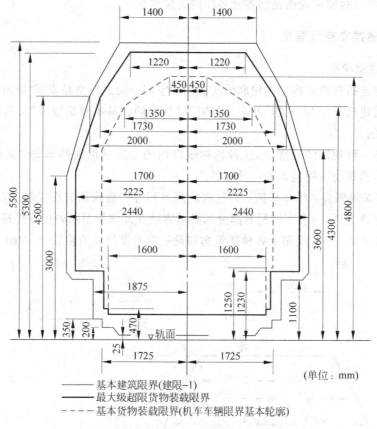

图 5-10 最大级超限货物装载限界

(3) 隧道建筑限界:包围"基本建筑限界"外部的轮廓线,即要比"基本建筑限界"大一些,留出少许空间,用于安装通信信号、照明、通风、电力等设备。我国现行的"隧道建筑限界"是国家标准局 1983 年 11 月 7 日发布的《标准轨距铁路建筑限界》(GB 146.2—83),并以此作为设计隧道支护结构的依据。对于新建和改建的蒸汽及内燃牵引的单线和双线铁路隧道,采用"隧限-1A"和"隧限-1B",如图 5-11 所示。对于新建和改建的电力牵引的单线和双线铁路隧道,采用"隧限-2A"和"隧限-2B",如图 5-12 所示。

(4) 直线隧道净空:要比"隧道建筑限界"稍大一些,除了满足限界要求外,还考虑了在不同的围岩压力作用下,衬砌结构的合理受力形状(拱部采用三心圆,边墙采用直墙式或曲墙式)以及施工方便等因素。图 5-13 及图 5-14 所示为单线及双线电力牵引铁路隧道衬砌内轮廓。

2) 曲线隧道净空加宽

曲线隧道净空加宽的原因有两个:

一是由于车辆通过曲线时,转向架中心点沿线路运行,而车辆本身却不能随线路弯曲仍保持其矩形形状。故其两端向曲线外侧偏移 $d_外$,中间向曲线内侧偏移 $d_{内1}$,如图 5-15 所示。

二是由于曲线外轨超高,车辆向曲线内侧倾斜,使车辆限界上的控制点在水平方向上向

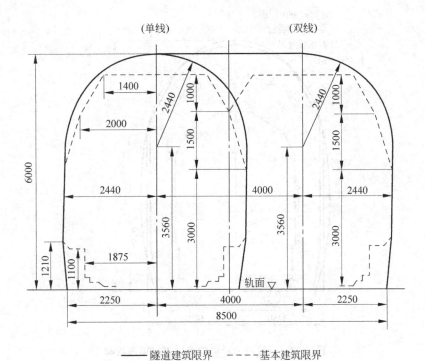

图 5-11 新建和改建的蒸汽及内燃牵引的单线和双线铁路隧道建筑限界

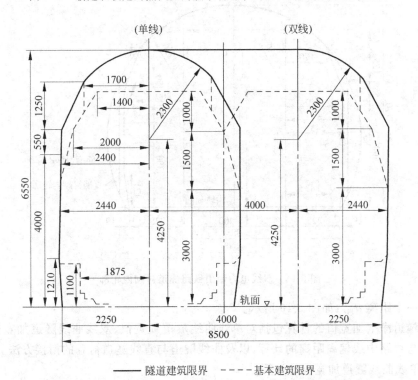

图 5-12 新建和改建的电力牵引的单线和双线铁路隧道建筑限界

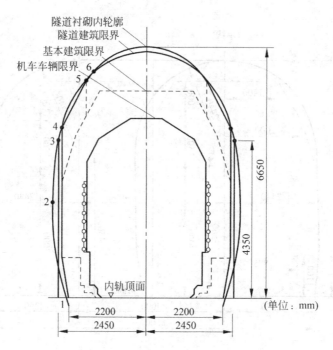

图 5-13 单线电力牵引铁路隧道衬砌内轮廓

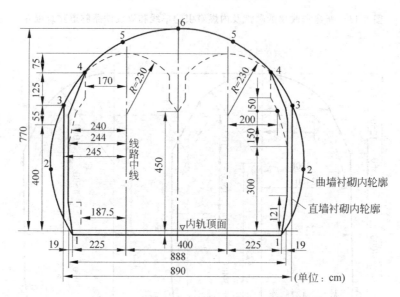

图 5-14 双线电力牵引铁路隧道衬砌内轮廓

内移动了一个距离 $d_{内2}$,如图 5-16 所示。

曲线隧道净空加宽值的计算包括对单线曲线隧道加宽值、双线曲线隧道加宽值和曲线隧道中线与线路中线偏离距离的计算,以及曲线隧道与直线隧道衬砌的衔接方法。

(1) 单线曲线隧道加宽值的计算

① 车辆中间部分向曲线内侧的偏移 $d_{内1}$ 为

$$d_{内1} = \frac{l^2}{8R} \tag{5-1}$$

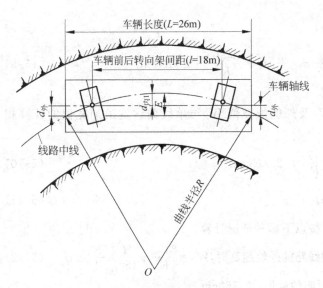

图 5-15 车辆通过曲线时的平面图

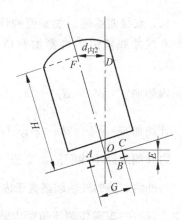

图 5-16 车辆通过曲线时的横断面

式中 l——车辆转向架中心距,取 18m;
 R——曲线半径,m。

则

$$d_{内1} = \frac{4050}{R} \text{ (cm)} \tag{5-2}$$

② 车辆两端向曲线外侧的偏移 $d_{外}$ 为

$$d_{外} = \frac{L^2 - l^2}{8R} \tag{5-3}$$

式中 L——标准车辆长度,我国为 26m。

故

$$d_{外} = \frac{4400}{R} \text{ (cm)} \tag{5-4}$$

③ 外轨超高使车体向曲线内侧倾移 $d_{内2}$ 为

$$d_{内2} = \frac{H}{150} E \text{(cm)} \tag{5-5}$$

式中 H——隧道限界控制点自轨面起的高度;
 E——曲线外轨超高值,其最大值不超过 15cm,且

$$E = 0.76 \frac{V^2}{R} \text{(cm)} \tag{5-6}$$

式中 V——铁路远期行车速度,km/h。

在我国铁路设计标准中,$d_{内2}$ 是将相应的隧道建筑限界绕内侧轨顶中心转动 $\arctan \frac{E}{150}$ 角求得,可近似取 $d_{内2} = 2.7E \text{(cm)}$。

单线曲线隧道净空加宽值的计算公式如下:

内侧加宽:$W_1 = d_{内1} + d_{内2} = \frac{4050}{R} + 2.7E \text{(cm)} \tag{5-7}$

外侧加宽：$W_2 = d_{外} = \dfrac{4400}{R}(\mathrm{cm})$ (5-8)

总加宽：$W = W_1 + W_2 = d_{内1} + d_{内2} + d_{外} = \dfrac{8450}{R} + 2.7E(\mathrm{cm})$ (5-9)

(2) 双线曲线隧道加宽值的计算

双线曲线隧道的内侧加宽值 W_1 及外侧加宽值 W_2 与单线曲线隧道加宽值的计算相同，即

内侧加宽：$W_1 = d_{内1} + d_{内2} = \dfrac{4050}{R} + 2.7E(\mathrm{cm})$ (5-10)

外侧加宽：$W_2 = d_{外} = \dfrac{4400}{R}(\mathrm{cm})$ (5-11)

内外侧线路中线间的加宽值 W_3 按以下两种情况计算：

当外侧线路的外轨超高大于内侧线路的外轨超高时，$W_3 = \dfrac{8450}{R} + \dfrac{H}{150} \times \dfrac{E}{2}(\mathrm{cm})$ (5-12)

式中　H——车辆外侧顶角距内轨顶面的高度，取 360cm；

　　　E——外侧线路的外轨超高值，cm；

　　　R——曲线半径，m。

则

$$W_3 = \dfrac{8450}{R} + \dfrac{360}{150} \times \dfrac{E}{2} = \dfrac{8450}{R} + 1.2E(\mathrm{cm})$$ (5-13)

其他情况时，$W_3 = \dfrac{8450}{R}(\mathrm{cm})$ (5-14)

总加宽：$W = W_1 + W_2 + W_3$ (5-15)

(3) 曲线隧道中线与线路中线偏移距离

从以上计算可知，曲线隧道内外侧加宽值不同（内侧加宽大于外侧加宽），断面加宽后，隧道中线应向曲线内侧偏移一个 d 值。

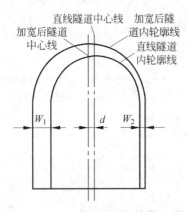

图 5-17　单线曲线隧道中线与线路中线偏移

单线曲线隧道如图 5-17 所示，隧道中线与线路中线偏移距离 d 按下式计算：

$$d = \dfrac{1}{2}(W_1 - W_2)(\mathrm{cm})$$ (5-16)

双线曲线隧道如图 5-18 所示，内侧线路中线至隧道中线的距离为

$$d_1 = 200 - \dfrac{1}{2}(W_1 - W_2 - W_3)(\mathrm{cm})$$ (5-17)

双线曲线隧道外侧线路中线至隧道中线的距离为

$$d_2 = 200 + \dfrac{1}{2}(W_1 - W_2 + W_3)(\mathrm{cm})$$ (5-18)

(4) 曲线隧道与直线隧道衬砌的衔接方法

《铁路隧道设计规范》(TB 1003—2005)规定：位于曲线地段的隧道，其断面加宽除圆曲线部分按上述计算值予以加宽外，缓和曲线部分可分两段加宽，即自圆曲线至缓和曲线中点，并向直线方向延长 13m，采用圆曲线加宽断面（按 W 值

加宽）；其余缓和曲线，并自直缓分界点向直线段延长 22m，采用缓和曲线中点加宽断面，其加宽值取圆曲线之半（按 $W/2$ 值加宽），如图 5-19 所示。

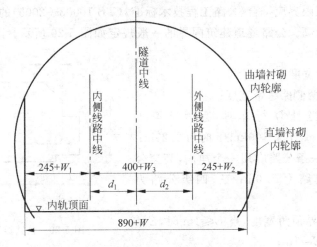

图 5-18 双线曲线隧道中线与线路中线偏移

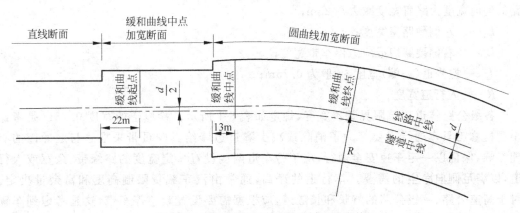

图 5-19 曲线隧道与直线隧道衬砌的衔接

上述分别延长 22m 和 13m 的理由是：当列车由直线进入曲线，车辆前面的转向架进到缓和曲线起点后，由于缓和曲线外轨设有超高，故车辆开始向内侧倾斜，车辆的后端点也已偏离线路中心，所以从车辆的前转向架到车辆后端点的范围内应按圆曲线加宽值的一半（$W/2$）加宽，此段长度为两转向架间距离 18m 加转向架中心到车辆后端点距离 4m 共 22m。当车辆的一半进入缓和曲线中点时，其车辆后端偏离中线值应根据前面的转向架所在曲线的半径及超高值决定。此时，前面转向架已接近圆曲线，故车辆后段（按切线支距法原理推算，近似取车长的一半 13m）应按圆曲线加宽值（W）加宽。

位于曲线车站上的隧道，其断面加宽应根据站场线路具体要求计算确定。

当隧道位于反向曲线上且其间夹直线长度小于 44m 时，重叠部分按两端不同的曲线半径分别计算内外侧加宽值，取其中较大者。

隧道衬砌施工中，对不同宽度衬砌断面的衔接，可采用在衬砌断面变化点错成直角台阶的错台法及自加宽断面终点向不加宽断面延伸 1m 范围内逐渐过渡的顺坡法。

3. 公路隧道净空

公路隧道建筑限界应符合《公路工程技术标准》(TB 10003—2005)的规定,其净空尺寸主要是指净宽和净高。公路隧道建筑限界的一般规定如图5-20所示。图中各符号的含义如下:

W——行车道宽度;

S——行车道两侧路缘带宽度;

C——余宽,当计算行车速度大于等于100km/h时为0.5m,小于100km/h时为0.25m;

H——净高,一条公路应用一个净高,高速公路和一级、二级公路为5.0m;三、四级公路为4.5m;

E——建筑限界顶角宽度,当$L \leqslant 1$m时,$E=L$;当$L>1$m时,$E=1$m;

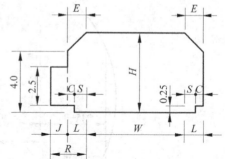

图5-20 公路隧道建筑限界

L——侧向宽度,高速公路、一级公路的侧向宽度为硬路肩宽度(L_1或L_2),其他各级公路的侧向宽度为路肩宽度减去0.25m;

L_1——左侧硬路肩宽度;

L_2——右侧硬路肩或应急停车带宽度;

J——检修道(一侧)宽度,一般为0.75m;

R——人行道宽度。

各级公路隧道建筑限界基本宽度,规定如表5-1所示。检修道的宽度0.75m是考虑小型检修工具车通行需要。为了消除或减少隧道边墙给驾驶员带来唯恐与之冲撞的心理影响,保证以一定车速安全通行,应于行车道两侧设置一定宽度的路缘带、余宽或人行道,以满足侧向净空的需要。车行道的净高,通常由汽车载货限制高度和富余量决定。对于高速公路、一级公路的特长和长隧道,应根据需要设置紧急停车带,这是考虑到车辆若在隧道内发生事故时,有一个应急的抢修、疏导车辆的余地,便于较快地消除塞阻,减少损失。

表5-1 各级公路隧道建筑限界基本宽度   m

公路分类	公路等级	地形	行车道宽度(单洞)W	侧向宽度		人行道R	检修道(一侧)J	隧道建筑限界净宽	
				路缘带S	余宽C			设检修道或不设人行道	设人行道
汽车专用公路	高速	平原微丘	7.50	0.75	0.50		0.75	10.75	
		重丘	7.50	0.50	0.50		0.75	10.25	
		山岭	7.50	0.50	0.25		0.75	9.75	
			7.00	0.50	0.25		0.75	9.25	
	一级	平原微丘	7.50	0.50	0.50		0.75	10.25	
		山岭重丘	7.00	0.50	0.25		0.75	9.25	
	二级	平原微丘	8.00		0.25		0.75	9.25	
		山岭重丘	7.50		0.25		0.75	8.75	

续表

公路分类	公路等级	地形	行车道宽度（单洞）W	侧向宽度		人行道 R	检修道（一侧）J	隧道建筑限界净宽	
				路缘带 S	余宽 C			设检修道或不设人行道	设人行道
一般公路	二级	平原微丘	9.00	0.25		0.75		9.50	10.50
		山岭重丘	7.00	0.25				7.50	8.50
	三级	平原微丘	7.00	0.25		0.75		7.50	8.50
		山岭重丘	7.00	0.25				7.50	8.50
	四级	平原微丘	7.00	0.25				7.50	
		山岭重丘	7.00/4.50	0.25				7.50/5.00	

隧道净空除应符合隧道建筑限界的规定外，还应考虑洞内排水、通风、照明、防火、监控和运营管理等附属设施所需要的空间，并考虑围岩压力影响、施工等必要的富余量，使确定的断面形式及尺寸安全、经济、合理。图 5-21 为公路隧道横断面示意图。

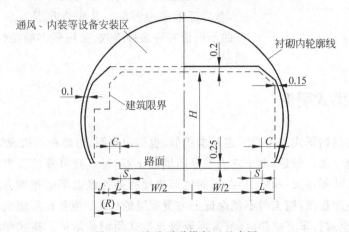

图 5-21 公路隧道横断面示意图

4. 隧道衬砌的其他构造要求

(1) 隧道洞口段比隧道中段受力复杂，除了受横向的竖直与水平荷载以外，还受有纵向的推力荷载。所以，规范规定隧道洞口段应设置加强衬砌，并宜与洞身整体砌筑，其长度应根据地质、地形等条件确定，一般单线隧道洞口应设置不小于 5m 长的模筑混凝土衬砌，双线和多线隧道应适当加长；

(2) 围岩较差段的衬砌应向围岩较好地段延伸 5~10m；

(3) 偏压衬砌段应延伸至一般衬砌段内 5m 以上；

(4) 不设仰拱的隧道应做底板，单线隧道其厚度不得小于 20cm，双线隧道其厚度不得小于 25cm；

(5) 对衬砌有不良影响的硬软地层分界处，应设置变形缝；

(6) 电力牵引的隧道，其长度大于 2000m 及位于隧道群地段和车站两端时，为了使接触网有良好的工作和维修条件，应根据需要设置接触网补偿下锚的衬砌段；

(7) 运营通风洞和联络通道等与主隧道连接处的衬砌设计应做加强处理。

5.2 明洞

明洞是用明挖法修建的隧道。明洞一般修筑在隧道的进、出口处,当遇到地质差且洞顶覆盖层较薄,用暗挖法难以进洞时,或洞口路堑边坡上受坍方、落石、泥石流等威胁而危及行车安全时,或铁路、公路、河渠必须在线路上方通过,且不宜做立交桥或暗洞时,或为了减少隧道工程对环境的破坏影响,保护环境和景观,洞口段需延长者,均需要修建明洞。它是隧道洞口或线路上起到防护作用的重要建筑物,不同于前述的一般隧道。因为明洞不是在地层内先挖出坑道,然后修建结构物,而是在露天的路堑地面上,或是在敞口的基坑内,先修筑结构物,然后再回填覆盖土石,如图5-22所示。在我国新建的铁路线上,曾广泛地采用明洞。其构造常因地形、地质和危害程度的不同而有许多种形式,采用最多的是拱式明洞和棚式明洞。

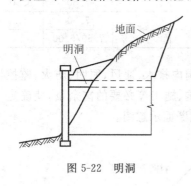

图 5-22 明洞

5.2.1 拱式明洞

拱式明洞的结构形式与一般隧道基本相似,也是由拱圈、边墙和仰拱或铺底组成。它的内轮廓也和隧道一致。但是,由于它周围是回填的土石,得不到可靠的围岩抗力的支持,因而结构的截面尺寸要略大一些。当洞口的地形或地质条件难以用暗挖的方法修建隧道时,例如洞口附近埋深很浅,施工时不能保证上方覆盖层的稳定;或是深路堑、高边坡上有较多的崩塌落石,以至对行车有威胁时,常常需要修筑拱式明洞来防护。拱式明洞结构坚固,可以抵抗较大的推力,其适用的范围较广。按照所在的位置,拱式明洞可以分为路堑式拱形明洞和半路堑式拱形明洞。

1. 路堑式拱形明洞

路堑式拱形明洞位于两侧都有高边坡的路堑中。在挖出路堑的基面上,先修建与隧道衬砌相似的结构,但是截面尺寸稍大一些,然后回填上面覆盖的土石。两侧墙外填以浆砌片石,使其密实。上面填以土石,夯紧并覆盖防水黏土层,层上留有排水的沟槽,以防止地面水的渗入,如图5-23所示。

路堑式拱形明洞适用于路堑边坡处于对称或接近对称,边坡岩层基本稳定,仅防边坡有少量坍塌、落石,或用于隧道洞口岩层破碎,覆盖层较薄而难以用暗挖法修建隧道时。此种明洞承受对称荷载,拱、墙均为等截面,边墙为直墙式。

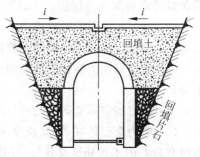

图 5-23 路堑式拱形明洞

2. 偏压直墙式拱形明洞

这种明洞适用于两侧边坡高差较大的不对称路堑。它承受不对称荷载,拱圈为等截面,边墙为直墙式,外侧边墙厚度大于内侧边墙的厚度。

3. 偏压斜墙式拱形明洞

这种明洞适用于地形倾斜,低侧处路堑外侧有较宽敞的地面供回填土石,以增加明洞抵抗侧向压力的能力。此种明洞承受偏压荷载,拱圈为等截面,内侧边墙为等厚直墙式,外侧边墙为不等厚斜墙式。

4. 半路堑单压式拱形明洞

在傍山隧道的洞口或傍山线路上半路堑地段,一侧边坡陡立且有坍方、落石的可能,对行车安全有威胁时;或隧道必须通过不良地质地段而急需提前进洞时,由于外侧地形狭小,地面陡峻,无法回填土石,以平衡内侧压力,此时都宜修建半路堑单压式拱形明洞。由于它受到单侧的压力,虽然它的结构内轮廓与隧道一致,仍是左右对称的,但结构截面却是左右不同的,内侧边墙为等厚直墙,外墙需要相对地加大,而且必须把基础放在稳固的基岩上。有时,拱圈也可能采用变截面,以抵抗单侧的压力。

有时,外侧地形低下,不能保持回填土的天然稳定坡度,或是按天然稳定坡度则边坡将延伸很远时,可以在结构的外墙顶上,接高一段挡墙,用以拦截土石的流走,称为耳墙式拱形明洞,如图 5-24 所示。

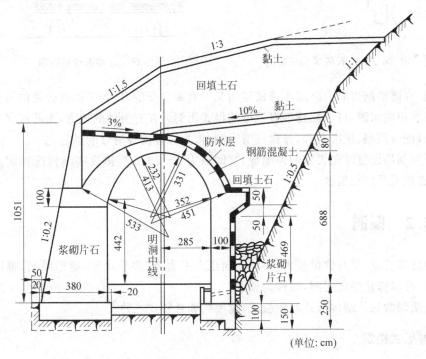

图 5-24 耳墙式拱形明洞

有时,外侧边墙基底地质不好,不足以承受外墙传来的压力而必须把基础放到下方较深的基岩上时,外墙可以延伸直达基岩,成为内、外墙不同,内短外长的形式,称为长腿式拱形明洞,如图 5-25 所示。

拱形明洞是在露天施工的,不受地下坑道条件的限制,所以可以采用钢筋混凝土作拱圈。外边墙体积大,可以用混凝土或石料。

明洞顶上回填土石是为了缓冲落石对衬砌的冲击而设的,它的厚度应视落石下坠的实际情况通过计算而定,一般不应小于 1.5m。在填土面上应留有不小于 1∶1.5 的流水坡。填土的上面及拱顶上方都要做一层黏土隔水层,以防水渗入。

由于外墙尺寸较大,所以圬工数量较多。如果基底地质较好,外墙可以做成连拱形,以节省圬工。如果明洞外侧覆盖土不厚,还可以掏成侧洞,使露天的光线可以射进来,外界的新鲜空气可以流进来,改善了明洞内的环境条件,如图 5-26 所示。

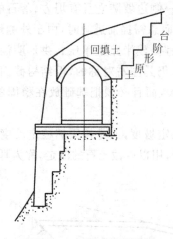

图 5-25 长腿式拱形明洞

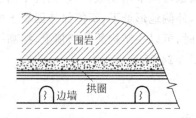

图 5-26 连拱形拱形明洞

有时,在隧道洞口有公路或水渠横越而又不宜做立交桥时,为了保持公路的通行和不致中断灌溉农田的水道,可以修建带有渡槽的拱式明洞。在有滑坡的地方,而路线又必须通过时,也可以配合挡墙、抗滑桩等,修建抗滑明洞,作为综合治理滑坡的措施之一。

拱形明洞应设置横向贯穿的伸缩缝,其间隔为 6～20m,具体视实际情况而定。如有侧洞,伸缩缝应避开侧洞位置。

5.2.2 棚洞

当山坡的坍方、落石数量较少,山体侧向压力不大,或因受地质、地形限制,难以修建拱形明洞时,可以修建棚式明洞,简称为棚洞。

棚式明洞常见的结构形式有盖板式、刚架式和悬臂式三种。

1. 盖板式棚洞

盖板式棚洞是由内墙、外墙及钢筋混凝土盖板组成的简支结构。顶上不是拱圈而是平的盖板,其上回填土石,以保护盖板受山体落石的冲击。内墙一般为重力式墩台结构,厚度较大,用以抵抗山体的侧向压力,它的基础必须放在基岩或稳固的地基上。若是侧坡较陡,地面水不大,坡面稳定而坚实,采用重力式内墙开挖量太大时,也可以用钢筋混凝土锚杆挡墙的形式。外墙不受侧向压力,仅承受梁和盖板的竖向荷载时,它要求的地基承载力较小,此时外墙可以较薄,或可以根据落石的严重与否以及地质情况,采用立柱式(梁式)或连拱墙式结构。当外侧基岩较浅,地基基础承载力较大时,可采用立柱式,如图 5-27 所示。

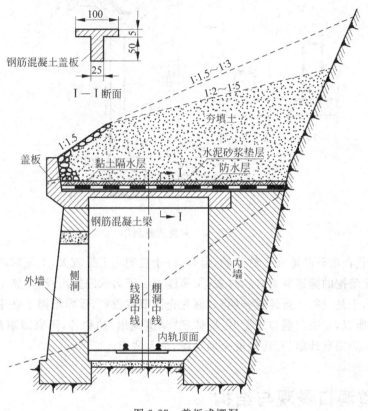

图 5-27 盖板式棚洞

2. 刚架式棚洞

当地形狭窄,山坡陡峻,基岩埋置较深而上部地基稳定性差时,为了使基础置于基岩上且减小基础工程,可采用刚架式外墙,此时称明洞为刚架式明洞(有时也可采用长腿式明洞)。

该棚洞主要由外侧刚架、内侧重力式墩台结构、横顶梁、底横撑及钢筋混凝土盖板组成,并做防水层及回填土石处理。

3. 悬臂式棚洞

对稳固而陡峻的山坡,外侧地形难以满足一般棚洞的地基要求,而且在落石不太严重的情况下,可以修建悬臂式棚洞,如图 5-28 所示。它的内墙为重力式,上端接筑悬臂式横梁,其上铺以盖板,在盖板的内端设平衡重来维持结构受外荷载作用下的稳定性。同时,为了保证棚洞的稳定性,要求悬臂必须伸入稳定的基岩内。这比较适用于落石块度不大,数量不多,冲击不厉害的情况。但是,由于对内墙的稳定性要求很严,施工时必须十分谨慎;且该棚洞为不对称结构,所以应当慎重选用。

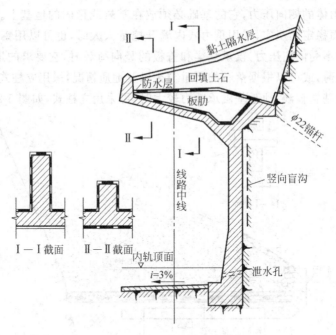

图 5-28 悬臂式棚洞

明洞虽然是在敞开的地面上修建的,但是,由于它的圬工量较大,上覆回填也较费工,所以,它的造价比暗挖的隧道要贵些。过去,很多隧道由于力求缩短洞身,在施工后,发现洞口保证不了安全,于是只得一再地接长明洞,原先企图节省投资,反而增添了费用,还给洞口施工带来干扰。所以,在决定洞口位置时,应体现"早进晚出"的精神,不宜以事后增修明洞作为补救的办法,必须有计划、有比较地全面考虑,慎重选用。

5.3 隧道洞口景观与结构

洞门(隧道门的简称,通常也泛指隧道门及明洞门)是隧道洞口用圬工砌筑用以保护洞口、排放流水并加以建筑装饰的支挡结构物。它联系衬砌和路堑,是整个隧道结构的主要组成部分,也是隧道进出口的标志。洞门结构常由坡面稳定构造物、坡面截排水系统和碎落阻挡构件组成。

隧道两端洞口处应设置洞门。洞门的作用有以下几方面。

(1) 减少洞口土石方开挖量。洞口段范围内的路堑是依照地质条件以一定的边坡而开挖的。当隧道埋深较大时,开挖量就很大。设置隧道洞门,起到挡土墙的作用,可以减少土石开挖量。

(2) 稳定边仰坡。由于边坡上的岩体不断受到风化,坡面松石极易脱落滚下。边坡太高,对自身稳定不利,仰坡上的石块也会沿着坡面向下滚落。有时会堵塞洞口,甚至砸坏线路轨道,对行车造成威胁。修建了洞门就可以减小引线路堑的边坡高度,缩小正面仰坡的坡面长度,从而使边坡及仰坡得以稳定。因此,洞门对于确保洞内施工安全和隧道正常运营具有重要的作用。

(3) 引离地面流水。地表流水往往汇集在洞口,如不予以排除,将会浸及线路,妨碍行车安全。修建洞门时,洞门上方女儿墙应有一定的高度,并设有排水沟渠,以便把流水引入侧沟排走,保证了洞口的正常干燥状态。

(4) 装饰洞口。洞口是隧道唯一的外露部分,是隧道的正面外观。修建洞门也可以算是一种装饰。特别是在城市附近、风景区及旅游区内的隧道,更应配合当地的环境,给予艺术处理,对其进行美化。

5.3.1 隧道洞口景观设计原则

景观设计是一种能够表达当前科学、技术和人类意识活动的形式语言。景观是一个综合的整体,它是在一定的经济条件下实现的,必须满足社会的功能,也要符合自然的规律,遵循生态原则,同时它还属于艺术的范畴,缺少了其中任何一方面,设计就存在缺陷。

景观设计应突出工程与自然的和谐,第一条原则就是要尊重自然,尊重自然的山、水和地形地貌。此外,景观设计还应遵循以下的基本原则。

1. 适用性

建筑景观的设计主要是以使用者的需求为对象来考虑的,各种设施、设备、配置及动线均须符合人性化的要求,并综合考虑各项因素的影响,这样才能作出更合适的设计,以发挥所设计的结构物及其作为景观的最大功效。

2. 经济性

在设计中要做到对费用、空间和时间的合理利用,达到"省本多利"的目的。

在费用方面,要合理花费;尽可能地使用当地现有的材料,或对不同品质、不同价格的建筑材料多加比较、衡量;力求设计简单化;对建筑景观设计分步骤、有次序地进行,减少建设初期的一次性投资,以时间换金钱。

在空间方面,要合理利用空间,使空间利用率达到最大。应运用以下空间经济方法:选择节省空间的材料;设施的布置简明有力,达到每种设施均有其独到的功能与目的,不显多余;利用借景(将远近景物借引入景观设计的空间中,有效地增加景观的特色并拓展空间;好的景色加以借引,不好的景色则遮蔽之),使有限的空间扩展到无限;利用错觉,使空间感觉大些;寻求被浪费或未被注意的额外空间,充分发挥景观设计扩大空间感觉的效能。

在时间方面,缩短成景时间,可以省造价,并使施工和维护管理的时间减少。

3. 美观性

景观设计的美包括在视觉、嗅觉、听觉、味觉等多方面的享受,但目前多偏重于视觉上的美观。景观设计应在注重设计的社会性、群众性及经济实用性之后再论及美。景观设计的美实际上是指将自然美加以人工化而形成的人工模拟自然美,因而可以由美的种类、美的表现方式及美的造型组合法则来表达。

1) 美的种类

柔美：优雅可爱的组合。

刚美：有个性力量的组合，使人看到后内心激动。

2) 美的表现方式

形象美。

意境美。意境美是意义与境界的表达，为一种内涵美；它需要所见者依据经验、情感、灵性、修养去感觉和体会；它表现出东方庭院的特色，因人、因时、因地的感受不同；它体现为意境的美、变化的美，不易表达，须有感触始能创作出意境美。

3) 美的造型组合法则

美是抽象的，各人感受不同。应遵循调和、对比、均衡、比例、韵律等法则。组合方式应在统一中求变化，表现出设计的独特风格。

5.3.2 隧道洞门分类

1. 山岭隧道洞门分类

从目前隧道采用的洞门形式来看，按其是否承受背后土压力，大体上分为挡墙式（路堑式）和凸出式两类。

路堑式洞门根据洞口地形、地质及衬砌类型等不同的情况和要求，洞门结构主要有隧道门和明洞门两大类型。隧道门指修建在不设明洞的隧道洞口的支挡结构物，包括环框式洞门、端墙式洞门、翼墙式洞门、柱式洞门、台阶式洞门、斜洞门和耳墙式洞门等。明洞门主要配合明洞结构类型设计，明洞有拱形明洞和棚洞之分，相应明洞门也分拱形明洞门和棚式明洞门两类。棚式明洞门并不单独设置，通常在棚洞洞口端横向顶梁上，加设端墙，以拦截落石，避免其坠入线路影响行车安全，如图 5-29 所示，故一般阐述的明洞门形式多指拱形明洞门。

凸出式洞门有凸出式、正（逆）削竹式和正（逆）喇叭口式三种形式。洞口形状基本上应按力学观点确定，兼顾景观因素。

1) 环框式洞门

环框式洞门，即只镶饰隧道衬砌两端部分。

图 5-29 棚式明洞门

它适用于隧道洞口仰坡极为稳固，岩层坚硬，节理不发育，不易风化，地形陡峻而又无排水要求。其结构像一个框形的洞门，是一种不负载的简单洞口环框，起加固洞口，减少雨后洞口滴水的作用，并对洞口作出简单的装饰。洞门框应与洞口环节衬砌用同一材料进行整体砌筑或衔接。

环框微向后倾，其倾斜度与顶上的仰坡一致。环框的宽度与洞口外观相匹配，一般不小于 70cm，突出仰坡坡面不少于 30cm，使仰坡上流下的水不致从洞口正面淌下，如图 5-30 所示。

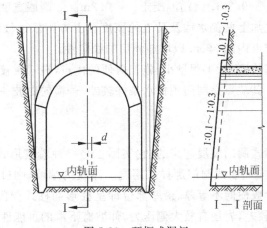

图 5-30 环框式洞门

2) 端墙式洞门与柱式洞门

(1) 端墙式洞门

端墙式洞门俗称一字式洞门,适用于自然山坡陡峻,洞门地形开阔,岩层较为坚硬完整,山体压力很小,开挖坡度 1:0.5~1:0.3 的洞口地段。这种洞门只在隧道正面设置一面能抵抗山体纵向推力的端墙。它的作用不仅仅是起御土墙的作用,而且能支持洞口正面上的仰坡,并将从仰坡流下来的地面水汇集到排水沟中去。

端墙的构造一般采用等厚的直墙。直墙圬工体积比其他形式都小,而且施工方便。墙身微向后倾斜,斜度约为 1:10,这样可以受到较竖直墙小的土石压力,而且对端墙的倾覆稳定有好处,如图 5-31 所示。

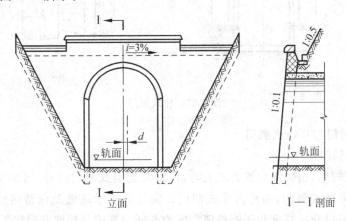

图 5-31 端墙式洞门

端墙的构造有如下的要求:①端墙的高度应使洞身衬砌的上方尚有 1m 以上的回填层,以减缓山坡滚石对衬砌的冲击;洞顶水沟深度应不小于 0.4m;为保证仰坡滚石不致跳跃超过洞门落到线路上去,端墙应适当上延形成挡渣防护墙,其高度从仰坡坡脚算起,应不小于 0.5m,水平方向不宜小于 1.5m;端墙基础应设置在稳固的地基上,其深度视地质条件和冻害程度而定,一般应在 0.6~1.0m 之间。按照上述要求,端墙的高度约为 11.0m。②端墙厚度应按挡土墙的方法计算,但不应小于:浆砌片石——0.4m;片石混凝土——

0.35m；混凝土、块石——0.3m；钢筋混凝土——0.2m。③端墙宽度与路堑横断面相适应。下底宽度应为路堑底宽加上两侧水沟及马道的宽度。上方则依边坡坡度按高度比例增宽。端墙两侧还要嵌入边坡以内约30cm以增加洞门的稳定性。

端墙式洞门具有结构简单、工程量小、施工简便的优点，在岩层较好时使用最为经济，也是最常见的一种洞门。其缺点是洞门顶排水条件较差，若横向山坡一侧较低时，宜开挖沟槽横向引排。

(2) 柱式洞门

柱式洞门是从端墙式洞门发展起来的，它实际也是一种端墙形式的洞门。当岩层有较大主动侧压力时，如仍向端墙式洞门那样采用同一厚度的端墙，则过于安全，浪费圬工；为此，区别受力大小，设计成横向不等厚、最厚部位即呈柱形的柱式洞门。柱式洞门适用于洞口地形较陡，地质条件较差，岩层有较大侧压力，仰坡有下滑的可能性地段，或洞口处地形狭窄，受地形或地质条件限制，设置翼墙无良好基础或不能设置翼墙的地段，这时可以在端墙中部设置两个断面较大的柱墩，以增加端墙的稳定性，如图5-32所示。此外，由于柱式洞门墙面有凸出线条，较为雄伟美观，所以在城市、风景区或有建筑艺术装饰要求的地区，适宜采用柱式洞门，特别是对于较长大的隧道，采用柱式洞门比较壮观。柱式洞门的缺点是工程量较翼墙式洞门大，造价较高，施工也较为复杂。柱式洞门两侧与路堑边坡接触处需嵌入岩层内以期稳固，其嵌入深度及形式可视岩层情况确定。

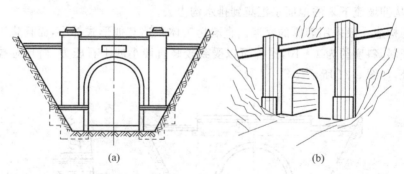

图 5-32　柱式洞门

3) 翼墙式洞门与耳墙式洞门

(1) 翼墙式洞门

当洞口地质较差，山体纵向推力较大时，可以在端墙式洞门以外，增加单侧或双侧的翼墙(挡墙)，成为翼墙式洞门，俗称八字式洞门。翼墙起支承端墙及保持路堑边坡稳定的作用，同时对减少洞口开挖高度和压缩端墙宽度均有利。翼墙与端墙共同作用，抵抗山体纵向推力，增加洞门的抗滑移和抗倾覆的能力。

翼墙式洞门的正面端墙一般采用等厚的直墙，微向后方倾斜，斜度为1:10。翼墙前面与端墙垂直，顶面斜度与仰坡坡度一致(顶面一般与仰坡的延长面一致)，墙顶上设流水凹槽，将洞顶上的水从凹槽引至路堑边沟内。翼墙基础应设在稳固的地基上，其埋深与端墙基础相同。

洞门顶上，端墙与仰坡坡脚之间的排水沟一般采用宽60cm、深40cm的槽形，沟底应有坡度不小于0.3%的排水坡。排水沟的形式视洞口的地形和洞门的构造形式而定。使用较多的是单向顺坡排水,把水引到洞门一侧以外的低洼山体处,或引到路堑侧沟中。当地形不允许向一侧排水时,则可采用双向排水,把水引到端墙两侧,水从端墙后面沿预留的泄水孔流出墙外,俗称"龙嘴"或"吊沟"。也可以引到翼墙顶上,沿着倾斜的凹槽流入路堑边沟。如图 5-33 所示。

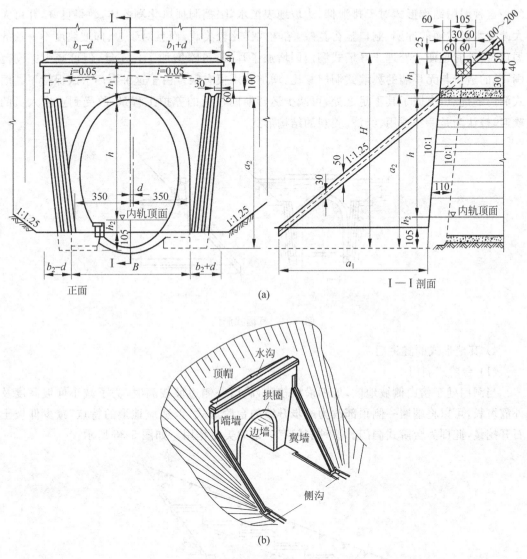

图 5-33 翼墙式洞门

当路堑开挖坡度小于 1∶0.75,岩层较差时,如采用端墙式洞门,由于边坡较缓,端墙宽度会增加很多,相应须加大工程量,不如采用翼墙式洞门。这种有翼墙的洞门,由于翼墙与端墙有很大一部分面积相接触,设计时考虑其共同作用,可节省大量圬工,且能增加洞门的抗滑和抗倾覆性。因此,当地质条件较差,仰、边坡较缓时,通常采用翼墙式洞门。

(2) 耳墙式洞门

耳墙式洞门即带耳墙的翼墙式洞门,如图 5-34 所示。它是在工程实践中总结、提高和发展起来的一种洞门类型。翼墙式洞门的洞口开挖范围较窄,可节约土石方,减少圬工量;

其形式像大涵洞，墙顶虽有水沟，因截水面小作用不大，端墙范围外仰坡坡面汇水只能沿翼墙背后的坡面流下，导致坡面长期受水冲刷，易出现沟槽，养护部门不得不将边坡全面铺砌。为此，1966年以来，铁道部第三设计院的隧道勘测设计人员在华北、东北一些新建铁路隧道设计中，将翼墙式洞门端墙两侧各接出一个耳墙至边坡内，呈带耳墙的结构，形成耳墙式洞门。这种洞门结构形式对于排泄仰、边坡地表汇水，阻挡洞顶风化剥落体，效果良好，并可大大减少水对坡面的冲刷，洞口显得宽敞，结构式样比较美观，而且对于边、仰坡坡度不一致的洞口，设计时也便于处理。耳墙式洞门因增加了耳墙，虽略增加了圬工量，但可减少铺砌范围，总的造价与无耳墙的翼墙式洞门相比，增加费用很有限。由于这种洞门形式保持了翼墙式洞门的优点，克服了其不足之处，可减少运营期间很大的养护工程量，故受到业内人员的欢迎，被认为是一种适用、经济、美观的结构形式。

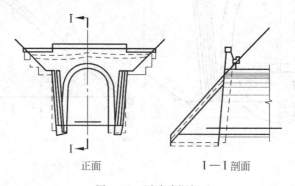

图 5-34 耳墙式洞门

4）其他形式的隧道门

(1) 台阶式洞门

当洞门处于傍山侧坡地区，地面横坡较陡，洞门一侧边坡较高时，为了减小仰坡高度及外露坡长，可以将端墙一侧顶部改为逐步升级的台阶形式，以适应地形的特点，减少仰坡土石开挖量，此即为台阶式洞门。这种洞门有一定的美化作用。如图 5-35 所示。

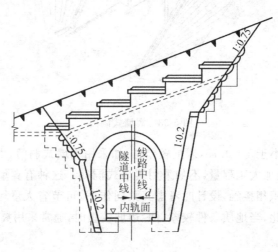

图 5-35 台阶式洞门

这种洞门一般配合偏压隧道衬砌使用,故也称为偏压隧道门。它通常需在靠山侧设置挡墙,以降低边坡开挖高度,并压缩端墙宽度。低山坡一侧如地质较差,地面较高,也可采用矮挡墙。选用台阶式洞门时,通常需要根据洞口地形地质条件,与采用明洞或斜洞门做技术经济比较。

(2) 斜交式洞门

当线路方向与地形等高线斜交时,如采用以上几种正洞门,可能出现低山侧洞门端墙上部露空,或者高山侧因自然坡面陡而开挖很高。为了避免出现此种现象,通常应将隧道洞门做成近于平行地形等高线方向设置,使洞门左右可以仍保持近似对称,修建成斜交隧道门,简称为斜洞门。这样将使衬砌洞口段和洞门相对于线路呈斜交形式。如图 5-36 所示。

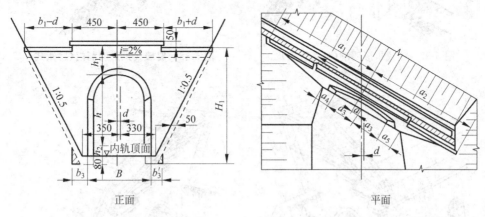

图 5-36 斜交式洞门

在松软地层中,不宜采用斜交式洞门。斜交式洞门与线路中线的交角不应小于 45°,一般斜交式洞门与衬砌斜口段是整体砌筑的。由于斜交式洞门与线路中线斜交,洞口环节衬砌跨度加大,衬砌斜口段的受力情况复杂,施工也不方便,所以,只有在十分必要时才采用它。

斜交式洞门一般分端墙式和翼墙式两种,个别工点因受地形限制也可采用柱式斜洞门。

5) 拱形明洞门

拱形明洞门可分为路堑式和半路堑式两类。路堑式明洞门有端墙式(常用柱式)和翼墙式两种,与一般隧道门形式相类似,如图 5-37 和图 5-38 所示。半路堑式明洞门多用于傍山线路,其山侧与原地层相接,为了适应傍山、横向地面坡陡的地形,一般也多以台阶形式加高端墙,并在山侧设置挡墙支挡边坡,降低开挖高度,如图 5-39 所示。对外侧有覆盖填土的偏压明洞,为了支挡填土,设置了较低的翼墙,并将洞门顶水沟的水经由翼墙顶引排,如图 5-40 所示。

为了争取明洞的有效长度和方便施工,明洞门端墙常做成直立式,端墙墙身设计为衡重式挡土墙形式。

6) 遮光棚式洞门

对于公路隧道,当洞外需要设置遮光棚时,其入口通常外伸很远。遮光构造物有开放式和封闭式之分,前者遮光板之间是透空的,后者则用透光材料将前者透空部分封闭。但由于透光材料上面容易沾染油污,养护困难,因此很少使用后者。遮光构造物形状上有喇叭式与棚式之分。

图 5-37 柱式拱形明洞门(路堑式)

图 5-38 翼墙式拱形明洞门(路堑式)

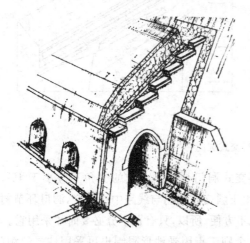

图 5-39 台阶式拱形明洞门(半路堑式)

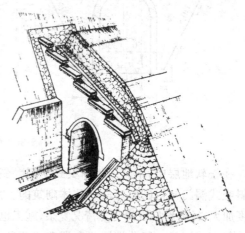

图 5-40 台阶式拱形明洞门(偏压)

因为洞口的地形是各种各样的,地质条件也是千差万别的,所以,隧道门和明洞门的形式,只能在上述基本形式上,按照具体情况适当地予以布置。

7) 凸出式洞口

对凸出式而言,立体形式是景观设计的第一景观要素。从正立面看,凸出部视觉效果无不适应感,易与周围环境相协调,同时亮度比较平衡,对驾驶员的心理压迫感较小。凸出部独立于周围环境,从理论上讲,设计的自由度比较高,有可能设计出各种形状来。各国工程师在这方面做过一定的尝试,但传统的设计形式,即在原洞口形状的基础上局部放大,直削或斜削的形式,还是占主流地位。因此,构件的空间尺度和线性变化往往成为设计的重要因素。

2. 下穿隧道洞口及城市地下空间出入口分类

下穿隧道与城市地下空间大多处于城市中,由于所处环境不同,其洞口分类与山岭隧道有所不同。一般而言,根据隧道洞口上方是否有遮挡结构,下穿隧道洞口与城市地下空间出入口可分为敞开式和遮挡式两种。

在下穿隧道洞口的上方设置遮挡结构,主要是起到减光的作用,降低隧道出入口部的亮度,为驾驶员提供视觉调整时间,实现车辆进出隧道的光过渡,从而降低事故发生率。下穿隧道洞口的减光建筑,从形式上分为遮阳棚和遮光棚两类。遮阳棚的构造特点主要是在钢筋混凝土梁上嵌装透明或半透明材料,降低洞口处视野亮度。遮光棚的构造主要是在隧道U形槽两侧挡墙上架设钢筋混凝土梁以降低洞口视野亮度。在隧道长度较短,洞内外光线明暗变化较小的情况下,不需要设置遮挡结构,则可采用敞开的洞口形式。而城市地下空间,如地下街、地下停车场、人行地下过道以及地铁站等的出入口,其上方的遮挡结构主要是起到遮挡风雨的作用。

5.4 隧道附属建筑物

为了使隧道能够正常使用,保证车辆安全通过,除了洞门、明洞和洞身衬砌等主体建筑物以外,还要设置一些附属建筑物。其中包括隧道通风建筑物、安全避让设备、防排水设备和电力及通信信号的安放设备等。

5.4.1 通风建筑物

隧道交付使用以后,列车通过时经常排出大量有害气体,同时还散发出许多热量。此外,衬砌缝隙也不时渗透出某些天然地下气体和潮湿成分;再加上维修人员在工作时不断呼出二氧化碳(CO_2)。这些因素使得隧道内的空气变得污浊、炽烈和潮湿。长时间积聚起来,浓度越来越大,将使人呼吸感到困难,健康受到威胁,工作效率降低,洞内线路也容易被腐蚀。因此,必须设法把隧道内积聚的有害气体和热量等排泄出去,把洞外的新鲜空气引进洞来,使洞内空气达到无害的程度,使列车司乘人员和洞内维修人员能舒适而高效地工作。

有害气体中,一氧化碳(CO)和氮氧化物是最主要的。《铁路隧道设计规范》(TB 10003—2005)中,明确规定了隧道内空气的卫生标准:列车通过隧道15min以后,空气中一氧化碳(CO)的浓度应在 $30mg/m^3$ 以下;氮氧化物(换算成二氧化氮,NO_2)的浓度应在 $10mg/m^3$ 以下。电化运营隧道内的卫生标准还应符合:隧道湿度应小于80%,温度应低于28℃,臭氧(O_3)浓度应小于 $0.3mg/m^3$,含有10%以下游离二氧化硅(SiO_2)的粉尘浓度应小于 $10mg/m^3$。瓦斯隧道运营期间,必须进行瓦斯检测,隧道内在任何时间、任何地点保证运营安全的瓦斯浓度不得大于0.5%。

要达到这一标准,除提高列车运行速度、铺设整体道床、给避车洞安装防烟门和为隧道内工作人员配备防毒口罩以外,采取通风措施是最有效的一种方法。

通风的措施可以分为借助自然条件的自然通风和依靠人为条件的机械通风两种方式。自然通风是利用洞内的天然风流和列车运行所引起的活塞风来达到通风的目的。机械通风则是在自然通风不能满足要求时,设置一系列通风机械,送入或吸出空气来达到通风的目的。当然,在做通风设计时,首先要判断利用自然通风的可能性。在自然通风不足以完成通风任务时,才确定采用机械通风。

《铁路隧道设计规范》(TB 10003—2005)总结了许多实践经验,归纳了隧道通风的一般规定。在单线隧道中,当用内燃机车牵引时,2km 以上的隧道,和用电力机车牵引时,8km 以上的隧道,都应设置机械通风。双线隧道应根据行车密度、自然条件等具体情况而定,对于内燃机车牵引的双线隧道,当隧道长度 $L(\text{km})\times$ 行车密度 $N(\text{对/d})\leqslant 100$ 时,不应设置机械通风。

利用自然通风的隧道,一般不需要专设建筑物,最多是设法把洞内衬砌表面弄得更平整光滑一些,以减少对风流压头的损失。采用机械通风的隧道,则需要增设通风系统的建筑物。机械通风的方式可以分为两大类:

1. 纵向式通风

在通风机的作用下,风流沿着隧道轴线方向流动,称为纵向式通风。它可分为以下的不同形式。

1) 洞口风道式通风

这种通风方式是把通风机设置在隧道洞口处,将通风道联通至洞内。当列车车尾一出洞口,立即开动通风机,把已被活塞风挤到出洞口一段内的污浊空气排到洞外,同时低洞口外的新鲜空气随着风流被带进隧道中来,这样就完成了一次通风作业。

当高洞口通风机开动并吸风时,为防止高洞口外的新鲜空气也会被吸收而降低了吸出污浊空气的效果,在高洞口处设置一面以钢或钢木结构为框架的帘幕,以切断空气的短路。帘幕是用轨道电路与信号系统连锁的。当列车驶向隧道时,帘幕自动提起,列车过后即自动落下。图 5-41 是一座 3km 长的隧道采用洞口风道的纵向式通风布置图。

由于帘幕比较笨重,起落的可靠性较差,所以近年来的隧道通风设计多采取缩小风道口的断面和减小与隧道的交角的措施以取代帘幕。这一办法得到了较广泛的使用。

2) 喷嘴式通风

当列车密度很大时,采用洞口风道式通风在管理上很不方便,效果也不理想,因而在前述措施的基础上,出现了喷嘴式通风,如图 5-42 所示。

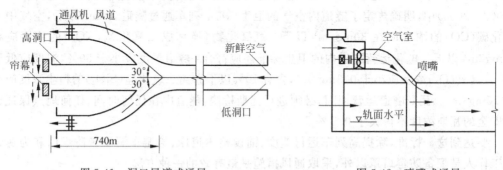

图 5-41 洞口风道式通风　　图 5-42 喷嘴式通风

这种通风方式是在隧道洞口处的衬砌上方建造一个汇集新鲜空气的空气室,室内尽端在衬砌周边上做成环形喷嘴通向洞内。当洞外新鲜空气在通风机的作用下被送到空气室后,空气积聚到一定压力时,便从衬砌周边的环形喷嘴以极高的速度和极小的交角喷进隧道内。它的风压之大足以克服洞内的摩擦力,形成稳定的风流,收到良好的通风效果。这样可以不用洞口帘幕,新鲜空气不会从洞口溢出,反而由于高速风流引起的负压,带进一些新鲜空气。它的缺点是喷嘴的结构复杂,施工工艺要求高,维修不方便,并且有很大一部分能量损失在喷嘴的摩擦阻力上,因而降低了效果。

3) 竖井、斜井式通风

长隧道纵剖面为人字坡时,污浊空气常积聚在坡顶,使得通风效果不好。若在隧道施工中,为增加开挖工作面而设置竖井或斜井作为辅助坑道时,可以利用这些辅助坑道作为通风道,把通风机置于竖井或斜井处,借助通风机和竖井的换气作用,可以把污浊空气吸出,或把新鲜空气引入。有时使用可逆转的通风机或并列的通风机,还可以一时吸出另一时吹入,以适应列车行走的部位,帮助风流进行运动。若一边吸风另一边吹风,起到双管齐下的作用,效果就更为显著,如图 5-43 所示。

4) 射流式通风

射流式通风是在隧道内安设射流式通风机,用以升压、进行通风的方式。射流风机的安设可采用洞口堆放式、洞内壁龛式或拱部吊装式。通常根据需要,在隧道洞口或沿隧道纵向以适当的间隔安设数组,每组为一至数个射流式通风机。射流式通风机具有体积小、风量大的特点,其喷射风速能达到 $25\sim30$ m/s。

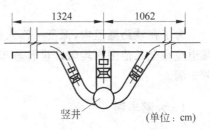

图 5-43　竖井、斜井式通风

2. 横向式通风

1) 全横向式通风

在通风机的作用下,风流的方向与隧道轴线方向成正交的称为横向式通风,如图 5-44(a) 所示。

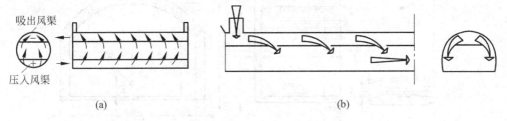

图 5-44　横向式通风
(a) 全横向式通风；(b) 半横向式通风

在隧道的截面内让出一部分面积,做成沿洞身轴线的通风渠。通风机送入的新鲜空气首先送入压入通风渠,并沿着通风渠流到隧道全长范围内。压入通风渠设有一系列的出风口,把新鲜空气沿均匀的间隔吹到隧道中去,而隧道内的污浊空气则从吸出风渠的系列进风口吸出洞外。

横向式通风系统能将新鲜空气沿隧道全长范围内均匀吹入,而污浊气体无须沿隧道全长范围流过,就地直接被进风口吸出,所以通风效果较好。只是它占用了隧道的净空面积,结构上也较费事。横向式通风系统在公路隧道中使用较多。

2) 半横向式通风

半横向式通风系统的工作原理如图 5-44(b) 所示,这种通风系统是在隧道的顶部设置进风管,并在进风管的下部,沿隧道的长度方向每隔一定距离开一通风口,气流则沿通风口流向隧道内,隧道内的空气在新鲜气流的推动下,沿隧道的纵向排出洞外。半横向式通风效果比纵向好,但没有全横向式通风能力强。

对于公路隧道,通风设计是隧道总体设计的重要环节之一。隧道通风所需新鲜空气的风量和风压必须经过计算确定,即进行通风设计。设计需要考虑的问题是:①空气中有害物质的容许浓度;②需风量的计算方法;③判断自然通风的能力;④机械通风方式的讨论;⑤通风设备的选择以及经济性等。

5.4.2 避车洞

为了在铁路隧道内,保证维修人员和检查人员以及必要的行人等能避让行驶中的列车,隧道应在全长范围内均匀地设置避车洞。避车洞根据其断面尺寸的大小分为大避车洞及小避车洞。

1. 大避车洞

设置大避车洞的主要目的是停放线路工作小车或堆放一些必要的材料和工具。大避车洞的净空尺寸为宽 4m,凹入边墙深 2.5m,中心高 2.8m,如图 5-45 所示。在碎石道床的隧道内,每侧相隔 300m 应布置一个大避车洞。在混凝土宽枕道床或整体道床的隧道内,因人员行车待避较方便,且线路维修工作量较小,为此,每侧相隔 420m 布置一个大避车洞。

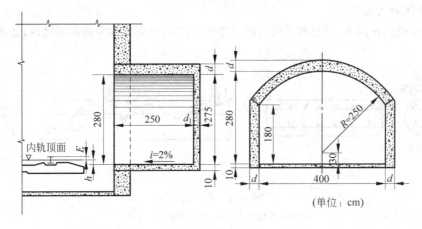

图 5-45 大避车洞

当隧道长度在 300~400m 时,可在隧道中间布置一个大避车洞;隧道长度在 300m 以下时,可不布置大避车洞;如果两端洞口接桥或路堑,当桥上无避车台或路堑两边侧沟外无平台时,应与隧道一并考虑布置避车洞。

2. 小避车洞

设置小避车洞的主要目的是为人员待避。小避车洞的净空尺寸为宽 2m,凹入边墙深 1m,中心高 2.2m,如图 5-46 所示。无论在碎石道床或整体道床的隧道内,每侧边墙上应在大避车洞之间间隔 60m(双线隧道按 30m 计)布置一个小避车洞。如隧道邻近有农村市镇,或曲线半径小，视距较短时，小避车洞可适当加密。

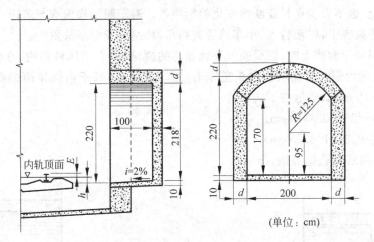

图 5-46　小避车洞

隧道相关规范规定大小避车洞应在隧道全长范围内，在两侧边墙上交错设置。大小避车洞平面布置的方法如图 5-47 所示。

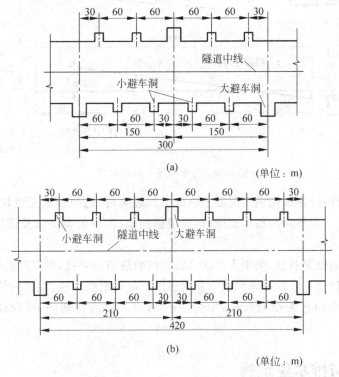

图 5-47　大、小避车洞平面布置
(a) 适用于碎石道床；(b) 适用于整体道床

3. 避车洞的建筑要求

为了使避车洞与隧道衬砌整体连接，避车洞应使用与衬砌同级的混凝土并与衬砌同时修筑。由于避车洞的修建,使得衬砌构造变得复杂。所以,避车洞不宜设在衬砌伸缩缝或沉降缝的断面上,也不宜设在衬砌断面变化的衔接处。避车洞的底面应与道床、人行道或侧水沟的盖板面等高齐平,以便行人、小车等躲避列车,杜绝不安全事故发生。

当避车洞位于曲线上时,因受曲线外轨超高的影响,碎石道床隧道内,在各种不同的超高值 E 时,线路内侧和外侧轨枕端头道床面(避车洞底面)低于内轨顶面的高度分别为 h_1 及 h_2,如图 5-48 所示,其值按下式计算:

内侧:$h_1 = 25 + 0.33E(\text{cm})$ (5-19)

外侧:$h_2 = 25 - 1.33E(\text{cm})$ (5-20)

式中 E——曲线外轨超高值,cm。

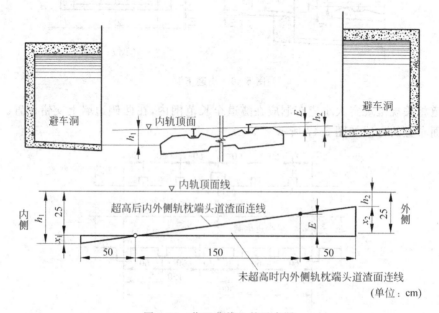

图 5-48 位于曲线上的避车洞

25cm 为隧道内线路采用钢筋混凝土轨枕未加超高时,内轨顶面至轨枕端头道床面(避车洞底面)的高度。当线路为整体道床时,应根据钢轨、扣件的类型以及道床结构形式和尺寸等另行确定。

为使避车洞的位置明显,便于人员在光线暗淡的隧道内寻找,得以迅速地奔向最近的避车洞,且可不跨越线路,应在避车洞内以及周边用石灰浆刷成白色,并在两侧距离为 10m 处的边墙上各绘一个白色的指向箭头,如图 5-49 所示。在运营期间,应保证这些标志鲜明醒目。

5.4.3 防排水建筑物

1. 隧道防排水原则

保持隧道内干燥无水,是隧道正常运营的重要条件之一。但是在现实中,隧道内经常有一些地下水渗漏进来,维修工作也会导致废水残留,使得隧道内保持不了干燥。隧道内存水

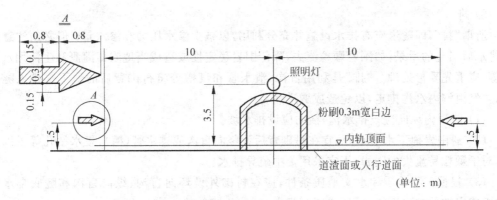

图 5-49 避车洞标志

的结果,是使钢轨及扣件易于锈蚀,木枕易于腐烂,从而缩短了设备的使用寿命。隧道漏水,容易发生漏电事故,造成金属的电蚀现象。在严寒地区,冬季渗入洞内的水结成冰凌,倒挂在衬砌拱顶上,侵入净空限界,过往的车辆有刮碰的危险。有时道床冒水,结成冰膜,遮盖了轨面,需要工班人员随时破冰,增加了维修养护的费用。因此,隧道的防排水是隧道设计、施工和运营中的一个重要问题。

隧道防排水设计标准是:①衬砌不滴水,安装设备的孔眼不渗水;②道床不积水;③电力牵引的隧道拱部基本不渗水;④在有冻害地段的隧道,除拱部和边墙不渗水外,衬砌背后也不积水。

隧道防排水工作,应结合水文地质条件、施工技术水平、工程防水等级、材料来源和成本等,因地制宜,选择适宜的方法,以达到防水可靠、排水通畅、线路基床底部无积水及经济合理的目的。

隧道防排水应根据"防、排、截、堵结合,因地制宜,综合治理"的原则,采取切实可靠的设计、施工措施。

1) 防

所谓"防",即要求隧道衬砌结构具有一定的防水能力,能防止地下水渗入,如采用防水混凝土或塑料防水板等。

(1) 防止地表水的下渗。当隧道地表的沟谷、坑洼积水对隧道有影响时,宜采取疏导、勾补、铺砌和填平等措施,对废弃的坑穴、钻孔等填实封闭,防止地表水下渗。

(2) 隧道附近水库、池沼、溪流、井泉的水,当有可能渗入隧道,影响农田灌溉及生活用水时,应采取措施进行处理。

(3) 混凝土衬砌抗渗等级不得低于 P6,若必要可采用防水混凝土(不小于 P8)。

(4) 施工缝、变形缝应采用可靠的堵水措施。

(5) 围岩破碎、含水、易坍塌地段,宜采用注浆加固围岩和防水措施。

(6) 在初期支护与二次衬砌之间,宜设置防水板或系统盲(管)沟。当隧道底部有涌水时,应采用封闭式防水板。

(7) 有侵蚀性地下水时,应针对侵蚀类型,采用抗侵蚀性混凝土以及压注抗侵蚀浆液,敷设防水层、防蚀层等措施。

(8) 最冷月平均气温低于 −15℃ 的地区和高海拔地区,对地下水的处理应以堵为主。

2) 排

所谓"排",即隧道应有排水设施并充分利用,以减少渗水压力和渗水量;但必须注意大量排水后引起的后果,如围岩颗粒流失,降低围岩稳定性或造成当地农田灌溉和生活用水困难等,应事先妥善处理。"排"是利用盲沟、泄水管和渡槽等将衬砌背后的地下水排入隧道内,再经由洞内水沟排走,以免造成隧道病害。

(1) 隧道内纵向应设排水沟,横向应设排水坡。

(2) 遇围岩地下水出露处,宜在衬砌背后设竖向盲沟或排水管(槽)、集水钻孔等予以引排,对于颗粒易流失的围岩,不宜采用集中疏导排水。

(3) 根据工程地质和水文地质条件,应在衬砌外设环向盲沟、纵向盲沟和隧底排水盲沟、组成完整的排水系统,保证道床不积水。

(4) 当地下水发育,含水层明显,又有长期补给来源,洞内水量较大时,可利用辅助坑道或设置泄水洞等作为截、排水设施。

3) 截

所谓"截",是指截断地表水和地下水流入隧道的通路。隧道顶部如有地表水易于渗漏处所或有坑洼积水,应设置截、排水沟和采取消除积水的措施。为了防止地表水渗入地层内,主要采取以下措施:

(1) 在洞口仰坡外缘5m以外,设置天沟,并加以铺砌。当岩石外露,地面坡度较陡时可不设天沟。仰坡上可种植草皮、喷抹灰浆或加以铺砌。

(2) 对洞顶天然沟槽加以整治,使山洪宣泄畅通。

(3) 对洞顶地表的陷穴、深坑加以回填,对裂缝进行堵塞。处理隧道地表水时,要有全局观点,不应妨害当地农田水利规划,做到因地制宜,一改多利,各方满意。

(4) 在地表水上游设截水导流沟,地下水上游设泄水洞,洞外井点降水或洞内井点降水。

4) 堵

所谓"堵",即堵住地下水从衬砌背后渗入隧道内。在隧道施工过程中,有渗漏水时,可采用注浆、喷涂等方法堵住;运营后,渗漏水地段也可采用注浆、喷涂,或用嵌填材料、防水抹面等方法堵水。

(1) 喷射混凝土和模筑混凝土衬砌堵水。当围岩有大面积裂隙渗水,且水量、压力较小时,可结合初期支护采用喷射混凝土堵水。但应注意此时需加大速凝剂用量,进行连续喷射,且在主裂隙处不喷射混凝土,使水流能集中于主裂隙流入盲沟,通过盲沟排出。普通混凝土的抗渗性较差,要堵水需采用防水模筑混凝土,并注意以下两点:①防水混凝土的抗渗等级不得小于P8,抗压强度应满足设计要求,水泥用量不得少于$320kg/m^3$,当掺用活性粉细料时,不得少于$280kg/m^3$;②防水模筑混凝土衬砌施工必须采用机械振捣。施工缝、沉降缝及伸缩缝则可以采用中埋式塑料或橡胶止水带,或采用背贴塑料止水带止水。

(2) 防水层。防水层种类很多,大致可归纳为两类:一类为粘贴式防水层,如用沥青将油毡(或麻片)粘贴在衬砌的外表面(适用于明挖修建的地下工程),复合式衬砌在初期支护与二次模筑衬砌之间可粘贴软聚氯乙烯薄膜、聚异丁烯片、聚乙烯片等防水卷材;另一类为喷涂式防水层,如"881"涂膜防水胶、阳离子乳化沥青等防水剂。

(3) 压浆。向衬砌背后压注水泥砂浆,用以填充衬砌与围岩之间的空隙,以堵住地下水的通路,并使衬砌与围岩形成整体,改善衬砌受力条件。采用压浆分段堵水,使地下水集中在一处或几处后再引入隧道内排出,可收到良好的防水效果。

2. 隧道内外几种常设排水建筑物

1) 排水沟

除了长度在 100m 以下,且常年干燥无水的隧道以外,一般的隧道均应设置排水沟,使渗漏到洞内的水和从道床涌起的地下水,沿着带有流水坡的排水沟,顺着线路方向引出洞外。排水沟的断面大小按排水量而定,一般底宽不应小于 40cm,深度不小于 35cm。沟底纵向坡度宜与线路坡度一致,如此沟深可以保持不变。不得已时,沟底纵坡坡度也不应小于 0.1%,同时,道床底面的横坡坡度不应小于 0.2%。水沟上面应有预制的钢筋混凝土盖板,平时可作为人行道。盖板顶面应与避车洞底面平齐。排水沟在一定长度上应设检查井,以便随时清理残渣。

排水沟有两种方式。一种是侧式水沟,如图 5-50 所示,它设在线路的两侧或一侧,视流量大小而定。当为一侧时,应设在来水的一侧;如为曲线隧道,则应设在曲线内侧。双侧水沟隔一定距离应设一横向联络沟,以平衡不均匀的水流量。这种排水沟便于检查而不受行车的干扰。另一种是中心式水沟,如图 5-51 所示。隧道采用整体道床时,水沟设在线路中线的下方;采用双线隧道时,水沟设在两线之间。它是用混凝土砌筑的,维修工作量较小,但一旦需要清理或维修时,必须在行车间隔的时间内进行,不甚方便。

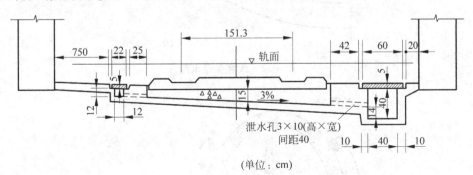

图 5-50 侧式水沟

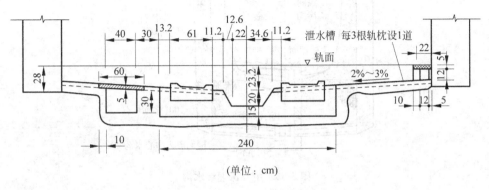

图 5-51 中心式水沟

在严寒地区,为了不使流水冻结而堵死沟身,应施加防寒措施。一般可修筑浅埋保温水沟,即将水沟沟身加深,用轻质混凝土做成上、下两层,各自设有钢筋混凝土盖板。上层用保温材料填充密实,厚度不小于70cm,可保流水不冻,如图5-52所示。但当浅埋保温水沟不足以防止冻害时,可设置中心深埋渗水沟,如图5-53所示,即利用地温本身的作用,达到保温防冻害的目的。当隧道内冻结较深,用明挖法会影响边墙稳定时,可采用暗挖法修筑泄水洞。

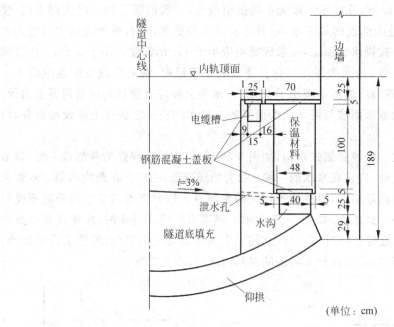

图 5-52　浅埋保温水沟

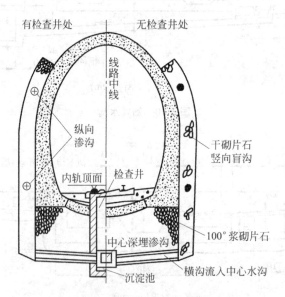

图 5-53　中心深埋渗水沟

2) 盲沟

在衬砌背后，用片石、卵石或埋管修成一道环向或竖向可供流水的盲沟，以汇集衬砌周围的地下水。盲沟先是沿着纵向每隔一定距离设置，再用竖直盲沟把水向下引到墙脚外侧，通过预埋的水管流入隧道内的侧沟中去。由于水沟内的流水阻力比岩体小，所以水沿着盲沟流动，引水效果很好，但需定时清理。

现在我国普遍采用的是柔性盲沟，它是由工厂加工制造。柔性盲沟具有现场安装方便，布置灵活，连接容易，接头不易被混凝土阻塞，过水效果良好，成本不高等优点。其构造形式有以下两种：

(1) 弹簧软管盲沟。这种盲沟一般是采用 10 号铁丝缠成直径 5～8cm 的圆柱形弹簧或采用硬质又具有弹性的塑料丝缠成半圆形弹簧，或带孔塑料管，以此作为过水通道的骨架，安装时外覆塑料薄膜和铁窗纱，从渗流水处开始沿环向铺设并接入泄水孔，如图 5-54 所示。

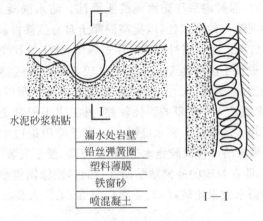

图 5-54 弹簧软管盲沟

(2) 化学纤维渗滤布盲沟。这种盲沟是以结构疏松的化学纤维布作为水的渗流通道，其单面有塑料敷膜，安装时使敷膜朝向混凝土一面，可以阻止水泥浆渗入滤布。这种渗滤布式盲沟质量轻，便于安装和连续加垫焊接，宽度和厚度也可以根据渗排水量的大小进行调整，是一种较理想的渗水盲沟，如图 5-55 所示。

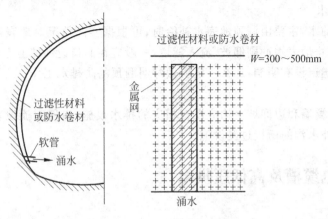

图 5-55 化学纤维渗滤布盲沟

3) 渡槽

在隧道衬砌的内表面，每隔一定的距离，开凿一道竖向的环行凹槽。槽的大小依水量而定。槽内填以卵石，槽的外表面仍以混凝土封盖。环槽下端连到预留的水管，通到侧排水沟。地下水从外方流到隧道衬砌的周边，便进入渡槽，自顶上沿两侧流到槽底，然后经水管排到边沟。这种排水方式多用于已成隧道漏水较大已无法用其他防水措施解决时，作为整治漏水病害处理。虽然它可以取得较好效果，但是它削弱了衬砌边墙的强度。

4) 防水层

为保证隧道衬砌、通信信号、供电线路和轨道等设备的正常使用，隧道衬砌应根据要求采取防水措施。设置防水措施一般有以下几种途径。

(1) 注浆，即压注水泥浆及化学浆液，指将一定组合成分配制而成的浆液压入衬砌背后围岩或衬砌与围岩间的空隙中，经凝结、硬化后起到防水和加固的作用。

(2) 防水混凝土衬砌，即衬砌采用防水混凝土灌注。防水混凝土是指以调整配合比或掺用外加剂的方法增加混凝土的密实性，以提高混凝土自身抗渗性能的一种混凝土。

(3) 衬砌各类缝隙防水。在隧道衬砌的灌注过程中，施工缝和变形缝（沉降缝、伸缩缝）必须经防水处理后方可进行下阶段施工。在地下水较丰富的地区，衬砌接缝处常用止水带防水。止水带的类型很多，如金属（铜片）止水带、聚氯乙烯止水带以及橡胶止水带等。金属止水带已经很少使用，聚氯乙烯止水带的弹性较差，只能用于相对变形较小的场所，橡胶止水带则可用于变形幅度较大的场合。在水底隧道中广泛使用钢边止水带，它是在两侧镶有0.6～0.7mm厚的钢片翼缘的一种橡胶止水带，刚度较高，便于安装。

(4) 外贴式防水层，即在衬砌的外侧粘贴沥青、油毡，或涂刷焦油聚氨酯等涂料，形成隔水层。外贴式防水层的防水效果比较好，但是施作困难，工作人员易中毒，故一般用于明洞的防水。

(5) 内贴式防水层，即在衬砌的内侧施作防水层。一般采用喷水泥砂浆、防水砂浆抹面或喷涂阳离子乳化沥青胶乳等涂料施作内贴式防水层。

(6) 复合式衬砌中间防水层，即在复合式衬砌的内外层衬砌之间设防水层，是一种效果良好的防水形式。防水层可以用软聚氯乙烯薄膜、聚异丁烯片、聚乙烯片等防水卷材，或喷涂乳化沥青等做防水剂。

5) 洞顶防排水

隧道围岩内的水，主要由洞顶地表水补给时，可根据实际情况对地表进行处理，以隔断水源。另外，为防止地表水冲刷仰坡、流入隧道，一般应在洞口边仰坡上方设置天沟，以便引流地表水。如果隧道设有明洞，那么一定要做好明洞顶的防排水工作。

6) 洞门排水

洞门的端墙、翼墙和边仰坡上均应设有相应的排水设施，以便引流地表水。另外，洞口处还应设有洞内外水沟的衔接过渡设施。

5.4.4 电缆槽及高低压供电

1. 电缆槽

穿过隧道的各种电缆，如照明、通信、信号以及电力等电缆，必须有一定的保护措施来防止潮湿、腐烂以及人为的创伤。保护的办法是沿着衬砌边墙下方,设置全长的电缆槽。

电缆槽是用混凝土浇筑围成的,附设在侧水沟的同侧(内侧)或异侧而不侵入隧道净空限界的位置上。槽内铺以细砂或自熄性泡沫塑料为垫层,低压电缆可以直接放在垫层面上,高压电缆则在槽边预埋的托架上吊起。槽顶有盖板作为防护。盖板顶面应与避车洞底面或道床顶面齐平。当电缆槽与水沟同侧并行时,应与水沟盖板齐平。通信和信号的电缆可以放在同一个电缆槽内,但缆间距离不应小于100mm。电力线必须单独放在另外的电缆槽内。托架的间隔,在直线段不应超过20m,曲线段不应超过15m。

通信、信号电缆槽在转折处,应以不小于1.2m的半径曲线连接,以免电缆弯曲而折损,电力电缆槽的弯曲半径宜为电缆外径的6~30倍。

当沿隧道边墙架设电力电缆时,应符合下列要求:支持钢索用的托架,其间距在直线部分不宜大于20m,曲线部分不宜大于15m;钢索每隔300~500m应设一耐张段;钢索上悬挂电缆固定点的距离,电力电缆不宜大于750mm,控制电缆不宜大于600mm;在潮湿渗水处,电缆与墙壁间的距离不应小于50mm。

电力牵引区段隧道内接触网,对于单线隧道应悬吊在拱顶处,对于双线隧道应悬吊在线路中心上方的拱腰处。

隧道内养护维修或其他电气设备的供电一般是采用三相四线式供电,控制开关应集中设在隧道口便于操作处。

隧道照明主要为便于工作人员对隧道及其设备进行检查、养护、维修以及洞内人员行走与躲避车辆而设置的。电力照明采用固定式灯具,装置高度(距轨面)一般为3.5~4m。

养护作业用的照明插座,一般设在避车洞内,装置高度(距轨面)不宜低于1.5m。

隧道长度大于500m时,需要在设有电缆槽的同侧大避车洞内设置余长电缆腔;隧道长度在500~1000m时,需要在隧道中间设置1处;1000m以上的隧道则每隔420m或600m增设1处。

2. 信号继电器箱和无人增音站洞

隧道内如需要设置信号继电器时,则应在电缆槽同侧设置信号继电器箱洞,其宽度为2m,深度为2m,中心高度为2.2m。

根据电信传输衰耗和通信设计要求,在隧道内设置无人增音站时,其位置可根据通信要求确定,也可与大避车洞结合使用,但应将大避车洞加深2.5m。如不能结合时,则应另行修建,其尺寸同大避车洞。

电力牵引的长隧道,如需设置存放维修接触网的绝缘梯车洞时,宜利用施工辅助坑道或避车洞修建,其间距约500m。

隧道内还有一些专门的构造设备。如洞门的检查梯、洞内变压器洞库、双孔隧道之间的行人横洞(宽2m,高2.2m,间距300~400m)和行车横洞(宽4m,高4.5m,间距600~800m)、存放消防器材及救援设施的洞室、报警及其他应急设施等。可以按照具体需要予以布置。

5.4.5 伸缩缝、沉降缝与施工缝

伸缩缝和沉降缝统称为变形缝。伸缩缝是为了防止结构因热胀冷缩,或湿胀干缩产生

裂缝而设置的，它保证结构有伸缩的余地。沉降缝是为了防止结构因局部不均匀下沉引起变形断裂而设置的，它保证结构有上下左右变形的余地。所以伸缩缝是满足结构在轴线方向上的变形要求设置的，沉降缝是满足结构在垂直与水平方向上的变形要求设置的。

伸缩缝的设置，应考虑衬砌材料收缩情况、生产工艺等引起洞内温度变化情况、衬砌所处部位（口部或内部）、施工方法、衬砌类型等因素。隧道衬砌一般不设伸缩缝。但严寒地区的整体式衬砌、喷锚衬砌或复合式衬砌应在洞口和易受冻害地段设置伸缩缝。

凡属下列情况下应设置沉降缝：
(1) 对衬砌有不良影响的软硬地层分界处；
(2) 8°及8°以上地震区的断层处；
(3) 同一洞室高低相差悬殊处；
(4) 按动荷载（原子冲击波作用）与静荷载设计的衬砌交界处；
(5) 衬砌形状或截面厚度显著改变的部位。

Ⅴ、Ⅵ级围岩中的隧道，在洞口约50m范围内，宜设置沉降缝，沉降缝间距约10m。

伸缩缝和沉降缝的设置要求如下：
(1) 对混凝土衬砌，缝宽1cm，中间夹以沥青油毛毡等材料，在衬砌施工的同时施作。
(2) 对石砌衬砌，缝宽3cm，用沥青麻筋或其他材料填塞，在衬砌施工的同时施作。

衬砌的施工缝应与设计的伸缩缝、沉降缝结合布置，并尽量少设施工缝。在进行下一循环衬砌混凝土灌注之前，必须凿毛并清洗干净施工缝。在有地下水的隧道中，伸缩缝、沉降缝和施工缝均应进行防水处理。

5.5 其他地下工程结构构造

除隧道结构外，其他常见的地下结构有地下民用建筑、城市地下街、地下停车场、地下储库、地下人防建筑、快速地下公路网和地下综合体等。本部分以常用的基坑围护结构进行介绍，重点介绍深基坑工程的结构构造。

基坑工程通常包含不采用支承而采用直立或放坡施工进行大开挖基坑工程，和为保证地下结构施工及基坑周边环境的安全而采用对基坑侧壁及周边环境的支挡、加固与保护措施的深基坑工程。

1. 深基坑支护的功能与结构类型

深基坑支护有两个功能：一是挡土；二是止水。

从挡土角度，基坑支护分两类：①支护型，是将支护墙（排桩）作为主要受力构件；②加固型，则是通过加固来充分利用土体的强度。

支护型基坑支护包括板桩墙、排桩和地下连续墙等；加固型基坑支护包括水泥搅拌桩、高压旋喷桩、注浆和树根桩等。实际工程中，往往将两者结合，形成混合型。

对支护型基坑支护结构，在基坑较浅时可不设支承，成悬臂式结构；当基坑较深或对周围地面变形严格限制时，应设水平或斜向支承，或锚定系统，形成空间力系，这是未来发展的方向。

止水可用止水帷幕或降低地下水位等方法。

支护结构类型及其适用范围可参考表 5-2。排桩支护结构顶部应设置连续闭合圈梁,在基坑面积较大时还应在转角处设置斜撑,以增加支护结构整体性。

表 5-2　支护结构类型及其适用范围

结构类型		适用范围
排桩结构	稀疏排桩	土质较好,地下水位低或降水效果好
	连续排桩	土质差,地下水位高或降水效果差
	框架式排桩	单排桩刚度不能满足变形要求
组合排桩结构	排桩加挡板	排桩桩距较大,利用挡板传递土压并有一定防渗作用
	排桩加水泥搅拌桩	以水泥搅拌桩互搭组成平面拱代替挡板传递土压力,具有较好防涌效果
	排桩加水泥防渗墙	地下水位较高的软土地区
排桩或组合排桩加锚杆结构		开挖深度较大,排桩或组合排桩结构强度无法满足要求
地下连续墙结构		与地下室墙体合一,防渗性强,施工场地较小,开挖深度大
沉井结构		软土地区
重力式挡土墙结构		具有一定施工空间,软土地区

2. 结构构造与支承体系

图 5-56～图 5-59 分别为板桩、钻孔灌注桩和地下连续墙在实际工程中的应用。

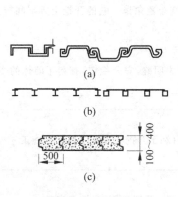

图 5-56　板桩图
(a) 钢板桩;(b) 柱-横挡板式;
(c) 预制钢筋混凝土板桩(打入或压入)

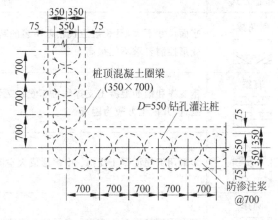

图 5-57　组合挡土壁

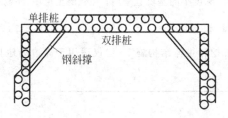

图 5-58　单排桩与双排桩支护结构图

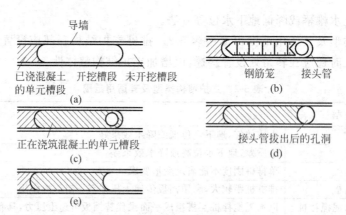

图 5-59 地下连续墙及接头管接头的施工程序
(a)开挖槽段；(b)吊放接头管和钢筋笼；(c)浇筑混凝土；(d)拔出接头管；(e)形成接头

支承体系用来支挡围护墙体，承受墙背侧土层及地面超载在围护墙上的侧压力。支承体系是由支撑、围檩和立柱三部分组成。围檩和立柱是根据基坑具体规模、变形要求的不同而设置的。支承体系的布置方式及特点如表 5-3 所示。

表 5-3 支承体系的布置方式及其特点

布置方式	特　点
斜角撑	平面尺寸不大，且长短边长相差不多的基坑宜布置角撑。它的开挖土方空间较大，但变形控制要求不能很高
直撑	钢支撑和钢筋混凝土支撑均可布置；支承受力明确，安全稳定，有利于墙体的变形控制，但开挖土方较为困难
桁架	多采用钢筋混凝土支撑；中部形成大空间，有利于开挖土方和主体结构施工
圆撑	多采用钢筋混凝土支撑；支承体系受力条件好；开挖空间大，便于施工
斜撑	开挖面积大、深度小的基坑宜采用；在软弱土层中，不易控制基坑的稳定和变形
斜拉锚	便于土方开挖和主体结构施工，但仅适用于周边场地具有拉设锚杆的环境和地质条件

3. 支护结构上的荷载

支护结构上的荷载主要有土压力、水压力、影响区范围内建筑物、结构物荷载和施工荷载(汽车、吊车及场地堆载)等。若支护作为主体结构的一部分,应考虑地震力、温度影响和混凝土收缩引起的附加荷载等。

支护结构承受的土压力与土的性质、支护结构的刚度以及施工方法等有关。主动土压力和被动土压力的产生,前提条件是支护结构存在位移;当支护结构没有位移时,则土对支护结构的压力为静止土压力。土压力的三种类型如图 5-60~图 5-62 所示。

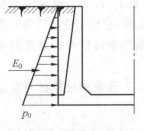 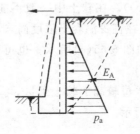 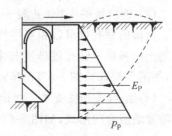

图 5-60　静止土压力　　　图 5-61　主动土压力　　　图 5-62　被动土压力

土压力的分布与支点的设置及其数量都有关系;悬臂支护桩土压力的实测值与按朗肯公式计算值的对比,非挖土侧实测土压力小于朗肯主动土压力,即计算结果偏大。

支护结构承受的土侧压力根据朗肯-库伦理论确定。

土的内聚力 c 和内摩擦角 ϕ 值可根据下列规定适当调整:在井点降低地下水范围内,当地面有排水和防渗措施时,ϕ 值可提高 20%;在井点降水土体固结的条件下,可考虑土与支护结构间侧摩阻力影响,将土的内聚力 c 提高 20%。经修正后,作用在支护结构上的土压力,应分层按土的重力密度、内摩擦角和黏聚力进行计算。

水压力就是土颗粒之间的孔隙水压力,它与支护结构的刚度及支承力大小无关,但与地下水的补给量、土质类别、支护结构入土深度和排水处理方法等许多因素有关。通常情况下主要根据土质情况确定如何考虑水压力的问题。对于黏性土,土壤的透水性较差,因此黏性土产生的侧向压力可采用水土合算的方法,即侧压力为相应深度处竖向土压力与水压力之和乘以侧压力系数。对于砂性土,土壤的透水性良好,采用水土分算,即侧压力为相应深度处竖向土压力乘以侧压力系数与该深度处水压力之和。水压力分布如图 5-63、图 5-64 所示。

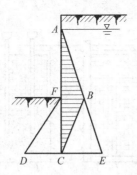 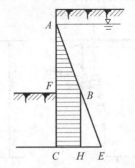

图 5-63　绕墙下端 C 有渗流时的水压力分布　　图 5-64　绕墙下端 C 无渗流时的水压力分布

4. 排桩、地下连续墙

基坑开挖时,对不能放坡或由于场地限制不能采用搅拌桩支护,开挖深度在 6~10m

时,即可采用排桩支护。排桩支护可采用钻孔灌注桩、人工挖桩、预制钢筋混凝土板桩或钢板桩等。

排桩支护结构可分为以下几种形式。

(1) 柱列式排桩支护。当边坡土质尚好、地下水位较低时,可利用土拱作用,以稀疏钻孔灌注桩或挖孔桩支挡土坡,如图 5-65(a)所示。

(2) 连续排桩支护(见图 5-65(b))。在软土中一般不能形成土拱,支挡桩应该连续密排。密排的钻孔桩可以相互搭接,或在桩身混凝土强度尚未形成时,在相邻桩之间作一根素混凝土树根桩把钻孔桩排连起来,如图 5-65(c)所示。也可以采用钢板桩或钢筋混凝土板桩,如图 5-65(d)、图 5-65(e)所示。

(3) 组合式排桩支护。在地下水位较高的软土地区,可采用钻孔灌注桩排桩与水泥土桩防渗墙组合的形式,如图 5-65(f)所示。

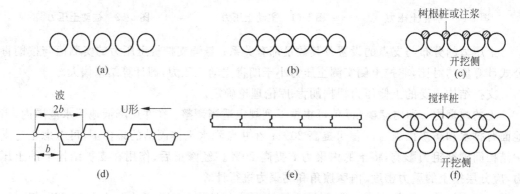

图 5-65 排桩支护的类型

地下连续墙的施工工艺是利用特制的成槽机械在泥浆(又称为稳定液,如膨胀土泥浆)护臂的情况下进行开挖,形成一定槽段长度的沟槽,再将在地面上制作好的钢筋笼放入槽段内。采用导管法进行水下混凝土浇筑,完成一个单元的墙段,各墙段之间以特定的接头方式(如用接头管或接头箱做成的接头)相互连接,形成一道连续的钢筋混凝土墙。图 5-66 为地下连续墙施工程序示意图。

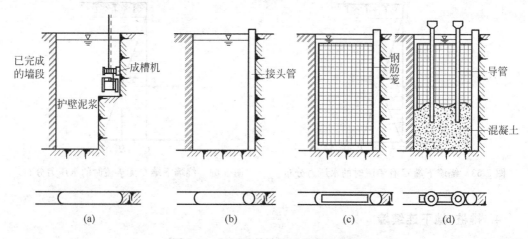

图 5-66 地下连续墙施工程序示意图
(a)成槽;(b)放入接头管;(c)放入钢筋笼;(d)浇筑混凝土

5. 土层锚杆

土层锚杆是一种埋入土层深部的受拉杆件，它一端与构筑物相连，另一端锚固在土层中。通常对其施加预应力。图 5-67 所示为预应力锚杆用于深基坑工程的示意图，包括深基坑支挡、地下室抗浮等工程中的应用，均可取得显著效果。

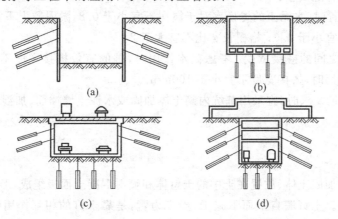

图 5-67　预应力锚杆用于深基础工程
(a) 深基坑支挡；(b) 地下室抗浮；(c) 地下停车场；(d) 地下铁道或地下街道

6. 水泥土墙设计

水泥土墙又称为搅拌桩挡墙，是利用一种特殊的搅拌头或钻头，钻进地基至一定深度后，喷出固化剂，与地基土强行拌合而形成的加固土桩体。其固化剂采用水泥或石灰。水泥墙的结构形式如图 5-68 所示。

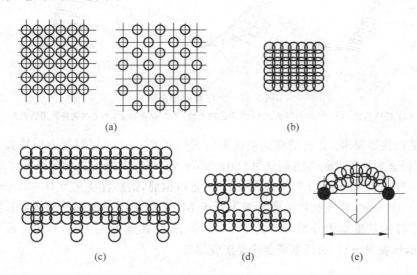

图 5-68　水泥墙的结构形式
(a) 柱式，正方形排列或三角形排列；(b) 块式；
(c) 壁式，带肋或不带肋；(d) 格栅式；(e) 拱式

水泥土墙适用于加固淤泥质土和黏土；国外最大深度为60m，国内为12～18m；国内支挡高度最深为9m。

水泥土墙的特点有：施工无震动、噪声，无废水泥浆；坑内无须支承拉锚，且具有优良的抗渗特性。

水泥土墙的构造要求：

(1) 格栅布置时，水泥土的置换率对于淤泥不宜小于0.8，淤泥质土不宜小于0.7，一般黏性土及砂土不宜小于0.6；格栅长宽比不宜大于2。

(2) 桩与桩之间的搭接宽度：考虑截水作用时，桩的有效搭接宽度不宜小于150mm；当不考虑截水作用时，搭接宽度不宜小于100mm。

(3) 不能满足要求时，宜采用基坑内侧土体加固或水泥土墙插筋、加混凝土面板及加大嵌固深度等措施。

7. 土钉墙

土钉墙由被加固土体、放置在土中的土钉体和喷射混凝土面板组成，形成一个以土挡土的重力式挡土墙。土钉墙自上而下施工，步步为营，是靠土钉的相互作用形成复合整体作用。当锚杆密度小时，个别土层锚杆的失效影响较大。土钉墙不应用于没有临时自稳能力的淤泥或饱和软弱土层。土钉墙应用领域如图5-69所示。

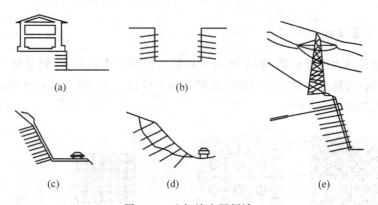

图 5-69 土钉墙应用领域
(a) 托换基础；(b) 竖井的挡墙；(c) 斜面的挡土墙；(d) 斜面稳定；(e) 和锚杆并用的斜面

土钉墙的构造要求：土钉墙墙面坡度不宜大于1∶0.1；喷射混凝土面层宜配置钢筋网，钢筋直径宜为6～10mm，间距宜为150～300mm；喷射混凝土强度等级不宜低于C20，面层厚度不宜小于80mm；土钉钢筋宜采用Ⅱ、Ⅲ级钢筋，钢筋直径宜为16～32mm，钻孔直径宜为70～120mm；注浆材料强度等级不低于M10；坡面上下段钢筋网搭接长度应大于300mm；土钉的长度宜为开挖深度的0.5～1.2倍，间距宜为1～2m，与水平面夹角宜为5°～20°。承压板与土钉、加强钢筋螺栓连接或焊接。

8. SMW挡土墙

SMW挡土墙是先施工水泥土挡墙，再按一定的形式在其中插入型钢（如H钢），即形成一种劲性复合围护结构。该结构止水好，刚度大，构造简单，型钢插入深度一般小于搅拌深度,型钢可回收重复使用,成本较低。SMW挡土墙适宜的基坑深度为6~10m,国外开挖深度已达20m。要求型钢间距不能过大,保证水泥土的强度由受剪、受压控制。

按照型钢的配置方式不同,SMW挡土墙可划分五种截面形式,如图5-70所示。

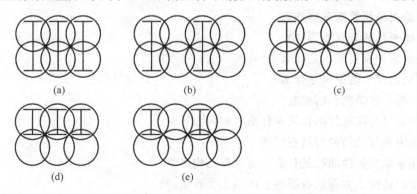

图5-70 SMW挡土墙截面布置形式

(a) 全位"满堂";(b) 全位"1隔1";(c) 全位"1隔2";(d) 半位"满堂";(e) 半位"1隔1"

9. 逆作拱墙

在基坑四周场地都允许起拱的条件下(基坑各边长 L 的起拱矢高),可以采用闭合的水平拱圈来支挡土压力以围护基坑的稳定;拱结构是以受压力为主,能更好地发挥混凝土抗压强度高的材料特性,而且拱圈支挡高度只需在坑底以上,这个闭合拱圈可以是由几条二次曲线围成的组合拱圈(曲率不连续),也可以是一个完整的椭圆或蛋形拱圈(曲率连续)。该结构安全可靠,每道拱圈分别承受该道拱圈高度内的压力,不相互影响;节省工期,施工方便;节省挡土费用,用拱圈支护的费用仅为用挡土桩的40%~60%。而且,基坑越深,经济效益越显著。拱圈断面如图5-71所示。

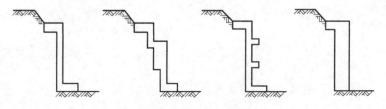

图5-71 拱圈断面示意图

拱圈构造要求:混凝土强度等级不宜低于C25;拱墙截面宜为Z形,拱壁的上、下端宜加肋梁;当基坑较深且一道Z形拱墙的支护高度不够时,可由数道拱墙叠合组成;肋梁,竖向间距不宜大于2.5m;圆形拱墙壁厚不应小于400mm,其他拱墙壁厚不应小于500mm。拱墙结构水平方向应通长双面配筋,总配筋率不应小于0.7%。

习 题

1. 隧道衬砌的类型有哪些?其适用条件是什么?结构构造有哪些?有哪些构造要求?
2. 曲线隧道加宽的原因是什么?如何加宽?

3. 明洞的形式有哪些？其适用条件是什么？
4. 洞门的作用有哪些？
5. 洞门的形式有哪些？其适用条件是什么？
6. 隧道附属建筑物有哪些？
7. 机械通风的方式有哪些？
8. 避车洞的设置要求是什么？
9. 隧道防排水的原则是什么？
10. 防排水建筑物有哪些？
11. 伸缩缝与沉降缝的作用是什么？如何设置？
12. 隧道内部装饰的类型有哪些？
13. 深基坑支护的功能是什么？有哪些结构类型？
14. 支护结构上的荷载有哪些？各是怎么确定的？
15. 深基坑支护方式有哪些？

第6章 隧道及地下工程的地质环境

6.1 概述

隧道及地下工程结构与地面结构物如房屋、桥梁和水坝等一样,也是一种结构体系,但两者在赋存环境、力学作用机理等方面都存在着明显的差异。正确地认识和掌握地质环境条件对地下工程力学行为的作用和影响是合理地进行隧道与地下工程结构体系设计、施工的前提和基础。地面结构体系一般都是由结构和地基组成,地基在结构底部起约束作用,除了自重外,荷载都是来自外部,如人群、车载、水力、风力等,如图6-1(a)所示。而地下工程结构是由周边围岩和支护结构两者组成并相互作用的结构体系;其中以地层为主,各种围岩都是具有一定程度的自支承能力的介质,也就是说,周边围岩在很大程度上是地下结构承载的主体,支护结构仅用来约束地层,不使它产生过大的变形而破坏、坍塌。在地层稳固的情况下,体系中甚至可以不设支护结构而只留下地层,如我国陕北的黄土窑洞。地下结构所承受的荷载又主要来自结构体系的本身——地层,故称为地层压力或围岩压力。所以,在地下结构体系中,地层既是承载结构的基本组成部分,又是造成荷载的主要来源,如图6-1(b)所示,这种合二为一的作用机理与地面结构是完全不同的。

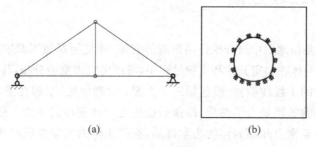

图 6-1 结构物与地层关系
(a) 地面结构;(b) 地下结构

由此可见,在隧道与地下工程的地下结构中,地层起主导作用。隧道与地下工程的一切活动(包括能否顺利地建成,使用中是否会出现问题,以及工期长短,投资多少等)无一不与地下工程所在区域的地层条件,也就是它所赋存的地质环境息息相关。有些地下工程在开挖期间产生大规模坍方,造成施工困难,甚至使工程报废。有些隧道及地下工程在运营期间出现洞体开裂破坏,严重影响行车安全,要求采取复杂的治理措施。产生这些问题往往都是由于地质环境因素所造成的,当然施工方法不当、工程措施不力也可能是一个重要原因。因此,了解和认识地质环境,研究它在工程建设活动中的变化,制订合理的工程措施,使这种变化不危及隧道及地下工程的安全,乃是隧道与地下工程勘测、设计和施工中的头等大事,应当受到充分重视。

隧道及地下工程所赋存的地质环境的内涵很广,包括地层特征、地下水状况、开挖隧道前就存在于地层中的原始地应力状态以及地温梯度等。对隧道及地下工程来说,最关心的问题则是地层被挖成隧道等地下洞室后的稳定程度。这是不言而喻的,因为地层稳定就意味着开挖洞室所引起的地层向洞室内的变形很小,而且在较短的时间内就可基本停止,这对施工过程和支护结构非常有利。地层被挖成隧道等地下洞室后的稳定程度称为地下工程围岩的稳定性,这是一个反映地质环境的综合指标。所以说,研究地下工程地质环境问题,归根到底就是研究地下工程围岩的稳定性问题,它包括围岩破坏或稳定的规律、影响围岩稳定的主要因素、标志围岩稳定性的指标和判断准则、分析围岩稳定性的方法以及为维护围岩稳定而必须采取的工程措施(如施工程序和方法、支护结构的类型、数量和架设时间等)。

对地下工程地质环境,也就是围岩稳定性问题的认识,科学的方法应该从围岩变形与破坏的根本作用力——围岩的原始地应力出发,结合围岩的工程性质,施工对地层原始状态干扰和破坏的程度等进行综合研究,并根据围岩与支护结构共同作用,用以围岩为主的观点来制订施工程序和进行支护结构设计。

由于地下工程的地质环境十分复杂,当前的力学模型还不能完全反映出围岩的真实性态,确定围岩特征参数的试验技术还不能满足工程精度要求,因此,当前的理论分析结果还达不到十分准确的水平。但不能因此而否定理论分析的价值,因为理论分析结果可以作为定性解释的依据,还可以用来研究在各种参数变化时,围岩稳定和支护受力状态的限值范围。而且,随着科学技术的发展,理论分析的结果将越来越接近真实情况。

6.2　围岩的工程性质

地下工程围岩是指地层中受开挖作用影响的岩体,或是指对地下洞室稳定性有影响的那部分岩体。这部分岩体在洞室开挖和支护过程中,将产生应力重新分布,其性质也有所变化。

地下工程围岩的工程性质,一般包括三个方面:物理性质、水理性质和力学性质。而对围岩稳定性最有影响的则是力学性质,即围岩抵抗变形和破坏的性能。围岩既可以是岩体,也可以是土体。本章重点介绍岩体的力学性质,有关土体的力学性质将在土力学中研究。

岩体是在漫长的地质历史中,经过岩石建造、构造形变和次生蜕变而形成的地质体。它被许多不同方向、不同规模的断层面、层理面、节理面和裂隙面等各种地质界面切割为大小不等、形状各异的块体。工程地质学中将这些地质界面称为结构面或不连续面,将这些块体称为结构体,并将岩体看作是由结构面和结构体组合而成的具有结构特征的地质体。所以,岩体的力学性质主要取决于岩体的结构特征、结构体岩石的特性以及结构面的特性。环境因素尤其是地下水和地温对岩体的力学性质影响也很大。在众多的因素中,哪个因素起主导作用应视具体条件而定。

在软弱围岩中,节理和裂隙比较发育,岩体被切割得很破碎,结构面对岩体的变形和破坏都不起什么作用,所以,岩体的特性与结构体岩石的特性并无本质区别。当然,在完整连续的岩体中也是如此。反之,在坚硬的块状岩体中,由于受软弱结构面切割,使块体之间的联系减弱,此时,岩体的力学性质主要受结构面的性质及其在空间的位置所控制。

由此可见,岩体的力学性质必然是诸因素综合作用的结果,只不过有些岩体是岩石的力学性质起控制作用,而有些岩体则是结构面的力学性质占主导地位。

岩体与岩石有着很大的区别。与工程问题的尺度相比,岩石几乎可以被认为是均质、连续和各向同性的介质,而岩体则具有明显的非均质性、不连续性和各向异性。关于岩体的力学性质,包括变形破坏特性和强度,一般都需要在现场进行原位试验才能获得较为真实的结果。国际岩石力学学会(ISRM)试验标准委员会认为,在大型地下工程详细设计阶段,为探明岩体力学性质所进行的现场原位试验可以包括:①变形试验,通常都是在试验隧洞内采用承压板法或径向千斤顶法;②剪切试验,一般是在基坑或隧洞内用斜推法进行。

现场原位试验需要花费大量资金和时间,而且随着测点位置和加载方式不同,试验结果的离散性也很大。因此,常常用取样在试验室内进行试验来代替现场原位试验。但室内试验较难模拟岩体真正的力学作用条件,更重要的是,对于较破碎和软弱不均质的岩体,不易取得试样。究竟采用哪种试验方法,应视岩体的结构特征而定。一般来说,破裂岩体以现场试验为主,较完整的岩体以做室内试验为宜。

6.2.1 岩体的变形特性

岩体的抗拉变形能力或者很弱,或者根本就没有,因此,岩体受拉后立即沿结构面发生断裂,一般没有必要专门来研究岩体的受拉变形特性。

岩体的受压变形特性,可以用它在受压时的应力-应变曲线(也称为本构关系)来说明。图 6-2 中分别画出了典型的岩石、软弱结构面和岩体在单轴受压时的全应力-应变曲线。从图中可以看出,岩石的应力-应变曲线线性关系比较明显,说明它是以弹性变形为主。软弱结构面的应力-应变曲线呈现出非线性特征,说明了它是以塑性变形为主。而岩体的应力-应变曲线则要复杂得多,典型的岩体全应力-应变曲线可以分解为以下四个阶段。

(1) 压密阶段(OA)。这一阶段的变形主要是由于岩体中结构面的闭合和充填物的压缩而产生的。随着应力的增加,变形增长率逐渐减小,应力应变关系呈非线性凹状曲线。变形模量小,总的压缩量取决于结构面的形态。

(2) 弹性阶段(AB)。岩体充分压密后便进入弹性阶段。所出现的弹性变形是岩体的结构面和结构体共同产生的,应力应变关系呈直线形。

(3) 塑性阶段(BC)。岩体继续受力,变形发展到弹性极限后便进入塑性阶段,此时岩体的变形特性受结构面和结构体的变形特性共同制约。

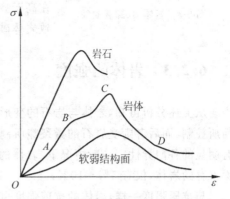

图 6-2 典型岩体全应力-应变曲线

整体性好的岩体延性小,塑性变形不明显,达到强度极限后迅速破坏。破裂岩体塑性变形大,有的甚至从压密阶段直接发展到塑性阶段,而不经过弹性阶段。

(4) 破裂和破坏阶段(CD)。应力达到峰值后,岩体即开始破裂和破坏,破坏开始时,应力下降比较缓慢,说明破裂面上仍具有一定摩擦力,岩体还能承受一定的荷载。此后,应力急剧下降,岩体全面崩溃。最后,当破坏终止时,出现变曲点,应变无约束地增大,但保留一定的强度,即所谓的残余强度。

从岩体的全应力-应变曲线的分析中可以看出,岩体既不是简单的弹性体,也不是简单的塑性体,而是较为复杂的弹塑性体。整体性好的岩体接近弹性体,破裂岩体和松散岩体则偏向于塑性体。

岩体受剪时的剪切变形特性主要受结构面控制。根据结构体和结构面的具体形态,岩体的剪切变形可能有三种方式:

(1) 沿结构面滑动,结构面的变形特性即为岩体的变形特性;
(2) 结构面不参与作用,沿结构体岩石断裂,此时,岩石的变形特性即起主导作用;
(3) 在结构面影响下,沿岩石剪断,此时,岩体的变形特性介乎上述二者之间。

6.2.2 循环荷载作用下岩体的变形特性

对于弹性材料,其加载和卸载曲线相同,在循环加载和卸载条件下这两条曲线也相同,并且互相重合。

岩体属于非线性材料,如果卸载点超过了其屈服点,则卸载曲线和加载曲线不重合,形成塑性回滞环。如果经过多次反复加载与卸载,且每次施加的最大荷载与第一次加载的最大荷载一样,则每次加载、卸载曲线都各自形成一个塑性回滞环,如图 6-3 所示。这些塑性回滞环随着加载、卸载次数的增加而越来越窄,最后加载、卸载曲线重合,近似于一条直线,岩体近似于弹性体。若在高于弹性极限的某一应力下,反复加载、卸载,将导致岩体进一步变形,直至发生破坏。破坏时的峰值应力低于其单轴抗压强度,这一应力常被称为疲劳强度。由此可见,在高于疲劳强度的应力反复作用下,其累积的变形也将导致岩体破坏。

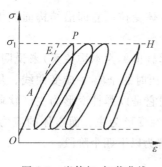

图 6-3 岩体加、卸载曲线

6.2.3 岩体的强度

从上述分析可知,岩体与岩石的变形、破坏机理是很不相同的,前者主要受宏观的结构面所控制,而后者则受岩石的微裂隙所制约。因而岩体的强度要比岩石的强度低得多,并具有明显的各向异性。一般情况下,岩体的抗压强度只有岩石抗压强度的 70%~80%,结构面发育的岩体,仅有 5%~10%。

与抗压强度一样,岩体的抗剪强度也主要取决于岩体内结构面的形态,包括岩体的力学性质、充填状况、产状、分布和规模等;同时还受剪切破坏方式所制约。当岩体沿结构面滑移时,多属于塑性破坏,峰值剪切强度较低,其强度参数 φ(内摩擦角)一般在 10°~45°之间,C(黏结力)在 0~0.3MPa 之间,残余强度和峰值强度比较接近。沿岩石剪断属脆性破坏,剪断的峰值剪切强度较上述的值高得多,其 φ 值在 30°~60°之间,C 值有高达几十兆帕的,残余强度与峰值强度之比随峰值强度的增大而减小,在 0.3~0.8 之间。受结构面影响而沿岩石剪断，其强度介于上述两者之间。

1. 岩体的构造-力学特性

众所周知，岩体是整个地质母体的一部分，这些岩体内部有许多结构面，有的是由构造作用形成的，有的是其他原因，如风化、变质等形成的。这些结构面把岩体分割成各种类型和尺寸的岩块。因此，岩体是由下述几部分构成的：不同尺寸和类型的岩块，结构面，岩块间的充填物。

由此可见，岩体的形成及其埋藏条件赋予它一定的构造-力学特性。这里所指的岩体是地壳处于工程作用范围内的部分。它决定了施工条件及结构物的使用条件，了解这种特性是极为重要的。

从岩体的构造-力学特性看，大体上可将岩体分为无裂隙岩体和裂隙岩体两类。地下工程在多数情况下是修筑在裂隙岩体中的。因此，许多研究重点都放在裂隙岩体的构造-力学特征上。

裂隙岩体的地质构造特征是存在结构面。结构面是由各种地质原因形成的，有的是原生的（节理、层面等），也有的是次生的（构造、风化等）。结构面的存在使岩体的力学、变形的各向异性极为显著，其不均质性和不连续性也很突出。

结构面使岩体变成不同岩块的集合体，从而赋予岩体不同的结构形态和破碎状态，这对岩体稳定有着重要的影响。

视结构形态不同，裂隙岩体基本上可以分为两类：

（1）规则的裂隙岩体，如有明显层状构造的岩体，一些被规则裂隙切割的大块状岩体等；

（2）非规则的裂隙岩体，如被多组裂隙分割成的碎块状岩体，处于一些断裂带、风化带的散粒岩体等。

应该指出，在各种类型的结构面中，软弱结构面对岩体稳定性影响很大。它是决定岩体强度的基本条件。对地下工程来说，围岩中存在单一的软弱面，一般并不会影响坑道的稳定，只有出现二组或二组以上的断裂系统时，才能形成分离岩块。另外，在进行稳定分析时，还要对结构面的性质进行判断，要判断哪些是弱面。有些虽然是结构面，但不一定是软弱面，如硅质、钙质胶结的节理面和岩脉接触面等的强度很大。因此，软弱面基本上是指由断层、剪切带、破碎带、泥质充填的节理以及软弱夹层等控制岩体强度的结构面，其强度较岩石强度低。

由此可见，岩石只是岩体构成的一部分，其性质不能代表岩体的物性，这一点是必须明确的。由上述条件可决定岩体的非连续性、非均质性、各向异性和突变性。

裂隙岩体中发生的力学过程的特点是其易变形性增大。这主要是靠岩块彼此间的位移所造成的。同时，在它们的接触面（可能是全面接触、点接触或一般接触）上还存在摩擦力。沿岩块接触面的位移（滑动和转动）可能导致破坏其变形的一般规律。岩体的应力-轴向应变的曲线关系与试件获得的典型关系图有很大的不同。

裂隙岩体强度受到许多因素的影响，从宏观的构造一直到微观的结构，没有公认的标准。而且，关于岩体强度的试验方法也存在着相当大的技术上的困难。因此，有时可根据岩体的状态，用经验的方法对其强度加以估计。

目前通常采用下面的经验公式初步估算岩体的强度：

$$R_M = R_b k \tag{6-1}$$

式中　R_M——岩体强度；

　　　R_b——岩石强度；

　　　k——岩石强度降低系数。

估算岩体强度的关键是如何确定岩石强度降低系数值，目前有多种方法进行判定。苏联建议的 k 值列于表 6-1，以供参考。

表 6-1　岩体强度降低系数 k 值

岩体状态/m	k
层厚大于 1.0，有 1 组裂隙，间距 1.5	0.9
层厚大于 0.5~1.0，不超过 2 组裂隙，间距 1~1.5	0.7
层厚大于 0.5~1.0，有 3、4 组裂隙，间距 0.5~1	0.5
层厚小于 0.5，裂隙小于 6 组，间距小于 0.5	0.3
层厚小于 0.3，裂隙小于 6 组，间距小于 0.3	0.1~0.2

裂隙岩体的变形特性与完整岩体也不同。用平板试验获得的荷载-变形曲线表现出其特征为：在反复加载、卸载时有较大的变形，在初期加载阶段，由于裂隙等不连续面的影响，裂隙岩体有很大变形，曲线坡率较缓；但随着荷载逐渐增大，裂隙逐渐闭合，曲线坡率也逐渐变陡。总之，裂隙岩体的变形系数，较岩石的弹性系数要小。一些花岗岩的试验资料表明：变形系数视裂隙程度比岩石小 1~2 倍，软质砂岩小 2~3 倍等。

裂隙岩体的这种变形特性与节理的变形特性有关。例如，当把一个岩块轻轻地放在一个粗糙面上时，实际接触的表面积几乎等于零。全部的接触力是由三个或更多的点来承受的。当增加法向荷载时，由于弹性变形、压碎作用与张裂作用使其接触点的面积扩大，产生新的接触面，并使节理面闭合，但这个闭合是有限度的。当法向应力再增加，则将使节理面两侧的岩块发生弹性变形，就像没有节理面一样。当卸载时，除了岩石的弹性变形可恢复外，节理面的闭合本质上是不能恢复的。因而会出现较大的残余变形。

在剪切过程中，节理的扩容性会极大地提高节理的强度。所谓扩容性，指由于节理粗糙不平，使节理面漂移或转动而发生的扩容现象，它使节理面强度有较大的变化。总之，在决定岩体节理面剪切强度时，必须考虑节理面粗糙度的影响。

2. 岩体的破坏准则

理论和试验研究都表明，多数岩体在初始应力状态下处于弹性阶段，而在开挖成洞后，洞室周围岩体将产生松弛或进入塑性状态。

弹塑性模型的基本概念认为岩石在达到屈服极限之前，只有可恢复的弹性变形；达到屈服极限以后，变形由可恢复的弹性变形和不可恢复的永久变形（塑性变形）两部分组成，弹性变形按弹性理论计算，塑性变形按塑性理论计算。

材料随着外力的增加由弹性状态过渡到塑性状态。当应力的数值等于屈服极限 σ_c 时，材料屈服，开始产生塑性变形，而 $\sigma = \sigma_c$ 就是单向应力状态下的屈服条件，也称为"塑性条件"，它是判断是否达到塑性状态的准则。

目前，在实际设计中，采用最多的是摩尔-库仑破坏准则。图 6-4 所示为受到主应力（$\sigma_1 > \sigma_3$）作用时，材料屈服的应力圆。

由图 6-4 可知

$$\sin\varphi = \frac{\sigma_1 - \sigma_3}{\sigma_1 + \sigma_3 + 2x} \tag{6-2}$$

$$x = \frac{\sigma_c}{2} \cdot \frac{1 - \sin\varphi}{\sin\varphi} \tag{6-3}$$

将式(6-3)代入式(6-2)中，并令

$$\xi = \frac{1 + \sin\varphi}{1 - \sin\varphi}$$

则有

$$\sigma_1 - \xi\sigma_3 - \sigma_c = 0 \tag{6-4}$$

这就是著名的摩尔-库仑破坏准则。

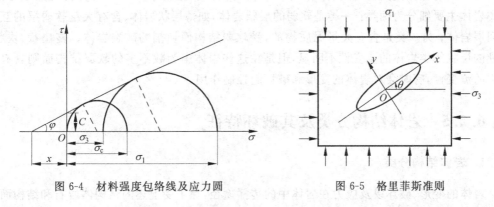

图 6-4 材料强度包络线及应力圆　　图 6-5 格里菲斯准则

格里菲斯认为，内部有裂隙的材料，在裂隙的尖端部位将引起应力集中，从而导致材料强度的降低。当拉应力集中值超过材料的抗拉强度时，裂隙就会扩展，从而导致岩石破坏。为了计算集中应力值，将这些裂隙假定为很小的扁平椭圆裂纹，按平面状态破坏理论处理，如图 6-5 所示，则格里菲斯准则如下：

当 $\sigma_1 + 3\sigma_3 > 0$ 时，

$$(\sigma_1 - \sigma_3)^2 - 8\sigma_T(\sigma_1 + \sigma_3) = 0 \tag{6-5}$$

当 $\sigma_1 + 3\sigma_3 < 0$ 时，

$$\sigma_1 = -\sigma_T \tag{6-6}$$

式中　σ_T——材料的抗拉强度。

除了上述准则外，尚有许多其他的破坏准则，如 Mises 准则、Drucker-Prager 准则等，在此不再一一叙述。

值得一提的是，近年来由于量测技术的发展，使得应变推求成为可能，以应变为破坏准则的研究也得到了一定的发展。

6.2.4　岩体的流变特性

试验和实践表明，无论是受压还是受剪切，岩体所产生的变形都不是瞬时完成的，而是随着时间的增长逐渐达到最终值。岩体变形的这种时间效应,称为岩体的流变特性。严格来说,流变包括两方面:一种是指作用的应力不变,而应变随时间增长,即所谓蠕变;另一种则是作用的应变不变,而应力随时间而衰减,即所谓松弛,如图6-6所示。

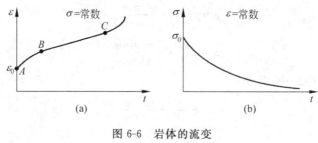

图 6-6 岩体的流变
(a) 蠕变曲线;(b) 松弛曲线

对于具有较强流变性的岩体,在隧道工程的设计和施工中必须对其流变性加以考虑。这类岩体主要细分为两类:一类是软弱的层状岩体,如薄层状岩体、含有大量软弱层的互层或间层岩体;另一类是含有大量泥质物的,受软弱结构面切割的破裂岩体。整块状、块状、坚硬的层状等类岩体的流变性不明显,但是在这些岩体中为数不多的软弱结构面则具有相当强的流变性,有时会对岩体的变形和破坏起控制作用。

6.2.5 岩体结构分类及其破坏特征

1. 岩体结构分类

岩体的变形、破坏以及应力在岩体中的传播途径,除了受上述的结构体岩石和结构面控制外,还有一个重要因素,就是岩体的构造特征。岩体以其特有的结构形式存在,并彼此相区别。不同块度、形状和产状的结构体形成各种岩体结构类型。根据它们对岩体力学性质和围岩稳定性的影响(岩体的结构效应),工程地质学中将岩体划分为以下四种结构类型:

(1) 整体结构、块状结构;
(2) 层状结构、板状结构;
(3) 碎裂结构、镶嵌结构、层状碎裂结构;
(4) 散体结构。

整体结构岩体的变形主要是结构体的变形,其重要特征是横向应变与纵向应变之比小于0.5,破坏前的变形是连续的,在低围压作用下多为脆性破裂,高围压时为塑性剪切破坏,应力传播遵循连续介质中应力传播规律。

块状和层状结构岩体的变形主要是结构面的变形,故其变形特性一般不用变形模量,而常用刚度系数来表示。岩体的破坏则是沿软弱结构面滑动,应力传播具有明显的不连续性。

碎裂和散体结构岩体的变形,开始是将裂隙或孔隙压密,随后是结构体变形,并伴随有结构面张开。破坏形式主要为剪切破裂和塑性变形。应力传播与岩体结构特征关系十分密切,并具有不连续性,但这种不连续性是有限度的,随着围压的提高很快就消失,随之转化为连续的应力和变形。

2. 地下工程围岩失稳破坏性态

根据工程实践,地下工程围岩变形、破坏与岩体结构的关系十分密切,大致有以下五种情况。

1) 脆性破裂

整体状和块状结构岩体,岩性坚硬,在一般工程开挖条件下表现稳定,仅产生局部掉块。但在高应力区,洞周应力集中可引起"岩爆",岩石呈碎片射出并发出破裂响声,属于脆性破裂。

2) 块状运动

当块状或层状岩体受明显的少数软弱结构面切割而形成块体或数量有限的块体时,由于块体间的联系很弱,在自重作用下有向临空面运动的趋势,逐渐形成块体塌落、滑动、转动、倾倒以及块体挤出等失稳破坏性态。块体挤出是块体受到周围岩体传来的应力作用的结果。在支护结构和围岩之间如有较大空隙而又未回填密实或根本没有回填,块体运动可能会对支护结构产生冲击荷载,而使之破坏。

3) 弯曲折断破坏

层状岩体尤其是有软弱夹层的互层岩体,由于层间结合力差,易于错动,所以抗弯能力较低。洞顶岩体受重力作用易产生下沉弯曲,进而张裂、折断形成塌落体。边墙岩体在侧向水平力作用下弯曲变形而鼓出,也将对支护结构产生压力,严重时可使支护结构折断而塌落。

4) 松动解脱

碎裂结构岩体基本上是由碎块组合而成的,在张拉力、单轴压力和振动力作用下容易松动、溃散(解脱)而成碎块脱落。一般在洞顶表现为崩塌,在边墙则为滑塌、坍塌。

5) 塑性变形和剪切破坏

散体结构岩体或碎裂结构岩体,若其中含有较多的软弱结构面,开挖后由于围岩应力的作用,将产生塑性变形和剪切破坏。往往表现为坍方、边墙挤入、底鼓以及洞径缩小等,而且变形的时间效应比较明显。有些含蒙脱土或硬石膏等矿物的膨胀性岩体或结构面,遇水膨胀并向洞内挤入,也属于塑性变形性质。

6.3 围岩的初始应力场

地下工程的一个重要的力学特性就是,地下工程是在具有一定的应力历史和应力场的围岩中修建的。所以,围岩的初始应力场的状态,极大地影响着在其中发生的一切力学现象,这与地面工程不同。

初始应力场(又称为原始地应力场)在坑道开挖前就客观存在,在这种应力场中修建地下工程就必须了解它的状态及其影响。通常所指的初始应力场泛指由于岩体的自重和地质构造作用,在坑道开挖前岩体中就已经存在的初始静应力场,其形成与岩体构造、性质、埋藏条件以及构造运动的历史等有密切关系,比较复杂。

岩体的初始应力状态与施工引起的附加应力状态不同,它对坑道开挖后围岩应力分布、变形和破坏有着极其重要的影响。可以认为,不了解岩体初始应力状态就无法对坑道开挖后一系列力学过程和现象作出正确的评价。

随着地应力量测工作的进展,围岩中存在地应力这一说法,已经没有人怀疑了,现在的主要问题是要搞清楚它的分布规律,以便最终能将它确定出来。但是,由于产生地应力的原因非常复杂,到目前为止,仍不能完全认识其规律而给出明确的定量关系,这有待研究人员继续探索。

6.3.1 围岩初始应力场的组成

围岩初始应力场的形成与岩体的结构、性质、埋藏条件以及地质构造运动的历史等有密切关系。一般,认为初始应力场由自重应力和构造应力两种力系构成,从而将其分为自重应力场和构造应力场两类,这两类应力场的基本规律有明显的差异。

自重应力场是指由上覆岩体自重所产生的应力场,它是地心引力和离心惯性力共同作用的结果。构造应力场是指地壳处发生的一切构造变形与破裂所形成的地应力。

6.3.2 初始应力场的变化规律

1. 自重应力场

在自重应力场中,地表以下任一深度 H 处的垂直应力等与其上覆岩体的重量(如图 6-7(a)所示):

$$\sigma_z = \gamma H \tag{6-7}$$

这里以压应力为正,γ 为岩体的容重。

当上覆岩体为多层时,则为(如图 6-7(b)所示)

$$\sigma_z = \sum_{i=1}^{n} \gamma_i H_i \tag{6-8}$$

式中　γ_i——第 i 层岩体的容重;
　　　H_i——第 i 层岩体的厚度。

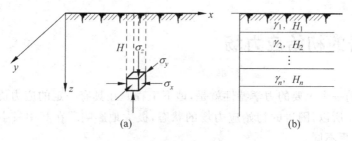

图 6-7　地表水平时的自重应力场

该点的水平应力 σ_x、σ_y 主要是由岩体的泊松效应所引起的,按弹性理论应为

$$\sigma_x = \sigma_y = \frac{\mu}{1-\mu}\sigma_z \tag{6-9}$$

式中　μ——计算应力处岩体的泊松系数。

这里所说的只是基本概念,仅当地面为水平面,而岩体为各向同性的半无限弹性体时,上述各式才是有效的。实际的岩体组成比较复杂,不可能是各向同性的,而且地面也都起伏不平。因此,围岩的自重应力场不能简单地按上述公式决定,必须根据三维弹性理论的基本方程,并考虑重力和各向异性求解,对此问题目前尚无精确的解析解。一般只能采用数值方法,如有限单元法求得近似解。

试验表明,大多数岩石的泊松比 μ 在 0.15~0.35 范围内变化。因此,在自重应力场中,水平应力总是小于垂直应力。

深度对初始应力状态有着显著的影响,随着深度的增加,地应力是线性增大的。然而围岩本身的强度有限,当地应力增大到一定数值后,围岩将处于隐塑性状态。围岩物性值(E 和 μ)也是变化的,随着深度的增加,μ 值趋近于 0.5,即与静水压力相似,此时围岩接近流动状态,初始应力场各应力分量趋于相等,即

$$\sigma_x = \sigma_y = \sigma_z = \gamma H \tag{6-10}$$

由此可见,围岩的初始应力场是随深度而改变的。其应力状态可视围岩的不同,分别处于弹性、隐塑性及流动三种状态,在坚硬围岩中,围岩的隐塑性状态约在距地面 10km 以下,也有可能在浅处发生,如在岩石强度低(如泥岩)的地段。通常情况下,在隧道所涉及的范围内,都可视初始应力场为弹性的。

从上述可以看出,围岩自重应力场的变化规律:①应力随深度呈线性增加;②水平应力总是小于垂直应力,最多与其相等。

2. 构造应力场

由于形成构造应力场的原因非常复杂,因此它在空间的分布极不均匀,而且随着时间的推移还在不断发生变化,属于非稳定的应力场。但相对于工程结构物的使用期限来说,可以忽略时间因素,将它视为相对稳定的应力场。即便如此,目前还很难用函数形式将构造应力场表示出来,只能通过实地量测找到一些规律性。但是实测的初始应力是许多不同成因的应力分量叠加而成的综合值,无法将它们一一区别。通过对实测数据的分析,只能了解由于构造应力的存在,使自重应力场发生什么样的变异,以及它在整个初始应力场中所起的作用。一些地应力量测资料表明,我国大陆初始应力场(包括自重应力场和构造应力场)的变化规律大致可以归纳为如下几点。

(1) 地质构造形态不仅改变了重力应力场,而且除了以各种构造形态获得释放外,还以各种形式积蓄在岩体内,这种残余构造应力将对地下工程产生重大影响。

(2) 垂直应力的量值随深度增加而增大,而且水平应力普遍大于垂直应力。构造应力场在不深的地方已普遍存在,而且最大构造应力的方向,近似为水平,其值常常大于重力应力场中的水平应力分量,甚至也大于垂直应力分量,这与重力应力场有很大不同。实测资料表明,在深度不大时(小于 500m),虽然一个主应力方向不总是铅直的,但一般来说,主应力方向与铅直方向的夹角不超过 30°。所以,可以认为一个主应力是铅直的,另外两个主应力方向是水平的。铅直主应力的量值大致等于上覆岩层的自重应力,也就是说,它随岩层深度呈线性增加,水平主应力主要反映构造应力,其量值也随岩层深度增加而增加。

但应指出,这些数据都是来自于深度较浅的实测资料,当深度超过某一个量值时,水平应力就不大于垂直应力,这个临界深度在日本约为 600m,在美国约为 1000m,我国尚未发表

具体数值。

(3) 水平主应力具有明显的各向异性。水平主应力的另一个显著特点,就是具有很强的方向性,一般总是以一个方向的主应力占优势,很少有大、小主应力相等的情况。根据实测资料可知,在我国大陆地壳中,最大水平主应力为最小水平主应力的1.4~3.3倍。

3. 围岩初始应力场的影响因素

围岩的初始应力状态,一般受到两类因素的影响。第一类因素有重力、温度、岩体的物理力学性质及构造、地形等经常性的因素;第二类因素有地壳运动、地下水活动、人类的长期活动等暂时性的或局部性的因素。

目前主要研究的是由岩体的重力形成的应力场,而认为其他因素只是改变了由重力造成的初始应力状态。

此外,在众多的因素中,还要特别研究下面几点。

(1) 地形和地貌。地应力实测和有限元分析都表明,地形的变化并不产生新的地应力场,只对应力起调整作用。在靠近山坡部位,最大压应力方向近似平行山坡表面。在山谷底部,最大压应力方向几乎水平。从主应力的量值来看,在接近山谷岸坡表面部分是应力偏低的地带,往里则转变为应力偏高带,再往山体深部逐渐过渡到应力稳定区,在山谷底部则有较大的应力集中。在实际工程中,还发现有些傍山隧道,虽然临近山谷,按理应力已基本释放完毕,属于应力偏低带,可是仍存在着相当大的应力,这可能是由于地形剥蚀作用所造成的。剥蚀前,上面岩层很厚,地壳中储存着很高的地应力;岩层剥蚀后,由于岩体内的颗粒结构的变化和应力松弛赶不上剥蚀作用的速度。所以,虽然释放了绝大部分垂直应力,但水平应力却未能充分释放而残留下来。这种残留应力与构造残余应力的主要区别在于,后者具有明显的方向性,而前者的方向性不明显。

(2) 岩体的力学性质。正如以上所述,现阶段围岩中的应力状态是经过历次构造运动的积累和后来剥蚀作用的释放而残存下来的。按照强度理论,岩体中的应力状态不能超出岩体强度,所以岩体强度越高,地应力值越大。一般可用垂直应力与岩体单轴抗压强度的比值(定义为应力度 $S=\gamma H/R_c$)来表示岩体在开挖前的状态,应力度越小,说明岩体的潜在能力越大,开挖后就越稳定,引起的位移就越小。

此外,应力的积累还与岩体的变形特性有关。变形模量较大的近于弹性的岩体对应力的积累比较有利。塑性岩体容易产生变形,不利于应力的积累,故在这类岩体中常以自重应力场为主。

(3) 地温。温度变化,尤其是围岩内部各处温度不相同时,温度应力的一部分会残留下来。此外,地壳内岩浆固结或受高温高压再结晶时,将伴随着体积膨胀或收缩,受到相邻岩块的约束作用而产生残余应力。

(4) 人类活动。人类活动包括大堆渣场的形成,深的露天开采和地下开挖,修建水库、抽水、采油以及高坝建筑等,都可能局部地影响围岩的初始应力场,有时甚至会产生比较大的影响,如因水库蓄水而诱发地震就是比较典型的例子。

综上所述,只有详细了解影响围岩初始应力场的各种因素,才能较可靠地确定围岩的初始应力状态。

6.3.3 围岩初始应力场的确定方法

除了在以自重应力为主的情况下可以通过计算确定围岩的初始应力状态外,一般都通过现场实测获得。

1. 实地应力量测

实地应力量测就是直接在未经扰动的岩体中进行应力量测。岩体应力量测有两种:①量测围岩的绝对应力值,包括其大小和方向;②量测围岩应力在开挖过程中的相对变化。前者可用来确定围岩的初始应力场,后者则可评价施工程序的优劣及开挖对相邻地下工程的影响等。岩体应力的量测方法按其原理大致可以区分为如下三种类型。

1) 应力全解除法

应力全解除法的基本原理是将包含量测元件的岩体单元从岩体中分离出来,解除周围岩体对它的约束作用,然后量测由于解除约束而产生的应变,利用岩体的应力-应变关系,反算出所解除的应力,也就是原存于围岩中的初始应力。当然,也可以直接量测所释放的应力,不必通过应力-应变关系反算。应力全解除法的具体做法有以下两种。

(1) 孔底法,其步骤如图 6-8 所示。首先用环钻钻孔至所要求量测应力的深度,并将岩芯取出;再用打磨钻头将孔底磨平,并将应变计冲贴到孔底,读取应变计的初读数;然后继续钻孔,使贴有应变计的岩芯与周围岩体分离,解除对岩芯的约束作用,直到岩芯末端的应力完全释放(即应变计读数不再变化)为止,并读取最终读数,根据初读数和最终读数即可求得垂直于钻孔轴平面的,由于应力解除而产生的任意 3 个方向的应变值 $\Delta\varepsilon_\alpha$、$\Delta\varepsilon_\beta$、$\Delta\varepsilon_\gamma$(图 6-8(b)中,$\alpha=0$);最后根据岩体的应力-应变关系即可算出围岩中垂直于钻孔轴平面上的应力。由于钻孔引起应力集中,孔底法所测得的孔底应力比真实的围岩原始应力要高些。目前虽有很多种修正方法,但还没有公认的结论。

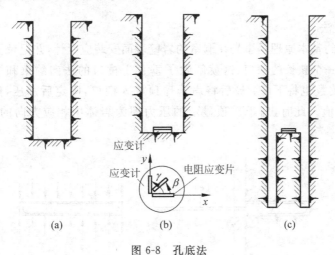

图 6-8 孔底法

(2) 孔壁和孔径法,其步骤如图 6-9 所示。首先用大直径钻头钻孔到要量测应力的深度,并将孔底磨平;再改用小口径钻头在大孔底中心钻一个小钻孔,并在其中安装孔壁三轴应变仪(见图 6-9(d))。取初读数,即为孔壁上三个不同方向的应变初值;然后用大口径钻头套钻,产生环状岩芯,解除约束,释放应力,并取最终读数;最后根据初读数和最终读数,即可求得应力释放后孔壁上三个不同的应变值 $\Delta\varepsilon_{\mathrm{I}}$、$\Delta\varepsilon_{\mathrm{II}}$、$\Delta\varepsilon_{\mathrm{III}}$,根据有关的力学公式和岩体应力-应变关系,即可反算出围岩中二维的应力状态。

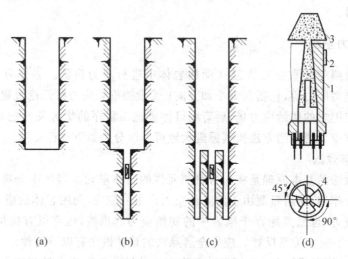

图 6-9 孔壁和孔径法
1—橡皮元体;2—应变花;3—圆锥形楔;4—导向槽

需要指出,无论是孔底法或孔壁法都可以在地面垂直向下钻孔,也可以在洞室内水平钻孔或向上钻孔进行量测。但孔底法只能测到一个平面上的两个主应力,第三个主应力值需要假设,如要量测三维应力状态,一般需要不同方向的三个钻孔。另外,应力全解除法量测岩体应力的精度一般都要受岩体应力-应变关系的控制。因此,在条件许可的情况下,应尽可能在量测岩体应力的现场同时进行岩体应力-应变关系的测定,为应力量测提供比较可靠的条件。

2) 应力恢复法

应力恢复法的基本原理是事先在洞室的岩壁表面安装应变计,并记录下应变的初读数,然后在岩壁上掏一个狭长的槽口,这就解除了垂直于槽口的法向约束和平行于槽口的切向约束,应变计读数也将下降;最后将扁千斤顶放入槽口,固定后加压,使应变计读数恢复到掏槽前的数值。此时,扁千斤顶显示的压力即为岩体中相应方向的应力,如图 6-10 所示。

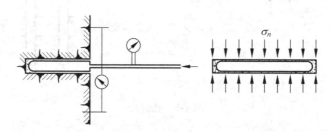

图 6-10 应力恢复法

扁千斤顶量测，习惯上是在几个相互垂直的槽口中进行。例如，可以在地下洞室边墙上切割水平和垂直槽口，来量测岩壁表面竖向和纵向的应力分量 σ_z^0、σ_y^0（y 轴平行洞室轴线）；在洞顶切割纵向槽口，来量测垂直轴线的水平应力分量 σ_x^0。

严格来说，扁千斤顶所测得的岩体应力并非围岩的初始应力，而是由于开挖产生应力集中后的洞室周边应力，所以必须对扁千斤顶所测得的结果进行修正。由于篇幅所限，本书不再赘述，可详查相关资料。

应力恢复法的优点是岩体应力的量测结果不受岩体应力-应变关系的制约。

3）水压致裂法

水压致裂法的量测原理：从弹性力学理论可知，当位于无限体中的钻孔受到无穷远处二维应力场（σ_1，σ_2）的作用时，离开钻孔端部一定距离的部位处于平面应变状态。在这些部位，钻孔周边的应力为

$$\sigma_\theta = \sigma_1 + \sigma_2 - 2(\sigma_1 - \sigma_2)\cos 2\theta \tag{6-11}$$

$$\sigma_r = 0 \tag{6-12}$$

式中　σ_θ，σ_r——钻孔周边的切向应力和径向应力；

　　　θ——周边一点与 σ_1 轴的夹角。

由式（6-11）可知，当 $\theta=0$ 时，水压 P（见图 6-11）取得极小值，此时，如果采用图 6-11 所示的水压致裂系统将钻孔某段封隔起来，并向该段钻孔注入高压水，当水压超过（$3\sigma_2-\sigma_1$）与岩石抗拉强度 T 之和后，在 $\theta=0$ 处，即 σ_1 所在方位将发生孔壁开裂。设钻孔壁发生初始开裂时的水压为 P_i，则有

$$P_i = 3\sigma_2 - \sigma_1 + T \tag{6-13}$$

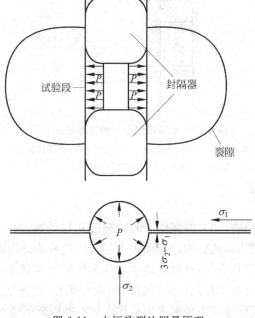

图 6-11　水压致裂法测量原理

如果继续向封隔段注入高压水,使裂隙进一步扩展,当裂隙深度达到3倍于钻孔直径时,此处已接近原岩应力状态,停止加压,保持压力恒定,将该恒定压力记为 P_s,则由图 6-11 可见, P_s 应与原岩应力 σ_2 相平衡,即

$$P_s = \sigma_2 \tag{6-14}$$

由式(6-13)和式(6-14)可知,只要测出岩石抗拉强度 T,即可由 P_i 和 P_s 求出 σ_1 和 σ_2。这样, σ_1 和 σ_2 的大小和方向就全部确定了。

在钻孔中存在裂隙水的情况下,如封隔段处的裂隙水压力为 P_0,则式(6-14)变为

$$P_i = 3\sigma_2 - \sigma_1 + T - P_0 \tag{6-15}$$

根据式(6-4)和式(6-15)求 σ_1 和 σ_2,需要知道封隔段岩石的抗拉强度,这往往是很困难的。为了克服这一困难,可在水压致裂试验中增加一个环节,即在初始裂隙产生后将水压卸除,使裂隙闭合,然后再重新向封隔段加压,使裂隙重新打开。记裂隙重开时的压力为 P_r,则有

$$P_r = 3\sigma_2 - \sigma_1 - P_0 \tag{6-16}$$

这样,由式(6-14)和式(6-16)求 σ_1 和 σ_2 就无须知道岩石的抗拉强度。因此,由水压致裂法测量原岩应力将不涉及岩石的物理力学性质,而完全由测量和记录的压力值来决定。

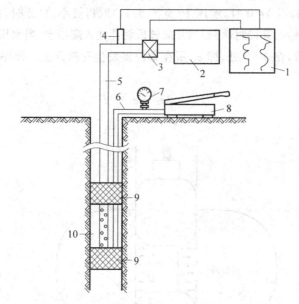

图 6-12 水压致裂应力测量系统示意图
1—记录仪;2—高压泵;3—流量计;4—压力计;5—高压钢管;6—高压胶管;
7—压力表;8—泵;9—封隔器;10—压裂段

2. 地质力学分析法

岩体中的一切构造形迹,如岩层倾斜、榴曲、破裂和错动等,无一不是岩体在地应力作用下形成的永久变形的形象,是地壳构造运动中力学作用的残迹。因此,根据构造形迹可以宏观地反推出地应力的性质和方向,这就是地质力学分析的基本概念。

应用地质力学方法分析工程地段围岩的初始应力状态,首先应进行区域性的构造形迹的调查和测绘,查明区域构造应力场的方向;其次是根据构造形迹的特征,定性地估计初始

应力场的量级,最后再考虑其他地质力学标志,如埋深、风化程度等,评价水平应力和垂直应力的比值。

在分析初始应力场的方向时,首要的工作是寻找由于最大水平应力作用所形成的构造形迹,如线性紧闭褶皱、区域性陡立岩层、逆冲断层、片理、平缓柱状构造及线排列、原有矿物定向排列等微型构造。它们的走向称为构造线,最大水平压应力的方向必然与构造线相垂直。

在产状比较平缓的层状岩体中,上述的构造线在工程范围内不明显。此时可根据层面错动的逆向擦痕确定,其倾向方位即能代表最大压应力方向。

在没有明显的褶皱或构造形变不太强烈的块状岩体中,则可根据一对共轭的 X 形节理来确定水平应力的方向。因为整块岩层受压后,首先产生的就是由最大的剪应力所引起的 X 形剪切破坏,两组节理面之间所形成的锐角指向最大水平压力方向,如图 6-13 所示。

当岩体受到构造作用时,在主应力场的基础上,还会产生局部的、与主应力场不一致的次级应力场,有时候工程范围内的岩体应力状态主要受次级应力场的影响。典型的次级应力场与褶皱和断层有关。

岩体在褶皱过程中,尽管已知区域构造应力场的方向,但在褶皱的不同部位的应力状态还会有所变化。褶皱的顶部可能产生与区域最大压应力方向平行的局部拉应力,层面之间会产生很大的剪应力,如图 6-14 所示。

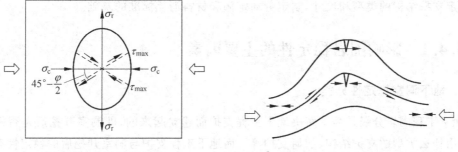

图 6-13 共轭 X 形节理   图 6-14 褶曲中的次级应力

当岩体受断层切割,在推挤力作用下产生移动时,主动盘作用在断层上的法向压力可以传递给被动盘,而切向力则不能全部传递,只有相当于断层抗滑阻力的切向力可以传递给被动盘。所以,作用在被动盘上的合力的方向就与作用在主动盘上的合力方向不一致,它与断层法线所夹的角等于断层的内摩擦角。在断层带,经过大距离错动产生较厚的断层泥时,因其抗滑阻力很小,被动盘中作用力的方向近似地和断层平行。

3. 选择初始应力值的原则和经验

由于实测工作费时、成本高,不可能大量进行。而且,由于仪器设备不完善、操作过程不标准等原因,实测的围岩初始应力也不是绝对正确的。根据我国实践经验来看,比较可行的是实地量测和地质力学分析相结合的方法,一般应考虑下述原则和经验。

(1) 有当地实测地应力数值时,应以实测值为工程设计的计算参数。虽无实测值,已测得洞壁位移,则可以通过试算或反演计算确定原岩应力。

(2) 无量测数值时,可根据自重应力计算垂直原岩应力,但应当注意,埋深很小时可能会出现偏差。

(3) 无量测数据时,侧压力系数 λ 应视下列情况确定:①有邻近工程的实测数据时,可参考采用邻近工程的数值;②无明显构造应力区,孤山地区及河谷地谷坡附近处取 $\lambda<1$;③构造应力区、距地表较深的区域可取 $\lambda \geqslant 1$;④黄土地层中 λ 值取 0.5~0.6;⑤松散软弱地层中的 λ 值取 0.5~1.0。

(4) 两个水平方向的应力,当无实测值时,可取为相等。

6.4 地下洞室围岩分级的影响因素和指标

地下工程所赋存的地质环境千差万别,它给地下工程带来的问题也是各式各样的,人们不可能对每一种特定情况都有现成的经验和行之有效的处理方法。因此,有必要根据一个或几个主要指标将无限的岩体序列划分为具有不同稳定程度的有限个级(类)别,即对地下工程围岩稳定性进行分级(类),并依照每一级(类)围岩稳定程度给出最佳的施工方法和支护结构设计。针对不同的工程目的(爆破开挖、掘进机掘进、支护等),可以将与之相应的地质条件进行一定的概括、归纳和分级,为地下工程设计、施工提供一定的基础。准确合理的围岩分级,是选择施工方法的依据,是进行科学管理及正确评价经济效益、确定结构上的荷载、确定支护结构的类型和尺寸、制定劳动定额和材料消耗标准的基础。

6.4.1 影响围岩稳定性的主要因素

1. 地下洞室稳定性分类

地下工程围岩分级是为了解决地下工程支护而建立起来的,即洞室开挖后是否需要支护、采用什么类型的支护结构、如何支护等。而地下工程支护与洞室开挖后的稳定性有直接的关系。因此,围岩分级的基础条件是洞室开挖后的稳定性。

根据洞室开挖实践,洞室开挖后的稳定性大体上可分为以下几类。

(1) 充分稳定的。洞室在长时间内有足够的自稳能力,无须人为支护而能维持稳定,无坍塌,偶尔有掉块。

(2) 基本稳定的。洞室保持稳定,会因爆破、岩块结合松弛等而产生局部掉块,但不会引起洞室的坍塌,层间结合差的平缓岩层顶板可能弯曲、断裂。此时应采取局部支护或轻型的支护。

(3) 暂时稳定的。大多数洞室属于这个类型。洞室开挖后呈现出不同程度的坍塌现象,坍塌后的洞室呈拱形而处于暂时稳定状态。在外界(如爆破、重新更换支承等)和内部(如地下水等)条件的影响下,如不及时支护,坑道会进一步丧失稳定。因此,在这种围岩中,必须采取各种类型的支护措施。

(4) 不稳定的。洞室在不支护条件下是难以开挖的,随挖随坍,常常要先支后挖,洞室的坍塌发生迅速、影响范围大,有时可坍塌到地表,或在地面形成塌盆地。在有水的情况下,土体流动造成极大的荷载。在这种情况下,需要采取专门的支护措施和施工方法来保证坑道的稳定。

由此可见,洞室围岩稳定性不同,采取的施工方法和支护措施也是不同的。因此,按围岩稳定性大致相同的地质条件并结合工程实践进行围岩分级是有根据的。

2. 影响围岩稳定性的因素及其与围岩分级的关系

影响围岩稳定性的因素很多,就其性质来说,基本上可以归纳为两类:第一类属于地质环境方面的自然因素,它们决定了地下工程围岩的质量;第二类则属于工程活动中的人为因素,如地下工程的形状、跨度、施工方法、洞室轴线与岩层产状的关系等。后者虽然不能确定围岩质量的好坏,但却能影响围岩的质量和稳定性。

1) 地质因素

围岩在开挖地下洞室时的稳定程度是岩体力学性质的一种表现形式。因此,影响岩体力学性质的各种因素同样会影响围岩的力学性质,只是各自的重要性有所不同。影响围岩稳定性的地质因素主要有:

(1) 岩体结构类型;

(2) 结构面性质和空间的组合;

(3) 岩石的力学性质;

(4) 围岩的初始应力场;

(5) 地下水状况。

2) 工程活动中的人为因素

施工等人为因素也是造成围岩失稳的重要条件,其中以洞室的尺寸(主要指跨度)、形状及施工中所采用的开挖方法等影响较为显著。上述人为因素主要有:

(1) 地下洞室尺寸和形状;

(2) 施工中采用的开挖方法。

以上所述的工程活动所造成的人为出素,虽然对围岩稳定性的影响很大;但为了简化围岩分级(类)问题,一般都是以分级(类)的适用条件来控制,而分级(类)的本身则主要从地质因素进行考虑。

6.4.2 围岩分级(类)的因素指标及其选择

在充分研究影响地下工程围岩稳定性的因素后,就可以分析哪些因素或其组合可作为分级(类)指标,用什么方法能确定这些因素,以及这些分级(类)指标与地下工程的关系等。地下工程围岩分级(类)的指标大体上有以下几种。

1. 单一的岩性指标

单一的岩性指标包括岩石的抗压和抗拉强度、岩石坚固性系数以及弹性模量等物理力学参数,以及如抗钻性、抗爆性等工程指标。

在单一岩体指标中,多采用岩石的单轴饱和极限抗压强度作为基本的分级(类)指标,除了试验方法较方便外,从定量上看也是比较可靠的。

单一的岩性指标只能表达岩体特征的一个方面,因此用来作为分级(类)的唯一指标是不合适的。例如,我国西部的老黄土,在无水条件下强度较低,但稳定性很高,有些黄土洞室可维持几十年之久而不破坏。

2. 单一的综合岩性指标

它表明指标是单一的，但反映的因素却是综合的。

(1) 岩体的弹性波传播速度。它既可反映岩体的力学性质，又可表示岩体的破碎程度。

(2) 岩石质量指标(Rock Quality Designation, RQD)。它是反映岩体破碎程度和岩石强度的综合指标。岩石质量指标是指钻探时岩芯复原率，也称为岩芯采取率。迪尔(D. U. Deere)指出，钻探时岩芯的采取率，岩芯的平均和最大长度受岩体原始的裂隙、硬度和均质性支配。因此，它可以表示岩体的质量。同时，他又指出，岩体质量的好坏主要取决于长度小于 10cm 的细小岩块所占的比例。岩心复原率是以单位长度钻孔中 10cm 以上的岩芯占有比例来判断的，即

$$\text{RQD}(\%) = \frac{10\text{cm 以上岩芯累计长度}}{\text{钻孔长度}} \times 100 \tag{6-17}$$

该分级法将围岩分为五级：RQD>90%，即为优质的；75%<RQD<90%，为良好的；50%<RQD<75%，为好的；25%<RQD<50%，为差的；RQD<25%，为很差的。分级也给出相应的地压值及可采取的支护系统。同时指出，在采用掘进机掘进时，可适当降低地压值(约减小 20%)。

(3) 围岩自稳时间。它也可认为是综合岩性指标，地下洞室外挖后，围岩通常都会有一段暂时稳定的时间，根据不同的地质环境，自稳时间有长有短，劳费(H. Lauffer)认为洞室围岩自稳的时间 t_s 可表示为

$$t_s = CL^{(1+\alpha)} \tag{6-18}$$

式中　L——坑道未支护地段的长度，m；

　　　α——视围岩情况在 0~1 之间变化，好的岩体可取 $\alpha=0$，极差的 $\alpha=1.0$；

　　　C——视围岩条件而定的系数。

(4) 岩体的坚固系数。它是反映岩石强度和岩体构造特征的综合性指标。岩体的坚固系数 $F_{岩体}$ 需考虑地质条件对岩石的坚固系数适当折减，即

$$f_{岩体} = K f_{岩石} \tag{6-19}$$

式中　K——考虑地质条件的折减系数，一般情况下，$K<1.0$；

　　　$f_{岩石}$——岩石的坚固系数。

岩石的坚固系数是岩石强度指标的反映，确定它的主要方法是

$$f_{岩石} = R_c/10 \tag{6-20}$$

式中　R_c——岩石单轴抗压强度，MPa。

岩体的坚固系数也称为普氏系数。苏联普落托奇雅柯诺夫(M. Jipoctonbn Monos)教授提出的岩石坚固系数分级法(或称为 f 值分级法，或普氏分级法)在我国 20 世纪 50~60 年代的隧道工程中得到了广泛的应用。此外，岩体的坚固系数也用于围岩压力理论计算的普氏计算法中。

按这种方法确定的 f 值应该称为岩体的坚固系数 $f_{岩体}$，而不再是岩石的坚固系数 $f_{岩石}$。当然，K 值主要是凭工程师的经验确定。我国铁路隧道设计、施工实践中所采用的 f 值，实质上就是岩体坚固性系数。根据不同 $f_{岩体}$ 值，岩体的状态见表 6-2。

表 6-2 岩体坚固性系数分级

岩体坚固系数 f	围岩地质特征	岩层名称	容重 γ /(kN/m³)	内摩擦角 $\varphi/(°)$
≥15	坚硬、密实、稳固、无裂隙和未风化的岩层	很坚硬的花岗岩和石英岩,最坚硬的砂岩和石灰岩	26~30	—
≥8	坚硬、密实、稳固,岩层有很小裂缝	坚硬的砂岩、石灰岩、大理岩、白云岩、黄铁矿,不坚硬的花岗岩	25	80
6	相当坚硬的、较密实的、稍有风化的岩层	普通砂岩、铁矿	24~25	75
5	较坚硬的、较密实的、稍有风化的岩层	砂质片岩、片状砂岩	24~25	73
4	较坚硬的、岩层可能沿层面或节理脱落的岩层,已受风化的岩层	坚硬的黏土岩、不坚硬的石灰岩、砂岩、砾岩	25~28	70
3	中等坚硬的岩层	不坚硬的片岩,密实的泥灰岩,坚硬胶结的黏土	25	70
2	较软岩石	软片岩、软石灰岩、冻结土、普通泥灰岩、破碎砂岩、胶结的卵石	24	65
1.5	较软或破碎的地层	碎石土壤、破碎片石、硬化黏土、硬煤、黏结的卵石和碎石	18~20	60
1.0	较软或破碎的地层	密实黏土、坚硬的冲积土、黏土质土壤、掺砂土、普通煤	18	45
0.6	颗粒状的和松软的地层	湿沙、黏土、种植土、泥灰、软砂黏土	15~16	30

单一综合岩件指标多与地质勘察技术的发展有关。因此,这类指标的精度就会受到一定的限制,有时会因操作上的原因或地质特征异常而得不到可靠的结论。

3. 复合指标

复合指标是一种用两个或两个以上的岩性指标或综合性指标所表示的复合性指标。典型的复合指标有以下几种。

(1) 巴顿(N. Barton)等人所提出的"岩体质量—Q",Q 与 6 个表明岩体质量的地质参数有关,表示为

$$Q = \frac{\text{RQD}}{J_\text{n}} \cdot \frac{J_\text{r}}{J_\text{a}} \cdot \frac{J_\text{w}}{\text{SRF}} \sigma_\text{c} \tag{6-21}$$

式中 RQD——岩石质量指标,其取值方法见式(6-17);

J_n——节理组数目;

J_r——节理粗糙度;

J_a——节理蚀变值;

J_w——节理含水折减系数;

SRF——初始应力折减系数。

(2) 我国总参谋部工程兵坑道工程围岩分类中采用岩体质量指标 R_m 和应力比 S,其中 R_m 由式(6-22)确定,即

$$R_m = R_c \cdot K_v \cdot K_w \cdot K_J \tag{6-22}$$

式中 R_c——岩石单轴饱和极限抗压强度;

K_v——岩体完整性系数,岩体越完整,K_v 取值越大,变化范围为 $0.08\sim1.0$,由实测确定;

K_w——地下水影响折减系数,变化范围为 $0.4\sim1.0$,无水时取 1.0,视具体情况由经验确定;

K_J——岩层面产状要素影响折减系数,变化范围为 $0.5\sim1.0$,层面走向与轴线夹角为 $60°\sim90°$,层面倾角小于 $30°$,层面间距大于等于 1m 时,$K_J=1.0$,其他情况由经验确定。

以 R_m 为基础,考虑地应力的影响,另一个复合指标应力比 S 由式(6-23)表述,即

$$S = \frac{R_m}{\sigma_m} \tag{6-23}$$

式中 σ_m——最大的垂直地应力。

(3)《水工隧洞设计规范》(SL 279—2002)围岩工程地质分类和国际《锚杆喷射混凝土支护技术规范》(GB 50086—2001)所采用的围岩/岩体强度应力比 S 综合考虑了岩石强度、岩体完整性和地应力的因素,即

$$S = R_c \cdot K_v / \sigma_m \tag{6-24a}$$

$$S = R_c \cdot K_v / \sigma_1 \tag{6-24b}$$

式中 R_c——岩石饱和单轴抗压强度,MPa;

K_v——岩体完整性系数;MPa;

σ_m——围岩的最大主应力,MPa;

σ_1——垂直洞轴线的较大主应力,kN/m^2。

(4)国标《工程岩体分级标准》(GB 50218—94)采用两个复合指标——岩体基本质量指标 BQ 和修正的岩体基本质量指标[BQ],对工程岩体进行分级。

从上述可以看出,复合指标考虑了多种因素的影响,故对判断围岩的稳定性是比较合理可靠,而且还可以根据工程对象的要求,选择不同的指标。例如,为了判断岩石的弹性、塑性和脆性性质,就可选用变形系数和波传播速度两个指标。因此,这种指标使用起来也是比较灵活的。

但也应指出,复合指标的定量,有的是通过试验或现场实测确定的,有的主要是凭经验决定。有的指标带有很大的主观因素。

6.4.3 围岩分级(类)的发展方向

根据以上对分级(类)指标的分析,可以得到如下的结论:

(1)应选择对围岩稳定性(主要表现在变形破坏特性方面)有重大影响的主要因素,如岩石强度、岩体的完整性、地下水、地应力、软弱结构面产状和它们的组合关系等作为分级(类)指标;

(2)应选择测试设备比较简单,人为性小,科学性较强的定量指标;

(3)主要分级(类)指标要有一定的综合性,最好采用复合指标,以便全面、充分地反映

围岩的工程性质，并应有足够的实测资料为基础。

总之，正确地选择分级(类)指标，是做好地下工程围岩分级(类)的关键。

6.5 国内外主要地下工程围岩分级(类)标准

地下工程围岩分级(类)的详细程度，在工程建设的不同阶段应有所不同。在工程规划和初步设计阶段的围岩分级(类)，可以定性评价为主，判别的依据主要来源于地表的地质测绘及部分勘探工作。在工程的技术设计和施工设计阶段，围岩分级(类)是为设计服务的，如为支护结构设计服务的围岩分级(类)，为钻爆工作服务的围岩分级(类)等。围岩级(类)别除了取决于地质条件外，还应与工程尺度、形状、施工工艺等条件有关。其判别依据除了地质测绘资料外，更重要的是详细勘探(包括钻探、坑探、物探等)资料和岩石(体)的室内与现场试验数据。这阶段的分级(类)指标应该是半定量或定量的。在施工阶段，应利用各种量测和观测到的实际资料对围岩分级(类)进行补充修正，此时的分级(类)属第二阶段的详细分级(类)，但数据则是岩体暴露后的实际值。

我国涉及地下工程围岩分级(类)的标准主要有《工程岩体分级标准》(GB 50218—94)、《铁路隧道设计规范》(TB 10003—2005)、《地铁设计规范》(GB 50157—2003)、《公路隧道设计规范》(JTG D70—2004)、《水工隧洞设计规范》(SL 279—2002)和《锚杆喷射支护技术规范》(GB 50086—2001)等。国外主要围岩分类系统有挪威 Q 系统和南非 RMR 系统等。目前主要采用综合性指标进行围岩分级(类)，下面就具有代表性的我国铁路隧道围岩分级方法进行介绍。

经过长期工程实践，研究人员发现主要反映岩石强度的岩石坚固系数 f 值分类法不能全面地反映隧道围岩的稳定特征和状态。1975 年原铁道部颁布了以围岩结构和完整状态为分类基础的铁路隧道围岩稳定性分类法，总结了新中国成立以来我国在修建铁路隧道中使用 f 值分类法所积累的经验，并参考了国内外有关围岩分类成果。该分类法的出现引起了各方面的重视，国内许多部门针对本部门地下工程的特点，也相继采用了类似的分类方法。这说明，这种分类的原则、方法和内容是正确的，也是与当时国际上围岩分类的趋势相适应的。但从应用上来看，这个分类法仍然属于"经验"分类，还有一些亟待解决的问题：①有些分类指标难以定量，多数是凭经验确定；②确定分类三要素的方法还很不完善；③没有充分与现代岩石力学概念结合起来……为此，在 1975 年铁路隧道围岩稳定性分类的基础上，结合工程实践和科学研究，原铁道部于 1985 年 8 月 27 日将铁道部第二勘测设计院主编的《铁路隧道设计规范》批准为部标准，编号为 TBJ 3—85，自 1986 年 7 月 1 日起施行。在《铁路隧道设计规范》(TBJ 3—85)中，对铁路隧道围岩分类法作了补充和修正。《铁路隧道设计规范》(TBJ 3—85)及之前的铁路隧道围岩分类将围岩分为Ⅵ～Ⅰ类，六个类别围岩的稳定性程度或围岩质量由好到差，即Ⅵ类围岩最稳定，Ⅰ类围岩稳定性最差。2001 年 6 月 7 日原铁道部发布了编号为 TB 10003—2001 的《铁路隧道设计规范》，该规范自 2001 年 9 月 1 日起开始实施。《铁路隧道设计规范》(TB 10003—2001)为了与国标《工程岩体分级标准》(GB 50218—94)接轨，改称围岩分级，分Ⅰ～Ⅵ级，围岩稳定性由好到差，即Ⅰ级围岩最稳定，Ⅵ级围岩最不稳定。

《铁路隧道设计规范》(TB 10003—2001)的围岩分级以原规范(TBJ 3—85)围岩分类为基础,在分级的方法和思路上与国际接轨,即采用定性划分和定量指标相结合的方法。

2005年4月25日发布并实施的最新《铁路隧道设计规范》(TB 10003—2005)的围岩分级的思路和方法与规范(TB 10003—2001)相同,只对围岩分级表的围岩级别作了很小的调整。下面详细阐述《铁路隧道设计规范》(TB 10003—2005)的围岩分级。

1. 围岩基本分级

围岩基本分级由岩石坚硬程度和岩体完整程度两个因素确定,而岩石坚硬程度和岩体完整程度分级采用定性划分和定量指标两种方法综合确定。

岩石坚硬程度根据定量指标——岩石单轴饱和抗压强度 R_b 按表6-3进行划分。

表6-3 岩石坚硬程度的划分

岩石类别		单轴饱和抗压强度 R_b/MPa	代表性岩石
硬质岩	极硬岩	$R_b > 60$	未风化或微风化的花岗岩、片麻岩、闪长岩、石英岩、硅质灰岩、钙质胶结的砂岩或砾岩等
	硬岩	$30 < R_b \leq 60$	弱风化的极硬岩;未风化或微风化的熔结凝灰岩、大理岩、板岩、白云岩、灰岩、钙质胶结的砂岩、结晶颗粒较粗的岩浆岩等
软质岩	较软岩	$15 < R_b \leq 30$	强风化的极硬岩;弱风化的硬岩;未风化和微风化的云母片岩、千枚岩、砂质泥岩、钙泥质胶结的粉砂岩和砾岩、泥灰岩、泥岩、凝灰岩等
	软岩	$5 < R_b \leq 15$	强风化的极硬岩;弱风化至强风化的硬岩;弱风化的较软岩和未风化或微风化的泥质岩类;泥岩、煤、泥质胶结的砂岩和砾岩等
	极软岩	$R_b \leq 5$	全风化的各类岩石和成岩作用差的岩石

岩体完整程度根据结构面特征、结构面发育的组数和岩体结构类型等定性特征及定量指标——岩体完整性指数 K_v,按表6-4进行划分。

表6-4 岩体完整程度的划分

完整程度	结构面特征	结构类型	岩体完整性指数 K_v
完整	结构面为1~2组,以构造节理、层面为主,裂隙多呈密闭型,部分为微张型,少有充填物	巨块状整体结构	$K_v > 0.75$
较完整	结构面为2~3组,以构造型节理、层面为主,裂隙多呈密闭型,部分为微张型,少有充填物	块状结构	$0.75 \geq K_v > 0.55$
较破碎	结构面一般为3组,以节理及风化裂隙为主,在断层附近受构造影响较大,裂隙以微张型和张开型为主,多有充填物	层状结构、块石、碎石状结构	$0.55 \geq K_v > 0.35$
破碎	结构面多于3组,多以风化型裂隙为主,在断层附近受构造作用影响大,裂隙以张开型为主,多有充填物	碎石角砾状结构	$0.35 \geq K_v > 0.15$
极破碎	结构面杂乱无序,在断层附近受断层作用影响大,宽张裂隙全为泥质或泥夹岩屑充填,充填物厚度大	散体状结构	$K_v \leq 0.15$

以岩石坚硬程度和岩体完整程度的分级为基础,结合定量指标——围岩弹性纵波速度,按表 6-5 确定围岩基本分级。

表 6-5 围岩基本分级

级别	岩 体 特 征	土 体 特 征	围岩弹性纵波速度/(km/s)
Ⅰ	极硬岩,岩体完整	—	>4.5
Ⅱ	极硬岩,岩体较完整; 硬岩,岩体完整	—	3.5~4.5
Ⅲ	极硬岩,岩体较破碎; 硬岩或软硬岩互层,岩体较完整; 较软岩,岩体完整	—	2.5~4.0
Ⅳ	极硬岩,岩体破碎; 硬岩,岩体较破碎或破碎; 较软岩或软硬岩互层,且以软岩为主,岩体较完整或较破碎; 软岩,岩体完整或较完整	具压密或成岩作用的黏性土、粉土及砂类土,一般钙质、铁质胶结的粗角砾土、粗圆砾土、碎石土、卵石土、大块石土、黄土(Q_1、Q_2)	1.5~3.0
Ⅴ	软岩,岩体破碎至极破碎; 全部极软岩及全部极破碎岩(包括受构造影响严重的破碎带)	一般第四系坚硬、硬塑黏性土,稍密及以上、稍湿、潮湿的碎(卵)石土、粗圆砾土、细圆砾土、粗角砾土、细角砾土、粉土及黄土(Q_3、Q_4)	1.0~2.0
Ⅵ	受构造影响很严重呈碎石、角砾及粉末、泥土状的断层带	软塑状黏性土、饱和的粉土、砂类土等	<1.0(饱和状态的土<1.5)

2. 隧道围岩分级修正

隧道围岩级别应在围岩基本分级的基础上,结合隧道工程的特点,考虑地下水状态、初始地应力状态等必要的因素进行修正。

地下水状态的分级按表 6-6 确定。地下水对围岩级别的修正,宜按表 6-7 进行。

表 6-6 地下水状态的分级

级 别	状 态	渗水量/(L/(min·10m))
Ⅰ	干燥或湿润	<10
Ⅱ	偶有渗水	10~25
Ⅲ	经常渗水	25~125

表 6-7 地下水影响对围岩级别的修正

地下水状态分级	围岩基本分级修正级别					
	Ⅰ	Ⅱ	Ⅲ	Ⅳ	Ⅴ	Ⅵ
Ⅰ	Ⅰ	Ⅱ	Ⅲ	Ⅳ	Ⅴ	—
Ⅱ	Ⅱ	Ⅲ	Ⅳ	Ⅴ	Ⅵ	—
Ⅲ	Ⅲ	Ⅲ	Ⅳ	Ⅴ	Ⅵ	—

围岩初始地应力状态,当无实测资料时,可根据隧道工程埋深、地貌、地形、地质、构造运动史、主要构造线与开挖过程中出现的岩爆、岩芯饼化等特殊地质现象,按表 6-8 作出评估。

表 6-8 初始地应力状态评估

初始地应力状态	主要现象		评估基准(R_c/σ_{max})
极高应力	硬质岩：开挖过程中时有岩爆发生，有岩块弹出，洞壁岩体发生剥离，新生裂缝多，成洞性差		<4
	软质岩：岩芯常有饼化现象，开挖过程中洞壁岩体有剥离，位移极为显著，甚至发生大位移，持续时间长，不易成洞		
高应力	硬质岩：开挖过程中可能出现岩爆，洞壁岩体有剥离和掉块现象，新生裂缝较多，成洞性较差		4~7
	软质岩：岩芯时有饼化现象，开挖过程中洞壁岩体位移显著，持续时间较长，成洞性差		

注：σ_{max} 为最大地应力值(MPa)。

初始地应力状态对围岩级别的修正宜按表 6-9 进行。

表 6-9 初始地应力影响对围岩级别的修正

初始地应力状态	围岩基本分级修正级别				
	Ⅰ	Ⅱ	Ⅲ	Ⅳ	Ⅴ
极高应力	Ⅰ	Ⅱ	Ⅲ 或 Ⅳ①	Ⅴ	Ⅵ
高应力	Ⅰ	Ⅱ	Ⅲ	Ⅳ 或 Ⅴ②	Ⅵ

注：① 围岩岩体为较破碎的极硬岩、较完整的硬岩时，定为 Ⅲ 级；围岩岩体为完整的较软岩、较完整的软硬互层时，定为 Ⅳ 级。
② 围岩岩体为破碎的极硬岩、较破碎及破碎的硬岩时，定为 Ⅳ 级；围岩岩体为完整及较完整的软岩、较完整及较破碎的较软岩时，定为 Ⅴ 级。

根据岩石坚硬程度和岩体完整程度两个因素对围岩的基本分级，结合地下水状态和初始地应力状态对基本分级的修正，隧道围岩的级别按表 6-10 综合确定。

表 6-10 铁路隧道围岩分级

围岩级别	围岩主要工程地质条件		围岩开挖后的稳定状态(单线)	围岩弹性纵波速度 v_p/(km/s)
	主要工程地质特征	结构特征和完整状态		
Ⅰ	硬质岩(单轴饱和抗压强度 R_c>60MPa)：受地质构造影响轻微，节理不育，无软弱面(或夹层)；层状岩层为巨厚层或厚层，层间结合良好，岩体完整	呈巨块状整体结构	围岩稳定，无坍塌，可能产生岩爆	>4.5
Ⅱ	硬质岩(R_c>30MPa)：受地质构造影响较大，节理较发育，有少量弱面(或夹层)和贯通微张节理，但其产状及组合关系不致产生滑动；层状岩层为中厚层或厚层，层面结合一般，很少有分离现象，或为硬质岩石偶夹软质岩石	呈巨块或大块	暴露时间长，可能会出现局部小坍塌；侧壁稳定；层间结合差的平缓岩层，顶板易塌落	3.5~4.5

续表

围岩级别	围岩主要工程地质条件		围岩开挖后的稳定状态(单线)	围岩弹性纵波速度 v_p/(km/s)
	主要工程地质特征	结构特征和完整状态		
Ⅲ	硬质岩($R_c>30$MPa)：受地质构造影响严重，节理发育，有层状软弱面(或夹层)，但其产状及组合关系尚不致产生滑动；层状岩层为薄层或中层，层间结合差，多有分离现象；硬、质岩石互层	呈块(石)碎(石)状镶嵌结构	拱部无支护时可产生小坍塌，侧壁基本稳定，爆破震动过大易塌	2.5～4.0
	软质岩($R_c=5$～30MPa)：受地质构造影响较重，节理较发育；层状岩层为薄层、中厚层或厚层、层间结合一般	呈大块状结构		
Ⅳ	硬质岩($R_c>30$MPa)：受地质构造影响较重，节理较发育；层状软弱面(或夹层)已基本破坏	呈碎石状压碎结构	拱部无支护时，可产生较大的坍塌，侧壁有时失去稳定	1.5～3.0
	软质岩($R_c=5$～30MPa)：受地质构造影响严重，节理发育	呈块(石)碎(石)状镶嵌结构		
	土体：(1) 具压密或成岩作用的黏性土、粉土及砂类土；(2) 黄土(Q_1、Q_2)；(3) 一般钙质、铁质胶结的碎石土、卵石土、大块石土	(1)和(2)呈大块状压密结构，(3)呈巨块状整体结构		
Ⅴ	岩体：软岩，岩体破碎至极破碎；全部极软岩及全部破碎岩(包括受构造影响严重的破碎带)	呈角砾碎石状松散结构	围岩易坍塌，处理不当会出现大坍塌，侧壁经常小坍塌；浅埋时易出现地表下沉(陷)或塌至地表	1.0～2.0
	土体：一般第四系坚硬、硬塑黏性土，稍密及以上，稍湿或潮湿的碎石土、卵石土、圆砾土、角砾土、粉土及黄土(Q_3、Q_4)	非黏性土呈松散结构，黏性土及黄土呈松软结构		
Ⅵ	岩体：受构造影响严重呈碎石、角砾及粉末、泥土状的断层带	黏性土呈易蠕动的松软结构，砂性土呈潮湿松散结构	围岩极易坍塌变形，有水时土砂常与水一齐涌出；浅埋时易塌至地表	<1.0(饱和状态的土<1.5)
	土体：软塑状黏性土、饱和的粉土、砂类土等			

注：1. 表中"围岩级别"和"围岩主要工程地质条件"栏，不包括膨胀性围岩、多年冻土等特殊岩土；
　　2. 层状岩层的层厚划分：巨厚层——厚度大于1.0m；厚层——厚度大于0.5m，且小于等于1.0m；中厚层——厚度大于0.1m，且小于等于0.5m；薄层——厚度小于或等于0.1m。

习 题

1. 说明围岩初始应力场的概念、组成、变化规律及影响因素。
2. 岩体的基本概念是什么？说明裂隙岩体的构造特征与围岩稳定性的关系。

3. 影响围岩稳定性的主要因素有哪些？与围岩分级有何关系？
4. 围岩与围岩分级的基本概念是什么？说明围岩分级在其工程中的意义。
5. 国内外典型的分级方法有哪些？各种分级方法中应用了那些分级指标？
6. 说明铁路隧道围岩分级的因素指标中，定性和定量的指标及其相应的描述有哪些？对基本分级的修正因素有哪些？如何修正？
7. 岩石质量指标和岩体基本质量指标的概念分别是什么？

第 7 章 隧道及地下结构设计原理与方法

7.1 概述

由于隧道及地下结构是在地层中修筑的,因此其工程特性、设计原则及方法与地面结构有所不同。在隧道及地下工程初期,由于对其特性认识不充分,在设计方法上多数是沿用地面结构的设计方法。理论和实践证实,这种设计方法与隧道的实际情况相差很大。随着科学技术的发展和进步,人们对地下结构特性的认识,特别是对作为地下结构主体的承载体——围岩的认识提高了,提出了许多关于地下结构的计算模式和方法以及评价地下结构承载能力的原则和方法。

本书在研究隧道及地下工程所赋存的地质环境问题时曾经指出,隧道及地下结构体系是由围岩和支护结构共同组成的。其中,围岩是主要的承载元素,支护结构是辅助性的,但通常也是必不可少的,在某些情况下,支护结构起主要承载作用。这就是按现代岩石力学原则设计支护结构的基本出发点。如果从围岩稳定性的角度来说明这个问题,就比较容易理解。

在长期的实践与理论研究中,尤其是近代岩体力学、工程地质力学的发展,使我们对地下洞室开挖后在围岩中产生的物理力学现象有了一个较为明确的认识。在地下工程中发生的一切力学现象,如应力重分布、断面收敛、洞室失稳等都是一个连续的、统一的力学过程的产物,它始终与时间、施工技术等息息相关。支护结构设置得是否经济合理,也就是说它的结构形式、断面尺寸、施工方法和施作时间选择得是否恰到好处,则要根据设置支护结构后所改变的围岩应力状态和支护结构的应力状态,以及两者的变形情况来判断。

所以,要进行支护结构设计,就必须充分认识和了解以下五方面的问题。

(1) 围岩的初始应力状态,或称为一次应力状态$\{\sigma\}^0$,已在第 6 章作了介绍。

(2) 开挖隧道后围岩的二次应力状态$\{\sigma\}^2$和位移场$\{u\}^2$。

(3) 判断围岩二次应力状态和位移场是否符合稳定性条件,即围岩稳定性准则。一般可表示为

$$\left.\begin{aligned} f(\{\sigma\}^2, R_1) &= 0 \\ F(\{u\}^2, R_2) &= 0 \end{aligned}\right\} \tag{7-1}$$

式中 R_1, R_2——根据围岩的物理力学特性所确定的某些特定指标。

(4) 设置支护结构后围岩的应力状态,也称为围岩的三次应力状态$\{\sigma\}^3$和位移场$\{u\}^3$,以及支护结构的内力$\{M\}$和位移$\{\delta\}$。

(5) 判断支护结构安全度的准则,一般可写成

$$\left.\begin{array}{l}f_1(\{M\},K_1)=0\\ F_2(\{\delta\},K_2)=0\end{array}\right\} \tag{7-2}$$

式中　K_1,K_2——支护结构材料的物理力学参数。

从目前发展的水平来看,对上述问题的处理,无论是采用理论分析的方法(即根据修建地下工程所经历的力学过程,建立数学和力学模型,然后对模型进行分析计算,并按计算结果预测将来可能发生的现象,做出相应的设计和施工决策),还是采用以围岩分类为基础的经验方法,都不可能得到非常可靠的结论。其原因有:围岩的性质非常复杂,而且变化很多,现在尚无法将复杂的围岩性质考虑得十分周全,并且在施工前,甚至在施工中都很难彻底地将围岩性质搞清楚;人为的因素如开挖和支护方法,对围岩性质影响很大,事先又无法估计。以上因素都将严重影响所做的设计和施工决策的可靠性。

因此,近几十年来所谓"信息设计"或"信息施工"脱颖而出,为地下工程的设计和施工开辟了一条正确的途径,一方面使经验方法科学化,另一方面又使理论分析具有实际的背景。

7.2　隧道及地下结构的设计原则与设计内容

如前所述,地下结构体系是由围岩和支护结构两部分组成的。在通常情况下,围岩是主要的承载单元,而支护结构是辅助性的,但也是不可缺少的,在某些特殊的情况下(如浅埋软弱地层中),支护结构也是主要的承载单元。因此,支护结构有两个最基本的使用要求:一是满足结构强度、刚度要求,以承受诸如水、土压力以及一些特殊的外荷载;二是提供一个能满足使用要求的工作环境,以便保持内部的干燥和清洁。这两个要求是密切相关的。

支护结构即所研究的地下结构物。有时,还要在衬砌内部设有分给不同使用空间的梁、板、柱等内部结构。内部结构的设计和计算与地面结构相同。

7.2.1　隧道及地下结构的形式的选择

地下工程的地质环境是千差万别的,其用途也是多种多样,不同的地质条件需要的支护结构形式也会有很大的不同,它直接影响到地下结构上的荷载。因此,地下结构即支护结构的形式由受力条件来控制。

1. 按使用目的选择

支护结构通常按其使用目的有如下基本类型。

1) 防护型支护

如顶部防护。这是开挖支护中最轻型的支护,既不能阻止围岩变形,也不能承受围岩压力,而仅用以封闭岩面,防止洞室周围岩体进一步恶化。它通常是采用喷浆、喷混凝土或单独锚杆来完成的。

2) 构造型支护

在基本稳定的岩体中,如大块状岩体,洞室开挖后的围岩可能出现局部掉块或崩塌,但较长时间内不会造成整个坑道的失稳或破坏。在这种情况下,坑道的力学行为基本上是弹性的,所需的支护程度较轻。支护结构的构造参数应满足施工的要求,如混凝土衬砌的最小施工厚度、锚杆的最小直径及长度等。也就是说,在这种情况下支护结构的构造参数不是由计算决定的,而是由施工方法及构造要求所决定的。

构造型支护通常采用喷混凝土、锚杆和金属网、模筑混凝土等支护构件。

3) 承载型支护

承载型支护是地下支护结构的主要类型。根据围岩的力学动态,它可分为轻型、中型及重型等。

2. 按断面形式选择

对于地下结构,其断面形式主要由其用途、地质和施工等因素综合确定。施工方法会对地下结构的形式起重要作用,并且会影响到支护结构的计算方法。根据断面形状,地下结构可以分为以下种类。

1) 拱形结构

如前所述,拱形是岩体地下工程采用最多的一种结构形式,可以细分为喷锚衬砌、半衬砌、厚拱薄墙衬砌、直墙拱形衬砌、曲墙拱形衬砌、落地拱衬砌和双连拱衬砌,如图 7-1 所示。拱形结构在铁路隧道、公路隧道、地下厂房和地下仓库等工程中得到了广泛应用。

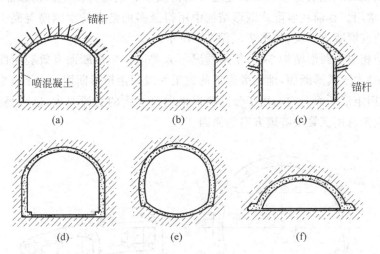

图 7-1 拱形结构

(a) 喷锚衬砌;(b) 半衬砌;(c) 厚拱薄墙;(d) 直墙拱;(e) 曲墙拱;(f) 落地拱

2) 圆形和矩形管状结构

在松软和不稳定地层中,由于竖向地层压力、水平地层压力以及底部地层反力都较大,为改善结构的受力性能,除采用曲墙拱外,最有利的结构形式就是圆形和矩形管状结构。这种结构在地下结构中应用比较广泛,如埋置较深的地下铁道、越江隧道以及水工隧洞等常采用圆形和矩形断面。圆形结构按施工方法,可分为现浇整体式和预制装配式两种。

整体式圆形结构是用混凝土或钢筋混凝土现场浇筑而成(如现场挤压式钢纤维混凝土衬砌)的,也可以先预制成管片,再在现场施工(如顶管法施工)。挤压钢纤维混凝土施工工艺复杂。顶管管径过大、顶进距离过长时,与盾构法比较则经济性较差。

若地层稳定性较好,还可采用喷射混凝土,如图 7-2(a)所示;当内力较大时(圆形结构在顶点左右圆心角 45°的一段内力较大),可在内力较大的段内配置钢筋,其余部分仍采用素混凝土,如图 7-2(b)所示;当地层较差并有涌水现象时,可采用全管截面单层配筋的钢筋混凝土或双层配筋的混凝土,如图 7-2(c)、图 7-2(d)所示。

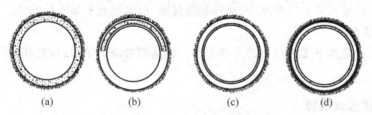

图 7-2 圆形支护结构形式

装配式圆形结构是由铸铁、钢、混凝土或钢筋混凝土制成的管片或砌块装配组成的。与整体式圆管结构相比,其优点是安装后能立刻承受荷载,施工易于实现机械化;由于管片或砌块在工厂预制,易于保证质量。但需要特别注意其接缝处的防水处理。

装配式管片在纵向和横向上均有接缝,接缝用螺栓连接。铸铁管片的优点是强度大,重量小,安装运输方便,不透水,耐蚀性高;缺点是材质不均,易发生脆性破坏,价格昂贵。国外早些年在松软含水地层中修建水底隧道时用得较多。钢管片由于抗锈蚀能力很差,且价格昂贵,故不常用。目前在装配式圆形结构中用得最多的是高精度钢筋混凝土管片以及钢筋混凝土砌块或混凝土砌块,如图 7-3、图 7-4 所示。

矩形结构相对于圆形结构来说,使用情况不太普遍。矩形断面有效利用面积比圆形断面大,受力条件劣于圆形断面,地铁旁通道的施工一般采用矩形断面。水下沉管法施工的隧道,则主要采用矩形断面。它适用于公路隧道横向尺寸大的交通要求,这也是穿越江、河水下公路隧道优先选用沉管法隧道方案的原因。

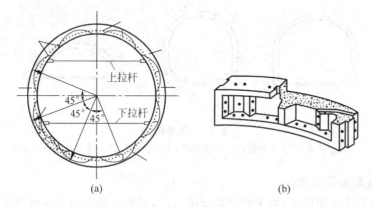

图 7-3 箱形管片装配式圆形衬砌结构图
(a)横剖面;(b)管片示意图

3) 框架结构

在松软地层中,浅埋的地下厂房、地下铁道的通道以及车站等常采用箱形结构,一般处理为闭合的框架结构。软土中的地下街、地下医院或地下指挥所也常采用矩形框架结构。

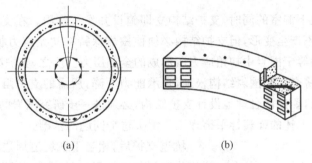

图 7-4 板式管片装配式圆形衬砌结构图
(a) 横剖面；(b) 管片示意图

4) 薄壳结构

岩石中地下油库罐室的顶盖多采用穹顶。软土中的地下厂房有的采用圆形沉井结构，其顶盖也可用穹顶。穹顶可视为薄壳结构，有的也称为穹顶结构。

5) 异形结构

软土地层中的地下结构一般为圆形和矩形管结构。这里的异形结构主要指双圆形（见图 7-5(a)）、三圆形管片衬砌结构（见图 7-5(b)）。其中，双圆管片衬砌结构用于地铁区间的隧道，三圆管片衬砌结构则用于地铁暗挖车站。这两种异形结构均在日本首先得到采用，双圆形管片结构最早应用于日本地铁。上海地区地铁 M8 线采用了日本双圆盾构衬砌技术，苏联地铁的塔拱式、多跨联拱式地铁车站等也属于这一类型结构。

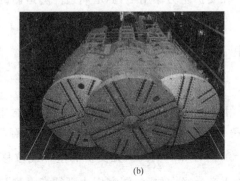

图 7-5 异形盾构
(a) 双圆盾构；(b) 三圆盾构

7.2.2 围岩与支护结构的相互作用机理

开挖地下洞室时，由于临空面的形成，围岩开始向洞内产生位移，这种位移称为收敛。若岩体强度高、整体性好、断面形状有利，岩体的变形到一定程度就将自行停止，则围岩是稳定的；反之，岩体的变形将自由地发展下去，最终导致地下洞室围岩整体失稳而破坏。在这种情况下，应在开挖后适时地沿洞室周边设置支护结构，对岩体的移动产生阻力，形成约束。相应地，支护结构也将承受围岩给予的反力，并产生变形。支护结构变形后所能提供的阻力会有所增加，而围岩却在变形过程中释放了部分能量，进一步变形的趋势有所减弱，需要支护结构提供的阻力以及支护结构所承受的反力都将降低。

假定在开挖地下洞室的同时,支护结构立即施设并发挥作用。在支护结构具有极大刚度的情况下,围岩不产生变形,但支护结构必须使围岩保持在初始应力状态,因而支护结构所受到的反力必然等于围岩中初始应力所形成的全部压力。反之,支护结构施设得过迟,或它的刚度过小,都将会引起围岩结构松弛,自承能力下降,所需的支护阻力或支护结构的受力又将增大。所以,要经济合理地设计支护结构,必须进一步研究围岩的收敛和支护结构的约束作用的机理。上述的弹塑性平衡理论是解决这个问题的基础。

坑道支护后,相当于在坑道周边施加了一个阻止隧道围岩变形的支护阻力(抗力),从而改变了围岩的二次应力状态。支护阻力的大小和方向对围岩的应力状态有着很大的影响。为了简化,这里假定支护阻力是径向的,并沿隧道周边均匀分布,以 P_a 表示,而且坑道开挖后立即发挥其作用,如图 7-6 所示。

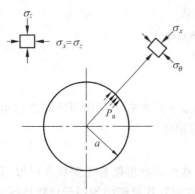

图 7-6 周边作用支护力的坑道力学模型

1. 围岩特性曲线(支护需求曲线)

对图 7-6 所示模型,即假定 $\lambda=1$ 时的圆形隧道为研究对象,这是一个轴对称平面应变问题。通过弹性力学方法求解,结合实践分析,可以得到支护阻力 P_a 对围岩位移状态的影响,得到支护阻力 P_a 与洞壁位移 u_a 的关系。

在支护阻力作用下,隧道周边向隧道内的弹性位移 u_a 为

$$u_a = \frac{a}{2G}(\sigma_z - P_a) = \frac{(1+\mu)a}{E}(\sigma_z - P_a) \tag{7-3}$$

式中　G——岩体剪切模量;
　　　E——变形模量;
　　　μ——泊松比。

由上式可以看出,支护阻力 P_a 越大,洞室周边向洞室内的弹性位移 u_a 就越小。反之,P_a 越小,u_a 就越大。这说明当允许围岩有较大的位移时所需的支护阻力是不大的。若 $P_a=0$,则有 $u_a=\frac{a}{2G}\sigma_z$(无支护洞壁弹性位移值)。若要使 $u_a=0$,则需 $P_a=\sigma_z$,即要使洞室周边不产生径向位移,洞室周边必须恢复到初始应力状态,但实际上这是办不到的,也没有这个必要。

当支护阻力不足以使周边围岩继续保持弹性应力状态时,隧道周边的位移进入塑性位移 u_{ap} 为

$$\begin{aligned} u_{ap} &= \frac{1}{2G}\left(\sigma_z - \frac{2\sigma_z - R_b}{\xi+1}\right)\frac{r_0^2}{a} \\ &= \frac{a}{2G}\left(\sigma_z - \frac{2\sigma_z - R_b}{\xi+1}\right)\left[\frac{2}{\xi+1} \cdot \frac{(\xi-1)\sigma_z + R_b}{(\xi-1)P_a + R_b}\right]^{\frac{2}{\xi-1}} \end{aligned} \tag{7-4}$$

式中　r_0——塑性区半径;
　　　R_b——岩石饱和单轴抗压强度,MPa,$R_b = \frac{2c\cos\phi}{1-\sin\phi}$;
　　　c——岩体黏聚力;
　　　ϕ——岩体内摩擦角。

由此可见,在形成塑性区后,洞室周边位移 u_a 不仅与岩性指标、洞室尺寸、初始应力场有关,还与支护阻力有关。在一定条件下,允许变形(位移)u_a 越大,塑性区范围也越大,而所需的支护阻力 P_a 就越小。

支护阻力 P_a 与洞壁位移 u_a 的关系曲线如图 7-7 所示。

当洞壁径向位移超过 u_{lim} 后,围岩将变得不稳定,支护结构承受松散压力,这时的 P_a-u_a 曲线是一个上升的凹曲线,说明随着位移的发展,所需的支护阻力将增大。遗憾的是,虽经多年努力,提出过各种假设,但对于超过极限变形量后所需支护阻力的真实情况仍然很不清楚。所以,只能任意假定这段曲线的形态。

从图 7-7 中可以看出,随着 u_a 的增大,P_a 逐渐减小,超过 u_{lim} 后,P_a 又逐渐增大;反之,随着 P_a 的增大,u_a 也逐渐减小。可以认为这条曲线形象地表达了支护结构与围岩之间的相互作用:在极限位移范围内,围岩允许的位移大,所需的支护阻力就小,而应力重分布所引起的后果大部分由围岩所承担;围岩允许的位移小,所需的支护阻力就大,围岩的承载能力就得不到充分的发挥。P_a-u_a 关系曲线反映了洞室周边位移与洞室稳定所需的支护阻力之间的关系,所以这条曲线可以称为支护需求曲线或围岩特性曲线。这条曲线是研究地下结构荷载的基础,也称为荷载特征曲线。

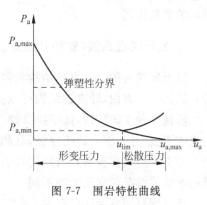

图 7-7 围岩特性曲线

可以看出,支护阻力 P_a 控制了围岩的变形和位移,从而控制了围岩内塑性区的发展和应力变化,这就是支护结构的支护实质。同时,支护阻力的存在也改善了周边岩体的承载条件,从而相应地提高了岩体的承载能力。

应该指出,上述求解是在理想条件下进行的,例如,假定洞壁各点的径向位移都相同、支护需求曲线与支护的刚度无关等。事实上,即使在标准固结的黏土中,洞壁各点的径向位移也相差很大,也就是说洞壁的每一点都有自己的支护需求曲线。另外,支护阻力是支护结构与围岩相互作用的产物,而这种相互作用与围岩的力学性质有关,当然也取决于支护结构的刚度,不能认为支护结构只有阻力而无刚度。尽管存在一些不准确的地方,但上述围岩与支护结构相互作用的机理仍是有效的。

从对围岩的三次应力场的研究可以清楚地看出:地下工程与地面工程一样,也是一个结构体系,而且是岩体和支护结构组成的结构体系,荷载主要来自岩体。而这种结构体系主要是由绝大部分的岩体构成的,混凝土及其他支护材料只占很小部分。

因此,岩体既是承载结构的重要组成部分,也是构成承载结构的基本建筑材料;它既是承受一定荷载的结构体,又是造成荷载的主要来源。这种三位(荷载、材料、承载单元)一体的特征与地面工程完全不同,因此,研究三者之间的内在联系是非常重要的。

由此可见,地下工程研究和计算的对象应该是岩体。而在长期以来的隧道及地下工程的设计和施工中,并没有充分地考虑和认识到岩体的这些作用,即岩体作为承载体的结构作用、作为材料的工程性质以及作为荷载的主要效应,而是把着重点放在了对支护结构的设计和计算上,这显然是不恰当的。

从地下工程的力学特点出发,必须把研究和计算的重点转移到岩体方面,这首先需要明确岩体的工程性质,以便更好地发挥岩体的结构作用。例如,岩体的承载条件是不断变化的,在开挖前它处于三向应力状态,岩体具有较高的承载能力;在开挖过程中,承载条件发生改变,从三向应力状态变成双向应力状态,岩体的承载能力有了显著的降低。其次,开挖过后,岩体会发生松弛、变形,而使其性质变异(强度降低、黏结力或者摩擦角变小等),从而降低了其承载能力。当施加支护措施后,改善了岩体承载条件,岩体的承载能力又有所提高。因此,研究岩体承载条件(开挖、支护造成的)的变化及其对岩体强度的影响是十分重要的,对地下工程来说,更是如此。

既然岩体是主要承载单元,那么在施工过程中就必须"保护"好岩体,以便更充分地发挥岩体的承载作用。

2. 支护特性曲线(支护补给曲线)

以上所述为围岩与支护结构共同作用的一个方面,即围岩对支护的需求情况。下面分析它的另一个方面,即支护结构可以提供的约束能力。

任何一种支护结构,如钢拱支撑、锚杆、喷射混凝土层、模板灌注混凝土衬砌等,只要有一定的刚度,并和围岩紧密接触,总能对围岩变形提供一定的约束力,即支护阻力。但由于每一种支护形式都有各自的结构特点,因而可能提供的支护阻力大小与分布,及其随支护变形而增加的情况都有很大的不同。

仍以圆形洞室为研究对象,并假定围岩给支护结构的反力也是径向均布的。因此,这还是一个轴对称问题。相对于围岩的力学特性而言,混凝土或钢支护结构的力学特性可以认为是线弹性的,也就是说作用在支护结构上的径向均布压力 P_a 与其径向位移 $u_a - u_0$ 呈线性关系,即

$$P_a = K_s(u_a - u_0) \tag{7-5}$$

式中,K_s 为支护结构的刚度。因为这里只考虑径向均布压力,所以式中只包含支护结构受压(拉)刚度。若洞室周边的收敛不均匀,则支护结构的弯曲刚度成为主要考虑因素。不同的支护结构形式会有不同的 K_s 值。P_a 为支护结构提供的支护阻力。u_a 为平衡时隧道洞周径向位移。u_0 为支护结构开始发挥作用时隧道周边位移值。

几种支护结构形式的支护特性曲线如图 7-8 所示。

3. 围岩与支护结构准静力平衡状态的建立(三次应力场)

有了围岩的支护需求曲线和支护结构的支护补给曲线,就可以进一步分析围岩和支护结构是如何在相互作用过程中达到平衡状态(见图 7-9)的。

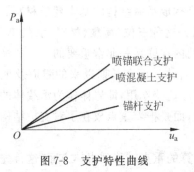

图 7-8 支护特性曲线

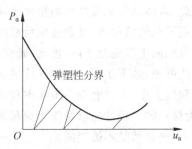

图 7-9 围岩和支护结构的相互作用

洞室开挖初期,围岩变形很小,其稳定所需的支护约束力很大,而一般支护结构所能供给的则很小。因此,围岩继续变形,在变形过程中由于支护结构与围岩一同变形,支护结构的约束阻力进一步增长。如果支护结构有足够的强度和刚度,则围岩的支护需求曲线和支护结构的支护补给曲线会相交,从而达到平衡,这个交点都应在 u_{lim} 或 u_{max} 之前。随着时间的推移,因地下水位逐渐恢复,围岩物性指标恶化,锚杆锈蚀等,这个平衡状态还将进行调整。从图 7-9 可以看出:

(1) 不同刚度的支护结构与围岩达成平衡时的 P_a 和 u_a 是不同的。刚度大的支护结构承受较大的围岩反力(压力);反之,柔性较好的支护结构所承受的围岩压力要小得多。所以,在隧道工程中强调采用柔性支护以节约成本,但它也应有必要的刚度,以便有效地控制围岩变形而达到稳定。当然,增加支护结构的刚度并不总是意味着要增加支护结构的尺寸和数量,关键是支护结构要及早地形成闭合断面。

(2) 同样刚度的支护结构,由于架设的时间不同,最后达成平衡的状态也是不同的。支护结构架设得越早,它所承受的围岩压力就越大。但这不意味着支护结构参与相互作用的时间越迟越好,因为对初始变形不加控制会导致围岩迅速松弛而崩坍。因此,原则上要尽早地架设初次支护,把围岩的初始变形控制在适当的范围内。当然,这个范围的大小视岩体的特性和埋置深度而变。例如在埋置较深的塑性岩体中,即使变形已达到 0.2~0.3m,岩体还在应力释放过程中,此时只要求能够逐步控制它的变形速度。过早地架设刚度较大的支护结构,反而有可能因受力过大而破坏。

7.2.3 支护结构的基本要求

无论选用哪种支护结构形式,根据地下结构体系的组成,以及围岩与支护结构相互作用的机理,可以看出一个理想的支护结构应满足以下基本要求。

1. 必须能与围岩大面积地牢固接触,即保证支护结构与围岩作为一个整体进行工作

接触状态的好坏,不仅会改变荷载的分布情况,也会改变支护结构与围岩相互作用的性质。在实际工程中,由于施工方法、支护类型的不同,支护结构与围岩的接触状态也是不同的。例如在传统的矿山法中,早期的临时支护多采用木支撑,它与围岩形成点的、任意部位的接触。而采用钢支撑,虽然也是点接触,但位置是固定的,因而支护效果比木支撑优越。在喷射混凝土施工中,支护结构与围岩是全面而牢固地接触,这与模筑混凝土与围岩的接触状态(点的、局部的、松散的)是完全不同的,因而支护效果也有显著差异。

根据不同的开挖和支护方法,两者的接触状态可作如下分类:

围岩与支护结构的接触状态 { 点接触 { 任意的(模筑混凝土衬砌、木支撑) / 确定的(钢支撑) } ; 面接触 { 松散的(土质隧道有回填层) / 牢固的(喷混凝土、泵送混凝土衬砌) } }

接触状态的不同,对围岩应力重分布、支护结构的受力状态等都有着重要的影响。喷射混凝土支护和无回填层的泵灌混凝土衬砌,基本上都能满足这个要求。由于全面牢固接触,这两种支护结构都能提供比较均匀的径向约束力以及切向约束力,这有利于改善围岩应力状态,促进围岩稳定;作用在支护结构上的围岩压力也比较均匀,对改善支护结构的受力状态十分有利。又如钢拱支撑,虽然通过楔形垫块可以做到与围岩紧密接触,但不能满足全面接触的要求和提供切向约束力。其支护效果主要取决于楔块的软硬、数目、分布以及楔紧的程度。一般来说,楔块数目越多、楔得越紧,则越接近全面接触,所提供的径向约束力也越均匀,支护效果就越好。过去工程中常用木支撑和模板灌注混凝土砌衬,由于施工工艺原因,很难做到牢固接触,所以支护效果较差。由于接触点不固定,围岩压力极不均匀,常常造成衬砌受力异常、发生开裂甚至丧失使用功能。

由此可见,接触状态的不同,会导致支护与围岩体系中发生的力学过程也不同,在建立计算方法时必须解决接触状态不同引起的受力问题。

现代的支护结构设计理论都是以全面接触为出发点的,因此,应尽量选用能达到这个要求的结构形式和施工工艺。从现灌混凝土看,取消回填,采用混凝土泵(或辅送器)的灌筑方法可以基本满足上述要求,喷射混凝土则能达到更好的效果。

2. 允许围岩能产生有限制的变形,以充分发挥围岩的承载能力,从而减少对支护结构的作用,协调两者的共同工作

这要求对支护结构的刚度、构造给予充分的关注。因此,目前支护结构的刚度相对降低了很多,即以采用柔性支护结构为主。与过去的刚性支护结构——现灌混凝土衬砌相比,厚度有了大幅度的减小。虽然支护结构的厚度减小了,但不影响支护结构的承载能力。因为柔性结构能产生一定的变形,可以调整围岩的变形,使支护—围岩中的应力重新调整,从而使围岩与支护结构之间的作用力和反作用力分布均匀,而支护结构中的弯矩很小,基本上是受压的。当然,这种柔性支护结构的柔度也应该有一定限度,绝不是越柔越好。

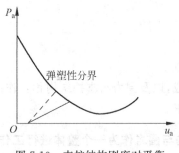

图 7-10 支护结构刚度对平衡位移的影响

从图 7-10 中的 P_a-u_a 曲线可以看出,不同刚度的支护结构与岩体达成平衡位移时的 P_a 是不同的。这说明,刚度大的支护结构承受较大的径向应力(支护阻力),柔度大的支护结构提供的支护阻力较小。这要求在施工初期,要迅速地修筑支护结构,但要具有一定柔性,使之与围岩一起有控制地变形,这也是强调早期进行柔性支护的理由之一。

3. 重视早期支护的作用,并使早期支护与永久支护相互配合,协调一致地工作,主动控制围岩的变形

支护处理常分为临时支护和永久支护两种。过去的临时支护的主要目的是暂时、迅速控制围岩的位移,为永久支护创造有利条件,而只把永久支护作为基本的承载结构,完全忽视了临时支护的作用。目前随着支护技术的发展,逐步把临时支护与永久支护合并考虑,临时支护也成为永久支护的一个重要部分。喷射混凝-锚杆支护、薄板混凝土支护就是这方面的例子。

临时支护实质上是早期支护,它是永久支护的第一步。因此,目前很少用木支撑。木支撑在多数情况下是要拆除的。这种拆除或顶替已承载支撑的作业,会造成围岩的过度松弛及应力的二次分配。因此现在多采用钢拱支撑,它在架设后不再拆除,而成为永久支护的一部分。这样就大大减轻了混凝土的负担,使整个支护结构变得更加经济、有效。喷射混凝土、锚杆支护在这方面特点更为突出。因此,消除支撑顶替是对支护的一个重要要求。

应该指出,地下工程支护过程实质上就是控制围岩的应力应变的变化过程。因此,分阶段、有预计地进行支护作业是很重要的。例如岩体变形过大、过快,分阶段支护可以让它变缓,这就要求支护结构具有良好的适应性。

4. 必须保证及时施作支护结构

前面已经提到,洞室开挖后要及时加以支护,其目的在于控制围岩的初始位移,这一点在埋深小、围岩差的情况下尤其重要。因为在这种场合,几厘米的径向位移就会使岩体造成有害的松弛。由图 7-10 可以看到,同样刚度的支护结构,施设的时间不同,最后达成平衡的状态也不同。支护过晚会使围岩暴露、产生过度的位移而濒临破坏(极限平衡)。支护结构原则上要对初始变形的增长速度加以限制,即避免岩体产生有害的松弛。因此,支护结构应在隧道围岩达到极限平衡之前开始发挥作用。但并不是在所有情况下都要求越早越好,例如在埋深大的塑性岩体中,位移即使达到 20~30cm,岩体还是处在应力释放的过程中,此时只要求能够逐步控制这个变形的速度,过早地控制其发展反而有害。

由此可见,施工过程对结构的安全也是有影响的。所以,要求不断改变开挖循环、支护时间、仰拱闭合时间和上半断面开挖长度等,以使岩体与支护结构成为一个体系来维护围岩的稳定,要使支护结构适应这种随时间、施工工艺而变化的状态。

5. 要能根据隧道围岩的动态(位移、应力等),及时调整和修改支护结构,以适应不断变化的围岩状态

现代支护技术,可采取分次喷射、增设锚杆或调整其参数(间距、锚杆直径和长度)等方法来实现。当然,支护结构还要满足易于架设、构件可以互换、断面类型单一、便于改变刚性等施工技术上的要求。

显然,某一种支护结构要完全满足上述要求是很困难的,这就要求正确评价各种类型的支护结构,以便根据变化的地质条件加以合理的选择。同时在设计支护结构时应注意如下两个方面:

(1) 支护结构最好设计成封闭式,一般都应有仰拱。封闭式结构具有最佳的抵抗变形的能力,即使在厚度较小时,也能提供较大的支护阻力。所以,在软弱岩体、塑性或流变岩体和膨胀性岩体中,以及在围岩压力较大时,仰拱是必不可少的。在埋置较深的隧道中,即使底部岩体很坚实、稳定,仰拱最好也不要省去。

(2) 对于抗拉性能较差的混凝土类支护结构,应尽量避免使其承受弯矩作用。首先,支护结构应尽量设计得薄一些,如果需要加强,也不应增加其厚度,而应通过配筋来解决;其次,支护结构应尽量设计成接近圆形的断面,岩体越差,围岩压力越大,就越要这样做;再次,可以在支护结构中设置铰或纵向伸缩缝,以增加支护结构的柔性,减少弯矩,但必须结合隧道的防水要求综合考虑。目前,支护结构中铰的防水问题仍是个难点。

7.2.4 地下结构的设计内容

地下结构的设计工作一般分为初步设计和技术设计(包括施工图)两个阶段。初步设计中的结构设计部分在满足上述要求后,还要解决设计方案技术上的可行性与经济上的合理性,并应提出投资、材料和施工等指标。地下结构设计主要包括以下内容。

1. 初步拟定截面尺寸

应根据施工方法选定结构形式和布置方式,根据荷载和使用要求估算结构跨度、高度、顶底板及边墙厚度等主要尺寸。

2. 确定其上作用的荷载

要根据荷载作用组合的要求进行,需要时要考虑工程的防护等级、"三防"要求以及动载标准的确定。

3. 检算结构的稳定性

地下结构埋深较浅又位于地下水位线以下时,要进行抗浮检算;对于敞开式结构(墙式支挡结构)要进行抗倾覆、抗滑动检算。

4. 计算结构内力

应选择与工作条件相适宜的计算模式和计算方法,得出结构各控制截面的内力。

5. 进行内力组合

在各种荷载作用下分别计算结构内力,对最不利的可能情况进行内力组合,计算出各控制截面的最大设计内力值,并进行截面强度检算。

6. 进行配筋设计

通过截面强度和裂缝宽度的核算确定受力钢筋数量,并确定必要的构造钢筋。

7. 进行安全性评价

若结构的稳定性或截面强度不符合安全要求,需要重新拟定截面尺寸,并重复以上各个步骤,直至各截面均符合稳定性和强度要求为止。

8. 绘制施工设计图

根据确定的结构形式和布置、截面尺寸、材料,按照施工图设计要求绘制施工设计图。

总之,并不是所有的地下结构设计计算都应包括上述全部内容,可根据具体情况加以取舍。

7.3 隧道及地下结构体系的计算模型

7.3.1 建立计算模型的原则

鉴于以上分析,在地下工程从开挖、支护,直到形成稳定的地下结构体系所经历的力学过程中,岩体的地质、施工过程等因素对围岩-结构体系终极状态的安全性影响极大。在选择地下结构的计算模型时,一方面要考虑结构和围岩相互作用的机理,另一方面也要考虑影响结构安全性的各种因素,包括施工过程中的影响,才能得到比较符合实际的结果。

由此可见,地下结构的力学模型必须符合下述条件:
(1) 与实际工作状态一致,能反映围岩的实际状态以及围岩与支护结构的接触状态;
(2) 假定荷载应与在修建洞室过程(各作业阶段)中发生荷载的情况一致;
(3) 计算出的应力状态要与经过长时间使用的结构所发生的应力变化和破坏现象一致;
(4) 材料性质和数学表达要等价。

显然,洞室支护体系的力学模型与所采用的支护结构的构造及其材料性质、岩体内发生的力学过程和现象,以及支护结构与岩体相互作用的规律等有关。

一般来说,根据模型所得的计算结果和实地量测值不一致,大部分情况下都是量测值偏小,这是因为模型都向偏于安全方面做了简化。即使量测结果证实了计算结果偏小,也未必就意味着按模型所设计的支护结构会遭到破坏,因为有些模型有意略去了一些次要因素,如温度影响等,而这些次要因素在结构进入极限状态后会自动消失。这说明,在设计实践中不是验算"实际"情况,而是验算在力学上基本能代表实际情况的模型。当然,这个模型必须是经过实际检验的。

理论分析必须依赖事先建立的模型,经验设计也是建立在力学模型基础上的,即便那个模型很含糊或仅属于一种暗示。

7.3.2 常用的计算模型

国际隧道协会在1987年成立了隧道结构设计模型研究组,收集和汇总了各会员国目前采用的地下结构设计方法,如表7-1所示。经过总结,国际隧道协会认为,目前采用的地下结构设计方法可以归纳为以下四种设计模型:
(1) 以参照过去地下工程实践经验进行工程类比为主的经验设计法;
(2) 以现场量测和实验室试验为主的实用设计方法,例如以洞周位量测值为根据的收敛-约束法;
(3) 作用与反作用模型,即荷载-结构模型,例如弹性地基圆环计算和弹性地基框架计算等计算法;
(4) 连续介质模型,包括解析法和数值法。

表7-1　一些国家采用的设计方法概况

隧道类型 国名	盾构开挖的 软土质隧道	喷锚钢支撑的 软土质隧道	中硬石质 深埋隧道	明挖施工 的框架结构
奥地利	弹性地基圆环	弹性地基圆环,有限元法,收敛-约束法	经验法	弹性地基框架
原德意志联邦共和国(西德)	覆盖层厚<2D、顶部无支承的弹性地基圆环,覆盖层厚>3D、全支承弹性地基圆环,有限元法	覆盖层厚<2D、顶部无支承的弹性地基圆环,覆盖层厚>3D、全支承弹性地基圆环,有限元法	全支承弹性地基圆环,有限元法,连续介质或收敛法	弹性地基框架(底压力分布简化)

续表

国名＼隧道类型	盾构开挖的软土质隧道	喷锚钢支撑的软土质隧道	中硬石质深埋隧道	明挖施工的框架结构
法国	弹性地基圆环,有限元法	有限元法,作用-反作用模型,经验法	连续介质模型,收敛法,经验法	—
日本	局部支承弹性地基圆环	局部支承弹性地基圆环,经验法加测试,有限元法	弹性地基框架,有限元法,特性曲线法	弹性地基框架,有限元法
中国	自由变形或弹性地基圆环	初期支护：有限元法,收敛法 二期支护：弹性地基圆环	初期支护：经验法 永久支护：作用-反作用模型 大型洞室：有限元法	弯矩分配法计算箱形框架
瑞士	—	作用-反作用模型	有限元法,收敛法	—
英国	弹性地基圆环缪尔伍德法	收敛-约束法,经验法	有限元法,收敛法,经验法	矩形框架
美国	弹性地基圆环	弹性地基圆环,作用-反作用模型	弹性地基圆环,Proctor-white方法,有限元法,锚杆经验法	弹性地基上的连续框架

注：D——隧道开挖的直径。

各种设计模型或方法各有其适用的场合,也各有其局限性。由于地下结构的设计受到各种复杂因素的影响,因此经验设计法往往占据一定的位置。即使内力分析采用了比较严密的理论,其计算结果往往也需要用经验类比来加以判断和补充。以测试为主的实用设计方法常为现场人员所欢迎,因为它能提供直觉的材料,以更确切地估计地层和地下结构的稳定性和安全程度。理论计算法可用于进行无经验可循的新型工程设计,因而基于作用-反作用模型和连续介质模型的计算理论成为一种特定的计算手段,越来越为人们所重视。当然,工程技术人员在设计地下结构时往往要同时进行多种设计方法的比较,以做出较为经济合理的设计。

从各国的地下结构设计实践看,目前在设计隧道的结构体系时主要采用两类计算模型：第一类模型是以支护结构作为承载主体,围岩作为荷载主要来源,同时考虑其对支护结构的变形起约束作用；第二类模型则相反,是以围岩为承载主体,支护结构则约束和限制围岩向隧道内变形。

第一类模型又称为传统的结构力学模型。它将支护结构和围岩分开来考虑,支护结构是承载主体,围岩作为荷载的来源和支护结构的弹性支承,故又可称为荷载-结构模型,如图 7-11(a)所示。在这类模型中,隧道支护结构与围岩的相互作用是通过弹性支承对支护结构施加约束来体现的,而围岩的承载能力则在确定围岩压力和弹性支承的约束能力时间接地考虑。围岩的承载能力越高,它给予支护结构的压力越小,弹性支承约束支护结构变形的抗力越大,相对来说,支护结构所起的作用就变小了。

这类计算模型主要适用于围岩因过分变形而发生松弛和崩塌,支护结构主动承担围岩"松动"压力的情况。所以,利用这类模型进行支护结构设计的关键问题是如何确定作用在支护结构上的主动荷载,其中最主要的是围岩所产生的松动压力,以及弹性支承给支护结构的弹性抗力。一旦解决了这两个问题,剩下的就只是运用普通结构力学方法求出超静定体系的内力和位移。由于这个模型概念清晰,计算简便,易于被工程师们所接受,故至今仍很通用,尤其是对模注衬砌。

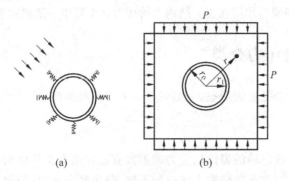

图 7-11 隧道计算模型

属于这一类模型的计算方法有弹性连续框架(含拱形)法、假定抗力法和弹性地基梁(含曲梁和圆环)法等。当软弱地层对结构变形的约束能力较差时(或衬砌与地层间的空隙回填、灌浆不密实时),地下结构内力计算常用弹性连续框架法,反之,可用假定抗力法或弹性地基法。弹性连续框架法即为进行地面结构内力计算时的力法与变形法,假定抗力法和弹性地基梁法则已形成了一些经典计算方法。经典计算方法按所采用的地层变形理论不同,荷载结构法又可区分为两类:局部变形理论计算法和共同变形理论计算法。

第二类模型又称为现代的岩体力学模型。它是将支护结构与围岩视为一体,作为共同承载的地下结构体系,故又称为围岩-结构模型或复合整体模型,如图 7-11(b)所示。在这个模型中,围岩是直接的承载单元,支护结构只是用来约束和限制围岩的变形,这一点正好和第一类模型相反。复合整体模型是目前隧道结构体系设计中力求采用的或正在发展的模型,因为它符合当前的施工技术水平,采用快速和早强的支护技术可以限制围岩的变形,从而阻止围岩松动压力的产生,特别适用于新奥法施工的支护结构——喷锚支护和复合式衬砌。

在围岩-结构模型中,可以考虑各种几何形状、围岩和支护材料的非线性特性、开挖面空间效应所形成的三维状态以及地质中的不连续面等。这个模型只对圆形结构取得了精确的解析解,或收敛-约束法图解,但绝大部分结构因数学上的困难必须依赖数值方法。目前常用的数值计算法主要是有限单元法和有限差分法。

利用这个模型进行地下结构体系设计的关键问题,是如何确定围岩的初始应力场以及表示材料非线性特性的各种参数及其变化情况。一旦解决了这些问题,原则上任何场合都可用有限单元法求出围岩与支护结构的应力和位移状态。

7.4 围岩压力

荷载-结构模型的关键就是求围岩压力。围岩压力是指引起地下开挖空间周围岩体和支护结构变形或破坏的作用力。它包括由地应力引起的围岩应力以及围岩变形受阻而作用在支护结构上的作用力。因此,从广义的角度来理解,围岩压力既包括围岩有支护的情况,也包括围岩无支护的情况；既包括作用在传统支护(如架设的支撑或施作的衬砌)上所显示的力学性态，也包括在喷锚和压力灌浆等现代支护的方法中所显示的力学性态。从狭义的角度来理解，围岩压力是指围岩作用在支护结构上的压力。工程中一般研究狭义的围岩压力。

7.4.1 围岩压力分类

围岩压力按作用力发生的形态，一般可分为如下几种类型。

1. 松动压力

由于开挖而松动或坍塌的岩体以重力的形式直接作用在支护结构上的压力称为松动压力。松动压力按其作用在支护结构上的位置不同，分为竖向压力、侧向压力和底压力。

开挖洞室引起围岩松动和破坏的范围有大有小，有的可达地表，有的则影响极小。而对于一般裂隙岩体中的深埋洞室，其波及范围仅涉及洞室周围的一定深度。所以，作用在支护结构上的围岩松动压力总是远远小于其上覆盖地层自重所造成的压力，这可以用图 7-12 所示的围岩成拱作用来解释。图中说明了在一个水平成层的围岩中开挖隧道的整个变化过程。

(1) 隧道开挖后，在围岩应力重分布过程中，顶板开始沉陷，并出现拉断裂纹(见图 7-12(a))，可视为变形阶段；

(2) 顶板的裂纹继续发展并且张开，由于结构面切割等原因，逐渐转变为松动(见图 7-12(b))，可视为松动阶段；

(3) 顶板岩体视其强度的不同而逐步塌落(见图 7-12(c))，可视为塌落阶段；

(4) 顶板塌落停止，达到新的平衡，此时其界面形成一近似的拱形(见图 7-12(d))，可视为成拱阶段。

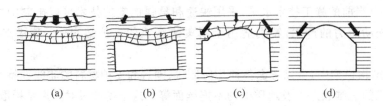

图 7-12 围岩松动压力的形成
(a) 变形阶段；(b) 松动阶段；(c) 塌落阶段；(d) 成拱阶段

将隧道所形成的相对稳定的拱称为天然拱或塌落拱。它如同一个承载环一样承受着上覆地层的全部重量，并且将荷载向两侧传递下去，这就是围岩的成拱作用。而天然拱范围内破坏了的岩体的重量，就是作用在支护结构上的围岩松动压力的来源。其成拱作用也可以解释为在形成松动压力时围岩的承载作用。

实践证明，天然拱范围的大小除了受上述的围岩地质条件、支护结构架设时间、刚度以及它与围岩的接触状态等因素影响外，还取决于以下因素：

(1) 隧道的形状和尺寸。隧道拱圈越平坦、跨度越大，则天然拱越高，围岩的松动压力也越大。

(2) 隧道的埋深。实践表明，只有当隧道埋深超过某一临界值时，才有可能形成天然拱。习惯上,将这种隧道称为深埋隧道,否则称为浅埋隧道。由于浅埋隧道不能形成天然拱,所以它的围岩压力的大小与埋置深度直接相关。

(3) 施工因素。如爆破的影响,爆破所产生的振动常常是引起塌方的重要原因之一,会造成围岩压力过大。又如分步开挖多次扰动围岩,也会引起围岩失稳,扩大天然拱范围。

松动压力常通过下列三种情况发生:
(1) 在整体稳定的岩体中,可能出现个别松动掉块的岩石;
(2) 在松散软弱的岩体中,坑道顶部和两侧片帮冒落;
(3) 在节理发育的裂隙岩体中,围岩某些部位沿软弱面发生剪切破坏或拉坏等局部塌落。

2. 变形压力

变形压力是指洞室围岩的变形受到支护结构限制后,围岩对支护形成的压力。其大小取决于岩体的力学性质、岩体的初始应力场、洞室形状、支护时间和支护刚度等。按其成因可以分为下述几种情况。

(1) 弹性变形压力。由于及时采取支护措施使成洞后的围岩仍处于弹性应力状态,或者在紧跟开挖面处,由于存在开挖面的"空间效应",而使支护结构仅受到一部分围岩的弹性变形作用,这些情况下对支护形成的变形压力称为弹性变形压力。

(2) 塑性变形压力。当围岩的二次应力状态超过岩体的极限强度时,洞室围岩出现了塑性区,此时围岩发生塑性变形而使支护结构受到的压力称为塑性变形压力。这是最常见的一种围岩变形压力。

(3) 流变压力。在流变围岩中,洞室周边产生显著的随时间增长的变形或流动,这种由于岩体变形、流动引起的压力称为流变压力。它有显著的时间效应,能使围岩鼓出。

3. 膨胀压力

岩体具有吸水膨胀、崩解特性,其膨胀、崩解、体积增大可以是物理性的,也可以是化学性的。由于围岩吸水而膨胀崩解所引起的压力称为膨胀压力。它与形变压力的基本区别在于它是由围岩吸水膨胀引起的。从现象上看,它与流变压力有相似之处,但两者的机理完全不一样。

岩体的膨胀性,既取决于其蒙脱石、伊利石和高岭土的含量,也取决于外界水的渗入和地下水的活动特征。岩层中的蒙脱石含量越高,水源供给越充分,膨胀性越大。

4. 冲击压力

冲击压力是在围岩中积累了大量的弹性变形能之后,由于隧道的开挖,围岩约束被解除,能量突然释放所产生的压力。

由于冲击压力是岩体能量的积累与释放问题,所以它与围岩弹性模量直接相关。弹性模量较大的岩体,在高地应力作用下,易于积累大量的弹性变形能,一旦遇到适宜的条件,它就会突然猛烈地大量释放,从而产生"岩爆"现象。

影响围岩压力的因素很多,通常可分为两大类:一类是地质因素,包括原始应力状态、岩体力学性质和岩体结构面等;另一类是工程因素,包括施工方法、支护时间、支护刚度和坑道形状等。

7.4.2 确定围岩松动压力的方法

确定围岩松动压力的方法有：现场实地量测；按某一理论公式计算确定；根据大量的实际资料，采用统计的方法分析确定。应该说，实地量测是今后努力的方向，但按目前的量测手段和技术水平来看，量测结果尚不能充分反映实际情况。理论计算则由于地质条件千变万化，目前还没有一种理论能适合于各种实际情况。统计法建立在大量施工塌方事件的统计基础上，在一定程度上可以反映围岩压力的真实情况。

1. 深埋隧道围岩松动压力的确定方法

当隧道的埋置深度超过一定限值后，围岩的松动压力仅是隧道周边某一破坏范围（天然拱）内岩体的重量，而与埋深无直接关系。故解决这一破坏范围的大小就成为问题的关键。上述分析说明围岩的松动压力是和围岩的类别成反比的。在同样围岩条件下，隧道跨度越大，围岩稳定性越差，围岩松动压力也越大，说明围岩的松动压力与隧道跨度成正比。

1) 统计法——我国《铁路隧道设计规范》(TB 10003—2005)所推荐的方法

在岩体中开挖隧道所产生的破坏范围受很多因素影响，是随机事件，并没有确定的形状和大小。我们的任务就是要从偶然出现的错综复杂的岩体破坏性态中揭示出其潜在的必然性，即围岩破坏范围的规律性。而这种规律，只有通过大量的实际破坏性态的统计分析才能发现。

围岩破坏的直接表现形式，就是施工中所产生的塌方，因此，根据大量铁路隧道塌方资料的统计分析，可以找出适用于铁路隧道的围岩破坏范围形状和大小的规律性，从而得出计算围岩松动压力的统计公式。由于所统计的塌方资料有限，加上资料的可靠性也是相对的，所以这种统计公式也只能在一定程度上反映围岩松动压力的真实情况。现在我国《铁路隧道设计规范》(TB 10003—2005)中推荐的计算围岩竖向均布松动压力的公式，就是根据357个铁路隧道的塌方资料统计分析而拟定的：

$$\left. \begin{array}{l} q = \gamma h \\ h = 0.45 \times 2^{s-1} w \end{array} \right\} \quad (7\text{-}6)$$

式中 γ——围岩容重；

s——围岩级别；

w——宽度影响系数，由 $w = 1 + i(B-5)$ 计算，其中 B 为坑道宽度，i 为 B 每增减 1m 时的围岩压力增减率，当 $B < 5$m 时取 $i = 0.2$，当 $B > 5$m 时取 $i = 0.1$。

公式的适用条件：①$H/B < 1.7$，H 为坑道的高度；②深埋隧道；③不产生显著偏压力及膨胀力的一般围岩；④采用矿山法施工。

上述公式适用于采用破损阶段法或容许应力法设计的隧道衬砌结构计算。当采用概率极限状态法设计隧道时，深埋单线隧道围岩竖向均布松动压力可按下式计算：

$$\left. \begin{array}{l} q = \gamma h \\ h = 0.41 \times 1.79^s \end{array} \right\} \quad (7\text{-}7)$$

还应指出，由于现代隧道施工技术的发展已经可以将开挖隧道所引起的破坏范围控制到最小，所以围岩松动压力的发展也将受到限制，不会达到式(7-6)、式(7-7)所决定的数值。

因此,以上两式更适用于Ⅱ~Ⅳ级这样较为典型的裂隙岩体,并以木支撑为主要临时初期支护的铁路隧道中。

围岩水平均布的松动压力 e,按表 7-2 中的经验公式计算,其适用条件同上。

表 7-2　围岩水平均布松动压力

围岩级别	Ⅰ~Ⅱ	Ⅲ	Ⅳ	Ⅴ	Ⅵ
水平均布压力	0	$<0.15q$	$(0.15\sim0.3)q$	$(0.3\sim0.5)q$	$(0.5\sim1.0)q$

在实际计算中,除了要确定围岩松动压力的数值外,另一个重要的问题是考虑压力如何分布。根据统计资料,围岩竖向松动压力的分布图形大致可以概括为六种,如图 7-13 所示。用等效荷载,即非均布压力的总和应与均布压力的总和相等的方法,来确定各荷载图形的最大压力值。另外,还应考虑围岩水平松动压力非均匀分布的情况。

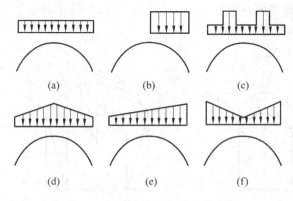

图 7-13　围岩竖向松动压力的分布图形

必须指出,上述压力分布图形只概括了一般情况,当地质、地形或其他原因可能产生特殊的荷载时,围岩松动压力的大小和分布应根据实际情况分析确定。

在分析支护结构时,一般以竖向和水平的均布荷载图形为主,并用局部压力、偏压以及其他非均匀分布的荷载图形进行校核,较好的围岩着重于局部压力校核。

2) 普氏理论

普洛托李雅克诺夫认为,所有的岩体都不同程度地被节理、裂隙所切割,因此可以视为散粒体。但岩体又不同于一般的散粒体,其结构顶上存在着不同程度的黏结力。基于这些认识,普洛托李雅克诺夫提出了岩体的坚固性系数(又叫似摩擦系数)的概念,用 f 表示如下:

$$f = \frac{\tau}{\sigma} = \frac{\sigma\tan\varphi + c}{\sigma} = \tan\varphi_0 \tag{7-8}$$

式中　φ_0,φ——岩体的似摩擦角和内摩擦角;

　　　τ,σ——岩体的抗剪强度和剪切破坏时的正应力;

　　　c——岩体的黏结力。

第 6 章中已经述及,岩体的坚固性系数 f 值是一个说明岩体各种性质(如强度、抗钻性、抗爆性、构造、地下水等)的概括性指标。所以,在确定岩体的 f 值时,除了考虑其强度指标外,还需根据岩体的构造特征等因素,并结合以往的工程实践经验加以修正。

为了确定围岩的松动压力,普氏还提出了基于天然拱概念的计算理论,认为在具有一定黏结力的松散介质中开挖坑道后,其上方会形成一个抛物线形的天然拱,作用在支护结构上的围岩压力就是天然拱以内的松动岩体的重量。而天然拱的尺寸,即它的高度和跨度则与反映岩体特征的 f 值和所开挖的隧道宽度有关,其具体表达式为

$$h_k = \frac{b}{f} \tag{7-9}$$

式中　h_k——天然拱高度;
　　　b——天然拱半跨度。

在坚硬岩体中,坑道侧壁较稳定,天然拱的跨度就是隧道的宽度,即 $b=b_t$(b_t 为隧道净宽度的一半),如图 7-14(a)所示。在松散和破碎岩体中,坑道的侧壁也受扰动而滑移,天然拱的跨度也相应加大,如图 7-14(b)所示。

$$b = b_t + H_t \tan\left(45° - \frac{\varphi_0}{2}\right) \tag{7-10}$$

式中　b_t——隧道净跨度的一半;
　　　H_t——隧道净高度;
　　　其余符号含义同前。

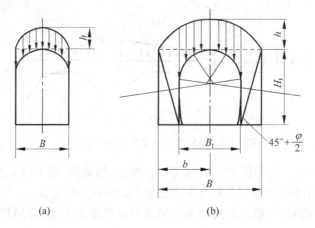

图 7-14　隧道围岩塌落拱

围岩竖向均布松动压力为

$$q = \gamma h_k \tag{7-11}$$

围岩水平均布松动压力按朗金公式计算:

$$e = \left(q + \frac{1}{2}\gamma H_t\right)\tan^2\left(45° - \frac{\varphi_0}{2}\right) \tag{7-12}$$

普氏理论的主要优点是分类方法和计算围岩松动压力的公式都比较简单,使用方便,而且经过修正后的 f 值也能在一定程度上反映真实情况,所以,国内外都曾采用过。其主要缺点是在确定岩体的 f 值时带有很大的主观性;对于软质围岩所算得的压力值偏小,在坚硬的围岩中所得压力偏大。

一般来说,普氏理论比较适用于松散、破碎的围岩中。

3) 泰沙基理论

泰沙基(K. Terzaghi)也将岩体视为散粒体,认为坑道开挖后,其上方的岩体将因坑道变形而下沉,并产生如图 7-15 所示的错动面 OAB,假定作用在任何水平面上的竖向压应力

σ_v 是均布的,相应的水平应力 $\sigma_h = k\sigma_v$(k 为侧压力系数)。在地面深度为 h 处取出一厚度为 dh 的水平条带,考虑其平衡条件 $\sum V = 0$,得出

$$2b(\sigma_v + d\sigma_v) - 2b\sigma_v + 2k\sigma_v \tan\varphi_0 dh - 2b\gamma dh = 0 \tag{7-13}$$

整理后,得

$$\frac{d\sigma_v}{\gamma - \dfrac{k\sigma_v \tan\varphi_0}{b}} - dh = 0 \tag{7-14}$$

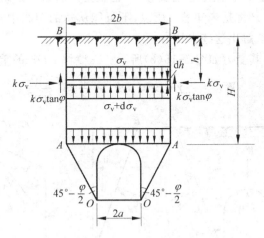

图 7-15 泰沙基理论

解此微分方程,并引入边界条件($h=0$ 时,$\sigma_v=0$),可得隧道上方岩层中任意点的竖向均布压力为

$$\sigma_v = \frac{\gamma b}{k \tan\varphi_0}(1 - e^{-k\tan\varphi_0 \frac{h}{b}}) \tag{7-15}$$

由式(7-15)可以看出,随着隧道埋深 h 的加大,$e^{-k\tan\varphi_0 \frac{h}{b}}$ 逐渐减小,σ_v 逐渐加大;当隧道埋深超过一定值后,$e^{-k\tan\varphi_0 \frac{h}{b}}$ 趋近于 0,σ_v 趋近于某一个固定值,即

$$\sigma_v = \frac{\gamma b}{k \tan\varphi_0} \tag{7-16}$$

泰沙基根据实验结果,得出 $k=1\sim 1.5$。若取 $k=1$,则有

$$\sigma_v = \gamma \frac{b}{\tan\varphi_0} = \gamma \frac{b}{f} = \gamma h_k \tag{7-17}$$

此时便与普氏理论的计算公式一致。

在泰沙基公式中,也可以将错动面上的黏结力考虑进去,只需在平衡方程的左端加上一项 $2cdh$ 即可。

2. 浅埋隧道围岩松动压力的确定方法

当隧道埋深不大时,开挖的影响将波及地表,无法形成天然拱。因此,上述估计深埋隧道围岩松动压力的公式对浅埋隧道是不适用的,需要从分析浅埋隧道围岩体运动的规律入手,建立新的计算公式。

如图 7-16 所示,从松散介质极限平衡的角度,对施工过程中岩体运动的情况进行分析:

若不及时支护,或施工时支护下沉,会引起洞顶上覆盖岩体 $EFHG$ 的下沉与移动,而且它的移动受到两侧其他岩体的夹持,反过来又带动了两侧三棱体 ACE 和 BDF 的下滑,形成两个破裂面(为了简化,假定它们都是与水平面成 β 角的斜直面,如图 7-16(a)中的 AC 和 BD)。研究洞室上覆盖岩体 $EFHG$ 的平衡条件,即可求出作用在支护结构上的围岩松动压力。研究中沿隧道纵向取单位长度。

作用在下滑岩体 $EFHG$ 上的力包括岩体重量 W_1、两侧三棱体 ACE 和 BDF 给予它的夹持力 T_1 以及隧道支护结构给予它的反力 P(也就是围岩给支护结构的荷载)。其中只有 W_1 是已知的,而 T_1 和 P 都是未知的。所以,不可能从总的图式中解出作用在支护结构上的荷载 P,需要逐一分块解出这些未知力。

对于三棱块 BDF,其受力如图 7-16(b)所示。三棱块 BDF 的重量 W_2 为

$$W_2 = \frac{1}{2}\gamma \cdot \overline{BF} \cdot \overline{DF} = \frac{1}{2}\gamma h^2 \frac{1}{\tan\beta} \tag{7-18}$$

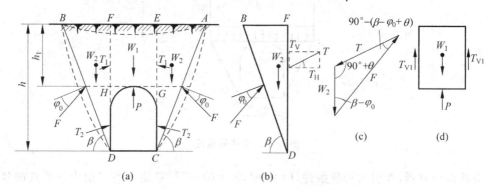

图 7-16 浅埋隧道围岩松动压力的确定

如图 7-16(c)所示,由力的平衡条件(正弦定理)可知

$$\frac{T}{\sin(\beta-\varphi_0)} = \frac{W_2}{\sin[90°-(\beta-\varphi_0+\theta)]} \tag{7-19}$$

从而

$$T = \frac{1}{2}\gamma h^2 \frac{\tan\beta - \tan\varphi_0}{\tan\beta[1 + \tan\beta(\tan\varphi_0 - \tan\theta) + \tan\varphi_0\tan\theta]} \cdot \frac{1}{\cos\theta} \tag{7-20}$$

令

$$\lambda = \frac{\tan\beta - \tan\varphi_0}{\tan\beta[1 + \tan\beta(\tan\varphi_0 - \tan\theta) + \tan\varphi_0\tan\theta]}$$

则有

$$T = \frac{1}{2}\gamma h^2 \lambda/\cos\theta \tag{7-21}$$

上式中的 T 为 FD 面上的带动下滑力,其值为图 7-16(a)中的 T_1、T_2 之和。显然,三棱块给洞顶上方岩体的夹持力 T_1 随隧道施工方法等因素的不同而变化,其变化范围应在 $\left(\frac{1}{2}\gamma h_1^2\lambda/\cos\theta \sim \frac{1}{2}\gamma h^2\lambda/\cos\theta\right)$ 之间。为安全起见,计算中可取 $T_1 = \frac{1}{2}\gamma h_1^2\lambda/\cos\theta$。

由此可见,夹持力 T_1 的大小与岩体容重 γ、洞顶岩体高度 h_1、破裂角 β、岩体似摩擦角 φ_0 及洞顶岩体两侧摩擦角 θ 有关。上述参数除 β 外皆为已知,下面来推求 β 值。

假定 β 是下滑岩体达到极限平衡时的破裂面倾角,此时夹持力 T_1 必为最大值。由 T_1 的极值条件即可将其求出,即令 $\dfrac{\mathrm{d}T_1}{\mathrm{d}\beta}=0$,求解得

$$\tan\beta = \tan\varphi_0 + \sqrt{\dfrac{(1+\tan^2\varphi_0)\tan\varphi_0}{\tan\varphi_0 - \tan\theta}} \tag{7-22}$$

由上式可知,在 T_1 极值条件下的 β 值仅与 φ_0 和 θ 有关,而 φ_0 和 θ 是随围岩级别而定的已知值。在求得 β 后,即可求得 T_1。

这里应指出,洞顶岩体 $EFHG$ 与两侧三棱体之间的摩擦角 θ 与破裂面 AC、BD 上岩体的似摩擦角 φ_0 是不同的,因为 EG、FH 面上并没有发生破裂面,所以,$0<\theta<\varphi_0$,它与岩体的物理力学性质有密切关系,是一个经验数值。

下面根据洞顶上方岩体 $EFHG$ 的平衡条件来推求围岩压力 P。岩体 $EFHG$ 的受力情况如图 7-16(d) 所示,其中 $W_1=\gamma h_1 B$(B 为隧道宽度)。作用在支护结构上的力 P(围岩竖向压力)为

$$P = W_1 - 2T_1\sin\theta = \gamma h_1(B - h_1\lambda\tan\theta) \tag{7-23}$$

从而围岩竖向均布压力为

$$q = \dfrac{P}{B} = \gamma h_1\left(1 - \dfrac{h_1\lambda\tan\theta}{B}\right) \tag{7-24}$$

综上所述,计算浅埋隧道围岩竖向均布压力的公式为

$$\left.\begin{array}{l} q = \gamma h_1\left(1 - \dfrac{h_1\lambda\tan\theta}{B}\right) \\[6pt] \lambda = \dfrac{\tan\beta - \tan\varphi_0}{\tan\beta[1 + \tan\beta(\tan\varphi_0 - \tan\theta) + \tan\varphi_0\tan\theta]} \\[6pt] \tan\beta = \tan\varphi_0 + \sqrt{\dfrac{(1+\tan^2\varphi_0)\tan\varphi_0}{\tan\varphi_0 - \tan\theta}} \end{array}\right\} \tag{7-25}$$

若假定围岩水平压力按梯形分布(见图 7-17),则隧道顶端与底端的水平压力强度为

$$\left.\begin{array}{l} e_1 = \gamma h_1\lambda \\ e_2 = \gamma h\lambda \end{array}\right\} \tag{7-26}$$

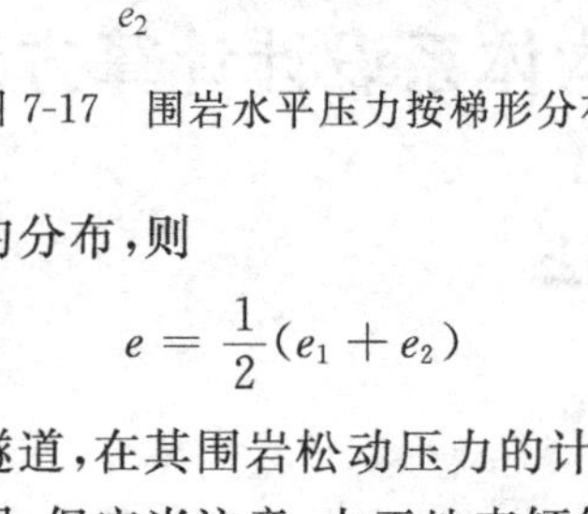

图 7-17 围岩水平压力按梯形分布

若考虑围岩水平压力为均匀分布,则

$$e = \dfrac{1}{2}(e_1 + e_2) \tag{7-27}$$

对于地面坡度陡斜的浅埋隧道,在其围岩松动压力的计算公式中应考虑地形的影响,公式推导与地表水平时的原则相同,但应当注意,由于地表倾斜,隧道两侧的破裂角、侧压力系

数、夹持力都不相同，此时围岩竖向压力强度（见图 7-18）为

$$\left.\begin{aligned} q_i &= \gamma h_i \left(1 - \frac{\gamma \tan\theta(h_1^2\lambda + h_1'^2\lambda')/2}{W_1}\right) \\ \lambda &= \frac{1}{\tan\beta - \tan\alpha} \cdot \frac{\tan\beta - \tan\varphi_0}{1 + \tan\beta(\tan\varphi_0 - \tan\theta) + \tan\varphi_0 \tan\theta} \\ \lambda' &= \frac{1}{\tan\beta' - \tan\alpha} \cdot \frac{\tan\beta' - \tan\varphi_0}{1 + \tan\beta'(\tan\varphi_0 - \tan\theta) + \tan\varphi_0 \tan\theta} \\ \tan\beta &= \tan\varphi_0 + \sqrt{\frac{(1+\tan^2\varphi_0)(\tan\varphi_0 - \tan\alpha)}{\tan\varphi_0 - \tan\theta}} \\ \tan\beta' &= \tan\varphi_0 + \sqrt{\frac{(1+\tan^2\varphi_0)(\tan\varphi_0 + \tan\alpha)}{\tan\varphi_0 - \tan\theta}} \end{aligned}\right\} \quad (7\text{-}28)$$

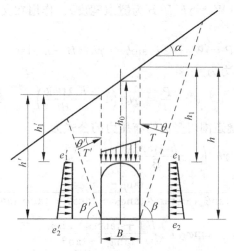

图 7-18　地面陡斜时围岩松动压力计算

若假定围岩水平压力按梯形分布（见图 7-18），则隧道顶端与底端的水平压力强度为

$$\left.\begin{aligned} e_1 &= \gamma h_1 \lambda \quad e_2 = \gamma h \lambda \\ e_1' &= \gamma h_1' \lambda' \quad e_2' = \gamma h' \lambda' \end{aligned}\right\} \quad (7\text{-}29)$$

式中各符号的含义参见图 7-18。

以上计算浅埋隧道围岩松动压力的公式是我国《铁路隧道设计规范》（TB 10003—2005）所建议的。当然，还有其他公式也可采用，这里不一一列举。

7.5　隧道及地下结构体系设计计算方法

7.5.1　结构力学方法

1. 荷载-结构模型的建立

显然，只要在施工过程中不能使支护结构与围岩保持紧密接触，有效地制止周围岩体变

形松弛而产生松动压力,地下工程的支护结构就应该按荷载-结构模型进行验算。一般来说,按此模型设计的隧道支护结构偏于保守。

荷载-结构模型虽然都是以承受岩体松动、崩塌而产生的竖向和侧向主动压力为主要特征,但对围岩与支护结构相互作用的处理上却有以下几种不同的做法。

(1) 主动荷载模型(见图7-19(a))。它不考虑围岩与支护结构的相互作用,因此,支护结构在主动荷载作用下可以自由变形,其计算原理和地面结构一样。这种模型主要适用在围岩与支护结构的"刚度比"较小的情况下,软弱的围岩没有"能力"去约束刚性衬砌的变形。

(2) 主动荷载加围岩弹性约束的模型(见图7-19(b))。它认为围岩不仅对支护结构施加主动荷载,而且由于围岩与支护结构的相互作用,围岩还对支护结构施加被动的弹性抗力。因为在非均匀分布的主动荷载作用下,支护结构的一部分将发生朝围岩方向的变形,只要围岩具有一定的刚度,就必然会对支护结构产生反作用力来约束它的变形,这种反作用力就称为弹性抗力,属于被动性质。而支护结构的另一部分则背离围岩向着隧道内变形,不会引起弹性抗力,形成所谓"脱离区"。支护结构就是在主动荷载和围岩的被动弹性抗力同时作用下进行工作的。这种模型几乎能适用于所有的围岩类型,只不过各类围岩所能产生的弹性抗力大小和范围不同而已。

(3) 实地量测荷载模型。这是当前正在发展的一种模式,是主动荷载模型的亚型。实地量测的荷载值是围岩与支护结构相互作用的综合反映,它既包含围岩的主动压力,又含有弹性抗力。在支护结构与围岩牢固接触(如喷锚支护)时,不仅能量测到径向荷载,还能量测到切向荷载。否则,就只有径向荷载(见图7-19(c))。切向荷载的存在可以减小荷载分布的不均匀程度,从而大大减小结构中的弯矩。结构与围岩松散接触时,就只有径向荷载。但应该指出,实地量测的荷载值除与围岩特性有关外,还取决于支护结构的刚度以及支护结构背后回填部分的质量。因此,某一种实地量测的荷载,只能适用在与量测条件相同的情况下。

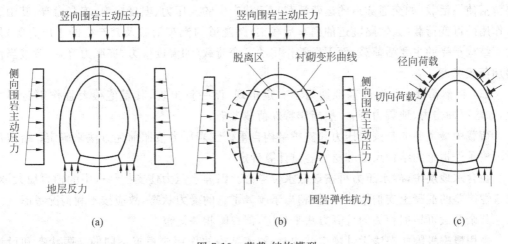

图 7-19 荷载-结构模型

(a) 主动荷载模型;(b) 主动荷载加围岩弹性约束的模型;(c) 实地量测荷载模型

对于主动荷载模型,只要确定了作用在支护结构上的主动荷载,其余的问题用结构力学的一般方法(如力法、位移法)即可解决。

对于主动荷载加围岩弹性约束的模型,除了上述的主动荷载外,尚需解决围岩的弹性抗力问题。正如前面所述,所谓弹性抗力就是指由于支护结构发生朝围岩方向的变形而引起的围岩的被动抵抗力。在围岩上引起的弹性抗力的大小,目前常用以"温克列尔(Winkler)假定"为基础的局部变形理论来确定。它认为围岩的弹性抗力是与围岩在该点的变形成正比的,用公式表示为

$$\sigma_i = K\delta_i \tag{7-30}$$

式中 σ_i——围岩表面上任意一点所产生的弹性抗力;

δ_i——围岩在同一点 i 的压缩变形;

K——比例系数,称为围岩的弹性抗力系数。

弹性抗力的大小和分布形态取决于支护结构的变形,而支护结构的变形又与弹性抗力有关,所以,按照主动荷载加围岩弹性约束的模型计算支护结构的内力是个非线性问题,必须采用迭代解法或某些线性化的假定。例如,假设弹性抗力的分布形状为已知,或采用弹性地基梁的理论,或用弹性支承代替弹性抗力等。于是,支护结构内力分析的问题,就成了通常的超静定结构求解。

2. 作用(荷载)及其组合

采用荷载-结构模型进行支护结构内力计算时,需要计算地下结构受到的各种荷载的大小,并按照一定的标准进行荷载组合。按照荷载作用的时间特征划分,地下结构的荷载可以分成以下三类。

(1) 永久荷载:又称为恒载,是地下结构承受的主要静力荷载,在设计基准期内其量值不随时间变化(或其变化与平均值相比可以忽略不计),主要包括结构自重、围岩压力、地下水压力、地层反力和弹性抗力等。

(2) 可变荷载:在设计基准期内其量值随时间发生与平均值相比不可忽略的变化,主要包括使用活载(如交通隧道的运营活载)、活载产生的土压力、温度应力、冻胀力等,其中经常作用的可变荷载(如铁路隧道的列车活载、公路隧道的汽车活载及其产生的土压力等)是地下结构承受的主要活荷载,而不经常作用的可变荷载(如温度应力、冻胀力等)一般被当作附加荷载考虑。

(3) 偶然荷载:在设计基准期内不一定出现,而一旦出现,其量值很大且作用时间很短,如落石冲击力、地震力等,一般当作特殊荷载考虑。

荷载中最重要的是围岩压力和支护结构自重。围岩压力按照前述方法来确定;结构自重可按预先拟定的结构尺寸和材料容重计算确定。

在含水地层中,静水压力可按最低水位考虑。因静水压力使支护结构中的轴力加大,对抗弯性能差的混凝土支护结构来说,相当于改善了它的受力状态,故应按不利情况考虑。

其余荷载可根据相关的计算方法来确定,请查阅相关规范。

采用概率极限状态法设计隧道结构时,隧道结构的作用应根据不同的极限状态和设计状况进行组合。

1) 承载能力极限状态

对于承载能力极限状态,应采用荷载效应的基本组合或偶然组合进行设计。

承载能力极限状态是指结构和构件达到最大承载力或达到不适于继续承载的较大变形

的极限状态。应采用下列设计表达式进行设计：

$$\gamma_0 S \leqslant R \tag{7-31}$$

式中 γ_0——结构的重要性系数，一般常用隧道结构可取 1.0，大跨度及复杂结构应按设计条件分析确定；

S——荷载效应组合的设计值；

R——结构构件的抗力的设计值，应按有关建筑结构设计规范的规定确定。

(1) 荷载基本组合。对于基本组合，荷载效应的组合设计值 S 应从下列组合值中取最不利的值：

① 由永久荷载效应控制的组合

$$S = \gamma_G S_{Gk} + \sum_{i=1}^{n} \gamma_{Qi} C_{Qi} S_{Qik} \tag{7-32}$$

② 由可变荷载效应控制的组合

$$S = \gamma_G S_{Gk} + \gamma_{Q1} S_{Q1k} + \sum_{i=2}^{n} \gamma_{Qi} C_{Qi} S_{Qik} \tag{7-33}$$

式中 γ_G——永久荷载的分项系数；

γ_{Qi}——第 i 个可变荷载的分项系数；

S_{Gk}——按永久荷载标准值 G_k 计算的荷载效应值；

S_{Qik}——按可变荷载标准值 Q_{ik} 计算的荷载效应值，其中 S_{Q1k} 为可变荷载效应中其控制作用者；

C_{Qi}——可变荷载 Q_i 的组合系数；

n——参与组合的可变荷载数。

(2) 荷载偶然组合。荷载偶然组合指永久荷载、可变荷载和一个偶然荷载的组合。偶然荷载的代表值不乘分项系数，与偶然荷载同时出现的其他荷载可根据具体情况采用适当的代表值。需要时查阅相关规范。

2) 正常使用极限状态

对于正常使用极限状态，应根据结构的不同设计状况分别采用荷载的短期效应组合和长期效应组合进行设计。

正常使用的极限状态是指结构或构件达到使用功能上允许的某一限值的极限状态。可以根据不同的设计要求.采用荷载的标准值或组合值为荷载代表值的标准组合；也可以将可变荷载采用频偶值或准永久值为荷载代表值的频偶组合；或将可变荷载采用准永久值为荷载代表值的准永久组合（详细说明请查阅有关规范），并按下述表达式进行设计：

$$S \leqslant C \tag{7-34}$$

式中 C——结构或结构构件达到正常使用要求的规定限值，如变形、裂缝等的限值。

隧道结构荷载组合的分项系数和作用效应值可查阅有关规范。当永久作用效应对承载能力起有利作用时，其分项系数可取为 1.0。

计算荷载应根据上述两类荷载同时存在的情况进行组合。一般来说，按基本组合进行计算最有意义，即结构自重加围岩压力或土压力。其中最重要的是结构的自重和围岩的松弛压力（或土压力）。只有特殊情况（如 7 级以上地震区、严寒地区冻胀性土壤的洞口段衬砌）才有必要按特殊组合（主要荷载加附加荷载）进行计算，其中主要的是地震荷载，它应按抗震规范规定执行,此时可采用较低的安全系数。除此以外,城市中的地下结构常常根据战备要求,考虑一定的防护等级,也按瞬时作用的特殊荷载进行短期效应的荷载组合进行设计。

3. 支护结构受力变形特点

支护结构在受到上述荷载作用时会发生相应的变形,但由于所处的地质条件的复杂性以及断面形式的差异性,不同的地下结构形式可能有不同的受力变形特点。如隧道支护结构在围岩压力作用下要产生变形(如图 7-20 所示)。在隧道拱顶,其变形背向围岩,不受围岩的约束而自由地变形,这个区域称为脱离区;而在隧道的两侧及底部,结构产生朝向围岩的变形,受到围岩的约束作用,因而围岩对隧道衬砌结构产生了约束反力(弹性抗力),这个区域称为抗力区。由此可见,围岩对隧道衬砌结构的变形起着双重作用:既产生主动围岩压力使衬砌结构变形,又产生被动的抗力阻止衬砌结构变形。这种效应的前提条件是围岩与隧道衬砌必须全面紧密地接触。而实际的接触状态是相当复杂的,受到围岩性质、施工方法和衬砌类型等因素的影响。为了便于计算,一般予以简化,即假定支护结构与围岩是全面紧密接触的。

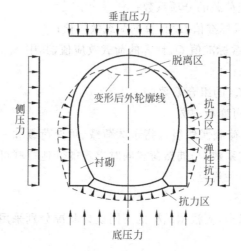

图 7-20 隧道衬砌结构受力变形特点

4. 支护结构的几种计算方法

在荷载-结构模型中,分析计算的对象是支护结构,即衬砌。因此,要根据衬砌的受力特点,进一步研究它的力学模拟和计算图式的问题。由于隧道长度较之横断面尺寸要大得多,而且假设荷载和结构特性沿隧道长度方向是不变的,因此,可以认为支护结构不会产生纵向位移,即处于平面变形状态。在进行力学分析时,沿纵向取出单位长的一段作为研究对象,并用 $\dfrac{E}{1-\mu^2}$、$\dfrac{\mu}{1-\mu}$ 代替平面应力分析中的 E、μ。

1) 主动荷载模式

(1) 弹性固定的无铰拱

适用于这类计算模式的常有半衬砌和落地拱。当岩层比较稳定、完整性较好,侧壁围岩无掉块,或水平围岩压力较小时,可仅在洞室拱部构筑拱圈,而侧壁不构筑侧墙或仅喷射一层混凝土等构造,这种形式的结构称为半衬砌,在跨度比较大的低边墙飞机洞库和高边墙地下厂房中应用较多。这种拱圈的拱脚支承在弹性围岩上,故称为弹性固定无铰拱。半衬砌拱圈的拱矢高和跨度比值一般是不大的,当竖向荷载作用时,大部分情况下,拱圈都是向坑道内变形,不产生弹性抗力。其结构模型可以简化成图7-21所示的弹性固定无铰拱。由于拱脚和岩层实际上存在着较大的摩擦力,可认为拱脚不会产生径向位移,只能产生转动和沿拱轴切线方向的位移,这些位移将影响结构内力。弹性固定的无铰拱的计算原理与结构力学中的固端无铰拱基本相同,所不同的是前者支承于弹性支座上,而后者支承于刚性支座上。作用在半衬砌上的荷载,仅有围岩垂直压力、衬砌自重和回填材料重量等,由于水平围岩压力较小,可忽略不计。

(2) 自由变形圆环

修建在浅埋松软含水地层(如淤泥、流沙、饱和砂、塑性黏土及其他塑性土等)中的圆形隧道衬砌,其朝地层方向变形时,地层不会产生很大的弹性反力,可按自由变形圆环进行结构计算。承受的荷载主要有土压力、水压力、结构自重和与之相平衡的地基反力。结构计算简图如图7-22所示。计算时对应于每一种荷载均有相应的计算公式可供使用。此时的土压力要计算全部覆盖土层重量。

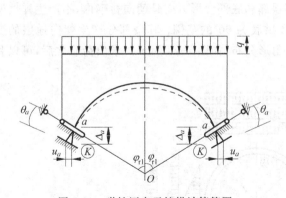
图7-21 弹性固定无铰拱计算简图

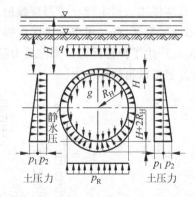
图7-22 自由变形圆环衬砌计算简图

(3) 弯矩分配法

矩形结构多用于浅埋、明挖法施工的地下结构。当底宽不大、底板相对地层有较大的刚度时,一般地基反力按直线分布,可以由静力平衡方程求出。其上承受的主动荷载如图7-23所示,图中荷载q、e、p_w分别为竖直土压力、水平土压力和水压力。由于埋深较浅,为达到防护要求,常考虑有特载作用(见图7-23(a)所示的荷载p_{0z}、p_{0z1}、p_{0z2})。在计算顶板上的均布荷载时要计算顶板的自重,计算图示如图7-23(b)所示。

在不考虑线位移的情况下,计算矩形闭合框架用形变法中的力矩分配法较为简捷,特别是对于多层框架,能避免解多元联立方程。力矩分配法的原理、基本假定、基本结构及正负号规定等与位移法相同。

2) 主动荷载加被动荷载模式

(1) 假定抗力图形

该法的计算特点是假定抗力的分布范围和分布规律,如上、下零点和最大值的位置。而

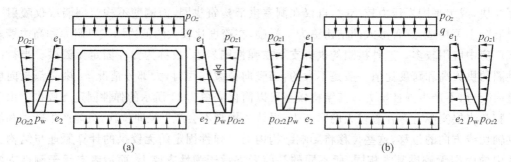

图 7-23 矩形框架主动荷载计算简图
(a) 实际结构；(b) 计算图示

抗力的最大值和结构由主动荷载与被动荷载共同作用在该点产生的变位有关。因此这是一个非线性问题。只要能附加一个最大抗力点的抗力与其位移成正比为条件列出的方程即可求出最大抗力值和冗余力。将主动荷载与被动荷载求出的内力值进行叠加，即为结构内力。

常见的假定抗力图形计算方法有日本惯用法、苏联的布加耶娃法和曲墙拱形计算法。前两种方法主要用于计算地下铁道中的装配式衬砌内力，最后一种方法通常用于计算曲墙式衬砌内力。

日本惯用法假定圆环受到荷载后，其顶部和底部变形方向是朝向衬砌内，不产生弹性反力，形成脱离区，此法假定脱离区在拱顶和拱底为 90°的范围；其余部分产生朝向地层的变形，因此产生了弹性反力。弹性反力呈三角形分布，如图 7-24 所示。求出荷载之后，可以利用计算表格求出结构内力。

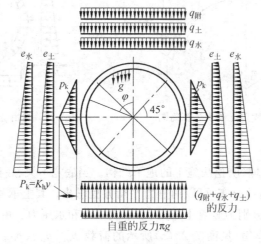

图 7-24 日本惯用法计算简图

而布加耶娃法假定圆环受到竖向荷载后，其顶部变形方向是朝向衬砌内，不产生弹性反力，形成脱离区，此法假定脱离区在拱顶为 90°的范围；其余部分产生朝向地层的变形，因此产生了弹性反力。弹性反力分布图形呈新月形。假定水平直径处的变形为 y_a、底部的变形为 y_b。圆环衬砌承受的荷载图形如图 7-25 所示。同样可以利用相应的圆环内力系数表求得结构的内力。

如前所述，曲墙式衬砌由拱圈、曲边墙和仰拱或底板组成，承受较大的竖向和水平侧向

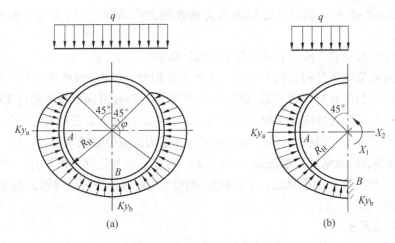

图 7-25 布加伊娃法计算简图

围岩压力,有时还可能有向上隆起的底部压力。可以将拱圈和边墙作为一个整体,把它看成是一个支承在弹性围岩上的高拱结构。

该法计算拱形衬砌的内力的计算简图如图 7-26 所示。图中假定拱部正中为脱离区,以下为抗力区。脱离区范围约 90°,抗力区上零点在 $\varphi_a \approx 45°$ 的 a 点,下零点在墙脚。最大抗力发生在 h 点,h 点的位置大约在抗力区的 2/3 高度处,或在最大跨度处附近。根据最大弹性反力点的力与其位移成正比的条件列出一个附加方程,从而可以求出假定弹性反力图形的超静定结构的赘余力和最大弹性力,从而求得结构的内力。

(2) 局部变形地基梁法

局部变形地基梁法一般用于计算直墙拱形衬砌的内力,计算简图如图 7-27 所示。

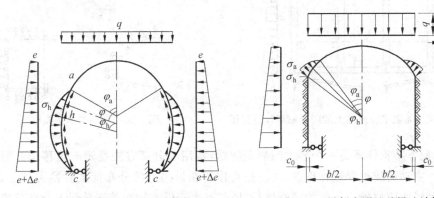

图 7-26 假定抗力图形法计算简图   图 7-27 局部变形地基梁法计算简图

该法计算拱形直墙衬砌内力的特点,是将拱圈和边墙分为两个单元分别进行计算,而在各自的计算中考虑相互影响。计算中拱圈视为弹性固定无铰拱,边墙视为双向弹性地基梁。拱圈和边墙受力变形的相互影响,表现为计算拱圈时拱脚的变位应取边墙墙顶的变位,计算边墙时墙顶的初始条件与拱脚的内力和变位一致。

局部变形地基梁法计算简图中关于弹性抗力的考虑方法也按拱圈和边墙分为两种情况。拱圈弹性抗力仍采用假定的抗力图形,零点位于拱顶两侧约 45°附近,最大抗力发生在墙顶,作用方向为水平。拱圈任意截面抗力的作用方向为径向,抗力图形假设为二次抛物线。

(3) 弹性半无限平面地基上的闭合框架的计算法

当地层对矩形地下结构底部的变形产生约束作用时,可以将弹性半无限平面地基上的闭合框架底板视为组合弹性地基梁,如图 7-28 所示。边墙底及梗肋段为刚度无限大的刚性梁；立柱底端及梗肋也是刚度无限大的刚性梁；中间段底板为定长度或无限长度的弹性地基梁。立柱刚度较小,可视为两端铰接的压杆。在用力法或位移法求解时,均应考虑边墙基底沉陷 y_a、转角 β 以及立柱底端沉陷 y_b 的影响。通过力法方程解出未知力。计算上部刚架的弯矩可用力矩分配法或叠加法；求基础梁的内力及地基反力可用弹性地基梁的方法,使用表格法计算。

(4) 弹性支承法

弹性支承法也称为链杆法,是计算弹性反力图形解算衬砌内力的一种方法。该法的特点是按照"局部变形"理论考虑衬砌与围岩共同作用,将弹性反力作用范围内的连续围岩离散为彼此互不相干的独立岩柱,岩柱的一个边长是衬砌的纵向计算宽度,通常取单位长度；另一个边长是两个相邻的衬砌单元的长度和的一半。岩柱的深度与传递轴力无关,故无须考虑。为了便于计算,用具有与岩柱弹性特征相同的弹性支承代替岩柱,并以铰接的方式作用在衬砌单元的节点上,所以它不承受弯矩,只承受轴力。弹性支承法采用结构力学方法求解该体系得到衬砌内力。弹性支承法的适应性很广,可以适应如图 7-29 所示的任意结构形状,适应任意变化的地质条件。

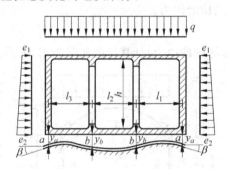

图 7-28　弹性半无限平面地基上的闭合框架计算简图

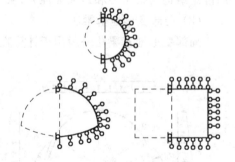

图 7-29　弹性支承法模型

离散化的地下结构体系是一个多次超静定问题,常用的分析方法是矩阵位移法。配合衬砌的离散化,主动荷载也要进行离散,也就是将作用在衬砌上的分布荷载置换为节点力。严格地说,这种置换应按静力等效的原则进行,即节点力所做虚功应等于单元上分布荷载所做的虚功。但因荷载本身的准确性较差,故可按简单而近似的方法,即简支分配原则进行置换,而不计作用力迁移位置时所引起的力矩的影响。对于竖向或水平的分布荷载,其等效节点力分别近似地取为节点两相邻单元水平或垂直投影长度的一半乘以衬砌计算宽度这一面积范围内的分布荷载的总和。对于衬砌自重,其等效节点力可近似地取为节点两相邻单元重量的一半。

围岩的弹性抗力通过弹簧单元模拟。弹性抗力作为被动荷载,其值与衬砌结构的变形有关,可用逐次逼近的方法求得,即先假定衬砌的某些区域的变形指向围岩,与围岩有相互作用而设置弹簧单元,求出衬砌的变形轮廓。然后从没有相互作用的区域去掉弹簧单元,在有相互作用而原先未设置弹簧单元的区域加上弹簧单元,再进行计算。如此反复进行计算,直到弹簧单元都正好设置在相互作用的区域为止。

需要说明的是,上述方法求得的衬砌内力为离散体系的单元节点力,与某节点连接的两个单元在该节点处的内力是不同的,即节点处的结构内力将产生突变,这与分布荷载作用下的结构内力不相符,应进行处理,最简单的方法是取相邻两单元的内力平均值。

5. 衬砌截面强度检算

按上述方法计算出结构内力后,还需进行截面强度检算。以下按照《铁路隧道设计规范》(TB 10003—2005)(以下简称《隧规》)的规定讲述。

1) 按破损阶段法进行的截面强度检算

《隧规》规定,隧道衬砌和明洞按破损阶段检算构件截面强度时,根据结构所受的不同荷载组合,在计算中应选用不同的安全系数 K。安全系数 K 可根据表 7-3 及表 7-4 选用。按所采用的施工方法检算施工阶段强度时,安全系数 K 可用表中"主要荷载+附加荷载"栏内的数值乘以折减系数 0.9。

表 7-3 混凝土和砌体结构的强度安全系数

圬工种类		混凝土		砌体	
荷载组合		主要荷载	主要荷载+附加荷载	主要荷载	主要荷载+附加荷载
破坏原因	混凝土或砌体达到抗压强度极限	2.4	2.0	2.7	2.3
	混凝土达到抗拉强度极限	3.6	3.0	—	—

表 7-4 钢筋混凝土结构的强度安全系数

荷载组合		主要荷载	主要荷载+附加荷载
破坏原因	钢筋达到计算强度或混凝土达到抗压或抗剪强度极限	2.0	1.7
	混凝土达到抗拉强度极限	2.4	2.0

拱形隧道衬砌和明洞属偏心受压构件,其截面强度检算根据轴力偏心距 $e_0=M/N$(M 为截面的实际弯矩,N 为截面的实际轴力)的大小分两种情况。

(1) 抗压强度控制($e_0 \leqslant 0.2d$)

混凝土和砌体构件的抗压强度应按下式计算:
$$KN \leqslant \varphi \alpha R_a bd \tag{7-35}$$

式中 K——《隧规》所规定的强度安全系数值,按表 7-3 及表 7-4 选取;

φ——构件的纵向弯曲系数,对于隧道衬砌、明洞拱圈及墙背紧密回填的边墙可取 $\varphi=1$,对于其他构件应根据其长细比从规范中选用;

R_a——混凝土或砌体的极限抗压强度;

b——截面宽度(计算长度);

d——截面厚度(衬砌厚度);

α——轴力偏心影响系数,按规范选用或按下式计算:

$$\alpha = 1 + 0.648\left(\frac{e_0}{d}\right) - 12.569\left(\frac{e_0}{d}\right)^2 + 15.444\left(\frac{e_0}{d}\right)^3 \tag{7-36}$$

(2) 抗拉强度控制($e_0 > 0.2d$)

混凝土构件的抗拉强度应按下式计算：

$$KN \leqslant \varphi \frac{1.75R_l bd}{\frac{6e_0}{d} - 1} \tag{7-37}$$

式中 R_l——混凝土的极限抗拉强度；

其余符号含义同前。

2) 按概率极限状态法进行截面强度检算

根据极限状态法计算出地下结构上作用的荷载组合，计算出的结构内力要以可靠指标度量结构构件的可靠度，采用以分项系数的设计表达式进行设计。

结构构件应根据承载能力和正常使用极限状态的要求，分别进行承载力、稳定、变形、抗裂及裂缝宽度的验算。对于复合式衬砌的初期支护和喷锚衬砌应根据围岩地质条件等因素和现场量测结构分析结构的稳定性。以上项目均应符合规范要求。

(1) 承载能力极限状态计算

混凝土矩形截面中心及偏心受压构件，其受压承载力按下式计算：

$$\gamma_{Sc} N_k \leqslant \varphi \alpha b d f_{ck}/\gamma_{Rc} \tag{7-38}$$

式中 γ_{Sc}——混凝土衬砌构件抗压检算时作用效应综合分项系数，按围岩级别由规范选用；

N_k——轴向力标准值，由各种作用标准值计算得到；

f_{ck}——混凝土衬砌轴心抗压强度标准值，按规范选用；

γ_{Rc}——混凝土衬砌构件抗压检算时抗力分项系数，按规范选用；

其余符号含义同前。

对于钢筋混凝土构件中的承载能力极限状态的计算，可查阅规范的相关内容，这里不再赘述。

(2) 正常使用极限状态计算

对正常使用极限状态，结构应分别按荷载作用的短期效应组合、长期效应组合、短期效应组合并考虑长期效应组合的影响进行验算，并保证变形（受弯构件的挠度）、裂缝和应力等的计算值不超过相应的规定限值。

对于不允许出现裂缝的混凝土矩形截面偏心受压构件，其抗裂承载力按下式计算：

$$\gamma_{St} N_k (6e_0 - d) \leqslant 1.75 \varphi b d^2 \frac{f_{ctk}}{\gamma_{Rt}} \tag{7-39}$$

式中 γ_{St}——混凝土衬砌构件抗裂检算时作用效应综合分项系数，按围岩级别由规范选用；

f_{ctk}——混凝土衬砌轴心抗拉强度标准值，按规范选用；

γ_{Rt}——混凝土衬砌构件抗裂检算时抗力分项系数，按规范选用；

其余符号含义同前。

对于钢筋混凝土受弯构件的裂缝及变形计算可查规范相应的内容，这里不再赘述。

除检算截面的强度外，《隧规》还对轴力的偏心距有所限制：对于隧道和明洞衬砌的混凝土偏心受压构件，其轴向力的偏心距不宜大于0.45倍的截面厚度；对于半路堑式明洞外墙、棚式明洞边墙和砌体偏心受压构件，则不应大于0.3倍的截面厚度；基底偏心距应小于或等于1/4基底宽度(岩石地基)或1/6基底宽度(土质地基)。

隧道衬砌的基底应力不得大于地基的容许承载力,可根据围岩类别,用工程类比法和经验估算的方法加以确定。有条件的还应进行现场试验。

若拱脚截面混凝土为间歇灌注,或边墙为石砌而拱圈用混凝土时,其偏心距的限制按石砌构件要求,并按式(7-38)检算其截面的抗压强度,采用石砌体的安全系数。

7.5.2 岩体力学方法

岩体力学方法的出发点是支护结构与围岩相互作用,组成一个共同的承载体系。由于现代地下工程施工技术的发展,可在洞室开挖后及时地给围岩以必要的约束,抑制其变形,阻止围岩松弛,不使其因变形过度而产生松动压力。在这个共同承载体系中,一方面围岩本身由于支护结构提供了一定的支护抗力,而引起它的应力调整,从而达到新的稳定;另一方面,由于支护结构阻止围岩变形,也必然要受到围岩给予的反作用力而发生变形。要研究这种情况下围岩的三次应力场和支护结构中的内力和位移,就必须采用整体复合模型(地层-结构模型),其中围岩是主要承载单元,支护结构是镶嵌在围岩孔洞上的加劲环。

目前这种模型的求解方法有解析法、数值法和特征曲线法三种。下面主要简单介绍解析法和特征曲线法的基本原理。

1. 解析法

该方法是根据所给定的边界条件,对问题的平衡方程、几何方程和物理方程直接求解。这是一个弹塑性力学问题。求解时,假定围岩为无重平面,初始应力作用在无穷远处,并假定支护结构与围岩密贴,即其外径与隧道的开挖半径相等,且与开挖同时瞬间完成。由于数学方面的困难,解析法现在还只能对少数几个问题(例如圆形隧道)给出具体解答。

2. 特征曲线法

特征曲线法也称为收敛-约束法,是用围岩的支护需求曲线和支护结构的补给曲线以求得达到稳定状态时支护结构的内力。

特征曲线法的基本原理是:隧道开挖后,如无支护,围岩必然产生向隧道内的变形(收敛);施加支护以后,支护结构约束了围岩的变形(约束),此时围岩与支护结构一起共同承受围岩挤向隧道的变形压力。对于围岩而言,它承受支护结构的约束力;对支护结构而言,它承受围岩维持变形稳定而给予的压力。当两者处于平衡状态时,隧道就处于稳定状态。所以,特征曲线法就是通过支护结构与隧道围岩的相互作用,求解支护结构在荷载作用下的变形和围岩在支护结构约束下的变形之间的协调平衡,即利用围岩特征曲线与支护结构的特征曲线交会的办法来决定支护体系的最佳平衡条件(见图7-30),从而求得为了维持坑道稳定所需的支护阻力,也就是作用在支护结构上的围岩的形变压力。之后,就可按普通结构力学方法计算支护结构内力并校核其强度。

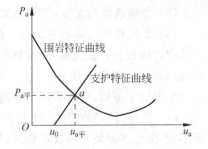

图7-30 支护体系的平衡条件

7.5.3 以围岩分级为基础的经验设计方法

地下结构的设计受到各种复杂因素的影响。从当前地下工程设计现状来看,经验设计法往往占据一定的位置,即使内力分析采用了比较严密的理论,其计算结果往往也需要用经验类比来加以判断和补充。在大多数情况下,隧道支护体系还是依赖经验设计的,并在实施过程中,依据量测信息加以修改和验证。

"经验"是客观的,但也是主观的,如果使客观和主观很好地结合在一起,经验设计常常是极好的设计方法。

经验设计的前提是要正确地对围岩进行分级,然后在分级的基础上编制支护结构系统的基本图示。

1. 设计与施工的一般原则

为了充分利用围岩的自承力和支护材料的承载力,必须有与之相应的洞室设计和施工的方法。下述支护设计原则,虽然不能完全以定量的关系反映出来,然而它对于指导支护设计却是十分重要的。此外,支护的合理设计原则应当从各方面体现现代支护原理,以期达到经济上合理和技术上可靠的目的。

1) 对洞室围岩进行分级

对隧道围岩要有一个正确的分级,这些分级大都是根据地质调查结果为隧道单独编制的。大体上都是把隧道围岩分为四个基本类型:①完整、稳定岩体;②易破碎、剥离的块状岩体;③有地压作用的破碎岩体;④强烈挤压性岩体或有强大地压的岩体。其中,某些类别还有些亚类。

2) 按围岩级别选择支护参数类型与参数

应根据围岩的稳定情况选择合理的支护类型与参数,并充分发挥其功效。一般情况下,在各级围岩中,初期支护应优先考虑选用喷射混凝土支护或喷锚联合支护,支护结构参数大体是按下述原则确定的:

(1) 支护类型的确定应根据围岩地质特点、工程断面大小和使用条件等综合考虑。

(2) 选择合理的锚杆类型与参数,在围岩中形成有效承载环。

(3) 选择合理的喷层厚度,充分发挥围岩和喷层自身的承载力。

(4) 合理配置钢筋网:基于钢筋网具有防止或减小喷层收缩裂缝、提高支护结构的整体性和抗震性,使混凝土中的应力得以均匀分布和增加喷层的抗拉、抗剪强度等功能。

(5) 合理选择钢支撑,使得洞室稳定或者控制地层沉降。

(6) 二次衬砌通常是模筑的。在修二次衬砌之前要修防水层,形成具有防水性能的组合衬砌。应使衬砌成为薄壳,这样可减小弯矩而使弯曲破坏的可能性减为最小。因此,一次衬砌和二次衬砌都要薄一些。

根据以上原则,建议采用下述的支护参数。

(1) 完整、稳定的岩体:锚杆长<1.5m,根数 $n=4\sim4.2$ 根/m。从力学上看锚杆的作用不大,围岩本身就可以支护坑道,但因有局部裂隙或岩爆等,用其加以控制而已。

喷混凝土用于填平补齐,为确保洞内安全作业应设金属网防止顶部岩石剥离。

二次衬砌采用便于灌注的最小混凝土厚度约 30cm。

(2) 易破碎、剥离的块状岩体：这类岩体范围较广，还可细分为若干亚类。

锚杆长 1.5～3.5m，n 为 10 根/m 左右，多数情况是长、短锚杆配合使用，短锚杆用胀壳式，长锚杆用胶结式。

喷层厚 0～10cm，稳定性好些的用来填平补齐，也可只在拱部喷射，此时开挖正面无须喷射。金属网与完整、稳定岩体中的情况相同，特殊情况要采用可缩性支撑或轻型格栅钢支撑。

二次衬砌厚度 30～40cm，包括喷层在内约 40cm。

(3) 有地压作用的破碎岩体：锚杆长 3.0～4.0m，有时用 6.0m 的全面胶结式，n 为 10 根/m 左右，视围岩单轴抗压强度与埋深压力的比值，预计有塑性区发生时，为控制它的发展，锚杆必须用喷混凝土等加强。喷层厚 15～20cm（拱部和侧壁）。视岩体破碎情况，正面也要喷 3cm 左右。

要注意控制开挖进尺，必要时控制在 1m 以下。

二次衬砌厚度，包括喷层在内为 40～50cm，尽可能薄些。

(4) 强烈挤压性岩体或有强大地压的岩体：在这种围岩中施工是很困难的，要分台阶施工，限制分部的面积。锚杆长 4.0～6.0m，n 为 15 根/m 左右。喷层厚 20～25cm，正面喷 3～5cm。必须采用可缩性支撑，间距约 75cm。

二次衬砌厚度，按总厚度 50cm 决定。在 30d 以内断面要闭合，即要修好仰拱。

3) 采取各种措施，确保围岩不出现有害松动

在施工中应尽量少损害围岩，使其尽量保持原有岩体的强度，因此，应采用控制爆破技术，预计有大变形和松弛的情况下，开挖面要进行全面防护（包括正面），使之有充分的约束效应。在分台阶开挖时，上半断面进深不宜过长，以免影响整个断面的闭合时间。

4) 调节、控制围岩变形，以便最大限度地发挥围岩的自承能力

允许甚至希望岩石出现一定的变形，以减少为完成支护作用所需的防护措施，这些防护措施包括衬砌，必要时加上抑拱以及附在或深入到不稳定岩层内部的锚固系统，或其他结构构件。允许变形，在有钢支撑的情况下是由支撑的可缩量实现的，这个值可取 15～35mm 不等，具体视地质情况而定。

5) 采取正确的施工方法

支护结构的施工顺序与正确地掌握岩体的时间效应有很大关系。因此，要严格按照预定的施工程序施工。在施工中要不断地改变开挖循环、衬砌时间、仰拱闭合时间、上半断面开挖长度等，以使岩体与支护结构成为一个体系，保证坑道的稳定。

6) 依据现场监测数据指导设计与施工

与此方法不可分割，且属于此法的基本特征是一个详细周密的量测计划。它系统地控制变形与应力，确定所建立的支护阻力是否和围岩类型相适应以及还需要什么样的加强措施等。这些量测包括位移、接触应力和围岩松弛范围等。根据现场量测结果，不可避免地需要作些修正，经过修正，就可制订最经济的解决方案。Rabcewicz 认为这种确定支护尺寸的方法是不可缺少的，它可能为解析方法所补充，但绝不会被解析方法所代替。

2. 基于围岩分级的支护结构经验设计

这里主要介绍我国铁路和公路隧道支护类型的选择与支护参数，其余可参照相应规范

来确定。

《铁路隧道设计规范》(TB 1003—2005)规定：隧道应采用曲墙式衬砌,其衬砌类型应优先采用复合式衬砌,地下水不发育的Ⅰ、Ⅱ级围岩的短隧道,可采用喷锚衬砌。衬砌结构的形式及尺寸,可根据围岩级别、水文地质条件、埋置深度、结构工作特点,结合施工条件等,通过工程类比和结构计算确定,必要时还应经过试验论证。

1) 复合式衬砌设计

复合式衬砌设计应符合下列规定：

(1) 应综合考虑包括围岩在内的支护结构、断面形状和断面闭合时间等因素,力求充分发挥围岩的自承能力。

(2) 复合式衬砌的初期支护宜采用喷锚支护；二次衬砌宜采用模筑混凝土,二次衬砌宜为等厚截面,使连接圆顺。

(3) 各级围岩在确定开挖断面时,除应满足隧道建筑限界要求外,还应预留适当的围岩变形量,其量值可根据围岩级别、隧道宽度、埋置深度、施工方法和支护情况等条件,采用工程类比法确定；当无类比资料时,可参照表7-5采用。

表 7-5 预留变形量 mm

围岩级别	单线隧道	双线隧道
Ⅱ	—	10～30
Ⅲ	10～30	30～50
Ⅳ	30～50	50～80
Ⅴ	50～80	80～120
Ⅵ	由设计确定	由设计确定

说明：1. 深埋、软岩隧道取大值,浅埋、硬岩隧道取小值；
2. 有明显流变、原岩应力较大和膨胀性围岩,应根据量测数据反馈分析确定。

(4) 复合式衬砌初期支护及二次衬砌的设计参数,可采用工程类比确定,并通过理论分析进行验算。当无类比资料时,可参照表7-6与表7-7选用,并应根据现场围岩量测信息对支护参数作必要的调整。

表 7-6 单线隧道复合式衬砌的设计参数

围岩级别	初期支护							二次衬砌厚度/cm	
	喷射混凝土厚度/cm		锚杆			钢筋网	钢架	拱、墙	仰拱
	拱、墙	仰拱	位置	长度/m	间距/m				
Ⅱ	5	—						25	—
Ⅲ	7	—	局部设置	2.0	1.2～1.5			25	—
Ⅳ	10	—	拱、墙	2.0～2.5	1.0～1.2	必要时设置@25×25	—	30	40
Ⅴ	15～22	15～22	拱、墙	2.5～3.0	0.8～1.0	拱、墙、仰拱@20×20	必要时设置	35	40
Ⅵ	通过试验确定								

第7章 隧道及地下结构设计原理与方法

表 7-7 双线隧道复合式衬砌的设计参数

围岩级别	初期支护							二次衬砌厚度/cm	
	喷射混凝土厚度/cm		锚杆			钢筋网	钢架	拱、墙	仰拱
	拱、墙	仰拱	位置	长度/m	间距/m				
Ⅱ	5～8	—	局部设置	2.0～2.5	1.5	—	—	30	—
Ⅲ	8～10	—	拱、墙	2.0～2.5	1.2～1.5	必要时设置@25×25	—	35	45
Ⅳ	15～22	15～22	拱、墙	2.5～3.0	1.0～1.2	拱、墙、仰拱@25×25	必要时设置	40	45
Ⅴ	20～25	20～25	拱、墙	3.0～3.5	0.8～1.0	拱、墙、仰拱@20×20	拱、墙、仰拱	45	45
Ⅵ	通过试验确定								

2)喷锚衬砌设计规定

(1)喷锚衬砌内部轮廓应比整体式衬砌适当放大,除考虑施工误差和位移量外,应再预留10cm作为必要时补强用。

(2)遇下列情况,不应采用喷锚衬砌:①地下水发育或大面积淋水地段;②能造成衬砌腐蚀或膨胀性围岩的地段;③最冷月平均气温低于−5℃地区的冻害地段;④其他有特殊要求的隧道。

(3)喷锚衬砌的设计参数应参照表7-8选用。

表 7-8 喷锚衬砌的设计参数

围岩级别	单线隧道	双线隧道
Ⅰ	喷射混凝土厚度5cm	喷射混凝土厚度8cm,必要时设置锚杆,锚杆长1.5～2.0m,间距1.2～1.5m
Ⅱ	喷射混凝土厚度8cm,必要时设置锚杆,锚杆长1.5～2.0m,间距1.2～1.5m	喷射混凝土厚度10cm,锚杆长2.0～2.5m,间距1.0～1.2m,必要时设置局部钢筋网

说明:1. 边墙喷射混凝土厚度可略低于表列数值。当边墙围岩稳定时,可不设置锚杆和钢筋网。
2. 钢筋网的网格间距宜为15～30cm,钢筋网保护层厚度不应小于3cm。

《公路隧道设计规范》(JTG D70—2004)规定:高速公路、一级公路和二级公路的隧道应采用复合式衬砌;三级及三级以下公路隧道,在Ⅰ、Ⅱ、Ⅲ级围岩条件下,隧道洞口段应采用复合式衬砌或整体式衬砌,其他段可采用喷锚衬砌。衬砌参数一般采用工程类比法进行设计,而通过理论分析验算。复合式衬砌的设计参数可参照表7-9、表7-10选用,但应该通过施工过程对围岩和支护结构动态地监控、量测及信息反馈,对设计参数进行必要的验证和调整。

7.5.4 监控设计方法

由于地下结构的受力特点极其复杂,自20世纪50年代以来,研究人员就开始通过对铁路隧道的量测来监视围岩和支护结构的状态,并应用现场监测结果修改设计、指导施工。近年来,现场量测又与工程地质、力学分析紧密结合,正在逐渐形成一整套监控设计(或称为信息反馈设计)的原理与方法。它的特点是能较好地反映隧道开挖后围岩的实际受力和变形状态,使得设计和施工与围岩的实际动态相匹配。

表 7-9　两车道隧道复合式衬砌的设计参数

围岩级别	初期支护							二次衬砌厚度/cm	
	喷射混凝土厚度/cm		锚杆			钢筋网	钢架	拱、墙混凝土	仰拱混凝土
	拱部、边墙	仰拱	位置	长度/m	间距/m				
Ⅰ	5		局部	2.0				30	—
Ⅱ	5~8		局部	2.0~2.5				30	—
Ⅲ	8~12		拱、墙	2.0~3.0	1.0~1.5	局部@25×25		35	
Ⅳ	12~15		拱、墙	2.5~3.0	1.0~1.2	拱、墙@25×25	拱、墙	35	35
Ⅴ	15~25		拱、墙	3.0~4.0	0.8~1.2	拱、墙@20×20	拱、墙、仰拱	45	45
Ⅵ	通过试验、计算确定								

表 7-10　三车道隧道复合式衬砌的设计参数

围岩级别	初期支护							二次衬砌厚度/cm	
	喷射混凝土厚度/cm		锚杆			钢筋网	钢架	拱、墙混凝土	仰拱混凝土
	拱部、边墙	仰拱	位置	长度/m	间距/m				
Ⅰ	8		局部	2.5		局部		35	
Ⅱ	8~10		局部	2.5~3.5		局部		40	
Ⅲ	10~15		拱、墙	3.0~3.5	1.0~1.5	拱、墙@25×25	拱、墙	45	45
Ⅳ	15~20		拱、墙	3.0~4.0	0.8~1.0	拱、墙@20×20	拱、墙、仰拱	50,钢筋混凝土	50
Ⅴ	20~30		拱、墙	3.5~5.0	0.5~1.0	拱、墙(双层)@20×20	拱、墙、仰拱	60,钢筋混凝土	60,钢筋混凝土
Ⅵ	通过试验、计算确定								

最近几年由于量测技术、计算机技术的发展和渗透，地下工程结构体系的信息设计和施工方法有了很大的发展。所谓信息设计和施工，实质上是通过施工前和施工过程中对导洞、试验洞或正洞的量测(包括拱顶沉降、洞周收敛变形、地中变位及支护围岩相互作用力等)，以这些实测值进行反演分析，用来监控围岩和支护的动态及其稳定与安全，根据及时获得的量测信息进一步修改和完善原设计，并指导下阶段施工，确定支护施作方式和时间，调整支护参数，以期获得最优地下结构形式的设计方法，流程如图 7-31 所示。目前，由于电子计算机技术的飞速发展，在数据采集、数据处理、反演分析和正演数值计算方面都可由计算机来实现。借助于远距离通信，可将现场的施工信息及时传到远在数十乃至上百千米的设计和技术主管部门，以便迅速做出下一步的施工指令。这种融施工、监测和设计于一体的施工方法即为信息化施工方法，又称为施工监控，是目前地下洞室施工实现理论和实践相结合的最

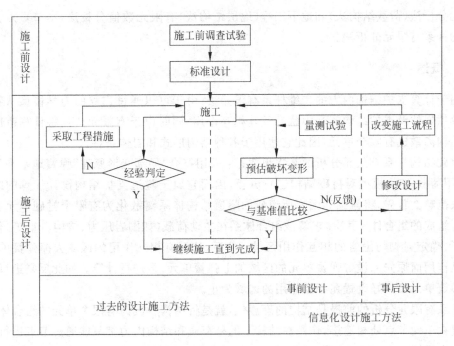

图 7-31 监控设计方法流程

有效方法。

总之,信息化施工是根据在隧洞开挖过程中及时量测所得到的信息,用已编好的软件进行理论解析或数值分析(包括岩性和岩体参数的非线性反分析及以后做的正演分析),再结合工程地质和岩体、结构做出综合判断,确定修改后的支护参数与施工对策。

监控设计原理是通过现场监测获得围岩力学动态和支护结构工作状态的信息(数据),再通过必要的力学分析,以修改和确定支护结构系统的设计和施工对策。

监控设计通常包括两个阶段:施工前预设计阶段和修正设计阶段。施工前预设计是在认真研究勘测资料和地质调查成果的基础上,应用工程类比法进行;修正设计则是根据现场监控量测所得到的信息,进行理论解析与数值分析,对围岩与支护结构稳定性作出综合判断,得出最终合理的设计参数与施工对策。

监控设计的主要环节包括现场监测、数据处理和信息反馈三个方面。其中,现场监测包括制定监测方案、确定测试内容、选择测试手段、实施监测计划;数据处理包括整理原始数据、明确数据处理的目的、选择处理方法、提出处理结果;信息反馈包括反馈方法(理论反馈与经验反馈)和反馈的作用(修改设计与指导施工)。

由于监控设计方法与施工紧密联系,详细内容见 8.6 节"施工监控量测与信息反馈"。

7.6 隧道及地下结构有限元分析

由于隧道及地下结构的复杂性,人工计算量大,耗时长且烦琐。因此隧道及地下结构的计算多借助于计算机完成。结构计算主要采用有限元分析来完成,常用的是衬砌结构杆系有限元分析法(荷载结构法)和地下工程(地层结构法)有限元数值分析法,本节重点介绍衬砌结构杆系有限元分析法。

1. 概述

用于计算支护结构内力的二维杆系有限元法,由于可以通过建立的力学模型从物理方面来模拟岩体及支护结构的受力状态及其相互作用,同时由于有限元法是将计算范围的岩体和结构离散成有限个单元,因此它适用于各种结构形式和岩体条件。

衬砌结构杆系有限元分析的基本思想是:采用符合"局部变形原理"弹簧地基来模拟围岩,采用荷载-结构模型对衬砌结构进行分析,因而它属于隧道支护结构设计计算的结构力学方法范畴。首先,将衬砌和围岩所组成的隧道结构体系离散化为有限个衬砌单元和弹簧单元所组成的组合体;其次,求解该组合体系在主动荷载(如围岩压力、结构自重等)作用下的变形,确定衬砌与围岩的相互作用区域;然后,从没有相互作用的区域去掉弹簧单元,在有相互作用而原先未设置弹簧单元的区域加上弹簧单元,再进行计算。如此反复进行计算,直到弹簧单元都正好设置在相互作用的区域为止。

杆系有限元分析的前提是结构的理想化,就是将结构看成为有限个单元的组合体,单元之间仅在单元节点处相连接,作用在结构上的外荷载和结构内力都只能通过节点进行传递,以节点力(轴力 N、弯矩 M、剪力 Q)或节点位移(线位移、转角)代表整个结构的受力状态和变形状态。围岩用只可承受压力的一维径向弹簧单元来模拟。若衬砌与围岩接触状态良好,可以根据接触状态的牢固程度设置切向弹簧(接触牢固)或是考虑摩擦力的影响,将弹簧偏转一个摩擦角或水平设置弹簧。

求解荷载-结构模型的结构力学方法包括力法和位移法。在矩阵分析中,由于力法求解过程因对象不同而异,编制的计算机程序通用性差,因此位移法占有非常重要的地位。本节就矩阵位移法的求解原理和主要步骤加以阐述。

2. 结构理想化

1) 衬砌结构理想化

隧道衬砌是实体拱式结构,轴力和弯矩是主要内力,可将其离散化为一些同时承受轴力、弯矩和剪力的偏心受压等直杆单元所组成的折线组合体。衬砌单元的力学性质由弹性梁理论确定,即小变形、符合胡克定律。通过衬砌单元可传递弯矩、轴力和剪力。为了计算方便,通常假定各个单元是等厚的,其计算厚度一般取该单元两端厚度的平均值。图 7-32 为隧道衬砌单元划分示意图。

当不考虑仰拱对衬砌内力的作用时,边墙的底端是直接放在岩层上的,可以假定边墙底端是弹性固定的,可以产生转动和垂直下沉,由于墙底较宽,与围岩之间的摩擦力较大,故在墙底面的水平方向加以约束,即不能产生水平位移。

如需要在计算中考虑仰拱的作用,则可将仰拱、

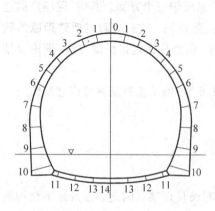

图 7-32 隧道衬砌单元划分示意图

边墙和拱圈一并考虑。

当结构与荷载都对称时,计算只需在一半衬砌上进行,而且此时两边墙墙脚的垂直下沉是相等的。均匀下沉不会引起结构的附加内力,但衬砌的下沉会改变它与围岩的接触状态,即改变了它的边界条件,结构内力也将发生变化。不过目前设计中都没有考虑这一点,而只考虑边墙底面弹性固定的转动所产生的影响。

2) 围岩理想化

将弹性抗力作用范围内的连续围岩,离散为若干条彼此互不相关的矩形岩柱。矩形岩柱的一个边长是衬砌的纵向计算宽度 b,通常取为单位长度($b=1$),另一个边长是两个相邻的衬砌单元的长度之半的和 S,岩柱的深度与传递轴力无关,故不予考虑。为了便于力学计算,可以用一些具有一定弹性性质的弹性支承来代替岩柱,并让它以铰接的方式支承在衬砌单元之间的节点上,所以它不承受弯矩,只承受轴力。根据温克尔假定,弹性支承的轴向刚度为 KbS,其中 K 为围岩的侧向弹性抗力系数,如图 7-33 所示。

弹性支承的设置方向,应按衬砌与围岩的接触状态而定。如两者黏结非常牢固,也就是说衬砌与围岩之间不仅能传递法向力而且还能传递剪切力,那么围岩就不仅能限制衬砌的法向位移,而且还能限制衬砌的切向位移。此时最好设置两个弹性支承:一根法向设置,代替围岩的法向约束;一根切向设置,代替围岩的切向约束。如衬砌与围岩之间没有足够的黏结力,只有当衬砌压向围岩时,围岩才能给予约束,也就是说两者之间只能传递法向压力,而不能传递法向拉力和剪切力,在不计衬砌与围岩接触面上的摩擦力时,弹性支承可沿衬砌轴线的法向设置。如考虑摩擦力的影响,则弹性支承将偏离衬砌轴线的一个法向摩擦角。为了简化计算工作,也可将弹性支承水平设置。后面两种情况,其计算结果十分接近。

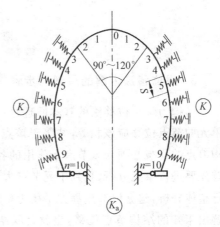

图 7-33 围岩理想化

至于墙脚的弹性固定,也可以用一个能约束转动和垂直位移的弹性支座来模拟。根据温克尔假定,弹性支座轴向刚度为 $K_a bh_a$,转动刚度为 $\dfrac{K_a bh_a^3}{12}$,这里的 h_a 是墙脚的横向尺寸,K_a 是墙脚处围岩的弹性抗力系数。

3) 荷载理想化

隧道衬砌所承受的外荷载,主要包括围岩压力和结构自重。荷载理想化就是将主动荷载进行离散,用集中于节点的等效荷载代替作用在衬砌上的各种荷载,也就是将作用在衬砌上的分布荷载置换为节点力。严格地说,这种置换应按静力等效的原则进行,即节点力所做虚功应等于单元上分布荷载所做的虚功。但因荷载本身的准确性较差,故可按简单而近似的方法,即简支分配原则进行置换,而不计作用力迁移位置时所引起的力矩的影响。对于竖向或水平的分布荷载,其等效节点力分别近似地取为节点两相邻单元水平或垂直投影长度的一半乘以衬砌计算宽度这一面积范围内的分布荷载的总和(见图 7-34)。对于衬砌自重,其等效节点力可近似地取为节点两相邻单元重量的一半。

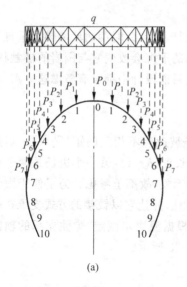
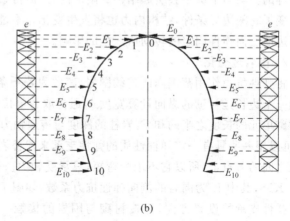

图 7-34 荷载理想化

3. 用位移法求解的原理和步骤

结构力学中位移法的基本原理是：以结构节点位移为基本未知量，联结在同一节点各单元的节点位移应该相等，并等于该点的结构节点位移——变形协调条件；作用于某一结构节点的荷载必须与该节点上作用的各个单元的节点力相平衡——静力平衡条件。因此，首先要进行单元分析，找到单元节点力和单元节点位移的关系——单元刚度矩阵。然后进行整体分析，建立以节点静力平衡为条件的结构刚度方程。引用边界条件，由结构刚度方程解出未知的结构节点位移，也就是联结于该节点的各单元的节点位移，进而求出单元节点力——衬砌内力。

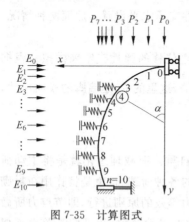

图 7-35 计算图式

对于荷载与结构都对称的衬砌，可取半跨计算。由于拱顶截面处没有水平位移和转角位移，故应加以约束，以反映原结构的状态，从而得出如图 7-35 所示的计算图式。

由于将支承链杆单元和衬砌单元之间的连接处理成铰接，因此不考虑支承链杆端点的转角。又因支承链杆是按水平方向设置的，与结构坐标系 x 轴方向一致，所以在竖直和水平节点荷载作用下，只有节点的水平位移引起支承链杆端点的水平位移，从而产生相应的单元节点力（弹性抗力）。

计算中，各单元节点力和单元节点位移的方向以与坐标轴方向一致者为正，力矩和转角以逆时针转动为正。

1) 单元刚度方程

计算衬砌内力所需的单元共三种：模拟衬砌结构承受轴力的直梁单元、模拟围岩约束作用的弹性支承单元以及模拟墙脚弹性固定的弹性支座单元。

(1) 衬砌单元刚度方程

根据结构力学公式,可以写出局部坐标系(见图 7-36 中的 $\bar{x}O\bar{y}$ 坐标系)中衬砌直梁单元的刚度方程:

$$\begin{bmatrix} \bar{N}_i \\ \bar{Q}_i \\ \bar{M}_i \\ \bar{N}_j \\ \bar{Q}_j \\ \bar{M}_j \end{bmatrix} = \begin{bmatrix} \dfrac{EA}{l} & 0 & 0 & -\dfrac{EA}{l} & 0 & 0 \\ 0 & \dfrac{12EI}{l^3} & \dfrac{6EI}{l^2} & 0 & -\dfrac{12EI}{l^3} & \dfrac{6EI}{l^2} \\ 0 & \dfrac{6EI}{l^2} & \dfrac{4EI}{l} & 0 & -\dfrac{6EI}{l^2} & \dfrac{2EI}{l} \\ -\dfrac{EA}{l} & 0 & 0 & \dfrac{EA}{l} & 0 & 0 \\ 0 & -\dfrac{12EI}{l^3} & -\dfrac{6EI}{l^2} & 0 & \dfrac{12EI}{l^3} & -\dfrac{6EI}{l^2} \\ 0 & \dfrac{6EI}{l^2} & \dfrac{2EI}{l} & 0 & -\dfrac{6EI}{l^2} & \dfrac{4EI}{l} \end{bmatrix} \begin{bmatrix} \bar{u}_i \\ \bar{v}_i \\ \bar{\varphi}_i \\ \bar{u}_j \\ \bar{v}_j \\ \bar{\varphi}_j \end{bmatrix} \quad (7\text{-}40)$$

或缩写成

$$\bar{S}^e = \bar{K}^e \bar{\delta}^e \quad (7\text{-}41)$$

式中 $\bar{S}^e$——局部坐标系中的单元节点力;

$\bar{K}^e$——局部坐标系中的单元刚度矩阵,它是一个 6×6 的对称矩阵;

$\bar{\delta}^e$——局部坐标系中的单元节点位移。

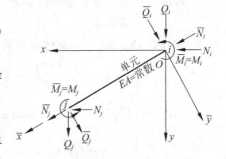

图 7-36 整体坐标系与局部坐标系

为了进行"整体"分析,需将局部坐标系中的单元刚度矩阵转换到总体坐标系(也称为结构坐标系)中,通过对总体坐标系和单元坐标系中的单元节点力及节点位移之间的转换关系可以看到两种坐标系中的单元节点力及节点位移之间存在如下关系:

$$\left.\begin{matrix} \bar{S}^e = T S^e \\ \bar{\delta}^e = T \delta^e \end{matrix}\right\} \quad (7\text{-}42)$$

式中 S^e——总体坐标系中的单元节点力,即 $S^e = [N_i \quad Q_i \quad M_i \quad N_j \quad Q_j \quad M_j]^T$;

δ^e——总体坐标系中的单元节点位移,即 $\delta^e = [u_i \quad v_i \quad \varphi_i \quad u_j \quad v_j \quad \varphi_j]^T$;

T——坐标变换矩阵,有

$$T = \begin{bmatrix} \cos\alpha & \sin\alpha & 0 & 0 & 0 & 0 \\ -\sin\alpha & \cos\alpha & 0 & 0 & 0 & 0 \\ 0 & 0 & 1 & 0 & 0 & 0 \\ 0 & 0 & 0 & \cos\alpha & \sin\alpha & 0 \\ 0 & 0 & 0 & -\sin\alpha & \cos\alpha & 0 \\ 0 & 0 & 0 & 0 & 0 & 1 \end{bmatrix} \quad (7\text{-}43)$$

式中 α——总体坐标系 x 轴正向与局部坐标系 $\bar{x}$ 轴正向之间的夹角。

将式(7-42)代入式(7-41)并利用转换矩阵的正交特性($T^{-1}=T^T$),可得在总体坐标系中单元刚度方程为

$$\left.\begin{aligned} S^e &= K^e \delta^e \\ K^e &= T^T \bar{K}^e T \end{aligned}\right\} \tag{7-44}$$

式中 K^e——总体坐标系中的单元刚度矩阵,也是 6×6 的对称矩阵。

将上式写成分块矩阵的形式为

$$\begin{bmatrix} S_i \\ S_j \end{bmatrix}^e = \begin{bmatrix} K_{ii} & K_{ij} \\ K_{ji} & K_{jj} \end{bmatrix}^e \begin{bmatrix} \delta_i \\ \delta_j \end{bmatrix}^e \tag{7-45}$$

展开可得

$$\left.\begin{aligned} S_i^e &= K_{ii}^e \delta_i^e + K_{ij}^e \delta_j^e \\ S_j^e &= K_{ji}^e \delta_i^e + K_{jj}^e \delta_j^e \end{aligned}\right\} \tag{7-46}$$

式中 S_i^e, S_j^e——总体坐标系中的单元 i 节点和 j 节点的单元节点力向量,包括轴力、剪力和弯矩;

δ_i^e, δ_j^e——总体坐标系中的单元节点 i 和节点 j 的位移向量,包括 x 向位移、y 向位移和转角;

$K_{ii}^e, K_{ij}^e, K_{ji}^e, K_{jj}^e$——总体坐标系中单元刚度矩阵的子矩阵,为 3×3 的矩阵,分别为

$$K_{ii}^e = \begin{bmatrix} \dfrac{EA}{l}\cos^2\alpha + \dfrac{12EI}{l^3}\sin^2\alpha & \left(\dfrac{EA}{l} - \dfrac{12EI}{l^3}\right)\cos\alpha\sin\alpha & -\dfrac{6EI}{l^2}\sin\alpha \\ \left(\dfrac{EA}{l} - \dfrac{12EI}{l^3}\right)\cos\alpha\sin\alpha & \dfrac{EA}{l}\sin^2\alpha + \dfrac{12EI}{l^3}\cos^2\alpha & \dfrac{6EI}{l^2}\cos\alpha \\ -\dfrac{6EI}{l^2}\sin\alpha & \dfrac{6EI}{l^2}\cos\alpha & \dfrac{4EI}{l} \end{bmatrix}$$

$$K_{ij}^e = \begin{bmatrix} -\dfrac{EA}{l}\cos^2\alpha - \dfrac{12EI}{l^3}\sin^2\alpha & \left(-\dfrac{EA}{l} + \dfrac{12EI}{l^3}\right)\cos\alpha\sin\alpha & -\dfrac{6EI}{l^2}\sin\alpha \\ \left(-\dfrac{EA}{l} + \dfrac{12EI}{l^3}\right)\cos\alpha\sin\alpha & -\dfrac{EA}{l}\sin^2\alpha - \dfrac{12EI}{l^3}\cos^2\alpha & \dfrac{6EI}{l^2}\cos\alpha \\ \dfrac{6EI}{l^2}\sin\alpha & -\dfrac{6EI}{l^2}\cos\alpha & \dfrac{2EI}{l} \end{bmatrix}$$

$$K_{ji}^e = \begin{bmatrix} -\dfrac{EA}{l}\cos^2\alpha - \dfrac{12EI}{l^3}\sin^2\alpha & \left(-\dfrac{EA}{l} + \dfrac{12EI}{l^3}\right)\cos\alpha\sin\alpha & \dfrac{6EI}{l^2}\sin\alpha \\ \left(-\dfrac{EA}{l} + \dfrac{12EI}{l^3}\right)\cos\alpha\sin\alpha & -\dfrac{EA}{l}\sin^2\alpha - \dfrac{12EI}{l^3}\cos^2\alpha & -\dfrac{6EI}{l^2}\cos\alpha \\ -\dfrac{6EI}{l^2}\sin\alpha & \dfrac{6EI}{l^2}\cos\alpha & \dfrac{2EI}{l} \end{bmatrix}$$

$$K_{jj}^e = \begin{bmatrix} \dfrac{EA}{l}\cos^2\alpha + \dfrac{12EI}{l^3}\sin^2\alpha & \left(\dfrac{EA}{l} - \dfrac{12EI}{l^3}\right)\cos\alpha\sin\alpha & \dfrac{6EI}{l^2}\sin\alpha \\ \left(\dfrac{EA}{l} - \dfrac{12EI}{l^3}\right)\cos\alpha\sin\alpha & \dfrac{EA}{l}\sin^2\alpha + \dfrac{12EI}{l^3}\cos^2\alpha & -\dfrac{6EI}{l^2}\cos\alpha \\ \dfrac{6EI}{l^2}\sin\alpha & -\dfrac{6EI}{l^2}\cos\alpha & \dfrac{4EI}{l} \end{bmatrix}$$

(2) 弹性支承单元刚度方程

考虑弹性支承水平设置，其方向与总体坐标系 x 轴方向一致（见图 7-37），联结于节点 i 的弹性支承单元产生的弹性抗力 R_{ix} 与节点 i 的压缩位移 u_i 之间的关系按温克尔假定可写为

$$R_{ix} = (k_i b s_i) u_i \tag{7-47}$$

式中　k_i——节点 i 附近地层弹性抗力系数；

　　　b——所取计算宽度，可取单位宽度；

　　　s_i——该弹性支承所代表的围岩高度，其值为与节点 i 相连的两个单元 i、$i+1$

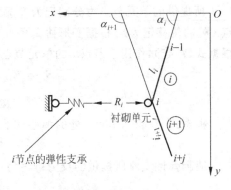

图 7-37　弹性支承单元

的单元长度 l_i、l_{i+1} 在 y 轴上投影的一半之和，即 $s_i = \frac{1}{2}(l_i \sin\alpha_i + l_{i+1} \sin\alpha_{i+1})$；

　　　u_i——节点 i 的水平压缩位移（指向围岩的位移）。

节点 i 处的弹性支承单元刚度方程可写为

$$\begin{bmatrix} R_{ix} \\ R_{iy} \\ M_i \end{bmatrix} = \boldsymbol{K}^e_{iR} \boldsymbol{\delta}^e_i = \begin{bmatrix} k_i b s_i & 0 & 0 \\ 0 & 0 & 0 \\ 0 & 0 & 0 \end{bmatrix} \begin{bmatrix} u_i \\ v_i \\ \varphi_i \end{bmatrix} \tag{7-48}$$

(3) 弹性支座单元刚度方程

在进行隧道衬砌内力分析时，要考虑墙底围岩产生的弹性抗力的影响。由于墙底与围岩之间有较大摩擦力和黏着力，故假定墙底不产生水平位移，墙底弹性支座单元如图 7-38 所示。

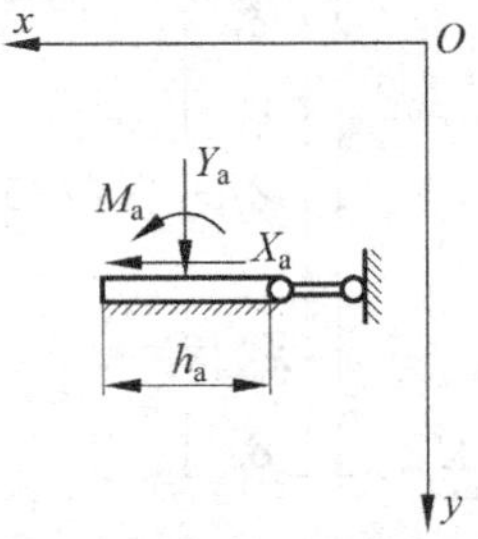

在经由边墙传递轴力和弯矩的作用下，墙底产生下沉和转动，墙底的弹性支座单元也将相应地产生位移和转角。根据墙底变形协调条件，墙底的位移和转角应与弹性支座单元的位移和转角相等。

图 7-38　弹性支座单元

在整体坐标系中，墙底弹性支座单元的刚度方程为

$$\begin{bmatrix} X_a \\ Y_a \\ M_a \end{bmatrix} = \boldsymbol{K}^e_a \boldsymbol{\delta}^e_a = \begin{bmatrix} 0 & 0 & 0 \\ 0 & k_a b h_a & 0 \\ 0 & 0 & k_a b h_a^3/12 \end{bmatrix} \begin{bmatrix} u_a \\ v_a \\ \varphi_a \end{bmatrix} \tag{7-49}$$

式中　k_a——墙底竖向弹性抗力系数；

　　　b——所取计算宽度，可取单位宽度；

　　　h_a——墙底宽度。

2) 结构刚度方程

根据结构体系各节点的变形协调条件和静力平衡条件，通过"整体"分析，对每个结构节点建立静力平衡方程，然后将所有节点的平衡方程集合在一起而得到结构的刚度方程。

设结构体系节点编号从 0 开始按从小到大的顺序编号，单元编号为该单元两个节点编号中较大者，即单元①的两个节点为 0 和 1、单元②的两个节点为 1 和 2、单元③的两个节点为 2 和 3，以此类推。

在总体坐标系中，结构节点 i 处作用的节点荷载记为 $\boldsymbol{P}_i$，节点 i 连接两个衬砌单元 i 和

$i+1$ 所提供的单元节点力分别记为 S_i^i 和 S_i^{i+1}（上脚码代表单元号，下脚码代表节点号），节点 i 处的位移记为 δ_i，根据变形协调条件，结构节点位移 δ_i 应与单元节点位移 δ_i^i、δ_i^{i+1} 相等。根据式(7-46)，作用于节点 i 的单元节点力可写为

$$\left.\begin{array}{l} S_i^i = K_{(i-1)i}^i \delta_{i-1} + K_{ii}^i \delta_i \\ S_i^{i+1} = K_{ii}^{i+1} \delta_i + K_{i(i+1)}^{i+1} \delta_{i+1} \end{array}\right\} \tag{7-50}$$

根据式(7-48)，节点 i 处的弹性支承所提供的反力可写为

$$R_i = K_{iR} \delta_i \tag{7-51}$$

墙脚弹性支座所提供的反力可写为

$$R_a = K_a \delta_a \tag{7-52}$$

由静力平衡条件，在各节点处应有：$\sum X = 0$、$\sum Y = 0$ 和 $\sum M = 0$，因此作用于各节点的所有节点力应满足：

$$\begin{aligned} P_i &= S_i^i + S_i^{i+1} + R_i \\ &= K_{(i-1)i}^i \delta_{i-1} + K_{ii}^i \delta_i + K_{ii}^{i+1} \delta_i + K_{i(i+1)}^{i+1} \delta_{i+1} + K_{iR} \delta_i \\ &= K_{(i-1)i}^i \delta_{i-1} + (K_{ii}^i + K_{ii}^{i+1} + K_{iR}) \delta_i + K_{i(i+1)}^{i+1} \delta_{i+1} \end{aligned} \tag{7-53}$$

根据结构体系所有节点的平衡条件可得到结构刚度方程，令

$$K_{ii} = K_{ii}^i + K_{ii}^{i+1} + K_{iR}$$

则结构刚度方程可写为

$$\begin{bmatrix} P_0 \\ P_1 \\ P_2 \\ P_3 \\ \vdots \\ P_{n-1} \\ P_n \end{bmatrix} = \begin{bmatrix} K_{00} & K_{01}^1 & & & & & \\ K_{01}^1 & K_{11} & K_{12}^2 & & \mathbf{0} & & \\ & K_{12}^2 & K_{22} & K_{23}^3 & & & \\ & & K_{23}^3 & K_{33} & K_{34}^4 & & \\ & & & \vdots & \vdots & & \\ & \mathbf{0} & & & K_{(n-2)(n-1)}^{n-1} & K_{(n-1)(n-1)} & K_{(n-1)n}^n \\ & & & & & K_{(n-1)n}^n & K_{nn} \end{bmatrix} \begin{bmatrix} \delta_0 \\ \delta_1 \\ \delta_2 \\ \delta_3 \\ \vdots \\ \delta_{n-1} \\ \delta_n \end{bmatrix} \tag{7-54}$$

上式可缩写成

$$P = K\delta \tag{7-55}$$

从式(7-54)可以看出，总刚度矩阵 K 的形成是非常有规律的，其中的任一个元素都是由各单元下角标相同的子矩阵简单叠加而成。对于某一节点 i，对应的刚度矩阵元素即为 K 的第 i 行各元素，主元素 K_{ii} 是由在 i 节点相连的各单元刚度矩阵的子矩阵 K_{ii}^i、K_{ii}^{i+1}、K_{iR} 相加而得，也就是将各单元下标相同的子矩阵简单叠加即可，非主元素 $K_{(i-1)i}$、$K_{i(i+1)}$ 是将与 i 节点相连的各单元的另一端的子矩阵 $K_{(i-1)i}^i$、$K_{i(i+1)}^{i+1}$ 直接放入即得。除上述非零元素外，K 矩阵的其他元素均为零，即 i 节点所产生的节点力只与直接汇交于该节点的各单元有关。

以上是把矩阵 K 中的子矩阵作为元素来对待的，而实际上每一个节点的可能位移和相应的节点荷载是三个，即每个子矩阵 K_{ij}^e 都是 3×3 的。故实际形成总刚度短阵时，必须将各个子矩阵展开成真正的元素，而后对号入座，送入 K 的相应位置或 K 矩阵中的相应元素叠加。

结构刚度矩阵具有如下特点：

(1) 结构刚度矩阵是一个对称矩阵。利用对称性，可以只存储矩阵的上三角或下三角

部分,并且可按一维存储。这样做既节省了计算机的存储容量,又减少了运算时间。另外,利用对称性也可校对结构刚度矩阵的正确性。

(2) 结构刚度矩阵是一个稀疏的带形矩阵。结构刚度矩阵中除了在主对角线周围的一个窄带内的少量元素外,其他元素均为零。利用这一特点,设法只存储非零元素,可大大节省存储容量。

(3) 结构刚度矩阵是一个奇异矩阵。式(7-54)是用直接刚度法按所有节点都可能产生位移而建立起来的,即假定结构没有任何约束,可以作刚体运动。结构刚度矩阵的行列式值为零。在求解结构刚度方程时必须引入位移约束条件,方程才有唯一解。

3) 求解未知节点位移和调整弹性支承

上面已经用直接刚度法建立了结构刚度方程(7-54)。但这个方程式无法求解,因为它是在假定所有节点都可能产生位移的基础上建立起来的,没有给结构必要的约束,所以总刚度矩阵是奇异的。只有在引入必要的边界条件,即位移约束后,才能对式(7-54)求解。

引入位移约束条件的常用方法之一,就是所谓划"1"置"0",即将总刚度矩阵中对应于节点位移分量为0的行和列的全部元素置0,仅在主元素位置上置1,同时将荷载项中与零位移分量相对应的荷载分量也置0。这样,就相当于在求解未知节点位移分量的方程组中,加进一组已知其节点位移分量为0的方程式,求解的最终结果并不影响其唯一性和正确性。对于图 7-35 所示的计算图式,可以认定其 0 节点的 x 方向线位移和转角为零,即 $u_0 = \varphi_0 = 0$,同时墙脚 n 节点的 x 方向线位移也是零,即 $u_n = 0$。

对已作了边界约束处理的结构刚度方程求解,即可得出第一次近似的节点位移值。对于图 7-35 所示的计算图式,当计算出某点的水平位移分量 $u_i < 0$ 时,即表明该衬砌是向着隧道内变形,故应将该点的弹性支承从计算图式中去掉,修改总刚度矩阵中有关元素,重新求解节点位移,直至所有布置有弹性支承的节点处都符合 $u_i > 0$ 的条件而所有未布置弹性支承的节点处都符合 $u_i < 0$ 的条件为止。

4) 计算衬砌内力

求出最终的结构节点位移后,根据变形协调条件即结构节点位移与汇交于此节点的单元节点位移相等,就可从结构节点位移列阵中,找出各单元的节点位移。因此,从结构节点位移列阵中,即可找出各单元的节点位移:$\delta_i^e = \delta_i$。然后,根据整体坐标的单元节点位移和坐标转换矩阵可求得局部坐标的单元节点位移:$\bar{\delta}^e = T\delta^e$。再根据单元刚度方程,即可求出局部坐标的单元节点力(衬砌内力):

$$\bar{S}^e = \bar{K}^e \bar{\delta}^e = \bar{K}^e T \delta^e = B \delta^e \tag{7-56}$$

式中 B——应力矩阵。

这里要注意,按上式所求得的是各单元端点的单元节点力。而上面已经提到衬砌内力指衬砌节点上的轴力、剪力和弯矩。对于作用有节点外荷载的节点来说,汇交于该节点的各衬砌单元的节点力,尤其是轴力和剪力显然各不相同,究竟以哪个单元的节点力来代表衬砌内力呢?最简单的办法就是取相邻两单元的平均值。

位移法的主要优点是它的表达式规范化,便于编制计算机程序,而且这种程序具有较大的通用性。

5) 用位移法求解衬砌内力的基本步骤

(1) 结构离散化。计算各衬砌单元长度、厚度、截面积、惯性矩以及各节点的坐标值,将所有荷载换算成等效节点荷载。

(2) 计算局部坐标系下的衬砌单元、弹性支承单元、弹性支座单元的单元刚度矩阵。

(3) 计算整体坐标系下的单元刚度矩阵。

(4) 形成结构刚度矩阵。

(5) 引入边界条件,修改结构刚度矩阵。

(6) 求解结构刚度方程,得到节点位移。

(7) 根据求得的节点位移,调整弹性支承并修正结构刚度矩阵。

(8) 重复(6)、(7)两步,直至所有布置有弹性支承的节点处都符合 $u_i>0$ 的条件而所有未布置弹性支承的节点处都符合 $u_i<0$ 的条件为止。求出最终的结构节点位移。

(9) 计算局部坐标的单元节点力(衬砌内力)。

习 题

1. 什么是围岩的二次应力场?其特征和影响因素是什么?
2. 进行支护结构设计需要充分认识和了解的问题是什么?
3. 从收敛、约束的基本概念说明坑道开挖后围岩与支护结构相互作用的力学过程。
4. 洞室开挖后,分别说明当围岩处于弹性状态和塑性状态时,围岩二次应力场和位移场的特征;当施加支护后,其二次应力场和位移场有什么变化?这种变化和支护阻力的关系是什么?
5. 说明围岩特征(支护需求)曲线、支护特征曲线的基本概念;并利用这两种曲线说明围岩与支护结构形成准平衡状态的力学过程;影响其最终平衡状态的因素是什么?
6. 从不同的观点对围岩压力做出解释。根据围岩压力作用的不同性质,将围岩压力分成哪几种类型?每种围岩压力作用的特点分别是什么?
7. 说明松动围岩压力的形成过程,并明确自然平衡拱的概念。
8. 简述地下结构设计计算的主要模型及其区别。
9. 对于地下结构应用结构力学方法计算时,有哪些方法?各自的使用范围分别是什么?
10. 对于矩形结构常用的结构力学计算方法有哪些?每种计算方法的计算原理和适用条件是什么?
11. 对于圆形结构常用的结构力学计算方法有哪些?每种计算方法的计算原理和适用条件分别是什么?
12. 岩体力学模型中有哪几种计算方法?可利用的计算工具和适用条件分别是什么?

第8章 隧道及地下工程的施工方法

8.1 隧道及地下工程施工概述

8.1.1 隧道及地下工程施工的基本概念

隧道及地下工程施工是指修建隧道及地下洞室的施工方法、施工技术和施工管理的总称。隧道及地下工程施工过程通常包括：在地层内挖出土石，形成符合设计断面的坑道，进行必要的支护和衬砌，控制围岩变形，保证隧道施工安全和长期安全使用。

隧道及地下工程施工技术主要研究解决上述各种隧道及地下工程施工方法所需的技术方案和措施（如开挖、掘进、支护和衬砌的施工方案和措施）。隧道及地下工程施工管理主要解决施工组织设计（如施工方案的选择、施工技术措施、场地布置、进度控制、材料供应、劳力及机具安排等）和施工中的技术管理、计划管理、质量管理、经济管理和安全管理等问题。

隧道及地下工程开挖后，除围岩完全能够自稳而无须支护以外，在围岩稳定能力不足时，则须加以支护才能使其进入稳定状态，称为初期支护。若围岩完全不能自稳，则须先支护后开挖，称为超前支护。隧道及地下工程在穿越断层等不良地层时，有时需要先注浆加固围岩和堵水，然后开挖，称为地层改良。为保证隧道及地下工程在长期运营期间的稳定性和耐久性，减少阻力，提升美观等，设计时一般均采用混凝土或钢筋混凝土内层衬砌，称为二次衬砌。

8.1.2 隧道及地下工程施工的特点

隧道及地下工程施工过程通常包括在地层中挖出土石，形成符合设计轮廓尺寸的坑道；进行必要的初次支护和砌筑永久衬砌，以控制坑道围岩变形，保证隧道长期的安全使用。

隧道及地下结构物是多种多样的，构筑这些结构物的施工技术也是多种多样的。这些施工技术的形成和发展与地下结构物的施工特性有关。因此，首先要充分了解地下施工的特性。概括地说，隧道及地下工程施工具有以下特性。

1. 隐蔽性大

地下结构物竣工后，我们只能看到外观，而其内部及结构物背后的状态是隐蔽的。因此，工程地质和水文地质条件对隧道施工的成败起着重要的，甚至是决定性的作用。不仅要在勘测阶段做好详细的地质调查和勘探，尽可能准确地掌握隧道工程范围内的岩层性质、岩体强度、完整程度、地应力场、自稳能力、地下水状态、有害气体和地温状况等资料，并根据这些原始材料，初步选定合适的施工方法，确定相应的施工措施和配套的施工机具。而且，由于地质条件的复杂性和勘探手段的局限性,施工中仍不可避免出现前所未料的情况。因此,在长大隧道的施工过程中,还应采取试验导坑(如日本青函隧道)、水平超前钻孔、声波探测和导坑领先等技术措施,进一步查清掘进前方的地质条件,及时掌握变化的情况,以便尽快修改施工方法和技术措施。从严格意义上说,地下工程就是一个隐蔽工程,一旦建成就难以更改,所以,除了事先必须审慎规划和设计外,施工中还要做到不留后患。

2. 作业的循环性强

一般的地下结构物都是纵长的,施工必须严格地按照一定的顺序循环作业。如开挖就是按照"钻孔→装药→爆破→通风→出渣"的循环,一步一步地循环开挖,直到最后隧道贯通。这种循环性是地下施工最具特色的一点,也是组织施工的基本原则。隧道断面较小,一些施工工序只能顺序作业,而另一些工序又可以沿隧道纵向展开平行作业。因此,要求施工中加强管理、合理组织,避免相互干扰。

3. 作业空间有限

地下结构物通常都是在地下一定深度修筑的,结构物的尺寸受到极大限制,这也就决定了施工空间的尺寸和形状。在有限的空间内进行施工,投入的人力和机械都不能够"畅所欲为"。因此,在地面工程中使用的大型机械,是很难在地下工程中发挥其作用的,必须采用适合地下工程有限空间的施工机械和施工方法。在正常情况下,隧道只有进口和出口两个工作面,相对于桥梁和线路工程来说,隧道的施工速度比较慢,工期也比较长,一些长大隧道往往成为控制新建铁路通车的关键工程。为此,需要附加地开挖竖井、斜井和横洞等辅助工程来增加工作面,加快隧道施工速度。

4. 作业的综合性

地下施工由多种作业构成,开挖、支护、出渣运输、通风和除尘、防水和排水、供电、供风和供水等作业缺一不可。每一项作业搞不好都会影响全局。因此,地下施工的综合性很强。这就要求我们必须有良好的施工管理和施工组织经验,才能使工程有序快速地进行。

5. 施工是动态的

施工过程的力学状态千变万化,围岩的物理力学性质也在不断变化。地下结构的力学状态极为复杂,直到目前还有许多不清楚的地方。只能在修筑地下结构物的过程中,逐渐认识和了解其力学状态的变化,并通过各种手段进行控制和调整。从力学角度看,施工过程就是控制和调整力学状态变化的过程,施工技术也就是控制和调整力学状态的手段和方法,理解这一点是极为重要的。

6. 作业环境恶劣

地下施工的作业环境比较差,黑暗、潮湿且粉尘多,在恶劣的地质条件下,还应考虑安全的问题。因此,如何创造一个安全、舒适和工厂化的作业环境,就成为地下施工技术要解决的重要课题。必须采取有效措施对作业环境加以改善,如人工通风、照明、防尘、消声、隔音和排水等,使施工场地合乎卫生条件,并有足够的照度,以保证施工人员身体健康,提高劳动生产率。

7. 作业的风险较大

风险性与隐蔽性是相关联的,施工人员必须经常关注隧道施工的风险性。特别是在不良地质条件下,更要有风险意识和应变意识。

8. 气候影响小

隧道施工可以不受或少受昼夜更替、季节变换和气候变化等自然条件改变的影响,可以昼夜不停、稳定地进行施工。

8.1.3 隧道及地下工程施工方法及其选择

一个多世纪以来,世界各国的隧道工作者在实践中已经创造出能够适应各种围岩的多种隧道施工方法。根据隧道穿越地层的不同情况和目前隧道施工方法的发展,隧道施工方法可按以下方式分类。

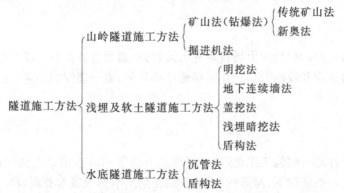

矿山法因最早应用于矿石开采而得名,它包括上面已经提到的传统方法和新奥法。由于在这种方法中,多数情况下都需要采用钻眼爆破进行开挖,故又称为钻爆法。有时候为了强调新奥法与传统矿山法的区别,而将新奥法从矿山法中分出另立系统。

掘进机法包括隧道掘进机(Tunnel Boring Machine,TBM)法和盾构掘进机法。前者应用于岩石地层,后者则主要应用于土质围岩,尤其适用于软土、流砂和淤泥等特殊地层。沉管法和明挖法等则是用来修建水底隧道、地下铁道和城市市政隧道等,以及埋深很浅的山岭隧道。

隧道施工中最重要的是选择合理的施工方法。隧道及地下工程施工方法的选择主要依据工程地质和水文地质条件,并结合洞室断面尺寸、长度、衬砌类型、洞室的使用功能和施工技术水平等因素综合考虑,研究确定。在长期的工程实践中,我国已经积累了相当丰富的经验和理论,逐渐形成了具有中国特色的隧道施工方法体系。所选择的施工方法也应该体现出技术先进、经济合理及安全使用等要求。选择施工方法时需考虑以下基本因素。

1. 施工条件

实践证明,施工条件是决定施工方法的最基本因素,它包括一个施工队伍所具备的施工能力、素质以及管理水平。目前我国隧道施工队伍的素质和施工装备水平,参差不齐。因此,在选择施工方法时,必须考虑施工条件的影响。

2. 围岩条件

围岩条件包括围岩级别、地下水及不良地质现象等。围岩级别是对围岩工程性质的综合判定,对施工方法的选择起着重要的,甚至是决定性的作用。从施工技术的发展趋势看,地质条件虽然是重要的,但基本施工方法的变化却不显著。例如,全断面法和超短台阶法的结合,全地质型掘进机和自由断面掘进机等的开发都说明了这一点。

3. 隧道断面积

隧道尺寸和形状对施工方法的选择也有一定的影响。目前隧道断面有向大断面方向发展的趋势,如公路隧道已开始修建三车道甚至四车道的大断面,水电工程中的大断面洞室,更是屡见不鲜;在这种情况下,施工方法必须适应其发展。在单线和双线的铁路隧道、双车道公路隧道中,越来越多地采用了全断面法及台阶法;而在更大断面的隧道工程中,先采用各种方法修建小断面的导坑,再扩大形成全断面的施工方法极为盛行。

4. 埋深

隧道埋深与围岩的初始应力场及多种因素有关,通常将埋深分为浅埋和深埋两类,有时将浅埋又分为超浅埋和浅埋两类。在同样地质条件下,由于埋深的不同,施工方法也将有很大差异。

5. 工期

作为设计条件之一的施工工期,在一定程度上会影响基本施工方法的选择。因为工期决定了在均衡生产的条件下,对开挖、运输等综合生产能力的基本要求,即对施工均衡速度、机械化水平和管理模式的要求。

6. 环境条件

当隧道施工对周围环境产生如爆破振动、地表下沉、噪声、地下水条件的变化等不良影响时,环境条件也应成为选择隧道施工方法的重要因素之一,在城市中甚至会成为选择施工方法的决定性因素。

综上所述,隧道及地下工程施工方法的选择,是一项"模糊"的决策过程,它依赖于有关人员的学识、经验、毅力和创新精神。对于重要工程则需汇集专家们的意见,广泛论证。必要时应当开挖试验洞对理论方案进行验证。

8.1.4 隧道及地下工程施工技术的发展

从改革开放以来,我国铁路、公路和水电站等隧道及地下工程的发展进入了一个新的时期,面临着新的机遇和挑战。从目前的工程实际出发,在今后很长一段时期内,钻爆法仍然是修建山岭隧道的主流。因此,改造和完善钻爆法及其相关施工技术,仍然是刻不容缓的,必须及时总结经验,适应形势的发展和要求,不断提高隧道施工技术水平。

从山岭隧道施工技术的现状出发,为了适应我国山岭隧道工程发展的需要并结合隧道工程技术的发展趋势,目前在山岭隧道施工中必须予以关注的问题是:

(1) 加强施工阶段地质判释技术,完善判释方法和手段;

(2) 隧道施工方法的标准化、模式化;

(3) 不断提高单一工作面的掘进速度,减少辅助工程数量,控制超欠挖;

(4) 加强环境意识,改善地下作业环境,减少对周边环境和结构物的影响;

(5) 重视工程质量,加强施工阶段质量检测,以减轻隧道运营后的维修养护工作量;

(6) 加强施工中的灾害预测、预防与控制;

(7) 不断提高施工管理水平,从多种角度降低工程成本,提高地下工程可持续发展的效应,使之适应技术发展的需求;

(8) 加强对施工新技术的研究。

采用隧道施工新技术对提高施工质量和加快施工进度有着十分明显的作用。目前应着重进行以下几方面的研究和应用。

(1) 钻孔作业应使用能力更强的凿岩机或钻孔台车,冲击钻头应采用更优良的合金材料、改进钻头形状以加快钻孔速度;开发更有效的爆破器材;研究优化爆破设计,经编程后由计算机控制钻孔;提高凿岩爆破能力;

(2) 加强对湿喷混凝土及喷射钢纤维混凝土的应用研究,完善施工工艺,改善施工条件,提高支护质量、速度及效果;

(3) 加强对预制拼装式衬砌的研究应用,使预制混凝土衬砌向高标号、尺寸误差小及拼装密封条件好的方向发展;

(4) 进一步完善辅助工法,特别是加强注浆技术(注浆设备、材料、工艺、检验)的研究,以提高对不良地质的应变能力。

8.2 开挖、钻爆和装渣运输

8.2.1 开挖方法及掘进方式

1. 开挖方法

在隧道施工过程中,开挖方法是影响围岩稳定的重要因素之一。因此,在选择开挖方法时,应对隧道断面大小和形状、围岩的工程地质条件、支护条件、工期要求、工区长度、机械配备能力和经济性等相关因素进行综合分析,采用恰当的开挖方法,尤其应与支护条件相适应。隧道开挖方法实际是指开挖成形方法。按开挖隧道的横断面分部情形来分,开挖方法可分为全断面开挖法、台阶开挖法和分部开挖法。

1) 全断面开挖法

全断面开挖法是按设计开挖断面一次开挖成型(图 8-1)。

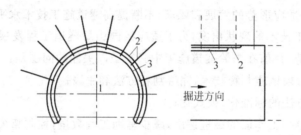

图 8-1 全断面开挖法
1—工作面(开挖面)；2—喷锚支护；3—模筑混凝土衬砌

(1) 全断面开挖法的施工顺序

① 施工准备完成后,用钻孔台车钻眼,然后装药,连接起爆网路；
② 退出钻孔台车,引爆炸药,开挖出整个隧道断面；
③ 进行通风、洒水以排烟、降尘；
④ 排除危石,安设拱部锚杆,喷第一层混凝土；
⑤ 用装渣机将石渣装入矿车或运输机,运出洞外；
⑥ 安设边墙锚杆,喷混凝土；
⑦ 必要时可喷拱部第二层混凝土和隧道底部混凝土；
⑧ 开始下一轮循环；
⑨ 在初次支护变形稳定后,或按施工组织中规定日期灌注内层衬砌。

根据围岩稳定程度及施工设计,也可以不设锚杆或设短锚杆。也可先出渣,然后再作初次支护,但一般仍先进行拱部初次支护,以防止局部应力集中而造成围岩松动剥落。

(2) 适用条件

全断面开挖法适用于岩层覆盖条件简单、岩质较均匀的硬岩中,必须具备大型施工机械。隧道长度或施工区段长度不宜太短。否则,采用大型机械化施工的经济性差。根据经验,该长度不应小于 1km。

(3) 全断面开挖法的优缺点

① 全断面开挖有较大的工作空间,适用于大型配套机械化施工,施工速度较快,且因单工作面作业,便于施工组织和管理。有较大的断面进尺比(即开挖断面面积与掘进进尺之比),可获得较好的爆破效果,且爆破对围岩的震动次数相对较少,有利于围岩的稳定。一般应尽量采用全断面开挖法。

② 采用全断面开挖,每次爆破震动强度较大,因此要求进行分段装药,严格地控制爆破设计,尤其是对于稳定性较差的围岩。因开挖面大,围岩相对稳定性降低,且每循环工作量相对较大,因此要求具有较强的开挖、出渣能力和相应的支护能力。

(4) 采用全断面法开挖时应注意的事项

① 摸清开挖面前方的地质情况,随时准备好应急措施(包括改变施工方法),以确保施工安全。尤其应注意突然发生的地质条件恶化,如大量涌水、地下泥石流等。对于可能有地下水涌出的施工地段,必须坚持"有疑必探,先探后掘"的原则；对于岩层性质变化较大的区域,必须进行地层资料的收集整理工作,及早提出相应的施工措施。

② 各工序使用的机械设备务求配套,以充分发挥机械设备的使用效率,使各工序之间

协调进行,在保证隧道稳定安全的前提下,提高施工速度。

③ 在软弱破碎围岩中使用全断面法开挖时,应加强对辅助施工方法的设计和作业检查,以及对支护后围岩的动态量测与监控。

2) 台阶开挖法

台阶开挖法一般是将设计断面分上半断面和下半断面两次开挖成型。台阶法包括长台阶法、短台阶法和超短台阶法三种,其划分是根据台阶长度来决定的,如图8-2所示。至于施工中究竟应采用何种台阶法,要根据以下两个条件来决定:

一是初次支护形成闭合断面的时间要求,围岩越差,闭合时间要求越短;

二是上断面施工所用的开挖、支护、出渣等机械设备对施工场地大小的要求。

在软弱围岩中应以前一条件为主,兼顾后者,确保施工安全。在围岩条件较好时,主要考虑如何更好地发挥机械效率,保证施工的经济性,故只要考虑后一条件。现将各种台阶法叙述如下。

(1) 长台阶法

长台阶法的上、下断面相距较远,一般上台阶超前50m以上或大于5倍洞跨。施工时上下部可配属同类机械进行平行作业,当机械不足时也

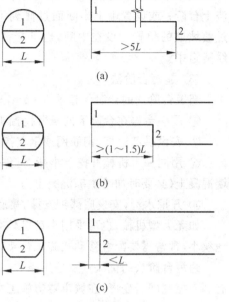

图8-2 台阶法施工形式
(a) 长台阶法;(b) 短台阶法;(c) 超短台阶法

可用一套机械设备交替作业,即在上半断面开挖一个进尺,然后在下断面开挖一个进尺。当隧道长度较短时,也可先将上半断面全部挖通后,再进行下半断面施工,即为半断面法。

长台阶法的作业顺序按上半断面开挖和下半断面开挖而不同。上半断面开挖顺序为:①用两臂钻孔台车钻眼、装药爆破,地层较软时也可用挖掘机开挖;②安设锚杆和钢筋网,必要时加设钢支撑、喷射混凝土;③用推铲机将石渣推运到台阶下,再由装载机装车,运至洞外;④根据支护结构形成闭合断面的时间要求,必要时在开挖上半断面后,可建筑临时底拱,形成上半断面的临时闭合结构,然后在开挖下半断时再将临时底拱挖掉。

但从经济观点来看,最好是改用短台阶法。下半断面开挖顺序为:①用两臂钻孔台车钻眼、装药爆破,装渣直接运至洞外;②安设边墙锚杆(必要时),喷混凝土;③用反铲挖掘机开挖水沟,喷底部混凝土。

长台阶法的优缺点及适用条件。有足够的工作空间和相当的施工速度,上部开挖支护后,下部作业就较为安全,但上下部作业有一定的干扰。相对于全断面法来说,长台阶法一次开挖的断面和高度都比较小,只需配备中型钻孔台车即可施工,而且长台阶法对维持开挖面的稳定也十分有利。所以,它的适用范围较全断面法广泛,凡是使用全断面法时开挖面不能自稳,但围岩坚硬,不用底拱封闭断面的情况,都可采用长台阶法。

(2) 短台阶法

短台阶法的台阶长度小于5倍但大于1~1.5倍洞跨,上下断面采用平行作业。

短台阶法的作业顺序和长台阶相同。

短台阶法的优缺点及适用条件。由于短台阶法可缩短支护结构闭合的时间,改善初次支护的受力条件,有利于控制隧道收敛速度和量值,所以适用范围很广,Ⅰ~Ⅴ级围岩都能采用,尤其适用于Ⅳ、Ⅴ级围岩,是新奥法施工中经常采用的方法。缺点是上台阶出渣时对下半断面施工的干扰较大,不能全部平行作业。为解决这种干扰,可采用长皮带机运输石渣上台阶;或设置由上半断面过渡到下半断面的坡道。将上台阶的石渣直接装车运出。过渡坡道的位置可设在中间,也可交替地设在两侧。过渡坡道法通常用于断面较大的双线隧道中。

(3) 超短台阶法

超短台阶法的台阶仅超前 3~5m,只能采用交替作业。超短台阶法施工作业顺序为:

① 用一台停在台阶下的长臂挖掘机或单臂掘进机开挖上半断面至一个进尺;

② 安设拱部锚杆、钢筋网或钢支撑,喷拱部混凝土;

③ 用同一台机械开挖下半断面至一个进尺,安设边墙锚杆、钢筋网或接长钢支撑,喷边墙混凝土(必要时加喷拱部混凝土);

④ 开挖水沟,安设底部钢支撑,喷底拱混凝土,灌注内层衬砌。

如无大型机械,也可采用小型机具交替地在上下部进行开挖,由于上半断面施工作业场地狭小,常常需要配置移动式施工台架,以解决上半断面施工机具的布置问题。

超短台阶法的优缺点及适用条件。由于超短台阶法初次支护全断面闭合时间更短,更有利于控制围岩变形,在城市隧道施工中能更有效的控制地表沉陷。所以,超短台阶法适用于膨胀性围岩和土质围岩,以及要求及早闭合断面的场合。当然,也适用于机械化程度不高的各级围岩地段。其缺点是上下断面相距较近,机械设备集中,作业时相互干扰较大,生产效率较低,施工速度较慢。在软弱围岩中施工时,应特别注意开挖工作面的稳定性,必要时可对开挖面进行预加固或预支护。

最后还应指出,在所有台阶法施工中,开挖下半断面时要求做到以下几点:

① 下半断面的开挖(又称为落底)和封闭应在上半断面初次支护基本稳定后进行,或采取其他有效措施确保初次支护体系的稳定性,例如扩大拱脚、打拱脚锚杆和加强纵向连接等,使上部初次支护与围岩形成完整体系;若围岩稳定性较好,则可以分段顺序开挖;若围岩稳定性较差,则应缩短下部掘进循环进尺;若稳定性更差,则可采用单侧落底或双侧交错落底,避免上部初次支护两侧拱脚同时悬空,或先拉中槽后挖边帮。又如,视围岩状况严格控制落底长度,一般采用 1~3m,并且不得大于 6m。

② 下部边墙开挖后必须立即喷射混凝土,并按规定做初次支护。

③ 必须及时进行量测工作,以观察拱顶、拱脚和边墙中部位移值,当发现速率增大,立即进行底(仰)拱封闭。

3) 分部开挖法

分部开挖法是将隧道断面分部开挖逐步成型,且一般将某部超前开挖,故也可称为导坑超前开挖法。分部开挖法可分为三种变化方案:台阶分部开挖法、单侧壁导坑法和双侧壁导坑法,如图 8-3 所示。

(1) 台阶分部开挖法

台阶分部开挖法又称为环形开挖留核心土法,开挖面分部形式:一般将断面分为环形拱部(见图 8-3(a)中的 1、2、3)、上部核心土 4、下部台阶 5 等三部分。

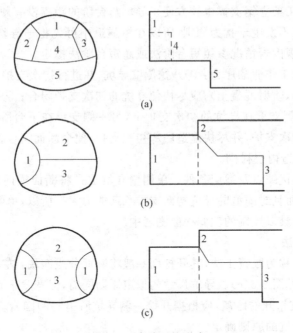

图 8-3 台阶开挖形式
(a) 台阶分部开挖法；(b) 单侧壁导坑法；(c) 双侧壁导坑法

台阶分部开挖法的施工作业顺序为：
① 用人工或单臂进机开挖环形拱部，或根据断面的大小，环形拱部又可分成几块交替开挖；
② 安设拱部锚杆、钢筋网或钢支撑，喷混凝土；
③ 在拱部初次支护保护下，用挖掘机或单臂掘进机开挖核心土和下台阶，随时接长钢支撑、喷混凝土、封底；
④ 根据初次支护变形情况或施工安排建造内层衬砌。

由于拱形开挖高度较小或地层松软，锚杆不易成型，所以施工中应不设或少设锚杆。环形开挖进尺为 0.5～1.0m，不宜过长。上部核心土和下台阶的距离，一般双线隧道为 1 倍洞跨，单线隧道为 2 倍洞跨。

台阶分部开挖法的优缺点及适用条件。在台阶分部开挖法中，因为上部留有核心土支挡着开挖面，而且能迅速及时地建造拱部初次支护，所以开挖工作面稳定性好。与台阶法一样，核心土和下部开挖都是在拱部初次支护保护下进行的，施工安全性好。这种方法适用于一般土质或易坍塌的软弱围岩。与超短台阶法相比，台阶分部开挖法的台阶长度可以加长，以减少上下台阶施工干扰；而与下述的侧壁导坑法相比，这种方法的施工机械化程度较高，施工速度可加快。虽然核心土增强了开挖面的稳定，但开挖中围岩要经受多次扰动，而且断面分块多，支护结构形成全断面封闭的时间长，这些都有可能使围岩变形增大。因此，台阶分部开挖法常要结合辅助施工措施对开挖工作面及其前方岩体进行预支护或预加固。

(2) 单侧壁导坑法

单侧壁导坑法一般将开挖断面分成三块：侧壁导坑 1、上台阶 2 和下台阶 3，见图 8-3(b)。侧壁导坑尺寸应充分利用台阶的支承作用，并考虑机械设备和施工条件而定。一般侧壁导坑宽度不宜超过 0.5 倍洞宽，高度以到起拱线为宜。这样，导坑可分二次开挖和支护，不需要架设工作平台,人工架立钢支撑也较方便。导坑与台阶的距离没有硬性规定,但一般应以导坑施工和台阶施工不发生干扰为原则,所以在短隧道中可先挖通导坑,而后再开挖台阶。上、下台阶的距离则视围岩情况参照短台阶法或超短台阶法拟定。

单侧壁导坑法施工作业顺序为:①开挖侧壁导坑,并进行初次支护(锚杆+钢筋网或锚杆+钢支撑或钢支撑,喷射混凝土),应尽快使导坑的初次支护闭合;②开挖上台阶,进行拱部初次支护,使其一侧支承在导坑的初次支护上,另一侧支承在下台阶上;③开挖下台阶,进行另一侧边墙的初次支护,并尽快建造底部初次支护,使全断面闭合;④拆除导坑临空部分的初次支护;⑤建造内层衬砌。

单侧壁导坑法的优缺点及适用条件。单侧壁导坑法是将断面横向分成三块或四块,每步开挖的宽度较小,而且封闭型的导坑初次支护承载能力大。所以,单侧壁导坑法适用于断面跨度大,地表沉陷,难以控制的软弱松散围岩中。

(3) 双侧壁导坑法

双侧壁导坑法又称为眼镜工法,其开挖面一般将断面分成四块:左、右侧壁导坑1、上部核心土2、下台阶3,见图8-3(c)。导坑尺寸的拟定原则同前,但宽度不宜超过断面最大跨度的1/3。左、右导坑错开的距离,应根据开挖一侧导坑所引起的围岩应力重分布的影响不致波及另一侧已成导坑的原则确定。

双侧壁导坑法施工作业顺序为:①开挖一侧导坑,并及时将其初次支护闭合;②相隔适当距离后开挖另一侧导坑,并建造初次支护;③开挖上部核心土,建造拱部初次支护,拱脚支承在两侧壁导坑的初次支护上;④开挖下台阶,建造底部的初次支护,使初次支护全断面闭合;⑤拆除导坑临空部分的初次支护;⑥建造内层衬砌。

双侧壁导坑法的优缺点及适用条件:当隧道跨度很大,地表沉陷要求严格,围岩条件特别差,单侧壁导坑法难以控制围岩变形时,可采用双侧壁导坑法。现场实测表明,双侧壁导坑法所引起的地表沉陷仅为短台阶法的1/2。虽然双侧壁导坑法开挖断面分块多,扰动大,初次支护全断面闭合的时间长,但每个分块都是在开挖后立即各自闭合的,所以在施工过程中变形几乎不发展。双侧壁导坑法施工安全,但速度较慢,成本较高。

4) 三台阶七步开挖法

三台阶七步流水作业法适用于Ⅴ~Ⅳ级围岩双线或多线大跨度隧道掘进,分台阶、分部位沿纵向位置错开,同时开挖,同时支护,尽早闭合成环。这种方法对软弱围岩地质变化适应性强,安全可靠。

(1) 三台阶七步流水作业法基本原理

这种方法是在隧道开挖过程中,在三个台阶上分七个开挖面,如图8-4所示,以前后七个不同的位置相互错开同时开挖,然后分步同时支护,形成支护整体,缩小作业循环时间,逐步向纵深推进的作业方法。

① 开挖掘进以三个台阶七个工作面同时进行。
② 初期支护先上后下,分步实施,然后连成整体,形成一个承载拱。
③ 依据围岩量测结果调整支护参数,循环进尺 0.7~1.5m。
④ 大型装运机械在中层爬坡道进出,集中并快速完成三个台阶的出渣任务。

(2) 三台阶七步流水作业法施工步骤

七步作业法开挖要求在隧道全断面划分的七个部位同时开挖,由于七个部位分别处于

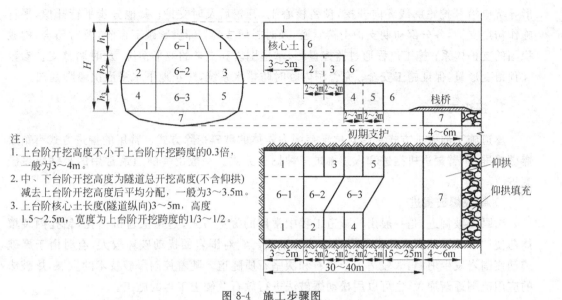

注：
1. 上台阶开挖高度不小于上台阶开挖跨度的0.3倍，一般为3～4m。
2. 中、下台阶开挖高度为隧道总开挖高度(不含仰拱)减去上台阶开挖高度后平均分配，一般为3～3.5m。
3. 上台阶核心土长度(隧道纵向)3～5m，高度1.5～2.5m，宽度为上台阶开挖跨度的1/3～1/2。

图 8-4　施工步骤图

七个里程，从而使一个开挖断面处的围岩暴露的面积减到最小。

第1步：拱顶在超前小导管的保护下将传统的矩形上导坑改为弧形导坑，开挖结束后架设工字钢架，设注浆锚管，在钢架每侧拱脚设锁脚锚管，喷混凝土，形成较稳定的承载拱。

第2、3步：在拱顶承载拱的支护下，分段扩大拱脚，以一定的时间差先后按同样方法进行支护，使同一断面处暴露的开挖面仅限于一侧。

第4步：拱部支护完成后，中部拉槽。

第5、6步：完成拱部支护后，分段左右开挖马口，以一定时间差做边墙支护。

第7步：下台阶核心土挖除后落底并施作仰拱混凝土，接着进行二次衬砌。

(3) 工法特点

① 施工空间大，方便机械化施工，可以多作业面平行作业。部分软岩或土质地段可以采用挖掘机直接开挖，工效较高。

② 在地质条件发生变化时，便于灵活、及时地转换施工工序，调整施工方法。

③ 适应不同跨度和多种断面形式，初期支护工序操作便捷。

④ 在台阶法开挖的基础上，预留核心土，左右错开开挖，利于开挖工作面稳定。

⑤ 当围岩变形较大或突变时，在保证安全和满足净空要求的前提下，可尽快调整闭合时间。

(4) 三台阶七步开挖法施工注意事项

① 采用三台阶七步开挖法施工的隧道，应将超前地质预报纳入施工工序，并根据工程水文地质变化情况，及时调整各部台阶长度或施工方法，采取相应的技术措施，及早封闭成环，保证施工安全。

② 采用三台阶七步开挖法施工的隧道，应根据工程水文地质条件，按设计要求做好超前支护，防止围岩松弛，保证隧道开挖安全。在断层、破碎带、浅埋段等自稳性较差或富水地层中，超前支护应按设计要求进行加强。

③ 三台阶七步开挖法施工应符合下列要求：以机械开挖为主，必要时辅以弱爆破；弧

形导坑应沿开挖轮廓线环向开挖,预留核心土,开挖后及时支护;其他分步平行开挖,平行施作初期支护,各分部初期支护衔接紧密,及时封闭成环;仰拱紧跟下台阶,及时闭合,构成稳固的支护体系;施工过程通过监控量测,掌握围岩和支护的变形情况,及时调整支护参数和预留变形量,保证施工安全;完善洞内临时防排水系统,防止地下水浸泡拱墙脚基础。

2. 掘进方式

隧道施工的掘进方式是指对坑道范围内岩体的破碎挖除方式。常用的掘进方式有钻眼爆破掘进、单臂掘进机掘进和人工掘进三种掘进方式。一般山岭隧道最常用的是钻眼爆破掘进。

1) 钻眼爆破掘进

钻眼爆破掘进,是一般山岭隧道工程中常用的掘进方式,是用凿岩机钻孔,钻孔内装填炸药使坑道设计范围内的岩体爆破破碎的过程。它对围岩的扰动破坏较大,有时由于爆破震动使围岩发生坍塌,故较适用于坚石和次坚石质隧道。随着控制爆破技术的发展,爆破法的应用范围逐渐加大,也可以用松动爆破法进行软石及硬土工程的施工。

2) 单臂掘进机掘进及人工掘进

在软质岩石及土质隧道中,为减少对围岩的扰动,避免爆破震动对围岩的破坏,可以采用单臂掘进机掘进。常用的单臂掘进机是铣盘式采矿机,挖斗式挖掘机及铲斗式装渣机也可以用于隧道掘进。

单臂掘进机的适应能力较强,可以挖掘任意形状和大小的隧道。其中,铣盘式采矿机装有可以在水平方向和垂直方向旋转操作的切削头。切削头是安装在液压伸缩臂上的柱状或圆锥状切削刃,可以挖掘各种土及中硬以下岩石。它随机配备的装渣机,多为蟹爪式扒渣装渣机。单臂铣盘式采矿机多采用履带式走行机构。

挖斗式挖掘机或铲斗式装渣机用于隧道掘进时,可以将挖掘和装渣同机完成。但其破岩能力有限,一般只适用于硬土以下的土质隧道中,且须配以人工修凿周边。

在不能采用爆破掘进的软弱破碎围岩和土质隧道中,若隧道工程量不大,工期要求不太紧,又无机械或不宜采用机械掘进时,则可以采用人工掘进。人工掘进是采用轻型风镐,甚至十字镐等简易工具挖掘,并采用铁锹、斗箕等装渣。人工掘进时,工人劳动强度大,掘进速度较慢。施工中应做好安全防护措施,并安排专人负责工作面的安全观察。

机械掘进或人工掘进均应注意掌握好掘进速度,要做到及时支护,不使围岩暴露时间过长。若开挖面不能自稳,则应同时采取相应的辅助稳定措施。

8.2.2 爆破施工技术

隧道施工常用的爆破方法是炮眼爆破法。爆破方法要研究的问题主要是掏槽爆破技术、炮眼布置、炮眼参数以及装药起爆等。

1. 预留变形量

考虑到开挖坑道后,围岩因失去部分约束而产生向坑道方向的收缩变形,施工开挖轮廓线应在设计开挖轮廓线的基础上适当加大,称为预留变形量。

预留变形量的大小主要取决于围岩本身的工程性质,也受工程条件如隧道断面大小、开挖方法、掘进方式和支护方法等因素的影响。变形量的大小可以根据实际量测数据分析确定,并进行调整。采用新奥法施工进行钻爆掘进、喷锚支护时,若无量测数据,则可参照表 8-1 预留变形量。

表 8-1 挖轮廓预留变形量   cm

围岩级别		II	III	IV	V
跨度	9～11m	5～7	7～12	12～17	特殊设计
	7～9m	3～5	5～7	7～10	10～15

2. 炮眼布置

首先应确定施工开挖线,然后进行炮眼布置。隧道爆破通常将开挖断面上的炮眼分区布置,分区顺序起爆,逐步扩大,完成一次爆破开挖。分区布置的内容主要是掏槽眼、辅助眼和周边眼。

1) 掏槽眼布置

掏槽眼的作用是将开挖面上某一部位的岩石掏出一个槽,以形成新的临空面,为其余炮眼的爆破创造有利条件。掏槽炮眼一般要比其他的炮眼深 10～20cm,以保证爆破后开挖深度一致。掏槽眼本身只有一个临空面,且受周围岩石的夹制作用,故常采用较大的炸药单耗量和较大的装药系数值,以增大爆破粉碎区,并利用爆炸冲击波及爆炸产物做功,将岩石抛出槽口。为保证掏槽炮能有效地将石渣抛出槽口,采用孔底反向连续装药和双雷管起爆。槽口尺寸常在 $1.0～2.5m^2$ 之间,要与循环进尺、断面大小和掏槽方式相协调。

根据坑道断面、岩石性质和地质构造等条件,掏槽眼有很多种排列形式,总体可分成斜眼掏槽(见图 8-5)和直眼掏槽(见图 8-6)两大类。

(1) 斜眼掏槽

斜眼掏槽的特点是掏槽眼方向与开挖工作面斜交。常用的斜眼掏槽有锥形掏槽、楔形掏槽和单向掏槽。锥形掏槽是各掏槽眼以相等或近似相等的角度向工作面中心轴线倾斜,眼底趋于集中,但互相并不贯通,爆破后形成锥形槽。眼数为 3～6 个,通常呈三角锥形、正锥形和圆锥形(见图 8-5(a))。楔形掏槽通常由两排对称的倾斜炮眼组成,爆破后形成楔形槽。楔形掏槽可分为水平楔形掏槽和垂直楔形掏槽两种(见图 8-5(b)、图 8-5(c))。单向掏槽是掏槽眼排列成一行,并朝一个方向倾斜(见图 8-5(d))。其中最常用的是竖楔形掏槽。

斜眼掏槽的优点是可以按岩层的实际情况选择掏槽方式和掏槽角度,容易把岩石抛出,而且所需掏槽眼数较少,掏槽体积大,容易将岩石抛出,有利于其他炮眼的爆破。其缺点是眼深受坑道断面尺寸的限制,也不便于多台钻机同时凿岩。掏槽眼深度受到巷道断面限制,因而影响到每个掘进循环的进尺;岩石抛掷距离远,岩堆分散,影响装岩效率。

(2) 直眼掏槽

直眼掏槽的优点是可以实行多机凿岩、钻眼机械化和深眼爆破,从而为加快掘进速度提供了有利条件;凿岩作业比较方便,不需随循环进尺的变化而改变掏槽形式,仅需改变炮眼深度;也可缩短直眼掏槽石渣抛掷距离。所以,目前现场多采用直眼掏槽。其缺点是炮眼数目和单位用药量增多,炮眼位置和钻眼方向也要求高度准确,才能保证良好的掏槽效果,

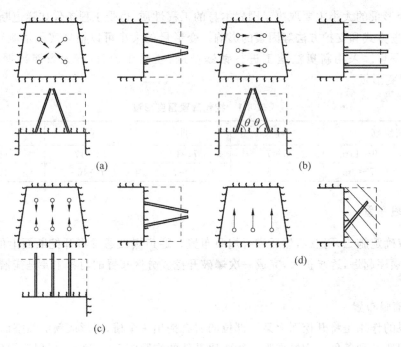

图 8-5 斜眼掏槽形式

技术比较复杂。

近年来,由于重型凿岩机投入施工,尤其是能钻直径大于 100mm 大孔的液压钻机投入施工以后,直眼掏槽的布置形式有了新发展。大直径空眼的作用相当于为装药掏槽眼提供了临空面,掏槽效果良好。一般在中硬和坚硬岩层中,当设计循环进尺为 3.5m 左右时,采用双空孔形式最佳(见图 8-6(a));对 3.5～5.15m 的深孔掏槽,则采用三空孔形式最好(见图 8-6(b));对 3m 以下的浅眼掏槽,则采用单空孔形式较好(见图 8-6(c))。

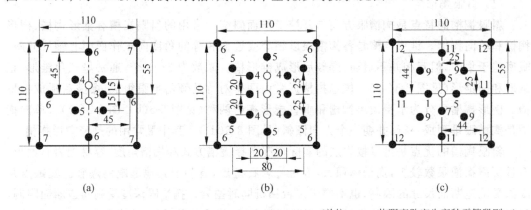

(单位:cm。炮眼旁数字为毫秒雷管段别。)

图 8-6 直眼掏槽形式
(a) 双空孔形式;(b) 三空孔形式;(c) 单空孔形式

实践证明,直眼掏槽的爆破效果与临空孔的数目、直径及其与装药眼的距离密切相关。在硬岩爆破中,效果随空眼至装药眼中心距离 W 与空眼直径 ϕ 的比值而有很大变化。如

$W > 2\phi$，爆破后岩石仅产生塑性变形，而不能产生真正的破碎；$W=(0.70\sim1.5)\phi$ 之间时爆破效果最好，为破碎抛掷型掏槽；眼距过小时，爆炸作用有时会将相邻炮眼中的炸药（主要指粉状硝铵类炸药）"挤实"，使之因密度过高而拒爆。为保证空眼所形成的空间足够供岩石膨胀，在考虑临空孔数目时，一般要求所形成的空间不小于装药眼至空眼间的岩体体积的 $10\%\sim20\%$。

2）辅助眼布置

辅助眼的作用是进一步扩大掏槽体积，增大爆破量，并为周边眼创造有利的爆破条件。其布置主要是解决炮眼间距 E 和最小抵抗线 W 问题，这可以由工地经验决定。一般取 $E/W=60\%\sim80\%$ 为宜。辅助眼应由内向外逐层布置，逐层起爆，逐步接近开挖断面轮廓形状。

3）周边眼布置

周边眼的作用是爆破后使坑道断面达到设计的形状和规格。周边眼原则上沿着设计轮廓均匀布置，间距和最小抵抗线应比辅助眼的小，以便爆出较为平顺的轮廓。周边眼眼口一般沿设计轮廓线布置。眼底应根据岩石的抗爆破性来确定其位置，应将炮眼方向以 $3\%\sim5\%$ 的斜率外插。这一方面是为了控制超欠挖，另一方面是为了便于下次钻眼时好落钻开眼。一般对于松软岩层，眼底应落在设计轮廓线上；对于中硬岩及硬岩，眼底应落在设计轮廓线以外 $10\sim15$cm。底板眼的眼底一般都落在设计轮廓线以外。此外，为保证开挖面平整，辅助眼及周边眼的深度应使其眼底落在同一垂直面上，必要时应根据实际情况调整炮眼深度。

周边眼的爆破，在很大程度上影响到开挖轮廓的质量和对围岩的扰动破坏程度，故周边眼同掏槽眼一样须慎重考虑、专门设计，可采用光面爆破或预裂爆破。特别是岩质较软或较破碎时，更应当加强开挖轮廓面钻爆施工。

3. 光面爆破与预裂爆破技术

在隧道爆破施工中，首要要求炮眼利用率高，开挖轮廓及尺寸准确，对围岩震动小。若按通常的周边炮眼布置，采用普通钻爆法开挖，常常难以爆破出理想的设计断面，对围岩扰动又大。采用光面爆破与预裂爆破技术，可以控制爆破轮廓，尽量保持围岩的稳定。

1）光面爆破

光面爆破就是控制爆破的作用范围和方向，使爆破后的岩面光滑平整，防止岩面开裂，以减少超、欠挖和支护的工作量，增加岩壁的稳固性，减少爆破的振动作用，进而达到控制岩体开挖轮廓的一种技术。

光面爆破是通过调整周边眼的爆破参数，使爆炸先沿各孔的中心连线形成贯通的破裂缝，然后内圈岩体裂解并向临空面方向抛掷。这种爆破在围岩中产生的裂缝较少，爆破后断面轮廓整齐，岩面上保存 50% 以上的孔痕，并无明显的爆破裂缝，对围岩的扰动比较小，围岩松弛带的范围只有普通爆破法的 $1/9\sim1/2$；大大地减少了超欠挖量，超挖率 $\leqslant 5\%$；节约了大量的混凝土和回填片石，加快了施工进度；爆破后岩壁面平整、危石少，减轻了应力集中现象，避免局部坍落，增进了施工安全，并为喷锚支护创造了条件。

光面爆破的优点在于可以明显地看到完整岩体。在松软的、特别是不均质和构造发育的岩体中采用光面爆破时，从表面来看效果较差，但其在减轻对围岩的震动破坏，减少超挖及避免冒顶等方面的实质作用是很大的。所以,从围岩稳定性着眼,越是地质不良地段,越要采用光面爆破。

光面爆破的主要参数及技术措施。光面爆破的主要参数包括周边眼的间距、光面爆破层的厚度、周边眼密集系数和周边眼的线装药密度等。影响光面爆破参数选择的因素很多,主要有岩石的爆破性能、炸药品种、一次爆破的断面大小及形状等。其中,影响最大的是地质条件。目前光面爆破参数的选择还缺乏一定的理论计算公式,多是采用经验方法。为了获得良好的光面爆破效果,可采取以下技术措施。

一是适当加密周边眼间距,合理确定光面爆破层厚度,适当缩小周边眼孔距,可以控制爆破轮廓,避免超欠挖,又不致过多地增加钻眼工作量。孔间距的大小与岩石性质、炸药种类及炮眼直径有关,一般为 $E=(8\sim18)d\approx40\sim70\text{cm}$。其中,$E$ 为孔距(见图 8-7),d 为炮眼直径。一般情况下,坚硬或破碎的岩石孔间距宜取小值,软质或完整的岩石宜取大值。

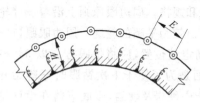

图 8-7 光面爆破炮眼布置

光面爆破层厚度,就是周边眼与最外层辅助眼之间的一圈岩石层,即周边眼的最小抵抗线 W(见图 8-7)。为了保证优先形成孔间贯通裂缝,须使周边眼的最小抵抗线大于炮眼间距,通常取 $E/W=0.8$ 为宜,即 $W\approx50\sim90\text{cm}$。

二是合理用药及合理的装药结构。用于光面爆破的炸药,既要有较高的破岩应力能,又要消除或减轻爆破对围岩的扰动,所以宜采用低猛度、低爆速、传爆性能好的炸药。但在炮眼底部,为了克服眼底岩石的夹制作用和上覆石渣的压制,应改用高爆速炸药,同时起到翻渣作用。

炮眼中间正常装药段每米长的装药量称为线装药密度。周边眼的线装药密度是光面爆破中最重要的一个参数。恰当的装药量应具有破岩所需的应力能,又不造成围岩的破坏。施工中应根据孔距、光面爆破层厚度、石质及炸药种类等综合考虑确定装药量。一般来说,线装药密度控制在 $0.04\sim0.4\text{kg/m}$。

药卷与炮眼壁间留有的空隙,称为不耦合装药结构。炮眼直径与药卷直径之比称为不耦合系数。在装药结构上,宜采用比炮眼直径小的药卷连续或间隔装药。此时,光面爆破的不耦合系数可控制在 $1.25\sim2.0$ 之间,但药卷直径不应小于该炸药的临界直径,以保证稳定起爆。当采用间隔装药时,相邻炮眼所用药串的药卷位置应错开,以便充分利用炸药效能。

三是保证周边眼同时起爆。据测定,各炮眼的起爆时差超过 200ms 时,就近似于单个炮眼爆破,不能形成爆炸应力波叠加。使用即发雷管与导爆索起爆是保证光面爆破眼同时起爆的好方法,同段毫秒雷管起爆法次之。

为使光面爆破有较好的效果,要为周边眼光面爆破创造临空面,这可以在开挖程序和起爆顺序上予以保证。还应使辅助炮眼爆破后尽量接近开挖轮廓形状,对靠近光面爆破层的辅助眼的布置和装药量应给予特殊注意,使光爆层厚度尽可能一致,并应注意不要使先爆落的石渣堵死周边眼的临空面。光面爆破的设计实例如图 8-8 所示。

2)预裂爆破

预裂爆破实质上是光面爆破的一种形式,其爆破原理与光面爆破相同,只是炮眼的爆破起爆顺序不同。光面爆破是先引爆掏槽眼,接着引爆辅助眼,最后才引爆周边眼;而预裂爆破则是首先起爆周边眼,使沿周边眼的连心线炸出平顺的预裂面。由于预裂爆破可以沿设

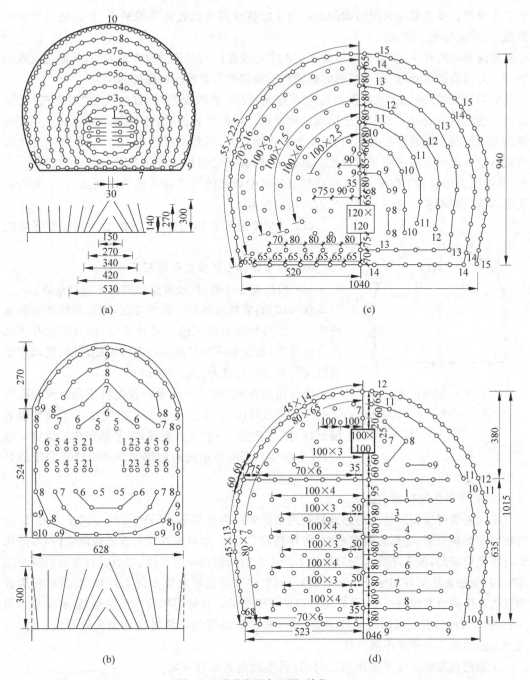

图 8-8 隧道炮眼布置图(单位：cm)
(a) 楔形掏槽环状布置；(b) 楔形掏槽线形布置；(c) 直眼掏槽环状布置；(d) 直眼掏槽层状布置

计轮廓线裂出一条一定宽度的裂缝,这种裂隙一旦形成,便在某种程度上保护周围岩体在主体爆破时不受其振动的影响,对围岩的破坏比较小,可保持岩体的完整性,爆破后的开挖面整齐规则。在减轻对围岩的扰动程度上,预裂爆破对围岩的保护作用较光面爆破更好一些。

由于预裂爆破只受到一个临空面条件的制约,采取的爆破参数及技术措施均较光面爆破的要求严。预裂爆破的周边眼间距和最小抵抗线都要比光面爆破的小,相应地要增加炮眼数量,增大钻眼工作量。

贯通裂缝的存在,使得主体爆破产生的应力波在向围岩传播时大量衰减,从而更有效地减少了对围岩的扰动,所以预裂爆破更适用于稳定性较差的软弱破碎岩层。

如果预裂缝未形成,或外圈炮眼的药量及 E/W 值不恰当,会发生孔壁"贴膏药"的现象。即使在软弱破碎岩石中也会出现这种情况。根据实践经验,预裂缝未形成是发生该现象的主要原因。硬岩中有所不同,即使预裂成缝很好,因外圈眼药量不够,它与预裂缝之间的岩石也会因未从根部断开而留坎。由此可见,必须适当地选择预裂及外圈眼的参数。另外,外圈眼大多数与工作面垂直,而预裂眼斜向壁内致使二者在孔底的距离加大,也是造成孔底部留坎的因素。克服上述不利因素的方法有:

(1) 适当增加孔底的药量,或者加工一部分直径大的药卷;
(2) 在预裂孔中留少数孔眼最后起爆;
(3) 根据施工经验,在经常留坎的地方加打炮眼。

众所周知,破坏岩石环有两种方法,即压环法和自然落环法。自然落环法是最理想与极普通的,但有时岩石环难以自然落下,就要利用预裂的周边眼作为压环眼,借以克服悬臂梁与原岩的连接力,压落岩石环。

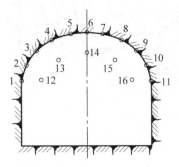

图 8-9 压环眼布置
1,2,4,5,6,7,8,10,11—预裂;
3,9—压环眼;12～16—二圈眼

压环法的布置如图 8-9 所示。首先每隔几个预裂眼留下一个作为压环眼(如 3、9 号),其装药量要小于预裂眼的装药量,按连续柱状结构装入眼底,并紧贴装药部位填塞炮泥,在全断面起爆顺序中最后起爆。压环眼比预裂眼最好超深 150～200mm。

3) 定向断裂控制爆破技术

定向断裂爆破掘进技术的原理是利用聚能管改变巷道周边眼的装药方式及方法,以获得较好的爆破效果,在周边眼装药时,将炸药放在 ABS 塑料或竹管制成的聚能管内,对炮孔实行不耦合装药,使聚能管本身对爆轰力产生瞬时抑制和导向作用,并通过切缝提供瞬时卸压空间,使爆轰压力在切缝处形成高能射流,集中在巷道轮廓线方向上传导,使其沿轮廓方向优先产生裂缝并定向扩展,可获得良好的爆破效果。这种爆破技术的关键是,首先要利用 ABS 塑料管或竹管制成标准的聚能管,装药时将聚能管的切缝对准巷道的轮廓线。另外,周边眼的间距要小于最小抵抗线。

聚能药包爆破目前常采用切缝药包,其实质是在具有一定密度和强度的炸药外包装上开有不同角度、不同形状和目的的切槽,如图 8-10 所示。利用切槽控制爆炸应力场的分布与爆炸产生气体对介质的准静态作用和尖劈作用,达到控制被爆介质破碎程度的目的。它是利用药包外壳在爆轰产物高压作用阶段产生的局部集中应力来控制预定区域内径向裂缝的发展。药包外壳作用的基本原理是在炮孔壁四周形成不均匀的应力分布,尤其是在药包的切缝方向形成应力突变,使预定方向上

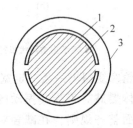

图 8-10 切缝药包
1—外壳;2—炸药;3—炮孔

的介质产生裂缝。

4. 炮眼参数

炮眼参数包括炮眼直径、炮眼数目和炮眼长度。

1) 炮眼直径

炮眼直径对凿岩生产率、炮眼数目、单位炸药消耗量和洞壁的平整程度均有影响。增加炮眼直径以及相应药径可使炸药能量相对集中,提高爆炸效果。但炮眼直径过大将导致凿岩速度显著下降,并影响岩石破碎质量、洞壁平整程度和围岩稳定性。因此,必须根据岩性、凿岩设备和工具以及炸药性能等进行综合分析,合理选用孔径。

药卷直径的大小应与炮眼直径相匹配,以免发生管道效应,导致药卷拒爆。工程爆破中,常用不耦合系数来控制药卷直径,不耦合系数一般应控制在 1.1~1.4 之间,且要求药卷直径不小于该炸药的临界直径。

实际爆破设计时,对掏槽眼及辅助眼应采用较小的值,以提高炸药的爆破效率;对周边眼则可采用较大的值,以减少对围岩的破坏。

2) 炮眼数目

炮眼数目主要与开挖断面、岩石性质和炸药性能有关。炮眼数目应能装入所需的适量炸药,通常可根据各炮眼平均分配炸药量的原则来计算炮眼数目 N:

$$N = \frac{qs}{\alpha \gamma} \tag{8-1}$$

式中　q——单位炸药消耗量(由经验决定,一般取 $q=1.2\sim2.4\mathrm{kg/m^3}$);

　　　s——开挖断面积,$\mathrm{m^2}$;

　　　α——装药系数,指装药深度与炮眼长度的比值,可参考表 8-2;

　　　γ——每米药卷的炸药质量,kg/m。2 号岩石硝铵炸药的每米药卷质量见表 8-3。

表 8-2　装药系数 α 值

炮眼名称	围岩级别			
	Ⅳ、Ⅴ	Ⅲ	Ⅱ	Ⅰ
掏槽眼	0.50	0.55	0.60	0.65~0.80
辅助眼	0.40	0.45	0.50	0.55~0.70
周边眼	0.40	0.45	0.55	0.60~0.75

表 8-3　2 号岩石硝铵炸药的每米药卷质量

药卷直径/mm	32	35	38	40	45	50
$\gamma/\mathrm{(kg/m)}$	0.78	0.96	1.10	1.25	1.59	1.60

3) 炮眼长度

炮眼长度决定着每一掘进循环的钻眼工作量、出渣工作量、循环时间和次数以及施工组织。它对掘进速度的影响很大,对围岩的稳定性和断面超欠挖也有重大影响。因此,合理的炮眼长度,应是在保证隧道施工优质、安全、节省投资的前提下,能够防止爆破面以外围岩过大的松动,减少繁重支护,避免过大的超欠挖,又能获得最好的掘进速度的炮眼长度。一般情况下,采用 3.5m 以下的炮眼长度对减少超挖是有利的。

5. 单位炸药消耗量

爆破 1m³ 原岩所需的炸药重量称为单位炸药消耗量,通常以 $q(kg/m^3)$ 表示。该值的大小对爆破效果、凿岩和装岩工作量、炮眼利用率、巷道轮廓的平整性和围岩的稳定性都有较大的影响。单位炸药消耗量偏低时,可能使隧道断面达不到设计要求,岩石破碎不均匀,甚至崩落不下来。单位炸药消耗量偏高时,不仅会增加炸药的用量,而且可能造成巷道超挖,降低围岩的稳定性,甚至还会损坏支架和设备。

爆破效果的好坏,在很大程度上取决于其参数设计正确与否。目前,参数设计的方法很多,各有其优缺点。试验研究表明,通过近似计算和工程类比法(即查表法)选择爆破参数,再在工程实践中通过漏斗试验法校正,这样综合确定的爆破参数比较符合实际,效果较好。同时,在中硬岩石中以工程类比法和漏斗试验进行参数设计,在软岩石中以漏斗试验法确定爆破参数。

漏斗试验法就是按利文斯顿爆破漏斗理论来进行漏斗试验,确定临界深度及临界装药量、最佳深度及最佳装药量。临界深度是周边眼设计的重要依据,而最佳深度为掏槽眼的设计依据,漏斗试验适用于软弱围岩为主的岩性条件。漏斗试验首先进行单孔试验,选择具有代表性的岩层作为试验点,如在坑内或地表,钻凿一定深度的炮眼(尽量与作业循环同深度,深度不一致时需应用相似原理计算结果)。一般一组炮眼为 3 个,需要 3 组炮眼进行试验,才能基本确定所需要的深度和装药量。

为了取得裂隙贯穿时的试验结果,还可做三孔漏斗试验来确定周边眼间距,试验方法与单孔相似。其主要目的是取得贯穿时的临界深度和装药量。根据掘进工作面的不同岩石条件进行试验,按所得参数制定光面爆破的施工作业规程。

6. 装药结构

装药结构是指继爆药药卷和起爆药药卷在炮眼中的布置形式,按其连续性可分为连续装药、间隔装药和不耦合装药。间隔装药是在药卷之间留出一定的空隙,使爆量分散以使爆力沿孔长均匀分布。不耦合装药是把药卷置于炮眼孔的中央,药卷与孔壁间留有空气间隙。

装药时要严格按照炮眼的设计装药量装填,可以按设计要求连续装药、间隔装药或不耦合装药,总的装药长度不宜超过炮眼深的 2/3,靠炮眼口的剩余长度用炮泥堵塞好。按起爆药卷在炮眼中的位置和其中雷管的聚能穴的方向,装药结构可分为以下三种方式(见图 8-11):

(1) 正向装药。将起爆药卷放在眼口第二个药卷位置上,雷管聚能穴朝向眼底,并用炮泥堵塞眼口。这种装药结构过去使用得较多。

(2) 反向装药。将起爆药卷放在眼底第二个药卷位置上,雷管聚能穴朝向眼口。国内外实践证明,反向装药结构能提高炮眼利用率,减少瞎炮率,减小石渣块度,增大抛掷能力,降低炸药消耗量。炮眼越深,反向装药的效果越好。

(3) 双向装药。起爆药卷放在炮眼装药中部。

综上所述,过去多用正向起爆,但实践经验证明,反向起爆能提高炮眼利用率,减小岩石破碎块度,增大抛渣距离,降低炸药消耗量。这是因为,反向起爆时爆轰波的传播方向和岩

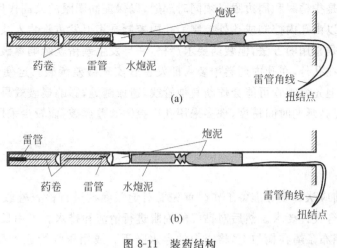

图 8-11 装药结构
(a) 正向装药；(b) 反向装药

石向自由面运动的方向一致,这有利于在自由面形成反射拉伸应力波,从而提高自由面附近岩石的破碎效果。同时,眼底起爆时,药包距自由面较远,爆轰气体不会立即从眼口冲出,因而爆炸能量得到较充分的利用,可增大炮眼底部爆炸作用能力和作用时间。应该指出,反向起爆也有不足之处,如雷管脚线长,装药不方便;在有水炮眼中起爆,药包易受潮拒爆;机械化装药时,易产生静电,引起早爆。掏槽眼和辅助眼多采用大直径药卷孔底连续装药,周边眼可采用小直径药卷连续装药。

7. 起爆及时差

在工程爆破中,根据起爆的原理和使用器材的不同,通用的起爆方法大致可分为两种：非电起爆法和电起爆法。非电起爆法又可分为火雷管起爆、导爆索和导爆管起爆;电起爆法是应用电雷管起爆。

1) 非电起爆

火雷管起爆是把火雷管和导火索结合在一起的一种起爆方法。用导火索的火花首先引爆火雷管,利用火雷管的爆炸能量使引爆药卷爆炸,进而使全部装药爆炸。

使用导火索起爆,器材较简单,操作容易;但不能使多个炮眼同时起爆,也不能进行准确的延期起爆,适宜于炮眼不多的场合。导爆索起爆是不需要采用引爆炸药的雷管,而可直接引爆炸药的一种方法,也称为"无雷管"起爆法。导爆索的一端直接插入孔底炸药中,另一端用火雷管引爆导爆索本身,从而传爆至炮眼引爆炸药。塑料导爆管起爆法问世以来,在工程中得到了广泛的应用。

2) 电起爆

电雷管起爆的可靠程度与导线、电雷管和电源本身的质量以及电爆网络连接是否正确有关。电爆网络可以设计成串联、并联和混合联三种形式。

3) 时差

试验研究表明,各层(卷)炮之间的起爆时差越小,则爆破效果越好。常采用的时差为 50～200ms,称为微差爆破。

同圈眼尤其是掏槽眼和周边眼必须同时起爆,以保证同圈眼的共同作用效果。

延期时间可以由孔内控制或孔外控制。孔内控制是将迟发雷管装入孔内的药卷中来实现微差爆破。这是常用的方法,但装药要求严格,一旦发生差错就影响爆破效果。孔外控制是将迟发雷管装在孔外,在孔内药卷中装入即发雷管实现微差爆破。这便于装药后进行系统检查(段数)。但先爆雷管可能会炸断其他管线,造成瞎炮,影响爆破效果。由于毫秒雷管段数较多,要求提高延期时间精度,现多采用孔内控制微差爆破,而较少采用孔外控制。

8. 爆破施工

1) 准备工作

炮眼、装药前应认真做好准备工作。首先要对炮眼参数进行检查验收,测量炮眼位置、炮眼深度是否符合设计要求。然后对钻好的炮眼进行清渣和排水。可用长柄掏勺掏出眼内留有的岩渣,再用布条缠在掏勺上,将眼内的存水吸干。或用压气管通入眼底,利用压气将眼内的岩渣和水分吹出。

2) 装药

待准备工作完毕,并确认炮眼合格后,即可进行装药工作。装药时一定要严格按照预先计算好的每个炮眼装药量装填。装药结构可以是连续装药,也可以是间隔装药,总的装药长度不宜超过眼深的 2/3。用木制炮棍压紧,以增加炮眼的装药密度。在有水或潮湿的炮眼中,应采取防水措施或改用能防水的炸药。

当采用导爆索起爆时,应该用胶布将导爆索与每个药卷紧密贴合,才能充分发挥导爆索的引爆作用。

3) 堵塞

炮眼装药后眼口未装药部分应该用堵塞物进行堵塞。良好的堵塞可以提高炸药的爆轰性能,使炮眼内的炸药反应完全而产生较高的爆轰压力,还能阻止爆轰气体产物过早地从炮眼口冲出,提高爆炸能量的利用率。

常用的堵塞材料有砂子、黏土和岩粉等。而小直径炮眼则常用炮泥堵塞。炮泥是用砂子和黏土混合配制而成的,其重量比为 3:1 再加上 20% 的水。混合均匀后,再揉成直径稍小于炮眼直径的炮泥段。堵塞时将炮泥段送入炮眼,用炮棍适当加压捣实。炮眼堵塞长度可以是全部堵塞,也可以是部分堵塞,但堵塞过短则起不到堵塞作用,堵塞以不能被爆轰气体直接冲出眼口为宜。堵塞应是连续的,中间不要间断。

4) 盲炮原因及其预防和处理

(1) 盲炮产生的原因。在爆破过程中,炮眼装药未能被引爆,称为拒爆。拒爆的炮眼称为盲炮或瞎炮。拒爆有三种情况:一种是雷管未爆,因而炸药也未爆,称为全拒爆;一种是雷管爆炸了,而炸药未被引爆,称为半爆;另一种是雷管爆炸后只引爆了部分炸药,剩有部分炸药未被引爆,称为残爆。当导火索受潮、导爆管被折断或漏气、电雷管失效或脚线被拉断,均能引起全拒爆;炸药过期、受潮、感度降低,或雷管起爆能不足,或导爆索未贴紧药包等,均能引起半拒爆;起爆能不足,炸药未能达到稳定爆轰,或因不耦合装药产生管道效应,造成炮眼中的装药在爆轰过程中熄灭,致使炮眼内留下部分未爆的残药。

(2) 盲炮的预防。预防盲炮,首先应该对储存的爆破材料进行定期检验,爆破前选用合格的炸药和雷管以及其他起爆材料;在爆破施工过程中,要清理好炮眼中的积水;在装药和堵塞时,必须仔细进行,注意每一个环节,防止损坏起爆药包和折断雷管的起爆线路。

（3）盲炮的处理。产生盲炮后,应立即封锁现场,由原施工的人员针对装药时的具体情况,找出拒爆原因,采取相应措施处理。一般可采用二次爆破法、炸毁法及冲洗法等三种方法处理盲炮。属于漏点火的拒爆药包,可再找出原来的导火索、导爆索、导爆管或雷管脚线,经检查确认完好后,进行二次起爆;对于不防水的硝铵炸药,可用水冲洗炮眼中的装药,使其失去爆炸能力;对用防水炸药装填的炮眼,可用掏勺细心地掏出堵塞物,再装入起爆药包将其炸毁。如果拒爆眼周围岩石尚未发生松动破碎,可以在距离拒爆眼 30cm 处,钻一平行新眼,重新装药起爆,将拒爆眼炸毁。

9. 影响爆破效果的因素

1) 岩石介质的爆破特性

岩石介质是爆破的对象。其爆破特性是影响爆破效果的重要因素,如介质的密度、强度、脆性和弹塑性、结构构造以及可爆性等。它们不但能反映出在爆破作用下岩石介质中应力在时间上和空间上的分布状况,而且最终影响到单位炸药消耗量的大小,以及爆破岩石块级配和抛掷距离等结果。

2) 爆破参数与工艺

爆破参数与工艺是影响爆破效果的主要因素,如自由面的数目与位置、最小抵抗线、炮孔密集系数、炮孔超深和装药结构、炮孔堵塞质量、起爆间隔时间和起爆药包位置等。

3) 自由面的大小与数量

自由面的大小与数量对爆破效果影响显著。自由面越大,数量越多,与爆源的距离适宜,岩石的爆破阻力就越小,有利于岩石爆破破碎。

4) 最小抵抗线和炮孔密集系数

最小抵抗线过大,岩石抵抗爆破作用的阻力就会增强;反之,又易产生飞石等危害。因此,选取合理的抵抗线是提高爆破效果的关键。炮孔密集系数是孔距与抵抗线的比值。它是评价相邻两炮孔间距关系的系数,对于优化爆破参数、充分利用爆破能量开裂、破碎岩石以及改善爆破效果,具有实际意义。

5) 装药结构

装药结构是指炸药装入炮孔内的集中程度、耦合情况以及药包相对炮孔位置的几何关系,即装药在炮孔内的安装方式。

改变装药结构可影响炸药的爆炸性能和爆破作用,从而有利于提高炸药能量利用率。在一般工程爆破中,常用的装药结构有耦合装药、不耦合装药和轴向空隙或惰性介质间隔装药三种方式。

耦合装药是按设计的炮孔装药长度施行全断面密实装药,即炮孔直径与药包直径的比值等于1。这是目前生产中应用最广泛的一种装药结构,其炸药的爆轰压力值较高,爆破作用猛烈,对岩石介质爆破破坏影响显著。这种装药形式主要应用于掏槽、辅助眼中。

不耦合装药是沿药卷周边与炮孔壁间预留环状空气间隙,不耦合装药结构能够比较均匀地降低炮孔壁上所承受的峰值压力,有助于保护孔壁少受径向爆破裂隙的破坏。这种装药结构多用于预裂爆破、光面爆破等控制爆破。

轴向空隙或惰性介质间隔装药是沿炮孔轴向预留空气间隔或充填某一惰性介质间隔的

装药结构。

6) 炮孔堵塞质量

裸露药包爆破时,爆轰气体产物迅速扩散,此时紧贴药包的岩石主要是在冲击波作用下破坏,无用功消耗很大。良好的堵塞可以阻止爆轰气体产物过早地从装药空腔冲出,保证在岩石破裂之前使装药空腔内保持高压状态,这样可以增加有效破碎能量。一般在堵塞质量良好的炮孔中,爆速和殉爆距离明显提高,当使用较低爆速的炸药时尤为显著。因此,一般情况下应保持足够的堵塞长度和质量,如使堵塞长度大于抵抗线等。

7) 起爆顺序

在正、反向起爆的情况下,柱状装药并非全长起爆,这时应力波的波面形状决定于炸药爆速和岩石中纵波速的比值 D_1/C_p。其中,C_p 为岩石纵波速度,D_1 为爆速。

如图 8-12 所示,若装药长度较大,正向起爆时,在装药爆轰未结束之前,由起爆点 A 产生的应力波到反射波产生的裂隙将使炮孔气体快速逸出,导致炮孔下部岩石破碎条件恶化,炮孔利用率降低。反向爆破时,爆轰由 B 点向 A 点传播,爆轰产物在炮孔底部存留的时间较长,而且若 $C_p > D_1$,由炮孔底部产生的应力波超前于爆轰波传播,能加强炮孔上部应力波的作用。因此,反向爆破不仅能提高炮孔利用率,而且能加强岩石的破碎程度。

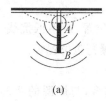
(a)
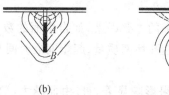
(b)　　　　　(c)
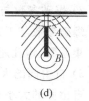
(d)

图 8-12　炸药爆轰和应力波传播示意图

(a) 正向起爆,$D_1/C_p \leqslant 1$;(b) 正向起爆,$D_1/C_p > 1$;(c) 反向起爆,$D_1/C_p \leqslant 1$;(d) 反向起爆,$D_1/C_p > 1$

8) 提高炸药能量利用率

试验研究和生产实践表明,炸药在岩石等介质内爆炸后,其能量按如下分配:克服介质内部的凝聚力,使原生或次生裂隙形成、扩展与破裂,将岩石等介质破碎推移或抛掷,形成爆破漏斗,并形成一定的粒级分布和爆堆;产生地震效应、飞石、空气冲击波和热扩散等。前者为爆破的有用功,一般仅占爆炸能量的 10% 左右。后者作为无用功能量被损失掉,并时常造成爆破公害。因此,设法提高炸药能量利用率,对改善爆破效果具有重要的实际意义。为了改善爆破效果,提高炸药能量利用率,可以采用如下技术措施:

(1) 改善炸药起爆条件,力求使其达到理想爆轰状态,充分释放出炸药的能量;
(2) 提高炸药的防潮抗水能力,防止炸药变质,提高炸药质量;
(3) 对爆破对象进行科学的可爆性分级;
(4) 优化爆破参数,保证堵塞质量,有效利用炸药能量;
(5) 根据爆破性质,合理地进行炸药波阻抗与介质波阻抗的匹配;
(6) 合理选择炮孔起爆顺序与间隔时间等。

由于爆破效果受到诸多因素的制约,应该采取综合技术措施提高炸药能量利用率。应根据岩石等介质的爆破破坏机理和爆破作用的等能原理,降低爆破初始压力峰值,同时延长爆破作用时间,以减小在爆破压碎区的能量消耗,增强爆破裂隙区的破坏,降低爆破振动强度,进而提高炸药能量利用率,改善爆破效果。

9) 地质条件

爆破工程地质主要研究以下三个方面的问题。

(1) 爆破效果问题:即研究地质条件对爆破效果的影响,以辨明有利或不利于某一种爆破的自然地质条件,从而针对爆破区的地质及环境条件采用合理的爆破方案,指导爆破设计,选定正确的爆破方法和爆破参数。

(2) 爆破安全问题:即研究与自然地质条件有关的,在爆破使用下产生的各种不安全因素(包括爆破作用影响区内构筑物的安全稳定问题)及有效的安全措施。

(3) 爆破后果问题:即研究爆破后岩体(围岩)的稳定性,以及可能给以后的工程建筑带来的一系列工程地质问题。因此,爆破工程地质既要为爆破工程本身提供作为爆破设计的依据,还要为爆破以后的工程设施提供工程措施建议,以便使这些工程设施能适应爆破后的工程地质环境。

10. 爆破材料

1) 工程常用的炸药

目前在隧道爆破施工中使用最广的是硝铵类炸药,如铵梯炸药,乳化炸药和粉末乳化炸药等。硝铵类炸药品种极多,但其主要成分是硝酸铵,占总质量的60%以上,其次是梯恩梯或硝酸钠(钾),占10%~15%。在无瓦斯坑道中使用的铵梯炸药,简称为岩石炸药,最常用的一种就是2号岩石炸药;在有瓦斯坑道中使用的炸药,简称为煤矿安全炸药。

铵梯炸药由硝酸铵、梯恩梯和木粉三种成分组成。硝酸铵是主要成分,兼起氧化剂作用;梯恩梯是敏化剂兼起还原剂作用;木粉为疏松剂。

乳化炸药通常是以硝酸铵、硝酸钠水溶液与碳质燃料通过乳化作用,形成的乳脂状混合炸药,也称为乳胶炸药。其外观随制作工艺不同而呈白色、淡黄色、浅褐色或银灰色。乳化炸药具有爆炸性能好、抗水性能强、安全性能好、环境污染小、原料来源广和生产成本低、爆破效率比浆状和水胶炸药更高等优点。

粉状乳化炸药是北京矿冶研究总院1997年研制的炸药。它是一种有广泛使用前途的新品种,具备乳化炸药和粉状炸药的双重优点,爆速为3500~4500m/s,殉爆距离为5~8cm,猛度大于12mm。

隧道爆破使用的炸药一般由厂制或现场加工成药卷形式,药卷直径有32mm、35mm和40mm等,长度为150mm,而周边光爆炸药药卷直径一般为22mm和25mm,长度为200~600mm,可按爆破设计的炸药品种、装药结构和用药量来选择使用。

2) 炸药的性能

在炸药爆炸过程中,物质成分将发生改变,生成大量的气体物质,并释放大量的热能,表现为对周围介质的冲击、压缩、破坏和抛掷作用。炸药的性能取决于所含化学成分。掌握炸药等爆破材料的性能,对正确使用、储存和运输爆破材料,确保安全,提高爆破效果,具有重要意义。炸药的主要性能如下所述。

(1) 敏感度

炸药的敏感度简称为感度,是指炸药在外界起爆能作用下发生爆炸反应的难易程度,也就是炸药爆炸对外能的需要程度。根据外能形式的不同,炸药感度主要有:

① 爆发点——炸药爆炸的最低温度,它表示炸药对热的敏感度。

② 火焰感度——炸药对火焰(明火星)的敏感度。有些炸药虽然对温度比较钝感,但对火焰很敏感,如黑火药一接触明火星便易燃烧爆炸。

③ 机械感度——炸药对机械能(撞击、摩擦)作用的敏感程度。一般来说,对撞击比较敏感的炸药,对摩擦也比较敏感。机械感度一般以试验次数的爆炸百分率来表示。

④ 爆轰感度——炸药对爆炸能的敏感程度。通常在起爆作用下,炸药的爆炸是由冲击波、爆炸产物流或高速运动的介质颗粒的作用而激发的。不同的炸药所需的起爆能也不同。爆轰感度一般用极限起爆药量表示。

(2) 爆速

炸药爆炸时爆轰在炸药内部的传播速度称为爆速。不同成分的炸药有不同的爆速,但一般来说密度越大的炸药其爆速也越高,但硝铵类炸药装药密度大于 $1.15g/cm^3$ 时,爆速反而会下降。同一种成分炸药的爆速还受装填密实程度、装药量、含水量和装药外壳材料等因素的影响。

(3) 爆力

炸药爆炸时对周围介质做功的能力称为爆力(或威力)。炸药的爆力越大,其破坏能力越强,破坏的范围及体积也越大。一般来说,爆炸产生的气体物质越多,爆炸速度越快,或爆温越高,则其爆力越大。炸药的爆力通常用铅柱扩孔实验法测定。铅柱扩孔容积等于 $280cm^3$ 时的爆力称为标准爆力。

(4) 猛度

炸药的猛度是指炸药爆炸后对与之接触的局部固体介质的破碎程度,用以衡量炸药的局部破坏能力。猛度的大小主要取决于爆速。爆速越高,猛度越大。猛度通常用铅柱压缩法测定,以铅柱被爆炸压缩的数值(mm)表示。

(5) 殉爆距离

一个药包爆炸后,能引起与其不接触的邻近药包爆炸的最大距离称为殉爆距离。引起殉爆的主要原因是主动药包爆炸产生的冲击波及爆轰物质,通过两药包之间的介质传播作用于被动药包,而使其发生爆炸。实际殉爆距离应通过现场试验确定,2号岩石炸药的殉爆距离为5cm。

(6) 管道效应

工程爆破中常采用钻孔柱状药卷装药,若药卷直径较钻孔直径小,则在药卷与孔壁之间有一个径向空气间隙。药卷起爆后,爆轰波使间隙中的空气产生强烈的空气冲击波,这股空气冲击波速度比爆轰波速度更高,它在爆轰波未到达之前,即将未爆炸的炸药压缩,当炸药被压缩到临界密度以上时,就会导致爆速下降,甚至发生熄爆,这种现象称为管道效应。为减少管道效应,可减小间隙,或采用高感度、高爆速的炸药。

工程中常用炸药的性能见表8-4。

3) 起爆材料

起爆材料包括实施爆破时激发炸药所需要的一系列起爆和传爆材料,如导火索、雷管、导爆索、继爆管和塑料导爆管等。设置传爆起爆系统的目的是在距装药(药包或药卷)以外的安全距离处通过发爆(点火、通电或激发枪)和传递,使安设在药包或药卷中的雷管起爆,并引发药包或药卷爆炸,从而达到爆破破碎岩石的目的。

表 8-4　常用炸药的性能

炸药名称	爆发点 /℃	撞击感度 /%	摩擦感度 /%	密度 /(g/cm³)	爆速 /(m/s)	爆力 /cm³	猛度 /mm
EL系列乳化炸药	330	≤8	0		4000～5000		16～19
2号煤矿硝铵炸药	180～188			0.95～1.10	3600	250	10
梯恩梯	290～295	4～8	0	1.60	6850	285	16～17
黑索金	230	70～75	90	1.76	8660	600	25
2号岩石硝铵炸药	186～230	20		0.95～1.10	3600	320	12
黑火药	290～310	50					
硝化甘油	200	100		1.60	7450	600	22.5～23.5
特屈儿	195～200	50～60	24	59	7334	300	21～22
铵梯炸药				1.40	5200		
太安				1.72	8083	580	23～25
2号安梯岩石炸药				1.0～1.1		320	12～14
RJ系列乳化炸药				1.1～1.25	4500～5400		15～19

(1) 导火索与火雷管

导火索是用来点燃火雷管的配套传爆材料,它能以较稳定的速度连续传递火焰给火雷管,并使火雷管在火焰作用下爆炸。导火索以粉状或粒状黑火药为芯药,直径为2.2mm左右。芯药内有3根芯线,其作用是保证生产时装药均匀,并保证燃烧速度稳定。导火索的喷火强度和燃速是保证火雷管可靠、准确和安全起爆的主要条件。国产普通导火索的燃速为100～125m/s,它是一项重要的质量标准。不得使用燃速发生变化的导火索。导火索在燃烧过程中,不得有断火、透火、外壳燃烧或爆燃等现象发生。每盘导火索的长度一般为250m。普通导火索不能在有瓦斯或有矿尘爆炸危险的场所使用。

通过导火索燃烧后喷出火星引爆的雷管,称为火雷管。火雷管是最简单的一种雷管,如图8-13所示。火雷管成本低,使用简单灵活,不受杂散电流的影响,因而应用广泛。火雷管一端开口,另一端封闭成窝穴状,起聚能作用,当受撞击、摩擦和火花等作用时能引起爆炸。火雷管全部是瞬发雷管。

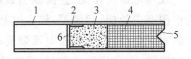

图 8-13　火雷管
1—管壳;2—加强帽;3—正起爆药;
4—副起爆药;5—聚能穴;6—传火孔

爆破作业中点燃导火索,需使用专制的点火材料。常用的点火材料有点火棒、拉火管和点火筒等。工业雷管按其起爆药量多少分为10个等级。等级号数越大,引爆能力越强。爆破工程中常用的是8号和6号雷管。

(2) 电雷管

电雷管是用导电线传输电流,使装在雷管中的电阻发热而引起雷管爆炸。其主要由一个电点火装置和一个火雷管组合而成。可见,电雷管在构造上比火雷管多了电点火装置。电雷管的品种较多,性能也较复杂。常用的有瞬发电雷管、延期电雷管和特殊电雷管等。根据所延时的单位不同,延期电雷管又分为以秒为单位的秒延期电雷管和以毫秒为单位的毫秒延期电雷管(又称为微差电雷管)。

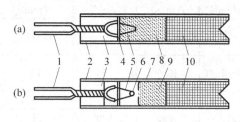

图 8-14 瞬发电雷管
(a) 直插式;(b) 引火头式

1—脚线;2—管壳;3—密封塞;4—纸垫;5—桥丝;6—引火头;7—加强帽;8—DDNP;9—正起爆药;10—副起爆药

瞬发电雷管由火雷管与电点火装置组合而成,是通电后即刻爆炸的电雷管。构造如图 8-14 所示。电雷管的作用原理是:电流经脚线输送通过桥丝,由电阻产生热能点燃引火药头或起爆药。一旦引燃后,即使电流中断,也能使起爆药和加强药爆炸。由于电雷管从通电到爆炸的过程是在瞬间完成的(13ms 以内),所以称其为瞬发电雷管。

延期电雷管。为实现延期起爆,电雷管的延期时间是在瞬发雷管中加装延期药来实现的(见图 8-15)。延期时间的长短均用段数来表示。按延期时间差,延期电雷管可分为秒延期和毫秒延期系列。

秒延期电雷管,又称为迟发雷管,即通电后不立即发生爆炸,而是要经过以秒量计算的延时后才发生爆炸。其结构特点是,在瞬发电雷管的点火药头与起爆药之间,加了一段精制的导火索作为延期药,依靠导火索的长度控制秒量的延迟时间。国产秒迟发电雷管按延期时间的长短分为 7 段,段数越大,延期时间越长。

毫秒延期电雷管又称为微差电雷管或毫秒电雷管。通电后,以毫秒量级的间隔时间延迟爆炸,延期时间短,精度也较高。毫秒电雷管与整体壳式秒延期电雷管相似,不同之处在于延期药的组分。国产毫秒延期电雷管有五个系列。其中,第二系列是工程中常用的一个时间系列;第一、第五系列为高精度系列;第三、第四系列的延期时间间隔分别为 100ms 和 300ms。

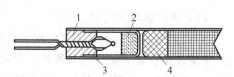

图 8-15 延期电雷管
1—塑料塞;2—延期药;3—延期内管;4—加强帽

发爆电源可用交、直流照明或动力电源,也可以用各种类型的专用电起爆器。电力起爆的电源有电池组、起爆器、移动电站以及照明或动力电路,可根据电爆网路的需要选用。简单的串联电路,由于所需电流强度较小,可采用电池组或起爆器起爆;同时起爆很多电雷管的大爆破,多采用移动电站、照明或动力线进行。

电起爆爆破工程中常用的仪表可分为 4 类,即网路检测仪表、安全检测仪表、爆破电流仪表和试验研究专用仪表等。在有杂散电流条件下,应采用抗杂散电流电雷管。目前,电线和电雷管起爆系统在隧道工程中已较少采用。

(3) 非电雷管与塑料导爆管

塑料导爆管是在聚乙烯塑料管的内壁涂有一层高能炸药,管壁上的高能炸药在冲击波作用下可以沿着管道方向连续稳定爆轰,从而将爆轰传播到非电雷管使雷管起爆。塑料导爆管是一种由高压聚氯乙烯制成的中空细管,外径(2.95±0.15)mm,内径(1.35±0.1)mm,管的内壁涂有一层薄薄的炸药,炸药是由 91% 的奥克托金或者黑索金、9% 的铝粉、外加 0.25%~0.5% 的石墨粉或硬脂酸盐等组成。每米导爆管内含炸药量 16mg。

导爆管起爆后,在管内产生两种波,一种是爆轰波,另一种是冲击波,冲击波超前于爆轰波,以 1600m/s 或 2000m/s 的速度向前传爆,由于管道的约束,使得冲击波衰减得比自由空间慢。冲击波在向前传播的途径上遇到管内炸药,使炸药发生化学反应,而这一化学反应又给冲击波补充能量使其不衰减。这样由此及彼,在冲击波的作用下,导爆管中的炸药连续发生化学反应,维持其稳定传爆。值得注意的是,当使用的塑料导爆管传爆距离超过 2000m 时,传爆速度会下降。

按爆速不同,导爆管产品分 H-1 型(爆速为(1600±50)m/s)和 H-2 型(爆速为(1950±50)m/s)两种。每米塑料导爆管有 0.50~0.625ms 的延期时间。一经起爆,即以稳定的爆速由起点传爆至终点。因其是由瑞典科学家诺雷尔(Nonel)首创的一种新型传爆材料,故又称为诺雷尔管。

塑料导爆管有以下优点:抗电、抗火、抗冲击性能好;起爆传爆性能稳定,甚至扭结、180°对折、局部断药、管端对接,均能正常传爆。它不能直接起爆炸药,应与非电毫秒雷管配合使用;运输和使用过程中抗破坏能力强;安装简单,使用方便,价格便宜等,且可作为非危险品运输。因此,塑料导爆管在隧道工程中被广泛应用,尤其是在带电环境施工和炮眼数较多时。

非电塑料导爆管起爆系统于 1978 年在我国研制成功,具有使用简便、安全、不怕杂散电流和静电感应以及消耗有色金属材料很少等一系列优点,得到迅速的推广应用。目前在采用液压凿岩台车(带有电缆)钻孔的隧道施工中,大都采用非电起爆系统。非电雷管须与塑料导爆管配合使用,其构造如图 8-16 所示。

导爆管起爆系统由三部分元件组成:起爆元件、连接元件和末端工作元件,如图 8-17 所示。

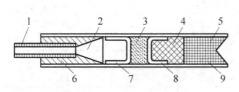

图 8-16 瞬发非电雷管
1—塑料导爆管;2—消爆空腔;3—延期药;
4—正起爆药;5—金属管壳;6—塑料连接套;
7—空信帽;8—加强帽;9—副起爆药

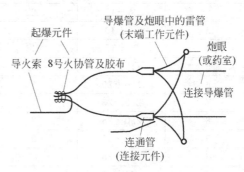

图 8-17 导爆管起爆系统的组成元件

最普遍的起爆元件就是导火索点燃 8 号火雷管。起爆元件也可用击发枪(附火帽)、击发笔(附火帽)、火雷管或电雷管。从经济和安全方面着眼,由于放炮频繁,隧道(洞)爆破用导火索与火雷管为宜。

利用导爆管本身所具有的性能(即导爆管中间断药小于 15cm 仍能正常传爆)制成的塑料连通管(简称为连通管),叫做连接元件。连通管种类分 3~5 通,其外观和连接形式如图 8-18 所示。还有一种连通管仅一端开口,另一端封闭,其外观和连接形式如图 8-19 所示。

对于多根导爆管的连接,为了节省材料、连接方便,有时用传爆雷管(常用即发非电雷管)代替连通管作为连接元件。把多根导爆管用电工胶布绑扎在传爆雷管的周围即可,如图 8-20 所示。在正常条件下,1 个传爆雷管可以起爆周围 50 根导爆管,通常绑扎十几至二十几根。

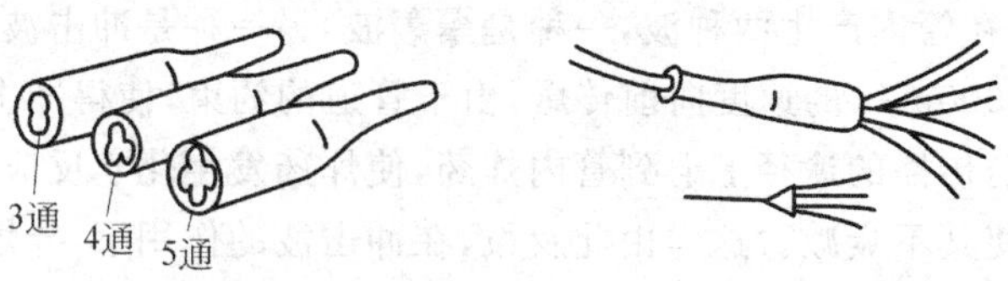

图 8-18 连接管外观和连接式样

图 8-19 一端封闭的连通管
(a) 连通管外形；(b) 连接式样

图 8-20 传爆连接元件的绑扎方式

从连通管中引出直至炮孔（药包）中的导爆管和导爆管末端的非电雷管组成末端工作元件。末端的非电雷管分三种：毫秒非电雷管、半秒延期和秒延期非电雷管。其段别和延期时间列于表 8-5。

表 8-5 非电雷管段别和延期时间

非电毫秒延期雷管		非电半秒延期雷管		非电秒延期雷管	
段别	延期时间/ms	段别	延期时间/s	段别	延期时间/s
1	≥13	1	≤0.013	1	≤1.0
2	25±10	2	0.5±0.15	2	2.0±0.5
3	50±10	3	1.0±0.15	3	4.0±0.6
4	75±15	4	1.5±0.2	4	6.0±0.8
5	110±15	5	2.0±0.2	5	8.0±0.9
6	150±20	6	2.5±0.2	6	10.0±1.0
7	200±25	7	3.0±0.2	7	14.0±2.0
8	250±25	8	3.5±0.2	8	19.0±2.0
9	310±30	9	3.8~4.5	9	25.0±2.5
10	380±35	10	4.6~5.3	10	32.0±3.0
11	460±40				
12	550±45				
13	650±50				
14	760±55				
15	880±60				
16	1020±70				
17	1200±90				
18	1400±100				
19	1700±130				
20	2000±150				

当起爆元件中的导火索被点燃后，火焰传递到火雷管，引起雷管爆炸；雷管爆炸引发雷管周围的导爆管起爆、传爆，当传爆到连接元件的连通管时，经过连通管的过渡（无延误时

间)使之后的导爆管起爆和传爆。

(4) 导爆索与继爆管

导爆索(传爆线)起爆法是利用雷管的爆炸,首先引爆导爆索,然后由导爆索网路的爆轰引爆药包的方法。导爆索是以单质猛炸药黑索金或太安作为索芯,以棉、麻和纤维等为被覆材料,能够传递爆轰波的索状起爆、传爆材料。经雷管起爆后,导爆索可以直接引爆其他炸药。根据适用条件不同,导爆索主要分为普通导爆索和安全导爆索两种。

普通导爆索是目前生产中使用较多的一种,它具有一定的防水性能和耐热性能。但在爆轰传播过程中火焰强烈,所以只能用于露天爆破和没有瓦斯的地下爆破作业。其外径尺寸不大于 6.2mm,爆速不小于 6500m/s。

安全导爆索是在普通导爆索的药芯或外壳内加了适量的消焰剂,使爆轰过程中产生的火焰小、温度低,不会引爆瓦斯或矿尘,专供有瓦斯或矿尘爆炸危险的地下爆破作业使用。其爆速不小于 6000m/s。

因导爆索能直接引爆炸药,故在隧道工程中,若采用小直径药卷间隔装药时,常用导爆索将各被动药卷与主动药卷相连接,以使被动药卷均能连续爆炸,从而减少了雷管数量,简化了装药结构,减少了装药量达到控制的爆破目的。在计算装药量时,应将导爆索的爆力计入炸药用量中。继爆管是一种专门与导爆索配合使用的,具有毫秒延期作用的起爆器材,工程上较少使用。

(5) 塑料导爆管非电起爆网路

目前,塑料导爆管非电起爆网路广泛应用于隧道开挖施工中,塑料导爆管非电系统的发明,不但避免了电爆过程中有可能出现的意外早爆事故,而且完全能代替电爆进行微差爆破,并且比电爆更具有优越性。导爆管非电起爆进行微差爆破时,需要的毫秒雷管段别少,却能进行大规模的微差爆破,不受炮孔或药包数量限制,这是电爆无可比拟的。除此之外,导爆管非电起爆网路铺设操作简便,准爆可靠,起爆器材费用低廉,主要有以下几种连接方式。

① 簇联网路。簇联网路如同电爆的并联网路一样,把炮孔或药包中非电毫秒雷管用一根导爆管延伸出来,然后把数根延伸出来的导爆管用连通管或传爆雷管并在一起,如图 8-21 所示。簇联法作为微差起爆网路中的一个主要环节较多地被采用,例如把从几个炮孔或几个药包中引出的导爆管绑扎在孔外雷管的四周,然后再把孔外雷管串联在一起。

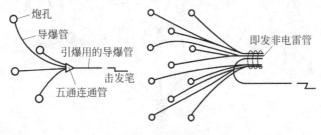

图 8-21 并联网路

② 串联网路。当进行排间微差起爆时,即在同一排的炮孔安放同一段别的毫秒雷管,在不同排安放不同段别雷管,每排炮孔常采取串联连接,如图 8-22 所示。当采取孔外微差起爆时,把几个炮孔或几个药包分成一组,在孔外把每一组从炮孔(药包)中引出的导爆管绑

扎在一定段别毫秒雷管上,然后把孔外已绑扎好的毫秒雷管串联在一起。

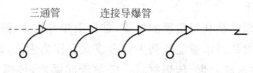

图 8-22 串联网路

③ 并串联网路。并联网路与串联网路结合组成并串联网路,如图 8-23 所示。

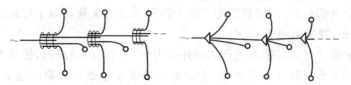

图 8-23 并串联网路

④ 复式网路。为了确保起爆网路的可靠准爆,防止个别雷管或导爆管拒爆,应在每个炮中尤其每个药包中安放两个非电雷管,相应地从炮孔或药包中引出两根导爆管,孔外设两个连通管或传爆雷管进行连接,相应的导爆管也为两根。如图 8-24 所示。整个爆破网路的设计,采用串联、并联或串并联都很方便。实践证明,对隧道爆破来说,并联网络是较好的选择。图 8-25 所示即为弧形导坑光面爆破采用并联网路的实例。网路连接应由内向外,并防止起爆雷管附近有其他联线交错,以避免传爆雷管击断导爆管。

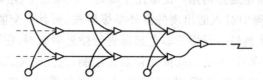

图 8-24 复式并串联网路

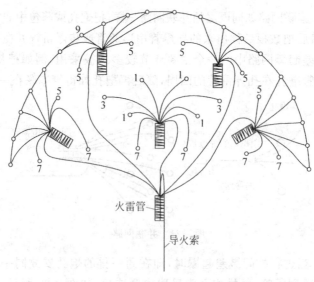

图 8-25 弧形导坑光面爆破网路图

8.2.3 装渣运输方法

将开挖的石渣迅速装车运出洞外,是提高隧道掘进速度的重要环节。该项作业往往占全部开拍作业时间的50%左右,控制着隧道的施工速度。因此,正确选择并准备足够的装渣运输方案,维修好线路,减少相互干扰,提高装渣效率,是加快隧道施工速度,尤其是加快长大隧道施工速度的关键。

1. 装渣

装渣就是把开挖下来的石渣装入运输车辆。

1) 渣量计算

出渣应为开挖后的虚渣体积,可按下式计算:

$$Z = R\Delta LS \tag{8-2}$$

式中 Z——单循环爆破后石渣量;
R——岩体松胀系数,见表8-6;
Δ——超挖系数,视爆破质量而定,一般可取1.05~1.15;
L——设计循环进尺;
S——开挖断面面积。

表8-6 岩体松胀系数 R 值

岩体级别	Ⅵ	Ⅴ			Ⅳ	Ⅲ	Ⅱ	Ⅰ
土石名称	砂砾	黏性土	砂夹卵石	硬黏土	石质	石质	石质	石质
松胀系数	1.15	1.25	1.30	1.35	1.60	1.70	1.80	1.85

2) 装渣方式

装渣可采用人力装渣或机械装渣。人力装渣劳动强度大、速度慢,宜在短隧道缺乏机械或断面小无法使用机械装渣时才考虑采用。机械装渣速度快,可缩短作业时间,目前广泛应用在隧道施工中,但仍需配少数人工施工辅助。

2. 运输

隧道施工的洞内运输(出渣和进料)分为有轨运输和无轨运输。有轨运输铺设轻轨线路,用轨道式运输车出渣,小型机车牵引,适用于开挖各种隧道,尤其适用于较长的隧道运输(2km以上),是一种适应性较强和较为经济的运输方式。无轨运输采用各种无轨运输车出渣,其特点是机动灵活,不需要铺设轨道,能适用于弃渣场离洞口较远和道路坡度较大的场合;缺点是运输车多采用内燃驱动,在整个洞中排放废气,会污染洞内空气。所以,无轨运输适用于大断面开挖和短、中等长度的隧道中,并应注意加强通风。

1) 有轨运输

有轨运输基本不排放有害气体(电瓶式机车不排放有害气体,内燃机因行车密度小排放有害气体少),对空气污染较轻;占用空间小而且固定。不足之处在于轨道铺设较复杂,维修工作量大;调车作业复杂;开挖面延伸轨道影响正常装渣作业等。

2) 无轨运输

无轨运输主要是指汽车运输。无轨运输不需要铺设复杂的运输轨道,具有运输速度快、管理工作简单、配套设备少等特点。但由于内燃机排放大量废气,对洞内空气污染较为严重,尤其长期在长大隧道中使用时需要配套很好的通风设施。

8.3 新奥法

8.3.1 新奥法的概念与原则

以往,人们都认为在地层中开挖坑道必然要引起围岩坍塌掉落,开挖的断面越大,坍塌的范围也越大。因此,传统的隧道结构设计方法是将围岩看成是必然要松弛塌落,而成为作用于支护结构上的荷载。传统的隧道施工方法则是将隧道断面分为若干小块进行开挖,随挖随用钢材或木材支撑,然后从上到下或从下到上砌筑刚性衬砌。这也与当时的机械设备、建筑材料和技术水平相一致。

近年来,岩石锚杆、喷射混凝土的机械和岩石力学方面的进展,使人们对开挖隧道过程中出现的围岩变形、松弛和崩塌等现象有了更深入的认识,为提出新的、经济的隧道施工方法创造了条件。1963年,由奥地利学者 L. 腊布兹维奇教授命名的新奥地利隧道施工法(New Austria Tunnelling Method,简称新奥法(NATM))正式出台。它是以控制爆破或机械开挖为主要掘进手段,以锚杆、喷射混凝土为主要支护方法,理论、量测和经验相结合的一种施工方法,同时又是一系列指导隧道设计和施工的原则。

地下工程的修建已经进行了很多年,积累的经验和教训是十分丰富的,如日本的"隧道十训"、奥地利的"22点原理",以及英国法、法国法、德国法和比利时法等。虽然这些方法是依据当时的技术条件和技术理论形成的,但也同样体现了隧道施工的基本原则——及时支护,充分利用围岩的自支护能力,提高围岩与支护的共同作用。

归纳起来,施工中不管采用哪种方法,都必须遵循以下基本原则。

(1) 因为围岩是隧道的主要承载单元,所以要在施工中充分保护围岩。避免过度破坏和损伤遗留围岩的强度,使暴露的围岩尽量保留既有的质量,是最基本的原则。这在任何施工方法中都是一样的,像古老的黄土窑洞、无衬砌的岩石洞室等的修建就完全遵守了这个原则。为此,施工中断面分块不宜过多,开挖应当采用光面爆破、预裂爆破或机械掘进。

(2) 为了充分发挥围岩的结构作用,应容许围岩有可控制的变形。一方面容许变形达到不在围岩中形成松弛的量级,另一方面必须对它进行限制,使围岩不会过度松弛而丧失或大大降低承载能力;而在浅埋或地表下沉受到控制的条件下,及时控制变形和松弛及其发展是非常重要的。

(3) 变形的控制主要是通过支护阻力(即各种支护结构)的效应达到的。因此,在施工中必须合理地确定支护结构的类型、支护结构参与工作的时间、各种支护手段的相互配合、断面封闭时间和一次掘进长度等。

(4) 在施工中,必须进行实地量测监控,及时提出可靠的足够数量的量测信息,以指导设计和施工。这是"新奥法"的重要组成部分。实际上,在新奥法之前,量测监控的技术早已存在,例如量测木支撑的横梁弯曲(挠度),用锤击法判定支柱的受力状况等。即使从今天的眼光看,这些技术仍然有其实用价值。

(5) 在选择支护手段时,一般应选择能与围岩大面积、牢固接触,能及时施设且应变能力强的支护手段。因此,多采用喷混凝土并与锚杆、金属网联合使用,有时也要与钢支撑或格栅等配合使用;临时仰拱也是不容忽视的支护手段。

(6) 要特别注意,隧道施工过程是围岩力学状态不断变化的过程。减少开挖分部,也就有可能减少因分部过多而引起的围岩内的应力变化和围岩松弛。因此,在有可能的条件下,应尽量采用全断面或大断面分部的开挖方法。

(7) 在任何情况下,使隧道断面能在较短时间内闭合是极为重要的。在岩石隧道中,因围岩的结构作用,能够"自封闭"。而在软弱围岩中,则必须改变"重视上部、忽视底部"的观点,应尽量采用能先修筑仰拱(或临时仰拱)或底板的施工方法,使断面及早封闭。

(8) 在隧道施工过程中,必须建立"设计—施工检验—地质预测—量测反馈—修正设计"的一体化施工管理系统,以不断地提高和完善隧道施工技术。

上述隧道施工的基本原则可扼要地概括为"少扰动、早喷锚、勤量测、紧封闭"。

在实际施工过程中,这些原则也不是一成不变的,应该结合实际情况进行完善和提高。

8.3.2 新奥法理论要点及施工要点

1. 新奥法与传统施工方法的区别

传统方法认为巷道围岩是一种荷载,应用厚壁混凝土对松动围岩加以支护。而新奥法认为围岩是一种承载结构,应构筑薄壁、柔性、与围岩紧贴的支护结构(以喷射混凝土、锚杆为主要手段)并使围岩与支护结构共同形成支承环来承受压力,并最大限度地保持围岩稳定,而不致松动破坏。新奥法将围岩视为巷道承载构件的一部分。因此,施工时应尽可能全断面掘进,以减少巷道周边围岩应力的扰动,并采用光面爆破、微差爆破等措施减少对围岩的震动,以保全其整体性。同时,巷道表面尽可能平滑,避免局部应力集中。新奥法将锚杆、喷射混凝土适当进行组合,形成比较薄的衬砌层,即用锚杆和喷射混凝土来支护围岩,使喷射层与围岩紧密结合,形成围岩-支护系统,保持两者的共同变形,可以最大限度地利用围岩本身的承载力。

2. 保护巷道围岩自身的承载能力

新奥法施工在巷道开挖后采取了一系列综合性措施,如构筑防水层、围岩巷道排水;选择合理的断面形状尺寸;给支护留变形余量;开巷后及时做好支护、封闭围岩等,都是为保护巷道围岩的自身承载能力,使围岩的扰动影响控制在最小范围内,并加固围岩,提高围岩强度,使其与人工支护结构共同承受巷道压力。

3. 允许围岩有一定量的变形,以利于发挥围岩的固有强度

巷道的支护结构,也应具有预定的可缩量,以缓和巷道压力。围岩的变形是控制在一定范围内的,必须避免因围岩变形过大而导致围岩强度的削弱,以致引起垮落、失稳。支护结构具有一定的变形量,允许巷道围岩产生一定的变形,以缓和来自巷道的巨大压力,进一步减轻支护荷载。

4. 新奥法施工过程中量测工作的特殊性

由于岩体生成条件与地质作用的复杂性,施工条件的复杂性,以及对工程设计参数的精确要求,在施工过程中需通过许多量测手段对围岩动态和支护结构工作状态和支护结构工作状态进行监测,并用监测结果修改初步设计,指导施工。量测的结果可以作为施工现场分析参数和修改设计的依据,能够预见事故和险情,以便及时采取措施,提高施工的安全程度。

综上所述,新奥法的支护原则是:围岩不仅是载物体,而且是承载结构;围岩承载圈和支护体组成巷道的统一体,是一个力学体系;巷道的开挖和支护都是为保持、改善与提高围岩的自身支承能力服务的。

新奥法的施工工序可用以下框图(见图 8-26)表示。

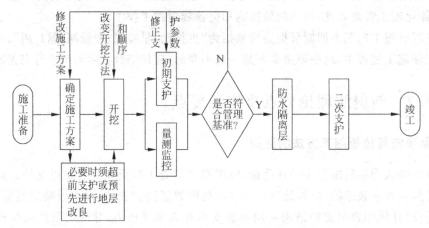

图 8-26 新奥法施工程序

8.3.3 新奥法适用范围

1. 新奥法适用范围

(1) 具有较长自稳时间的中等岩体;
(2) 弱胶结的砂和石砾以及不稳定的砾岩;
(3) 强风化的岩石;
(4) 刚塑性的黏土泥质灰岩和泥质灰岩;
(5) 坚硬黏土,以及带坚硬夹层的黏土;
(6) 有微裂隙,但有很少黏土的岩体;
(7) 在很高的初应力场条件下,坚硬的和可变坚硬的岩石。

2. 在下述条件下,应用新奥法必须与一些辅助方法相配合

(1) 有强烈地压显现的岩体;
(2) 膨胀性岩体(需采用仰拱或底部锚杆与之相配合);

(3) 在一些松散岩体中,需采用钢背板与之相配合;
(4) 在蠕动性岩体中,需采用冻结法或预加固法等与之相配合。

3. 在下列场合中应慎重使用新奥法

(1) 出现大量涌水的岩体;
(2) 由于涌水而产生流砂现象的围岩;
(3) 极为破碎,锚杆钻孔、安装都极为困难的岩体;
(4) 开挖面完全不能自稳的岩体。

4. 新奥法的缺点

(1) 新奥法的实施不仅要求有良好的施工组织和管理,也要求技术人员和量测人员都十分熟练,否则容易发生错误;作业质量与每位施工人员的仔细操作有关。
(2) 开挖暴露出的地质会立即改变其状态,因此要求施工地质人员要亲临现场,以便发现问题;
(3) 用现场量测动态控制施工,往往给施工带来不便;
(4) 必须加强防护干喷射带来的灰尘以及化学药品带来的损害,尤其是对眼睛的防护,湿喷虽然可以避免此缺点,但在同样条件下,湿喷对岩体的支护不如干喷有效。

8.4 新意法

8.4.1 新意法概念

20世纪70年代中期,意大利的Pietro Lunardi教授开始对数百座隧道进行理论和现场试验研究,并逐步创立了岩土控制变形分析法(ADECO-RS法)。ADECO-RS法是通过对隧道掌子面前方超前核心土的勘察、量测,预报围岩的应力-应变形态,并依据隧道开挖后围岩稳定、暂时稳定和不稳定划分为A、B、C三种类型,在此基础上进行信息化设计和施工,确保隧道安全穿越各种地层(尤其是复杂不良地层)和实现全断面开挖的一种隧道设计、施工方法。

ADECO-RS法已广泛应用于意大利的公路和铁路领域,并已纳入意大利的隧道设计和施工规范。该法还应用于欧洲一些国家的隧道项目。

2006年7月,原铁道部有关领导考察了意大利佛罗伦萨博罗尼亚高速铁路采用ADECO-RS法施工的Raticosa隧道施工现场。2006年10月,持有ADECO-RS法的意大利特莱维集团(Trevi Group)组团来中国,考察了郑西客运专线黄土隧道施工现场,并与中国同行进行了学术交流。同年11月,在北京召开的"中国高速铁路隧道国际学术研讨会"上,意大利特莱维集团对ADECO-RS法作了专题报告,并将其用中文解释为新意法。国际岩石力学学会(ISRM)的FredericL. Pellet教授2006年在中国巡回讲学中也称岩土控制变形分析法(ADECO-RS法)为新意大利隧道施工法(New Italian Tunnelling Method,NITM)。本书中对ADECO-RS法统一简称为新意法。

随着我国经济的快速发展,隧道修建的规模越来越大,速度进一步加快,将有越来越多的隧道穿越各种软弱不良地层,而且隧道周边环境也将更加复杂。因此,需要引进、消化和吸收国外先进的隧道设计施工技术,以进一步提高我国隧道修建技术水平。下面对 Pietro Lunardi 教授开创的新意法隧道设计施工技术进行简要介绍,希望能使国内更多隧道设计施工人员关注新意法这一新兴的隧道设计施工理念。

8.4.2 相关概念

1. 超前核心土

超前核心土是隧道掌子面前方一定体积的土体,呈圆柱形,圆柱体的高度和直径大致等于隧道直径。

2. 掌子面挤出变形

掌子面挤出变形是开挖介质对隧道开挖产生的变形反应的主要表现形式,主要发生在超前核心土内;挤出变形的大小取决于超前核心土的强度、变形特性及其所处的原始应力场;挤出变形发生在隧道掌子面的表面,沿隧道水平轴线方向发展,其几何形状大概呈轴对称(掌子面鼓出),或在掌子面形成螺旋状突出。

3. 隧道预收敛

隧道预收敛是隧道掌子面前方的理论轮廓线的收敛变形,完全取决于超前核心土的强度及变形特性与其原始应力状态之间的关系。

8.4.3 新意法隧道设计施工程序

新意法隧道设计施工按图 8-27 所示的基本步骤进行。

8.4.4 新意法与新奥法的比较

1. 新意法与新奥法的不同之处

(1) 地层变形反应的分析方式不同。新奥法对地层变形反应的分析仅限于掌子面的后方,仅对隧道收敛进行分析;新意法不仅对掌子面后方的地层变形反应(收敛)进行分析,而且更注重对掌子面及掌子面前方地层的变形反应(掌子面挤出变形和预收敛)进行分析。

(2) 地层变形反应的控制方式不同。由于对地层变形反应的分析方式不同,新奥法与新意法对地层变形反应的控制方式也不同。新奥法采用锚杆、喷射混凝土、钢拱架和施作仰拱等手段,仅对掌子面后方的隧道施加约束作用;新意法不仅要求隧道的支护措施(包括二次衬砌和仰拱)要与掌子面保持适当距离,不能落后掌子面太远,对隧道提供连续的约束作用,而且要求对超前核心土采取适当的防护和加固措施,提高其强度和变形特性,对隧道提供超前约束作用。

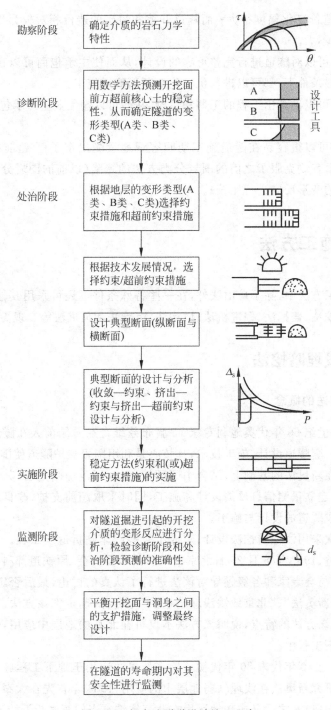

图 8-27 新意法隧道设计施工程序

2. 新意法的优点

新意法重视隧道加固措施,把隧道加固措施视为控制和调节隧道变形不可缺少的工具,从而把隧道加固措施视为隧道最终稳定结构的一部分(关注隧道的变形量,隧道工程的造价与其变形量成正比)。在这一方面值得注意的是,在地下工程的总造价中,隧道加固措施和地层改良措施的造价变化幅度很大；而隧道开挖和衬砌的造价相对较为稳定，对于所有地层，其变化幅度都不大。

采用新意法，可以对隧道进行完整可靠的设计，从而使主承包商可以在各种地层中，甚至在最困难的地层条件下，都可以进行机械化全断面隧道施工。

采用新意法，可以估算出工程的工期和造价，从而可以避免业主与承包商之间产生的各种纠纷。

采用新意法，可以很容易在隧道施工期间客观地量测出掌子面-超前核心土体系的应力-应变状态，从而有效克服了之前的围岩分类方法的缺陷（以前的围岩分类方法是对地质力学类别与地层的变形反应进行比较）。

8.5 其他施工方法

铁路隧道施工方法中，除了矿山法外，在一些特殊条件下还可采用其他方法，如浅埋暗挖法、挪威法、明挖法、盖挖法、掘进机法、盾构法、沉管法和顶进法等。现简要叙述如下。

8.5.1 浅埋暗挖法

1. 浅埋暗挖法的概念

新奥法是20世纪60年代奥地利专家L.腊布兹维奇在总结前人在隧道工程中累积的经验后提出来的一套隧道设计、施工技术，其核心是利用围岩支护隧道使围岩本身形成支承环。中国工程师在新奥法的基础上，结合中国国情，创立了浅埋暗挖法，其特点是沿用新奥法原理分析体系，建立量测信息反馈设计和施工，同时采取超前支护、改良地层和注浆加固等配套技术来完成隧道的设计与施工。

北京地铁首次采用浅埋暗挖法设计，建成了复兴门车站折返线工程。由于取得了很大的经济和社会效益，1987年8月25日北京市科学技术委员会、原铁道部科技司共同组织了国家级成果鉴定，与会专家和各级领导对该法进行了认真的讨论，最后否定了"软弱地层新奥法"、"中国特色新奥法"、"北京地铁浅埋暗挖法"等名称，确定把该方法命名为"浅埋暗挖法"。它更能反映该方法的特点，说明该方法不仅可在北京的地层中应用，也可以应用在全国类似的各种地下工程中。

我国于20世纪70年代末80年代初开始将新奥法应用于地下工程施工，并于80年代中后期开始系统研究新奥法在浅埋软弱地层中的应用，1984年首先在大秦线军都山隧道进口黄土段研究实验成功，之后又成功地运用在北京地铁复兴门车站折返线工程，并首先在地铁复-西区间、西单车站、国家计委和国家发展和改革委员会地下停车场、首钢地下运输廊道、城市地下热力、电力隧道、长安街地下过街通道和深圳地上过街通道等地下工程中推广应用，经过多年的不断总结、完善，这一方法已在城市地铁、市政、电力隧道、城市地下过街通道和地下停车场等工程中推广应用，并已形成一套完整的配套技术，并形成各地域各城市的特色，如南京地铁软流塑地层暗挖施工工法，广州地铁含水砂层暗挖施工工法等。以北京地铁工程为实例形成的"隧道与地铁浅埋暗挖工法"已被原建设部批准为国家级工法。

2. 深埋、浅埋和超浅埋的判定

目前深埋、浅埋和超浅埋的提法很多，但都不太确切，有必要进行区分，上述几种埋置深度隧道的设计和施工方法都有区别。通常深埋隧道荷载按塌落拱计算，可按新奥法原则设计，可利用围岩自身承载力，其主要问题是隧道本身的施工安全；浅埋隧道按松散荷载计算，超浅埋隧道则按全土柱加地面动、静换算荷载计算，其主要问题是应控制地层位移，保护环境。目前，根据工程类比，参照国内外工程实践和理论计算，相关专家进行了一系列现场试验、模型试验和有限元电算分析，并对全国已运营隧道中产生衬砌裂缝的 100 多千米隧道进行了调查，结合围岩测定和塌方的调查资料进行分析，现提出深埋、浅埋和超浅埋隧道分界深度的建议值。

1) 对已建成隧道裂缝的调查分析

隧道衬砌裂缝约有 2/3 发生在浅埋段，裂缝发生的规律是：拱腰多，拱顶少；衬砌与地层不密贴多，密贴少；无防水隔离层多，有防水隔离层少；先拱后墙法施工多，先墙后拱法施工少；全断面一次模筑衬砌多，全断面间隙灌注少；养护不好多，养护适当少；刚性大衬砌厚多，刚性柔衬砌薄少；按矿山法施工多，按新奥法施工少；小断面开挖施工多，大断面、全断面开挖施工少。从以上规律可以看出，裂缝的产生与埋深有很紧密的关系，是判断隧道合理埋深的重要条件。

2) 分界判别标准

(1) 应用埋深等于塌方统计平均高度 2 倍的方法。围岩变形过大时，隧道上方会形成塌落拱(压力拱)，见图 8-28。而塌方是围岩失稳破坏最直观的形式。大量统计资料表明，当埋深大于 2 倍塌方高度时，才能用塌落拱公式计算。塌落拱高度与围岩类别有关，根据我国铁路隧道调查资料，Ⅲ级以上围岩岩体强度较高，一般未出现由于浅埋而失稳破坏的情况。因此，通常在Ⅲ～Ⅵ级围岩中才考虑浅埋隧道的设计问题。《铁路隧道新奥法指南》规定：当埋深大于下列数值时为深埋隧道：Ⅵ级围岩 $4D\sim6D$、Ⅴ级围岩 $2D\sim3D$、Ⅳ级围岩 $1D\sim2D$、Ⅲ级围岩 $0.5\sim1.0D$；《铁路隧道设计规范》(TB 10003—2005)规定：当埋深大于Ⅵ级围岩 35～40m、Ⅴ级围岩 18～25m、Ⅳ级围岩 10～12m、Ⅲ级围岩 5～6m 为深埋隧道，反之为浅埋隧道。

(2) 应用实测压力 P 和垂直土柱重量 γH 之比来确定深埋、浅埋和超浅埋的判别方法。根据国内外近 50 个试验段资料得出：当 $P/\gamma H \leqslant 0.4$ 时为深埋；$P/\gamma H > (0.4\sim0.6)$ 为浅埋；$P/\gamma H > (0.6\sim1.0)$ 为超浅埋。例如北京复兴门折返线隧道，在双线隧道处应用机械式支柱压力计进行拱脚径向压力量测，得出 $P/\gamma H > (0.43\sim0.46)$，按以上方法判断属于浅埋，如图 8-29 所示。

(3) 在初期支护作用下，围岩塑性区到达地表(见图 8-29)，地中围岩变形和地表下沉值相等时，即覆盖整体位移下沉时为超浅埋，荷载计算除按 γH 全部土柱外，还应计算地面交通冲击荷载。

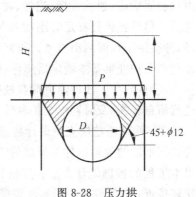

图 8-28 压力拱

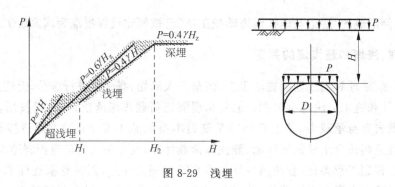

图 8-29 浅埋

3. 浅埋暗挖法的机理

1) 浅埋暗挖法的原理及特点

新奥法理论建立在岩石的刚性压缩特性和岩石的三向压缩应力、应变特性以及莫尔学说的基础上,并考虑了隧道掘进时的空间效应和时间效应。这一理论集中在支护结构种类、支护结构构筑时机、岩压以及围岩变位四者的关系上,贯穿在不断变化的设计施工过程中。浅埋暗挖法理论源于新奥法,但强调进行预支护和及时支护,控制地面沉降,保证施工和地面、地下建筑物的安全,其精髓是"管超前、严注浆、短开挖、强支护、快封闭、勤量测"。浅埋暗挖法机械化程度低,主要靠人工施工,因此机动灵活,对工程的适应性强,可作成各种结构形式,在地质情况较差的情况下需要采取辅助施工措施。

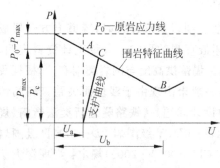

图 8-30 隧道支护特征曲线

2) 浅埋暗挖法的支护

由于该法多应用在松软第四纪地层中,因围岩自身承载能力很差,为避免对地表建筑物和地中构筑物造成破坏,要严格控制地表沉降量;为此要求一次支护刚度要大,且要及时进行支护,从图 8-30 的围岩和支护的刚度曲线中可以看出,交点 C(稳定点)应靠近 A 点工作,尽量避免较大的地层损失。

(1) 浅埋暗挖法应遵循的原则。浅埋暗挖法应结合工程环境条件和隧道本身的安全性能制定地表下沉控制基准值;综合环保要求、施工安全、工期和造价等因素选择施工工法;强调采用预加固措施(超前管棚、锚杆、注浆和冷冻等);隧道支护应考虑时间和空间效应;隧道开挖后应尽早提供具有足够刚度和早强的初期支护,以控制围岩变形;早施作仰拱、封闭成环,仰拱距工作面的距离越近越好,最大不宜大于 1 倍洞径;一般情况下二次衬砌应在围岩和初期支护变形基本稳定后施作,但在采取辅助措施后尚未满足稳定性要求的,则可提前施作二次衬砌(由于浅埋隧道荷载较明确,提前施作二次衬砌是可能的);加强监控量测,及时进行信息反馈,及时调整支护参数;应采用复合式衬砌。

(2) 浅埋暗挖法支护设计特点。工程类比是浅埋暗挖设计的主要依据,工程设计前,首先要把本段的地质条件与类似的工程地质条件以及结构形式进行充分分析对比,以便确定出本工程的预选设计方案;荷载结构模式进行结构计算,其计算结果和结构实际受力情况比较接近;控制围岩变形是浅埋暗挖法设计施工的核心问题;设计和施工应紧密结合,设计应充分考虑施工措施可行性和可操作性;由于浅埋隧道地质条件较明确,其设计应尽量准确,应尽量避免因施工组织和支护结构进行大规模的变更而造成工期和工程费用的变动。

(3) 浅埋暗挖法支护设计方法。根据有关设计规范和工程实际情况,目前浅埋暗挖法支护结构设计仍以工程类比法为主,以量测为手段的现场监控设计法和以计算为依据的理论分析设计法为辅。

地下工程支护结构设计是一门经验性很强的学科。长期以来,地下工程都是凭借经验进行设计和施工的。这些经验来自大量工程实践,有一定科学依据。此外,工程类比法本身也在不断地发展。除了日益增多的经验积累之外,还要使经验越来越符合理论观点,不断地使经验的处理科学化,如在经验设计法中引用各种量测数据,以及采用统计数学、模糊数学及电算工具等现代手段。

4. 浅埋暗挖法的适用条件

1) 掌子面能够自稳

如不能自稳,则应创造条件使其自稳,主要措施有冷冻、注浆加固和水平旋喷。

2) 无水

如有水,则应采取降(洞内轻型井点、地表深井)、堵、排等措施。

5. 浅埋暗挖法的施工工法

浅埋暗挖法施工工法按跨度分为以下几类。

(1) 单跨断面:全断面法——Ⅰ、Ⅱ级围岩;台阶法——跨度小于6m;临时仰拱法——高度大于5m或沉降要求高;"CD"工法(中隔墙法,CentreDiagram)——跨度6~12m;"CRD"工法(交叉中隔墙法,Cross Centre Diagram)——跨度6~12m,高度大于5m;"眼镜工法"——跨度12~15m,高度小于6m。

(2) 大跨或双跨、三跨断面:中洞法、侧洞法、导洞法。

8.5.2 挪威法

1. 挪威法概念

所谓挪威法(Norwegian Method of Tunnelling,NTM),简单地说就是由正确的围岩评价、合理的支护参数和高性能的支护材料三部分组成的一种经济而安全的隧道施工方法,它适用于公路隧道、铁路隧道、水工隧洞及大型地下工程。

正确的围岩评价体系主要是采用 Q 系统,即用巴顿法(N. Barton)进行围岩分级。而合理的隧道支护结构参数,是通过隧道施工中的观测和量测记录所求出的 Q 值来选择的,其中包括各种支护结构体系的数值解析验算。

支护体系的最大特点是把一次支护作为永久衬砌,只是在运营后,如果有涌水、冰霜等危害才修筑二次衬砌。通常一次支护是采用高质量($\sigma=40\sim50$MPa)的湿喷钢纤维混凝土和全长胶结型高拉力耐腐蚀的锚杆,而湿喷钢纤维混凝土的回弹量很小,通常仅为$4\%\sim6\%$。

根据挪威的隧道施工经验,采用挪威法修筑断面积为 $45\sim110\text{m}^2$ 的隧道,建筑费用是 $33000\sim66000$ 元/m,因不再施作二次衬砌,其混凝土圬工量比 NATM(新奥法)小很多,通常约为 NATM 的 $1/5\sim1/2$。因此,采用挪威法时将大大缩短工期。

2. Q 系统

Q 值围岩评价法是1974年,由 N. Barton 等人提出来的一种隧道围岩分级方法,在欧洲各国应用较广。虽然近年来隧道的支护技术有了很大的发展,特别是高质量的钢纤维混凝土得到了广泛的应用,但作为挪威法基本特征之一的 Q 系统隧道围岩评价法的变化不大,仅仅对岩体应力变量 SRF 进行了修正(1993年),即 SRF 考虑了埋深增加时的岩爆及软岩的膨胀性。

Q 值隧道围岩分级体系将围岩分为 6 级($0.001\sim1000$)、岩体的变形系数分为 3 级($0.05\sim50\text{GPa}$),抗剪强度分为 2 级($0.1\sim20\text{MPa}$)。Q 值是由下述变量组合而成:

$$Q = (\text{RQD}/J_n)(J_r/J_a)(J_w/\text{SRF}) \tag{8-3}$$

式中　RQD——岩石质量指标;
　　　J_n——节理组数;
　　　J_r——节理粗糙度系数;
　　　J_a——节理蚀变系数;
　　　J_w——裂隙水降低系数;
　　　SRF——应力降低系数。

第一个商数(RQD/J_n)代表岩体的结构,也是岩块大小和由不同节理组形成的楔形岩块大小的一个量值。

第二个商数(J_r/J_a)代表节理壁或充填料的粗糙度和摩擦特点。

按照 N. Barton 等人的观点,第三个商数(J_w/SRF)由两个参数组成。其中,参数 SRF 是衡量以下项目的一个量值:①在开挖通过剪切带和古黏土挤压岩层情况下的松散荷载;②稳固岩层中的岩石应力;③塑性不稳固岩层中的挤压荷载。

上述系数可以作为一个总的应力参数。J_w 参数是水压的一个量度,水压对节理的剪切强度有不利的影响,因为它降低了有效法向应力。另外,在节理填满黏土的情况下,水还会引起黏土软化,可能会把充填黏土冲刷出去。这样,商数(J_w/SRF)便是一个描述"主动应力条件"的经验系数。

当以上 6 个参数确定以后,就可以计算出 Q 值,进而可确定围岩等级以及隧道支护的规模和水准。N. Barton 等人(1974年)最初提出的 Q 系统,其支护主要是采用加网喷混凝土 $S(mr)$。1978年,钢纤维喷混凝土 $S(Fr)$ 已作为商品投入使用,到1984年已完全代替 $S(mr)$。

3. Q 系统的经验支护设计

N. Barton 等人根据近 1250 个永久地下结构物的施工记录整理结果给出了经验设计方法,该方法是通过一张综合考虑各因素的图(见图 8-31)来选择隧道支护参数。该图的横轴是 Q 值,围岩类别示于图的上侧。纵轴 S 表示隧道的宽度或高度除以表示安全系数的 ESR 的量,单位是米(m)。ESR 因子可以改变支护规模,对费用和安全性影响很大。因此应慎重取值。

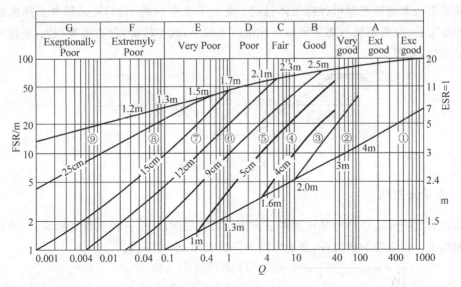

图 8-31　Q 系统的支护设计卡

根据横轴 Q 和纵轴 S 的数值，将这张图划分成 9 个不同类型的支护区。

实际应用时，当决定了 Q 值和 S 值后，即可由 Q 值和 S 值在图上确定一点，由这一点落在图中的区域来确定隧道支护类型。

应该指出，挪威法的支护是以高质量、高强度的湿喷钢纤维混凝土和全长胶结型高拉力耐腐蚀的锚杆为前提的，在实际应用中要予以注意。

4. 挪威法的支护类型

挪威法的主要支护类型有：①无支护；②局部锚杆：sb；③系统锚杆：B；④系统锚杆及喷混凝土（厚度 4～5cm）：B+S；⑤钢纤维喷混凝土及系统锚杆，喷层厚度 5～9cm：S(Fr)+B；⑥钢纤维喷混凝土及系统锚杆，喷层厚度 9～12cm：S(Fr)+B；⑦钢纤维喷混凝土及系统锚杆，喷层厚度 12～15cm：S(Fr)+B；⑧钢纤维喷混凝土，喷层厚度 15～25cm，加设花拱架的钢纤维喷混凝土及系统锚杆：S(Fr)，RRS+B；⑨模筑钢筋混凝土初砌：CCA。

8.5.3　明挖法

明挖法是从地表面向下开挖，形成露天的基坑，然后在基坑中修筑衬砌，敷设外贴式防水层，最后用土回填。铁路明洞以及隧道洞口段不能用暗挖法时，都采用明挖法施工。明挖法在城市地下工程中获得广泛的应用，特别是在浅埋的地下铁道工程中。在明挖法施工中，基坑的开挖方式常用的有如下几种。

1. 放坡开挖法

放坡开挖法适用于隧道埋深较浅，地势、地面空旷，土质稳定，地下水位较低的情况。此法机械化程度高，施工速度快，质量也易得到保证。施工对周围环境影响较小，基坑开挖仅仅依靠适当坡率的边坡即可保持土体稳定。受地下水影响的工程，可采用井点降水法提高边坡的稳定性，改善基坑内施工环境。此法施工简单，成本较低，但占地面积大，开挖和回填土方量也大，如图 8-32 所示。

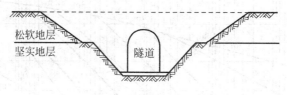

图 8-32 放坡开挖法

2. 支护开挖法

基坑的支护开挖法是将基坑围护结构插入基坑底部以下，开挖到设计标高后，再进行主体结构施工。视边坡的稳定性，基坑内既可设置支撑，也可不设。

1) 基坑内无支撑

基坑内无支撑时，支护开挖法也叫悬臂开挖法（见图 8-33）。围护结构常用木桩、钢桩、挖孔桩、灌注桩、钢筋混凝土预制桩或连续墙等组成。为加强围护结构的强度与刚度，减少其变形与位移，常采用下列工程措施：①采用大刚度的围护结构；②在围护结构顶部设圈梁；③基坑外一定范围内挖去表层覆盖土，减少侧压力；④基坑外进行井点降水，采用压密注浆、旋喷桩、搅拌桩或粉喷桩等方法加固土体；⑤基坑内设置护脚，即预留一定高度和宽度的原状土台，以减少开挖

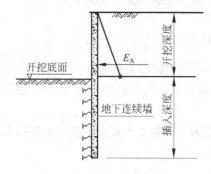

图 8-33 悬臂支护开挖法

时围护结构暴露高度。待基坑中间部分土体挖至设计标高，将中间底板灌完后，用跳槽开挖护脚土台，逐块浇灌这部分底板。

由于基坑内无支撑，施工时便于基础开挖和主体结构施工的机械化，也易保证工程质量。其缺点是围护结构较复杂，增加了造价及施工难度。此法有时也用在有支撑开挖基坑的上部。

2) 围护结构有支撑

当基坑较深，开挖时除采用围护结构外，还常采用支撑加强围护结构以抵抗较大的侧压力。支撑分为水平支撑、斜支撑以及采用锚杆加固围护结构。

(1) 水平支撑

水平支撑的常用形式有横撑和角撑（见图 8-34），基坑拐角或断面变化处用角撑，其他一般用横撑。采用水平支撑的优点是：墙体水平位移小；安全可靠，开挖深度不受限制；但要求围护结构的平面形状比较规则，以矩形为最佳。开挖基坑宽度较大时，支撑应加设中间支柱来保持其稳定性。中间支柱应在开挖前按设计位置做好。

围护结构施工完毕，一般情况下可开挖至第一道支撑所需的标高，及时安装支撑并施加预应力。再采用挖槽法，先开挖支撑设计位置处土体，保留其两侧土体；挖至第二道支撑标高时，安装第二道支撑，并施加预应力，然后由上向下开挖土体至适当高度，继续用挖槽法安装下道支撑。重复以上方法，最后开挖至基底标高，再依次浇筑底板—下层侧墙—中板—上

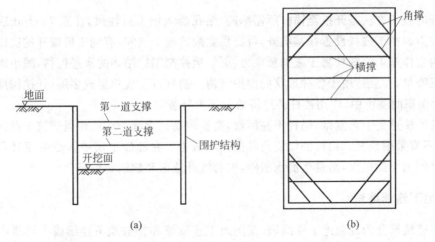

图 8-34 水平支撑开挖支护
(a) 立面图;(b) 平面图

层侧墙—顶板。按要求的时序拆除支撑,完成结构体系转换。

(2) 斜支撑

斜支撑(见图 8-35)是在基坑横向宽度较大或形状不规则,不便使用水平支撑时采用的支撑形式。采用斜支撑时,围护结构上部水平位移比较大,容易引起基坑外地面及附近建筑下沉,对沉降要求严格的地段应慎重使用,因此基坑开挖深度也受到一定限制。并且,斜支撑基础及结构底板需分批施工,工序交错复杂,施工难度大。

斜支撑的施工常采用中心挖槽法开挖基坑内土体至斜支撑基础底标高,浇筑基础,及时安装斜支撑,使支撑一端支承在围护结构上,另一端支承在已浇筑的基础上,并施加预应力,然后开挖其余土体。设有两道或多道斜支撑时,应先安装外侧的长支撑,后安装内侧的支撑,并把所有斜支撑基础连为整体,形成结构底板。最后依次浇筑下层侧墙—中板—上层侧墙—顶板,并按要求的时序拆除支撑,完成结构体系转换。

(3) 锚杆

锚杆(见图 8-36)是一种设在基坑外的支撑。一般由锚头、拉杆和锚固体三个基本部分组成。锚头锚固在围护结构上。锚固体在岩石中为岩石锚杆,在土层中为土层锚杆。基坑开挖时,作用在围护结构上的侧应力可由锚杆与岩土之间产生的作用力来平衡。锚杆是受拉杆件,可采用高强钢索以充分发挥其抗拉性能。

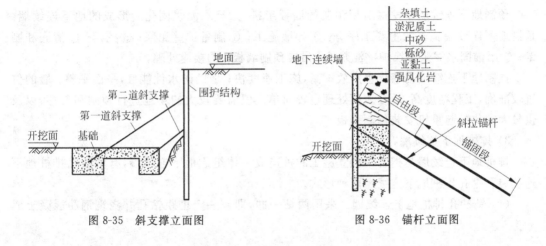

图 8-35 斜支撑立面图　　　　图 8-36 锚杆立面图

锚杆的施工方法是开挖至锚杆所需标高,钻孔插入钢索后注浆,注浆 7～10d 后对锚杆施加预应力。由于锚杆设置在基坑外,可提供宽敞的施工空间,有利于机械开挖坑内土体及组织结构主体施工。锚杆易于施加预应力,更好地控制围护结构的水平位移,减小地面及建筑物的沉降量,并且适用于各种形状的围护结构。锚杆可设成单层或多层,开挖深度不受限制;在大面积的基坑中,应用锚杆的经济效益更为显著。

锚杆的缺点是工艺复杂,锚杆不易回收,造价较高。当围护结构四周建筑物有密集的深基础时,不宜采用锚杆。锚杆的蠕变会降低其承载力。在流砂地层中若锚头预留孔口与锚杆套筒之间的空隙过大,易发生涌水涌砂,引起坑外地面和建筑物沉降。

3. 地下连续墙法

地下连续墙分为现浇地下连续墙、预制地下连续墙和排桩地下连续墙。目前广泛应用于地下工程基坑开挖的围护结构,也可作为地下结构物的一部分。地下连续墙可在狭窄场地施工,适用于含水的松软地层,但又不能采用人工降水或基坑深度较大的情况。

地下连续墙法的优缺点:施工时不产生大量噪声和震动,墙体刚度大、防渗性能好,能适应软土地质条件,工程施工对周围土体扰动小,灌注混凝土无需模板,节省木板和劳力;但需随地质条件选用不同的挖槽机械,成本较高,采用泥浆等措施稳定槽壁处理起来比较麻烦。

1) 现浇地下连续墙

在地下挖一段狭长的深槽,在槽内放入钢筋笼,浇筑成一段钢筋混凝土墙体,把这些墙体逐一连接起来形成一道连续的地下墙壁,就是一般所称的地下连续墙(见图 8-37)。

此法的要点是:首先用专门的挖槽设备(如抓斗、挖掘机等)沿着基坑两侧,采用泥浆护壁的方法,开挖出有一定宽度和深度的沟槽。然后将沟槽分成长为 6m 左右的单元,向槽内吊放钢筋笼,用导管由下而上灌注混凝土,同时将泥浆挤出,构成一个单元的墙段。依此跳跃式或连续式施工,由各单元墙段连接成为一道连续的地下钢筋混凝土墙,作为基坑壁支撑。进行挖土,并按设计要求架设横撑。

连续墙在成槽过程中开挖几十米深而不塌,不涌水,是靠泥浆护壁。泥浆是用膨润土调制而成,比重较大,当其充满槽内时所形成的泥浆压力足以平衡地下水压和土压,而成为一种槽壁土体的液态支撑。

2) 预制地下连续墙

预制地下连续墙是挖槽后用预制的墙板组拼,并经水泥浆固化后形成的地下连续墙。预制地下连续墙施工的主要工序有:①导墙施工;②制备护壁泥浆;③挖槽;④清底和刷壁;⑤用锚固水泥浆替换护壁泥浆;⑥吊装预制墙板;⑦接缝处理。

预制地下连续墙的墙板生产效率高,施工速度快;墙的防水性能好,平面平整;墙的位置较准确,工程精度高,后续表面处理也较简单。但需要较大的场地进行预制和贮存,以及供较大吨位的起重机安装预制墙板。

3) 排桩地下连续墙

排桩地下连续墙是把各个独立施工的桩连成一体组成地下连续墙,有钻冲孔排桩地下连续墙和挖孔排桩地下连续墙两种形式。

(1) 钻冲孔排桩地下连续墙。采用两钻一冲,即按一定桩距钻孔并浇筑钢筋混凝土成

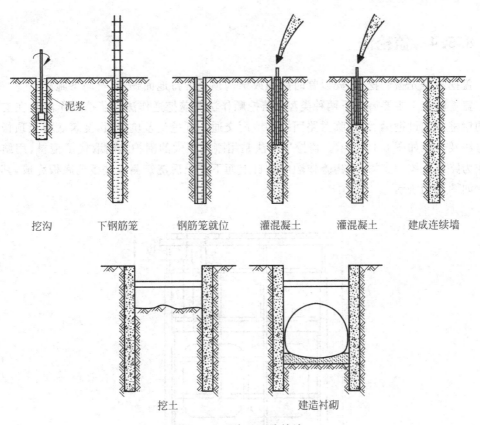

图 8-37 现浇地下连续墙

桩,然后在两桩间冲孔再浇筑钢筋混凝土,形成排桩地下连续墙。该连续墙比较适合在狭窄、净空高度受限制、大卵石等障碍物较多的地段以及无大型挖槽机的情况下使用(见图 8-38)。

(2) 挖孔排桩地下连续墙。地下水影响不大、适合人工挖孔的地下工程可采用挖孔排桩地下连续墙作为围护结构或主体结构一部分。

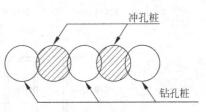

图 8-38 钻冲孔排桩地下连续墙

根据地质条件间隔挖孔,并及时施作护壁,保持土体稳定;挖到桩底标高,吊装桩身钢筋笼就位,并浇筑混凝土,完成挖孔桩;然后在已做好的挖孔桩相邻桩位挖土,凿除已成桩护壁的混凝土,将钢筋与新桩护壁钢筋相接、浇筑护壁混凝土;挖到新桩底标高,吊装钢筋笼就位,浇筑混凝土,新旧桩连为一体。这样就形成了地下连续墙(见图 8-39)。

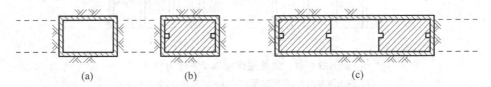

图 8-39 挖孔排桩地下连续墙施工平面简图
(a) 桩孔护壁开挖;(b) 成桩;(c) 桩间开挖

8.5.4 盖挖法

盖挖法是先盖后挖,即先以临时路面或结构顶板维持地面畅通,再向下施工。

盖挖法施工主要有以下两种类型:盖挖顺作法和盖挖逆作法。盖挖顺作法是在支护基坑的钢桩上架设钢梁、铺设临时路面维持地面交通。开挖到基坑底后,浇筑底板至顶板的施工方法及步骤如图 8-40 所示。盖挖逆作法是用刚度更大的围护结构取代了钢桩,用结构顶板作为路面系统和支撑,结构施作顺序是自上而下挖土后浇筑侧墙楼板至底板完成,其施工步骤如图 8-41 所示。

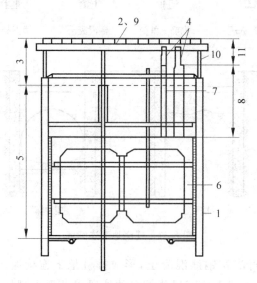

图 8-40 盖挖顺作法施工程序图

1—支挡柱(墙);2—路面盖板;3—上段开挖;4—埋设物防护;5—主体开挖;6—修筑结构物;
7—恢复埋设物;8—回填;9—拆除路面盖板;10—拔除支挡桩或拆除支挡墙头部;11—恢复路面

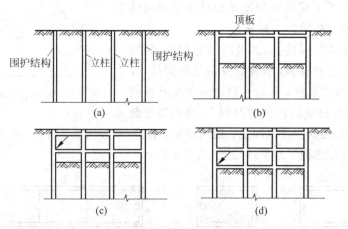

图 8-41 盖挖逆作法施工程序图
(a) 施工围护结构、中间支承柱;(b) 浇筑顶板,向下挖土;
(c) 浇筑负一层板、边墙柱,后挖土;(d) 浇筑底板、边墙、柱

盖挖法施工的优点是结构的水平位移小；结构板作为基坑开挖的支撑，节省了临时支撑；缩短占道时间，减少对地面干扰；受外界气候影响小。其缺点是出土不方便；板墙柱施工接头多，需进行防水处理；工效低，速度慢；结构框架形成之前，中间立柱能够支承的上部荷载有限。

8.5.5 掘进机法

隧道掘进机(简称 TBM)是一种机械化的隧道掘进设备。掘进机法是利用掘进机切削破岩，开凿隧道的施工方法。掘进机施工有钻爆法施工不可比拟的优点。世界上采用掘进机施工的隧道已有 1000 余座，总长度在 4000km 左右。近年来，用掘进机完成的大型隧道如英法海峡铁路隧道，3 座平行的各长约 50km 的隧道使用了 11 台掘进机，用 3 年多的时间即修建完成。在我国，甘肃引大入秦和山西万家寨引水工程中用掘进机施工引水隧道获得成功。1997 年底，我国西安至安康铁路秦岭特长隧道首次引入德国维尔特(WIRTH)公司 TB880E 型隧道掘进机。该铁路隧道长 18.5km，开挖直径 8.8m，已建成通车。随着科技发展进步的步伐加快，以及掘进机技术本身的不断完善，今后会有更多的隧道采用掘进机法进行施工。

采用掘进机开挖隧道的优点有：一次成洞；洞壁光滑；施工质量好；速度快；劳动条件好；对围岩的损伤小，几乎不产生松弛，掉块、崩塌的危险小，支护的工作量小；超挖小、衬砌也省；震动、噪声小，对周围的居民和结构物的影响小。

隧道掘进机的缺点有：机械的购置费和运输、组装、解体等的费用高，机械的设计制造时间长，初期投资高；施工途中不能改变开挖直径；掘进机施工方式一经确定，就不可能像钻爆法施工那样自由变更施工方法，难以适应复杂的地质变化情况，对断层、破碎带和软弱层，掘进困难；开挖断面的大小、形状变更困难。

目前使用的 TBM 有敞开式、护棚式和护盾式等类型，在地质条件较好时，多采用敞开式。隧道掘进机主要构成要素大体上可分为：

(1) 开挖部分：刀盘及其主轴和驱动装置；
(2) 开挖反力支承部：支撑靴；
(3) 推进部：推进千斤顶。

图 8-42 为护盾掘进机示意图，图 8-43 为刀盘示意图。

掘进机的推进按下述动作反复进行：
(1) 扩张支撑靴，把掘进的机体固定在隧道壁上；
(2) 回转刀盘，开动千斤顶前进；
(3) 推进一行程后，缩回支撑靴，把支撑靴移置到前方，返回(1)的状态。

敞开式隧道掘进机循环掘进如图 8-44 所示。

图 8-45 所示为一种典型的岩石隧道掘进机。切削头是焊接钢结构，通常向前呈弧面凸出，在凸面上按最佳切削作用和根据不同区域要求的间距布置切削刀具；它可以承受巨大的推力和扭矩。在切削头的边缘有一系列铲斗，破岩后的石渣由铲斗铲起，旋转至顶部导入输送机系统，再运出洞外。

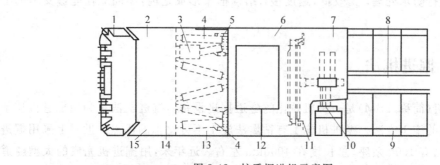

图 8-42 护盾掘进机示意图

1—刀盘；2—前护盾；3—驱动组件；4—推进油缸；5—铰接油缸；6—撑靴护盾；
7—尾护盾；8—出渣输送机；9—拼装好的管片；10—管片安装机；11—辅助推进靴；
12—撑靴；13—伸缩护盾；14—主轴承大齿圈；15—刀盘支撑

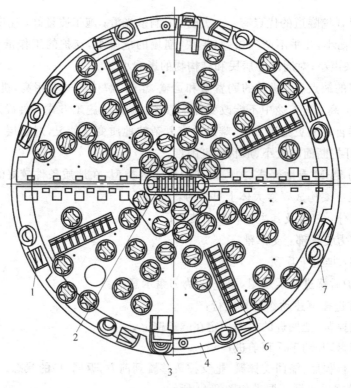

图 8-43 刀盘示意图

1—铲斗；2—中心刀；3—扩孔边刀；4—扩孔刮渣器；
5—面刀；6—铲齿；7—边刀

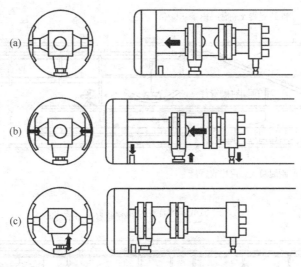

图 8-44 掘进机循环工作示意图
(a) 开挖；(b) 撑靴缩合；(c) 撑靴伸张

图 8-45 岩石隧道掘进机

机体内有驱动马达、电气和液压设备以及附属设备。驱动马达提供转动切削头所得的扭矩。液压设备主要为推力千斤顶、踏撑千斤顶和支承千斤顶。推力千斤顶提供掘进机所需的推力；踏撑千斤顶是为了在掘进机钻进时撑紧岩壁，使机身固定。

图 8-46 为隧道掘进机施工场面示意图。

8.5.6 盾构法

盾构施工法是软土隧道掘进施工的一种有效方法，已在城市地下铁道施工中得到广泛应用。近十多年来盾构技术又有了飞跃发展，可适用于任何地层。

盾构实质上就是软土隧道掘进机。不过，它既可能是机械开挖，也可能是人工开挖。它既是一种施工机具，又是一个强有力的临时支承结构。在盾壳的保护下，既可进行开挖，又能进行衬砌；采用盾构施工，不影响地面交通、没有振动、对地面邻近建筑物危害较小；施

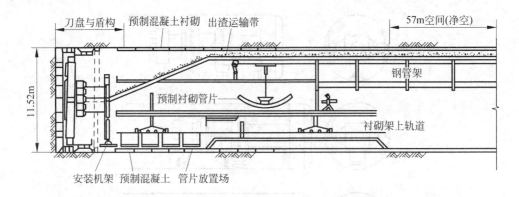
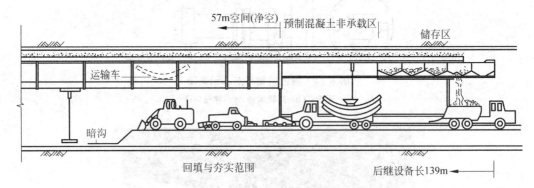

图 8-46 隧道掘进机施工场面示意图

工费用基本不受埋深的影响。在土质差、水位高的地方建设埋深较大的隧道,盾构法有较高的经济技术优越性。

盾构由盾壳、推进机构、取土机构、拼装或现浇衬砌机构以及盾尾等部分组成(见图8-47)。盾构推进中所受到的地层阻力,通过盾构千斤顶传至盾构尾部已拼装的预制隧道衬砌结构,再传到竖井或基坑的后靠壁上。它是一个能支承地层荷载而又能在地层中推进的圆形、矩形或马蹄形等特殊的形状的钢筒结构。钢筒的前面设置各种类型的支撑和开挖土体的装

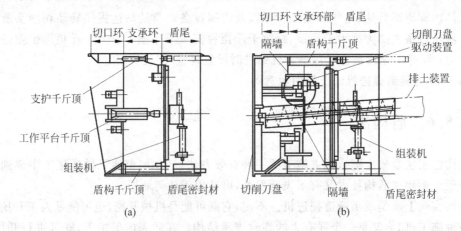

图 8-47 盾构的组成
(a) 敞开式盾构;(b) 土压平衡盾构

置,钢筒中段周圈内面安装顶进所需的千斤顶,钢筒尾部是具有一定空间的壳体,盾尾内可以拼装 1~2 环预制的隧道衬砌环。盾构每推进 1 环距离,就在盾尾支护下拼装 1 环衬砌,并及时向紧靠盾尾后面的开挖坑道周边与衬砌环外周之间的空隙中压注足够的浆体,以防止围岩松弛和地面下沉。在盾构推进过程中,应不断从开挖面排出适量的土方。

盾构可以从不同的方面进行分类。

1. 按开挖方式分类

(1) 手掘式盾构:开挖和出土可用人工进行;
(2) 半机械式盾构:大部分的开挖工作和出土由机械进行;
(3) 机械式盾构:从开挖到出土均采用机械。

2. 按开挖面的支护方式分类

(1) 无固定支护式的盾构。如开胸式盾构(包括辐射式带转子构件的盾构在内)、带隔板(隔开工作面)的盾构、开挖面带压板和旋转压板的盾构以及带有活动迭梁的盾构等。

(2) 固定机械支护式盾构。如带有开挖面封闭衬板(闭胸式)盾构,用黏土作护壁面移动或是在盾构下面隔板上设有小孔的盾构,以及刀盘可以调节岩石进入量的转子开缝式盾构。

(3) 工作面近旁带有气压室的盾构。该盾构用一定的压缩空气平衡地下水,以稳定工作面。这类盾构由于喷射压缩空气易发生危险而较少采用。近年来德国和法国研制了利用压缩空气使触变性溶液注入开挖面表面形成黏土表层,使压缩空气不再喷出。

(4) 泥水加压式盾构。这种盾构(见图 8-48)的旋转切削头后面有一个用隔板密封起来的泥浆室,其间充满从地面泥水处理设备输送来的有压泥浆,泥浆的压力比开挖面的地下水压力高,从而保持开挖面稳定。弃渣与泥浆混合后由输泥管抽出洞外进行渣泥分离处理。

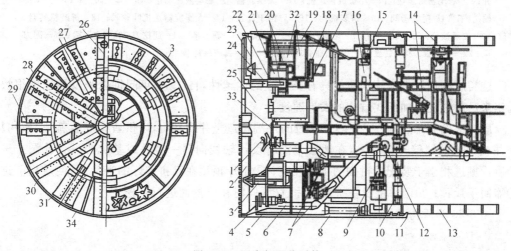

图 8-48 泥水加压式盾构

1—中部搅拌器;2—切削刀盘;3—转鼓凸台;4—下部搅拌器;5—盾壳;6—排泥浆管;7—刀盘驱动马达;8—盾构千斤顶;9—举重臂;10—真圆保持器;11—盾尾密封;12—闸门;13—衬砌环;14—药液注入装置;15—支承滚轮;16—转盘;17—切削刀盘内齿圈;18—切削刀盘外齿圈;19—送泥浆管;20—刀盘支承密封装置;21—转鼓;22—超挖刀控制装置;23—刀盘箱形环座;24—进人孔;25—泥水室;26—切削刀;27—超挖刀;28—主刀梁;29—副刀梁;30—主刀槽;31—副刀槽;32—固定鼓;33—隔板;34—刀盘

使用泥水加压盾构,能在覆盖层很浅的砂卵石地层中施工,在很高的水压下挖掘,而不会像气压盾构施工那样有喷气的危险。施工人员可以在常压下工作,不会像在气压盾构的高压下工作那样困难。但此种盾构需要附有庞大的泥水处理设备,成本较高。它适宜于黏性软土或砂质含水地层的施工。此类盾构自1975年问世以来,用此法修建的工程数量剧增。

(5) 土压式盾构。这种盾构(见图8-49)是把旋刀切削下来的土留存于储土室内,然后根据掘进量并在保持对开挖面施加一定压力的条件下,由螺旋输送器自动控制出土量,连续出土。这样不仅可以防止开挖面坍塌,滞留在螺旋输送器内的土砂还可以起隔水墙的作用来抵抗地下水压力。基本型土压盾构适用于黏结性土壤的开挖。

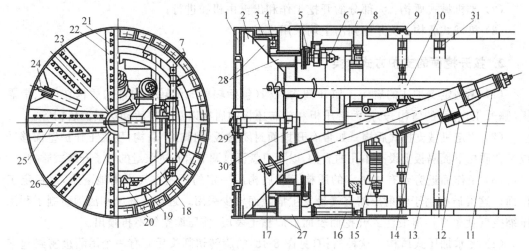

图 8-49 土压式盾构

1—切削刀盘;2—泥土仓;3—密封装置;4—支承轴承;5—驱动齿轮;6—液压马达;7—注浆管;8—盾壳;9—盾尾密封装置;10—小螺旋输送机;11—大螺旋输送机驱动液压马达;12—排土阀门;13—大螺旋输送机;14—闸门滑阀;15—拼装机构;16—盾构千斤顶;17—大螺旋输送机叶轮轴;18—拼装机转盘;19—支承滚轮;20—举升臂;21—切削刀;22—主刀槽;23—副刀槽;24—超挖刀;25—主刀梁;26—副刀梁;27—固定鼓;28—转鼓;29—中心轴;30—隔板;31—真圆保持器

这类盾构比泥水加压式盾构具有更明显的优越性,自1974年问世以来发展速度很快,近年来已超过泥水加压式盾构的发展速度。

盾构法的施工过程:①在隧道某段的一端建造竖井或基坑,以供盾构安装就位,盾构从竖井或基坑的墙壁开孔出发,在地层中沿着设计轴线向另一竖井或基坑的设计孔洞推进;②盾构掘进相当于装配式衬砌的1环长度;③千斤顶顶在已拼装好的管片上,使盾构前进;④缩回千斤顶;⑤用举重设备拼装管片衬砌,同时在开挖面进行开挖。

图 8-50 为盾构的施工概貌。

8.5.7 沉管法

沉管法全名叫预制管段沉埋法,是用来修筑穿越江河、港湾和海峡的水底隧道的方法之一。1894年美国波士顿采用沉管法建成1条城市下水道,1904年建成底特律水底铁路隧道,宣告沉管法的诞生。自1959年加拿大迪斯(Deas)隧道成功地采用水力压接法进行管段

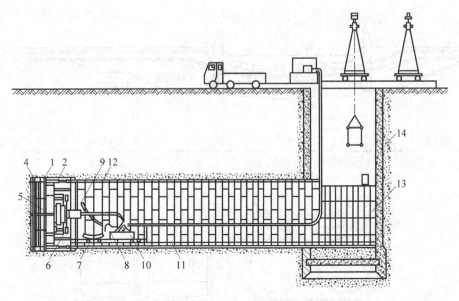

图 8-50　盾构施工概貌

1—盾构；2—盾构千斤顶；3—盾构正面网格；4—出土转盘；5—出土皮带运输机；6—管片拼装机；7—管片；8—压浆泵；9—压浆孔；10—出土机；11—由管片组成的隧道衬砌结构；12—在盾尾空隙中的压浆；13—后盾管片；14—竖井

水下连接后,水力压接法很快为世界各国普遍采用,使得沉管法更具优越性。

我国台湾 1984 年首先使用沉管法建成了高雄海底隧道。1984 年开始进行沉管法修建广州珠江和宁波甬江水底隧道的论证,对沉管法的各项关键技术进行了大量的基础理论研究及关键工序的施工工艺研究。1993 年广州珠江建成大陆第一条沉管隧道,1995 年宁波甬江建成大陆第二条沉管隧道。这两条沉管隧道的建成为我国进一步在长江、黄河和海峡修建沉管隧道积累了丰富的经验。香港特别行政区穿越维多利亚海湾连接九龙半岛与香港岛的通道中,没有修建一座桥梁,均采用沉管隧道。目前我国已建成 5 座沉管隧道,这种设计方法既解决了交通问题,又不影响海湾船舶通航,同时保持了海湾自然景观的美感。

此法的要点是先在船坞或船台预制隧道管段,管段可以是钢壳混凝土的,也可以是钢筋混凝土的,其长度一般为 60～100m；然后两端用临时封墙密闭,浮放在水中,用拖轮运到设计的隧道位置上,在此以前,已经在预定的隧址处用水下施工挖好沟槽,整好地基；接着往管段里灌水,使之下沉至预定的标高,并将沉放就位的各节管段在水下连接起来,再在隧道上覆土回填；最后抽出隧道内的水,拆除管段的密封墙,完成内部装修。

图 8-51 为一般沉埋管段水底隧道的纵断面图。图 8-52 为沉埋管段的横断面图。铁路隧道多用圆形断面,因其顶部可用来悬挂供电接触网。而公路隧道则多用矩形断面,因为公路隧道多数是多车道的,圆形断面不经济。

由于管段沉放前,基槽开挖不平整,使槽底表面与沉管底面之间存在很多不规则的空隙,而使地基受力不均,产生局部破坏,从而引起地基不均匀沉降,容易使沉管结构受到较大的局部应力而开裂。因此,在沉管隧道施工中必须进行基础处理,其目的是使管段底面与地

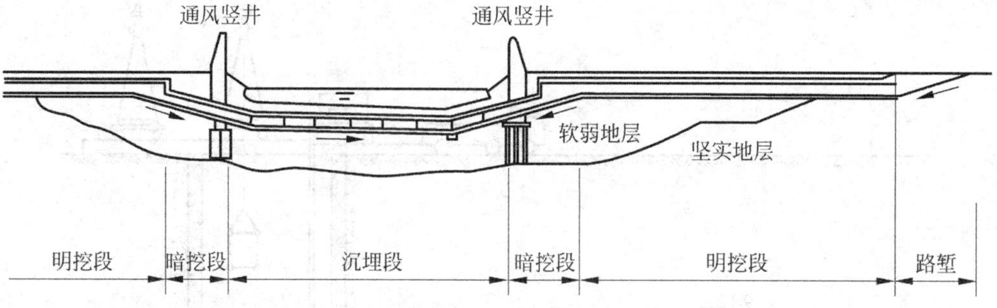

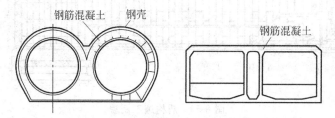

图 8-51 沉埋管段水底隧道纵断面图

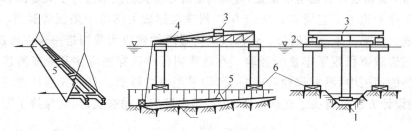

图 8-52 沉埋管段的横断面图

基之间的空隙充填密实。沉管隧道的基础处理主要是垫平基槽底部,从基础处理的发展趋势来看,其处理方法按垫平的途径不同可分为以下四种:刮铺法、喷砂法、压注法和桩基法。

1) 刮铺法

刮铺法在管段沉放前进行,又称为先铺法。在管段沉放前采用专用刮铺船上的刮板在基槽底刮平铺垫材料(粗砂、碎石或砂砾石)作为管段基础(见图 8-53)。

图 8-53 刮铺法
1—砂石垫层;2—驳船组;3—车驾;4—桁架及轨道;5—刮板;6—锚块

2) 喷砂法

喷砂法和压注法在管段沉放后进行,又称为后填法。喷砂法(见图 8-54)是从水面用砂泵将砂水混合料通过伸入管段底下的喷管向管段底喷注,填满空隙。喷填的砂垫层厚度一般为 1m 左右。喷砂的材料要求平均砂粒径为 0.5mm 左右,混合料中含砂量一般为 10%,有时可达到 20%,但喷出的砂垫层比较疏松,孔隙比为 40%~42%。

3) 压注法

压注法(见图 8-55)是在管段沉放后向管段底面压注水泥砂浆或砂作为管段基础,根据压注材料不同分成压浆法和压砂法两种。

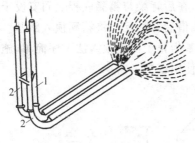
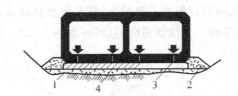

图 8-54 喷砂法
1—喷砂管；2—回吸管

图 8-55 压注法
1—碎石垫层；2—砂、石封栏；3—压浆孔；4—压入砂浆

由于压注法不需要专用设备，操作简单，施工费用低，且不受水深、流速、浪潮及气象条件的影响，不干扰航运，不需潜水作业，便于日夜连续施工，因而在今后的发展中将会取代其他基础处理方法得到普遍推广。

4) 桩基法

桩基法(见图 8-56)主要用于特别软弱地基。当沉管下的地基特别软弱时，其容许承载力很小，仅作"垫平"处理是不够的。采用桩基础支承沉管，承载力和沉降都能满足要求，抗震能力也较强，而且桩身较短，费用较低，因而是一种经济适用的办法。

采用沉管法修筑隧道时，覆盖层不需要很大，只要防止船只下锚时不会损坏隧道即可。因此，其两端引道较短，能适用于各种地层条件。由于隧道结构是预制的，质量较高，水密性高；因有浮力作用在隧道上，所以视比重小。沉管法要求的地层承载力不大，故也适用于软弱地层。其断面形状无特殊限制，可按用途自由选择，特别适应较宽的断面形式因采用预制方式施工，沉管法效率高、工期短。

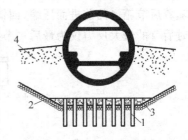

图 8-56 桩基法
1—基桩；2—碎石；3—水下混凝土；
4—砂石垫层

沉管法的缺点是：管段浮运就位期间，会妨碍水面船只航行；掘沟槽时，会出现弃渣处理等问题；施工技术比较复杂；沉管法修筑的隧道可能会产生不均匀沉降，而使接头漏水。

8.5.8 顶进法

在修建穿越地面铁路(或公路)的城市人行通道、地下铁道以及穿越河流的地下管道的立交工程中，可采用顶进法施工。其特点是在保证地面交通安全运行或不影响地面状态的同时，在地面以下工作坑内用机械力量将预制好的钢筋混凝土箱形框架(箱涵)顶入地层中，成为一个地下结构建筑物。

顶进法是这类方法的总称，可分为顶入法(后顶法)、中继间法、牵引法、对顶法、顶拉法和对拉法等。目前，施工时常用的方法为顶入法和中继间法。

1. 顶入法(见图 8-57)

顶入法是在线路的一侧设置工作坑，坑底设有滑板，在滑板上预制钢筋混凝土箱涵。箱涵的前端制有突出的刃角,在离箱涵不远处设置后背,在后背梁与箱涵底板之间安设千斤顶(或称为顶镐),与此同时对线路进行预加固,最后顶镐借后背的反力将箱涵顶入路基。顶进时箱涵前端的刃角处不断挖土,直至箱涵全部顶入路基为止。由于顶入法工序简单,施工方便,主体结构一次预制完成,且可一次顶入就位,因而使用较广。

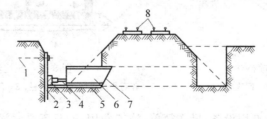

图 8-57 顶进法

1—后背;2—钢桩;3—后背梁;4—千斤顶;5—底板;6—箱涵;7—刃角;8—线路

2. 中继间法

当箱涵较长时,可将其分成若干节,用中继间法顶进,如图 8-58 所示。其工作原理是:前节箱涵利用后节箱涵作后背,用节间设置的中继间千斤顶进行顶进;中继间内的千斤顶到达最大行程后,前节箱涵暂停前进,而进行后节箱涵的顶进。此时,前节中继间的千斤顶随着后节箱涵的前进而压缩(回镐),箱涵最后一节还是要依靠后背的反力进行顶进;但此时后背的最大反力仅为最后一节箱涵的顶力,后背工程可大为减少。

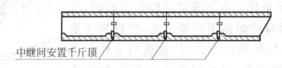

图 8-58 中继间法

采用中继间法顶进的箱涵,预制时可布置成并联式或串联式两种。

并联式如图 8-59(b)所示,即箱涵在靠铁路一侧并排预制。施工时先将箱涵"1"顶入,然后将箱涵"2"平移到顶进位置,安装第一个中继间,待箱涵"2"也顶入路基后再平移箱涵"3",安装第二个中继间,再继续顶进,直至全部就位。箱涵横移可用顶进法,但需要设置横向后背,或在工作坑底板上设置滑道,用卷扬机及滑轮组牵引的办法拖拉就位。

串联式如图 8-59(a)所示,即将数节箱涵在顶进轴线上按先后次序预制,将各个中继间一次安装完成,起动后即可连续顶进,直至全部就位。

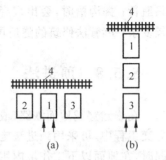

图 8-59 中继间法的串联式和并联式

(a) 串联式;(b) 并联式

上述两种布置形式各有其优缺点,并列式虽可减少滑板长度及传力顶柱,但要增加横移作业。串联式虽可连续顶进,但后背距铁路较远,需要较多顶柱,而且中继间在顶进时往往产生前后节箱涵错牙现象。为此,需在前后节箱涵间设置剪力楔、传力钢筋及钢搭榫等以增强中继间抗剪强度。一般来说,施工场地布置无困难时,多采用串联法布置。

8.6 施工监控量测与信息反馈

早期地下工程的建设完全依赖于经验,19世纪初才逐渐形成自己的理论,并用于指导地下结构设计与施工。但由于理论的理想化以及围岩性质的复杂性,使得理论上的结构模型和计算方法不可能与现场完全吻合。所以,在隧道工程中,无论事先的调查和试验做得多么细致,建筑物的实际受力和变形状态与设计阶段按力学模型所预计的总不一致,这就导致无法确认所设计的支护结构与施工流程的安全性和经济性。于是,在重大或长大隧道中,及时掌握现场的第一手资料,及时收集由于隧道开挖在围岩和支护结构中产生的位移与应力变化等信息,然后进行动态分析,并根据一定标准判断是否需要修改预先设计的支护结构和施工流程,也就成为施工控制的重要项目之一。施工量测项目就越发显得重要了。

为了验证设计和计算是否合理,运营是否安全,施工和科研工作者们认为需要对各种工程试验与测试技术进行研究并应用在实际工程中,从事这方面研究的队伍也越来越壮大。另外,作为用于量测的测试元件及仪器经历了从机械或纯光学式到机、光、电结合的过程;量测数据的采集由刻度式直读发展为数字式直读,目前已广泛采用计算机自动采集;随着改善和提高施工环境的呼声日见高涨,非接触量测方式的研究已受到人们的重视。

8.6.1 量测元件及仪器

1. 百分表、千分表、挠度计

表盘最小刻度值为0.01mm的量测器具称为百分表,最小刻度值为0.001mm的称为千分表,最小刻度值为0.05mm并可连续读数、量程无限大的称为挠度计。使用上述器具时应注意以下几点。

(1) 百分表和千分表是精密的量具,应保持清洁,不受强烈的振动和冲撞,使用前后应检查测杆上下活动的灵活性,灰尘侵入和表架颈箍拧得过紧都会影响杆上下运动的灵活性。

(2) 安装百分表或千分表时要注意位移的相对性,仪器的定点(躯体)和动点(测杆)必须分别与相应的两点相连,当测量结构物(或构件)某方向上的线性位移时,将百分表的测杆置于该点并使测杆的方向与确定测量位移的方向重合,利用万能千分表架或磁性千分表使百分表外壳固定不动。

(3) 作固定百分表的不动点支架,必须有足够的刚性,应避免支架的变形反映不出测点的真正位移值。

(4) 在量测过程中应注意即将发生的位移是否很大,以致于可能造成测杆与测点脱离或测杆被顶死,所以要及时观察调整,并将调整前和调整后的读数记下,以便累计。

(5) 百分表和千分表经过拆洗修理后,必须进行校准。使用时如没有可靠的校正记录,应进行校准,校准应在校准室内进行,通常用校准仪来确定它的刻度值和误差,百分表的允许误差为0.002mm,千分表的允许误差为0.001mm。

2. 收敛计

坑道开挖后，随着围岩应力重分布，坑道相对侧壁的距离将产生变化，当围岩应力趋于平衡时，这种变化将逐渐趋于稳定，这个变化过程称为"收敛"，这种相对距离的量测称为"收敛量测"。量测收敛的仪器称为收敛计。收敛量测的值反映了围岩内部变形积分值的周边收敛。这种位移是围岩动态的最显著表现，最能反映出围岩（或围岩加支护）的稳定性。因此，对坑道周边位移的量测是最直观、最有意义且最经济适用的量测项目。为量测方便，除对拱顶、地表下沉及底鼓可以量测绝对位移值外，坑道周边其他各点一般均用收敛计量测其中两点之间的相对位移值，来反映围岩位移动态。常用的收敛计有如下几种类型。

1) 重锤型收敛计

重锤型收敛计（见图 8-60）中重锤的作用是通过滑轮施加一个恒定的拉力，以减小测读误差。这种收敛计的优点是构造简单，易于加工，造价低廉，操作方便；缺点是重锤重量较大，在高处测读时甚为不便。它的重复性误差较大，常用于软弱围岩和变形较大的地下工程。

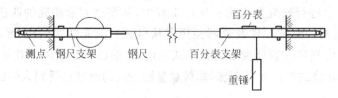

图 8-60 重锤型收敛计

2) 弹簧张力型收敛计

弹簧张力型收敛计（见图 8-61）取消了重锤，并用钢钢丝代替了钢尺。钢钢丝的恒定拉力由收敛计内的弹簧张力来实现。而弹簧的张力大小通过测力百分表的读数得知。百分表事先要与弹簧联合标定。由于采用了钢钢丝以及灵活转动的万向接头，提高了量测精度和温度稳定性。该收敛计的缺点是钢钢丝的基距不能随意变化，应对方法是采用一根钢丝上安装数个锥型圆接头来实现基距变化的目的。应该指出，这类收敛计多数仍用钢尺，其主要优点是使用方便，安装简单。

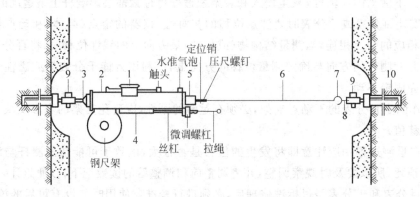

图 8-61 弹簧张力型收敛计
1—百分表；2—收敛计架；3—钢球；4—弹簧秤；5—内滑管；6—带孔钢尺；
7—连接挂钩；8—羊眼螺栓；9—连接销；10—预埋件

3）钢丝扭矩平衡型收敛计

这类收敛计的主要特点是铟钢丝的恒定拉力由其上的微型马达来实现。当铟钢丝达到恒定拉力数值时，马达的转子也由于达到一个恒定的扭矩数值而自动停止。这时，可通过读数窗口读出收敛读数。这种收敛计的优点是精度和自动化程度高，使用方便，但造价和工艺要求较高。

3. 位移计

位移计有两种类型，一类是机械式，另一类是电阻式。其构造是由定位装置、位移传递装置、孔口固定装置以及百分表或读数仪等部分组成。

1）机械式钻孔位移计

机械式钻孔位移计是在孔内设一根测杆，一端固定在钻孔底部，另一端悬于孔口，用百分表测钻孔口壁与钻孔底固定点间相对位移。如果钻孔深度位于原岩，可粗略认为测值为绝对位移。

如果在钻孔中不同深度埋置几个固定点，每点引出一测杆，称为多点位移计。直杆式位移计结构简单，安装方便，稳定可靠，价格低廉；但观测精度较低，观测不太方便，一般单孔只能观测 1～2 个测点的位移，如图 8-62(a)所示。钢带式和钢丝式位移计则可单孔观测多个测点，如 DWJ-1 型深孔钢丝式位移计可同时观测到单孔中不同深度的 6 个点位，如图 8-62(b)所示。

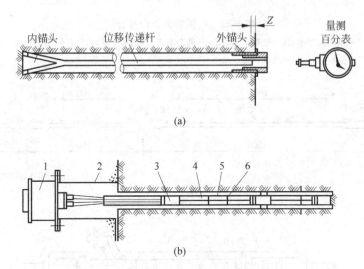

图 8-62　机械式位移计

(a) 单点杆式位移计；(b) DWJ-1 型深孔六点伸长计结构原理示意图
1—位移测定器；2—圆形支架；3—锚固器；4—保护套管；5—砂浆；6—定位器

2）电阻式位移计

电阻式位移计的传感器须有读数仪来配合输送、接收电信号，并读取读数。电阻式位移计多用于进行深孔多点位移测试，其观测精度较高，测读方便，且能进行遥测，但受外界影响较大，稳定性较差，费用较高（见图 8-63）。

4. 锚杆拉力计

锚杆拉力计主要用于锚杆拉拔实验,由手动油泵、空心千斤顶、压力表和油管组成。拉力计最大拉拔力可达 400kN,上面可安装百分表测千斤顶行程。

5. 钢筋计

电磁感应式钢筋计的原理是:当被测物理量的变化通过传感弹性元件传给钢弦,使钢弦的力发生变化,则弦的频率发生变化,用带铁芯的线圈靠近钢弦,用振弦频率测定仪向线圈输出断续或连续的电脉冲,利用线圈磁场磁化铁芯吸引钢弦,使弦振动,而振动的弦又切割磁力线在线圈中产生等于弦自振频率的感生电动势,输回振弦频率测定仪,经放大显示。通过建立钢弦频率与被测物理量之间的关系,由钢弦频率来推定被测物理量的值。

电磁感应式钢筋计又称为钢弦式钢筋计,这种钢筋计的构造比较简单,性能稳定,耐久性强,其直径能接近设计锚杆直径,经济性较好,是一种有较好发展前景的钢筋计(见图 8-64)。

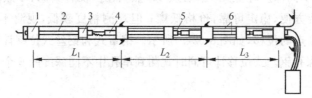

图 8-63 电阻式多点位移计

1—锚固压缩木;2—位移传递杆;3—硬杂木定位器;4—WY-4D 型位移传感器;
5—位移测点;6—测试导线

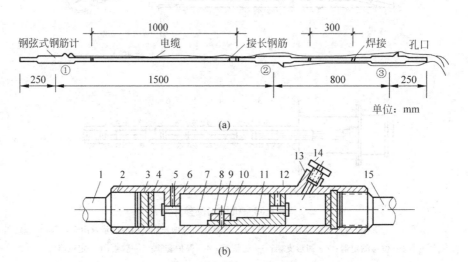

图 8-64 钢弦式量测锚杆

(a)钢弦式量测锚杆;(b)JD-I 型钢弦式钢筋计

1—拉杆;2—壳体;3—端封板;4—橡皮垫;5—定位螺丝;6—夹线柱;7—钢弦;8—线圈架;
9—铁芯;10—线圈;11—支架;12—支承堵头;13—密封圈;14—引线嘴;15—拉杆

6. 岩土压力盒

支护(喷射混凝土或模筑混凝土衬砌)的内应力及其与围岩之间的接触应力大小,既反映了支护的工作状态,又反映了围岩施加于支护的形变压力情况。因此,很有必要对支护的内应力及其与围岩接触应力进行量测。

这种量测可采用盒式压力传感器(称为压力盒,如图 8-65 所示)进行测试。将压力盒埋设于混凝土内的测试部位及支护与围岩接触面的测试部位,则压力盒所受压力即为该部位(测点)的应力。

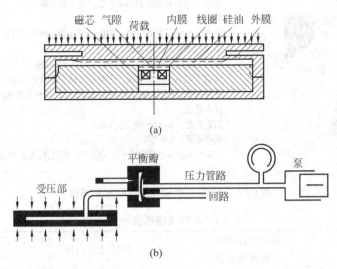

图 8-65　压力盒
(a) 变磁阻调频式土压力传感器;(b) 格鲁茨尔压力盒

压力盒有两种传感方式,一种是变磁阻调频式,另一种是液压式。

1) 变磁阻调频式压力盒

变磁阻调频式压力盒的工作原理是:当压力作用于承压板上时,通过油层传递到传感单元的二次膜上,使之产生变形,改变了磁路的气隙,即改变了磁阻,当输入振荡电信号时,即发生电磁感应,其输出信号的频率发生改变,这种频率的改变因压力的大小而变化,据此可测出压力的大小如图 8-65(a)所示。变磁阻调频式压力盒的抗干扰能力强,灵敏度高,适于遥测,但在硬质介质中应用时存在着与介质刚度匹配的问题,效果不太理想。

2) 液压式压力盒

液压式压力盒又称为格鲁茨尔(Glozel)压力盒,其传感器为一扁平油腔,通过油压泵加压,由油泵表可直接测读出内应力或接触应力如图 8-65(b)所示。液压式压力盒减少了应力集中的影响,其性能稳定可靠,是较理想的压力盒,国内已有单位研制出机械式油腔压力盒。

7. 隧道激光断面测量仪

国内外断面测量系统的发展趋势,主要是采用非接触测量方式以提高精度、简化测量辅助工序,并通过全断面测量采集、处理数据,提供断面图形以及各测点坐标,获得实际断面与设计断面的差异,即超欠挖状况,通过喷锚前后和衬砌前后的断面对比,可获得其喷层厚度和衬砌厚度。目前国内应用较多的此类仪器有中铁二局集团有限公司的非接触自动坐标(TAPS)激光断面仪,原铁道部的 SJC-1 型激光断面仪,原地质矿产部探矿工艺所的 DMY-I 型激光断面仪,北京光电技术研究所的 BJSD-3 型激光隧道限界检测仪(见图 8-66)。表 8-7 列出了一些仪器的技术参数。

图 8-66　BJSD-3 型激光隧道限界检测仪

表 8-7　几种仪器的技术参数

项　目		非接触自动坐标激光断面仪	SJC-1 型激光断面仪	DMY-I 型激光断面测量系统
工作原理		定基线测角	定基线测角(跟踪)	激光目标测距,三轴垂直共点
采用光源		白炽灯平行光	He-Ne 激光	半导体激光器
瞄准方式		激光频扫测角	狭缝振子光电测角	激光指标
测量极半径/m		0.8~50	1.5~9.5	0.2~15
测量误差/mm	标准	5		3
	快速	10		
	连续	15		
测量数据采集密度		可程控		可程控最小 0.03°
测量速度 (每测点耗时)	标准	3.5s	7min 1 组数据	0.8s 单点、连续均可
	快速	0.3s		
	连续	0.3s		
测量作业功能		全自动	全自动	全自动
数据输出形式		计算机图像传输	数显、打字兼有	计算机图像传输
数据处理内容		距离,面积,超欠挖	面积,高度	面积,竣工检测及各种内业处理
供电种类		交、直流	—	交、直流
人机界面		汉化菜单	—	汉化菜单

8.6.2 现场监控量测设计

作为了解围岩变化动态的重要手段,施工监测是直接为支护设计和施工决策服务的。但能否达到这个目的,就要看施工监测的设计和安排是否合理。它包括选择和确定量测手段和项目、测点布置、量测频率和制订实施计划等。

1. 现场监控量测的项目

目前所采用的量测项目主要有:
(1) 地质和支护状况观察;
(2) 周边收敛量测;
(3) 拱顶下沉量测;
(4) 地表及地中下沉量测;
(5) 围岩内部位移量测(地表或洞内设点);
(6) 围岩松弛范围;
(7) 衬砌内的应力和应变量测(切向或径向的应力);
(8) 喷层表面应力量测;
(9) 接触应力量测;
(10) 锚杆轴力量测;
(11) 锚杆拉拔力量测;
(12) 喷射混凝土与岩石黏结力试验;
(13) 喷射混凝土强度质量的控制和单轴抗压极限强度的验收;
(14) 喷射混凝土厚度检查;
(15) 喷射混凝土粉尘测定;
(16) 初期支护外观与隧道断面尺寸的检验;
(17) 二次衬砌混凝土抗压强度的检查;
(18) 二次衬砌厚度的检查。

上述量测内容并非每一种都必须进行,可根据需要进行选择。

2. 现场监控量测项目的选择

量测项目分为应测项目和选测项目。应测项目是为保证隧道围岩稳定和反映设计、施工状态而进行的日常量测,一般情况下均应量测。选测项目是为未开挖地段的设计、施工以及未来施工计划的确定,在专为设计和科研目的而开辟的隧道试验段或试验洞内进行的项目。试验段或试验洞通常只在重要的、特长的和大断面隧道中设置,或者在有必要进一步检验支护参数和施工稳定性的隧道中设置。我国铁路部门制定的《新奥法设计施工指南》中,根据围岩条件确定量测项目,量测项目选择时可以此为参考,见表8-8。另外,还应考虑到量测仪器的选择。一般应选择简单、可靠、耐久、经济的量测仪器,并且要求被测物理量概念明确,量值显著,量程较大;测试数据便于分析,易于实现对设计、施工的反馈。

表 8-8　不同围岩条件下量测项目的重要性

围岩条件	应测项目			选测项目						
	洞内观察	净空变位	拱顶下沉	地表和围岩内下沉	围岩内部位移	锚杆轴力	衬砌内力	锚杆拉拔实验	围岩试件实验	洞内测弹性波
硬岩(断层等破碎带除外)	△	△	△	△	●	●	▼	▼	▼	▼
软岩(不发生强大塑性地压)	△	△	△	△	●	●	▼	▼	▼	▼
软岩(发生强大塑性地压)	△	△	△	▼	△	△	○	▼	○	▼
土砂	△	△	△	△	○	●	●	○	△	▼

注：△—必须进行的项目；○—应进行的项目；▼—必要时进行的项目；●—这类项目的量测结果对判断是增强还是减弱支护有参考价值。

3. 监控量测计划的制订

现场监控量测计划应综合施工、地质和测试等方面的意见，由设计人员完成。量测计划应根据隧道地质地形条件、支护类型和参数、施工方法和其他有关条件制订。量测计划一般应包括下列内容。

1) 地质和支护状态观察

地质和支护状态观察包括工作面观察和支护结构的支护效果观察。

(1) 观察频率。每一循环进尺，都必须进行一次工作面观察，并作好客观详尽的记录。在地质变化不大的地段，可每天按一个工作面记录，对已成洞地段主要是支护效果的观察，频率同工作面。

(2) 观察内容。地质和支护状态的主要观测项目为以下两点。

① 工作面工程地质和水文地质情况观察和描述：包括岩石名称，岩层产状，风化变质情况，断层、层理和节理等结构面的分布、走向、产状及频率，有无偏压或膨胀地压，工作面及毛洞自稳情况，岩石单轴抗压强度，地下水情况及影响等内容，并以表格和素描形式记录；

② 工作面附近初期支护状态观察和已成洞的支护效果观察：包括锚杆锚固效果，喷层开裂部位、宽度、长度及深度，模筑混凝土衬砌的整体性和防水效果等，也以表格和素描形式记录下来。

2) 测试断面、测线、测点和测孔的布设

测试断面有两种，一是单一测试断面，二是综合测试断面。把单项量测内容布设在一个测试断面，了解围岩和支护在这个断面的动态变化情况，这种测试断面称为单一测试断面。把几项量测内容组合布设在一个测试断面，使各项量测结果、各种量测手段互相校验，对该断面的动态变化进行综合分析和判断，这种测试断面称为综合测试断面。

隧道工程现场量测的测试断面一般均沿隧道纵向间隔布设。由于各量测项目的要求不同，其测试断面的间距也不相同。一般情况下，应保证沿隧道轴线每类围岩至少有一个量测断面。测试断面的间距规定大致有以下三种情况：

(1) 拱顶下沉和周边位移一般布设在同一断面，其测试断面间距可按《铁路隧道监控量测技术规程》(TB 10121—2007)规定,见表 8-9,其中 B 为洞室跨度。

表 8-9　拱顶下沉、周边位移测试断面间距

条件	洞口附近	埋深小于 $2B$	施工进展 200m 前	施工进展 200m 后
断面间距/m	10	10	20(土砂围岩减小到 10)	30,且围岩变化 1 次至少设 1 个断面

(2) 地表下沉量测与埋深有很大关系,其测试断面间距可参照表 8-10 执行。

表 8-10　地表下沉测试断面间距

埋深 h 与洞室跨度 B 关系	$2B<h$	$B<h<2B$	$h<B$
断面间距/m	20～50	10～20	5～10

(3) 其他量测项目一般都可布置在综合测试断面上,常称该断面为代表性测试断面,其断面间距和数量视具体需要而定。在一般围岩条件下,200～500m 设一个断面。

此外,测试断面应尽可能接近开挖面。一般要求不超过 2m,实际上有的已安设在距开挖面仅 0.5m 的断面上,其观测效果更好(但应注意加强对测点和器具的保护)。

3) 周边位移的测线布置

隧道断面自开挖到变形稳定期间的总收敛值称为"净空位移值";单位时间内的收敛值称为"收敛速度";收敛加速度是单位时间内的速度增量。隧道拱顶内壁的绝对下沉量称为"拱顶下沉值",单位时间内的拱顶下沉值称为"拱顶下沉速度"。拱顶下沉量测也属于位移量测,对于埋深浅、固结低的地层以及水平成层的场合,这项量测比收敛量测更为重要,其量测数据是判断支护效果、指导施工质量和安全的最基本资料。

坑道周边相对位移的测线可参照表 8-11 及图 8-67 布置。

表 8-11　周边位移测线数

| 开挖方法 | 一般地段 | 特殊地段 ||||
		洞口附近	埋深小于 $2B$	有膨胀压力或偏压	实施选测项目代表性地段
全断面开挖	1 条水平测线			3 条或 5 条	3 条或 5 条、7 条
短台阶开挖	2 条水平测线	3 条或 6 条	3 条或 5 条	3 条或 6 条	3 条或 5 条、6 条
多台阶开挖	每台阶 1 条水平测线	每台阶 1 条	每台阶 3 条	每台阶 3 条	每台阶 3 条

(a)　　　　(b)　　　　(c)　　　　(d)　　　　(e)　　　　(f)

图 8-67　周边位移测线布置

(a) 1 条测线；(b) 2 条测线；(c) 3 条测线；(d) 5 条测线；(e) 6 条测线；(f) 7 条测线

拱顶下沉量测的测点一般可与周边位移测点共用,这样既节省了安设工作量,更重要的是使测点统一,测试结果能互相校验。

4) 围岩内部位移的测孔布置

本项量测是选择量测项目,主要目的是了解隧道围岩的径向位移分布和松弛区域范围,获得决定锚杆长度的判断资料。

围岩内部相对位移的测孔,一般与周边位移测线相应布置,以便使两项测试结果能够互相验证、协同分析和应用(见图 8-68)。

5) 量测轴力的锚杆布置

应量测锚杆中的变形,求出锚杆轴力,与收敛量测及围岩内位移量测一起研究和修正锚杆的设计参数。

量测轴力的锚杆在断面上的布置位置,要根据工程设计的支护锚杆位置来确定,一般可参照围岩内位移测孔布置。

6) 衬砌应力

衬砌应力量测是为了研究一次衬砌或二次衬砌内的应力分布以及外荷载情况,作为分析和评定安全性的依据。

衬砌应力量测包括一次支护和二次支护内部的径向、切向应力量测,以及支护表面应力和支护与围岩之间的接触压力量测。这些量测内容可根据测试元件传感部分的放置部位和方向而定。其中,层间切向应力的概念应该是层间磨阻力或抗剪切能力,但目前测试手段无法测取层间磨阻力,只能测出支护内应力的切向分量,径向应力一般总是比较小。

一般情况下,初期支护及二次支护的内应力及其与围岩的接触应力量测应在有代表性的部位布置测点,如拱顶、拱腰、拱脚(墙顶)、墙腰和墙脚等部位,并应考虑与锚杆应力量测作对应布置(见图 8-69)。另外,在有偏压、底鼓等特殊情况下,则应视具体情形,调整测点位置和数量。

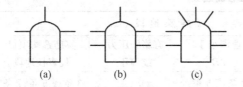

图 8-68　围岩内部位移测孔布置
(a) 三测孔;(b) 五测孔;(c) 七测孔

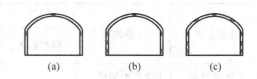

图 8-69　喷层应力量测点布置
(a) 三测点;(b) 六测点;(c) 九测点

7) 地表、地中沉降的测点布置

浅埋隧道开挖时必然引起地面沉陷,量测的目的是了解地面下沉范围和量值、地面及地中下沉随工作面推进的规律、地面及地中下沉稳定的时间。

地表、地中沉降测点,应主要布置在洞室中轴线上方的地表或地中(钻孔中),在主点的横向上也应布置必要数量的测点。另外,在沉降区以外还应设置测点作为参照(见图 8-70)。

8) 声波测孔布置

洞内弹性波速度测定,主要是在隧道洞内侧壁发射地震波,然后记录该地震波,说明传播(屈折波)的状况,并推断围岩的性质。弹性波可与净空位移、地中位移的测定结果一起评价松弛区的范围。

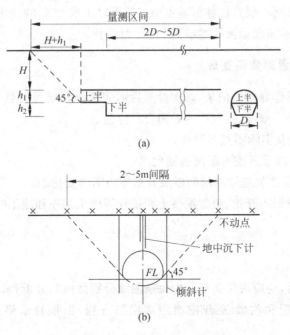

图 8-70 地表下沉量测范围及地中沉降测点布置
(a) 地表下沉量测范围；(b) 地中沉降测点布置

此外，与初期的地表弹性波速度测定结果比较，可以重新评价围岩级别；结合围岩试件试验，可以推断围岩的强度。

声波测孔宜布置在有代表性部位（见图 8-71）。另外，还要考虑到围岩层理、节理的方向与测孔方向的关系。可采用单孔、双孔两种测试方法；或在同一部位，呈直角相交布置三个测孔，以便充分掌握围岩结构对声波测试结果的影响。

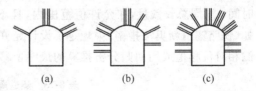

图 8-71 声波测试孔布置
(a) 五测孔；(b) 九测孔；(c) 十三测孔

4. 测试频率

收敛量测和拱顶下沉量测的测试频率主要根据位移速度和离开挖面距离而定，可参阅表 8-12。若两者不一致时，原则上采用频率高的。整个断面内的各基线或测点应采用相同的量测频率，但各测点的位移不一定相同。此时，应以产生最大位移速度者来决定整个断面的量测频率。

表 8-12 量测频率

位移速度/(mm/日)	距开挖面距离/D	测试频率
>10	0～1	1～2 次/日
10～5	3～2	1 次/日
5～1	2～5	1 次/2 日
<1	>5	1 次/周

位移测试终止日期一般在位移值基本稳定后再以 1 次/2 日的频率量测 1~2 周。位移长期不能稳定的,位移速度量测要继续到 1mm/月为止。

5. 原始记录及量测资料整理

按一定格式认真作好原始记录,每次量测后需将原始记录及时整理成正式记录。对每一个量测断面内的每一测线,整理后的量测资料应包括:
(1) 原始记录表及实际测点布置图;
(2) 位移随时间以及开挖面距离的变化图;
(3) 位移速度、位移加速度随时间以及开挖面距离的变化图。

以上图表应同时记入开挖、喷射混凝土和锚杆等施工工序和施工时间,并算出位移警戒线和极限值。

6. 数据处理

每次收敛量测后,均应对量测断面内每条测线分别做回归分析,求出各自回归精度最高的收敛-时间回归方程和收敛-距开挖面距离回归方程,以推算最终位移,掌握位移变化规律。

7. 用收敛量测结果判断隧道的稳定性

评定地下结构的安全指标是地下结构的稳定性。

地下结构的稳定性包括两个方面。初期支护后的稳定性判断,可确定二次支护的施工时间;洞周总收敛量,在允许值范围内,且不大于预留变形量,可判断结构不会侵入限界。如《铁路隧道新奥法指南》中规定了设计允许相对位移值,见表 8-13。隧道周边任意点的实测相对位移值或用回归分析推算的最终位移值均应小于表 8-13 所列数值。

表 8-13 隧道周边允许相对位移值　　%

围岩级别	覆盖厚度/m		
	<50	50~100	>300
Ⅲ级	0.10~0.30	0.20~0.50	0.40~1.20
Ⅳ级	0.15~0.50	0.40~1.20	0.80~2.00
Ⅴ级	0.20~0.80	0.60~1.60	1.00~3.00

注:1. 相对位移值系指实测值与可测点距离之比,或拱顶位移实测值与隧道宽度之比。
　　2. 脆性围岩取表中较小值,塑性围岩取表中较大值。
　　3. Ⅰ、Ⅱ、Ⅵ级围岩可按工程类比原理选定允许值范围。

对于某一个量测断面而言,可取拱脚附近的水平测线和另一条渐进线值(稳态值)最大的测线的两条回归方程,用作判断的方程。前者从收敛速度进行判断,后者从总的收敛量进行判断(不含弹性变形量)。一方面预报变形情况,判断施作二次支护的时间,另一方面需注意最终位移时,结构是否侵入限界。

按速度控制只能使围岩不失稳,不能控制围岩过度松弛。适当允许围岩变形,减轻支护的压力,对支护是有利的,而变形过大造成的松散压力对支护是不利的,尤其是流变围岩,变形过大会造成巨大的流变压力。因此,把允许周边位移值作为总的最大收敛值(不含开挖爆破瞬间的弹性变形),是收敛量测监控指标。为保证收敛变形在设计的预留变形量内,设计的允许周边位移值比设计的预留变形量小,施工中应根据监测数据,及时调整下一段同类围岩的预留变形量。

由于开挖工作面在不断推进,所得的量测信息也在不断变化,使得信息设计、施工、管理是动态的过程。施工过程中需要不断地计算和推断大量的信息,因此,为了及时利用量测信息,应使用微型计算机和绘图仪进行数据处理和施工管理。

8.6.3 量测数据的反馈

如上所述,信息反馈的目的就是进行施工管理和调整支护设计,以确保施工的安全性和设计的经济性。当然,在进行评定时,不能仅按一项量测结果,要综合考虑各项量测结果以及围岩条件、设计和施工方法等。

1. 施工管理

量测的动态管理分为"量"和"质"两个方面。凡可以用数字大小表述的量测项目,归结为"量"的管理,如周边位移、拱顶下沉和锚杆轴力等。凡不能用数字表达,只能用文字描述的量测项目,归结到"质"的管理,如地质和支护状态观察,按照各观察项目对隧道围岩稳定性的影响程度分类,用编码方式记录和存入微型计算机,以便比较和应用。

根据量测结果进行施工决策,需制定管理标准以及与之相对应的措施,应参考理论分析,或类似条件下的施工实例等,在预设计阶段予以确定。但在预设计阶段所确定的管理标准,只是施工初期的大致标准,应在施工中根据量测断面的围岩条件、位移时态曲线和量测项目相互间的关系等,进行地质力学方面的研究后加以不断修正。

管理水平是将管理地段上的管理基准分为若干管理等级。例如,将允许值的 2/3 作为警告值,允许值的 1/3 作为基准值;允许值与警告值之间的数值称为警告范围,实测值落入此范围,应提出警告,说明需商讨和采取施工对策,预防最终位移值超限;警告值与基准值之间的数值称为注意范围。实测值落入基准值以下,说明隧道和围岩是稳定的。

关于安全性和经济性的管理标准是一个很复杂的问题,因为它们与围岩的工程性质及其动态、支护结构的类型及其形状、埋深的大小等因素有关。目前,尚没有一套为大家所公认的标准,下面的内容可以作为决定时的参考。

《铁路隧道新奥法指南》中规定了设计允许相对位移值。一般来说,最大允许位移值主要视埋深而定,约为埋深的 1/1000。在决定这个值时,应根据具体条件,充分考虑围岩的特性(脆性、弹塑性和塑性),慎重选择。同时,还应根据位移值的大小,及时给施工指挥者提出不同的警告水平。表 8-14 为一个隧道的实例。

位移速度(du/dt)一般以每天或每一作业循环 1mm 左右为宜。在开挖面通过量测断面 1~2d 之内,允许有限制的位移加速。但在这个时间范围之外,位移速度应经常是减少的,最后在砌筑永久衬砌时应该变为零。

各级围岩或支护材料都有一个允许的极限应变值,超过此值后,即应认为围岩已过度松弛,支护已经开裂或强度已耗尽,不能正常工作。根据试验极限应变值大体上是:岩质为

1.5%～2%，土质为 4%～5%。樱井春辅等通过室内试验提出围岩的破坏应变的变化范围是：岩石为 0.1%～2.5%，土质为 1.3%～4.0%，混凝土为 0.2%～0.35%（受压），0.008%～0.016%（受拉）。

表 8-14 根据位移值进行施工管理的实例

警告水平	规　定	措　施
Ⅰ	任何一个测点位移超过 10mm 时	向主管技术人员报告
Ⅱ	两个相接近的测点发生的位移大于 15mm 或者一个测点的位移速度大于 15mm/月时	口头报告，报告书提出后开会研究
Ⅲ	位移超过 15mm，其中任一点的速度是加速的	主管技术人员立即到现场开会研究，讨论应采取的措施

对于"质"的管理，应根据观察结果分析对围岩和隧道稳定性的影响，同样可以划分警告范围和注意范围。通过对"量"和"质"的综合分析，采取一定措施使可能发生的塌方或不稳定因素减弱至最小，以保证隧道的稳定。

将上述施工管理结果用施工管理控制图表示，由于开挖面是不断推进的，此控制图也是动态的。这种量测管理的方法称为动态量测日常管理法。只有用微型计算机、绘图机和打印机才能得以实现大量和持续地计算、分析、判断和绘图。

2. 信息反馈修正设计

信息反馈修正设计的内容包括：施工方法变更的建议；施工工序的更改；预留变形量的修改或确认；设计参数的修改或确认；采用辅助施工措施的建议。

当施工信息给出不稳定征兆时，应检查是否是由于工序不当所造成的。改变施工工序，如暂停开挖、及时喷锚、二次喷混凝土紧跟或提前施作、仰拱及早形成闭合环等，都可能促使支护体系趋于稳定。

1）增强初期支护设计参数的确定

遇下列情况之一，应立即采取补强措施，并改变施工方法或改变参数，增强初期支护：

(1) 隧道开挖后，工程地质和水文地质条件、围岩类别比预计的要差；

(2) 观察发现喷混凝土层裂缝多、裂缝大或不断扩展；

(3) 实测位移值超过《铁路隧道新奥法指南》的允许值（见表 8-13）或类似条件下的隧道位移值；

(4) 位移速度无明显下降，实测位移值已接近《铁路隧道新奥法指南》的允许值，位移量可能超过预留变形量；

(5) 稳定性特征出现异常状态。

2）降低初期支护设计参数的确定

遇下列情况之一，应改变设计参数，适当降低初期支护级别：

(1) 确认围岩类别、工程地质和水文地质条件比预计有明显好转或具有工程类比；

(2) 初期支护未全部完成，位移已收敛达到施作二次衬砌的指标；

(3) 初期支护全部施作完毕，位移值已接近《铁路隧道新奥法指南》规定的允许位移时，可降低其他地段初期支护设计。

3. 反分析计算

在施工管理中已提出,要根据量测结果及时调整支护结构的尺寸和数量,但这些调整大部分是基于经验,并没有从力学原理来阐述这些调整的根据。目前正发展一种所谓"反分析"技术。反分析的设计主要有理论方法和数理统计方法两种。因为数理统计方法需要大量的实测资料,目前在国内应用还有一定困难。理论反分析计算的基本思想是从确定性立场出发,利用量测结果修正主要计算参数(如初始应力状态和围岩的物理力学指标等),即反分析出与实测结果一致的计算参数,再用它来重新设计支护系统。目前已有很多反分析方法,实际工程中常采用概念简单、数据处理容易、计算速度快捷的反分析方法。

8.7 超欠挖与塌方

8.7.1 超挖与欠挖

以设计的隧道开挖轮廓线为基准线,实际开挖获得的断面在基准线以外的部分称为超挖,在基准线以内的部分则称为欠挖。这一概念可用图 8-72 表示。

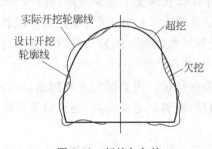

图 8-72 超挖与欠挖

超挖会引起多装、多运渣;超挖空间还要用混凝土回填;欠挖则需要清除,从而造成人工、工期和材料的超额消耗,使工程成本增加。超挖也给后续作业,如喷混凝土、张挂防水板等作业造成一定困难。目前由爆破造成的超欠挖,是个严重而普遍的问题,它对隧道施工速度和成本有着不容忽视的影响。在超欠挖严重的情况下,对坑道的稳定性也会产生一定的影响。

由爆破引起的超欠挖虽然是不可避免的,但是可以进行控制,良好的爆破技术可以使超欠挖控制在一定的范围内,也就是说可以把对围岩的损伤控制在一定的范围内。因此,研究和实施控制超欠挖的技术是十分必要的。

根据对近百座隧道的调查和统计,在采用矿山法(钻爆法)施工的隧道中,平均超挖值为 38.7cm,最大达到 76cm。对爆破技术进行控制后,这种情况有些改善,平均超挖值已减小到 16~20cm,而且开挖表面的平坦性也得到了较大的改善,但仍然有不少隧道的超挖值达到 30cm 左右。即使是隧道施工技术水平较高的国家,也有不少隧道的平均超挖达到 25~30cm。根据研究和调查的结果,影响超欠挖的因素可以归纳为以下几点:①钻孔精度;②爆破技术;③施工组织与管理;④测量放线;⑤地质条件变化;⑥其他因素。

根据对 276 个开挖循环的统计,上述六个因素中钻孔精度对超欠挖的影响最大(44.2%),其余依次是爆破技术(20.3%)、施工管理(17.6%)、测量放线(7.6%)、地质变化(6.1%)等,而前三项因素的影响占 82%。因此,控制超欠挖的重点是控制钻孔精度、爆破技术和施工管理。这种分析与当前的施工实际是符合的。

1. 改变传统观念

在控制超欠挖技术的研究中,首先应改变观念,即必须改变"宁超勿欠"的传统观点,树立"少欠少超"的观点。也就是说,应容许一定程度的欠挖,例如日本在隧道施工中,基本上容许概率为 16% 的欠挖。这样就可以避免开挖轮廓线的无谓扩大,而使超挖得以减少。《铁路隧道施工规范》(TB10204—2000)规定:当围岩完整、石质坚硬时,容许岩石个别突出部分(每 $1m^2$ 不大于 $0.1m^2$)侵入衬砌;侵入值应小于衬砌厚度的 1/3,并小于 10cm;对喷锚衬砌应不大于 5cm。

2. 提高钻孔技术水平

钻孔精度对隧道超欠挖的影响主要是周边炮孔的外插角 θ、开口误差 e 和一次爆破进尺 L,它们与超欠挖高度(h)有如下的关系:

$$h = e + L\tan(\theta/2) \tag{8-4}$$

由此可见,随 θ、L 的增大,h 增大;当 θ、L 一定时,e 作为一个独立参数,当 e 为正值时(即孔口位置在设计线外时),h 随 e 的增加而增加;当 e 为负值时,h 随 e 的减少而减少。

L 是一个设计指标,可近似用炮孔深度代替,可在设计中加以控制,即在其他条件一定时,采用较浅孔爆破对减少超挖是有利的。这也是国外在钻孔深度上很少采用超过 4.0m 以上深孔的原因,在一般情况下,都采用 3.5m 左右的钻孔深度。此外,深孔爆破的一次装药量较大,对周边围岩的损伤也较大,不符合施工中应尽可能地维护围岩自身固有强度的原则。

θ 主要取决于司钻工的操作水平和所采用钻机的某些性能。为确保对 θ 的控制,应努力提高司钻人员的操作水平和责任心,并借助激光指向仪、测斜仪辅助定向,还可以采用计算机控制的凿岩台车来钻孔。

实际施工中,周边孔开口位置 e 有三种情况(见图 8-73),其出现概率和差值大小则主要取决于钻孔水平。第一种情况(见图 8-73(a))不影响超欠挖;在图 8-73(b)所示的情况下,

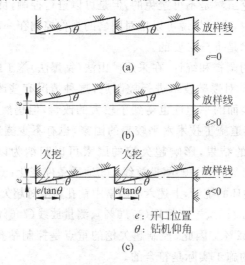

图 8-73 周边孔开口误差的几种情况

将使超挖增加一个 e 值,而第三种情况,将使超挖减小一个 e 值,而出现欠挖。因而,钻孔时应先定位,后钻进,并在掌子面上完整醒目地标出周边孔位线,把 e 控制在较小范围内(约在 3cm)。

从实际施工的经验看,控制 θ 是比较困难的,但控制 e 值是可能的。如一些国家容许一定的欠挖,即有意识地使 e 为负值(如图 8-73(c)中所示的情况),对减少超挖是有效的。

3. 爆破技术参数的合理匹配

表 8-15 为对国内外 100 多座隧道的超欠挖统计结果。从统计中可以看出,即使采用控制爆破,仍然有相当数量的隧道的超欠挖量很大,但与普通爆破相比,超挖约降低 47.3%。这与爆破方式、技术参数和器材有关。

表 8-15 爆破方法的比较

爆破方法	平均超挖/cm	欠挖/cm	比较/%	备 注
普通爆破	38.70	无统计	100	最大 76cm
控制爆破	20.40	无统计	52.7	最大 37cm

1) 爆破开挖方式

对应开挖方法,爆破方式有全断面一次爆破、台阶法爆破、导洞先行扩大爆破和预留光面层爆破等方式。通常认为地质条件许可时,全断面一次爆破方式(包括台阶法)有利于减少爆破重复振动,减少工序转换和干扰,便于快速施工。而从减少超挖,改善开挖成形看,预留光面层、导洞先行开挖的爆破方式是比较好的。表 8-16 为三种爆破方式的效果比较。

表 8-16 不同爆破方式的效果比较

爆破方式	超挖值/cm	欠挖值/cm	炮孔保存率/%	备 注
全断面一次爆破、台阶法爆破	10.8~14.5	3~13	60~80	作业方法和地质条件大致相同
预留光面层爆破	12.88	2~7	75	作业方法和地质条件大致相同
导洞先行扩大爆破	7.2~10.5	0.3~0.6	81~86	

2) 爆破器材及主要参数

在大体相同的条件下,用等差雷管、半秒雷管和毫秒雷管所做的现场对比试验表明,以"等差"雷管爆破效果最好,振动小。采用毫秒雷管跳段使用也可以获得较好的效果。因此,从控制超欠挖的角度看,宜推广"等差"雷管或应注意配置好毫秒雷管的段别。

根据试验和经验,小药包连续装药对控制超挖效果最好,爆破中宜推广采用小直径药包的连续装药。

根据试验结果,单位岩石炸药消耗量 q 与平均线性超挖 h 呈线性正相关关系。过大或过小都不能获得较好的结果;周边孔线装药密度与超挖大体上呈幂函数的关系,而与炮眼保存率呈抛物线相关关系;在其他因素一定时,超挖高度 h 随周边孔间距 E 的增大而增加,而与最小抵抗线 W 有近似抛物线关系。为获得较小的超挖和光滑的轮廓,就必须使周边孔

间距 E/W 处在合理的范围内。

在实际爆破过程中,应根据试验合理确定这些参数。

4. 现场施工组织与管理

在控制隧道超欠挖中,建立一个比较完善、系统的质量保证体系,对作业全过程及相关因素实行严格科学的管理是非常必要的。管理的目的就是要把众多的因素处于可控的状态,达到爆破设计的基本要求。在爆破质量管理中,应坚持以下基本原则:

(1) 必须采用控制爆破(光面爆破、预裂爆破等),通过工程类比和现场实验,优化爆破参数设计;

(2) 在满足经济技术要求的情况下,应优先考虑采取操作简单、精度高、有良好性能的钻孔机械、测量放线仪器、断面检测仪器以及爆破器材等;

(3) 应严格控制断面的测量放线精度,特别是要避免随意放大或缩小断面的现象;

(4) 必须严格控制钻孔精度,重点是控制周边眼的外插角、开口误差以及炮眼在断面分布的均匀性;

(5) 必须严格控制重要爆破作业质量,特别是要控制装药量,并保证正确的起爆顺序;

(6) 必须做到及时检测和反馈;

(7) 必须强化施工组织管理,推行作业标准化,并经常加强作业人员文化和责任心的教育等。

5. 测量放线

中线和标高的偏移,将使断面轮廓线向一侧偏移,造成开挖断面一侧超挖、一侧欠挖。隧道掌子面通常都是倾斜的,会引起放线误差。操作不良或放线精度不好,都会引起断面的超、欠挖。因此,应提高放线精度,减少对超、欠挖的影响。其方法是:采取激光指向仪控制隧道掘进方向,提高中线和标高的精度,并配合放线,提高轮廓线放线精度;提高作业人员的操作水平,加强责任心。

6. 地质条件

目前,爆破设计主要是通过经验、类比或现场实验进行设计。因而地质条件的影响就主要表现为随掘进而不断变化,其中主要是围岩节理裂隙的变化。在现场施工过程中,应根据实际情况调整钻孔方位和角度,或适当调整周边孔的参数。为此可采取如下措施:在施工中,紧跟开挖面进行调整、观测和描述;并对围岩的节理裂隙状态进行预测;据此调整爆破参数和施工方法,或采取局部内移炮眼、局部空孔不装药、加密炮眼和局部调整起爆顺序等辅助措施。

8.7.2 塌方

塌方是最为常见、比较典型的一种事故。造成塌方的原因多种多样,有地质上突发的因素,即地质状态、受力状态和地下水变化等;也有人为因素,即不适当的设计或不适当的施工作业方法等。由于塌方往往会给施工带来很大困难和严重的经济损失,需要尽量注意排除可能导致塌方的各种因素,尽量避免塌方的发生。应树立塌方是可以预测、可以控制的观点,不断培养工程技术人员在不良地质条件下施工的应变能力和处理能力。

1. 发生塌方的主要原因

1) 不良地质及水文地质条件

从塌方实例中可以看出,在下述地质条件下,如施工不当,就会发生不同程度的塌方。

(1) 在断层破碎带中,视断层规模不同,小规模崩塌到大规模崩塌都有发生;在断层处,视其破碎程度,发生过一次崩塌或多次崩塌的情况。

(2) 在互层围岩中,通常发生小规模的崩塌。例如,在第三纪的砂岩、页岩互层中,因少量涌水,固结度低的砂岩层会流出,残留的泥岩部分将呈块状崩落。崩塌的程度与砂岩层的固结度、层理面的间距、层理面的固结度以及砂岩层中的水量和水压等有关,崩塌会因涌水而加剧。

(3) 在强风化的围岩中,会产生比较大的崩塌,有涌水时崩塌规模会更大。

(4) 由于层理面产生崩塌的围岩,可发生中等规模到大规模的崩塌,视层理面的强度、掌子面状况和涌水等,会在数小时内发生几次崩塌。

(5) 在砂质围岩中,多发生比较小规模和中等规模的崩塌。

(6) 有突发涌水或大量涌水的场合。

(7) 隧道穿越地层覆盖过薄地段,如在沿河傍山、偏压地段、沟谷凹地浅埋和丘陵浅埋地段极易发生塌方。

2) 人为因素

人为因素也是导致塌方的重要原因。

(1) 地质勘探资料不详细,缺乏隧道所处位置的地质及水文地质详细资料,未能查明可能塌方的因素,或没有绕开可以绕避的不良地质地段,造成设计不尽合理而引起施工指导或施工方案的失误。

(2) 施工方法与地质条件不相适应,如地质条件发生变化,没有及时改变施工方法;工序间距安排不当;施工支护不及时,支撑架立不符合要求,或抽换不当,"先拆后支";地层暴露过久,引起围岩松动、风化,导致塌方。

(3) 喷锚支护不及时,喷射混凝土的质量、厚度不符合要求。

(4) 按新奥法施工的隧道,没有按规定进行量测,或信息反馈不及时,决策失误、措施不力。

(5) 围岩爆破用药量过多,因震动引起坍塌。

(6) 对危石检查不重视、不及时,处理危石措施不当,引起岩层坍塌。

2. 预防塌方的施工措施

首先,应加强初期支护,控制塌方。其次,应通过观察、量测等手段预测塌方,如发现征兆应高度重视、及时分析,采取有力措施处理隐患,防患于未然。为此,隧道开挖后,应及时有效地完成喷锚支护或喷锚网联合支护,并应考虑采用早强喷射混凝土、早强锚杆和钢支撑等支护措施。在不良地质、围岩破碎地段,应采取"先排水、短开挖、弱爆破、强支护、早衬砌、勤量测"的施工方法。应加强对塌方的预测,预测塌方常用以下几种方法。

一是观察法。观察法主要包括：

（1）定期和不定期地观察洞内围岩的受力及变形状态；检查支护结构是否发生了较大的变形；观察岩层的层理、节理裂隙是否变大，坑顶或坑壁是否松动掉块；喷射混凝土是否发生脱落；以及地表是否下沉等。

（2）对掘进工作面应进行地质素描，或采用探孔对地质情况或水文情况进行探察，分析判断掘进前方有无可能发生塌方。

二是量测法。采用一般的量测仪器，按时量测观测点的位移和应力，对测得数据进行分析研究，及时发现不正常的受力、位移状态及有可能导致塌方的情况；或根据微地震学测量法和声学测量法，通过专用仪器确定岩石的受力状态，并预测塌方。

3. 隧道塌方的处理措施

首先要查明原因，制订处理方案。发生塌方后，应及时处理。在第一时间查明塌方发生的原因和地下水活动情况，对塌方范围、形状和坍穴的地质构造进行详细观测，认真分析，制订合理的处理方案。

然后要对塌方进行处理。先加固未坍塌地段，再清除渣体，完成衬砌。塌方发生后，为防止其继续发展，可按下列方法进行处理：

（1）对于纵向延伸不长、坍穴不高的小塌方而言，首先应加固坍体两端洞身，并抓紧喷射混凝土或采用喷锚联合支护封闭坍穴顶部和侧部，再进行清渣。在确保安全的前提下，也可在坍渣上架设临时支架，稳定顶部，然后清渣。待灌注衬砌混凝土达到要求强度后方可拆除临时支架。

（2）对于坍穴高、坍渣数量大的大塌方而言，当坍渣体完全堵住洞身时，宜采取先护后挖的方法。在查清坍穴规模和穴顶位置后，可采用管棚法和注浆固结法稳固围岩体和渣体，待其基本稳定后，按先上部后下部的顺序清除渣体，采取"短进尺、弱爆破、早封闭"的原则挖坍体，并尽快完成衬砌（见图8-74）。

（3）发生塌方冒顶时，应在清渣前支护陷穴口。地层极差时，应在陷穴口附近地面打设地表锚杆，洞内可采用管棚支护和钢架支承。

（4）洞口塌方后，一般易坍至地表，可采取暗洞明作的办法。

处理塌方的同时，应加强防排水工作。塌方往往与地下水活动有关，治坍应先治水，防止地表水渗入坍体或地下，引截地下水，防止其渗入塌方地段，使塌方扩大。具体措施有：

（1）对地表沉陷和裂缝，用不透水土壤夯填紧密，开挖截水沟，防止地表水渗入坍体；

（2）塌方通顶时，应在陷穴口地表四周挖沟排水，并设雨棚遮盖穴顶，陷穴口回填应高出地面并用黏土或圬工封口，做好排水；

（3）坍体内有地下水活动时，应用管槽引至排水沟排出，防止塌方扩大。

塌方地段的衬砌，应视坍穴大小和地质情况予以加强。衬砌背后与坍穴洞孔周壁间必须紧密支承。当坍穴较小时，可用浆砌片石或干砌片石将坍穴填满；当坍穴较大时，可先用浆砌片石回填一定厚度，其以上空间应采用钢支撑等顶住稳定围岩；对于特大坍穴，应作特殊处理。

采用新奥法施工的隧道或有条件的隧道，塌方后要加设量测点，增加量测频率，根据量测信息及时研究对策。对于浅埋隧道，要进行地表下沉测量。

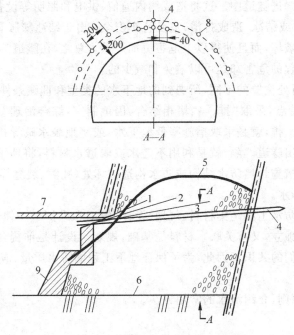

图 8-74 大规模塌方处理实例示意图
1—第一次注浆；2—第二次注浆；3—第三次注浆；4—管棚；5—坍线；6—坍体；
7—初期支护；8—注浆孔；9—混凝土封堵墙

8.8 防排水与通风防尘措施

8.8.1 地下水控制

地下工程防水的功能要求是，采用有效、可靠的防水材料和技术措施，保证建筑物某些部位免受水的侵入，不出现渗漏水现象，使建筑物具有良好、安全的使用环境、使用条件和使用年限。因此，地下工程防水技术在地下工程中占有重要地位。但我国地下工程的防排水现状不容乐观。据 1985 年统计数据，在我国既有的铁路隧道中，漏水的有 1300 多座，占总数的 30% 以上；1988 年我国建筑技术发展研究中心曾对 10 个省市 2310 个混凝土衬砌地下工程进行调查，渗、漏水工程占 57%，情况是十分严重的。近年来由于重视了防排水问题，新建地下工程的渗漏水现象已有明显减少，防水质量有所提高，但问题依然存在。因此，了解和掌握防排水技术的关键和方法是十分重要的。地下水不仅是影响隧道正常施工的因素，也是影响隧道正常运营的重要因素。

在施工期间，地下水不仅能降低围岩的稳定性（尤其是对软弱破碎围岩影响更为严重），使得开挖十分困难，且增加了支护的难度和费用，甚至需采取超前支护、预注浆堵水或加固围岩等措施。此外，若对地下水处理不当，则可能造成更大的危害。如地下、地上水位下降及水环境的改变，影响农业生产和生活用水；或被迫停工，影响工程进展。

在运营期间，地下水常从混凝土衬砌的施工缝、变形缝（伸缩缝和沉降缝）、裂缝甚至混凝土孔隙等通道,渗漏进隧道中。这将造成洞内通信、供电和照明等设备处于潮湿环境而发生锈蚀;使路面积水或结冰,造成打滑,危及行车安全;由于结冰膨胀和侵蚀性地下水的作用,不仅使衬砌受到破坏,而且使得以上危害更加严重。总之,在隧道工程中,地下水的存在是必然的,但它对工程的危害却是可以避免和减少的。

由于地下建筑所处位置的不同,所遇到的地下水的类型和埋藏条件也不相同,因此必须针对地下水存在的特点,采取"排、隔、堵相结合,因地制宜,综合治理"的原则,达到可靠防水、经济合理的目的。排,就是采取措施降低地下水,或将地表水疏导排除以及人为设置排水系统,将地下水排出隧道。隔,就是利用不透水或弱透水材料,将地下水隔绝在建筑空间之外。堵,就是采取措施封堵防水结构或防水构造破坏处(孔隙、裂缝等)的渗漏以及预制构件接缝处的密封措施水。

实践证明,地下防水工程是集材料、规划、设计、施工和维护于一体的综合性、系统性工程,它们之间既各自独立,又有关联。材料是基础,规划与设计是前提,施工是关键,维护既是保证,也成为专家们的共识。因此,为了保证地下工程的防水质量,应全面考虑,进行综合决策。

下面根据以上原则,介绍治水的常用方法。

1. 排水措施

排水是建筑防水措施之一,包括地表水的排除、人工降低地下水位和将水引入建筑物后再有组织地排走等几种做法,同时还要考虑施工排水。这种防水措施的主要特点是解除了水量较大的重力水对地下建筑的直接威胁,卸掉了这些水的静水压力,对于承压水的防治效果尤为有效。

常用的结构排水设施有盲沟、泄水孔和排水沟。而在施工期间,则应考虑施工排水。施工排水应结合结构排水进行。

1) 施工排水

施工排水包括洞外排水和洞内排水两部分。

(1) 洞外排水。洞外排水主要是做好洞口的防洪和排水设施,防止雨季到来时山洪或地面水倒流入洞。对于斜井、竖井尤应多加注意。其次是将与地下水有补给关系的洼地、沟缝用黏土回填密实,并施作截水沟截流导排。

(2) 洞内排水。洞内水主要来源于地下水和施工用水。对于有污染性的施工用水,还应按环境保护要求经净化处理后方能排入河流。

洞内排水方式根据路线坡度情况可分为两种。①顺坡排水:即进洞上坡,一般只需按路线设计坡度(不小于0.5%),在坑道一侧挖出纵向排水沟,水即可以沿沟顺坡排出洞外。若利用平行坑排水,则平导应较正洞低 0.2～0.6m,使横通道(联系洞)有一个顺坡利于排水。应当注意的是,一般将施工排水沟挖在结构排水沟的位置上。②反坡排水:即进洞下坡,此时水向工作面汇集,需用抽水机排水。

排水有以下两种方式。

第一种是分段开挖反坡侧沟,在侧沟每一分段上设一集水坑,用抽水机把水排出洞外(见图 8-75)。集水坑间距用下式计算:

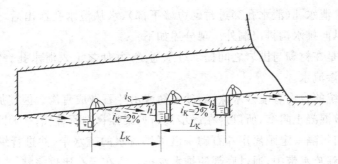

图 8-75 分段开挖反坡侧沟排水

$$L_K = \frac{h_K}{i_S + i_K} \tag{8-5}$$

式中 h_K——水沟最大开挖深度,一般不超过 0.7m;

i_S——线路坡度;

i_K——水沟底坡度,不小于 0.3%。

这种排水方式的优点是工作面无积水,抽水机位置固定,不需水管。缺点是用抽水机多且要开挖反坡水沟。一般在隧道较短,线路坡度较小时采用。

另外一种是隔较长距离开挖集水坑。开挖面的积水用小水泵抽到最近的集水坑内,再用主抽水机将水抽出洞外(见图 8-76)。这种排水方式的优点是所需抽水机少,但要装水管,抽水机也要随开挖面掘进而拆迁前移。一般在隧道较长、涌水量较大时采用。

应当注意的是,进洞下坡施工的隧道,应配备足够的排水设施(留一定数量的备用抽水机)。必要时应在开挖面上钻深眼探水,防止突然遇到的地下水囊、暗河等淹没坑道,造成事故。

2) 人工降低地下水

人工降低地下水就是在地下建筑的中部或下部的周围设置集水管,将水集中后用机械抽出排走,使地下建筑周围的地下水位逐步下降,一直降到抽水点的标高,形成一个疏干漏斗区(见图 8-77)。在这个漏斗区范围内,不再有重力水和相应的静水压力,使建筑防水的可靠程度大为提高。在地下水位高的地区,地下建筑的施工常采用井点防水的方法保持基坑的干燥,如果设计的人工降水系统能与施工降水系统相结合,是比较经济合理的。

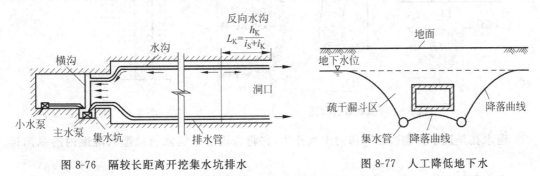

图 8-76 隔较长距离开挖集水坑排水　　图 8-77 人工降低地下水

3) 结构排水

结构排水设施应结合混凝土衬砌来施作。其排水过程是:水从围岩裂隙进入衬砌背后的盲沟，盲沟下接泄水孔（泄水孔穿过衬砌边墙下部），水从泄水孔泄出后，进入隧道内的纵向排水沟，并经纵向排水沟排出洞外。现分述如下。

盲沟的作用是在衬砌与围岩之间提供过水通道，并使之汇入泄水孔。它主要用于引导较为集中的局部渗流水。

我国较为传统的盲沟有灌砂木盒、灌砂竹筒或由片石做成盲沟。因其加工、安装均较麻烦，且接头处易被混凝土阻塞，所以现在逐步被新型柔性盲沟所替代。①片石盲沟。在衬砌背后，沿隧道纵向每隔一定距离用片石砌一道可供流水的疏水带，并进行纵向连通，使岩壁上渗出的水集中到疏水带中，通过底部的排水沟排走。在岩石比较完整，岩壁侧压力较小的情况下，常采用离壁衬砌，这比贴壁衬砌更容易解决防水问题。一般来说，离壁衬砌的顶拱仍需考虑承受山体压力，要用块石回填以传递压力，因此在回填前应先做好防水层，回填时在拱脚处留出天沟，通过预埋在顶拱内的排水管将渗漏水排到壁外夹层中，经下部的排水沟排走（见图 8-78）。柔性盲沟通常由工厂加工制造。它具有现场安装方便，布置灵活，连接容易，接头不易被混凝土阻塞，过水效果良好，成本也不太高等优点。②弹簧软管盲沟。这种盲沟一般是采用 10 号铁丝缠成直径 5～8cm 的圆柱形弹簧或采用硬质又具有弹性的塑料丝缠成半圆形弹簧或带孔塑料管，以此作为过水通道的骨架，安装时外覆塑料薄膜和铁窗纱，从渗流水处开始沿环向铺设并接入泄水孔（见图 8-79）。③化学纤维渗滤布盲沟。这种盲沟是以结构疏松的化学纤维布作为水的渗流通道，其单面有塑料敷膜，安装时使敷膜朝向混凝土一面，可以阻止水泥浆渗入滤布。这种渗滤布式盲沟重量轻，便于安装和连续加垫焊接，宽度和厚度也可以根据渗排水量的大小进行调整，是一种较理想的渗水盲沟（见图 8-80）。

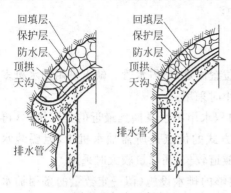

图 8-78　片石盲沟

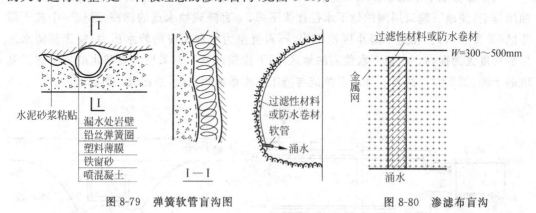

图 8-79　弹簧软管盲沟图　　　　图 8-80　渗滤布盲沟

泄水孔是设于衬砌边墙下部的出水孔道，它将盲沟流来的水直接泄入隧道内的纵向排水沟。

泄水孔的施作有以下两种方法。①在立边墙模板时就安设泄水管，并特别注意使其里端与盲沟接通，外端穿过模板。泄水管可用钢管、竹管、塑料管和蜡封纸管等。这种方法主要用于水量较大时。②当水量较小时，则可以待模筑边墙混凝土拆模后，再根据记录的盲沟位置钻泄水孔。泄水孔的位置应按设计要求设置。

排水沟承接泄水孔泄出的水,并将其排出隧道。隧道纵向排水沟有单侧、双侧和中心式三种形式。它是根据线路坡度、路面形式和水量大小等因素确定的。

排水沟的施作,通常是与仰拱混凝土或底板混凝土同时模筑,以保证水沟的整体性,防止水向下渗流影响地基。

2. 隔水措施

可以通过外加的防水层起隔水作用,也可以把结构本身作为隔水层,后者称为结构自防水。防水层设在结构外侧的为外防水,又称为正向防水;在结构内侧的为内防水,也称为反向防水。外防水可承受地下水的静水压力,并传递到结构;内防水承受水压力的能力较差,对于毛细水和气态水能起隔绝作用,静水压力较大时则不适用。

常用的隔水措施有喷射混凝土隔水、塑料板隔水和混凝土衬砌隔水。当水量和压力较大时,则可采取注浆隔水,注浆既可以隔水也可以起到加固围岩的作用。

1) 喷射混凝土

当围岩有大面积裂隙渗水,且水量、压力较小时,可结合初期支护采用喷射混凝土隔水。但应注意此时需加大速凝剂用量,进行连续喷射,且在主裂隙处不喷射混凝土,使水流能集中于主裂隙流入盲沟,通过盲沟排出。

2) 水泥砂浆防水层

水泥砂浆防水层所用的材料及其配合比应符合规范规定。水泥砂浆防水层是由水泥砂浆层和水泥浆交替铺抹而成,一般需做4~5层,其总厚度为15~20mm。施工时分层铺抹或喷射,水泥砂浆每层厚度宜为5~10mm,铺抹后应压实,表面提浆压光;水泥浆每层厚度宜为2mm。防水层各层间应紧密结合,并宜连续施工。

3) 塑料板

当围岩有大面积裂隙滴水、流水,且水量压力不大时,可在喷射混凝土等初期支护施作完毕后、二次支护施作前,在岩壁大面积铺设塑料板隔水。

塑料板防水层是近十多年发展起来的一项新防水技术,它具有优良的防水、耐腐蚀性能,在隧道及地下工程中得到了日益广泛的应用。

塑料板铺设固定时不能绷得太紧,要预留一定的松弛度,使得在灌注二次支护混凝土时,塑料板能向凹处变形、服帖,不产生过度张拉和破坏。

4) 喷涂膜防水层

喷涂膜防水层使用油溶性或非湿固性喷涂料时,基层应保持干燥;在潮湿基面上应选用湿固性喷涂料、含有吸水能力组分的喷涂料或水性喷涂料。涂料的喷涂不得少于两遍,后一层涂料的施工必须待前一层喷涂料结膜后方可进行;后一层喷涂料的喷涂方向,应与前一层喷涂料相垂直。为增强防水效果,喷涂料宜与玻璃布、玻纤毡和土工布等材料复合使用。

5) 防水混凝土衬砌

模筑混凝土本身就具有一定的抗渗阻水性能,但普通混凝土的抗渗性较差,尤其是在施工质量不高的情况下,如振捣不密实,施工缝、沉降缝、伸缩缝处理不好,配比不当等,则更易形成水的渗漏、漫流。当地下水有侵蚀性时,渗水对混凝土的腐蚀就更为严重。

如果能保证混凝土衬砌的抗渗防水性能，则不需要增加其他防水隔水措施。因此，充分利用混凝土衬砌的防水性能，是经济合算的基本防水措施。

防水混凝土衬砌施工必须采用机械振捣。施工缝、沉降缝及伸缩缝则可以采用中埋式塑料或橡胶止水带，或采用背贴塑料止水带止水。

防水混凝土的抗渗能力不应小于 0.6MPa，环境温度不得高于 100℃；处于侵蚀性介质中防水混凝土的耐侵蚀系数不应小于 0.8。防水混凝土结构的混凝土垫层，其抗压强度等级不应小于 10MPa，厚度不应小于 100mm。其水灰比不得大于 0.6，水泥用量不得少于 280kg/m³，砂率应适当提高，并不得低于 35%。

6) 注浆隔水

注浆适用于大面积隔水，使用的材料主要有硅酸盐类和树脂系两种。硅酸盐类注浆使用较普遍，由于造价较低，其主要成分为硅酸盐水泥、黏土、细砂和水，按一定的配比（与凝固时间有关）搅拌成浆液，用不小于 0.2MPa 的工作压力，通过注浆孔压入结构层之外的土层或岩层中，形成一个不透水的屏障，称为壁外注浆。当水量和水压都较大时，可在注浆材料中掺加水玻璃等速凝剂，以保证隔水效果。注浆在加固围岩的同时，实际上也起到了隔水作用。图 8-81 为某海底隧道的注浆范围示意图。

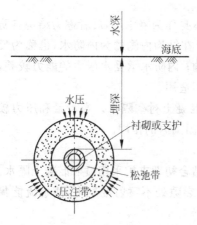

图 8-81　某海底隧道的注浆范围示意图

3. 堵水措施

堵水措施就是当防水结构或防水构造有破坏面渗漏水时，向破坏处（孔隙、裂缝等）及其附近注入起修复作用的防水材料，故常称为堵漏。此外，在预制构件的接缝处，要做好密封措施，实际上也是一种堵水方法。

可用于局部堵漏的材料很多，目前常用的有氰凝、丙凝和水溶性聚氨酯等，还有 821AF 和 TZS 的堵漏效果也很好。但是这些材料的强度较差，不能承受结构变形或开裂而产生的应力，故应在堵水后再复合一层有弹性的密封材料。

8.8.2　通风

无论在铁路隧道，还是在公路隧道施工中，由于会产生各种有毒有害物质，而且施工设备及人员散热导致洞内施工地点的温度和湿度不断升高，因而必须源源不断地对洞内供给一定数量的新鲜空气，也就是必须进行施工通风。这样才能排除有害气体，改善施工地点的空气质量，使之达到有利于人体散热的工作环境，进而提高劳动效率。

良好的通风是进行安全施工的重要前提条件，也是保护施工人员身心健康、提高劳动生产率的必要条件，同时也是加快工程施工进度、确保工程质量的前提条件。因此，施工通风是改善洞内作业环境的主要措施和方法。

1. 施工通风的目的及有关规定

按照有关规定,隧道施工作业环境必须符合下列标准:
(1) 坑道中氧气(O_2)含量:按体积计,不得低于20%。
(2) 粉尘允许浓度:每 m^3 空气中含10%以上游离二氧化硅(SiO_2)的粉尘为2mg;含10%以下游离二氧化硅(SiO_2)的水泥粉尘为4mg;二氧化硅(SiO_2)含量在10%以下,不含有毒物质的矿物性和动植物性的粉尘为10mg。
(3) 有害气体浓度:一氧化碳(CO)不大于 $30mg/m^3$,当作业时间短暂时,一氧化碳(CO)浓度可放宽。作业时间在1h内为 $50mg/m^3$,在0.5h以内为 $100mg/m^3$,在15~25min内为 $200mg/m^3$,在上述条件下反复作业时,两次作业时间间隔必须在2h以上;二氧化碳(CO_2)按体积计,不得超过0.5%;氧化物换算成二氧化氮(NO_2),应在 $5mg/m^3$ 以下。
(4) 瓦斯(CH_4)浓度:按体积计,不得大于0.5%,否则必须按国家安全生产监督管理总局现行的《煤矿安全规程》之规定办理。
(5) 洞内工作地点的空气温度:不得超过30℃(铁路规定不得超过28℃)。
(6) 洞内工作地点噪声:不宜大于90dB。

2. 通风方式

隧道施工通风,主要采用机械通风。按照风道类型和通风机安装位置的不同,机械通风可分为风管式和巷道式两类。

1) 风管式通风

风管式通风是用软管作风道,根据隧道内空气流向的不同,又可分为压入式、抽出式和混合式三种形式。

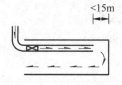

图8-82 压入式通风

(1) 压入式通风

如图8-82所示,通风机和局部扇风机把新鲜空气经风筒压入工作面,污浊空气沿隧道流出。为了取得良好的通风效果,通风机安装位置应与洞口保持一定距离,一般应大于30m;风筒出口应与工作面保持一定距离,对于小断面、小风量和小直径风管,该距离应控制在15m以内;对于大断面、大风量和大直径风管,该距离可控制在45~60m以内。

压入式通风的优点是:冲淡和排出炮烟的作用比较强;工作面回风不通过风机和通风管,对设备污染小,在有瓦斯涌出的工作面采用这种方式比较安全;可以用柔性风管;工作面的污浊空气沿隧洞流出,沿途一并带走隧洞内的粉尘及有毒、有害气体,对改善工作面的环境更有利。其缺点是:长距离掘进排出炮烟需要的风量大,通风排烟时间较长,回风流会污染整条隧洞。

(2) 抽出式通风

通风机或局部扇风机经风筒把工作面的污浊空气抽出,新鲜风沿隧洞流入,如图8-83所示。随着离风筒口距离的增加,风速急剧下降,故该吸风方式的有效作用范围很小。有效吸程以外的

图8-83 抽出式通风

炮烟呈涡流状态,排出困难。

抽出式通风在有效吸程内的排烟效果好,排除炮烟所需的风量小,回风流不污染隧道。但抽出式通风的有效吸程很短,只有当风筒口离工作面很近时才能获得满意的结果。当风机或风筒距工作面很近时,往往造成工作面设备布置比较困难,在全断面钻爆法开挖时,通风设备有被爆破飞石击坏的可能,因而许多工地将风机或风筒吸风口远离工作面设置,效果常不理想。

(3) 混合式通风

混合式通风系统如图 8-84 所示。这种方式综合了前两种方式的优点,适合于大断面、长距离隧道通风,在机械化作业时更为有利。采用喷锚支护的隧道,喷浆地点的粉尘浓度很高,采用混合式通风,降尘效果十分明显。

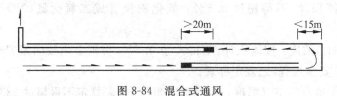

图 8-84 混合式通风

2) 巷道式通风

巷道式通风系统适用于有平行导坑的长隧道。其特点是通过最前面的横通道,使正洞和平行导坑组成一个循环风流系统,在平导洞口附近安装通风机,将污浊空气由平导抽出,新鲜空气由正洞流入,形成循环风流(见图 8-85)。对于平导和正洞导坑前面的独头巷道,可另辅局部的风管式通风。

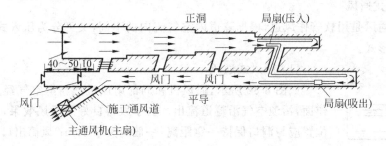

图 8-85 巷道式通风

另外,巷道通风尚有风墙式、通风竖井、通风斜井和横洞等方式。随着我国独头掘进技术的提高,开挖断面的增大,通风方式更趋向于采用大功率、大管径的压入式通风。秦岭隧道Ⅱ线平导,开挖断面为 $28m^2$,独头掘进 9.5km。通风设计为两阶段,第一阶段采用 PF—110SW55 型风机,直径 1.3m 的 PVC 塑布软风管的单机压力式通风,通风长度可达 6km;第二阶段在 4.5~5km 处设通风站,采用混合式通风,总通风长度可达 10km。这充分说明了压入式通风方式的优点。

3. 施工通风的风量

在隧道施工中,掘进工作面所需的风量与施工方法、施工作业的机械配套条件有密切关系,且在一个作业循环中,不同作业工序对风量的要求也有较大差别。进行风量计算的目的是为正确选择通风设备和设计通风系统提供依据。通风系统的供风能力应能满足工作面对风量的最大需求。

掘进工作面所需风量可分别按下列方法计算,并取其最大者作为供风标准。①按排除炮烟计算风量;②按排出粉尘计算风量;③按施工隧洞内的最多人数计算风量;④按《公路隧道通风照明设计规范》(JTJ 026.1—1999)最低允许风速计算风量。

具体的通风量的计算方法请参考有关书籍。

8.8.3 防尘

1. 防尘的必要性

在隧道施工中,凿岩、爆破、装渣和喷射混凝土等作业都有粉尘产生,其中以凿岩和喷射混凝土产生的粉尘最多。对人体危害最大的是粒径小于 $10\mu m$ 的粉尘,此类粉尘能在空气中长期浮游,最易被吸入人体内。粉尘被人们长期吸入,能引起尘肺病。这是一种极为严重的职业病,可伤害呼吸功能,影响劳动能力,缩短劳动寿命,甚至引起死亡;粉尘进入机械设备的油液和运动部件中,会污染设备,加快运动零件的磨损,缩短设备的使用寿命;某些粉尘(如煤、硫化物)在一定条件下会发生爆炸,造成重大事故。所以,必须采取多种措施,把粉尘浓度降到 $2mg/m^3$ 以下。

2. 主要的防尘措施

1) 湿式作业

湿式作业是矿山和铁路、交通、水工等隧道施工中普遍采用一项重要的防尘技术,主要包括以下措施。

(1) 湿式凿岩:就是在钻眼时用高压水通过钻头冲洗孔眼,使岩粉变成岩浆而流出。湿式凿岩是最主要的防尘措施。

(2) 水封爆破:即利用装满水的塑料袋代替炮泥堵塞炮口,爆炸时水变成雾或蒸汽,能吸附粉尘。

(3) 装渣洒水喷雾:在装渣运输等产尘较大的工序和工点,都应喷雾洒水,可显著地减少产尘量,防止尘土飞扬。

(4) 喷雾捕尘:用水捕捉悬浮在空气中的粉尘,是把水雾化成微细水滴并喷射于空气中,使之与尘粒碰撞接触,尘粒被水滴捕捉而附于水滴上,或者被湿润的尘粒相互凝集成为大颗粒,从而加快其沉降速度。

2) 机械通风

施工通风可以稀释隧道内的有害气体浓度,给施工人员提供足够的新鲜空气,同时也是防尘的基本方法。因此,除爆破后需要通风外,还应保持通风的经常性,这对于消除装渣运输中产生的粉尘是十分必要的。

3) 个人防护

个人防护也是综合防尘措施之一,目前主要方法是佩戴防尘口罩。在凿岩、喷混凝土等作业时还要佩戴防噪声的耳塞及防护眼镜等。

8.9 支护措施

8.9.1 预支护措施

在隧道施工过程中,当遇到软弱破碎围岩时,其自支护能力是比较弱的,甚至没有自支护能力,开挖时可能引起开挖工作面不能自稳或地面沉陷过大的情况。因此,在软弱围岩中施工时最重要的是提高围岩的自支护能力,保证开挖及后续作业的进行,必须采用施工辅助措施对地层进行预支护或预加固。

铁路隧道施工中经常采用的辅助措施有留核心土,喷射混凝土封闭开挖工作面,超前锚杆、插板、或小钢管,管棚,临时仰拱封底,超前小导管注浆,开挖工作面及围岩预注,垂直锚杆,水平高压旋喷,预衬砌和冻结法等。

上述措施的选用应视围岩条件、涌水状况、施工方法和环境要求等而定,一般宜采用几种措施综合治理。下面介绍主要的几种方法。

1. 超前锚杆、小钢管

此法的要点是开挖掘进前,在开挖面顶部一定范围内,沿坑道设计轮廓线,向岩体内打入一排纵向锚杆(型钢或小钢管),以形成一道顶部加固的岩石棚(见图8-86)。然后,在此棚保护下进行开挖,至一定距离后(在尚未开挖的岩体中必须保留一定的超前长度),重复上述步骤,如此循环前进。超前支护基本上是借助构件的抗弯刚度发挥作用的,因此,采用抗弯刚度大的构件是有利的。

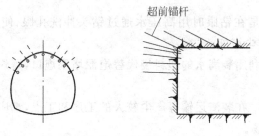

图 8-86 超前支护

一般来说,超前长度为循环进尺的3～5倍,宜采用3～5m的超前长度,环向间距宜采用0.3～1.0m;外插角宜用10°～30°;搭接长度宜为超前长度的40%～60%,即大致形成双层或双排锚杆。

超前锚杆宜采用早强砂浆锚杆。小钢管应平直,尾部焊箍,顶部做成尖锥状。其施工过程都是先钻孔,然后用锤击或风钻顶入。锚杆材料可用不小于 $\phi22$ 的螺纹钢筋。对于小钢管来说,其外插角的偏差不应超过5°,孔位偏差不应超过100mm,顶入钻孔的长度不小于管长的90%。开挖后应及时喷射混凝土,并尽快封闭环形初期支护。

超前锚杆主要适用于地下水较少且为软弱破碎围岩的隧道工程中,如存在土砂质地层、弱膨胀性地层、流变性较小的地层、裂隙发育的岩体、断层破碎带以及浅埋无显著偏压的隧道,也适宜采用中小型机械进行施工。

2. 管棚

管棚是在隧道开挖之前沿隧道开挖断面外轮廓,以一定间隔与隧道平行钻孔、插入钢管,再在插入的钢管内压注充填水泥浆或砂浆,来增加钢管外围岩层的抗剪切强度,并使钢管与围岩一体化,由管棚和围岩构成棚架体系(见图 8-87)。

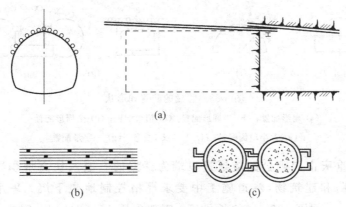

图 8-87 管棚预支护围岩
(a) 管棚预支护剖面;(b) 管棚钢管纵向错接;(c) 钢管端部横向连接

在掘进时,先行设置的钢管在掌子面及其后方的支承下,形成梁式结构,以防止围岩的崩塌和松弛。压注水泥浆,可以增加钢管周边围岩的强度。

管棚主要适用于围岩压力较大且突然作用的情况,用于对围岩变形及地表下沉有较严格限制要求的软弱破碎围岩隧道工程中,如土砂质地层、强膨胀性地层、强流变性地层、裂隙发育的岩体、断层破碎带以及浅埋有显著偏压等围岩的隧道中。此外,在一般无胶结的土及砂质围岩中,采用插板封闭较为有效;在地下水较多时,则可利用钢管注浆堵水和加固围岩。

在浅埋隧道中,地表有结构物存在时,或隧道接近地中结构物、地下埋设物开挖时,为把隧道开挖的影响限制在最小范围内,要尽量防止围岩的松弛,采用管棚是有利的。

在设计中,要充分考虑地质、周边环境、隧道开挖断面、埋深以及开挖方法等,决定管棚的配置、形状、施工范围、管棚间隔及断面等。一般多采用图 8-88 所示的形状。

管棚的长度应按地质情况选用,并应保证开挖后管棚仍有足够的超前长度,实践中管棚长度有达几十米的。一般为 10~45m;管棚钢管壁厚度以 10~30mm 为宜,管径为 80~180mm,孔径比管径大 20~30mm,环向间距 0.2~0.8m;管棚在压入过程中,必须用测斜仪严格控制上仰角度,一般为 1°~2°;两组管棚间的纵向搭接长度不小于 1.5m;钢拱架常采用工字钢拱架或格栅钢架。

构成管棚的钢管每节长度以 4~6m 为宜,在压入管节的过程中,需要纵向接长,一般以丝扣连接为宜,丝扣长度不应小于 15cm。

钻孔时如出现卡钻或坍孔,应注浆后再钻,有些土质地层则可直接将钢管顶入。

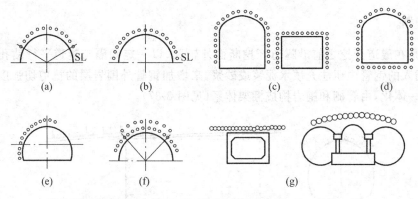

图 8-88 管棚的配置和形状

(a) 扇形配置;(b) 半圆形配置;(c) 门形配置;(d) 全周形配置;
(e) 上半单侧配置;(f) 上半双排配置;(g) 一字形配置

[**例 8-1**] 重庆市向阳公路隧道进口端为弃置的石渣及块石堆积物,最大覆盖厚 22m,地面有公路和建筑物,隧道施工中要求严格控制地表下沉。采用长 40m、直径 108mm、壁厚 6mm、间距 400mm 的长导管;钢架采用 15~24kg/m 钢轨,纵向间距 1m;导管内灌筑水泥:砂:水=1:1:0.5 水泥砂浆。因而保证了堆积地段隧道施工的安全(见图 8-89)。

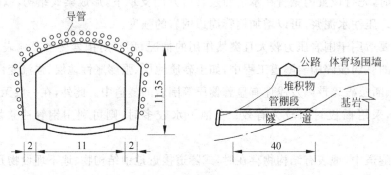

图 8-89 向阳隧道管棚(单位:m)

在施工中,当导管钻进 30m 时,实测其前端下沉量为 20~30cm,钻孔左右偏差为 10~20cm,其施工误差可供设计参考。

[**例 8-2**] 衡广复线南岭隧道出口端岩溶流泥地段充满黏性流泥,无自稳能力,采用了管棚预支护措施。其支护主要参数为:导管直径 108mm,注浆孔间距为 600mm;安插导管的钻孔口位于拱部开挖轮廓线外 35cm 处,导管内设钢筋笼(4 根 $\phi 22$ 螺纹钢筋焊接在外径 48mm、壁厚 8mm、长 400mm 的短管环外缘上),起架立钢筋作用。短管环间距一般为 100~200cm,并注浆加固。拱部共设置 28 根导管(见图 8-90),导管支承于钢管(内灌注混凝土)钢架上,钢架间距 50cm。该管棚预支护系统与洞内喷锚支护、复合衬砌相结合,顺利建成了流泥中的隧道工程。

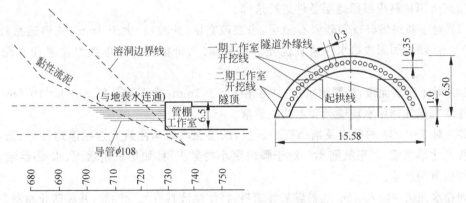

图 8-90　南岭隧道出口岩溶泥流段管棚（单位：m）

3. 超前小导管注浆

此法的要点是在开挖掘进前，先用 5~10cm 厚的喷混凝土将开挖面和 5m 范围内的坑道封闭，然后沿坑道周边打入带孔的纵向小导管。由上而下地向小导管内压浆，浆液即由导管渗透到地层中，待浆液硬化后，即在坑道周围形成一个加固的岩石圈，在此圈的防护下即可安全地进行开挖（见图 8-91）。

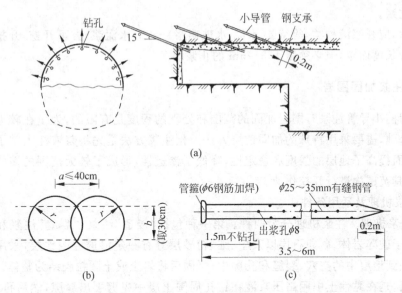

图 8-91　超前小导管注浆
(a) 超前小导管布置；(b) 注浆半径及孔距选择；(c) 小导管全图

小导管一般采用直径 32mm 的焊接钢管或直径 40mm 的无缝钢管制作，长度宜为 3~6m，前端做成尖锥形，前段管壁上每隔 10~20cm 交错钻眼，眼孔直径宜为 6~8mm。钻孔直径应较管径大 20mm 以上。孔距应按地层条件而定，渗透系数大者，孔距也可相应加大，一般采用 20~50cm；外插角应控制在 10°~30°之间，一般采用 15°。导管插入钻孔后应外露一定长度，以便连接注浆管，并用塑胶泥（40Be 水玻璃拌合 525#水泥）将导管周围孔隙封堵。处理塌方时可采用双排管；对于地下水丰富的松软层，可采用双排以上的多排管。

注浆所用材料应根据地层条件进行选择。

(1) 对于断层破碎带和砂卵石地层,当裂隙宽度(或粒径)大于 1mm,或渗透系数 $K \geqslant 5 \times 10^{-4}$ m/s 时,加固或堵水注浆宜优先选用料源广、价格便宜的单液水泥浆和水泥-水玻璃浆。

(2) 对于断层泥带,当裂隙宽度(或粒径)小于 1mm,或渗透系数 $K \geqslant 1 \times 10^{-5}$ m/s 时,加固注浆宜优先选用水玻璃类和木胺类浆液。

(3) 对于中、细、粉砂层及细小裂隙岩层,断层泥段堵水注浆宜选用渗透性好、低毒、遇水膨胀的化学浆液,如聚氨酯类。对于颗粒更小的黏土层,如仍采用水泥、水泥-浆液,则须采用周边劈裂注浆。

如在水泥浆中加入膨润土、粉煤灰等填料,将使浆液具有触变性能,并能防止材料的分离和水泥颗粒的沉淀。具有触变性能的浆液,将使浆液中的水分不易析出,始终保持很好的流动性,能够有效地扩散到缝隙深处。浆液的配方应根据地层情况和凝胶时间要求经试验而定。

小导管注浆的孔口最高压力应严格控制在允许限值内,以防压裂工作面。注浆压力一般为 0.5~1.0MPa,止浆塞应能经受注浆压力。注浆压力与地层条件及注浆范围要求有关,一般要求单管注浆能扩散到管周半径 0.5~1.0m 的范围内。同时,还需控制注入量,即每根导管内已达到规定注入量时,就可结束。若孔口压力已达规定值,但注入量仍不足,也应停止注浆。注浆结束后,必须检查钻孔,或用声波探测仪检查注浆效果,如未达到要求,应进行补孔注浆。

注浆后,应视浆液种类,等待 4(水泥-水玻璃浆)~8h(水泥浆)方可开挖,开挖循环长度应根据导管长度而定,但必须留下 3~5m 的止浆墙。

4. 预注浆加固围岩

上述超前小导管注浆对围岩加固的范围和处理的程度是有限的,为了在较大范围内控制围岩的松弛,需要采用特殊的加固地层方法。预注浆方法是先将浆液注入掌子面前方的围岩中,从而提高了地层的强度和稳定性,降低了渗透性,形成了较大范围的筒状封闭加固区,然后在其范围内进行开挖作业。

1) 注浆机理及适用条件

(1) 注浆机理。注浆机理分为两种。第一种包括"浸透"注浆、"裂缝"注浆和"空穴"注浆,就是对于破碎岩体、砂卵石层以及中、细、粉砂层等有一定渗透性的地层,采用中低压力将浆液压注到地层中的空穴、裂缝和孔隙中,凝固后将岩土或土颗粒胶结为整体。第二种是"劈裂"注浆,是在黏性土中用高压浆液在钻孔周围土层中先劈裂出缝隙,然后再进行充填,从而对黏土层起到了挤压加固和增加强度的作用。

(2) 注浆方法。预注浆一般可超前开挖面 30~50m,可以形成有相当厚度和较长区段的筒状加固区,从而使得堵水的效果更好,也使得注浆作业的次数减少。它更适用于有压地下水及地下水丰富的地层中,也更适用于采用大中型机械化施工。用预注浆加固围岩的方式,大致有以下三种:在开挖工作面上打超前长导管注浆,如图 8-92(a)所示;对于浅埋隧道,可以从地表向隧道所在区域打辐射状或平行状钻孔注浆,如图 8-92(b)所示;如上述两种都有困难,经技术、经济比选后,可设置平行导坑,然后由平行导坑向正洞所在区域钻孔注浆,如图 8-92(c)所示。

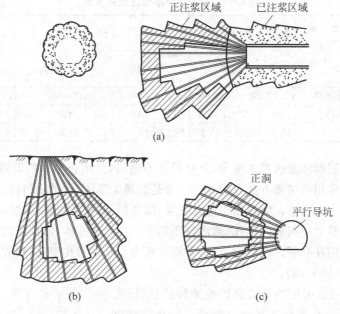

图 8-92 地层超前注浆

(3) 注浆孔距和加固范围。确定注浆孔距的理论公式很多,都是用渗流力学的理论推导出来的,但地层条件十分复杂,理论公式大多不适合实际情况,根据实践经验最大取 1.5m。

为了确定加固范围,即确定围岩塑性破坏区的大小,可以按岩体力学和弹塑性理论计算出开挖坑道后围岩的压力重分布结果,并确定其塑性破坏区的大小($R_0 \sim r_0$),这也就是应加固区的大小。

(4) 注浆数量控制。注浆数量应根据加固区需充填的地层孔隙数量来确定。一般来讲,不可能也无需将全部孔隙充填密实,就可以达到加固和堵水的目的。

现代注浆技术都是采用定压和定量相结合的方法,也就是说,注浆的数量基本是固定的。这个数量按浆液需填充的孔隙数量选定,而且常以被处理围岩总体积的百分比数表示。这个百分数在砂层可高达 40%,而裂隙岩体也许只为 5%,具体计算公式如下:

$$N = Q/A = n \cdot a\% \tag{8-6}$$

式中 Q——注浆总数量,m^3;

A——被加固围岩的体积,m^3;

n——被加固围岩的孔隙率,%;

a——过去实践证实了的充填率,%;

后两项可参见表 8-17。

为了做好预注浆工作,必须事先对被加固围岩进行土力学试验,查清围岩的透水系数、土颗粒组成、孔隙率、饱和度、密度、pH 值、剪切和抗压强度等。必要时还应做现场试验,包括现场注水和抽水试验等。

2) 施工要点

(1) 注浆管。一般采用带孔眼的焊接钢管或无缝钢管。注浆管壁上有眼部分的长度应

表 8-17　围岩孔隙率和注浆充填率　　　　　　　　%

土质 注浆项目		粗砂	黏土	粉砂	砂					砂砾		
注浆目的		堵水加固	堵水加固	堵水加固	堵水	堵水	堵水	加固	加固	堵水	堵水	堵水
孔隙率	范围值	65~75	50~70	40~60	46~50	40~48	30~40	46~50	40~48	40~60	28~40	22~40
	标准值	70	60	50	48	44	35	48	44	50	34	26
充填率		约10	约30	约20	约60	约60	约50	约50	约40	约60	约60	约60

根据注浆孔的位置和注浆区域来确定,其余部分不钻眼,并用止浆塞将其隔开,使浆液只注入到有效区域。常用的堵塞方式有两种。一种是普通堵塞法,就是用铅丝、麻刀和木楔等材料在注浆孔口将缝隙堵塞。它适用于浅孔注浆,堵塞器(又称为止浆塞)法,它是将橡胶制的堵塞器套在灌注管上一起放入钻孔,然后将压缩空气送入堵塞器,使其胀大而堵塞缝隙。还有一种堵塞器是用在套管式注浆管上的,靠灌浆压力使其贴紧孔壁,这种方法多用于深孔注浆或局部注浆(见图 8-93)。

(2)钻孔。钻孔可用冲击式钻机或旋转式钻机,应根据地层条件及成孔效果选择钻机类型。钻孔位置应满足设计要求,孔口位置偏差不超过 5cm,孔底位置偏差不超过孔深的 1%。钻孔应清洗干净,并作好钻孔检查记录。

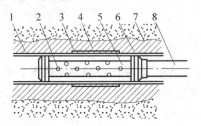

图 8-93　注浆管
1—注浆套管；2—灌注孔 $\phi 8\sim 10$mm；
3—橡胶套管；4—浆套；5—排浆管；
6—堵塞管；7—地层；8—注浆管

(3)注浆顺序。应按先上方后下方,或先内圈后外圈,先无水孔后有水孔,先上游(地下水)后下游的顺序进行。应利用止浆阀保持孔内压力直至浆液完全凝固。

(4)结束条件。注浆结束条件应根据注浆压力和单孔注浆量两个指标来确定。单孔结束条件为注浆压力达到设计终压；浆液注入量已达到计算值的 80% 以上。全段结束条件为所有注浆孔均已符合单孔结束条件,无漏注。注浆结束后必须对注浆效果进行检查,如未达到设计要求,应进行补孔注浆。

(5)注浆检查。除在注浆前进行钻孔质量检查、材料质量检查,注浆后对注浆效果检查外,注浆过程中应密切注意注浆压力的变化。采用双液注浆时,应经常测试混合浆液的胶凝时间,发现问题应立即处理。

(6)开挖时间。注浆后应视浆液种类,等待 4(水泥-水玻璃浆)~8h(水泥浆)方可开挖,但最后应注意保留止浆墙,并进行下一循环的注浆。若注浆工作在正洞以外进行,则易于保证超前时间。

8.9.2　初期支护措施

1. 喷射混凝土支护

喷射混凝土是利用压缩空气,将一定配比的混凝土拌合料通过管道输送并高速喷射到受喷面上凝结硬化,从而形成混凝土保护层。近年来,喷射混凝土技术以其简单的工艺、独特的效应、经济的造价和快捷的施工速度,在建筑、铁路和公路隧道施工,矿山、井巷建设、边坡加固等领域得到广泛应用。

1) 喷射工艺及其特点

喷射混凝土的工艺流程有干喷、潮喷、湿喷和混合喷四种,主要区别是各工艺的投料程序不同,尤其是加水和速凝剂的时机不同。

(1) 干喷。干喷是将骨料、水泥和速凝剂按一定的比例干拌均匀,然后装入喷射机,用压缩空气使干集料在软管内呈悬浮状态送到喷枪,再在喷嘴处与高压水混合,以较高速度喷射到片面上,其喷射工艺如图 8-94 所示。干喷的缺点是产生的粉尘量大,回弹量大,加水是由喷嘴处的阀门控制的,水灰比的控制程度与喷射手操作的熟练程度有关。其优点是使用的机械较简单,机械清洗和故障处理较容易。

(2) 潮喷。潮喷是将骨料预加少量水,使之呈潮湿状,再加水泥拌合,从而降低上料、拌合和喷射时的粉尘。但大量的水仍是在喷头处加入和喷出的,其喷射工艺流程和使用机械与干喷工艺相同,如图 8-94 所示。目前潮喷工艺在施工现场使用较多。

(3) 湿喷。湿喷是将骨料、水泥和水按设计比例拌合均匀,用湿式喷射机压送到喷头处,再在喷头上添加速凝剂后喷出,其工艺流程如图 8-95 所示。湿喷混凝土容易控制质量,喷射过程中的粉尘和回弹量很少,是应当广泛发展应用的喷射工艺。但湿喷对喷射机械要求较高,机械清洗和故障处理较麻烦。对于喷层较厚的软岩和渗水隧道,则不易使用湿喷。

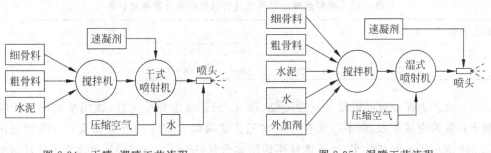

图 8-94　干喷、潮喷工艺流程　　　　图 8-95　湿喷工艺流程

(4) 混合喷射。混合喷射又称为水泥裹砂造壳喷射法,它是将一部分砂加第一次水拌混,再投入全部水泥强制搅拌造壳,然后加第二次水和减水剂拌合成 SEC 砂浆;将另一部分砂、石和速凝剂强制搅拌均匀,然后分别用砂浆泵和干式喷射机压送到混合管混合后喷出。混合喷射是分次投料搅拌工艺与喷射工艺的结合,其关键是水泥裹砂(或砂、石)造壳技术。混合喷射工艺使用的主要机械设备与干喷工艺基本相同,但其混凝土的质量较干喷混凝土好,且粉尘和回弹率大幅度降低。但使用机械数量较多,工艺较复杂,机械清洗和故障处理很麻烦。因此,混合喷射工艺一般只用在喷射混凝土量大和大断面隧道工程中。其工艺流程如图 8-96 所示。

由于喷射工艺及喷射混凝土强度的不同,干喷和潮喷混凝土强度较低,一般只能达到 C20,而混合喷射和湿喷则可达到 C30~C50。

2) 喷射混凝土原料

(1) 水泥。为保证喷射混凝土的凝结时间及其与速凝剂有较好的相容性,应优先采用

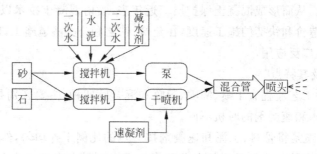

图 8-96 混合喷射工艺流程

32.5 级以上的普通硅酸盐水泥,其次是矿渣硅酸盐水泥和火山灰质硅酸盐水泥。在有专门使用要求时,应采用特种水泥,所使用的水泥性能应符合国家现行标准。

(2)砂。为保证喷射混凝土的强度,减少施工操作时的粉尘,以及减少硬化时的收缩裂纹,应采用坚硬而耐久的中砂或粗砂,细度模数一般宜大于 2.5。

(3)碎石或卵石(细石)。为防止喷射混凝土过程中堵管,减少回弹量,应采用坚硬耐久的细石,粒径不宜大于 15mm,以细卵石较好。

(4)骨料成分和级配。若使用碱性速凝剂,砂、石骨料均不得含有活性二氧化硅(SiO_2),以免产生碱骨料反应,引起混凝土开裂;为使喷射混凝土密实和在输送管道中顺畅流出,砂石骨料级配应按国家标准控制在表 8-18 所示的范围之内。

表 8-18 喷射混凝土骨料通过各筛径的累计重量百分数　　　　　%

粒径/mm	0.15	0.30	0.60	0.12	2.50	5.00	10.00	15.00
优	5～7	10～15	17～22	23～31	35～43	50～60	78～82	100
良	4～8	5～12	13～31	18～41	26～54	40～54	62～90	100

(5)水。为保证喷射混凝土正常凝结、硬化,保证强度和稳定性,饮用水均可用于喷射混凝土;若采用其他水,则不应含有影响水泥正常凝结与硬化的有害物质;不能使用污水以及 pH 值小于 4 的酸性水,也不能使用硫酸盐含量(按 SO_4^{2-} 计算)超过水重 0.1% 的水。

(6)外加剂。外加剂主要是速凝剂,在喷射混凝土中添加速凝剂的目的是使喷射混凝土速凝,以减少回弹,提高早期强度,选用时应做与水泥的相容性试验。

3)喷射混凝土配合比

干集料中水泥与砂石重量比一般为 1∶4～1∶4.5,每立方米干集料中,水泥用量约为 400kg。这种配比能满足喷射混凝土强度要求,回弹也较少。

砂率一般为 45%～55%。实践证明,砂率低于 45% 或高于 55% 时,均易造成堵管,且回弹大,强度降低,收缩加大。

水灰比一般为 0.4～0.45,否则强度降低,回弹增大。采用水泥裹砂喷射工艺时,还应进行试验以选择最佳造壳水灰比。

速凝剂和其他外加剂的掺量一定要由试验来确定其最佳产量,并应达到各龄期的设计强度要求。

4)喷射混凝土机械设备

(1)喷射机。喷射机是喷射混凝土的主要设备。常用的干式喷射机有双罐式喷射机、转体式喷射机和转盘式喷射机。常见的湿式喷射机有挤压泵式喷射机、转体活塞系式喷射机和螺杆泵式喷射机。这些泵式喷射机均要求混凝土具有较大的流动性(水灰比大于0.5,含砂率大于70%),其机械构造较为复杂,机械使用费较高,机械清洗和故障处理较麻烦。

(2) 机械手。喷射混凝土机械设备喷头的移动和喷射方向、距离的控制,可采用人力直接控制或机械手控制。人力直接控制虽然可以近距离随时观察喷射情况,但劳动强度大,粉尘危害人员健康,因此劳动时要佩戴防尘面具。机械手控制可以避免人力控制时的缺点,且方便灵活,可覆盖面积大。

5) 喷射混凝土施工

喷前应对开挖断面尺寸进行检查,清除松动危面,欠挖超标严重的应予处理。当受喷岩面有集中渗水时,应作好排水引流处理;无集中渗水时,应根据岩面潮湿程度,适当调整水灰比。喷射时应分段(不超过6m)、分部(先下后上)、分块(2.0m×2.0m),严格按先墙后拱,先下后上的顺序进行,以减少混凝土因重力作用而引起的滑动或脱落现象发生。喷射时可以采用"S"形往返移动前进,也可以用螺旋形移动前进。喷射时喷嘴要垂直于受喷面,倾斜角不大于10°,距离为0.8~1.2m。对于岩面凹陷处应先喷多喷,凸出处应后喷少喷。

喷射时一次喷射厚度不得太薄或太厚,若设计喷射混凝土较厚,应分层喷射,一般分2~3层喷射;分层喷射的间隔时间不得太短,一般要在初喷混凝土终凝以后再进行复喷;喷射混凝土的终凝时间受水泥品种、施工温度、速凝剂类型及掺量等因素影响。

喷射混凝土的养护应在其终凝1~2h后进行水养护,养护时间一般不少于7d。冬期施工喷射混凝土作业区的气温不得低于5℃;若气温低于5℃,也不得洒水;混凝土强度未达到设计强度的50%时,若气温降低到5℃以下,则应注意采取保温防冻措施。

实测表明,采用干法喷射混凝土时,一般边墙的回弹率为10%~20%,拱部为20%~35%,回弹量相当大。除应设法减少回弹外,尚应将回弹物料回收利用。及时回收的洁净而尚未凝结的回弹物,可以按一定比例掺入混合料中重新搅拌后喷射,但掺量不宜大于15%,不宜用于喷射拱部;回弹物的另一处理途径是掺进普通混凝土中,但掺量也应加以控制。

2. 锚杆支护

锚杆类型应根据地质条件、使用要求及锚固特性进行选择,可选用中空注浆锚杆、树脂锚杆、自钻式锚杆和砂浆锚杆。

1) 全长黏结式砂浆锚杆

全长黏结式砂浆锚杆杆体采用直径为16~32mm的螺纹钢,其质量应符合现行国家标准《钢筋混凝土用钢第1部分:热轧光圆钢筋》(GB 1499.1—2008)、《钢筋混凝土用热轧带肋钢筋》(GB 1499.2—2007)和《低碳钢热轧圆盘条》(GB/T 701—2008)等的规定和要求。

砂浆锚杆施工工艺流程:施工准备→布孔→钻孔→清孔→注浆→插入杆体→安装垫板→结束。

锚杆杆体使用前,必须进行矫直、除锈、除油。施工时,测量人员首先根据施工设计图纸要求,在围岩面上标出锚杆位置。在标出位置钻孔至设计深度后,用水或高压风清孔。成孔后,先利用注浆机往孔内注入水泥砂浆,然后迅速插入锚杆,水泥砂浆终凝后安设孔口垫板,且终凝前不得任意敲击锚杆。水泥砂浆采用32.5级号以上的普通硅酸盐水泥,砂粒径不大于2.5mm,并掺加TZ或TZS早强剂。砂浆采用1:1水泥砂浆,水灰比采用0.38~0.45。

待终凝后,按规范要求抽样进行锚杆抗拔试验。

2) 中空注浆锚杆

中空注浆锚杆是集锚杆和注浆管为一体的锚杆,采用植入式施作,锚杆注浆加固快,锚杆为中空结构,外部为螺纹结构,方便于注浆及浆液凝固后水泥砂浆与锚杆充分握裹。其特点是锚杆植入锚孔迅速,端部锚头可迅速作用,将锚杆固定于孔中心,杆体螺纹结构可便于安装止浆塞及施加预应力。自进式中空注浆锚杆示意图如图 8-97 所示。

图 8-97　自进式中空注浆锚杆示意图

施工时,根据锚杆设计间距及围岩层理、节理分布实际情况,用油漆标出眼位。布眼时对层理及节理发育部位,应加密布设。钻孔时钻杆垂直于岩面或层理面,钻孔完成后用加 $\phi 18$ 弯头钢管通入高压风吹净孔中石屑及细小石块,利于浆液与墙壁充分接触,并检查孔深。满足要求后将安装好锚头的 XLM 高强中空注浆锚杆插入锚孔,杆体向左旋转,锚头随即胀开,待锚杆被锚住为止。在锚杆尾部安装止浆塞、垫板和螺母。注浆采用 BW250 灰浆泵注浆,注浆压力为 0.1~0.3MPa,浆液材料为 1∶1.5 水泥砂浆,砂浆采用现场砂浆拌合机,拌合时间不少于 3min。注浆时匀速注入,若需高压注浆,只需待压力表上指针升至设计压力时即可。

3) 钢筋网片支护

钢筋网片加工采用 HPB235 级 $\phi 6$、$\phi 8$ 钢筋焊制,在钢筋加工场内集中加工。先用钢筋调直机把钢筋调直,再截成钢筋条,钢筋网片尺寸根据拱架间距和网片之间搭接长度综合考虑确定。钢筋焊接前要先将钢筋表面的油渍、漆污、水泥浆和用锤敲击能剥落的浮皮、铁锈等清除干净;加工完毕后的钢筋网片应平整,钢筋表面无削弱钢筋截面的伤痕。

按图纸标定的位置挂设加工好的钢筋网片,钢筋片随初喷面的起伏铺设,绑扎固定于先期施工的系统锚杆之上,再把钢筋片焊接成网,网片搭接长度为 1~2 个网格。挂设时利用混凝土块衬垫在钢筋和初喷层之间,以保证钢筋和初喷层之间保持 30~50mm 的间隙。砂层地段应先加铺钢筋网,沿环向压紧后再喷射混凝土至设计厚度。

4) 钢架支护

隧道钢架支护分为型钢钢架和格栅钢架两种,型钢钢架主要由工字钢弯制而成,格栅钢架主要由 4 根 $\phi 22$ 或 $\phi 25$ 主筋和其他钢筋制成。Ⅲ级围岩采用格栅钢架,Ⅳ级、Ⅴ级围岩采用型钢钢架。隧道各部开挖完成初喷混凝土后,分单元及时安装钢架,采用与定位锚杆、径向锚杆以及双侧锁脚锚管固定,纵向采用 $\phi 22$ 钢筋连接,钢架之间铺挂钢筋网,然后复喷混凝土到设计厚度。其施工流程如下:

施工准备→加工钢筋网、钢架→铺设钢筋网→架立钢架→安装纵向连接筋→喷射混凝土→进入下一工序。

(1) 加工钢架。钢架加工包括型钢钢架加工和格栅钢架加工。其中型钢钢架加工指钢架弯制结合隧道开挖方法,采用型钢弯制机按照隧道断面曲率分节进行弯制,弯制完成后,先在加工场地上进行试拼。要求沿隧道周边轮廓误差不大于3cm,连接底板螺栓孔眼中间误差不超过±5mm；型钢钢架平放时,平面翘曲小于2cm。格栅钢架加工是指格栅钢架在现场设计的工作台上进行加工。工作台用厚度δ为20mm的钢板制成,其上根据不同断面的钢架主筋轮廓放样成钢筋弯曲模型。钢架的焊接在胎模内焊接,以控制变形。按设计加工好各单元格栅钢架后,组织试拼,检查钢架尺寸及轮廓是否合格。

(2) 架立钢架。为保证钢架置于稳固的地基上,施工中在钢架基脚部位预留15~20cm原地基,架立时挖除就位,如拱脚底面低于设计高度,可先浇筑早强混凝土至设计标高。钢架平面应垂直于隧道中线,其倾斜度不大于2°。钢架的任何部位偏离铅垂面不大于5cm。钢架与围岩应尽量靠近,但留4cm间隙作混凝土保护层。当钢架和围岩之间的间隙过大时应设垫块,垫块间距及数量应符合设计要求。为增强钢架的整体稳定性,将钢架与定位锚杆焊接,锚杆可采用$\phi 22$钢筋,深度不小于1.5m,外露20~25cm。各种钢架应根据设计要求设立纵向连接筋。采用分部开挖时,不同分部间钢架接头处应根据设计要求设置锁脚锚杆。

8.9.3 二次衬砌

在永久性的隧道及地下工程中常用的衬砌形式有以下三种：整体式衬砌、复合式衬砌及喷锚衬砌。按照现代支护理论和新奥法施工原则,二次衬砌是在围岩与支护基本稳定后施作的,此时隧道已成型,为保证衬砌质量,衬砌施工按"先仰拱、后墙拱",即由下到上的顺序连续灌注。在隧道纵向,则需分段进行,分段长度一般为9~12m。当前二次衬砌常用的模板有整体移动式模板台车和拼装式拱架模板两种。

1. 整体移动式模板台车

整体移动式模板台车主要由大块曲模板、机械或液压脱模、背附式振捣设备集装成整体,并在轨道上走行。模板台车的长度即一次模筑段长度,根据施工进度要求、混凝土生产能力、灌注技术要求以及曲线隧道的曲线半径等确定。

整体移动式模板台车的生产能力较强,可配合混凝土输送泵联合作业,是较先进的模板设备,但其尺寸大小比较固定,可调范围较小,影响了其适用性,且整体移动式模板台车一次性设备投资较大。

2. 拼装式拱架模板

拼装式拱架模板的拱架可采用型钢制作或现场用钢筋加工成桁架式拱架。为便于安装和运输,常将整榀拱架分解为2~4节,进行现场组装,其组装连接有夹板连接和端板连接两种形式。为减少安改和拆卸工作量,可以做成简易移动式拱架,即将几榀拱架连成整体,并安设简易滑移轨道。

拼装式拱架模板的一次模筑长度,应与围岩地质条件、施工进度要求、混凝土生产能力以及开挖后围岩的动态等情况相适应。一般分段长度为2~9m,松软地段最长不超过6m。拼装式拱架模板的灵活性大、适应性强,尤其适用于曲线地段。因其安装架设较费时费力,故生产能力较模板台车低,在中小型隧道及分部开挖时使用较多。在传统的施工方法中,出于受开挖方法及支护条件的限制,其衬砌施工多采用拼装式拱架模板。

3. 衬砌施工

1) 施工前准备

在灌注衬砌混凝土之前,要进行隧道中线和水平测量、检查开挖断面、放线定位以及混凝土制备和运输等准备工作。使用拼装式拱架模板时,立模前应在洞外样台上将拱架和模板进行试拼,检查其尺寸、形状,不符合要求的应予修整。使用整体移动式模板台车时,在洞外组装并调试好各机构的工作状态,检查好各部尺寸,保证进洞后投入正常使用。

2) 立模

根据放线位置,架设安装拱架模板或模板台车就位。安装盒就位后,应做好各项检查,包括位置、尺寸、方向、标高、坡度和稳定性等。

3) 混凝土制备与运输

出于洞内空间狭小,混凝土多在洞外拌制好后,用运输工具运送到工作面再灌注。其实际待用时间中主要是运输时间,尤其是在长大隧道和运距较远时。因此,运输工具的选择应注意装卸方便、运输快速,保证拌好的混凝土在运输过程中不发生漏浆、离析泌水、坍落度损失和初凝等现象。可结合工程情况,选用各种斗车、罐式混凝土运输车或输送泵等机械。

4) 混凝土的灌注和养护

在做好上述准备工作后,即可进行混凝土灌注。隧道衬砌混凝土的灌注应注意以下几点。

(1) 保证捣固密实,使衬砌具有良好的抗渗防水性能,尤其应处理好施工缝。

(2) 整体模筑时,应注意对称灌注,两侧同时或交替进行,以防止未凝混凝土对拱架模板产生偏压而使衬砌尺寸不合要求。

(3) 若不能连续灌注,则应按规定进行接茬处理,衬砌接茬应为半径方向。

(4) 在多数隧道施工过程中,洞内的湿度能够满足混凝土的养护条件。但在地下干燥无水的条件下,则应注意进行洒水养护。采用普通硅酸盐水泥拌制的混凝土,其养护时间一般不少于 7d;掺有外加剂或有抗渗要求的混凝土,一般不少于 14d。养护用水的温度应与环境温度基本相同。

5) 混凝土拆模和二次衬砌的拆模时间,应根据混凝土强度增长情况来确定。一般应在混凝土达到规范要求强度时,方可拆模。有承载要求时,应根据具体受力条件来确定。

4. 压浆

在灌注衬砌混凝土时,虽然要求将超挖部分回填,但由于操作方法的不同,其中有些部位并不可能回填得很密实。这种情况在拱顶背后一定范围内较为明显。因此,要求在衬砌混凝土达到设计强度后,向这些部位进行压浆处理,以使衬砌与围岩密贴(全面紧密接触),达到限制围岩后期变形、改善衬砌受力工作状态的目的。压浆浆液材料多采用单液水泥浆。

8.9.4 辅助坑道

当隧道较长时,可选择设置适当的辅助坑道,如横洞、斜井、竖井和平行导坑等,用以增加施工工作面,加快施工速度,改善施工条件(通风、排水)。

1. 横洞

隧道施工时,当隧道洞口处桥隧相连影响施工,或地质条件差、地形条件不利、路堑开挖量大尚未完工而需进洞等情况下,如洞口处条件允许,则可设置横洞,以避免施工干扰,提前进洞,加快施工速度。因此,横洞一般是在隧道侧面修筑的与之相交的坑道。常见横洞的布置如图 8-98 所示。为便于车辆运输,相交处可用半径不小于 7 倍轴距的圆曲线相连。运输方式可采用无轨运输或有轨运输。但应注意,横洞纵坡因考虑到便于排水及重车下坡运输,有轨运输时应向外设坡度不小于 0.3‰ 的下坡,无轨运输时可视车辆情况而定。

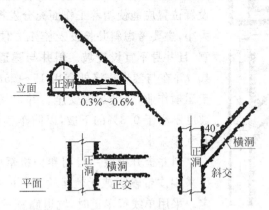

图 8-98　横洞布置示意图

一般情况下横洞不长,故较经济。在地形条件允许时,宜优先考虑采用横洞来增辟工作面。选择横洞与隧道的交角一般不小于 60°,地形限制时不宜小于 40°,交角太小则锐角段围岩较易坍塌,斜交时最好朝向主攻方向。

2. 平行导坑

对于长大越岭隧道,出于地形限制,或因机具设备、运输道路等条件的限制,无法选用横洞、竖井和斜井等辅助坑道时,为加快施工速度、超前地质勘察,可采用平行导坑方案。平行导坑在隧道施工中超前掘进,可进行地质勘察,充分掌握前方地质状况。同时,平行导坑通过横通道与正洞联络,可以增加正洞工作面,加快施工速度,且构成巷道式通风系统、排水降水系统和进料出渣运输系统,可以将洞内作业分区段进行,减少相互干扰。

平行导坑一般设于地下水流向隧道的一侧,以利用平行导坑排水,使正洞干燥。平行导坑与正洞之间的最小净距离,应视地质条件、施工方法和导坑跨度等因素确定,并考虑由导洞开挖而形成的两个"自然拱"不相接触为好,否则容易造成塌方。一般平行导坑距正洞约为 20m。平行导坑底面标高应低于隧道底面标高 0.2~0.6m,以有利于正洞的排水和运输。原则上平行导坑纵坡坡度与隧道纵坡一致,或是出洞坡度为 0.3‰ 的下坡。

在施工中初进洞时,可在适当长度(500m 左右)不设横通道,以后每隔 120~180m 设一个横通道,以便于运输调车作业,每隔 3~4 个横通道设置一个反向横通道。平行导坑衬砌与否,可视地质情况而定,一般可不修筑。当考虑作为永久通风道或泄水洞时,应做衬砌。同时,在施工时,平行导坑与正洞的各项作业应分区分段进行,以减少干扰。分区分段长度应结合横通道及运输组织来选择。

3. 斜井

斜井是在隧道侧面上方开挖的与之相连的倾斜坑道。当隧道洞身一侧有较开阔的山谷且覆盖不太厚时,可考虑设置斜井。常见斜井的布置如图 8-99 所示。

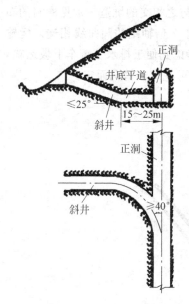

图 8-99 斜井布置示意图

设置斜井时,其长度一般不超过 200m,以降低工程造价,保证运输效能。同时,斜井井口不应设在洪水淹没处。洞口场地最小宽度一般不应小于 20m,以便于井口场地布置及卸料出渣,井身避免穿越含水量大及不良地质区段。设置位置应能使增辟工作面充分发挥作用。斜井仰角 α 的大小,主要考虑斜井长度及施工方便,一般以不大于 25°为宜,且井身不宜设变坡。斜井与隧道中线的夹角不宜小于 40°,并在与隧道连接处宜用 15~25m 的水平道相连,以便于运输作业,保证运输安全。井口场地通常设有向洞外的坡度不小于 0.3% 的下坡,以防车辆溜向洞内造成事故,且有利于排水。

斜井提升机械一般用卷扬机牵引斗车,坡度很小时也可采用皮带输送或无轨运输,斜井内的轨道数视出渣量而定。采用单线行车道时,坑道底宽一般为 2.6m;采用三轨双线行车道时,底宽为 3.4m;采用双线行车道时,底宽为 4.1m(以上均包括单侧设宽 70cm 的人行道),高度通常不小于 2.6m。其中,以单线或三轨双线较为常用,并在斜井中部设有 20~30m 的四轨双线做错车道,这样可减少断面,节约运输器材。在斜井需作为通风道时,其断面大小应满足通风要求。

斜井施工期间应做好井口防排水工作,严防洪水淹没。卷扬机牵引斗车需防止钢丝绳中断或脱钩等事故。为此,应严格控制牵引速度,斜井长小于 200m 时,车速不大于 3.5m/s;斜井长超过 200m 时,可适当提高车速。井口应设置安全闸(见图 8-99),在斗车出洞后及时设置好安全闸以防溜车,为防止斗车在坡道上因脱钩或钢丝绳断裂而下滑,可在斗车或坡道上设置止溜沟,以阻止斗车继续下滑。也可以在斜井坡道终点或坡道中间适当位置设置安全缆绳,由专人负责看守,在斗车经过后,即在坑道的两边揽以钢丝绳,万一斗车脱钩,也不致冲入井底调车场而发生严重事故。此外,在井底调车场及井身每隔 30~50m 宜设避险洞,以保证作业人员安全。

4. 竖井

竖井是在隧道上方开挖的与隧道相连的竖向坑道。

覆盖层较薄的长隧道或在中间一定位置覆盖层不厚、具备提升设备、施工中又增加工作面时,则可采用竖井增加工作面的方案。竖井深度一般不超过 150m。竖井可设在隧道一侧,一般情况下与隧道的距离为 15~25m,或设置在正上方。竖井设置在隧道一侧时,施工安全、干扰少,但通风效果差;竖井设在隧道正上方时,通风效果好,不需另设水平通道,但施工干扰大,施工时不太安全。圆形断面的断面利用率低,但施工较方便,且受力条件好,故常在压力较大的围岩中修筑临时性竖井和简易竖井。

竖井的位置和断面形状,应根据施工要求、通风、是否作为永久通风道以及造价等因素综合考虑确定。

竖井断面尺寸应根据提升能力、机具设备、为通风排水等铺设的管道、安全梯等设备的布置以及安全间隙等因素确定,多采用圆形断面,直径为4～6m。竖井构造包括井口圈、井筒、壁座、井筒与隧道间的连接段以及井下集水坑等。

根据地质及水文条件,竖井可采用人工开挖或下沉沉井的方法进行施工。此外,在有条件和必要时,可设置投料孔(一种小断面简易竖井),用于向洞内投放砂、石材料甚至混凝土等。此外,投料孔常用钻井的方法施作,并与斜井或竖井配合使用,以减少进料对斜井或竖井运输的要求,从而提高斜井的生产能力。

习 题

1. 隧道及地下工程施工有哪些特点?
2. 隧道及地下工程施工方法有哪些?选择施工方法时需考虑的基本因素是什么?
3. 简述隧道及地下工程开挖方法及掘进方式。
4. 简述光面爆破与预裂爆破技术要点。
5. 新奥法的特点及要点有哪些?
6. 简述新意法隧道及地下工程设计、施工程序。
7. 简述隧道及地下工程施工量测的主要内容与信息反馈的方法。
8. 减少超欠挖的主要措施是什么?发生塌方的主要原因及处理措施是什么?
9. 简述隧道及地下工程施工过程中地下水控制的主要措施。
10. 隧道及地下工程施工过程中的通风方式有哪些?
11. 简述隧道及地下工程施工的支护措施及其内容和使用条件。
12. 隧道及地下工程辅助坑道有哪些?各自的作用是什么?

第 9 章　隧道施工组织设计与施工管理

9.1　隧道施工组织设计

在隧道修建总体施工规划下,首先编制出隧道施工组织设计与管理方案。其目的是保证工程按设计要求的质量、计划规定的进度以及合理的设计预算,安全、优质、快速地完成施工任务。该施工组织设计贯穿于隧道从施工准备阶段到竣工验收的全过程,应遵循管理出效益、管理是科学的原则。编制隧道施工组织设计时,应考虑隧道长度和断面、工期要求、地质条件和当地自然条件等,确定合理的施工方法和切合实际的施工进度计划。

隧道施工组织与管理工作的核心任务,是在隧道施工建设过程中,运用科学技术,努力创造良好的施工条件,改善恶劣的施工环境,以利于不断地提高施工技术水平,实现合同对工程质量、安全生产、文明施工及工期的要求。编制隧道施工组织设计,应包括施工方法、工区划分、场地布置、进度计划、工程数量、人员配备、主要材料、机械设备、电力和运输以及安全、质量、环保、技术、节约等方面的内容。

9.1.1　隧道各阶段施工组织设计的内容

在隧道工程的设计阶段、施工准备阶段、施工阶段及竣工验收阶段,都必须编制相应的施工组织设计文件。设计阶段编制的施工组织设计,称为隧道工程的指导性施工组织设计;隧道施工前准备阶段、隧道施工阶段和竣工验收阶段编制的施工组织设计,称为隧道工程的实施性施工组织设计。

1. 隧道工程指导性施工组织设计

对地质复杂、施工条件困难和控制总工期的重点工程,应由勘测设计单位在隧道工程设计阶段编制指导性施工组织设计,并编入相应的设计文件。它是规定整个工程项目的总规划和总决策,制订隧道施工的轮廓计划,初步拟定施工方法、施工程序及施工时间,部署隧道施工各个环节以及彼此之间的协调关系,并为编制隧道工程设计概算提供依据。隧道指导性施工组织设计文件应包括以下内容:

(1) 施工组织设计说明书;
(2) 主要工程数量表;
(3) 主要机具设备表;
(4) 隧道进出口及斜井、竖井、横洞、平行导坑洞口施工场地布置图;

(5) 隧道各口施工通风设计图;

(6) 隧道各口施工通风风道及机械安装设计图;

(7) 施工排水设计图;

(8) 施工动力及照明线路布置图;

(9) 隧道防尘及其他必要措施设计图;

(10) 指导性施工组织设计图(含劳动力动态图);

(11) 过渡工程设计图;

(12) 其他必要的布置图或设计图。

2. 隧道工程的实施性施工组织设计

实施性施工组织设计是由施工单位根据指导性施工组织设计和工地具体情况,对隧道施工中各项分部工程、各工序及施工队或班组的人力、机具等配备情况,分期、分部位、分项目编制的更为详细的计划安排,实行施工组织动态管理,其目标是为了达到安全、经济、保质、保量、按期或争取提前圆满地完成施工任务。

实施性施工组织设计包括以下内容。

(1) 工程概况:包括隧道名称、起讫里程;中线平面位置及纵向坡度情况;隧道所处围岩的工程地质和水文地质情况,所处地区的气候条件、地形地貌;当地可供利用的运输道路、电力、水源和建筑材料等情况;本隧道与洞外其他工程的关系及工期等。

(2) 施工准备工作:提出复测或控制测量的要求及其完成期限;计算洞口工程和临时工程(如临时便道、给水、供电、通信和施工房屋等)的工程数量,合理安排施工顺序和施工期限;合理布置为隧道施工服务的整套附属生产设施,如当地砂石料的开采场地、木工厂、机修房、变电站、空压机站和水泵站等;各种机械的安装、配套及试运转;材料库的建立及部分材料的储运工作等。

(3) 工程数量:计算包括洞内外的各种工程数量并列表汇总。

(4) 材料数量:包括主要材料及辅助材料,并将供应计划列表汇总。

(5) 机械(具)配备:将各种施工机械(具)的配备数量及其耗油量(列入材料表中)列表汇总。

(6) 劳力及工班组织:将劳动计划、各工序需要的工天数列表汇总;工班组织即各工序具体劳力分工安排情况。

(7) 提供各种施工设计:包括开挖、支护设计,钻爆设计,运输计划设计,施工监测计划,施工通风设计,作业循环图,高压风、水、电设计等。

(8) 洞口平面布置图。

(9) 施工组织进度图:隧道各工序施工进度及劳动力动态用坐标图形式表示,并附上主要材料和机械表等。

(10) 质量及安全措施:特别要对新技术的工艺提出质量要求,对各工序提出相应的安全措施。

3. 编制隧道施工组织设计所需资料

(1) 自然条件方面的资料:包括地形资料、地质资料、气象资料、水文资料、地震资料和其他资料。

(2) 技术经济方面的资料：包括工地附近可供利用的场地，可供借用的民房，需要拆迁的建筑物和需要处理的青苗；当地可供利用的建材及供应能力；当地交通运输道路及可提供的交通运输工具，如汽车、火车、船只等；当地可供利用的水源和电源，供水和供电线路、通信网等；当地的医疗、医药、卫生和文化教育、消防设施，商品供应及其他服务机构支援能力。

(3) 隧道建设工程设计方面的资料：包括工程建设地区的行政区域规划、人防规划等资料；隧道建设工程的初步设计、施工图和工程概(预)算资料；隧道工程地质及水文地质勘察资料；业主及有关部门对建设工程的要求(如工期、环保要求等)；有关参考资料(如地方志、隧道施工技术手册、隧道设计与施工经验总结等)。

9.1.2 隧道实施性施工组织设计编制依据、原则及程序

1. 编制依据

(1) 隧道的各种设计文件、标准图和工程数量。

(2) 工期要求、劳力、材料、机械(具)和运输等条件。

(3) 现场调查资料和预先选定的施工方案。隧道施工方案一般包括辅助坑道方案、开挖方案、支承与预加固方案、支护与衬砌方案、风水电作业方案、场地布置方案、运输方案、施工进度和劳材计划及机具设备计划等。

(4) 各种定额指标，包括劳动定额、材料定额和机械定额。根据定额可计算出全部工程所需的劳动工天、材料总消耗量、机械总台班数。它是编制施工计划、经济核算的依据。

(5) 各种质量、安全规划及管理制度，包括主要技术组织措施；采用、推广新技术；提高劳动生产率，节约人力、物力，降低工程成本；检查和提高工程质量的制度；施工安全措施；开展劳动竞赛及施工奖惩制度等。

2. 编制原则

根据隧道工程的技术与经济特点，编制隧道施工组织设计时应贯彻以下原则。

(1) 严格遵守已签订的工程施工承包合同或上级下达的施工期限，保证按期或提前完成隧道施工任务、交付使用、通车运营。

(2) 遵守隧道施工技术规范和操作规程，确保隧道工程质量及施工安全。

(3) 采用新技术、新工艺、新方法，不断提高机械化施工及预制装配化施工进度，降低成本，提高劳动生产率，减轻劳动强度，统筹安排施工，尽量做到均衡生产。

(4) 开源节流，精打细算，充分利用现有设施，尽量减少临时工程，降低工程造价，提高投资经济效益。

(5) 认真贯彻就地取材的原则，尽量利用当地资源。

(6) 合理组织冬、雨季施工和隧道工程建筑材料运输、储备工作，增加全年施工工作日，力求降低冬、雨季施工的附加费用。

(7) 节约隧道施工用地，少占或不占农田，注意水土保持，重视环境保护。

（8）统筹布置隧道施工场地，要确保施工安全，方便施工人员的生产和生活。

3. 编制程序

编制隧道施工组织设计时，既要遵守一定的程序，还要按照隧道施工的客观规律，协调和处理好各个因素的关系，采用科学的方法进行编制，编制程序如图9-1所示。

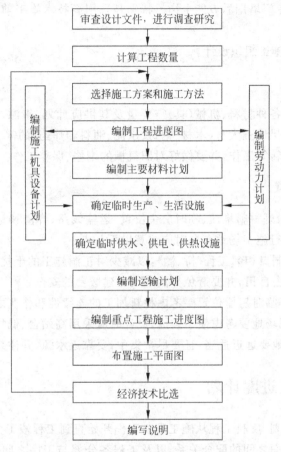

图9-1 隧道实施性施工组织设计编制程序

9.1.3 隧道施工前的准备工作

1. 技术准备

（1）审核设计文件。熟悉设计文件，并核对平纵剖面、地质资料等是否与现场条件相符，洞口和辅助坑道位置、排水系统以及洞口工程与其他工程安排等是否合理。

（2）控制桩的复核和复测。对洞口投点及水准点要做好交接工作，仔细复核和复测，当桩少不便施工时应进行补设。

（3）施工调查。为给施工组织设计提供依据，需要进行施工调查，主要内容有：地质的现场核实；砂、石料来源及场地布置；二、三类料来源；劳力、电力、交通运输以及房屋拆迁、生活供应、水源等。调查完毕写出详细报告。

(4) 确定施工方案。在熟悉设计文件和现场调查的基础上，本着能适应地质变化，与本单位人力、物力和技术相适应的原则，在安全、按质、按时完工的前提下，选择隧道的施工方案。选择隧道施工方案的基本要求是：优质、高速、安全、经济、均衡生产和文明施工等。

(5) 培训专业人员。对技术工人及基层管理人员如爆破工、喷射工、电工、安全员和质量检查员等，要进行专门培训后方能上岗。特别是采用新技术施工前一定要进行施工前的技术培训。

(6) 编制实施性施工组织设计。

2. 物资准备

对隧道施工中的各种材料、机械(具)需要量及其供应计划、来源、采购、运输等，都要做到件件落实。特别要保证五大材(木材、钢材、水泥、油料和炸药)的需求。对大型机械，一定要做好其运进和试运转等工作，并要做好对旧机械的维修、保养工作。

3. 施工场地布置

根据洞口地形，做好材料堆放、临时房舍位置、运输线路、弃渣场地、专用机械及搅拌站场地等的规划。在进行施工场地布置时应注意以下几点：

(1) 应优先安排洞口相邻工程(桥、涵)，以减少对正洞施工的干扰，并开辟场地；
(2) 弃渣场要少占良田，并要避免弃渣危及已建墩台的安全；
(3) 机棚、料库等临时房屋位置要考虑材料加工的连续性和作业之间的相互关系；
(4) 砂、石和水泥场地要考虑便于装运，设计时应采用高站台、低货位；
(5) 生活区离工地要远近适当，且要尽量集中，要靠近水源，并注意防洪。

9.1.4 施工进度计划

隧道施工进度计划，反映工程从施工准备工作开始直到工程竣工为止的全部施工过程，并反映隧道工程各方面之间的配合关系，以及工程各分部与工序之间的衔接关系。隧道施工进度计划有助于指挥部门抓住关键，统筹全局，合理布置人力、物力，正确指导施工生产的顺利进行；有助于施工人员明确施工目标，更好地发挥主动精神；有利于施工企业内部及时配合和协同作战；有利于加快施工进度。

隧道施工进度计划是按照流水作业原理编制的。

隧道施工组织必须研究隧道的施工过程。隧道施工过程一般可分为施工准备过程、基本施工过程、辅助施工过程和服务施工过程。隧道施工过程的组织，主要是解决"施工空间组织"和"施工时间组织"两方面的问题。

隧道施工过程的空间组织主要解决施工单位的机构组织和人员配备问题，以及具体工程项目的各种生产、生活、运输、行政管理及临时设施的空间分布问题。

隧道施工过程的时间组织主要解决工程项目的施工作业方式和施工作业工序的安排及衔接问题。

1. 隧道施工作业方式

（1）顺序作业。顺序作业是按工艺流程和施工程序安排作业，即按先后顺序组织施工操作。例如隧道坑道开挖这一分项工程的施工程序是：放样、钻眼、装药、引爆、通风除尘、清帮找顶、装渣、出渣等。

（2）平行作业。线形隧道工程施工作业面很长，因此，根据隧道各分项工程和施工技术的需要，可分为几段或几个施工点，同时按程序施工。这种平行作业施工方式可缩短工期，但隧道施工仅有两个工作面，长大隧道的坑道长，施工条件恶劣。为了加快掘进，需设置辅助坑道，如横洞、斜井、竖井和平行导坑等，可以增加坑道开挖施工工作面，采用平行作业方式组织生产，加快施工速度及改善施工条件。

（3）流水作业。这种作业方式是将隧道工程划分为若干个施工段或工区，某一工种的工人队（组）先在第一施工段完成第一道工序，再转移到第二施工段完成同一道工序，同样，另一工种的工人队（组）紧跟其后，依次序在各施工段完成下一道工序，如此类推，像流水一样前进，直到完成全部施工任务为止。流水作业是以施工专业化为基础，优点是前一工序可迅速为后一工序让出工作面，从而加快了工程进度；各队（组）在各施工段上连续均衡施工，可合理地使用劳力、材料和机具（如模板和支撑等材料能在各施工段周转使用）；各工种的工人队（组）连续进行同一种工作，可提高熟练程度，有利于保证工程质量、提高劳动生产效率。流水作业是顺序作业和平行作业相结合的一种施工方法，它保留了平行作业和顺序作业施工的优点，消除了它们的缺点。在线形隧道工程施工中，如多个施工段的工序相同，流水作业的优越性是显而易见的，故较多采用。

2. 隧道施工进度图

隧道施工进度计划一般采用隧道施工进度图来表示，有横道图、垂直图和网络图三种形式。

1）横道图

如图 9-2 所示，横道图一般由两大部分组成。左面部分是以分项工程为主要内容的表格，包括相应的工程量、定额和劳动量等计量依据；右面部分是指示图表，是由左面表格中的有关数据经计算得到的。指示图表用横向线条形象地表示分部分项工程的施工进度，横线的长度表示隧道施工期限；横线的位置表示隧道施工过程，横线上的数字表示劳力数量；不同符号的横线表示作业队（组）或施工段；横线长度表示隧道各施工阶段的工期和总工期，并综合反映各分部分项工程相互间的关系。可采用此图进行资源综合平衡调整。

横道图表示方法，适用于绘制集中性的工程进度图、材料供应计划图，或作为辅助性的图示，附在说明书中向隧道施工单位下达任务。

2）垂直图

垂直图如图 9-3 所示。图中的横坐标表示流水施工的持续时间；纵坐标表示流水施工所处的空间位置，即施工段的编号。n 条斜向线段表示 n 个施工过程或专业工作队的施工进度垂直图。对于隧道工程，通常用坐标图的形式绘制，以横坐标表示隧道长度（以百米标表示里程），以纵坐标表示施工年月（日）。用各种不同的线型代表各项不同的工序。每一条斜线都反映某一工序的计划进度情况：开工计划日期和完工计划日期，某一具体日期进行到哪一里程位置上以及计划的施工速度(月进度)。各斜线的水平方向间隔表示各工序的距离，其竖直方向间隔表示各工序的拉开时间。各工序均衡推进在进度图上可表示为各斜线之相互平行。垂直图可用于隧道工程进度分析和控制，工程分析的情况和施工日期一目了然。

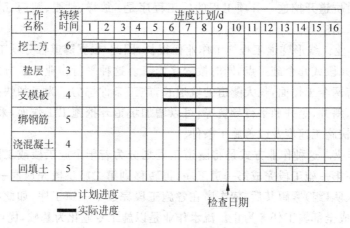

图 9-2　横道图

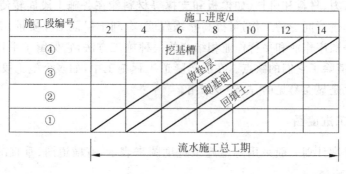

图 9-3　垂直图

3) 网络图

图 9-4 为隧道施工一个作业循环的网络图表示形式。从图中可看出，每一个循环中各项工作的平行作业，且图中工程主次清晰，可一目了然地找出从交接准备到放炮与通风除尘的关键线路，便于保证主要关键线路的人力和物力供应。同时，也能掌握次要线路上的工作，避免因未完成次要线路上的工作而影响关键线路上的作业进程。整个循环作业过程有条不紊地进行，可完成各作业项目的工期准备，以保证整个循环作业顺利进行。

采用网络图形式进行隧道施工工序分析，既能反映施工进度，又能反映各工序与各施工项目相互关联、相互制约的生产和协作关系。可采用网络图表示隧道施工中集中性工程或线形工程的进度，还可以通过计算机对施工计划进行优化。因此，网络图是一种较先进的工程进度图的表示形式。

3. 隧道施工进度计划编制步骤

(1) 将隧道工程分部项目的施工划分工序；

(2) 计算各工序的工程量；

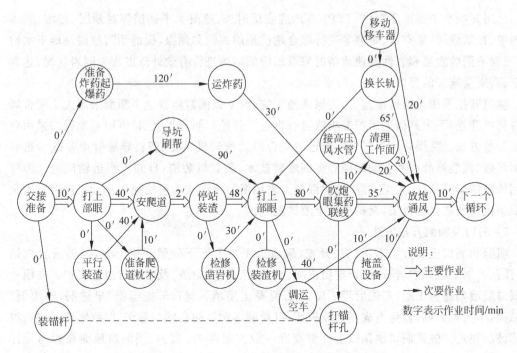

图 9-4 导坑掘进循环网络图

(3) 计算各工序的劳动量和机械台班量；
(4) 计算各工序的生产周期；
(5) 安排各工序的施工进度；
(6) 检查和调整施工进度计划；
(7) 隧道施工资源需求量计划及其他图表；
(8) 特殊地段的施工进度图绘制。

9.1.5 施工组织设计案例

1. 四川某铁路隧道施工组织设计

1) 工程简介

该工程线路全长 3022m，具体里程是 K25+500～K28+522。其中楼房沟大桥全长 1770.5m，隧道 1248.5m(0.5 座)；另一隧道左洞长 1229m，具体里程是 K25+500～K26+729；右洞长 1268m，具体里程是 K25+500～K26+768。

区域内地下水类型有第四系松散层孔隙水及基岩裂隙水和碳酸岩岩溶水，主要接受大气降水补给，水量呈季节变化。

2) 总体施工方案

该隧道采用从出口单口掘进方式进行组织施工。

明洞按明挖法施工，暗洞按喷锚构筑法施工，加强超前地质探测与预报，加强围岩量测，实现施工信息化，并实施掘进(钻、爆、装、运)、喷锚(拌、运、锚、喷)、衬砌(拌、运、灌、捣)等三条机械化作业线。

运用开挖掌子面地质素描、TSP203地震波反射法、超前水平钻探等对断层、岩溶、岩体破碎带、瓦斯煤层、采空区、暗河等进行综合超前地质探测和预报,提前预测地层及地下水情况,根据不同的岩层和岩性及地质情况采取相应的措施进行有效处理以改善围岩状况,达到安全、高质量施工的目的。

隧道开挖采用无轨运输施工,为保证施工安全,Ⅴ级围岩地段上半断面采用人工配合风镐等机械开挖,下半断面采用挖掘机或装载机直接开挖。洞身Ⅳ级、Ⅲ级围岩地段均采用台阶法开挖方式。钻爆采用自制多功能台架配合风动凿岩机钻孔、塑料导爆管微差毫秒雷管光面爆破、预裂爆破或微振动爆破等控制爆破技术,装载机装渣,自卸汽车运输出渣。锚杆使用风动凿岩机钻孔、人工安装,喷射混凝土采用混凝土湿式喷射机喷射作业;衬砌采用全断面钢模组装式衬砌台架,泵送混凝土灌筑施工。

3) 洞口及明洞开挖方法

明洞和洞口土石方采用明挖法开挖,采取人工自上而下分层开挖土方,风动凿岩机钻孔,浅孔控制爆破开挖岩石,反铲挖掘机配合自卸汽车装、运渣,及时进行边坡支护。右幅一端洞口端墙基底为土层,开挖后用C15片石混凝土换填。洞口开挖遵循"早进洞,晚出洞"的原则,不大挖大刷,避免造成高仰坡破坏,以及破坏洞口的自然与和谐,以致影响洞口边坡及仰坡的稳定。隧道洞口拱顶以上仰坡高度一般控制在2m以内,当洞口地面高程与设计图纸不符时立即报请监理工程师审批。明洞拱墙应与洞内相邻的拱墙衬砌同时施工,连成整体,并与隧道衬砌紧密连接。明洞衬砌采用衬砌台车进行整体浇筑,钢筋在制作场集中加工,现场绑扎,混凝土采用拌合站集中拌制,混凝土运输车运输,混凝土输送泵泵送入模。

回填明洞土方应对称、分层夯实,每层厚度不大于0.3m,两侧回填土面高差不大于0.5m,回填至拱顶后分层满铺填筑,顶层回填材料采用黏土隔水层,及时施作绿化。工艺框图如图9-5所示。

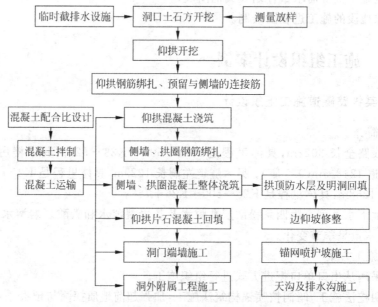

图 9-5 隧道洞口及明洞施工工艺框图

说明:边坡、仰坡外的截、排水沟于洞口土石方开挖前完成,土石方开挖采用人工配合机械进行,局部确需爆破施工的,采用小型松动爆破。

4）隧道洞身开挖施工工艺和方法

隧道洞身开挖施工工艺和方法详见图 9-6。

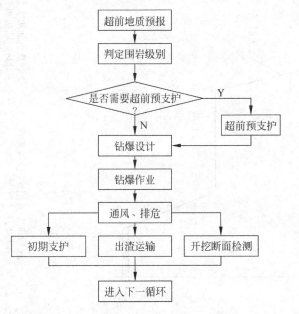

图 9-6 隧道断面开挖施工工艺流程图

洞口土质及易坍塌软弱围岩地段采用环形开挖留核心土法开挖，隧道洞身Ⅴ级围岩地段采用超短台阶法开挖或环形开挖预留核心土法开挖，Ⅳ级、Ⅲ围岩地段采用短台阶法或台阶法开挖，台阶法施工作业程序和环形开挖留核心土法作业程序分别如图9-7和图9-8所示。

2. 北京某地铁施工组织设计

1）工程简介

该隧道的土建工程项目为一站两区间，A 站包括主体结构、风道和出入口；B 区间包括施工竖井、联络通道和人防段；C 区间包括 2 座竖井、主体、联络通道、区间人防段、渡线、停车线和预留 M16 联络线等结构体。

A 站台全长 200.1m，建筑面积 11921.02m²，其中明挖段长 171.1m，暗挖段长 29m，明挖标准段宽 23.4m，双层部分地下一层为站厅层，地下二层为站台层，车站有效站台及站厅位于车站中部，东西两端为设备用房区，车站共设 4 个出入口，2 个通风口。

B 区间起点右线里程 K7+49，终点右线里程 K7+775，全长 726m。设计包括此范围内的区间隧道及 2 处临时施工竖井；1 条联络通道，1 处区间人防段以及交叉渡线、停车线和预留 M16 联络线。

C 区间设计里程为 K7+965.841～K8+883.371，全长 917.53m。其中，区间设 1 座临时施工竖井，1 座联络通道，1 处区间人防段。

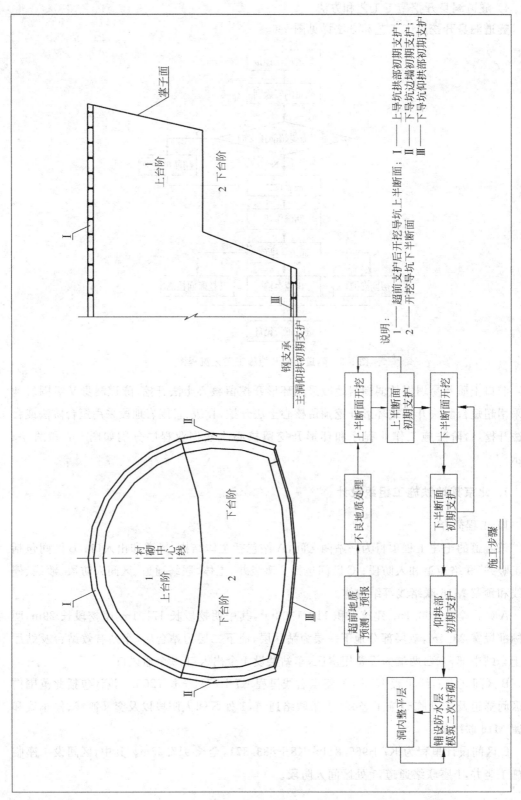

图 9-7 台阶法施工作业程序图

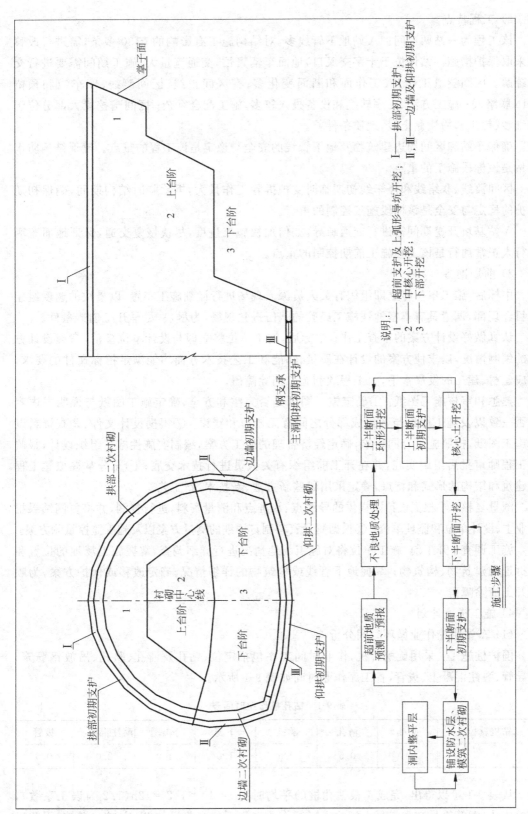

图 9-8 环形开挖留核心土法作业程序图

2) 工程特点

该工程为一站两区间。A 站地下管线多,对结构施工有影响的有 30 多条,需进行改移和采取保护措施。站体位于十字交叉口,地面车辆繁忙,交通流量大,施工期间需要进行交通疏解。区间隧道工作井、工作面和断面变化多,有区间正线、区间渡线、停车线和预留 M16 联络线;施工方法、工序转换和设备投入较多,施工配合复杂;区间暗挖段大部分位于粉细沙、粉土和粉质黏土段,地质条件差。

确保车站和区间周边建筑物及地下管线的安全与稳定是该工程的重点。确保结构防水质量是该标段施工的重点。

区间渡线、联络线和停车线初期临时支护拆除工作量大,拆除临时结构期间,确保初期支护的稳定与安全是该标段施工控制的重点。

A 站基坑开挖期间需进行交通疏导,如何加快施工进度,尽快恢复交通,保证地面车辆和行人正常通行是该工程施工前期控制的重点。

3) 前期准备

中标后,施工单位将立即组织有关人员深入现场进行详细施工布置,以最快的速度组建项目经理部,调遣具有丰富地铁施工经验的队伍进驻现场,为尽快、尽早开工创造条件。

认真做好设计方案的审查工作;中标后,施工单位将立即与设计单位接洽,掌握设计方案的编制情况,以求使方案的设计在质量、功能和工艺技术方面均能满足招标文件的要求,适应建材、建工的发展水平,为工程顺利施工消除障碍。

熟悉和审核施工图纸:①确定施工图纸是否完整和齐全,确定施工图纸与说明书内容是否一致以及施工图纸与各组成部分之间有无矛盾和错误;②根据设计文件、调查资料以及施工图纸,按照施工合同要求,确定经济合理的施工方案,编制实施性施工组织设计,报监理工程师审批后组织实施,并在开工前组织有关人员进行技术交底;③充分掌握拟建工程的建筑和结构的形式和特点,确定采用哪些新方法、新技术、新工艺。

测量复核:①根据设计院提供的导线点、水准点和测量资料,进行复测,并将复测结果报告业主、设计单位和监理单位;②根据测量资料制订详细的测量方案以及施工监控量测方案。

施工调查:开工前,施工单位将对施工场地情况进行详细调查,掌握施工场地的位置和需拆迁的建筑物、构筑物;掌握地下管线或构筑物的详细情况,确定改移或保护方案,为顺利开工清除障碍。

4) 施工进度计划

(1) 车站明挖作业循环时间分析

围护桩施工:采用旋挖转机,作业时间工序包括定位、钻孔及清孔、验孔、吊放钢筋笼、下导管、灌注混凝土、拔管,各工序作业时间如表 9-1 所示。

表 9-1 钻孔桩作业时间表   h

钻机就位	钻孔	清孔	验孔	下笼	下导管	灌注混凝土	拔管
0.5	4	0.5	0.5	1.0	1.0	2.0	0.5

从表 9-1 可以得出,完成 1 根钻孔桩的平均时间 $t=10\times1.2=12h$(1.2 为误工系数),钻机成孔、钢筋笼吊装和混凝土灌注可平行作业。每天每台机平均 8h 完成一根桩,因此每

天每台机可安排对3根桩进行施工。

开挖出土施工：开挖选用挖掘机施工，作业循环受场地存土场面积小的影响，土方只能夜间运输，因此每天晚上22点至第二天早上7点为运土时间，作业时间为9h，考虑车辆进场和出场及其他影响因素，运土作业时间按8h考虑。装车时间12min，车辆驶出及车辆就位4min，平均每16min可出1车土，每车土10m³，每天可出土30车，共300m³。

(2) 车站衬砌作业时间分析

车站衬砌以16min为一循环段进行考虑。

底板：底板衬砌包括基面处理、垫层和防水层铺设、保护层、底板钢筋绑扎、施工缝处理、混凝土浇筑、临时支撑拆除，各工序作业循环时间如表9-2所示，共计7d，施工中安排各循环搭接流水作业，以节省作业时间，平均每段作业时间按5d考虑。

表9-2　底板衬砌作业时间表　　　　　　　　　　　　　　h

作业名称	基面处理	接地网	垫层	防水层铺设	保护层
作业时间	8	12	8	48	12
作业名称	底板钢筋绑扎	施工缝处理	混凝土浇筑	临时支撑拆除	
作业时间	48	8	8	16	

(3) 侧墙及中柱：中柱采用钢管柱，工序包括钢管柱吊装就位、精确调位、与底板固定、钢管柱加固、灌注混凝土，工序作业循环时间如表9-3所示。考虑混凝土可一起灌注，平均每天可安装2根钢管柱，每段16m，共4根钢管柱，2天可完成，因此钢管柱施工不是控制工序。侧墙施工包括基面处理、防水层铺设、侧墙钢筋绑扎、施工缝处理、支立侧模、浇筑混凝土、拆除模板，作业循环时间如表9-4所示。共计9d，施工中安排各循环段搭接流水作业，平均每段作业时间按6d考虑。

表9-3　钢管柱作业时间表　　　　　　　　　　　　　　h

作业名称	吊装就位	精确调位	固定	加固	灌注混凝土
作业时间	3	3	2	3	1

表9-4　侧墙作业时间表　　　　　　　　　　　　　　h

作业名称	基面处理	防水层铺设	侧墙钢筋绑扎	施工缝处理
作业时间	8	48	48	8
作业名称	支立侧模	浇筑混凝土	拆除模板	
作业时间	48	8	48	

(4) 站厅板：站厅板作业主要工序包括支架搭设、底模铺设、钢筋绑扎、施工缝处理、端模支承、灌注混凝土、拆除支架及模板，作业时间分析如表9-5所示，共计9.4d，施工中安排交叉循环流水作业，平均每段作业时间按7d考虑。

(5) 顶板：顶板作业工序包括支架搭设、底模铺设、钢筋绑扎、施工缝处理、端模固定、灌注混凝土、拆除支架及模板、防水层铺设、保护层。作业时间分析如表9-6所示，共计11.4d，施工中安排各循环段流水作业，平均每段作业时间按8d考虑。

表 9-5 站厅板作业时间表   h

作业名称	支架搭设	底模铺设	钢筋绑扎	施工缝处理
作业时间	28	24	48	8
作业名称	端模支承	灌注混凝土	拆除支架及模板	
作业时间	12	8	96	

表 9-6 顶板作业时间表   h

作业名称	支架搭设	底模铺设	钢筋绑扎	施工缝处理	端模固定
作业时间	28	24	48	8	12
作业名称	灌注混凝土	拆除支架及模板	防水层铺设	保护层	
作业时间	8	96	36	12	

(6) 车站暗挖及区间小导洞开挖支护作业时间分析：小导洞采用正台阶法施工，格栅间距 0.5m，采用人工挖土、运土，单循环作业时间分析如表 9-7 所示。共计 5.6h，考虑配浆、拌料等时间影响，每循环作业时间为 6h。

表 9-7 车站、区间小导洞支护作业时间表   min

作业名称	拱部安设小导管	拱部注浆	拱部环形土方开挖	拱部格栅架设	拱部连接筋焊接	拱部挂网喷混凝土
作业时间	30	20	20	20	20	25
作业名称	拱部土体开挖出渣	锁脚锚杆	拱部下部土体开挖出渣	边墙格栅架立	边墙连接筋焊接	边墙挂网喷混凝土
作业时间	30	15	60	20	15	20
作业名称	底部格栅架立	底部连接筋焊接	底部喷混凝土			
作业时间	10	20	10			

(7) 区间标准断面开挖支护作业时间分析：区间正洞采用正台阶法施工，格栅间距 0.75m，人工挖土，洞内有轨运输，单循环作业时间分析如表 9-8 所示。共计 7.5h，考虑配浆、拌料等时间影响，每循环作业时间为 8h。

表 9-8 区间标准断面开挖支护作业时间表   min

作业名称	拱部安设小导管	拱部注浆	拱部环形土方开挖	拱部格栅架设	拱部连接筋焊接	拱部挂网喷混凝土
作业时间	30	30	30	20	20	35
作业名称	拱部土体开挖出渣	锁脚锚杆	拱部下部土体开挖出渣	边墙格栅架立	边墙连接筋焊接	边墙挂网喷混凝土
作业时间	50	20	90	20	25	40
作业名称	底部格栅架立	底部连接筋焊接	底部喷混凝土			
作业时间	10	20	10			

(8) 区间模板台车衬砌作业时间分析：区间模板台车衬砌作业工序包括基面处理、防水层铺设、钢筋绑扎、台车就位、堵头板安装、混凝土灌注和拆模，单循环作业时间分析如表 9-9 所示，共计 6.3d。由于防水板施工和钢筋绑扎施工可提前安排施作，不占用循环时间，因此，模板台车二次衬砌时间为台车就位至脱模时间，按 2.5~3d 考虑，夏季气温高可按 2.5d 考虑，冬季气温低可按 3d 考虑。

表 9-9　模板台车二次衬砌单循环作业时间表　　　　　　　　　　　　　　h

作业名称	基面处理	防水层铺设	钢筋绑扎	台车就位
作业时间	8	48	36	10
作业名称	堵头板安装	混凝土灌注	拆模	
作业时间	5	9	36~48	

5) 主要进度指标

车站明挖段：①围护桩：3 根/(机·d)；②挖土方：300m^3/d；③结构施工 16m 一段：16m/31d；④风道明挖段：20m/月；⑤出入口明挖段：30m/月。

车站暗挖段：①小导坑：2m/d，大断面平均 1m/d；②暗挖出入口：45m/月；③管棚施作及地层加固：25d。

区间工程：①6×4.6m 施工竖井：1m/d；②渡线施工竖井：0.5m/d；③区间标准断面开挖支护：60m/月；④区间渡线断面开挖支护：30m/月；⑤区间标准断面二次衬砌：90m/月；⑥区间渡线断面二次衬砌：20m/月。

6) 施工进度安排

本工程计划实现的工期目标为总工期 592d，即 2006 年 12 月 1 日开工，2008 年 7 月 15 日竣工，比招标文件要求 2008 年 7 月 31 日竣工的工期提前 16d。

7) 关键线路及阶段目标

关键线路总工期为 592d，关键线路如图 9-9 所示。

8) 工期计划保证措施

本工程工期短、任务重，为确保按期完成，特制定以下措施。

(1) 组织保证。①选好带头人，建立精干、务实、高效的项目领导班子。②配备数量充足、经验丰富的技术人员，选派从事地铁和市政工程的专业队伍。③缩短施工准备期，尽早进入工程施工。在合同签署后 3d 内，项目主要管理人员全部到位，全力以赴组织有关人员安排施工准备和编制实施性施工组织设计，及时调遣生产操作人员和设备进场。④搞好标准化施工，认真贯彻执行 ISO9001 标准，通过合理的施工组织与正确的施工方法来提高施工进度，要稳产高产，防止大起大落。⑤实行工期目标责任制。根据工程项目总体施工进度安排，编制年、季、月、旬、日施工计划，将工期目标横向分解到部门，纵向分解到班组个人，逐层签订工期责任状，工期目标与个人经济利益挂钩，实行奖惩制度，同时对全体施工人员进行计划交底，激发全体人员的干劲，使全员自觉实施进度计划，做到以工序保日、以日保旬、以旬保月、以月保年，最终保证总工期的实施。⑥搞好后勤服务工作，促进施工生产的正常进行。

(2) 劳力保证。根据总体施工进度安排，逐季、逐月做出劳动力使用计划，保证劳动力

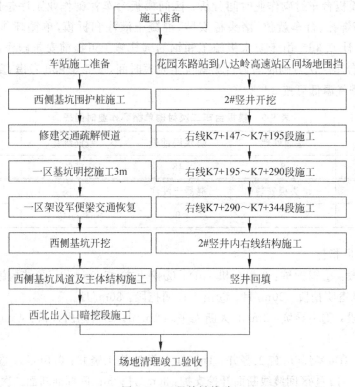

图 9-9 工程关键线路

充足。为保证工程按期进行,将组建有多年施工经验的施工队伍进行施工,确保在农忙季节有充足的劳力,保证施工需要。

(3) 物资保证。①保证料源充足。对于结构工程,开工前做出一次性备料计划,提前考察各种材料的货源、储量和运距等,详细制订出进料计划,保证各种物资的供应。②根据生产计划编制材料供应计划,超前订货加工,同时严把原材料质量关,防止因不合格材料而影响工期。

(4) 机械保证。本标段包括车站和区间施工两部分,涉及施工机械种类多,必须按照计划配足开挖、运输、混凝土生产浇筑、模板台车、电瓶车、轨道平车、皮带输送机、电动葫芦和注浆设备等,同时做好设备的使用、保养和维修工作,保证各种设备的正常运转,并提高其完好率、利用率。常用易损的机械配件要有足够的库存量。

(5) 技术保证。①搞好工程的统筹、网络计划工作,制订阶段目标,科学合理地安排施工工序。通过分析各施工工序的时间,采取特殊措施尽可能减少影响进度的薄弱环节,科学合理地缩短各施工工序的循环时间来提高施工进度。同时,牢牢抓住关键工序的管理与施工,确保关键工序施工的工期与质量。②提前做好图纸会审工作,对图纸中有疑问的地方,及时与设计单位联系解决,避免耽误施工。③组织技术质量人员学习招标文件、技术规范和施工监理程序,准确掌握地铁的施工标准与程序。④提前做好各分项工程的施工方案与材料试验,及时申报开工。⑤加强技术管理和工序管理,杜绝因工作失误造成返工而影响正常的施工进度。

(6) 制度保证。组织全员开展劳动竞赛,建立激励机制,对完成或超额完成生产任务的班组实行表扬和奖励,充分调动积极性。

(7) 管理保证。加强与业主、监理、设计、管线、园林以及地铁等单位的联系,同时积极与其他当地相关部门联系,及时解决施工中存在的问题及突发事件。在施工过程中应取得当地居民及有关部门的理解和支持,为施工创造一个宽松的施工环境,确保施工生产的顺利进行。施工进度管理程序如图 9-10 所示。

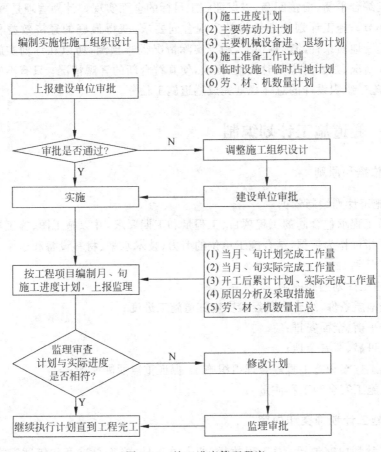

图 9-10　施工进度管理程序

(8) 关键工序工期保证措施。①展开以关键工序为主的施工进度控制措施,加大人、材、物及施工设备的投入,确保关键工序工期,以关键工序保证整个工程工期。②实行计算机信息化管理,采用计划管理软件,专人收集施工进度情况,根据计算机预报信息及时调整整个施工进度计划网络和横道图,充分发挥资源优势,确保关键工序工期。③车站西侧双层结构采用明挖法施作,开挖段长 103m,是站体明挖和结构施工的关键,应在施工期间合理组织,确保日出土量、分段尺寸合理,在晴天加快施工进度,避免雨季给施工带来负面影响。④花园东路站到八达岭高速站区间 K7+147～K7+344 段为交叉渡线、停车线和预留 M16 联络线,断面工法变化多,工序转换频繁,施工中应合理安排劳力,确保施工质量,同时加强对地下残余水的治理,确保在二次结构施工期间达到防水板铺设条件。⑤出土量也是关键工序,车站采用龙门吊和汽车吊出土,区间隧道内采用立爪装渣机装土,电瓶车牵引梭式矿车运输,电动葫芦提升至存土区,夜间由 15t 自卸汽车运至指定弃土场。

9.2 隧道施工管理

隧道施工计划管理是根据合同要求,通过计划把隧道施工组织设计的内容具体化,使施工全过程做到综合平衡、衔接配套,以保证施工目标的全面实现。计划管理是隧道施工管理工作的中心环节。施工计划管理目标是实现合同要求,获得最好的经济效益和社会效益。由于隧道工程受地质条件的影响很大,施工实际情况很难预测,所以在计划实施过程中,要随时检查完成情况,必要时应及时调整、修改,使其符合新的客观情况;只有不断、反复进行管理,才能按施工组织设计的总体规划完成隧道施工任务。

9.2.1 隧道施工计划编制

1. 编制依据和原则

1) 隧道施工计划编制依据

根据隧道工程承包合同的工程项目、工程量和工期要求,并以施工图、施工预算、合同价格和其他各项指标作为依据,结合施工单位的劳力、技术水平、材料设备和运输等施工条件,编制隧道施工计划。

2) 隧道施工计划编制原则

(1) 根据地质条件,结合实践经验决定隧道施工进度;

(2) 综合平衡、全面安排;

(3) 积极可靠、留有余地;

(4) 按施工方案和施工程序合理组织施工,保证重点照顾一般;

(5) 保证施工安全和工程质量。

2. 隧道施工计划种类和内容

隧道施工计划内容包括:总工程数量、劳力总工日、施工总进度和年度安排、隧道工程总造价和年度工程费、主要材料、机械和车辆申请计划等。

1) 隧道施工年度计划

隧道施工年度计划为年度要求完成的工程项目和工程量、施工进度安排、部署劳力、提出财务、材料、机械、运输等后勤保障计划。

2) 隧道施工季度计划

在年度计划内,隧道施工季度计划具体规定各季度的各项指标和具体的施工计划。

3) 月(旬)或日隧道施工计划

根据季度施工计划,月(旬)或日隧道施工计划安排月(旬)或日计划完成的施工进度、工程量、劳力、材料使用等具体项目。

3. 隧道施工计划编制方法

隧道施工计划是施工组织设计的重要组成部分,而隧道施工进度计划是施工计划的核心,因此,编制隧道施工计划应先做好进度计划。

隧道施工计划的编制方法、步骤如下:①计算工作量、劳动工日及所需机械台班;②按施工顺序调整工程项目、工程数量;③确定施工顺序、施工方法和作业组织等;④编制隧道施工进度计划和劳力平衡计划;⑤编制材料、机械、运输和财务等计划。

4. 隧道施工计划执行、检查与调整

(1) 隧道施工计划执行的基本要求。①保证全面均衡完成隧道施工计划,避免施工过程中出现时松时紧而造成窝工或抢工现象。②要执行按劳分配和各种奖惩制度,使职工工资福利与计划完成情况挂钩,同时还要进行深入细致的政治思想工作,以充分调动职工的生产积极性,努力完成施工计划。③要加强生产调度工作、技术组织措施,开展劳动竞赛,进行经济核算,并要加强对施工计划、工程质量和生产安全的检查工作,以保证隧道施工计划顺利完成。

(2) 隧道施工计划的调度(协调)工作。①隧道施工计划的调度工作监督施工计划的执行,及时发现并解决执行过程中发生的问题,保证计划的顺利实现。②在隧道施工计划执行过程中经常会出现新的不平衡,必须通过调度工作进行调整,使施工计划重新达到平衡,以达到施工单位的生产能力,使隧道施工计划顺利进行下去。③隧道施工生产调度机构是施工第一线的指挥中心,施行施工总指挥的各项指示及所发布的施工调度命令,以保证隧道施工按计划进行,所有施工单位和个人都要严格执行调度命令。④隧道施工生产调度一般以短期作业计划为中心,围绕完成计划目标进行调度。

(3) 隧道施工统计工作。隧道施工统计报表是反映计划完成情况的系统资料。各级领导和业务部门可以通过统计报表了解和检查计划执行情况,并从中发现问题,总结经验,据以考虑决策和指挥工作。

统计报表的主要内容包括各项工程建设工作量完成数,定额完成情况,劳力、机械情况和材料消耗及完成工程投资的情况等。统计资料是根据基层的施工原始记录,经计算、综合统计得来的。因此,做好基层单位的原始记录,是做好统计工作的根本保证。

对统计报表的最基本要求是:要求统计数字准确(真实)、及时报送;并要求统计报表达到标准化、规范化和科学化;原则上要求计算机化等。

9.2.2 隧道施工技术管理

1. 隧道施工技术管理工作任务及内容

1) 隧道施工技术管理工作任务

为确保工程优质,不仅要有良好的施工计划管理,还要采取相应的技术组织保证措施。只有提高隧道工程计划管理与技术管理的水平,才能把工程质量创优目标落到实处。

(1) 隧道施工技术管理工作保证措施:①制订科学的隧道施工方案和详细的施工工艺;②加强隧道施工技术措施,推广使用新技术;③选用先进设备,提高隧道施工装备技术水平;④重点工序施工前必须制订质量保证目标及技术保证措施;⑤加强职工上岗技能培训,特殊岗位持证上岗;⑥坚持换手复核制度,确保技术指令及监控量测成果准确无误。

(2) 隧道工程技术管理主要任务:①科学地组织各项施工技术工作;②建立规范的施

工技术秩序;③充分发挥技术力量和装备的作用;④提高机械化施工水平;⑤保证隧道工程质量,提高劳动生产率;⑥降低工程成本,保质保量按期完成隧道施工任务。

2) 隧道施工技术管理主要内容

(1) 编制隧道阶段性施工组织设计;
(2) 制定隧道施工技术措施和操作规程;
(3) 图纸会审、技术交底、变更设计、技术培训、质量检查、材料试验、技术革新和总结;
(4) 保管隧道工程资料,建立技术责任制;
(5) 保证工程质量,改进施工技术、操作方法及施工工艺,这是技术管理的中心内容。

实现上述各项施工技术管理工作,关键是建立并严格执行隧道施工的各种技术管理工作规章制度:①隧道施工技术责任制;②施工图纸会审制;③施工技术交底制;④隧道施工测量复核制;⑤隧道工程施工试验制;⑥工程质量检测制;⑦隧道施工现场监控量测制;⑧隧道施工日志制;⑨隧道工程技术档案制。

3) 隧道施工技术管理基础工作

(1) 制定和贯彻隧道施工技术标准和规程;
(2) 认真执行国家颁发的技术标准和规程;
(3) 执行施工单位有关施工方法和操作方法及工程质量要求等规定;
(4) 制定各种技术管理工作制度;
(5) 开展隧道施工技术科学研究工作;
(6) 做好隧道施工技术资料积累和管理工作,重视隧道设计与施工总结工作。

2. 隧道施工技术责任制及技术管理

1) 隧道施工技术责任制

建立和健全隧道施工技术责任制是保证技术管理工作正常开展的关键。在隧道工程技术责任制中,应该明确规定各级工程技术人员和施工人员对各项工作所负的职责;应明确分工、层层负责、层层检查和监督到位。

2) 隧道施工技术管理工作内容

(1) 隧道施工图纸学习与会审。①施工单位的全体技术人员和有关职能部门通过学习和参加会审,充分了解和掌握隧道施工图纸的内容和要求,正确无误地施工,避免发生技术差错,确保安全生产和工程质量。②隧道施工图纸会审的主要内容:隧道的平面设计和结构设计是否合理,是否符合地质水文情况,结构计算是否有足够的稳定性,能否保证隧道施工安全,隧道施工技术和工艺流程及设备条件能否满足设计规定的质量要求,有无需使用特殊材料和设备,其品种、规格及数量能否解决,隧道施工图纸的尺寸、位置、轴线和标高等有无错误和矛盾,图纸及说明是否齐全,是否符合有关规范规定等。

(2) 隧道施工技术交底。①隧道设计单位必须向施工单位具体说明设计意图、结构特点和规定的施工质量标准,对隧道施工提出技术交底的技术要求。隧道施工单位在对隧道设计文件深入研究和会审后,进行逐级交底、交方法、交条件和交重点。②隧道施工技术交底的具体内容有:隧道设计图纸、隧道施工技术规程、隧道工程验收标准、各项工序作业指导书;隧道施工图纸、施工方案、施工程序、施工方法及质量要求;隧道施工操作规程、安全技术措施、施工定额和施工进度等。

(3) 隧道施工技术档案管理制度。①隧道施工过程中的技术文件、原始记录、试验检测记录、各种技术总结及其他有关技术资料(包括隧道施工方法、施工计划、隐蔽工程原始记录、照片或录像、各项工程质量情况,施工中遇到的问题及其解决情况、各种定额完成情况等重要资料),是以后作为隧道养护、整修、加固、改建及营运阶段监控量测与管理的必要依据。应分类整理,作为技术档案加以保存(存档)。

隧道施工技术资料,分别提交给建设单位和施工单位保留参考与备查两种。

提交给隧道工程建设单位的技术资料应包括:隧道工程竣工图纸及工程项目一览表,竣工总结,图纸会审记录,设计变更审批文件,隐蔽工程验收单,材料和构件加工成品的品格证明及试验记录,工程事故的发生和处理记录,向使用单位提出隧道使用过程中应注意的事项或建议及隧道工程竣工决算等。

施工单位应保留的隧道施工技术档案资料主要有:隧道施工图和竣工图,隧道施工组织设计及施工计划,施工经验总结,新结构、新技术、新材料、新工艺的试验研究资料及经验总结,施工原始记录,质量事故或安全事故分析及补救措施记录,有关隧道施工管理制度的执行情况及工程照片和录像等。

9.2.3 隧道施工质量管理

"质量责任重于泰山"和"百年大计,质量第一"等口号,明确强调质量是工程建设永恒的主题。我国广泛推行了质量责任终身制、企业质量管理和质量保证的国际标准认证工作,这些措施对于提高隧道施工质量管理水平,起到了良好的推动作用。

1. 隧道施工全面质量管理

隧道是地下大型建筑结构工程,在施工的全过程中,应该实行全面质量管理。全面质量管理是把对隧道工程施工质量的管理,归结为对生产的全企业所有部门及全体人员在生产过程中工作质量的管理,通过管理好工作质量来保证工程质量。它是以数理统计方法及充分发挥专业技术与人事组织的作用,建立起一整套全面质量管理保证体系。

1) 全面质量管理特点

全面质量管理具有广泛群众性、全面性、预防性和可控制性、服务性、科学性、工作质量与工程质量责任明确性等特点。

2) 全面质量管理基本方法

全面质量管理基本方法即对施工全过程进行科学管理的系统,包括质量教育、PDCA(Plan、Do、Check、Action,即计划、实施、检查、处理)制度、技术标准化及 QC(Quality Control)小组活动四部分。

PDCA 制度主要用于对一项工程的质量管理,先制订控制质量计划,然后加以实施,在实施过程中随时检查控制计划执行情况和存在的问题,再对问题进行研究处理,形成一个质量管理循环。各级各部门的工作质量,都有 P、D、C、A 四个管理阶段,要环环相扣,没有缺口和空白点。

隧道施工全面质量管理,常用的数理统计方法有以下几种。

(1) 主次因素排列图法:是对质量不合格的问题进行统计分析,找出发生质量问题的主要原因的一种方法。其作用是可以找出"关键性因素"对工程质量管理的影响程度。例如，对隧道一段衬砌施工质量进行调查，得出如表 9-10 所示的检查记录，根据表中数据可以画出诸因素的排列图，如图 9-11 所示。

表 9-10　衬砌质量检查结果统计表

不 良 原 因	不 良 处 数	不良率/%
模板表面不平	198	47.7
配合比不当	25	6.0
捣固不充分	103	24.7
拱架未支牢	18	4.3
接头不良	—	—

(2) 因果关系分析图法：是分析工程质量问题因果关系，寻找产生质量问题原因的一种方法，以便对症下药采取良方予以解决，如图 9-12 所示。

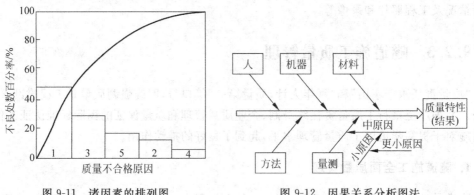

图 9-11　诸因素的排列图　　　　图 9-12　因果关系分析图法

(3) 直方图法：是通过概率数分布来分析研究数据的集中程度和波动范围的数学方法。用横坐标表示特性单位，以纵坐标表示频率数，如图 9-13 所示，通过分析绘成的直方图的形状来判断统计数据的分布是否正常，即隧道施工过程是否稳定——通过与技术标准和质量标准的比较，判断是否存在异常现象。

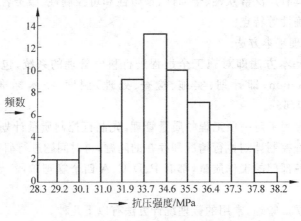

图 9-13　直方图法

(4) 控制图法(又称为管理图或监控图法):是对隧道工程施工进行分析、监督和控制的工具,可用于工程质量控制、隧道施工进度控制及原材料的消耗控制等。

控制图的应用程序是:一般是在施工生产正常情况下,先取样品,经计算求得控制上、下界限数值后,画出管理控制图,并在生产过程中定期取样品,得出数据描在控制图上。如果点落在控制界限内,则表明施工生产过程正常,如果点超出控制界限,则表明施工生产过程不正常,应及时采取措施使生产恢复正常。

2. 确保隧道工程质量和工期的保证措施

(1) 确保隧道工程质量的主要措施:①建立健全质量管理保证体系;②提高全员质量意识,按分项分工序实施专项质量意识教育,建立健全质量管理及奖惩的规章制度;③公开招投标,选择具有丰富隧道施工经验的专业施工队伍;④成立隧道施工工地中心试验室,加强对施工过程的质量检验和监控量测,严禁不合格材料进入任何工序,确保各项工序一次成优;⑤狠抓工序质量的自检、互检与专业检查,确保隧道整体工程质量优良。

(2) 确保隧道施工工期要求的主要措施:①强化施工管理,组建精干的工程项目经理部,成立各种专业队伍,建立各种管理体系;②科学组织、精心施工、文明生产,运用统筹法、网络技术和系统工程等新技术编制切实可行的实施性施工组织设计,选择最优施工方案,确保工程按计划完成;③广泛应用高效、先进、成套隧道施工机具,采用先进的施工工艺,合理安排作业层次,投入足够的劳力和技术骨干,提高工效,加快进度;④成立协调小组以做好协调工作,减少施工干扰,使工程施工顺利进行;⑤抓住时机,发扬拼搏创优精神,加快施工进度;⑥做好雨季施工和农忙季节的施工安排,减少雨水对施工的影响,做好防汛准备,有备无患。

3. 隧道施工工程质量检查与验收工作

施工单位应认真履行合同规定,接受监理工程师对工程质量的监督、检查和验收,并要在施工单位内部建立自检自查验收制度。

9.2.4 隧道施工经济管理

隧道工程施工经济管理工作,主要是施工定额和控制工程项目的成本管理两项内容。在隧道施工全过程中,必须做好这两项工作,才能取得良好的经济效益和社会效益。

1. 隧道工程建设标准定额使用

标准定额是指在规定的时间内完成质量合格的单位工程所消耗的劳力、材料和机械台班等数量的标准。

隧道工程建设标准定额是政策性、技术性和经济性很强的立法定额。它为隧道工程设计、施工、监理和竣工验收提供科学的依据,为隧道工程建设项目评估决策、控制项目投资、确定隧道工程造价、检查监督和监理隧道工程质量提供了标准。

使用定额时应注意以下几点:

(1) 在施工过程中,如果施工条件和地质条件变化较大,原定额已不适用时,应提出对

具体定额的修改意见,报编制定额单位批准后执行;

(2) 严格按照定额手册中的说明要求办理;

(3) 应注意定额拟定中的施工条件与本隧道工程施工条件是否一致或较接近;

(4) 计算单位要统一,可换算的项目,注意换算方法;

(5) 要善于联系工程实际,灵活使用各种定额。

2. 隧道工程成本管理

施工企业应按照与招标单位签订的承包合同,结合本企业情况,建立多层次、多形式的内部经营承包责任制,改进经营管理,搞好经济核算,降低工程造价,落实承包合同,保证按合同规定的工期和工程质量要求完成施工任务。为此,必须加强隧道工程成本管理。工程成本管理是施工企业为降低工程成本而进行各项经济管理活动的总称。其目的主要是以尽量少的劳动力、机械台班和材料消耗,优质高效地完成施工任务,并获得较好的经济效益。

1) 隧道工程成本的计划

根据隧道工程设计与施工有关的定额和施工计划,先编制单位工程成本计划,再汇总编制季节、年度工程成本计划,并分解成各个计划成本指标,按照经济责任制的岗位职责分工,逐级落实到各分公司和职能部门,明确规定各自承担降低成本的职责。在工程计划成本的指标指导下,促使隧道工程施工有序进行,并定期进行工程成本检查和监督,经常进行实际成本与计划成本对照以及定量计算和定性分析,及时找出问题原因并加以克服,保证隧道工程成本管理的正常秩序,以达到有效地控制计划成本的目的。

2) 隧道施工工程成本责任的控制

实行责任成本,建立责任成本中心,是达到有效控制生产成本的重要机构。

隧道工程成本的可控制性,是按照成本管理层次分解责任成本指标,进行归口管理。还要划分责任中心,对每个责任中心确定一个可以衡量的成本目标。正确划分成本责任,考核其经济成果。在责任成本的责任人所能控制的费用发生偏差时,能及时进行调整。

3) 隧道工程成本核算与分析

在隧道施工生产过程中,施工企业必须设置各种费用的账册,以手续齐全的原始单据为依据,进行工程成本核算,全面分析成本水平。通过对工程成本进行分析,主要对工程项目的工程量进度和生产费用进行剖析,从横向(生产费用构成比例)与纵向(费用用途)的深入分析对比,系统研究影响成本升降的各种因素,其目的是弄清工程进度与生产费用开支的比例是否经济合理,主要意义是摸索、认识和掌握工程成本变化的经济规律,实现降低工程成本的目标。

在工程成本核算中,必须建立财产和物资收发、领退、报废、盘点制度,建立各种生产费用的原始记录和工程量统计制度,制订工时、材料和费用定额等,完善各种工程成本核算记录和检测制度。

必须明确施工企业内各级成本管理人员的职、责、权、利,并要建立一整套工程成本计划、控制、监督、考核及核算制度。要重视应用统计核算、业务核算和会计核算等,对企业施工生产成本静态存量和动态流量及其成果进行核算与分析,尽可能减少人力、物力和财力消耗,降低生产成本,获得更好的隧道施工经济效益。

9.2.5　隧道施工安全管理

隧道为地下线形工程建筑，隧道施工属地下作业，存在很多不安全的因素，主要有塌方、冒顶片帮、危石坠落、物质打击、爆破和运输事故、车辆伤害、机械伤害、起重伤害、瓦斯爆炸、岩爆、中毒和窒息、触电、火灾、灼烫、涌水、淹溺、放炮以及其他伤害。所以在隧道施工中，必须高度认识"领导是关键、教育是前提、设施是基础、管理是保证"这一原则，建立健全隧道安全生产的管理体系，做好安全管理工作。

应建立健全隧道施工中如下安全管理制度、规划和规定、措施及基本要求：①做好隧道施工前安全准备工作；②建立健全隧道施工安全管理制度；③认真贯彻施工安全规范；④制定项目安全制度，提高安全施工意识；⑤加强施工技术安全管理；⑥加强安全教育，制定相应安全措施；⑦隧道施工机械设备的安全措施；⑧防触电及电器设备安全措施；⑨防高空坠落伤人的安全制度；⑩施工现场设立安全标志；⑪洞内作业安全管理；⑫洞内和夜间施工照明；⑬爆破器材安全管理；⑭严格执行安全检查制度；⑮特殊技术工人技术培训；⑯岗前安全教育；⑰实行交接班制度；⑱发现险情，必须设立警示标志；⑲领导干部必须经常深入现场，检查安全工作；⑳实行安全工作与经济收入挂钩；㉑配备足够防水、防火、防毒的安全器材；㉒隧道施工应重视防火灾；㉓加强隧道的围岩监控量测工作。

对隧道施工中发生的各类事故，均应严格按照"三不放过"的原则处理，即事故原因调查不清楚不放过；事故责任者和施工人员未受到应有的教育不放过；没有制订出今后防范措施不能放过。

习　题

1. 隧道及地下工程施工组织设计的内容有哪些？
2. 简述隧道及地下工程实施性施工组织设计的编制依据、原则及程序。
3. 隧道施工技术管理的工作任务及内容是什么？
4. 隧道施工质量管理的数理统计方法有几种？
5. 隧道施工经济管理工作的内容是什么？
6. 隧道施工安全管理工作的内容是什么？

第 10 章　隧道及地下工程养护维修

10.1　隧道养护维修概述

10.1.1　隧道及地下工程养护维修基本概念

隧道结构的寿命,指设计时预计结构可安全稳定的工作年限。

影响隧道结构寿命长短的因素有:①隧道的结构形式;②使用的建筑材料;③外界因素,比如人为因素、工程地质和水文地质状态等。经验表明,由砖石材料砌筑成的隧道结构寿命一般为 70~80 年,而钢筋混凝土的隧道结构寿命可达 100 年。当然一些外界因素和偶然因素会使隧道结构的寿命出现较大的波动。为了尽量延长隧道结构的寿命,应对隧道进行经常性的养护工作。隧道养护工作应本着以预防为主,预防与及时整治病害相结合的原则。要经常性地对隧道进行检查,及时发现问题,并采取有效措施整治,做到防治结合,把病害控制在最小的范围内。

隧道及地下工程养护维修按业务范围和工作性质可分为检查、保养、维修和大修等内容。

隧道养护是指对隧道结构(主要指衬砌和洞门)及其附属结构的养护。隧道养护工作范围包括:洞身、洞门、路面和两端路堑、防护措施、排水系统、洞口减光设施以及通风、照明、标志、标线、监控、消防、防冻、消声等设施的检查、保养、维修和加固。隧道养护的基本任务是,根据隧道运营中的状态变化,合理投入人力、物力,适时进行维修养护,预防或延缓设备状态的劣化,使之保持均衡完好状态,以保证车辆安全不间断地运行;随着运输强度的提高,有计划地加固和改善隧道设备状态,以满足建筑限界和孔径要求,增强抗洪、抗震能力,充分发挥使用效能。

隧道维修工作管理主要包括两个方面,即对管辖隧道设备的管理和养护工作生产全过程的管理。若按照业务分工,还有技术、计划、劳力、料具、成本、质量、安全和教育等管理。各项管理工作是由特定的管理体制的运作来实施的,并通过相应的工作制度加以保证。为使隧道维修工作管理逐步走上标准化、规范化的轨道,为实现管理科学化创造条件,还应建立行之有效的管理工作体系。

10.1.2　隧道及地下工程病害现状

1. 国外隧道及地下工程病害

日本的铁路隧道相继发生三次重大的混凝土掉块事故,引起了日本运输省的重视。

1999年6月27日,山阳新干线福岗隧道中的衬砌混凝土剥落,造成列车破损的重大事故;10月9日,山阳新干线北九州隧道的边墙上端又发生混凝土剥落事故;11月28日,室兰本线礼文宾隧道重达2t的拱部衬砌混凝土剥落,造成货物列车脱轨事故。

2. 我国隧道及地下工程病害

1)铁路隧道

我国几座隧道的病害统计,见表10-1。

表10-1 我国几座隧道的病害统计

线别	隧道总座数	严重漏水/座	衬砌裂损/座	仰拱、铺底损坏/座	坍方落石/座	失格座数/失格率/%
陇海	232	80	134		33	207/89.2
成昆	276	170	58	28	36	235/85.1
襄渝	400	224	88	117	86	333/83.8
阳安	148	92	48	3	18	122/82.4
宝成	344	66	17	4	37	267/77.6
贵昆	180	63	32	34	31	134/74.4
焦柳	436	95	27	4	8	195/44.7
京原	128	19	4	1	6	83/64.8
襄黔	319	33	3	43	5	117/36.7

2)公路隧道

公路隧道普遍存在渗漏水现象,20世纪60年代以前修建的隧道大多未作防水处理,其渗漏水问题比较突出。近年来一些新建的公路隧道,也存在较严重的渗漏水现象。公路隧道渗漏水已被列为公路工程十大通病之一。

公路隧道内以内燃机动车为主,废气和有害气体排放量大,普遍存在因通风不良引起的洞内空气污染问题。由于照明设计或运营管理不善,隧道内部亮度及照度达不到规范要求,会导致交通事故。这些问题极有可能引发灾难性的火灾事故。

3)地铁隧道

一般来讲,采用盾构法施工的单洞圆形地铁隧道,每环衬砌由5~7块管片组成,每一环的接缝长度为20~30m。在饱和软土中的隧道,受盾构施工工艺、地铁运营循环荷载和土质分布不均等影响,在水头压力作用下,渗漏水是目前地铁隧道的通病,随着服务期限的增加,其他病害也会出现。除此之外,地铁隧道人流密集,通风不良引起人的感觉不适;始终存在火灾引发重大伤亡事故的威胁。

3. 对隧道病害认识现状

(1)隧道的主体是人工地下结构,因其处于天然介质的环境中,不可避免会发生病害。

(2)与发达国家相比,我国的隧道建设起步较晚,隧道设计、施工经验都存在一定的差距,思想认识也存在偏见,使得病害发生率大于发达国家。

(3)在隧道运营中会出现渗漏水(水害)、衬砌裂损、隧道冻害、衬砌腐蚀、震害和洞内空气污染等病害,还有火灾威胁。这些病害和危害对隧道的安全、舒适和正常运营有严重影响和威胁。

（4）日本的一些有识之士提出"2020年的警钟"，即日本将从一个土建大国变成修缮大国。2020年日本的结构物维护费用和改建费用，仅建设省就超过200万亿日元，是现在的3倍，维护费用将是日本国家财政的巨大负担。对于我国来说，也是警钟。

10.1.3 隧道养护面临的问题

我国近5000km的铁路、公路隧道基本上是采用矿山法修筑的，目前在维修管理方面存在的问题主要有以下几点。

（1）已建隧道运营状态堪忧。我国目前还没有真正地把维修管理的理论和方法运用到隧道的维修管理中，这与一些发达国家的差距十分明显。也就是说，要在维修管理中建立一个新的概念，即结构物在设计基准期内受到劣化外力作用（环境条件的变化等），以把劣化状态控制在容许水准以内为目标；同时，根据经济性来设定材料规格、设计基准和施工工艺，并确定相应的维修管理基准的概念。

（2）隧道施工单位良莠不齐，且存在"重建设、轻维护"的理念。隧道投入运营后，缺乏早期发现变异现象的检查和检测方法，特别是铁路隧道由于洞内的运营条件差（潮湿、阴暗等），很难早期发现变异的前兆和变异现象。因此，在日常检查中，充实、改进、完善检查和检测方法是当务之急。

（3）对既有隧道功能状态的判定和评价方法有待提高。

（4）目前，我国有近百年历史的铁路隧道已经进入"高维修"管理期。为了延长或提高隧道的使用寿命，必须改变"重建设、轻维护"、"重治理、轻检查"、"重晚期、忽视早期"等传统观念，建立"预防为主、早期发现、及时维护、对症下药"的基本观念。这种传统观念是由体制、经济和技术方面的原因形成的。

（5）我国铁路隧道建设与维护的经验相对国外来讲尚存在一定的差距，对隧道健康的认识存在着严重不足。目前，我国铁路隧道整治变异的方法落后，不仅与国外隧道工程相比是落后的，就是与国内其他工程的整治方法相比也是落后的。这与隧道工程自身的特点有关，但缺少对整治方法、材料及工艺的系统研究和整理也是一个很重要的原因。因此，将一些成熟、有效、先进的整治方法模式化是十分必要的。

10.1.4 隧道病害检查

检查及发现隧道结构是否出现病害是隧道养护工作的重要内容，其目的是为尽早发现结构已出现的破损，避免由于破损程度的发展而导致破损范围的扩大，以便尽可能减少维修的程度以及维修的工程费用，即遵循早发现、控制发展、早维修、少工料费的原则。

1. 隧道检查

1）隧道检查

隧道设备检查是做好隧道大修、维修工作的重要依据。对隧道建筑物进行周密检查的目的是详细了解隧道建筑物在运营中所发生的变化，及时发现病害和分析病害原因并据以采取有效防治措施,合理安排大维修工作;积累技术资料,系统地掌握隧道设备状态,准确规定建筑物的使用条件;使设备经常保持完好状态,保证车辆安全和不间断地运行。对隧道建筑物的检查是隧道维修工作中极其重要的组成部分。

各有关单位应建立检查登记簿、病害观测记录簿,并按规定认真填写,保证数据准确可靠,为分析评定状态和编制修理工作计划提供依据。

为保证检查的工作效率和质量,应配备必要的交通工具,对各级检查人员配备检查工具和仪器、仪表,仪器、仪表应定期标定,统一计量标准。

2) 隧道巡守

(1) 隧道巡守设置原则:①全长在 3km 以上的隧道,分两个巡回区,实行昼夜巡守;②全长在 3km 及以下的隧道,一般不设巡守;③新线隧道一般不设巡守。

(2) 隧道巡守班次安排:根据隧道设备的长度分别设置一个或两个巡回区,巡守人数及班制可根据沿线自然条件、设备状态、列车密度和速度由铁路局自行确定。

(3) 隧道巡守人员应具备下列条件:①熟悉有关规章制度及隧道业务;②有单独处理故障和应急处置能力;③巡守人员(含替班人员)应经工务段培训考试合格,持证上岗。

(4) 隧道巡守工应严格执行下列制度:①交接班制度:隧道巡守人员交接班时,交接班人应共同检查建筑物一遍,并填写《隧道巡守工交接班记录簿》。接班者未按时到位,值班巡守工不能离开工作岗位。②汇报制度:发现有危及行车安全的故障(钢轨折断、护锥滑移、钢梁裂纹、基础冲空、洞口塌方落石、衬砌掉块等)时,应立即采取防护措施,并报告车站、工长和工务段调度;每月定期向工长汇报行车及人身安全、隧道设备病害变化等情况。

3) 病害观测制度

巡守工应按照规定,对隧道的病害填写《隧道病害观测记录簿》。

巡守工在当班巡守时,应穿戴防护服,并要掌握重点列车的运行时刻,注意瞭望,及时避车,目送本线运行列车。

为确保职工人身安全,在线路允许速度大于 120km/h 的区段,或遇降雾、暴风雨(雪)、扬沙等恶劣天气、瞭望困难时,巡守人员应走两侧人行道,察看设备状态。

设有昼夜巡守的隧道,应在隧道口设巡守房,并装设电话、电力照明、报警和信号等设备及必要的生活设施。

4) 隧道检查分类

隧道检查有经常检查、定期检查、特别检查和限界检查等。

(1) 经常检查。其内容包括:排水设施是否通畅,衬砌表面是否有漏水,洞口山坡是否可能有坍方落石,隧道上方地表是否出现冲沟和陷穴,对已有病害进行观测并做好记录以便存档。

(2) 定期检查。定期检查由工务段按铁路局工务处的布置,对管区内所有隧道进行每年 1 次的全面检查。检查时间一般在秋季或春季,故称为秋检或春检。检查内容包括洞口、洞内各种建筑物的状况,可能产生的病害,洪水前后的状态变化以及严寒地区春季冰雪融化后对建筑物的影响等。

(3) 特别检查。应由隧道负责单位或指定有关单位组织,对个别长大、构造复杂和有严重病害的隧道进行特别检查。

(4) 隧道限界检查。隧道限界检查是专门对隧道衬砌限界所进行的全面检查,是隧道技术管理的重要内容之一。工务规则规定，至少每 5 年要检查 1 次，并做好检查记录以便存档。

5) 检查重点

隧道衬砌的检查，可使用分格检查方法。发现衬砌腐蚀、裂缝或变形时，应安设测标，定期观测。还应对衬砌厚度、背后空洞、仰拱和铺底等情况进行检查。

对隧道内的漏水涌水，应查明水源，并在每年流量最大的月份和地点，测量水的流量和水温（严寒地区冬季最冷月份应增测水温）。必要时，须取样化验水质，了解其对衬砌是否有侵蚀作用。

应检查隧道内整体道床支承块松动和损坏，道床基底沉陷，承轨台与人行道交界处、中心水沟、伸缩缝等部位的裂缝、变形、错台等情况。

应检查隧道洞口边仰坡崩塌落石、滑坡情况，偏压隧道或明洞的山体滑动和衬砌有无变形裂缝等，明洞顶填土厚度和坡度是否符合要求。

运营中应按规定设置机械通风，在通风不良的隧道，应组织工务、卫生等有关部门，每年进行 1 次抽取空气试验，测定有害气体的浓度，找出最大浓度及降至容许浓度的时间，必要时应进行通风试验，同时测定自然风和活塞风的情况。

应对隧道内的排水设施、出入口的天沟、吊沟、截水沟及隧道顶防排水情况进行检查。

6) 检查验收

隧道大修施工单位应建立严格的检查制度，做好以下施工检查工作。

(1) 工地负责人应在每日工作中、收工前，对当日作业质量和安全情况进行全面检查。

(2) 严格执行《铁路营业线施工安全管理办法》的规定。施工单位应加强经常性技术指导，至少每月进行一次检查，尤其是封锁施工时，主管领导必须亲自检查。

(3) 对委托或发包给其他单位施工的单项工程，施工单位应派专人负责现场施工的工程质量和施工安全的检查监督，严禁以包代管。

(4) 对架空线路或慢行施工，应派专人对线路变化情况进行检查，及时对不良线路进行整修和保养，并做好记录。

2. 隧道病害调查内容

隧道病害发生较多的地段，从地质情况看，一般是断层破碎带、风化变质岩地带、裂隙发育的岩体、岩溶地层和软弱围岩地层等；从地形情况看，多发生在斜坡、滑坡构造地带和岩堆崩坍地带等。主要的调查内容有以下几点。

1) 水文地质调查

首先要对隧址处的工程地质和水文地质进行调查，包括设计勘测资料、施工所遇地质情况以及竣工资料等，必要时还需进行补充钻探勘测。水是诱发隧道病害的重要因素，因此应特别注重地下（地表）水的水质、水量以及水对围岩、结构等影响的调查分析。在对地质资料进行分析时，应特别注意围岩中是否夹有泥岩、千枚岩、泥质页岩和碳质页岩等膨胀性岩层，很多隧道产生病害的一个重要原因就是施工中未对存在此类岩层的围岩采取有效工程措施。如某铁路线，凡是IV级围岩以上直墙隧道边墙的开裂都是因围岩中夹有遇水膨胀性岩层造成的。基底的翻浆冒泥也是由于未对IV级以上围岩考虑存在遇水软化的岩层，导致设计中未考虑仰拱及深排水措施。从实际的病害隧道来看，很大一部分隧道在设计时，对夹有软弱膨胀性岩层的围岩情况,通常都未考虑采取相应的工程措施。

2) 施工情况调查

首先,应调查基本的施工情况,如开挖方式(全断面、台阶法、分步开挖)和支护形式(矿山法、新奥法,二次衬砌是一次性施作还是先拱后墙或先墙后拱)。其次,应调查锚杆数量和质量、注浆配比和注浆量、水泥生产厂家及质量、粗细骨料检验报告、混凝土的配合比及其养护和强度、隧道监测资料等情况。再次,应对坍方(坍方规模、处理方式)及变更(原因、方案和处理方式)等情况进行重点调查,调查资料应以设计文件、施工记录及监理签认单为准,同时可以参考当时的各种会议纪要、通知及竣工文件。

3) 隧道施工质量调查

(1) 衬砌厚度及背后空洞检测。检测方法有无损、有损或无损与有损相结合。有损检测主要采取钻孔或开天窗,目前较常用的无损检测主要用地质雷达,采用地质雷达进行普查过程中也需钻取一定数量芯样进行校验。

(2) 衬砌强度检测。衬砌强度检测可以回弹法或超声回弹综合法进行普查,同时辅以钻芯试验进行修正,或直接用钻芯方法推算混凝土强度。

(3) 衬砌完整性检测。应根据超声仪检测声波在衬砌中的传播速度,与声波在相应等级混凝土中传播速度的标准值相比较,来判断衬砌混凝土强度的完整性。由于完整衬砌与有裂缝衬砌的波谱不同,因此衬砌结构的完整性主要根据波谱特征进行判断。

(4) 断面净空检测。应用激光断面仪检测隧道净空,对各测点与设计轮廓或行车限界进行比较,判断是否侵限。

4) 裂缝调查

裂纹的分布和形态的调查对判断隧道病害的成因起着关键性的作用。裂纹调查项目应包括裂纹分布、宽度、深度及性质,根据调查结果,按一定比例绘制裂纹展示图。

(1) 裂纹的宽度可用读数显微镜(一般其刻度为 0.02mm)检测。

(2) 裂纹深度可用声波仪检测(也可用比较直观的钻芯法)。

(3) 裂纹成因分为张拉、受压和受剪三种,张拉裂纹为外大内小,受压裂纹为外小内宽,裂纹附近有不规则的鱼鳞状,受剪裂纹用手触摸有错台情况。

(4) 应观察裂纹随时间的发展动态。目前也可采取摄影方法进行裂纹调查,但此法只能显示裂纹的宏观表象,很难反映微观表象。

5) 渗漏水调查

应调查渗漏水范围(里程)、部位、出水形式、水量、水压及水质,并绘制展示图,可以与裂纹展示图一并绘制。

6) 路面或基底调查

首先应绘制路面或基底下沉、翻浆冒泥(出泥、出水点)的展示图,采取钻芯法查明基底的围岩性质,绘制钻芯柱状图,同时查明常年地下水位。

7) 地下水调查

应调查地下水流向、补给及含水层分布。若衬砌出现腐蚀现象,应进行地下水的化验;有时边沟的水可能不具有腐蚀性,这时应在腐蚀地段进行钻孔,提取围岩裂隙水进行化验。

3. 观察隧道及地下结构出现病害的调查方法

(1) 审查设计及施工文档；

(2) 经常进行洞内肉眼观察；

(3) 定期对设置的观察面进行量测，并用曲线外插法，预测变形及受力状态；

(4) 观察地下水数量及水质变化；

(5) 钻孔探查，了解岩石受力及松动状态、岩石与隧道接触状态、隧道结构变形裂缝状态和密封层防水性等；

(6) 开挖检查井及坑道；

(7) 现代测量方法，如物理地质电测法、地质电测法、红外线测量法和地质电力学测量法等。

10.1.5 隧道病害的原因

引起隧道病害的原因有多种，主要可分为两类，即人为因素和自然因素。

1. 人为因素

引起隧道病害的人为因素主要指由于设计和施工不当引起的病害，主要包括以下几个方面。

(1) 建筑材料：建筑材料强度低、质量差、易老化。

(2) 设计不当：截面形式不合理，强度偏小，密封及防排水系统不当。

(3) 施工不当：岩石松动或自承效应丧失，支护结构与岩石接触差，仰拱合拢过晚，开挖及衬砌方法不当等。

2. 自然因素

引起隧道病害的自然因素指因隧址处工程地质及水文地质、交通等状态的变化而引起的病害，主要包括以下几个方面。

(1) 地质状态：作用于岩体上的外力荷载发生改变；岩体自身由于发生应力重分布、松动或出现膨胀应力而改变了岩体原来的受力状态；围岩体积变化改变了原来的围岩作用。

(2) 内部荷载：交通状态的改变使洞内荷载强度及振动强度发生变化。

(3) 地貌改变：如在隧道临近处开挖土方，进行振动较大的施工作业。

(4) 地下水影响：隧址处地下水位改变，水量及水质改变，密封层渗水等。

通常隧道破损的形式、程度与上述因素之间没有对应的因果关系，这一方面是由于上面提到的两类引起破损的因素在很多情况下相互影响；另一方面，相同的破损形式在不同的情况下可能由不同的原因而引起，或相同的破损原因又可能导致不同的破坏形式及程度。另外，还存在其他引起破损的因素，例如没有及时发现引起破损的迹象或出现破损的痕迹，错误地判断而发生新的破损，维修及修复措施不当等。

虽然隧道破损的因果关系比较复杂，但两者之间的关系一般具有如图 10-1 所示的现象。如图 10-1 所示的原因①，表示由于基床变形而导致隧道结构产生较大的变形（图中虚线用来描述隧道结构的变形情况）；原因②，表示由于侧向压力较大时，隧道衬砌会发生位移、裂缝、塌落、压剪破坏（如图 10-2(a)所示）、斜压破坏及仰拱扭曲等破损情况（图中平行线描述塌落，细斜线表示剪压，粗斜线表示斜压剪断，短实线表示裂缝）；原因③，表示在竖向压力较大时，拱圈下沉，拱顶开裂（如图 10-2(b)所示）；原因④，表示当局部压力较大或有动态压力时，则会发生局部脱落（如图 10-2(c)所示）、不对称变形及压剪或斜压破坏；原因⑤，表示当岩石产生松动及应力重分布时，常会引起拱圈开裂、墙脚位移、压剪及斜压变形破坏；原因⑥，表示由流动式挤压，则会造成衬砌结构发生不对称位移，局部发生较大位移变形以及压剪破坏；原因⑦，表示当隧道无仰拱时，由于开裂及位移而引起支座点发生较大位移，拱顶处发生剪压或斜压破坏；原因⑧，表示当围岩产生膨胀应力时而引起局部变形；原因⑨，表示围岩发生滑动时，截面被剪断；原因⑩，表示在围岩产生下沉时，引起隧道沿着纵向发生不同的位移变形，如图 10-3 所示。图 10-2(d)表示锚杆垫板处围岩由于受力集中而出现了塑性破坏。

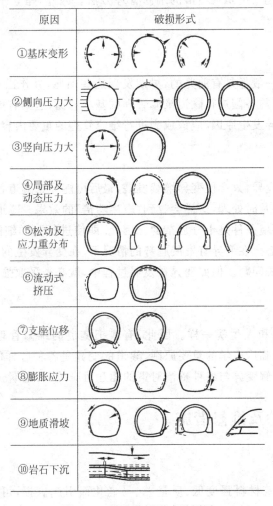

图 10-1　衬砌破坏形式及原因

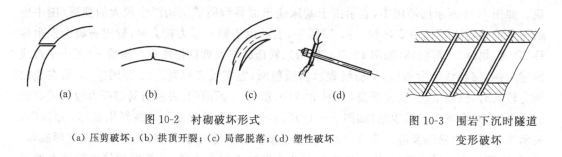

图 10-2 衬砌破坏形式
(a) 压剪破坏；(b) 拱顶开裂；(c) 局部脱落；(d) 塑性破坏

图 10-3 围岩下沉时隧道变形破坏

10.1.6 隧道病害维修养护原则

1. 预防为主

预防维修管理是最好的维修管理方法。也就是说，在劣化发现之前进行详细的检查，并采取必要对策不让劣化发生是最经济的维修管理方法。因此，建立一个完善的检查体系是十分重要的。

2. 早期发现

隧道变异的发生一般都是有前兆的，早期发现这些前兆，并作出正确的判定，及时处理可能发生的变异，是当前各国进行隧道维修管理的基本前提，这具有更重要的意义。早期发现、正确诊断、推定变异发生原因，应该成为进行维修管理的重要内容。

3. 及时维护

拖延处理发生的变异，只会使变异继续发展，最后可能导致隧道各种事故的发生。实践证明，出现了变异就要及时处理，这样会收到"事半功倍"的效果。隧道是修筑在地下的线状结构物，围岩动态及环境条件是十分复杂的。因此，即使进行了详细的调查，有时也很难充分掌握隧道的变异状态。在变异有发展趋势的情况下，在变异发生的初期阶段，只要采取一些简单的措施就可解决问题。但如变异在发展过程中，就必须采取强有力的措施了。

4. 对症下药

隧道发生变异，就和人生病一样。因此，有人把隧道的维修管理认为是"隧道临床医学"。"对症下药"就是临床医学的重要原则，隧道的变异是各种各样的，整治的方法也是各有不同。因此，必须了解变异与各种整治对策的相互对应关系，以期获得最好的治理效果。

10.1.7 养护及维修措施

1. 建筑材料因素

（1）如果由于建筑材料强度低、质量差、易老化而引起破损，可采用更换材料的维修方法。

（2）如果建筑材料易表面脱落、风化及腐蚀，可在该表面抹水泥浆或喷混凝土。

(3) 如果由于材料冻裂,特别是在洞口附近,则需改善排水设施,尽可能将水引离结构,并且加强通风。

2. 设计因素

(1) 如果由于外力过大引起结构强度偏低时,可考虑更换高强度材料;增加钢锚杆、加受力铰以改变原来结构的受力形式;注浆加固以提高岩体的自承能力,并减少作用在隧道结构上的围岩压力,在注浆时要考虑结构原来的排水形式及排水系统。

(2) 如果隧道衬砌无仰拱,墙脚发生塑性位移时,若只加固支座地基效果不大,可考虑加钢锚杆或注浆以加强衬砌与围岩的连接,加固侧墙或增建仰拱。

3. 施工因素

(1) 如果因施工不当而造成衬砌与岩体接触差,可考虑注浆或填充方法,加强围岩与衬砌的连接以形成共同受力结构,减少松动。

(2) 如果由于施工引起隧道结构局部质量较差,可考虑更换。

4. 地质状态

如果由于围岩体积变化或岩体松动及应力重分布而改变了原来的抗力作用时,可采用注浆填充空洞,并用钢锚杆加强隧道衬砌与围岩之间的接触和共同受力。

5. 地下水效应

(1) 如果密封防水层发生局部破坏,可在渗水处插软管将水排入排水沟,或修建局部阻水层将水路阻塞,防止地下水流入隧道内部。

(2) 如果密封防水层被大面积破坏,而不起密封作用,通常无法恢复原来的密封层,只有考虑放弃原来密封层的作用,在衬砌内表面重修防水层,或采用改善排水系统功能的方法将水汇流后排出洞外。

10.1.8 安全性及稳定性评价

隧道衬砌除了由于各种因素导致破损外,还存在自然老化的过程。随着使用年限的增长,建筑材料会慢慢地腐蚀、脱落、强度降低,从而使功能逐步衰退、下降。

隧道在运营保养阶段,除了对破损要进行及时修复外,还要对修复的效果及隧道的安全性、稳定性给予正确的评价。如果隧道破损后,修复效果不好,破损范围不断发展及扩大,并有如塌方或失稳的危险时,则需临时停止隧道的运营使用,当对隧道综合评价结果证明隧道已无法正常运营,并无法或不值得修复时,则认为隧道已达寿命。

1. 隧道结构的评价

隧道结构的评价包括对衬砌结构的刚度及变形状态、材料强度及变形性、仰拱及基底效应等进行评价。

2. 围岩状态的评价

围岩状态的评价包括对隧道衬砌与围岩的接触状态、松动区的大小及形状、作用于隧道衬砌上的压力、抗力效应、静水及附加压力、岩石的力学性能等进行评价。

根据隧道结构和围岩状态的评价结果,可对隧道结构进行静力学计算分析,必要时可做动力学分析,进行截面的强度验算,评价隧道的安全性及稳定性。

通过对旧隧道综合状态的评价,可以确定维修的必要性及相应的维修和加固方法。

10.2 隧道档案的建立

每座隧道都应建立相应的档案,特别是长大隧道的档案建立更应详细。隧道档案应收集与该隧道有关的设计、施工及竣工资料,还包括养护与维修过程中的一些记录资料。

1. 隧道设备概况

(1) 隧道概况:包括隧道所处线路及区间名称,隧道全长,起讫里程,开工、竣工年月,地质情况等。

(2) 隧道结构的断面形状:包括内轮廓尺寸、衬砌材料和避车洞设置情况等。

(3) 辅助坑道:记录竖井、斜井、横洞及平行导坑的位置及其他情况。

(4) 线路情况:包括纵坡、平面、设备、道床、轨枕和钢轨等情况。

(5) 洞内排水设施:包括排水沟类型、长度、深度;检查井形状、间距、数量;盲沟情况、钻孔排水、泄水洞排水等情况。

(6) 洞外排水设施:包括洞外排水沟及山上排水沟类型、长度等。

(7) 路堑的起讫里程、护坡材料等。

(8) 通风设备情况。

(9) 电力及照明设备情况。

(10) 通信设施情况。

以上内容最好用表格形式表示,易于工作的进行及后续的处理。

2. 隧道病害展示图

隧道检查时,应依次检查各个部位,注意发现异常情况和已有异常情况的变化。对于出现异常情况的结构,应在其适当位置做出标记并绘入隧道病害展示图,如表10-2所示。

3. 隧道历史概况与现状分析

1) 隧道历史概况

在建立档案时要注意收集整理下述资料:

(1) 开工时间、交付运营时间、设计及施工单位等;

(2) 隧道工程地质及水文地质情况;

(3) 在修建过程中,曾发生过坍方等事故的地点及处理措施等;

表 10-2 隧道病害展示图

土建结构	桩号	
	左墙	
	拱部	
	右墙	

隧道名称：_____　　　　　　　　　检查日期：___年___月___日
检查人：　　　　　　　　　　　　　　　记录人：

```
   ┌─────────┐   ┌─────────┐   ┌─────────┐
   │   ～    │   │   ◎     │   │   ✦     │
   └─────────┘   └─────────┘   └─────────┘
        1              2              3
   ┌─────────┐   ┌─────────┐   ┌─────────┐
   │   ～    │   │   ⌇     │   │  ◇ ◇    │
   └─────────┘   └─────────┘   └─────────┘
        4              5              6
```

病害表述图例

1—出水冒泥；2—衬砌凸起；3—围岩碎落；4—墙体变形；5—衬砌或围岩开裂；6—漏水、挂冰、堆冰

(4) 交付运营时的工程质量及存在的问题等。

2) 隧道现状分析

在定期检查、专项检查及维修之后，应总结下述问题：

(1) 针对隧道的主要病害状况，分析其原因及危害性，并预测发展趋向；

(2) 对主要病害曾采取过哪些整治措施，有何收效及经验教训；

(3) 历年来经过基建、大修解决了哪些问题，还存在什么问题；

(4) 对整治病害及技术改造的意见。

4. 图纸存档

1) 技术图纸

技术图纸是以后修理及维修工作开展时必须要有的资料，是保证维修及养护有效的必需文件。其主要包含的内容有：

(1) 设计单位提供的纵断面图、横断面图和平面图；

(2) 施工单位提供的衬砌内轮廓断面图、隧道开挖断面图、山上地形及排水设施图；

(3) 其他有关隧道的技术图纸。

2) 隧道衬砌展示图

为了便于检查、记录和分析病害，要使用衬砌展示图，即把衬砌划分为若干部分，如图 10-4 所示，每部分按纵向里程展开。

3) 隧道综合最小限界图

根据铁路运输组织工作的需要，要绘制区段最小限界，而区段最小限界是根据线路上的每一座建筑物（如隧道、桥梁、跨

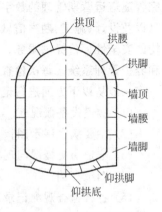

图 10-4　衬砌各部位的划分

线建筑物及其附属设备)的综合最小限界绘制而成的。综合最小限界是限制装载货物最大宽度用的。隧道综合最小限界均按超高转动的线路坐标系施测计算,其测量方法可归纳为横断面法、轨迹法和摄影法。

在测量绘制隧道最小限界时应注意以下几点:
(1) 计算断面在平面上应垂直于线路中心,立面应垂直于轨面的纵坡线;
(2) 轮廓中所有的实测点,必须是该隧道全长范围内所有建筑物及附属设备不会侵入的、有保证的综合最小接近限界;
(3) 在直线上是以基本线路坐标系为计算坐标,限 $\theta=0$,在曲线上是按基本线路坐标系绕曲线内侧钢轨顶面向上转动 $\theta\left(\theta=\arctan\dfrac{h}{1500}\right)$ 角,所得到的转动后的线路坐标系进行计算,并注明该点所在曲线半径和曲线方向是内侧点还是外侧点,以便于运输部门运用;
(4) 曲线上的综合最小限界不能用点测量,而要将测点的实测值减去 36mm 所得的差数作为填表和绘图之用,这是因为在计算装载货物的最大宽度时已减去 36mm(见《铁路货物运输规程》);
(5) 隧道的综合最小限界要分开绘制直、曲线。

5. 各种检查观测记录

每次检查的结果必须进行相关的分析处理,备份保存。观测记录主要包括:
(1) 衬砌裂缝记录;
(2) 隧道洞外降雨记录;
(3) 衬砌漏水记录;
(4) 隧道洞内、外地下水的水源、流量及流速观测记录;
(5) 其他项目观测记录(如衬砌被腐蚀记录、冬季刨冰记录、洞内排水沟冻结记录和衬砌变形记录等)。

6. 隧道档案的建立

隧道管养单位和监管单位应建立健全公路隧道技术档案管理制度,大力推广隧道信息管理系统,及时更新隧道技术数据,保证隧道技术档案真实完整,实现电子化管理。建立和完善隧道运营期管理的数字化系统,实现整条线路桥隧的综合管理,集成病害信息、养护信息以及设计、施工、勘察信息,实现数据的实时查询,为运营期的管理、病害治理以及桥隧结构的安全性评价提供服务。特别重要的特长隧道应建立符合自身特点的电子档案管理系统和养护管理系统。每次检查和养护维修结束后,要及时更新隧道有关信息。

一般从以下方面进行记录隧道信息:
(1) 隧道设备概况;
(2) 主要病害展示图;
(3) 隧道历史概况与现状分析;
(4) 图纸存档;
(5) 各种检查观测记录。

隧道档案的建立是一项细致的工作,需要管养技术人员长期地逐步积累有关隧道的技术资料,为隧道的长期使用、维修、改建和扩建服务。

10.3 隧道水害及整治措施

隧道水害是指在隧道的修建或运营过程中因水而引起的干扰和危害。水害是隧道中常见的一种病害,调查资料表明,大部分的隧道都存在不同程度的水害。不仅水害本身对隧道结构产生危害,降低衬砌结构的可靠性,导致衬砌失稳破坏,而且还会引发其他病害,影响隧道整体结构的稳定性。

10.3.1 水害的种类及其危害

1. 隧道施工中的水害及其危害

隧道施工中的水害主要是指隧道围岩的地下水或部分地表水,以渗漏或涌出方式进入隧道内造成的危害。

施工中隧道渗、漏水,造成洞内空气潮湿,不仅影响施工人员的身体健康,而且使施工机械、设备产生锈蚀、腐烂,使绝缘设施失效,造成电路短路、跳闸甚至漏电事故,危及人身、设备安全。当变为突水或涌水时,就危及施工人员的人身安全,损坏施工机械,引起塌方,斜、竖井被淹没,中断施工,造成重大的经济损失。如大瑶山隧道就因突水致使班古坳竖井被淹没,使其基本上未能发挥竖井作用。

2. 运营中的水害种类及其危害

1) 隧道漏水

隧道衬砌的漏水现象一般表现为渗、滴、淌、涌等:"渗"是指地下水从衬砌外向内润湿,使衬砌内出现面积大小不等的润湿,但水仍附着在衬砌的内表面;"滴"是指水滴间断地脱离衬砌落入隧道,有时连续出水,也称为滴水成线者;"淌"是指漏水现象在边墙的反映,水连续顺边墙内侧流淌而下;"涌"是指有一定压力的水外冒。以上四种漏水现象,其出露部位与水量的不同,会对隧道产生不同的危害:

(1) 对电力牵引区段和电力配线,会使电绝缘失效,发生短路、跳闸等事故,危及行车安全;

(2) 洞内空气潮湿,影响养护人员身体健康,使洞内设备(通信、照明、钢轨等)锈蚀;

(3) 混凝土衬砌风化、腐蚀、剥落,会造成衬砌结构破坏;

(4) 涌水病害造成衬砌破坏,隧底积水造成道床基底被软化或掏空,使道床翻浆冒泥或下沉开裂,中断行车;

(5) 有冻害地段的隧道漏水会造成衬砌挂冰侵限和冻融破坏。

2) 衬砌周围积水

衬砌周围积水主要是指运营隧道中地表水或地下水向隧道周围渗流汇集,如果不能迅速排走而引起的病害有:

(1) 水压较大时会导致衬砌破裂;

(2) 使原来完好的围岩及围岩的结构面软弱夹层因浸水而软化或泥化,失去承载力,对衬砌压力增大而导致衬砌破裂;

(3) 使膨胀性围岩体积膨胀,导致衬砌破坏;

(4) 在寒冷地区发生冰胀和围岩冻胀,导致衬砌快速破坏。

3) 潜流冲刷

潜流冲刷主要是指由于地下水渗流和流动而产生的冲刷和溶蚀作用。其危害有:

(1) 衬砌基础下沉,边墙开裂或者仰拱、整体道床下沉开裂;

(2) 围岩滑移错动导致衬砌变形开裂;

(3) 对超挖回填不密实或未全部回填者,引起围岩坍塌,导致衬砌破坏;

(4) 侵蚀性水对衬砌的侵蚀。

10.3.2 水害产生的原因

水害产生的原因很多,归纳起来可分为以下几种。

1. 勘测与设计

由于隧道是修建在地下的结构物,而地下的工程地质和水文地质情况非常复杂,很难勘察得一清二楚,这样在防水设计之前,设计人员对工程地质和水文地质情况就了解得不够仔细,对衬砌周围地下水源、水量、流向及水质情况掌握不准;在隧道修建前后由于各种因素影响,隧址处的水文地质情况会发生一些改变;有时还缺乏反映防水材料性能的室内试验数据,对结构抗渗、抗腐蚀未做具体要求等。以上因素导致隧道的防排水设计很难在隧道的使用期内完全满足防排水的要求。

2. 施工

许多隧道和地下工程在施工中由于其光面爆破效果不佳,喷射混凝土表面不平整;加上防水板接缝采用电烙铁,焊缝不均匀、不牢固,使防水板很容易产生空鼓开裂;局部超挖过量,回填不好不实,使塑料防水板无法发挥其防水性能;锚杆孔眼和衬砌悬挂设备孔眼的防水处理得不够好。有的施工单位一味追求施工速度,忽视二次衬砌质量,造成混凝土内部有空隙、衬砌表面粗糙。另外,对排水设施不按施工规范要求操作,会使地下水丰富地区的隧道产生严重的渗漏水。

3. 材料

如果所选用的防水材料达不到国家质量标准,会导致隧道的渗漏水病害。

4. 监理

监理工程师应对防水材料的选择和使用、铺设基层的处理和铺设工艺等进行跟踪检查,确保防水质量。

5. 验收

工程竣工后,从衬砌表面往往看不出什么问题,管理单位缺乏检验手段,有时又接近运营期限,往往对交验前的渗水情况缺乏进一步查验,只好按竣工报告及施工总结,勉强验收,这导致运营后渗漏水现象逐渐严重。

6. 匹配

防水技术的匹配是指防水设计、防水材料和防水施工工艺与防水工程相适应的问题。从工程实例来看,不少工程渗漏水是由于防水材料与基面黏结不良或不适应造成的,因而搞好防水技术的匹配近年来引起了人们的广泛关注。

防水施工方法不外乎喷射、涂刷、抹压、注浆和粘贴等,防水材料可分为沥青、橡胶、塑料、水泥及聚合物等。不论采用何种施工工艺和材料,都有与建筑物基面的接触问题。从这一角度考虑,防水效果的关键是防水层与基面的黏结和适应问题。

10.3.3 水害的分级

(1) 在我国的铁路隧道养护工作中,根据渗漏水程度将渗漏水定性地分为润湿、渗水、滴水、漏水、射水和涌水六级。

(2) 日本《道路隧道维持管理便览》将隧道渗漏水程度定性地分为渗出、滴水、流出、喷出四级,并且根据渗漏水的程度和渗漏水部位(拱部和边墙两个部位)将渗漏水对隧道的影响也分为四级。

(3) 美国《铁路交通隧道和地下建筑物检查方法和程序》将渗漏水从定性的角度分为轻度、中度和重度三个等级。

(4) 美国《公路和铁路交通隧道检查手册》中,对这个分级标准进行了量化,即轻度(混凝土表面潮湿但无滴水)、中度(流量小于 30 滴/s)和重度(流量大于 30 滴/s)。

(5) 我国《铁路工务技术手册隧道》(修订本)中,从定量的角度将环境水在五类侵蚀类型下对衬砌混凝土的侵蚀程度分为三级。

(6) 我国《铁路桥隧建筑物劣化评定标准—隧道》中,从定性的角度将隧道渗漏水对隧道功能影响程度分为五级,并将渗漏水的 pH 值对隧道衬砌的腐蚀程度定量地分为四级。

(7) 《地下工程防水技术规范》(GB 50108—2008)用定性描述和定量分级相结合的方法将隧道的防水等级分为四级。

(8) 国外有一种隧道防水分级方法,该方法按最大允许渗漏量从定量的角度将隧道防水等级分为七级,划分标准为:一级(肉眼看不出)、二级($1L/(d \cdot m^2)$)、三级($3L/(d \cdot m^2)$)、四级($13L/(d \cdot m^2)$)、五级($30L/(d \cdot m^2)$)、六级($100L/(d \cdot m^2)$)、七级(不限制)。

10.3.4 水害的整治措施

隧道水害要进行综合整治,需设计、施工和运营三阶段配合治理。首先,设计人员要重视建筑和结构上的防排水要求,了解工程地质和水文地质,摸清围岩地下水源、水量、流向和水质等情况,及时采用新技术、新材料和新的防水施工措施;其次,施工阶段水害治理得好,就会减轻运营中养护维修的任务,否则会留下隐患,加重运营阶段的水害。整治隧道水害要以一座隧道或以相当长的一段隧道为研究对象,不应只考虑病害点,而应把洞内洞外、山上山下及有病害与无病害的段落一起分析,从而作出全面的整治规划。

隧道治水的具体措施就是"防、排、截、堵结合,因地制宜,综合治理",使之既能自成体系,又能互相配合,形成一个完整的隧道治水体系。

1. 排水设施

1) 施工中隧道的排水

在隧道施工中,应将洞内工程废水及时排出洞外,以防止坑道内浸水影响施工、淹没工作面。洞内排水方式按开挖方向和线路坡度情况分为以下两种。

(1) 上坡进洞的排水方式:一般只需随着隧道的延伸,在一侧(或两侧)开挖排水沟,使水顺坡自然排出洞外。设有平行导坑的隧道,可将正洞的水通过横通道引入平行导坑排出洞外。

(2) 下坡进洞施工的排水方式:采用抽水机排水,即间隔一定距离开挖集水坑,掌子面的积水用水泵抽到最近的集水坑内,再用大功率抽水机抽出,经排水管路排出洞外,此时应配有足够的排水备用设施。

2) 运营中隧道的排水

在衬砌外面设置排水设施,施工难度较大,常用的做法有以下几种。

(1) 岩石暗槽:适用于围岩坚实稳定、水流清澈、不含泥沙的地段,一般沿主要含水裂隙的走向进行开凿。

(2) 盲沟:按设置方向与隧道轴线的关系分为竖向盲沟、纵向盲沟和环向盲沟。盲沟主要适用于以下情况:①浅埋隧道地表潮湿、有积水,无法以地表排水疏干时;②衬砌背后有集中的地下水出露;③有水地段但无明显的集中出水位置,应间隔 2~5m 设置竖向盲沟,并与纵向盲沟相连;④在衬砌的伸缩缝、沉降缝和断面变化处设置竖向盲沟。

(3) 围岩排水钻孔:在衬砌背后的岩体内布置一排或多排钻孔,使之形成一个或多个集渗幕,用以疏干围岩。它不必拆除旧衬砌,可利用辅助坑道或将避车洞延伸而将集渗幕设在岩体内。一般用于Ⅳ级以上围岩,如用于Ⅳ级以下围岩,宜在孔内设过滤器,以防塌孔或淤塞。

(4) 纵向排水沟:一般设在隧道两侧或地下水来源侧,也可设在隧道中心。

(5) 横向排水沟:当隧道纵向排水沟只设在一侧或位于中心时,需用横向排水沟作导引排水,即将盲沟汇集的水引入纵向排水沟排出。

在衬砌内设置排水设施,其主要优点是可以不开凿衬砌,工程量小,施工简单;缺点是不易对准地下水露头位置,疏干围岩范围小,在冬季发生冰冻的地段不能采用。在衬砌内面设置排水设施主要有三种形式。

(1) 引水管:主要用于衬砌湿痕或背后积水较高位置的引水,一般采用铁管、胶管、硬塑管和竹管,将其固定在拱墙内表面。

(2) 泄水孔:主要作用是排出衬砌背后积水,将水引入洞内排水沟。泄水孔孔位一般不高于水沟盖板或人行道,否则应作引水管或引水暗槽。

(3) 引水暗槽：衬砌凿出小槽，表面用砂浆封闭，将多个泄水孔的水引入一个槽中排入水沟内。暗槽以竖槽为主，不得采用纵向水平的暗槽，如图10-5所示。

3) 衬砌自防水

衬砌自防水是以衬砌结构本身的混凝土密实性实现防水功能的一种防水方法，造价低、工序简单、施工方便。

混凝土是一种微孔结构材料，其中的部分开放式的毛细孔、各种裂隙及混凝土自身收缩形成的开裂是造成渗漏水的主要原因。防水混凝土是通过加入少量外加剂或高分子聚合物材料并通过调整水泥、砂、石及水的配合比，抑制

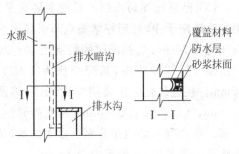

图 10-5 引水暗槽

混凝土孔隙率，改善孔结构，增加原材料界面的密实性，达到防水的目的。防水混凝土除用于防水外，更主要的是防渗。

防水混凝土衬砌施工前应控制好地下水位，要保持地下水位在施工底面最低标高以下不小于300mm，以避免在带泥浆或带水的情况下施工，保证施工质量。

4) 外贴防水层

在新建隧道、运营隧道更换衬砌和其他一些适合的条件下，施作外贴防水层，并结合洞内排水设施，使之相辅相成，结合良好，能够防治水害。外贴防水层主要采用贴涂法，即直接在衬砌外围粘、喷涂防水层以保护衬砌，使衬砌圬工不充水、不漏水。外贴防水层主要有防水卷材和防水涂料两种。

5) 内贴防水层

内贴防水层不用凿开衬砌，比外贴防水层施工简便、成本低，可随时检修。因此，在运营隧道养护维修中，内贴防水层是整治水害最常用的方法之一。

(1) 喷浆防水层。喷浆防水层是在一定压力下用机械把水泥砂浆直接喷射到衬砌内表面成型，既可作为结构层缺陷修补，又可以防水，特别是在外贴防水卷材或使用防水混凝土等措施效果都不太理想时，可作为一种补救措施，实际中应用比较多。防水层总厚度为12～40mm，最大不宜超过50mm，砂浆配合比一般为1∶1～1∶3(重量比)，水灰比为0.5～0.6，并适当掺入防水剂和速凝剂，以提高抗渗性和固结强度。防水砂浆一般分两层喷射，施工完后要注意保护，特别是早期养护。为了防止防水砂浆中的水分蒸发，保证水泥达到充分水化的要求，每天都应均匀养护，只有在潮湿环境下认真养护3d以上，才能达到防水抗渗的目的。施工时应保证原材料质量，严格按配合比施工，施工温度应在5～35℃之间，低温施工时应采取保温防冻措施。水泥砂浆防水层应与基层黏结牢固，不得有裂缝、空鼓和渗漏水等缺陷存在。

(2) 喷射混凝土防水层。由于喷射混凝土的水泥用量大，水灰比小，并采用较小尺寸的粗骨料，这样有利于在粗骨料周边形成足够数量和良好质量的砂浆包裹层；使粗骨料彼此隔离，有助于阻隔沿粗骨料互相连通的渗水孔网，还可以减少混凝土中多余水分蒸发后形成的毛细孔渗水通路，因而有较好的抗渗性，其抗渗指标一般在0.7MPa以上。喷射混凝土用水泥一般不低于425号；砂宜用中粗砂，细度模数大于2.5，小于0.075mm的颗粒不多于2.0%；石子宜用卵石，粒径不宜大于20mm，水泥与骨料比(胶骨比)为1∶4～1∶4.5，砂率

(砂子在整个粗细集料中所占百分率)为45%～55%,水灰比为0.4～0.5。混凝土防水层的施工要求基本与防水砂浆防水层相同。

(3) 砂浆抹面防水层。目前主要是采用特种水泥(双快、早强水泥),将渗、漏水处的基层凿毛清洗干净,处理好堵漏点与引导出水点,然后进行水泥浆抹面,其厚度为2～3mm,水灰比为0.38～0.4,初凝时间控制在10～20min。接近初凝时,在其面上洒些中细砂,达到了一定强度后抹砂浆层,其配合比为1:1.5～1:1.2,水灰比为0.4～0.45,厚度为6～10mm。接近硬化时用排刷拉出细条,终凝后在其面上刷上一层水泥净浆,厚度为0.5～1.0mm,然后再抹上5～6mm厚的砂浆层,其配合比为1:1.5～1:1.2,水灰比为0.4～0.45。在初凝前必须在其面上多次抹磨,挤出砂浆中的泥浆,反复2～3次,使其表面光滑。硬化后加强养护,一般不少于3d。

(4) 喷涂乳化沥青乳胶防水层。采用该材料施工时,应用专用工具及压力设备进行喷射,其施工顺序为由上而下,先喷涂拱顶,后喷涂墙脚,喷涂应沿逆风方向进行。喷嘴与喷射面的距离,一般在50～120cm,喷射压力为0.2～0.3MPa。

6) 压注法

压注法就是用压力把某些能固化的浆液注入隧道围岩及衬砌混凝土的裂缝或孔隙,以改善其物理力学性能,达到防渗、堵漏和加固的目的。目前隧道采用的注浆材料较多,主要有水泥浆材和化学浆材。水玻璃类浆材由于其溶解性,现在很少使用。

水泥类浆材主要包括纯水泥浆和水泥黏土浆两类。它们主要是由水泥、水及各种外加剂组成。可根据工程选用各种性质的水泥,一般采用生活用水。同时,为改善水泥浆的性质,以适应不同的自然条件,应掺入各种外加剂,如速凝剂、缓凝剂、引气剂和膨胀剂等。水泥类浆材的优点是能形成强度较大和渗透性较小的结石,防渗效果较好,而且原材料成本低、材源广,没有毒性和环境污染问题;其缺点是浆液稳定性差,析水性大,凝结时间长,当地下水流速较大时易被冲刷和稀释。

化学浆材品种较多,主要有环氧树脂类、中基丙烯酸酯类、丙烯酰胺类和木质素类等。化学浆材的特点是:可注性好,适应性强,可准确掌握胶凝时间,抗渗性较好;但其成本一般较高,施工要求技术高,设备复杂,部分浆材有一定毒性。目前常用的压浆材料有水溶性聚氨酯、超细早强水泥和丙凝。

(1) 对新建隧道和改建隧道,围岩破碎、软弱、地下水发育的地段,可结合隧道施工,进行围岩预注浆加固防水。目前采用的方法大多为超前小导管注浆,一般采用$\phi42$的无缝钢管,管长6m左右,管壁梅花形钻孔,注浆压力0.5～1.0MPa,管间距离大于0.6倍浆液扩散半径。对浅埋、超浅埋段,也有用地表注浆的,其做法是:从地表钻孔注浆,通过控制注浆段长度,对隧道周围部分围岩进行注浆,其材料、孔位布置与洞内相同,压力可按实际情况通过实验确定。

(2) 对既有线隧道,当隧道围岩破碎、节理发育、地下水丰富时,也可进行注浆防水。此时,应先对衬砌混凝土质量进行调查,若衬砌破坏严重,则应先对其进行加固,使其能够抵抗注浆压力。一般做法是对大范围的渗水采用浅孔密布,对裂隙渗漏采用深孔疏布,对大股涌水宜在上游设孔。孔一般深入围岩且大于20cm,孔径为42mm。

7) 施工缝、变形缝防水

对新建或更换衬砌的隧道,变形缝和施工缝的防水可随混凝土灌注同时施工,采用的主要材料有以下几种。

(1) 止水带：分为塑料止水带、橡胶止水带和复合止水带等，其中塑料止水带耐久性好，橡胶止水带弹性、耐磨性、耐撕裂性较好，但硬度、强度较差。

(2) 遇水膨胀橡胶：主要有制品型和腻子型两种，其特点是具有橡胶的弹性、延伸性和抗压缩变形能力，遇水后膨胀率为 100%～500%，耐水性好，膨胀后仍能保持弹性。

(3) 各种密封材料：主要是改性沥青密封材料和合成高分子密封材料。

在运营隧道整治接缝漏水，一是可以根据不同情况采用以上材料重新施作接缝的防水；二是可做接缝压浆或衬砌堵漏处理。

2. 堵水措施

对某些隧道衬砌的渗漏水，除采用排水措施外，还可以用堵漏材料进行封堵。堵漏材料就是一种能在几十秒或数分钟即开始初凝的材料。堵漏材料品种繁多，常用的有以下两种。

(1) 无机高效防水粉：是一种硬性无机胶凝材料，主要有堵漏王、堵漏停、堵漏灵、确保时等，终凝时间在 2.5～6h 之间，其特点是无毒、无味、无污染、耐高温、抗低寒，可在潮湿结构上施工，并有较好的黏结性。

(2) 水泥类堵漏材料：主要有双快水泥、石膏-水泥材料和水泥-防水浆等堵漏材料。

目前堵漏材料采用较多的是双快水泥和堵漏王等。

3. 截水措施

截水就是截断流向隧道的水源，或尽可能使其流量减小，从而使隧道围岩的水得不到及时补充，达到疏干围岩、根治水害的目的。

1) 地表截水

地表截水就是在地表截断流向隧道围岩的水，主要方法有：

(1) 对洞顶的积水洼地，宜开沟疏导引流；

(2) 对洞顶以上的水工隧道、水库、稻田、输水渠等，造成隧道漏水的，要作防渗处理；

(3) 对施工及地质勘测留下的钻孔、坑道、洞穴，要做好排水处理或封填；

(4) 对断层破碎带、陷穴、漏斗等，如有较大的径流进入，宜作截水沟或回填，若无明径流，但影响隧道漏水的，应采取封闭措施（换填、注浆等）。

2) 地下截水

当隧道衬砌周围地下水有明显集中的来水通路，导致地下水流量很大，可采取以下地下截水设施截断水源。

(1) 泄水洞：一般设在来水侧且其最高水位低于正洞水沟底，纵坡坡度不小于 0.3%，设置泄水洞的围岩渗透系数不小于 10m/d。

(2) 钻孔截水：对有平导的长大隧道，利用平导和横洞，根据围岩的地下水分布和地质条件，打截水钻孔，其位置伸入到正洞墙脚之上的围岩中，以减少向正洞衬砌周围汇集的水量，钻孔的集水利用平导排出。

(3) 拦截暗河：对靠近隧道的暗河或充水的溶洞，可经过堵塞改变其流向。

(4) 防渗帷幕截水：当隧道与岩层平行或斜交，通过流砂和易浸析失稳地层，或围岩裂隙发达，且透水性强时，可在隧道周围岩体内钻孔压浆形成防渗帷幕，使衬砌与地下水隔离。

当为浅埋时,可在地表作防渗帷幕。

总之,隧道的水害治理是一个完整的治水系统,要排、堵、截相结合,不能只强调其中一方面。如果只排不堵,就可能造成地表的水塘、水库、农田等排干,影响附近居民的生产和生活;如果只堵不排,就会使衬砌周围的水无路可走,越积越多,最终导致隧道破坏。只有防、排、截、堵互相配合,相辅相成,共同发挥作用,才有可能根治水害。

10.4 衬砌裂损及整治措施

10.4.1 衬砌裂损的类型

隧道衬砌裂损的类型主要有衬砌变形、衬砌移动和衬砌开裂三种。

1. 衬砌变形

衬砌变形有横向变形和纵向变形两种,其中主要是横向变形。衬砌横向变形是指衬砌由于受力而引起拱轴形状的改变,基本形态如表10-3所示。

表10-3　隧道衬砌横向变形的基本形态

变形种类		变形形态示意		变形特征
		对称变形	非对称变形	
整体变形	竖向压扁	竖压大、侧压小示意图	小、大示意图	(1) 隧道内轮廓高度减小,宽度增大; (2) 非对称形也可称为斜向偏压; (3) 也可能出现部位对称,变形大小不等的情形
	横向压扁	小、大示意图	大、小示意图	(1) 隧道内轮廓高度增大,宽度减小; (2) 非对称形也可称为斜向偏压; (3) 也可能出现部位对称,变形大小不等的情形
局部变形	拱顶下弯、仰拱上拱、边墙内鼓	围岩侧(外) 隧道净空侧(内)(上下或左右成对出现)	只发生在一侧,如左墙腰或左拱腰出现,右墙腰、右拱腰没出现 等。如左、右或上、下相对变形范围相同,但变形大小不相等。这属于变形部位对称,变形区不等	(1) 隧道内净高或净宽变小; (2) 除拱顶墙腰外,其他部位都可能发生
	拱顶上拱、仰拱下弯、边墙外鼓	围岩侧(外) 隧道净空侧(内)(上下或左右成对出现)		(1) 隧道内净高或净宽变大; (2) 除拱顶墙腰外,其他部位都可能发生

2. 衬砌移动

衬砌移动是指衬砌的整体或一部分出现转动(倾斜)、平移和下沉(或上抬)等变化,也有纵向移动与横向移动之分,其基本形态如表 10-4 和表 10-5 所示。对于大多数已发生裂损的衬砌,纵向移动与横向移动往往同时出现。

表 10-4 隧道衬砌纵向移动的基本形态

移动种类	移动形态示意	移 动 特 征
节段转动	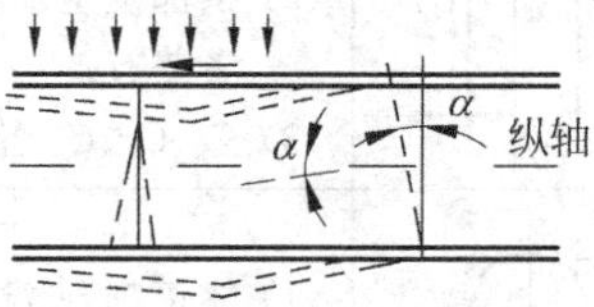	(1) 隧道纵轴发生 α 角; (2) 节段竖接缝出现 V 形或 ∧ 形(上、下宽度不等)
节段平移	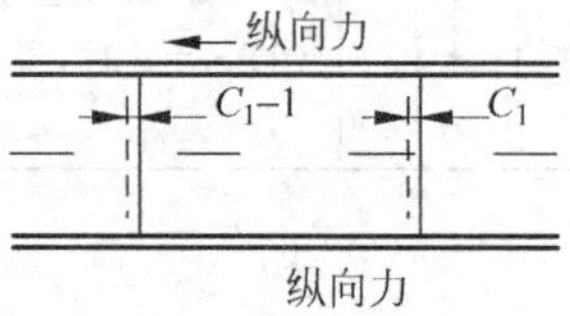	(1) 隧道纵轴不发生转动; (2) 节段竖接缝变宽,但上下变化量相等; (3) C_1 与 C_1-1 可能不等
节段下沉 (或节段上抬)	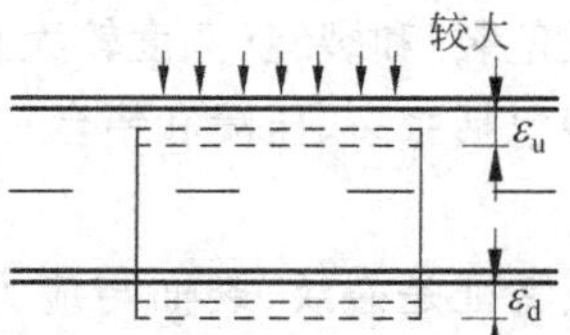	(1) 隧道纵轴不发生转动; (2) 节段竖接缝未必改变; (3) $\varepsilon_u \neq \varepsilon_d$ 时,说明隧道有变形

表 10-5 隧道衬砌横向移动的基本形态

移动种类		移动形态示意	移 动 特 征
整体移动	转动	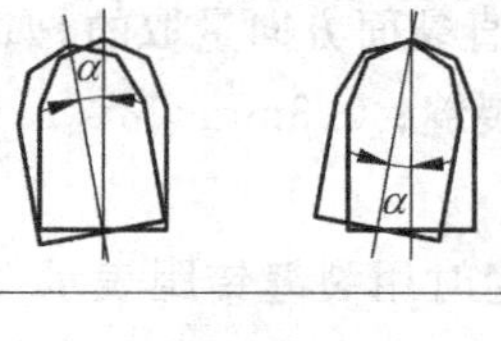	(1) 隧道竖轴产生移动; (2) 转动中心可能出现在不定的高度; (3) 移动方向视围岩岩体的变形和移动情形而定
	平移	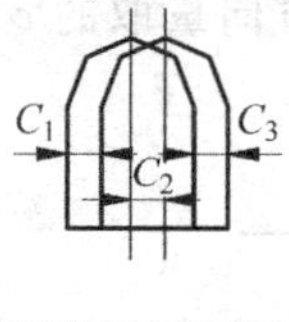	(1) 隧道竖轴产生平移; (2) $C_1=C_2=C_3$,否则 C_1 或 C_3 既有变形又有平移; (3) C_2 在不同高度应相等,否则 C 应同时含有转动影响
	下沉或 上抬	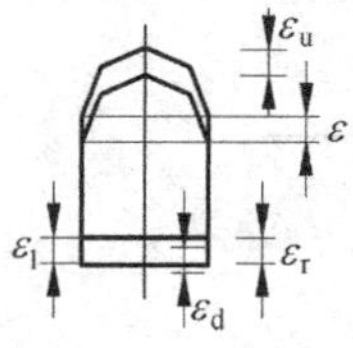	(1) 隧道横轴产生垂直位移; (2) $\varepsilon_l=\varepsilon_r=\varepsilon_u=\varepsilon_d=\varepsilon$,否则除 ε 外,均含有转动和衬砌变形影响; (3) ε 沿横轴处处相等,否则隧道同时发生转动

续表

移动种类		移动形态示意	移动特征
局部移动	转动		(1) 隧道竖轴没动,仅衬砌一部分(半侧拱墙)发生转动; (2) β 指不包括拱轴变形的影响(如边墙的倾斜角); (3) 既可能在一侧发生,也可能在两侧发生
	平移		(1) 隧道竖向无转动; (2) 拱部发生平移,或墙体单独平移,或者两者兼有; (3) C_1、C_2、C_3 各值未必都相等
	下沉或上抬		(1) 隧道横轴没动,仅衬砌一部分(半侧拱墙)发生垂直位移; (2) $\varepsilon_1 = \varepsilon$ 时,说明墙身有变形或裂缝

3. 衬砌开裂

衬砌开裂是指衬砌表面出现裂纹(或龟裂)和裂缝(宽度较大)或贯通衬砌全部厚度的裂纹的总称,是衬砌变形的结果。衬砌开裂包括张裂、压溃和错台三种。

1) 张裂

弯曲受拉和偏心受拉引起的裂损,其特征是裂纹、裂面与应力方向正交,缝宽由表及里逐渐变窄,如图 10-6 所示。对于衬砌裂损,应做好观测和记录工作,明确表示发生裂损的部位和裂损程度。通常用下列要素来描述衬砌张裂情况。

(1) 裂损部位:将衬砌划分为左右拱圈、左右边墙及仰拱 5 个部分,再将每个部分依其内缘周长划分为四等分,即把衬砌断面分为 20 个部位,如图 10-4 所示。

(2) 裂缝宽度 δ:δ 值是在缝口处沿垂直裂面方向量取的,如图 10-6 所示。按裂缝宽度的大小可分为四个等级:$\delta \leqslant 0.3$ mm 为毛裂缝;0.3 mm $< \delta \leqslant 2.0$ mm 为小裂缝;2.0 mm $< \delta \leqslant 20$ mm 为中裂缝;$\delta > 20$ mm 为大裂缝。

(3) 裂缝错距:当衬砌出现错牙状裂缝时用裂缝错距表示,如图 10-7 所示。沿裂缝垂直方向量取的 ε 值称为垂直错距;沿裂缝水平方向量取的 c 值称为水平错距。根据错距的大小分为三个级别,如表 10-6 所示。

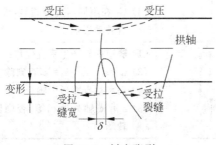

图 10-6 衬砌张裂

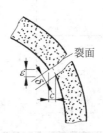

图 10-7 裂缝错距

表 10-6 裂缝错距分类   mm

错距分类	垂直错距 ε	水平错距 c
小错距	≤2	≤2
中错距	2~20	2~20
大错距	≥20	≥20

(4) 裂缝间距：走向大致相同的两条相邻裂缝之间的距离称为裂缝间距。它被用来描述衬砌的破损程度。一般采取每一节段或节段中的某一部位（如左半拱、右边墙、仰拱等）为单位来分析。有时会出现某一节段同时有若干组（走向大致平行者为一组）裂缝。此时应说明裂缝的组数及各组裂缝的平均间距值。

(5) 裂缝密度：即裂缝总面积（各裂缝长度与裂缝宽度乘积的综合）与所分析的节段或节段某一部分衬砌表面积之比值。用此比值的百分数来表示衬砌裂损的程度。

2) 压溃

压溃指弯曲或偏心受压引起的衬砌裂损。裂纹边缘呈压碎状，严重时受压区表面产生鱼鳞状碎片（中间厚、四周薄）剥落掉块等现象，如图 10-8 所示。

3) 错台

由剪切力引起的裂缝，裂缝宽度在表面至深处大致相同，衬砌在裂缝两侧沿剪切方向有错动，即形成错台，如图 10-9 所示。

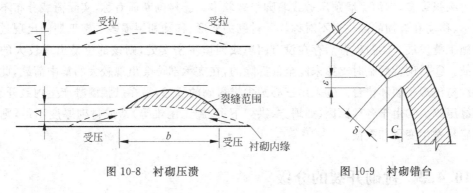

图 10-8 衬砌压溃   图 10-9 衬砌错台

10.4.2 衬砌裂损的特点

1. 裂损的自然发展过程

衬砌结构受力（轻微变形、移动）→局部出现少量裂纹（变形范围、变形量增大，移动部位、移动量增大）→裂纹宽度、密度增大，隧道净空变小（严重变形，移动显著增大）→隧道净空严重缩小、衬砌破碎、失去承载能力→局部掉块、失稳、甚至拱坍墙倒。

2. 裂损发展的主要规律

衬砌的裂损发展一般有缓慢变化、急剧变化和相对稳定等三个不同的阶段，往往是交替呈周期性地出现。

(1) 节段衬砌没成环之前出现的裂损，在成环之后可能渐趋稳定。

(2) 由于衬砌背后回填不及时造成的裂损,在回填之后可能渐趋稳定。

(3) 因拆模过早造成的裂损,待圬工强度提高后可能呈相对稳定。

(4) 由于围岩膨胀引起的裂损,当外荷载条件发生变化,例如雨季地下水丰富,围岩软弱夹层被软化而产生错动,季节冻融变化引起围岩冻胀与融沉,以及由于种种外因引起围岩变形,山体压力的大小和分布发生变化等可能使已呈稳定的裂损重新发展,或使完好的衬砌发生裂损。

3. 裂损的分布特点

了解和掌握衬砌裂损的分布特点,就能及早发现病害,及时采取对策。衬砌裂损的分布一般有以下特点。

(1) 按纵向节段分布:①洞口与洞口段,特别是斜交洞门有偏压或边、仰坡不稳固的洞口段。②设有大型洞室的节段或各种洞室的接头处。③洞身穿过断层、构造破碎带、接触变质带、滑坡带等山体压力大且岩体不稳定的节段。④洞身穿过软弱围岩的节段。⑤偏压隧道没有采用加强衬砌或偏压衬砌的节段。⑥寒冷地区围岩有冻胀现象的节段。⑦衬砌实际厚度不足或圬工强度过低的节段。⑧施工中超挖过大没有回填或回填不密实及施工中发生大塌方的节段。⑨施工中已经发生裂损的节段。

(2) 按横断面分布:①洞口附近及傍山隧道靠山侧裂损多,靠河侧少;靠山侧以拱腰、墙腰内缘张裂多,靠河侧墙顶压劈或墙脚张裂较多。②衬砌断面对称,实际荷载分布不对称的变形、移动和裂损的部位也不对称。③衬砌的变形、移动和裂损多沿施工期间出现过的裂缝和施工缝发展。④衬砌背后存在没有回填或回填不密实处,则该部位易出现较大的移动和外鼓。⑤衬砌背后临时支撑未能全部拆除的,在支承部位会出现较大的集中荷载,此处衬砌内缘易出现张裂和错台。⑥采用三心圆尖拱衬砌的隧道,易在拱腰墙腰产生内鼓开裂,拱顶内缘压碎。⑦由于各种原因(如坍方、拱架下沉、施工困难等)造成衬砌厚度不足,则此处衬砌容易发生变形和裂损。

10.4.3 衬砌开裂的分级

1. 根据裂缝的宽度分级

(1) 我国《铁路工务技术手册—隧道》分为四级:毛裂纹(不大于 0.3mm)、小裂纹(0.3~2mm)、中裂缝(2~20mm)、大裂缝(大于 20mm)。

(2) 美国《铁路交通隧道和地下建筑物检查方法和程序》从定性的角度将隧道裂缝分为轻度、中度和重度三个等级。

(3) 美国《公路和铁路交通隧道检查手册》对非预应力混凝土衬砌,裂缝分为轻度(不大于 0.8mm)、中度(0.8~3.2mm)、重度(大于 3.2mm)三个等级;对预应力混凝土衬砌,裂缝宽度超过 0.1mm 就认为是重度,不超过 0.1mm 是中度。

(4) 我国《铁路隧道设计规范》(TB 10003—2005)规定,钢筋混凝土衬砌结构构件,按荷载基本组合所求得的最大裂缝宽度不应大于 0.2mm。

(5) 李治国参考设计资料、调查资料、统计资料和整治经验,将隧道裂缝宽度影响分为四级,即轻微影响(小于 0.2mm)、较小影响(0.2~0.3mm)、较大影响(0.3~0.5mm)、严重影响(大于等于 0.5mm),并利用断裂力学的方法研究了裂缝对隧道稳定性的影响。

2. 根据裂缝的宽度和长度分级

根据裂缝的宽度和长度,我国铁路隧道衬砌开裂按如下进行分级。

AA(极严重):长度 $L>10$m,宽度 $a>5$mm,且变形继续发展,拱部开裂呈块状,有可能掉落;

A1(严重):L 为 5~10m,但 $a>5$mm,开裂使衬砌呈块状,在外力作用下有可能崩塌和剥落;

B(较严重):$L<5$m 且 5mm$\geqslant a\geqslant 3$mm,裂缝有发展,但速度不快;

C(中等):$L<5$m 且 $a<3$mm;

D(轻微):一般龟裂或无发展状态。

3. 根据图像分级

将裂缝探测得到的图像进行处理,通过分析图像将裂缝检测结果分为有裂缝、无裂缝和中间状态三种情况。

该方法中所用的裂缝图像是用裂缝探测仪器检测得到的,检测结果比用人工检查更准确,但由于该分级体系是通过对图像处理中的附图分析后得到的,因此还需要对大量图像进行分析。

10.4.4 衬砌裂损的整治措施

1. 衬砌裂损的整治原则

整治衬砌裂损病害,首先要消灭已有的衬砌裂损带来的对结构及运营的一切危害,并防止再加大裂损;其次是采取以稳固围岩为主,稳固围岩与加固衬砌相结合的综合治理措施。

2. 稳固岩体的工程措施

1) 治水稳固岩体

地下水的浸泡与活动对各种围岩的稳定性削弱最大。通过疏干围岩含水,坚决地采取治水措施是稳固岩体的根本措施之一。

2) 锚杆加固岩体

对较好的岩体(小于Ⅴ级),自衬砌内侧向围岩内打入一定数量和深度(3~5m)的金属锚杆和砂浆锚杆,可以把不稳定的岩块固定在稳定的岩体上,提高破碎围岩的黏结力,形成一定厚度的承载拱;在水平层状的岩石中把数层岩层串联成一个组合梁,与衬砌共同承受外荷载。因此,对松散破碎的岩体采用锚杆加固,不仅可以有效地控制岩体的变形、提高其稳定性,而且可以使岩体对衬砌的压力大小和分布图形产生有利的转化。

3) 注浆加固岩体

通过向破碎松动的岩体压入水泥浆液和其他化学浆液(如铬木素、聚氨酯等)加固围岩,疏散地下水对围岩的浸泡与渗入衬砌,使衬砌背后形成一个 1～4m 厚的人工固结圈,就能有效地稳固岩体,防止地下水的侵入,甚至使作用在衬砌上的地层压力大小和分布图形产生有利转化,有利于衬砌结构的受力和防水。

　　4) 支挡加固岩体

　　对靠山、沿河偏压隧道或滑坡地带,除治水稳固山体外,尚可采用支挡措施,包括设支挡墙、锚固沉井、锚固钻(挖)孔桩等来预防山体失稳与滑坡,这种工程措施只能用于洞外整治。

　　5) 回填与换填

　　如果衬砌外围存在着各种大小空隙(如超挖而没有回填等),不仅使地层压力分布图形产生不利影响,而且使得衬砌结构失去周边的有利支承条件,不能使衬砌的承载能力得到更大的发挥。此时要采取回填措施,用砂浆或混凝土将围岩空隙回填密实。

　　如果隧底存在厚度不大且软弱不稳定的岩体或有不稳定的充填物,可以采取换填办法处理。

3. 衬砌更换与加固

　　已裂损的衬砌一般均有相当大的支护潜力,可以充分利用,仅在没有加固的可能条件与经济上不合理的情况下,或者根据长远技术改造规划的要求,才宜采用更换衬砌的办法。加固工程的主要方法有如下几点。

　　1) 压浆加固

　　(1) 圬工体内压浆加固。衬砌裂损发展非常缓慢或者已呈稳定,可以进行圬工体内压浆,一般以压环氧树脂浆为主,并选择无水季节施工。

　　(2) 衬砌背后压浆加固。主要是针对衬砌的外鼓和整体侧移。在拱后压浆增加拱的约束可以起到提高衬砌刚度和稳定性的作用,所以一般可以局部应用,主要在发生外鼓变形的部位。

　　如果一环衬砌同时存在外鼓与内鼓部位,首先采取临时措施控制内鼓继续变形,然后在外鼓变形的部位压浆加固之后,再对内鼓采取加锚措施,最后对全断面进行整体加固。

　　2) 嵌补加固

　　对已呈稳定暂不发展的裂缝,如果不能采取压浆加固者可以采取嵌补,即将裂缝修凿剔深,在缝口处用水泥砂浆、环氧树脂砂浆或环氧树脂混凝土进行嵌补。

　　对发展较快的裂损,为确保安全,可以采取钢拱架临时加固。只加固拱部时用上部拱架加固,拱架脚可以嵌入墙顶或支承于埋在墙顶的牛腿上,并加纵向连接。如要全断面加固,则可用长腿钢拱架。无论哪一种拱架采用多段组合安装,安装完毕后应尽量使铰接点变成刚性节点(1 个断面内铰接点不应多于 3 个)。为了考虑纵向抗弯能力,支撑纵向应加强连接。如果隧道内净空条件不足,钢拱架可以嵌入被加固的圬工体内一部分(或全部),并在钢拱架之间再加纵向连接,然后灌注混凝土做成薄套拱形,如图 10-10 所示。

　　此法在衬砌厚度太薄或衬砌严重破损碎裂时不能采用。

　　3) 喷锚加固

　　裂损衬砌的所有内鼓变形和向内移动的裂损部位,采用(预应力)锚杆加固岩体(如图 10-11 所示)是有效的。此时锚杆既可沿内缘裂纹的走向两边布置,作局部加固,也可按全断面加固,将衬砌与岩体嵌固在一起,形成一个均匀压缩带,以增强围岩的稳定性,提高支护结构的承载能力。采用此法时，应查清衬砌厚度、背后超挖回填及围岩整体性状况。锚杆的设置应在衬砌背后压浆 2 个星期后进行。锚杆的锚固段应设在稳定围岩中。对于衬砌上的裂缝，应及时嵌填。

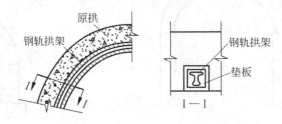

图 10-10　嵌补加固

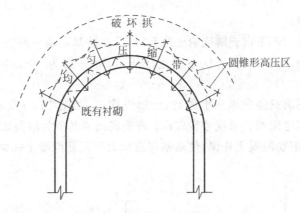

图 10-11　喷锚加固

喷混凝土可以使所有已裂损的圬工块体紧密结合，阻止这些块体的松动，同时在喷射压力作用下嵌入裂缝内一定深度，使裂缝重新闭合，增强了裂损（包括原有施工缝）衬砌的整体性，在较大幅度上提高裂损衬砌的承载能力，达到加固的目的。必要时也可以在喷层加入钢筋网用于防止收缩裂纹，提高加固结构的整体性和抗震、抗冲切能力。

喷锚加固是较为常用的加固衬砌裂损的措施。

4）套拱加固

如果混凝土质量差，厚度不够，或受机车煤烟侵蚀，掉块剥落严重，并且拱顶净空有富余时，可对衬砌拱部加筑套拱（如图 10-12 所示）或全断面加筑套拱（如图 10-13 所示）。如果隧道内净空条件不足，可以采取落道加套拱的办法。套拱与原衬砌间用 $\phi 16\sim 18mm$ 的钢筋钎钉锚接，钎钉埋入原拱 20cm 左右，作为钢筋的生根处。套拱中的主筋也可用钢拱架和格栅来代替，其间距为 50～80cm，纵向用拉杆焊接。套拱用强度等级不低于 C20 的混凝土灌筑，其厚度为 20～30cm。套拱拆模后要进行压浆，以充填其背后空隙，使新旧拱圈连成整体。当拱部灌注混凝土难度较大时，可以采用喷混凝土、网喷混凝土和喷钢纤维混凝土进行加固，事实上，套拱加固已日益被喷锚加固所替代。

5）更换衬砌

拱部衬砌破坏严重，已丧失承载能力，用其他整治补强手段难以保证结构稳定，或者衬砌严重侵入限界，采用其他整治措施有困难时，采用全拱更换，彻底根除病害。

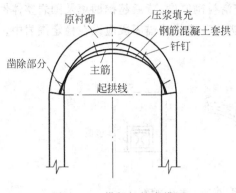
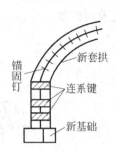

图 10-12　拱部加筑套拱图　　　　图 10-13　全断面加筑套拱

6）其他加固手段

当仅有墙脚内移而不下沉或隧底岩土隆起时，可在墙基处增设混凝土支撑以扩大基础，如图 10-14 所示。要求与钢轨、轨枕不发生挤压，尺寸一般为 40cm×40cm，间距 1.5～2.0m。

隧底围岩软弱下沉或隧底填充上鼓时，可加设仰拱，如图 10-15 所示；边墙基底软弱，可将墙基延伸至坚实稳固的岩层或增设仰拱；若隧底或墙基下为溶洞或其他洞穴而引起衬砌结构开裂，可加设钢筋混凝土托梁，使墙基与道床设于钢筋混凝土托梁上。

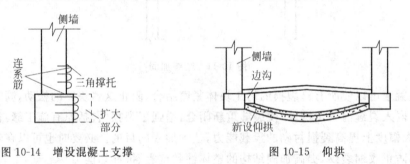

图 10-14　增设混凝土支撑　　　　图 10-15　仰拱

10.5　衬砌侵蚀及整治措施

10.5.1　衬砌侵蚀的种类及危害

隧道内金属构件的锈蚀、混凝土衬砌的侵蚀破坏，都属于腐蚀病害。

一般来说，混凝土具有较好的耐久性、耐腐蚀性和较高的强度。但是，一旦地下水侵入，衬砌受到侵蚀介质经常性的作用，就会出现起毛、疏松、蜂窝麻面、起鼓剥落、孔洞露石和骨料分离等材质破坏，导致材料强度降低，衬砌厚度变薄，渗、漏水严重，降低其使用寿命。隧道内混凝土衬砌的腐蚀按其种类不同，可分为水蚀、烟蚀、冻蚀及骨料溶胀等。

1. 水蚀

水蚀主要指衬砌受到地下水的作用而产生的腐蚀。一般发生在隧道的拱部、边墙、仰拱、排水沟和电缆槽等部位。

（1）溶出型侵蚀：主要是指水泥石中的生成物被水分解、溶失造成的侵蚀，表现为外观尚完善，常有白色沉淀物，内呈多孔状，强度较低。

（2）硫酸盐侵蚀：主要是指环境水中含有的硫酸根离子对混凝土的侵蚀。

（3）镁盐和氨化物的侵蚀。

2. 烟蚀

烟蚀主要是指在蒸汽机车牵引的区段，其产生的"烟雾"对衬砌混凝土产生的侵蚀，分为化学性侵蚀和机械性侵蚀。

3. 冻蚀

冻蚀是指在严寒地区的隧道，混凝土衬砌由于冻融交替产生的侵蚀。

4. 骨料溶胀

骨料溶胀指衬砌混凝土中的粗、细骨料中含有遇水溶解和膨胀的材料而造成的对衬砌的侵蚀。

10.5.2　衬砌侵蚀的分级

日本铁路隧道根据落下的形状将剥落、剥离分为三级，即大于砖块大小定为危险级，与砖块差不多的定为迟早有危险级；与集料大小差不多的定为以后有危险级，判定时还应根据预计频率和线区列车密度来修正等级。日本《道路隧道维持管理便览》根据衬砌有无落下的可能将拱部的剥落分为危险（有落下的可能）、无影响（无落下的可能）两级，将边墙的剥落分为早晚有危险（有落下的可能）、无影响（无落下的可能）两级。

美国《公路和铁路交通隧道检查手册》将剥落分为三级，即轻度（表面砂浆流失深度小于6mm，可见到粗骨料）、中度（表面砂浆流失深度达 6～12mm，粗骨料间的砂浆也有流失）和重度（砂浆和粗骨料均有流失，且深度达 25mm 以上）；剥离也分为三级，即轻度（混凝土剥离的厚度小于 12mm，或直径达 75～150mm）、中度（混凝土剥离的厚度达 12～25mm，或直径达 150mm）和重度（混凝土剥离的厚度超过 25mm，直径超过 150mm）。

10.5.3　混凝土侵蚀的整治措施

1. 防侵蚀原则

在各类侵蚀病害中，除了烟的机械侵蚀外，水是主要的致害媒介，因此，防蚀必先治水。

凡具有煤系地层、含硫化矿地层、含石膏地层、含盐地层、淤泥泥炭地层、盐渍土、盐田、海水及其渗入范围等地理条件的地区，可能产生环境水对混凝土的侵蚀破坏，应予注意。

根据《铁路隧道防排水技术规范》（TB 10119—2000），环境水对混凝土侵蚀类型及侵蚀程度的判定如表 10-7 所示。

表 10-7　环境水对混凝土侵蚀分类表

序号	侵蚀类型	环境条件特征		判定项目	侵蚀程度		
		地质条件	水质 pH 值		弱侵蚀	中等侵蚀	强侵蚀
1	硫酸盐侵蚀	石膏地层	7.0～8.0	SO_4^{2-} (mg/L)	500～1000	1001～2000	>2000
		含盐地层	7.5～9.0		1000～2000	2001～4000	>4000
2	镁盐侵蚀	含镁盐渍土、盐湖、盐田、海水	8.0～10.0	Mg^{2+} (mg/L)	1000～3000	3001～7500	>7500
3	盐类结晶侵蚀	干旱地区盐渍土、碱土、滨海平原盐渍土	10.0～12.0	溶解盐类 (g/L)	10～15	16～30	>30
4	硫酸型酸性侵蚀	煤系地层、黑色岩层、有色金属矿田、矿脉	1.5～6.5	pH 值	6.5～6.1	6.0～5.0	<4.5
				SO_4^{2-} (mg/L)	≤250	251～1000	>1000
5	溶出型侵蚀（含碳酸型侵蚀）	富含有机质的淤泥和土壤、低矿化度河水和地下水	5.0～6.5	pH 值	6.5～6.1	6.0～5.0	—
				HCO_3^- (mmol/L)	1.5～0.7	<0.7	—

环境水对混凝土和水泥砂浆的侵蚀作用主要可归纳为三种：溶出性侵蚀（即非结晶性侵蚀）、结晶性侵蚀和复合性侵蚀（溶出性和结晶性两种侵蚀同时作用或交替作用）。

对溶出性侵蚀，只要能解决衬砌的渗、漏水问题，彻底治理好水，就能达到防蚀的目的；对于结晶性侵蚀，由于侵蚀是因水泥中的化合物与水作用后的新生成物或水中盐类介质析出结晶，发生体积膨胀而导致材料破坏，而析出结晶的条件是混凝土中的干湿变化，干湿变化越频繁，侵蚀速度越快。因此，对这类侵蚀，只防止渗漏而不防止混凝土充水是不行的，因此不仅要防渗漏，还要防止混凝土浸水，避免侵蚀水与混凝土发生作用，这就需要采用抗侵蚀混凝土修建衬砌或利用防蚀层来防止混凝土衬砌受到侵蚀。

2. 防侵蚀的方法

1）采用抗侵蚀混凝土

（1）抗侵蚀水泥材料的选择。抗硫酸盐水泥、火山灰质水泥具有较好的抗硫酸盐和抗海水腐蚀的能力；矾土水泥抵抗各种化学腐蚀的能力较强；火山灰质水泥对各种化学侵蚀介质也有较好的抵抗能力，价格又便宜，适合于在中、低侵蚀性介质中使用，但其抗冻性较差，使用时需加注意。

为抵抗硫酸盐侵蚀，注浆与浇筑混凝土采用低碱高抗硫酸盐水泥为佳；运营维修、养护堵漏、抹面、喷混凝土或砂浆，用双快水泥为佳。

（2）采用外加剂。外加剂的主要用法有：①掺用火山灰质的活性掺和料；②加入引气剂和减水剂；③使用提高混凝土密实性和抗渗性的外加剂。

2）采用防蚀层

采用防蚀层是一种对混凝土表面进行处理的方法，各种耐腐蚀的材料铺设在衬砌混凝土的表面，使之成为一层防蚀层，这是提高衬砌抗腐蚀能力的常用方法。

（1）防蚀层铺设面的确定。防蚀层可以设在衬砌外面，也可以设在衬砌里面。对隧道衬砌而言，一般采用防蚀层与防水层合二为一，在衬砌外面铺设。

（2）制作防蚀层。防蚀层按其成型工艺有注浆、抹面、喷涂（喷射混凝土和喷涂料）和块材镶砌等。

（3）伸缩缝、变形缝防蚀。当隧道衬砌的沉降缝、伸缩缝发生腐蚀病害，一般可在病害发生处作衬砌背后排水盲沟把水排走。如果采用防水措施，可用油膏和胶油嵌缝，缝口再用氯丁橡胶黏合剂粘贴氯丁橡胶，用开卸式塑料止水带或软的聚氯乙烯板条封口。如果施工缝发生腐蚀，可用聚氨酯压浆防水，同时兼有防蚀作用，或预留凹槽，用硫磺胶泥腻缝。

（4）已腐蚀衬砌的加固与翻修。一般的措施有抹补、浇补和镶补等。

10.6 隧道冻害及整治措施

隧道冻害会导致衬砌冻胀开裂，以致疏松剥落，造成隧道衬砌结构的失稳破坏，降低衬砌结构的安全可靠性，严重影响运输的安全和隧道的正常使用。同时，由于我国幅员辽阔，冻土地区分布广泛（其中多年冻土占整个陆地面积的1/5），不可避免会在寒冷地区修建隧道，因此，防治与整治隧道冻害是十分必要的。

1. 冻害的种类及其危害

1) 冰柱、冰溜子

渗漏的地下水通过混凝土裂缝逐渐渗出，在渗出点出口处受低温影响积成冰柱，尤其在施工接缝处渗水点多，结晶明显，累积十至几十厘米厚的冰溜子（又称为挂冰）。如不清理，冰溜子越积越大，会侵入限界，危及行车安全。

拱部渗漏会逐渐形成冰柱子（冰葫芦），一般地区仅仅影响限界。在电气化牵引区段，冰柱子下垂，挂在接触网高压电线上会造成短路，坠断电线造成放电、跳闸，严重时危及人身安全。

隧道排水沟槽设施保温不良而引起的冰冻称为冰塞子。水沟地下排水困难，因结冰堵塞，使水沟（管或槽）冻裂破损，地下水不易排走，衬砌周边因水结冰而冻胀，致使隧道内各种冻害接踵而来。

2) 衬砌发生冰楔

隧道砌筑在围岩良好地段，一旦衬砌壁后有空隙，渗透岩层的地下水在排水不通畅时就积在衬砌与壁后围岩间，结冰冻胀产生冰冻压力，传递给衬砌。经缓慢发展，常年积累的冰冻压力像楔子似的，使衬砌发生破碎、断裂和掉块等现象。

3) 围岩冻胀破坏

隧道修筑在不良地质地段的围岩（Ⅴ、Ⅵ级围岩及破碎花岗岩、砂岩）地段，如果围岩层面及结构内含水多时，冬季就容易发生冻胀破坏，主要有下列现象。

（1）隧道拱部衬砌发生变形与开裂。拱部受冻害影响时，拱顶下沉内层开裂，衬砌开裂严重时尚有错牙发生，拱脚变形移动。冻融时又有回复（留有残余裂缝），如此多次循环会危及结构安全。

（2）隧道边墙变形严重。边墙壁后排水不畅，积水成冰，产生冻胀压力，造成拱脚不动，墙顶内移,有的是墙顶不动墙中发生内鼓现象,也有墙顶内移致使多段断裂。

(3) 隧道内线路冻害。线路结构下部无排水设施,在地下水丰富地区,水在冬季就冻结,道床隆起。因水沟处保温不好,与线路一样有冻结,这样水沟全长也会高低不平。冻融会使线路和道床翻浆冒泥、水沟断裂破坏。水沟破坏后排水困难,渗入线路又加大了线路冻害范围。

(4) 衬砌材料冻融破坏。隧道混凝土设计标号较低,抗渗性差,在地下水丰富地区,水就渗入混凝土内部。到冬季,水在混凝土结构内冻结,膨胀产生冻胀压力,长年冻融循环使结构变酥、强度降低,造成冻融破坏。洞口段冻融变化大,衬砌除结构内因含水受冻害外,岩体冻胀压力传递等破坏,促使衬砌发生纵向裂纹和环向裂纹。

(5) 隧底冻胀和融沉。对多年冻土隧道,隧底季节融化层内围岩若有冻胀性,而底部没有排水设备,每年必出现冻胀融沉交替,无铺底的线路很难维持正常状态;有时铺底和仰拱也发生隆起或下沉开裂。

2. 冻害的成因

1) 寒冷气温的作用

隧道冻害与所在的地区气温(低于0℃或正负交替)有直接关系。

2) 季节冻结圈的形成

沿衬砌周围各最大冻结深度连成一个圈叫做季节冻结圈。当衬砌周围超挖尺寸大小不等,超挖回填用料不当及回填密实不够产生积水,就形成冻结圈。

在严寒冬季,较长的隧道两端各有一段长度能形成冻结圈,叫做季节冻结段。中部的一段,多年不会形成季节冻结圈,叫做不冻结段。隧道两端冻结段长度不一定相等。同一座隧道内季节冻结段的长度恒小于洞内季节负温段的长度。

隧道的排水设备如埋在冻结圈内,冬季易发生冰塞。在冻结圈范围内的岩土,由于受强烈频繁的冻融破坏,风化破碎程度与日俱增,也是冻害成因之一。

3) 围岩的岩性对冻胀的影响

在隧道的季节冻结圈内,如果是非冻胀土,是不会发生冻胀性病害的。冻结圈内冻土的分布情况决定了发生冻害的部位。如果隧道围岩全是冻胀性土且均匀分布,则发生冻胀时沿衬砌外围对称均匀分布;如果冻胀性土与非冻胀性土成层状分布,就可能出现冻胀部位不对称和非均匀分布。

4) 隧道设计和施工的影响

隧道在设计和施工时,对防冻问题没有考虑或考虑不周,造成衬砌防水能力不足、洞内排水设施埋深不够、治水措施不当,加上施工单位未能按规范认真施工等,都会造成和加重运营阶段隧道的冻害。

3. 冻害分级

铁路根据基底翻浆冒泥情况进行分类:从定性的角度将隧道基底翻浆冒泥的影响程度分为四级,即一级(基底未发生冒水、翻浆冒泥和沉陷)、二级(基底出现微小裂缝,有水冒出,但未冒出泥浆)、三级(底板开裂,有水和泥浆冒出,泥浆超过道渣底面,但未超过枕木底面)、四级(泥浆升至枕木以上,无论是否淹过轨道)。

根据鼓出情况进行分类：美国《公路和铁路交通隧道检查手册》根据鼓出后产生孔洞的直径将鼓出分为轻度(直径不大于 10mm)、中度(直径为 10～50mm)、重度(直径为 50～75mm)三级，当直径大于 75mm 时，鼓出就是剥离。

4. 冻害的整治措施

严寒及寒冷地区隧道冻害的防治与整治，其基本措施是综合治水、更换土壤、保温防冻、结构加强和防止融塌等，可根据实际情况综合运用。

1) 综合治水

隧道冻害的根本原因就是围岩地下水的冻结，如果能将水排除在冻结圈以外，杜绝水进入冻结圈，就能达到防治冻害的目的，即综合治水是防治冻害的最基本措施。

为防治冻害而采取的治水措施主要是：消灭衬砌漏水缺陷，保证衬砌圬工不再充水受冻，同时加强结构层和接缝防水(所用防水材料要有一定的抗冻性)；对有冻害的段落，要设置防、排水系统，不允许衬砌背后积水，并防止冻结圈外的地下水向冻结圈内迁移；衬砌背后空隙用砂浆回填密实；排水设施或泄水沟应保证在任何季节、任何条件下不冻结，严寒地区可采用中心深埋泄水洞。

2) 更换土壤

更换或改造冻结圈内的围岩，将冻胀土变为非冻胀性土，可达到防治冻害的目的。

更换土壤就是将强冻胀土(主要是细粒土)更换为透水性强的粗粒土。允许保留总冻胀量不大于允许值的冻胀土时，换土厚度可取为冻深的 0.8～0.9 倍；若充分发挥排水设施的作用时，换土厚度可为冻深的 0.7 倍。

把冻胀性土改造为非冻胀性土的方法主要有：向冻结圈内注入水泥浆液或其他化学浆液，使围岩固结而消除冻胀性；向冻结圈内注入憎水性填充材料，使之堵塞所有孔隙、裂隙，从而通过阻止土中水分迁移和聚冰作用来消除围岩冻胀。

3) 保温防冻

保温防冻就是通过控制温度，使围岩中的水分达不到冰点，达到防治冻害的目的，采用的类型主要有保温、供热和降低水的冰点。

(1) 在隧道内加筑保温层。在消除隧道渗、漏水的基础上，隧道衬砌的内缘(或外缘)或双层衬砌之间加筑一层保温衬层，防止衬砌周围形成季节冻结圈，以消除冻害。所采用的保温材料主要有加气混凝土、泡沫混凝土、浮石混凝土和膨胀珍珠岩混凝土等，厚度一般需要 20～40cm。保温衬层的四周应设防潮层，以避免受潮失效，而且不能与结构层共同受力。

(2) 降低水的冰点。在对隧道局部范围的冻害作临时处理时，可向围岩注入丙二醇、氯化钙和氯化钠等使水的冰点降低，从而降低围岩的起始冻结温度，达到防冻的目的。

(3) 供热防冻。供热防冻采用不多，一般只在紧急情况下使用，主要的方法有红外线融冰、电热和锅炉采暖等。

4) 防止融塌

在洞内就是要防止基础融沉和道床春融翻浆。前者可以将边墙加深至冻土上限以下或冻而不胀层，后者可加强底部排水，疏干底部围岩含水或采用换土法。两者只要能防止冬季冻胀，就可同时解决春季融沉问题。

5) 结构加强

结构加强是防治冻害不可缺少的措施和内容,对于因冻害而开裂的衬砌,应采取减轻冻害因素的措施。结构加强的主要措施有:

(1) 加大侧向拱度,使拱轴线能更好地抵抗侧向冻胀;
(2) 增加拱部衬砌厚度,一般加厚 10cm 左右;
(3) 提高衬砌混凝土标号或采用钢筋混凝土;
(4) 隧底增设混凝土支撑。

10.7　地震后隧道维修措施

隧道位于岩土之中,较地面结构有着天然良好的抗震性能。但在一定地震强度和特定地质条件下,隧道结构可能遭受破坏。在地震作用下,隧道的受力状态是一个复杂的问题,地震对隧道的破坏机理还没有为人们充分认识,现阶段隧道抗震设计还不是很成熟。但了解和掌握隧道的震害形态,对正确采取对策具有重要指导意义,可以极大程度地减少社会各方面的损失。

1. 隧道的震害类型

隧道的震害类型主要有以下几种:

(1) 洞口边坡滑塌与崩塌;
(2) 洞门裂损,主要发生在端墙式和柱墙式洞门结构中;
(3) 衬砌及围岩坍塌;
(4) 衬砌开裂及错位;
(5) 底板开裂及隆起;
(6) 初期支护变形及开裂;
(7) 渗水破坏,表现形式为浸润、滴水和淋水。

2. 隧道的震害特征

地下隧道属于几何线性结构,在地震荷载的作用下,由于周围介质的存在,其动态反应会呈现出与地面建筑不同的特性,主要表现为以下几点:

1) 地下隧道的振动变形受周围介质的约束作用明显,结构的动力反应一般不明显;
2) 在地震荷载作用下,当地下隧道结构存在明显惯性或周围介质与结构间的刚度失配时,结构会产生过度变形而破坏;
3) 地下隧道震害多发生在地质条件有较大变化的区域;相反,如果地质条件均匀,即便震级较大,结构也较安全;
4) 地下隧道若穿过地质不良地带,也易遭震害;
5) 结构断面形状及刚度发生明显变化的部位,如隧洞进、出口等部位均为抗震的薄弱环节;
6) 地下隧道的破坏形式主要是弯曲裂缝、竖向裂缝、混凝土脱落和钢筋外露等。

3. 隧道震害的主要表现形式

1) 衬砌的剪切移位

当隧道建在断层破碎带上时,常常会发生剪切移位的破坏。在台湾"9·21"地震中,位于断层带上的一座输水隧道就发生了这种破坏。由于断层的移位,该输水隧道在进水口下游180m处发生了剪切滑移,如图10-16所示,隧道在竖直方向分开4m,在水平方向分开3m,整个隧道发生严重破坏。

2) 边坡破坏造成的隧道坍塌

地震造成边坡滑塌,滑塌的冲击使得隧道坍塌,如图10-17所示。

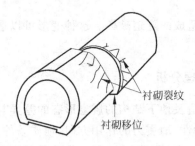
图10-16 衬砌剪切移位图

图10-17 边坡破坏造成的隧道坍塌

3) 衬砌开裂

在地震中,衬砌开裂是最常发生的现象。这种形式的衬砌破坏又可分为纵向裂损(见图10-18)、横向裂损(见图10-19)和斜向裂损(见图10-20),斜向裂损进一步发展可导致环向裂损(见图10-21)、底板裂损(见图10-22)以及沿着孔口如电缆槽、避车洞或避人洞发生的裂损(见图10-23)。

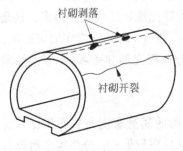
图10-18 衬砌纵向裂损图

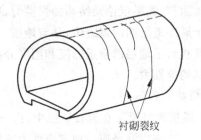
图10-19 衬砌横向裂损图

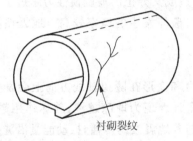
图10-20 衬砌斜向裂损图

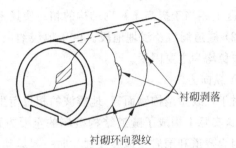
图10-21 衬砌环向裂损图

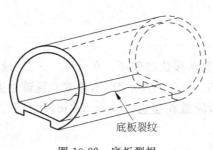
图 10-22 底板裂损

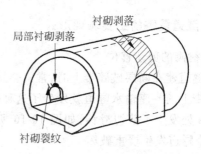
图 10-23 孔口附近衬砌裂损图

4) 边墙开裂

图 10-24 所示为由于显著的边墙向内变形而造成的隧道破坏。这种变形可以造成边墙衬砌的大量开裂，甚至导致边沟的倒塌。

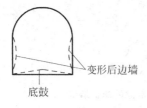
图 10-24 边墙变形

4. 隧道震害的机理分析

现场调查表明，隧道及地下结构的震害形态的差异与地震强度、震中距、地震波的特性、地震力的作用方向、地质条件、衬砌条件、隧道与围岩的相对刚度、施工方法、施工的难易程度以及施工过程中是否出现坍方等有密切关系。根据以往地下结构在地震中所表现的行为可知，地震的主要或次要效应均可使隧道结构遭受破坏。这些效应包括以下两个方面：

(1) 围岩失稳，主要指围岩的变形、差异位移、震害和液化。

(2) 地震惯性力，主要指强烈的地层运动在结构中所产生的惯性力所造成的破坏。

因此，围岩失稳和地震惯性力作用是地下结构震害的两种主要原因。对于同一程度的大地摇动而言，如果仅论及结构的惯性力，地下结构要比地面结构安全得多。这是因为地下结构处于周围地层的约束之中，并与地层一起运动。因而，地下结构在地震运动过程中，仅仅按照其相对于地层的质量密度和刚度分担一部分地震变形和荷载，而不像地面结构那样承担全部的惯性力。

1) 横截面方向

(1) 隧道洞身段。在岩石地层中，由于地下结构的质量密度与岩石相比并没有显著差异，所以，地下结构洞身遭受地震惯性力破坏的发生概率较低；洞身结构之所以有惯性力破坏的现象发生，主要是由于地下结构与地层之间出现了较大的空隙而削弱了地层的约束作用，实际上相当于提高了衬砌结构的相对质量密度，造成其分担的地震惯性力超过了极限。

(2) 隧道洞口及浅埋地段。由于地层约束较弱，破坏发生的概率较高。地震惯性力和围岩失稳均为主要因素。

2) 纵向方向

对于长线型结构物而言，地震波的相位衍生应力和变形在隧道轴线方向上会发生很大变化，这实际上构成了隧道结构破坏的重要方面，而且表现为埋深越浅，破坏作用越显著。这是因为隧道和围岩在地震波通过时一起运动，且随着地震波的传播，振动能量沿隧道轴线从一点移动到另一点，则在隧道结构内部同时产生纵向的拉压和横向的剪切两种作用，如果这两种作用的结果超过隧道本身的抗力极限,结构自然就会产生破坏。

研究表明,隧道结构抵抗纵向的拉压和横向的剪切两种作用的能力,并不因结构刚度的加强而有很大改善。

所以,隧道结构的抗震设计应当考虑这种破坏作用,使设计的结构具有足够的韧性以吸收地震所产生的相位衍生应力和相对变位,同时又不损害其承受静载的能力。一味加强结构,试图让结构去抵抗相当大的强制变位所产生的内力是不现实的。

5. 隧道震害的影响因素

1) 隧道埋深及结构形式

在许多情况下,隧道的破坏随埋深增加而降低。据国外统计资料显示,在硬质岩隧道中,当埋深小于50m的时候隧道发生破坏的几率很大,高达同组的57.89%,其中严重破坏率为10%;当深度大于50m时,破坏程度会明显降低,严重破坏率一般为1‰～2‰;当深度超过100m时,则几乎不会发生严重的破坏。

隧道结构断面形状和刚度发生明显变化的部位容易发生破坏,如紧急停车带、支洞洞口处等。

2) 所处岩层类型和地质构造

隧道所处的地质条件直接影响地震作用时隧道周围介质对隧道作用力的大小和方式,而作用于隧道上力的方式对隧道的破坏形式有决定性的作用。

3) 地震烈度

大量震害资料表明,地震的震级和震中距(地震烈度)对地下结构的震害有显著影响。在相同的场地条件下平均震害率随地震烈度的增加而增加。

4) 隧道所处的空间方位

隧道所处的空间方位与震害的危害程度也有关系:①平行或是斜交于隧道洞轴线传播的地震波会引起隧道轴向变形和弯曲变形;②垂直或是近于垂直隧道洞轴线传播的地震波会引起隧道环形变形。

5) 隧道结构及支护厚度

周围岩土介质与支护结构刚度失配,容易在两者间产生较大的相互地震作用力,结构产生过度变形而破坏。

隧道结构内力随衬砌厚度的增加而增大。因此增加衬砌厚度对结构抗震并不利,反而会增加成本,浪费材料。因此,在进行隧道设计时,应该综合考虑衬砌厚度。

6. 震后隧道修复技术措施

地震引起隧道破坏的外因,除了地震动以外,还有坡面失稳和断层错动引起的灾害。其中,坡面失稳和断层错动引起的隧道震害属于静力作用,是由于地基失效产生的相对位移引起隧道破坏;地震动引起的隧道振动破坏是动力作用,是由于振动产生的惯性力引起的隧道破坏。因此,既有隧道的抗震补强及新建隧道的抗震设计必须分清原因,以便对症下药,采取相应的抗震措施,确保隧道安全。

(1) 对有可能发生坡面灾害的不稳定边坡,应采取坡面稳定措施;

(2) 对有可能发生滑动落石的洞口,应延长洞口,新增衬砌;

(3) 对有可能发生泥石流的洞口,应整治山体,修筑砂堤;
(4) 对既有变异区间,应进行返修、拱架防护;
(5) 对有围岩崩塌或涌砂区间,应进行围岩压浆、导水;
(6) 对衬砌背后有空隙的区间,应进行回填压浆。

习　题

1. 隧道及地下工程的养护维修工作有哪些?
2. 隧道及地下工程病害的类型有哪些?
3. 隧道病害的原因有哪些?
4. 隧道档案应包括哪些内容?
5. 隧道水害的种类、产生原因及整治措施有哪些?
6. 隧道衬砌裂损的种类、分布特点及整治措施有哪些?
7. 隧道衬砌侵蚀的种类及整治措施有哪些?
8. 隧道冻害的种类、产生原因及整治措施有哪些?
9. 地震后隧道的维修措施有哪些?

第 11 章　高速铁路隧道及大断面隧道

11.1　概述

11.1.1　高速铁路及大断面隧道概念

1. 高速铁路

高速铁路一般是最高行车速度达到 250km/h 及以上的新建铁路和最高行车速度 200km/h 及以上的既有线提速铁路。

高速铁路具有新颖、快速、经济、舒适的旅行环境和优质的运输服务等特点,提高了铁路与其他运输方式竞争的能力,成为世界铁路旅客运输发展的共同趋势,也是铁路技术现代化的标志。

高速铁路的发展,必然伴随大量隧道工程的出现,这主要是因为高速铁路的线路技术标准(平纵断面)要远远高于普通铁路。

国外已建的大部分高速铁路隧道中所占的比例均较大,如日本山阳线隧道占线路总长的 50%。

我国近几年兴建的高速铁路包括武广、京沪、郑西、石太、京津、合宁、合武、温福、福厦、甬温和沪汉蓉大通道等十余条线路。其中,隧道占有相当大的比例。

2. 大断面隧道

隧道断面一般是以净空断面积(轨道以上内净空)来划分的。大净空断面隧道示意如图 11-1 所示,隧道断面划分标准如表 11-1 所示,我国高速铁路隧道净空有效面积标准如表 11-2 所示。

目前我国大断面(三车道)公路隧道已开始修建,如联络重庆市的几条高速公路也从一开始就决定采用三车道的大断面隧道,如铁山隧道、大梅沙隧道和大宝山隧道等都是三车道大断面的。由于三车道公路隧道的断面面积比双车道大得多,例如,第二东名公路初期建设的三车道隧道的断面积为 113~170m²,比一般的双车道 85m² 大 1.5~2 倍。目前为适应 140km/h 高速度的要求而规划的三车道隧道的断面积为 170~200m²,局部断面达 230m² 的超大断面,开挖宽度达 23m,较初期三车道隧道断面又增加 1.3~1.5 倍。

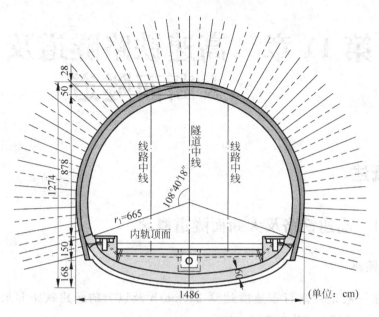

图 11-1 隧道净空断面积

表 11-1 隧道断面划分标准   m²

划 分	净空断面积	划 分	净空断面积
超小断面	<3	大断面	50~100
小断面	3~10	超大断面	>100
中等断面	10~50		

表 11-2 我国高速铁路隧道净空有效面积标准   m²

类 别	单 线	双 线
200km/h 客运专线兼顾货物运输	52(53.6)	80(85)
250km/h 高速铁路	58(60)	92
250~300km/h 高速铁路	70	100

注:括号内数值为客运专线兼顾双层集装箱运输条件下,考虑特定接触网高度等因素的面积。

11.1.2 高速铁路隧道及大断面隧道的特点

1. 高速铁路隧道的特点

高速铁路上的隧道不同于一般的铁路隧道,当高速列车在隧道中运行时要遇到空气动力学问题,主要表现为空气动力效应所产生的新特点及现象。为了降低及缓解空气动力学效应,除了采用密封车辆及减小车辆横断面积外,必须采取有力的结构工程措施,增大隧道有效净空面积,在洞口增设缓冲结构;另外还有其他辅助措施,如在复线上双孔单线隧道设置一系列横通道;以及在隧道内适当位置修建通风竖井、斜井或横洞。

为了降低隧道的空气动力效应,增大隧道有效净空面积是较好的结构工程措施,也是当前世界各国高速铁路发展的总趋势。

高速铁路隧道的横断面较大,隧道受力和衬砌混凝土的地质环境复杂,且列车运行速度较高,隧道维修有一定的时间限制,对隧道衬砌的安全性、耐久性和抗渗防水性、抗冻性等性能要求提高,应严格控制耐久性指标。复合衬砌和整体式衬砌比喷锚衬砌安全,且永久性好,故永久性衬砌一般不采用喷锚衬砌。

高速铁路隧道及大断面隧道的勘测、设计、施工与维修养护管理与一般铁路隧道有许多共同点。高速铁路的隧道设计是由限界、构造尺寸、使用空间和缓解及消减高速列车进入隧道诱发的空气动力学效应两方面的要求确定的。研究表明,在以上两方面要求中,后者起控制作用。对高速铁路隧道设计参数的特殊要求主要是由于高速列车进入隧道会诱发空气动力学效应,本章将主要介绍空气动力学对隧道设计的影响。

2. 大断面隧道的特点

(1) 开挖后的应力重分布对隧道不利。对于扁平的大断面隧道来说,随着高宽比(高度/宽度)的减少,围岩内的最大主应力和衬砌拱顶处的最大弯矩急剧增加,与近圆形隧道相比,将出现更大的塑性区和变形,需要更强大的支护结构来保持隧道的稳定。

(2) 底脚处的应力集中过大,要求较大的地基承载力。力学分析结果表明,开挖后侧壁处围岩应力比较大。特别是侧压系数较小时,开挖宽度越大,围岩中的切向应力越大,衬砌中轴力也越大。底脚处的应力集中过大,要求有较大的地基承载力。

(3) 拱顶不稳定。隧道宽度的扩大将大大增加拱顶围岩内的拉应力,导致发生拱顶掉块等失稳现象。同时,拱顶处衬砌弯矩增加,导致衬砌开裂。因此,隧道断面的增大会造成拱顶不稳定。

(4) 较大的松弛地压。开挖宽度越大,要求产生拱作用的埋深越大,在埋深作用不能发挥作用时,就会产生很大的松弛压力。因此,大断面隧道支护结构将承受更大的松弛荷载。

(5) 支护结构的承载力相对较小。隧道跨度越大,扁平形状的拱形支护结构支护条件越不利,相对承载力也越小。

大断面隧道设计与一般铁路隧道设计有许多共同点,包括:净空断面形式设计;衬砌结构设计;辅助坑道设计;防排水设计;隧道洞口形式及景观设计;防灾救援设计;隧道内相关设施设计。

11.2 高速铁路隧道空气动力学问题

当列车进入隧道时,原来占据着空间的空气被排开,空气的黏性以及隧道壁面和列车表面的摩阻作用使得被排开的空气不像隧道外那样及时、顺畅地沿列车两侧和上部形成绕流。于是,列车前方的空气受压缩,列车后方则形成一定的负压,从而对运营产生一系列有负面影响的空气动力学效应。

11.2.1 主要空气动力学效应

(1) 由于瞬变压力,造成旅客耳膜不适,乘车舒适度降低,并对铁路员工和车辆产生危害;

(2) 行车阻力加大，引起对列车动力和能耗的特殊要求；

(3) 列车风加剧，并在列车尾部形成较大负压，影响隧道内作业人员及水沟盖板安全；

(4) 高速列车进入隧道时，会在隧道出口产生微压波，引起爆破噪声并危及洞口建筑物；

(5) 列车克服阻力所做的功转化为热量，使隧道内温度升高；

(6) 列车高速进入隧道会产生空气动力学噪声问题（与车速的 6~8 次方成正比）。

这些问题有些可以通过优化隧道设计参数、改变隧道出入口的形式来得以解决，但是有些问题则需要通过提高和优化列车性能得以解决。

11.2.2 瞬变压力

1. 瞬变压力

当列车从开敞的线路刚进入隧道时，列车周围的空气压力由于突然受到隧道有限空间的约束而在短时间内产生巨大变化称为瞬变压力，如图 11-2 和图 11-3 所示。

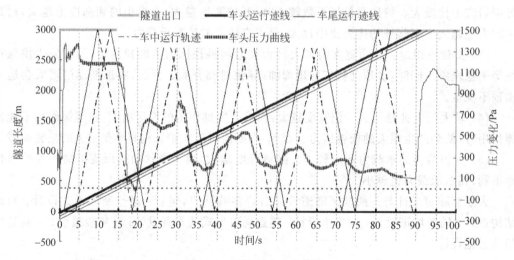

图 11-2　车头压力变化情况

当瞬变压力由列车外部传播到列车内部，再传到人体内时，会使旅客产生生理上的不适——耳膜压感不适，从而大大降低乘客的舒适度。瞬变压力在一定值范围内，人体不会有明显感觉，超过一定值时，会明显不适。

2. 当前研究状况

列车在明线上行驶，车头压力约为 300Pa，车中压力基本为 0，车尾压力为负值。

在进入隧道洞口过程中，车头压力急剧上升，车尾压力则出现下降，如图 11-2 和图 11-3 所示。

对于铁路隧道，当列车速度在 160km/h 以下时，人体没有明显感觉；当行车速度在 200km/h 以上时，会明显感觉不适。

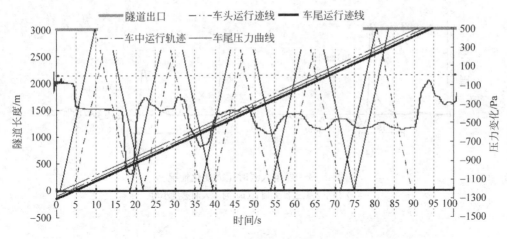

图 11-3　车尾压力变化情况

对于地铁区间隧道,当列车速度在 80km/h 以下时,人体没有明显感觉;当行车速度在 120km/h 以上时,会明显感觉不适。

3. 瞬变压力的描述

(1) "峰对峰"最大值 $(\Delta P)_{max}$;

(2) 最大变化率 $(dP/dt)_{max}$。

目前通常采用某一指定时间(3s 或 4s)内压力变化的"峰对峰"最大值来描述压力瞬变的程度。

我国高速铁路隧道瞬变压力的建议值如表 11-3 所示。

表 11-3　我国高速铁路隧道瞬变压力的建议值

铁 路 类 型		隧道长度/%（占线路比例）	相 互 关 系	隧道密集程度/(座/h)	瞬变压力/[kPa/(3s)]
A(平原)	单线	<10	AND	<4	2.0
B(平原)	双线	<10	AND	<4	3.0
C(山丘)	单线	>25	OR	>4	0.8
D(山丘)	双线	>25	OR	>4	1.25

11.2.3　微气压波

如图 11-4 所示,微气压波是列车突然进入隧道时形成的压缩波,在隧道内传播到达出口时向外放射脉冲状的压力波,是高速铁路隧道运营过程中产生的空气动力学问题之一。

微压波使得列车高速进入隧道时,在另一侧出口产生突然爆炸声响,对隧道出口附近的环境构成危害,如图 11-5 所示。

在短隧道中,微气压波最大值与速度的 3 次方成正比,与出口距离成反比。考虑隧道洞口地形的影响,可近似用下式求出。其中,v 为列车的进洞速度,r 为测点到洞口中心的距离,K 为隧道出口地形影响系数。

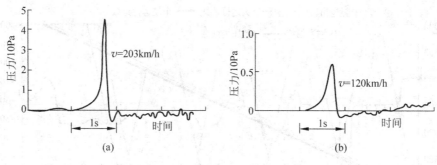

图 11-4 列车入洞时压力变化情况
(a) 列车入洞速度大时;(b) 列车入洞速度小时

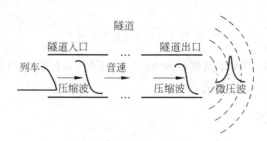

图 11-5 列车入洞产生微压波示意图

$$p = \frac{Kv^3}{r} \tag{11-1}$$

在比较长的隧道中,微气压波最大值与壁面状态有很大关系,板式道床相应的微气压波最大值较大,而碎石道床相应较小。

我国高速铁路隧道洞口微气压波的控制基准如表 11-4 所示。

表 11-4 我国高速铁路隧道洞口微气压波控制基准

条件		微气压波峰值 P_{max}
		京沪暂规
洞口有建筑物	建筑物无特殊环境要求	建筑物处 $P_{max}<20$Pa
	建筑物有特殊环境要求	按要求
洞口无建筑物(或住宅距洞口大于 50m)	建筑物无特殊环境要求	距洞口 20m 处 $P_{max}<50$Pa
	建筑物有特殊环境要求	不设

11.3 高速铁路隧道缓解气动效应设计

由于高速列车在隧道中行驶时产生的气动效应,如瞬变压力、空气动力阻力和气动噪声等,将影响旅客和作业人员的安全舒适度,干扰洞口附近的环境,以及增加牵引能耗量或者降低隧道通过能力。这是关系到改善运营条件、提高经济效益和社会效益的重要问题,因此,在隧道设计中必须认真考虑气动效应。这也是高速铁路设计与一般隧道设计的不同之处。目前,在高速铁路的隧道设计中,绝大多数考虑了修建减缓车隧气动效应的工程措施。缓冲设施的设计是高速铁路隧道设计的重要内容,直接影响着隧道断面的选取、车辆密封参数的选定、工程投资的大小以及缓解气动效应的效果等多方面内容。

目前广泛采用的缓冲设施方案包括如下几种形式。

1. 扩大隧道断面和减小阻塞比

堵塞比即列车横断面积与隧道横断面积的比值。

高速铁路隧道横断面设计除了要考虑隧道建筑限界和列车运营安全要求(如检查道、避难路及通风、照明、通信等设施的空间需求)外,还必须考虑满足列车—隧道空气动力学的要求。随着隧道的断面面积的扩大,列车进出隧道的空气动力效应的强度会随之降低,降低到一定程度以后就不再需要特别的措施来解决气动效应。

增大隧道断面、减小阻塞比是降低瞬变压力的有效途径。各国针对列车的不同运行速度设置的隧道断面标准各不相同,表11-5给出了一些国家高速铁路隧道的设计参数。

表 11-5 一些国家高速铁路隧道的基本参数

项目	日本				法国		德国		意大利
	东海道	山阳	东北	上越	东南	大西洋	曼海姆—斯图加特	汉诺威—维尔茨堡	罗马—佛罗伦萨
线路长度/km	515	554	496	270	426	284	99	327	236
开始建设年份	1959	1967	1972	1971	1976	1985	1976	1973	1970
开始运营年份	1964	1975	1982	1982	1983	1990	1991	1991	1988
运营方式	客运专线				客运专线		客货混运		客货混运
设计速度/(km/h)	210	260	260	260	270	300	250	250	250
线间距/m	4.20	4.30	4.30	4.30	4.20	4.20	4.70	4.70	4.00
隧道宽度/m	最大9.60 基底7.99	9.60 7.99	9.60 8.40	9.60 8.40	无隧道	双线10.00 单线8.24	基底12.50	12.50	最大9.44
隧道有效面积/m²	60.5	63.4	63.4	63.4		双线71.0 单线46.0	直墙32.0 曲墙94.0	82.0 94.0	53.8
隧/线比例/%	13.0	50.0	23.0	39.0	0	6.0	30.0	37.0	32.5
阻塞比	0.21~0.22	0.20~0.21	0.20	0.20		双线0.13~0.15 单线0.20	0.13	0.13	0.18

当然,解决气动效应最有效的方法是扩大隧道断面,但是这必然带来建设投资的增加。因此,深入研究设置缓冲设施的效果,合理选择隧道断面,才是设计的出路。

2. 改变隧道入口形式

(1) 采用斜切式洞口,如图11-6所示。

 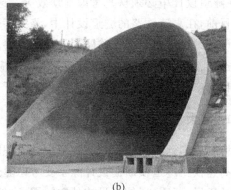

图 11-6 斜切式洞口

(2) 设置洞口缓冲结构,如图 11-7 所示。

 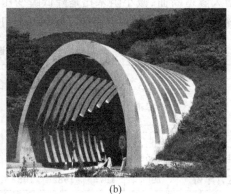

图 11-7 洞口缓冲结构

隧道洞口缓冲结构并不能解决列车在隧道内高速行走产生的压力变化给乘员带来的不适,以及压力过大而带来的耳鸣问题,却可以通过降低列车进洞后第一阶段压缩波的波前梯度而有效地降低出口微压波的大小,消除洞口的爆炸声响,减少微压波给洞口带来的环境危害。

设置缓冲结构,应将微压波的大小、隧道的具体长度、断面尺寸、道床类型、辅助坑道的设置、洞口附近房屋等建筑物的性质及其他环境要求、地质地形地貌条件、工程难易程度、造价等进行综合考虑。在有条件的隧道,还应考虑利用其他降低微压波的措施,如采用贴有吸音材料的洞壁等。

3. 设置通风竖井

在隧道内合理地设置通风竖井(或斜井),可以降低压缩波梯度,可将因高速行车产生的瞬变压力幅值降低 50% 左右,并且能降低行车的空气阻力。竖井的位置应兼顾到高速列车行车时降低瞬变压力的要求。

4. 修建平行辅助隧道

对于特长的隧道,往往因埋深很大,不宜设置竖井,则可在行车的主隧道旁修建一座小断面的平行辅助隧道,且每隔一段距离用横通道与主隧道连通,如图 11-8 所示。

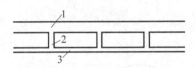

图 11-8 平行辅助隧道示意图
1—主隧道;2—横通道;3—平行辅助隧道

列车在这种情况下运行时的主要特征是,每当列车经过一个横通道口就产生一次压力脉冲。虽然其瞬变压力变化频繁,但强度较弱,旅客较易承受。

5. 其他措施

也可采取其他措施来缓解高速行车产生的气动效应,如使机车具有良好的空气动力学特性的形状(流线型车头);或改善轨道结构,提高洞内列车运行的稳定性和舒适度。

11.4 大断面隧道设计

大断面隧道的设计内容包括:净空断面形式设计;衬砌结构设计;辅助坑道设计;防排水设计;隧道洞口形式及景观设计;防灾救援设计;隧道内相关设施设计。

为突出重点,本节只讲净空断面形式设计。

常速铁路隧道断面形式及尺寸主要是根据隧道建筑限界、衬砌结构受力的合理性,并考虑施工与养护维修的方便及工程投资的经济性等因素综合确定的。高速铁路隧道与常速铁路隧道最大的区别就是当列车以高速通过隧道时,产生的空气动力学效应(行车阻力、瞬变压力、微气压波、列车风等)对行车、旅客舒适度、列车相关性能和洞口环境的不利影响十分明显。因此,隧道断面的设计除了需考虑常速铁路隧道断面的影响因素外,还必须考虑尽量缓解和消减列车进入隧道时诱发的空气动力学效应的影响。高速隧道断面设计主要应考虑下列因素:隧道建筑限界;轨道数量和线间距;缓解空气动力学效应所需的空间;需预留的空间,如安全空间、避难和救援空间、养护维修及工程技术作业空间;其他使用要求所需的空间;设备安装空间等。

1. 隧道建筑限界

我国高速铁路隧道建筑限界分为以下三种:
(1) 200km/h 客货共线(见图 11-9);
(2) 200km/h 及以上客运专线(见图 11-10);
(3) 200km/h 客货共线双层集装箱运输(见图 11-11)。

2. 断面内各空间的配置及衬砌内轮廓

1) 净空断面内各种功能空间的配置

考虑到列车一旦在隧道内发生事故,失去动力或无法及时将列车拉出洞外时,车上人员的紧急疏散、逃生和救援将成为非常关键的问题。所以,设计高速铁路隧道净空断面时需要预留各种空间,包括安全空间、救援通道和技术作业空间。

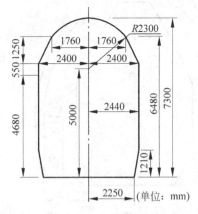

图 11-9 200km/h 客货共线电力牵引铁路 KH-200 桥隧建筑限界

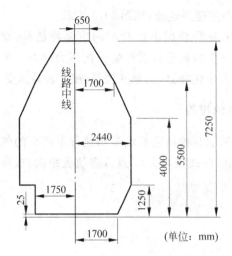

图 11-10 200km/h 及以上客运专线铁路建筑限界

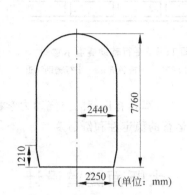

图 11-11 200km/h 客货共线电力牵引铁路双层集装箱运输隧道建筑限界

(1) 安全空间

安全空间(或称为安全区)是为铁路内部员工和养护人员预留的,安全区内包括靠衬砌侧安放施工设施(宽0.3m)或开关柜(宽0.4m、长1.3m)的空间(见图11-12)。

安全空间的配置应遵守下列规定:①安全空间应设在距线路中线3.0m以外,单线隧道应设在有紧急出口一侧,两座平行单线隧道宜设在相邻侧,双线与多线隧道应在双侧设置安全空间;②安全空间的尺寸:高度不应小于2.2m,宽度不应小于0.8m;③安全空间的地面不应低于内轨顶面,地面与接触网设备带电部件间的距离不应小于3.95m。

(2) 救援通道

隧道内应设置贯通的救援通道,用于自救或外部救援。救援空间的配置应遵守下列规定:①隧道内应设置贯通的救援通道(见图11-13);②救援通道应设在安全空间一侧,距线

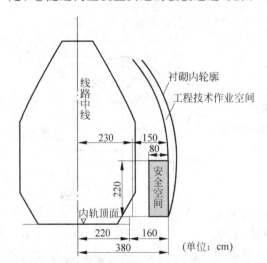

图 11-12 安全空间救援通道

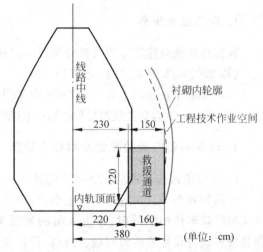

图 11-13 200km/h 及以上客运专线隧道救援通道

路中线不应小于 2.3m；③救援通道走行面不应低于内轨顶面,地表必须平整；④设计客车行车速度目标值为 200km/h 的客货共线铁路隧道救援通道宽度不宜小于 1.25m,设计客车行车速度目标值为 250km/h 的客运专线隧道救援通道宽度不宜小于 1.5m,在装设专业设施处救援通道宽度可适当减小,净高不应小于 2.2m。

救援通道可部分侵入建筑限界,这是因为救援通道是在列车停运的情况下才使用的。

(3) 技术作业空间

技术作业空间用于安放施工辅助设施,作为加强衬砌或安装隔音板等的预留空间。该空间内允许在有限的长度范围内设置一些设备,如接触导线张力调整器和接触导线以及接头的紧回装置等。技术作业空间沿隧道衬砌内轮廓环向设置,其宽度为 0.3m。隧道的施工误差不应占用技术作业空间。

2) 我国高速铁路隧道衬砌内轮廓

根据高速铁路隧道建筑限界和隧道内必须配置的各功能空间的要求,结合隧道空气动力学有关研究成果,我国统一制定了在 200km/h、250km/h 和 350km/h 等不同行车速度条件下的隧道衬砌内轮廓,并编制了相应的双线隧道衬砌通用参考图。

(1) 200km/h 铁路隧道衬砌内轮廓

根据开行列车的性质,200km/h 铁路隧道衬砌内轮廓有客货共线铁路单双线隧道衬砌内轮廓和客货共线铁路兼顾双层集装箱运输的单双线隧道衬砌内轮廓两类。①客货共线铁路隧道衬砌内轮廓又分单、双线隧道,分别如图 11-14 和图 11-15 所示。②客货共线铁路兼顾双层集装箱运输的隧道兼顾双层集装箱运输与否,其衬砌内轮廓的主要区别在于采用的建筑限界不同,水沟和电缆槽的布置则基本相同。其内轮廓形状如图 11-16 和图 11-17 所示。

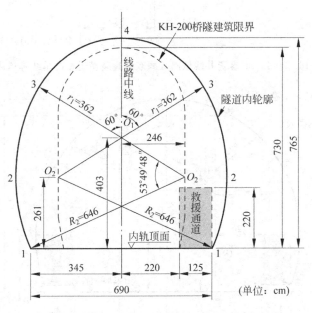

图 11-14　200km/h 客货共线铁路单线隧道内轮廓

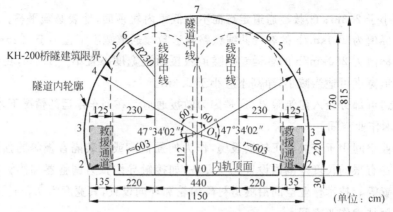

图 11-15　200km/h 客货共线铁路双线隧道内轮廓

图 11-16　200km/h 客货共线铁路兼顾双层集装箱运输的单线隧道内轮廓

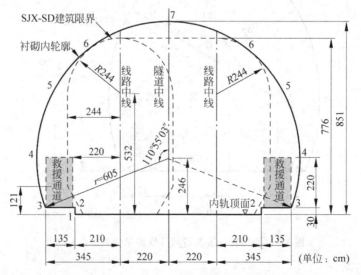

图 11-17　200km/h 客货共线铁路兼顾双层集装箱运输的双线隧道内轮廓

(2) 250km/h 铁路隧道衬砌内轮廓

① 单线隧道衬砌内轮廓。250km/h 单线隧道衬砌内轮廓采用三心圆,隧道单侧设置宽 1.5m、高 2.2m 的救援通道,外侧距线路中线 2.3m,救援通道与内轨顶面齐平,其内轮廓形状如图 11-18 所示。② 双线隧道衬砌内轮廓。双线隧道衬砌内轮廓按满足 250km/h 行车速度的客车和普通货物、双层集装箱运输条件拟定,采用单心圆,半径为 641cm,线间距 4.6m。隧道双侧设置救援通道,宽 1.5m、高 2.2m,外侧距线路中线 2.3m,救援通道底面高出内轨顶面 30cm。其内轮廓形状如图 11-19 所示。隧道底部结构根据隧道长度和地质条件分别按有渣道床和无渣道床设计。隧道采用曲墙衬砌形式,Ⅱ级围岩隧道设置钢筋混凝土底板,Ⅲ级以下围岩设置仰拱。隧道两侧各设置两槽一沟,电缆槽宽分别为 35cm、30cm,水沟宽 30cm。两侧排水沟的功能主要是集水,间隔适当距离与中心排水沟(管)连通。在隧道中线处仰拱填充内设置中心排水沟(管)。

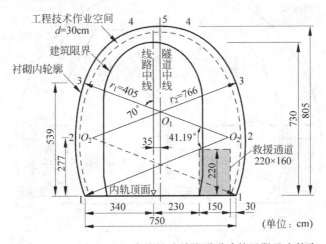

图 11-18　250km/h 客运专线铁路单线隧道建筑界限及内轮廓

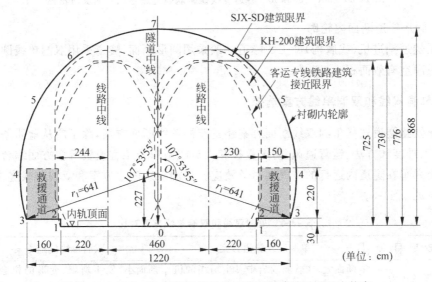

图 11-19　250km/h 客运专线铁路双线隧道建筑界限及内轮廓

(3) 300～350km/h 铁路隧道衬砌内轮廓

① 单线隧道衬砌内轮廓。由于 350km/h 单线隧道衬砌内轮廓净空有效面积达到 $70m^2$，净空面积较大，隧道两侧均可设置宽为 1.5m 的救援通道。② 双线隧道衬砌内轮廓。隧道内轮廓采用单心圆，半径为 665cm，线间距 5.0m。隧道双侧设置救援通道宽 1.5m、高 2.2m，外侧距线路中线 2.3m，救援通道底面高出内轨顶面 30cm，其内轮廓形状如图 11-20 所示。隧道底部结构按无碴道床设计。隧道采用曲墙衬砌形式，Ⅱ级围岩设置钢筋混凝土底板，Ⅱ级以下围岩设置仰拱。隧道内轮廓内考虑了 30cm 的技术作业空间。隧道两侧各设置两槽一沟，电缆槽宽分别为 35cm、30cm，水沟宽 30cm。两侧排水沟的功能主要是集水，间隔适当距离与中心排水沟（管）连通。在隧道中线处仰拱填充内设置中心排水沟（管）。

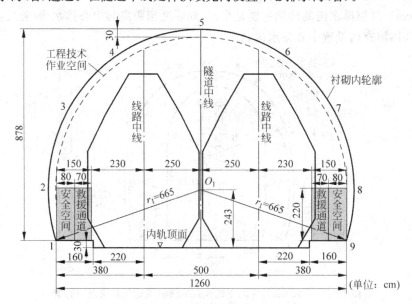

图 11-20　300～350km/h 客运专线铁路双线隧道建筑界限及内轮廓

(4) 圆形隧道断面内轮廓

采用隧道掘进机（或盾构）施工的隧道一般采用圆形断面，隧道采用双洞单线圆形结构，单线隧道净空有效面积为 $66m^2$。

3. 单洞双线和双洞单线方案选择

高速铁路隧道选择单洞双线断面方案还是双洞单线断面方案，除了应从地质条件、建设工期、施工难度和方法、运营通风、防灾救援和人员疏散以及工程投资等多方面综合考虑外，还要考虑列车在隧道内运行的空气动力学效应。单洞双线隧道方案和双洞单线隧道方案的大致比较见表 11-6。

表 11-6　单洞双线和双洞单线方案对比

比 较 项 目	单洞双线隧道方案	双洞单线隧道方案
施工难度及风险	断面大，在软弱围岩中发生坍塌的机会较多，容易发生变形，风险较大	断面小，发生坍塌、变形的机会相对较少，风险较小
运营通风	难以利用活塞风	可以利用活塞风

续表

比较项目	单洞双线隧道方案	双洞单线隧道方案
防灾救援	当隧道内发生火灾时,消防灭火及救援难度大,线路将中断运营	当一座隧道发生火灾时,可通过另一隧道帮助灭火,并利用横通道紧急疏散人员,仅中断一条线路运营
空气动力学影响	相对小	相对大
环境影响	相对小	相对大
工程投资	较低	大 20%～40%

习 题

1. 高速铁路发展的内在动因是什么?
2. 高速铁路隧道设计与中低速隧道设计有哪些不同?
3. 高速列车进入隧道所产生的气动效应包括哪些方面?
4. 控制车隧气动效应的措施有哪些?这些措施的出发点有哪些差别?
5. 大断面隧道设计有哪些内容?
6. 净空断面包含几种功能空间?具体各有什么样的配置?
7. 单洞双线和双洞单线方案各有什么优缺点?

第12章 施工机械

12.1 装渣机械

隧道用的装渣机又称为装岩机,要求外形尺寸小、坚固耐用、操作方便和生产效率高。装渣机械的类型很多,按其扒渣机构形式可分为铲斗式、蟹爪式、立爪式和挖斗式。铲斗式装渣机为非连续装渣机,有翻斗后卸、前卸和侧卸式三种卸渣方式。蟹爪式、立爪式和挖斗式装渣机是连续装渣机,均配备刮板(或链板)转载后卸机构。

装渣机的走行方式有轨道走行和轮胎走行两种,也有配备履带走行和轨道走行两种走行机构的情况。轨道走行式装渣机须铺设走行轨道,因此其工作范围受到限制。但有些轨道走行式装渣机的装渣机构能转动一定角度,以增加其工作宽度。轮胎走行式装渣机移动灵活,工作范围不受限制。装渣机械扒渣方式、走行方式及装备功率不同,则其工作能力各不相同。装渣机的选择应充分考虑围岩及坑道条件、工作宽度及其与运输车辆的匹配和组织,以充分发挥各自的工作效能,缩短装渣的时间。

隧道施工中较为常用的装渣机有以下几种。

(1) 翻斗式装渣机。翻斗式装渣机是利用机体前方的铲斗铲起石渣,然后后退并将铲斗后翻,经机体上方将石渣投入机后的运输车内,如图12-1所示。其有风动和电动之分。该装渣机具有构造简单、操作方便的特点,但工作宽度一般为1.7~3.5m,工作长度较短,须将轨道延伸至渣堆,一进一退间歇装渣,工作效率低,箕斗容量小,工作能力较低,一般为30~120m³/h(技术生产率),主要适用于小断面或规模较小的隧道中。

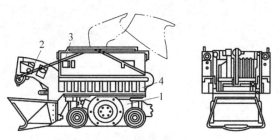

图12-1 翻斗式装渣机
1—走行部分;2—铲斗;3—操纵箱;4—回转部

(2) 蟹爪式装渣机。蟹爪式装渣机是一种连续装渣机,其前方倾斜的受料盘上装有一对内曲轴带动的扒渣蟹爪。装渣时,受料盘插入岩堆,同时两个蟹爪交替将岩渣扒入受料盘,并由刮板输送机将岩渣装入机后的运输车内(见图12-2)。这种装渣机多采用履带走行,电力驱动。因受蟹爪扒渣限制,岩渣块度较大时,其工作效率降低,故主要用于块度较小的岩渣及土的装渣作业。工作能力一般在60~80m³/h之间。

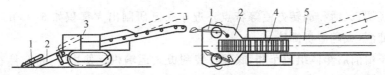

图 12-2　蟹爪式装渣机
1—蟹爪；2—受料机；3—机身；4—链板输送机；5—带式输送机

(3) 立爪式装渣机。立爪式装渣机采用轨道走行，也有采用轮胎走行或履带走行的，其前方装有一对扒渣立爪，可以将前方或左右两侧的石渣扒入受料盘，其他同蟹爪式装渣机(见图 12-3)。立爪扒渣的性能较蟹爪式好，对岩渣的块度大小适应性强，轨道走行时，其工作宽度可达到 3.8m，工作长度可达到轨端前方 3.0m，工作能力一般在 120～180m³/h 之间。

(4) 挖斗式装渣机。挖斗式装渣机是近几年发展起来的较为先进的隧道装渣机。其扒渣机构为自由臂式挖掘反铲，其他同蟹爪式装渣机，并采用电力驱动和全液压控制系统，配备有轨道走行和履带走行两套走行机构。立定时，工作宽度可达 3.5m，工作长度可达轨道前方 7.11m，且可下挖 2.8m，兼做高 8.34m 范围内的清理工作面及找顶工作，生产能力为 250m³/h。

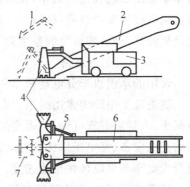

图 12-3　立爪式装渣机
1—立爪；2,6—链板输送机；3—机体；4—立爪(左右位置)；5—机架；7—立爪(前方位置)

(5) 铲斗式装渣机。铲斗式装渣机多采用轮胎走行，也有采用履带走行或轨道走行的。轮胎走行的铲斗式装渣机多采用铰接车身、燃油发动机驱动和液压控制系统(见图 12-4)。轮胎走行铲斗式装渣机转弯半径小，移动灵活，铲取力强，铲斗容量大，达 0.76～3.8m³，工作能力强，可侧卸也可前卸，卸渣准确；但其燃油废气污染洞内空气，须配备净化器或加强隧道通风，常用于较大断面的隧道装渣作业。

图 12-4　轮胎走行铲斗式装渣车

12.2　运输机械

1. 有轨运输

1) 出渣车辆

有轨运输中较普遍采用的出渣车辆有斗车、梭式矿车和槽式矿车等。

斗车是最简单的出渣工具。断面形状多为 V 形和 U 形，容积一般为 0.5～1.1m³。小型斗车具有轻便、灵活和周转方便等特点。近年来已研制出大容积如 6～30m³ 的大斗车，用压气装置卸渣，或翻渣机卸渣。

棱式矿车由前后车体组成车厢，底部安装刮板式运输机。使用时，将车停在适宜位置，从一端装（卸）渣，适时开动刮动板运输机，即可将石渣装满或卸净。棱式矿车是一种新型的高效率出渣运输设备，由机车牵引，一般与凿岩台车和高效率装渣机等配套使用，组成机械化作业线。

槽式列车是由一个接渣车、若干个仅有两侧侧板而没有前后挡板的斗车单元和一个卸渣车串联组成的长槽形列车，在其底板处安装有贯通整个列车的链板式输送带。使用时由装渣机向接渣车内装渣，接渣车装满后，开动链板传送带使石渣在列车内移动一个车位，如此反复装移石渣，即可装满整个列车。卸渣时采取类似的操作，由卸渣车将石渣卸去。

2）牵引机车与道路

常用的牵引机车分电动机车和内燃机车两类。

隧道施工中较为常用的电动牵引车为蓄电池电机车，俗称电瓶车。它具有体积小、占用空间小、不排放有害气体、不需要架设供电线路且使用较安全等特点，但也存在如需要有专门的充电设备、充电工作比较麻烦以及牵引力有限等不足。内燃机车具有较大的牵引动力，配合大型斗车可以加快出渣速度。

隧道内用于机车牵引的道路，宜采用不小于 38kg/m 的钢轨，轨距一般为 600mm 或 750mm。洞内轨道纵坡坡度须相同，洞外可不同，但最大不超过 2%。最小曲线半径，在洞内不小于 7 倍机车车辆轴距，洞外一般不小于 10 倍轴距。曲线轨道应有适当的加宽和外轨超高值。

2. 无轨运输

自卸汽车又称为翻斗车。在隧道施工中，应选用车身较短、车斗容量大、转弯半径小、车体坚固、轮胎耐磨、配有废气净化装置并能双向驾驶的自卸汽车，以增加运行中的灵活性，避免洞内回车，减轻对洞内空气的污染。

12.3 凿岩台车

1. 用途与分类

凿岩台车是支承凿岩机并能完成凿岩作业所需的推进、移位等运动的移动式凿岩机械。为了提高隧道开挖效率，将数把凿岩机支架安装在同一台车上，可以同时进行多个钻眼工序。图 12-5 为一台凿岩台车的侧视图。

凿岩台车一般用于地质条件较好、基本不要临时支护的大断面（开挖面积 17m² 以上）的隧道施工，也可作为其他工序的工作台，如凿顶、支承、装药和设备材料的临时存放等。

凿岩台车的开挖施工工序为台车就位、多台凿岩机同时钻眼、利用台车架进行装药、台车退出掌子面、爆破、排烟凿顶、支护（视地质情况而定）、装渣机就位、装渣运输，同时也可进行上部钻眼，如此循环进行作业。

由于凿岩机和支架安装在坚固的钻臂上,可装备中型、重型大功率的凿岩机,并且可以提高冲击频率,凿岩机推进力得到了保证。所以,采用凿岩台车后的凿岩效率高,钻进速度快,能适应各类岩层,在同等开挖断面下,可减少凿岩机台数。一般来讲,采用凿岩台车开挖隧道日进尺为 10m 左右,月进尺可达 200~300m。

按所能开挖隧道断面的不同,凿岩台车可分为全断面台车、半断面台车及导坑台车;按车架形式可分为门架式和框架式台车;按行走装置可分为轨行式、轮胎式及履带式台车;按钻臂可分为液压钻臂式和梯架式台车。

2. 构造与工作原理

凿岩台车由钻臂、推进器、底盘、台车架、稳车机构、风水系统、液压系统和操纵系统等部分组成,如图 12-5 所示。

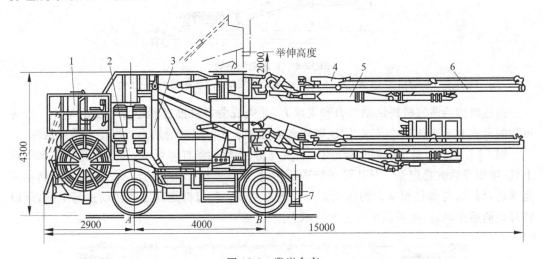

图 12-5 凿岩台车
1—动力系统;2—底盘;3—台车架;4—凿岩机;5—钻臂;6—推进器;7—稳车机构

工作时,台车驶入掘进工作面,由稳车机构使台车定位,操纵钻臂和推进器,使推进器的顶尖按要求的孔位顶紧工作面,开动凿岩机钻孔。钻完全部炮孔后,台车退出工作面。

掘进钻臂是凿岩台车的核心部件。它支承着凿岩机按规定的炮孔位置打孔,又是给予凿岩机一定推进力的机构。它还可以用来提举重物,如组装拱形支架、装药等。因此,也可以称之为台车的机械手。

钻臂是独立的可装拆部件,可用钻臂的系列组件装配成各种钻孔台车,如将同一种标准钻臂安装在不同的行走底盘上;或在不同的底盘装上不同数量的同一标准钻臂,都可以构成不同形式的钻孔台车。

为了获得良好的爆破效果,要求工作面炮孔有较好的平行精度,因此,钻臂设有平动机构,钻臂移位时推进器保持平行移动。平动机构的形式有机械自动平行式、电液式和液压自动平行式。

钻臂可分为直角坐标钻臂、极坐标钻臂和液压钻臂三种。图 12-6 所示为直角坐标钻臂。直角坐标钻臂由仰角油缸驱动支臂垂直摆动,摆角缸驱动支臂作水平摆动,从而使安装在支臂上的推进器按直角坐标方式移位。操纵仰角油缸,使支臂除了能完成钻平行炮孔的要求外,还能根据工艺要求钻与工作面中轴线有一定倾角的炮孔。翻转缸可使推进器绕自身轴线回转180°,以适应钻工作面底部炮孔的需要。为了便于控制周边孔的角度,有的支臂设有外摆角机构。钻周边炮孔时,外摆角机构可使推进器产生所要求的偏角。钻完周边孔后,推进器能准确地恢复原位。

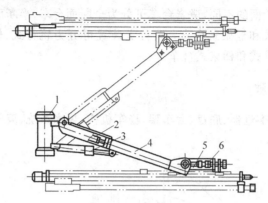

图 12-6　直角坐标钻臂
1—转柱；2—支臂油缸；3—仰角油缸；4—支臂架；5—翻转缸；6—摆角缸

推进机构给凿岩机提供轴推力和支承力,并完成凿岩机推进和退离岩壁的动作。推进机构的形式有马达丝杠式、油缸钢丝绳式和油缸链条式。驱动的动力有风动和液压两种。

图12-7所示为马达丝杠式推进器,它由马达、导轨和丝杠等组成,作业时紧顶在掌子面上,以增加导轨的稳定性。马达可正转和反转,使传动丝杠作相应的转动。丝杠只能转动不能移动,因此,与丝杠相啮合的传动螺母作前后移动；凿岩机是固定在传动螺母上的,所以螺母做前后移动时,凿岩机也随着前进或后退。

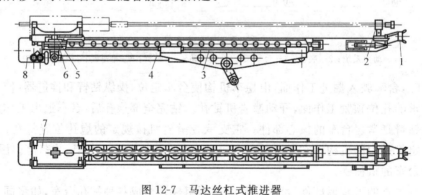

图 12-7　马达丝杠式推进器
1—顶尖；2—扶钎器；3—导轨；4—补偿油缸；5—螺母；6—丝杠；7—凿岩机底座；8—马达

12.4　喷锚机械

1. 锚杆台车

锚杆台车是在隧道施工中用于围岩支护的专用设备。在需要锚杆支护的地方用锚杆台车进行钻孔、注浆、插入锚杆,全套工序均由锚杆台车完成,图12-8所示为锚杆台车示意图。

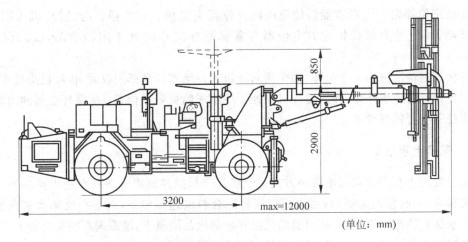

图 12-8　锚杆台车示意图

锚杆台车由台车底盘、大臂和锚杆机头等组成。

锚杆机头由凿岩机及其推进器、锚杆推进器、注浆或喷射导架、转动定位器、三状态定位油缸和锚杆夹持器等部件组成，可完成从钻孔、注浆到锚杆安装全过程的工作。更换少数部件即可安装涨壳式锚杆。图 12-9 为锚杆机头结构图。

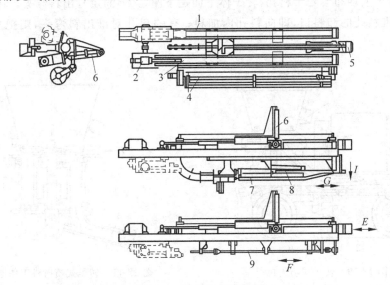

图 12-9　锚杆机头结构图

1—凿岩机及推进器；2—马达；3—锚杆推进器；4—夹持器；5—转动定位器；
6—三状态定位油缸；7—注浆导架；8—抓杆器；9—喷射导架

导架 7、9 可上下升降和左右摆动，利于找位。锚杆机头上的抓杆器，向右摆动抓住锚杆，然后夹紧，随着锚杆机头的转动，自动将锚杆从夹持器上抓出。

锚杆推进器配有旋转马达。打注浆锚杆时锚杆无需旋转，马达不工作；打树脂卷锚杆时，旋转马达使锚杆边旋转边推进，到顶后等待片刻，旋转马达反向旋转给锚杆施加预应力。其推进器与凿岩机推进器相似，只是无自动停止功能。

使用圆盘式锚杆夹持器，每次可夹持 8 根锚杆，夹持器由液压马达驱动，可自动定位。

转动定位器由一个带蓄能器的液压缸及橡胶头组成。安装锚杆时,锚杆机头围绕定位器转动,其顶进力保持恒定。定位器与蓄能器在工作时处于闭锁状态,以确保定位稳定。

三状态定位油缸由一个缸体、两个活塞杆组成。活塞杆全部回收时,锚杆机头处于打锚杆孔位置;一端活塞杆伸出时,锚杆机头处于注浆或喷树脂卷位置;活塞杆全部伸出时,锚杆机头处于放置锚杆位置。

2. 混凝土喷射机

喷射混凝土有干喷和湿喷两种方式。干喷是先用搅拌机将骨料和水泥干拌均匀,投入喷射机料斗,同时加入速凝剂,用压缩空气将混合料输送到喷头,在喷头处加水喷向岩面。湿喷是水加在搅拌机里,投入喷射机的是已拌好的成品混凝土,速凝剂在喷头处加入。喷射机是喷混凝土的关键设备,分干式喷射机和湿式喷射机两种。

干式喷射机主要有转子式、螺旋式和鼓轮式等。湿式喷射机主要有双罐式、螺旋式、挤压软管泵式、活塞泵式和离心式湿喷机等。

如图12-10所示的转子式喷射机,由动力传动系统、气路系统、给输料机构、电气系统和底盘等组成。它集干喷、湿喷为一体。图12-11所示为其工作原理图。其上部是料斗,下面是转子体,转子上均布着若干料孔,转子体下面是下座,其上固定有出料弯头。转子转动时,有的料孔对准料孔的卸料口,即向料孔内加料;有的料孔对准出料弯头,则把拌合料压送出去。

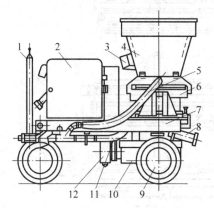

图12-10 转子式喷射机

1—牵引杆;2—动力装置;3—振动器;4—料斗;5,11—风管;6—给输料机构;7—车架;8—出料弯头;9—轮胎;10—减速器;12—皮带传动

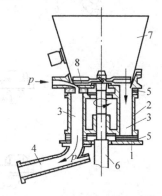

图12-11 转子式喷射机工作原理

1—齿轮箱盖板;2—转子;3—料孔;4—出料弯头;5—橡胶密封板;6—驱动轴;7—料斗;8—搅拌叶片

12.5 衬砌模板台车

隧道衬砌模板台车由一部台车和数套钢模板组成。模板以型钢为骨架,上铺钢板形成外壳,并设有收拢机构,通过安装在台车上的电动液压装置进行立模与拆模作业。模板与台

车为独立系统,每段衬砌灌注混凝土完毕后,台车可与模板脱离,衬砌混凝土由模板结构支承。台车将后面另一段已灌混凝土可以拆模的模板收拢后,由电瓶车牵引,穿过安装好的模板后,到达前方预灌注段进行立模作业。这样,钢模台车适用于曲线半径大于等于400m、衬砌厚度小于等于45cm、使用先墙后拱法进行衬砌施工的单线隧道。该台车衬砌作业快速、高效、优质、安全,并节省人力、钢材和木料,减轻劳动强度。

衬砌模板台车由钢模板、台车和液压系统三部分组成。图12-12为衬砌模板台车示意图。

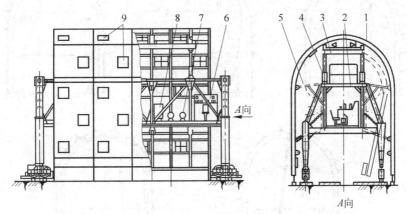

图12-12 衬砌模板台车示意图
1—模板;2—台车;3—托架;4—垂直油缸;5—侧向油缸;
6—液压操纵台;7—电动机;8—油箱;9—作业窗

1. 模板部分

每套模板长8m,由4个2m长的拼接段组成。其中分基脚模板、折叠模板、边墙模板、拱脚模板、拱腰模板和加宽块等11块,以及基脚千斤顶、基脚斜撑、堵头块、收拢铰和连接铰等配件。各模板间均用螺栓对接。钢拱架用18号工字钢和槽钢弯制而成,表面铺焊6mm厚钢板。每套模板设有40个作业窗,以便灌注和捣实混凝土。每套模板前端有堵头挡板,作灌注时分节用。

曲线加宽块模板最大的加宽值为80cm。使用时根据隧道曲线设计的加宽断面要求,只需换装相应加宽值的加宽块即可。但在曲线外侧,由于内外弧长之差,每8m长的衬砌灌注段须在相邻灌注段的模板接头处,增加楔形辅助弯头模块。

2. 台车部分

台车体为桁架结构,立柱和横梁采用箱形截面结构,其他部件为型钢组合构造。台车分为上、下两层平台,平台两侧均设有可翻转的脚手平台,便于衬砌施工作业。

台车行走装置为轮轨式,设有顶机装置,可用电瓶车或机车顶推牵引;还设有制动器和卡轨器,使台车停止和固定时能保证安全稳妥;轨道应专门铺设。

3. 液压系统

液压系统由油泵、油缸及操纵系统等组成。上部垂直油缸控制拱顶模板,侧向油缸控制侧模板。油泵由电机驱动,一般设置两套供油系统,以保证作业的绝对可靠性。

台车的作业程序如图 12-13 所示。

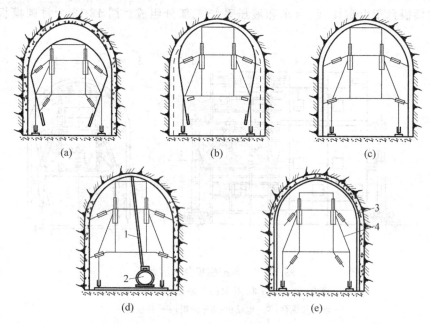

图 12-13　台车的作业程序图

(a) 模板收拢,移动穿行;(b) 垂直油缸顶升,拱模就位;(c) 侧向油缸撑开,边模就位;
(d) 浇灌混凝土;(e) 台车脱离模板

1—混凝土导管;2—混凝土搅拌输送机;3—钢模;4—台车

全液压衬砌模板台车如图 12-14 所示。该车由基础车、臂架、拱架、模板、控制系统和混凝土浇筑系统等组成。台车转移运输时,将模板拱架收拢,以便运行。施工实例已表明该台车大大改善了一次衬砌的作业环境,减少了支护工作,缩短了作业周期。

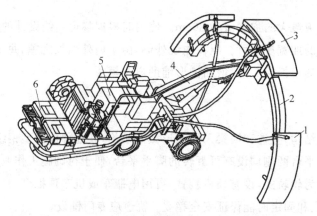

图 12-14　全液压衬砌模板台车组成示意图

1—侧模板;2—拱架;3—顶模板;4—臂架;5—基础车;6—混凝土泵车

12.6 全断面隧道掘进机

全断面隧道掘进机是一种在岩层中挖掘隧道的机械。其特点是用机械法破碎切削岩石(刀头直径与开挖隧道的直径大小一致,故称为全断面开挖),挖掘与出渣同时进行。掘进机的直径一般为 2～11m,最大可达 15m。可挖掘的岩石硬度为岩石单轴抗压强度,即 20～200MPa,最大近 300MPa。

全断面隧道掘进机适用于在公路工程、铁路工程、水电工程、排污工程、军事工程及其他地下工程中开挖岩石隧道。因此,该掘进机在公路山岭隧道和海底隧道工程中被广泛采用。

1. 分类、特点及适用范围

1) 按破碎岩石方式分类

(1) 切削式刀盘上安装割刀,像金属切削刀具一样将工作物切割下来,适用于软岩、土质等抗压强度小于 42MPa 的地质。

(2) 铣削式刀盘切削过程靠滚刀的旋转和推进及铣刀的自转完成,像铣削金属的铣床一样,适用于软岩地质。

(3) 挤压剪切式刀盘用圆盘形滚刀使岩石受挤压、剪切而破碎(以剪切为主)。刀具有硬质合金的刀圈或中碳合金钢堆焊碳化钨、钴等,适用于抗压强度为 42～175MPa 的中硬岩石。

(4) 滚压式刀盘是以挤碎岩石来切削,刀具为圆盘式、牙轮式和锥形带小球状刀具,适用于硬岩,即抗压强度大于 175MPa 的岩石。

2) 按切削头回转方式分类

(1) 单轴回转式切削头。单轴回转式切削头的回转轴只有一根。由于在大直径的切削头上,不同半径的刀具线速度不同,实际上不是真正的同轴回转,因此,它只用于小直径的掘进机。

(2) 多轴回转式切削盘。多轴回转式切削盘上有几个小切削轮,小切削轮各自有回转轴,可独自旋转。

3) 按掘进方式分类

按掘进方式的不同,可分为推进式和牵引式两种。推进式又分为抓爪式和支承反力式。

4) 按排渣方式分类

按排渣方式的不同,可分为铲斗式、旋转刮板式和泥浆输送式等。常用的是前两种。

5) 按外形特征分类

(1) 敞开式掘进机:结构简单,靠撑踏装置支持机身,适用于岩层比较稳定的隧道。

(2) 护盾式掘进机:有单护盾和双护盾之分。单护盾掘进机前部用护盾掩护,双护盾掘进机机体被前后两节护盾掩护着,适用于易破碎的硬岩或软岩及地质条件较复杂的岩层。

2. 主要结构及工作原理

全断面隧道掘进机一般由切削头工作机构、切削头驱动机构、推进及支承装置、排渣装置、液压系统、除尘装置以及电气和操纵装置等组成。

图 12-15 为开挖直径为 3m 的 LJ-30 型掘进机的结构图。切削头工作机构 1 的上下导框套在机架大梁 8 上,靠 4 个推进油缸可以移动 750mm。切削头前端有刀盘,靠两个 85kW 的电动机经减速箱和驱动小齿轮带动齿圈旋转,齿圈和刀盘刚性连接。切削下来的岩渣经刀盘上均布的三个铲斗收集并提升到皮带输送机 3 上,向后排出。切削头还有 4 个前支撑靴 2,在换位时支撑靴的油缸外伸,使靴板紧顶洞壁,以便推进油缸回缩,将后部前移。

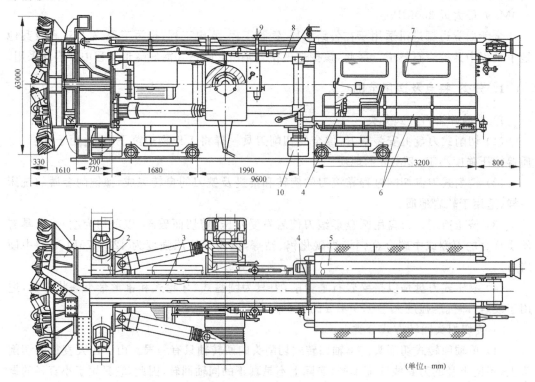

图 12-15　LJ-30 型岩石掘进机
1—切削头工作机构；2—前支撑靴；3—排渣皮带机；4—液压泵；5—吸尘风管；
6—机架及驾驶室；7—配电室；8—机架大梁；9—电钻；10—后支撑座

机架大梁 8 上装有左右水平方向的水平支撑靴,在切削推进时,支撑靴由油缸紧顶洞壁。大梁最后连接着驾驶室 6,内设操纵台、配电盘和液压泵 4 等装置。大梁上有吸尘风管 5,可将切削时的岩粉吸出,保证掌子面空气清洁。

为防止隧洞顶部塌方,应多采用锚杆临时支护,因此在大梁中部两侧安装有打眼的电钻 9。大梁后下方有后支撑座 10。

掘进机开挖隧道的工作原理如图 12-16 所示。将水平支撑靴 10、11 顶紧洞壁,前、后支撑靴 9、12 缩回,开动切削头旋转,后推进油缸 6 收缩,前推进油缸 5 伸出,开动排渣用的输送机,如图 12-16(a)所示；当切削头掘进一定深度时(一般为推进油缸的一个行程),如图 12-16(b)所示,将前、后支撑靴 9、12 顶紧洞壁,水平支撑靴缩回,后推进油缸伸出、前推进油缸缩回,如图 12-16(c)所示,这样掘进机外机架就可以前移一段距离,如图 12-16(d)所示。机器按上述程序不断旋转掘进,换位前移,直至完成隧道开挖工作。

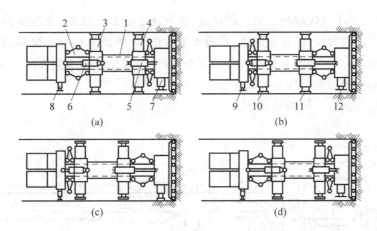

图 12-16 隧道掘进机推进工作原理

1—外机架;2—内机架;3—后支撑油缸;4—前支撑油缸;5—前推进油缸;6—后推进油缸;7,8—前、后支撑油缸;9,12—后、前支撑靴;10,11—水平支撑靴

12.7 臂式隧道掘进机

臂式隧道掘进机也称为悬臂掘进机,是一种有效的开挖机械。它集开挖、装卸功能于一体,广泛应用于采矿、公路隧道、铁路隧道、矿用巷道、水利涵洞及其他地下工程。

实践经验表明,这种掘进机对开挖泥质岩、凝灰岩和砂岩等岩层有极好的性能。与钻爆法相比,机械开挖的最大优势是:不扰动围岩,隧道的掌子面非常平坦,几乎没有钻爆法产生的凹凸不平和龟裂,容易达到新奥法的要求;断面超挖量少,经济性好;施工时减少了噪声和振动,符合环境保护的要求。

与全断面开挖的隧道掘进机相比,臂式掘进机体积小、质量轻、易于搬运。臂式掘进机通常由切割装置、装载装置、输送机构、行走机构、液压系统和电气系统等组成,如图 12-17 所示。

臂式隧道掘进机的作业工序是:机械驶入工位,切割头切入作业面,再按作业程序向两边由下而上进行切割。切割臂有伸缩、左右摆动和升降功能,因而机体小,质量轻,无需占据整个掌子面,其余空间可供其他装备使用,有利于提高作业效率。

切割头切割岩石的顺序分两种情况。

1) 切割中硬岩及硬岩

在岩石较硬的情况下,考虑到机器的稳定性,切割通常从整体切割断面的最下部(底板处)开始。同时,为使机器的振动最小,切割头应从中心点切入,再向两边摆动,反复交错进行(每次切入约 100mm),如图 12-18 所示。

待充分切入后,切割头即可从一边转移到另一边,由下向上切割,此时的切割顺序与切割软岩时的顺序相同,如图 12-19 所示。

2) 切割软岩

一般情况下,切割软岩时采用从底部开始,由下向上、从左到右的切割方法,如图 12-19

所示。切割方法并不仅仅取决于岩石的硬度，还取决于岩石的强度、劈理和层结、顶板和底板的状况、巷道的横向坡度、除尘用水、顶板支承方法、装载铲的石渣堆积面积等诸多因素。因此，在施工前，应对这些因素进行充分的调查，以便选择最佳的切割方法。但无论采用哪种切割方法，都应遵循充分切入底部后朝上切割的原则。

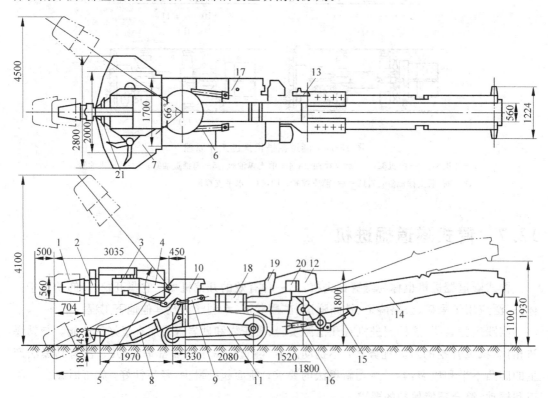

图 12-17 臂式隧道掘进机示意图

1—切割头；2—伸缩臂；3—切割减速器；4—切割马达；5—切割装置升降油缸；6—切割装置摆动油缸；7—装载铲；8—集料减速器；9—装载装置升降油缸；10—主车体；11—行走装置；12——级输送机；13——级输送机减速器；14—二级输送机；15—二级输送机升降油缸；16—二级输送机回转油缸；17—液压油箱；18—液压泵；19—控制开关柜；20—驾驶座位；21—水喷头

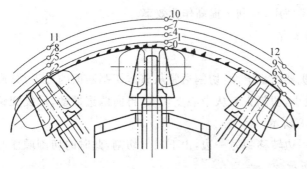

图 12-18 切割中硬岩及硬岩时的切割顺序

切割顺序：0→1；1→2→3→1；1→4；4→5→6→4；4→7…

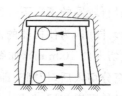

图 12-19 切割软岩时的顺序

12.8 盾构机械

盾构是一种集开挖、支护和衬砌等多种作业于一体的大型隧道施工机械，是用钢板做成圆筒形的结构物，在开挖隧道时可作为临时支护，并在筒形结构内安装开挖、运渣、拼装隧道衬砌的机械手及动力站等装置，以便安全地作业。它主要用于软弱、复杂地层的铁路隧道、公路隧道、城市地下铁道和上下水道等隧道的施工。

使用盾构机械来修筑隧道的方法称为盾构施工法。其施工程序是：在盾构前部盾壳下挖土（机械挖土或人工挖土），一面挖土，一面用千斤顶向前顶进盾体，顶至一定长度后（一般为一片衬砌圈宽度），再在盾尾拼装预制好的衬砌块，并以此作为下次顶进的基础，继续挖土顶进。在挖土的同时，将土屑运出盾构。如此不断循环，直至隧道修建完成。

盾构施工法的采用，要根据地质条件、覆盖土层深度、断面大小、电源问题、离主要建筑物的距离、水源以及施工段长度等多种因素进行综合考虑。

12.8.1 分类、特点及适用范围

1. 分类

盾构的形式很多，可按盾构的断面形状、构造及开挖方式进行分类。按盾构断面形状的不同，可将盾构分为圆形、拱形、矩形和马蹄形四种；按开挖方式的不同，可分为手工挖掘式、半机械化挖掘式和机械化挖掘式三种；按盾构前部构造的不同，可分为全部开口形、部分开口形和密封形三种。在盾构法使用初期，人工挖掘式盾构占很大的比例。但其发展的趋势是机械化盾构越来越多。从断面形式来看，应用最广泛的是圆形盾构。因此，本节将以机械挖掘的圆形盾构为主，介绍其结构原理。

2. 机械化盾构施工的特点

1) 机械化盾构施工的优点

(1) 提高工效，缩短工期。一般日挖进能力在砂质土壤为人工的2倍，砂和亚黏土为人工的3～5倍，黏性土为人工的5～8倍。

(2) 减少塌方，生产安全。无论哪一种盾构都具有防止工作面塌方、平衡地下水压及减少塌方的优点。而且施工人员无需直接在掌子面操作，安全性高。

(3) 由于能缩短工期，节省劳力，因而可降低施工成本，经济性高。

(4) 施工环境好，施工人员无需在气压下工作，改善了恶劣的施工条件。

(5) 随着土层地质的变化，能变化挖进方法及进度。

2) 机械化盾构施工的缺点

(1) 机械造价高、质量大，较普通盾构质量大1.5～2倍，适用于长距离施工。由于质量大，在特软地层施工时容易发生沉陷。

(2) 任何部分机械出现故障，都必须全部停工检修。机械检修和准备作业时间长，机械

利用率低。

(3) 设计、加工制造时间长。

(4) 掌子面局部塌方（盾构顶部）后，如发现不及时而继续掘进，会引起沉陷、局部超挖和加固操作困难。

(5) 不易更换磨损刀具。

3. 几种盾构施工法简介

盾构种类较多，其施工方法也各有不同，现仅就圆形机械开挖的切削轮式、气压式、泥水加压式和土压平衡式盾构施工法介绍如下。

1) 切削轮式盾构

切削轮式开挖的盾构是用主轴旋转驱动切削轮挖土，随切削轮旋转的周边铲斗将挖下的土屑倾落于皮带输送机上，由运输机运到盾构后部的运土斗车里，再用牵引车（电瓶机车或小内燃机车）运往洞外。与此同时，推动千斤顶不断前进。当推进一个衬砌管片宽度时，立即逐片地由拼装器拼装管片（一般一圈分为6片或8片，视断面大小而异）。逐片拼装时只回收拼装片范围内的几个千斤顶。整圈衬砌拼装完后，再开始一面顶进一面挖土，如此循环前进。施工布置如图12-20所示。

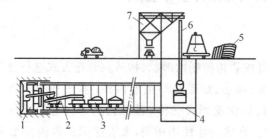

图 12-20　切削轮式盾构施工

1—盾构；2—管片台车；3—运土斗车；4—轨道；5—材料场；6—起重机；7—弃土仓

用切削轮式施工的地质条件要求是：掌子面土壁能直立，土层颗粒均匀，如黏性土类。易于坍塌的砂、砾土层，敏感性高的黏土，非常软且接近液化的黏土都不利于使用机械开挖。

2) 气压式盾构

气压式盾构适用于在地下水位以下易于坍塌的土壤中施工，如图12-21所示。为了防止掌子面坍塌，将工作面密封在一定气压下，阻止地下水外流，以利于挖土。这时挖土可以用人工挖，也可以用机械开挖。由于注入的压缩空气可能会从掌子面渗漏到地层中去，这样既不能保证工作面上气压的稳定，还消耗大量压缩空气。因此，使用气压式盾构要求土壤有

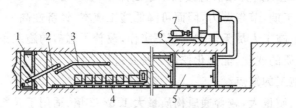

图 12-21　气压式盾构施工

1—盾构卸土器；2,3—皮带机；4—运土斗车；5—气压工作区；6—气闸；7—压气机

适当的渗透系数（一般为 10^{-4} cm/s 左右），在较大的砂砾层地质中使用气压式盾构是无效的。

使用气压式盾构，是在距开挖面一定距离内设立双层气闸，其中充满压缩空气。操作人员出入和材料、土屑的运输都要经过气闸。由于人在气压下工作，为保证人员的健康，使用的气压不能过大，一般在 0.05MPa 左右，最高不大于 0.3MPa。由于其施工困难，现在很少使用这种方法。

3) 局部气压式盾构

施工人员在气压下操作，不仅工效低，而且易于产生职业病。为解决这一问题而发展出一种局部气压式盾构。这种方法只在盾构的局部范围内加以密封、注入压缩空气，施工人员在密封室外的常压下工作。因此，可采用正常开挖或局部气压开挖，且只需在盾构上预装气压设备和气闸室，随地层情况而启用。

气压式盾构和局部气压式盾构，除了具有密封设备和压气设备外，其余与机械开挖盾构或人工开挖盾构相同。

4) 泥水加压式盾构

泥水加压式盾构即在盾构前部设置一个密封区，注入一定压力的泥浆水，以平衡地下水压力，阻止地下水流出，防止塌方。在密封区里有切削轮或者其他切削机具，还有泥浆搅拌器（将切割下来的土块搅碎，同时防止泥浆沉淀）以及泥浆泵的吸头，如图 12-22 所示。

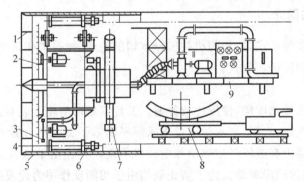

图 12-22　泥水加压式盾构施工
1—网格；2—切削轮；3—搅拌器；4—泥水腔；5—盾壳；6—盾构千斤顶；
7—拼装器；8—管片台车；9—后工作平台

其施工程序是将压力泥水灌入掌子面，用油压千斤顶把盾体向前推进，由切削轮旋转切碎进入盾构内的土壤。切削下来的泥土与灌入的压力泥水由搅拌器搅拌成泥浆，经排泥管道输送至地面。一面切削，一面用千斤顶向前顶进盾体，顶至一定长度后（一般为一个衬砌管片的宽度），再由盾尾的拼装器安装预制好的衬砌块，并以此作为下次顶进的支承座，继续顶进切土，如此不断循环，直至隧道修建完成。

泥水加压式盾构适用于软弱的地层或地下水位高、带水砂层、亚黏土、砂质亚黏土及流动性高的土质，冲积层和洪积层使用泥水加压稳定掌子面效果最显著。

5) 土压平衡式盾构

土压平衡式盾构是在气压式、水压式和泥水式盾构的基础上发展起来的。气压式盾构要求土壤有适当的渗透系数；水压式和泥水式盾构在透水性高的砂质土、砂砾土或者地下水位过高的地层下施工困难。而土压平衡式所适应的地质范围比较广,因为它无需考虑更多的土壤物理性能。

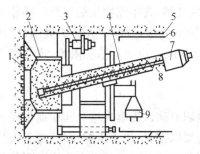

图 12-23 土压平衡式盾构施工
1—切削轮;2—切削轮机架;3—驱动马达;4—螺旋输送机;5—盾尾密封;6—衬砌管片;7—输送机马达;8—土屑出口;9—拼装器

土压平衡型"土压式"盾构(如图 12-23 所示)是在螺旋输送机和切削轮机架内充满着土砂,利用螺旋的回转力压缩土壤,形成具有一定压力的连续防水壁,以抵抗地下水压力,阻止流水和塌方。但是它也只适用于亚黏土和黏性土地层。对砂土、砂砾土地层等渗水性大的土层,在螺旋输送机内仍不大可能形成有效的防水壁。在这种情况下,可在螺旋输送机卸料口处加装一个具有分离砾石的卸土调整槽,并向槽内注入压力水以平衡地层水压,这就形成了土压平衡型"加水式盾构",进一步扩大了对地层的适应范围。同时,两种方法可根据地质情况交替使用。因此,土压平衡式盾构的适用范围较广。

12.8.2 机械化盾构的主要结构及工作原理

1. 机械化盾构简介

机械化盾构有多种形式,按切削机构区分有切削轮式、挖掘式和铣削臂式;按切削方式区分有旋转切削式和网格切割式。

1) 刀盘式盾构

这是一种圆形机械化盾构,使用比较普遍。其特点是切削轮上装有割刀,旋转方向与盾构轴线垂直。附加气压、水压、泥水加压及土压等平衡掌子面土压和地下水压后,形成各种各样的盾构。旋转动力有液压马达驱动和电动机驱动两种。由于该盾构旋转转矩大,为便于布置,都采用多马达同步驱动。为了防止盾构由于切削反作用力而发生转动,现多采用可双向旋转的切削轮。因此,切削轮的刀臂布置成两个反向的刀齿,或者切削轮布置成内外圈,相对旋转以平衡反作用转矩。这种盾构适用于除岩石以外的各种土层施工。

2) 行星轮式盾构

行星轮式盾构主要分为两种。一种是固定中心式,其形式是在刀盘的刀臂上再装几个小型刀盘,由于切削轨迹形成摆线型,分散了刀齿上所受的阻力,同时也能抵消回转转矩,防止盾构转动,以适应硬土层的切削;另一种是移动中心式,在切削横臂上有两个小切削轮,可径向移动。横臂安装在伸缩油缸端部,油缸装在主臂的空心圆筒里。切削横臂一面旋转,两切削轮一面相背地向外切削。当小切削轮径向移动到最外侧直径时,横臂停止旋转,小切削轮向内移动,这样完成一个循环。这种盾构主要用于凝灰岩和片麻岩。

3) 铲斗式盾构

铲斗式盾构是在盾壳里安装一个能在盾构断面范围内任意位置挖掘的铲斗,当铲斗装满后,可以缩回盾壳里,用斗底开门方式将土屑卸入排料装置。这种盾构适用于软弱地质条件下开挖上下水道和各种导坑,也可用于地下铁道的开挖工程。其主要特点是能适用于任意断面的隧道开挖。

4) 钳爪式盾构

钳爪式盾构是在盾壳前端装有两个半圆形钳爪,后者由铸钢或 50mm 厚的钢板焊成。每侧钳爪由油缸推动,两个钳爪可同时相对运动,也可单独动作。挖掘油缸支点在盾壳上,钳爪枢轴分上下铰接在盾壳里的承载环上。

5) 铣削臂式盾构

图 12-24 所示为 20 世纪 70 年代中期发展起来的铣削臂式盾构,适用于砂土、软岩和中硬岩的隧道开挖,尤其适用于断层地质条件。土、岩的抗压强度在 10~50MPa 以内均可开挖。

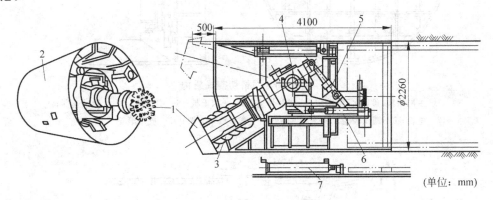

图 12-24　铣削臂式盾构

1—切削头;2—盾壳;3—螺旋收集器;4—支架;5—上下摆动油缸;6—左右摆动油缸;7—前后滑动油缸

铣削臂式盾构的圆形切削臂端部有切削头 1,可逆时针旋转(从前面看)的切削臂铰接在盾壳里的支架 4 上。切削臂可以自由地切削任意部位。切削头外径为 900mm,旋转速度为 43r/min,装有 4 把中心刀头和 40 把周圈刀头。刀头为组合式,容易更换。整个切削臂组装在一个滑台上,由 2 个油缸操纵滑台前后移动。螺旋收集器 3 下方有皮带输送机将土屑运出盾构。

6) 网格切割式盾构

网格切割式盾构适用于特别软弱的地层,一般都配备气压、泥水加压等措施,以稳定掌子面,平衡土压和地下水压。网格本身也起到挡土的作用。

依靠推进千斤顶使盾构插入地层,掌子面上土壤从网格中空被挤出。如遇到流动性大的土质或流沙等,可在网格中装上挡土板。挡土板是局部安装还是全部安装,应视地质情况而定。全部装上挡土板即为密闭式盾构,采取闭胸挺进。

图 12-25 所示为网格配以泥水加压式盾构。网格后的泥水腔内设有刀盘,是为了将挤进来的土块切碎,便于搅拌器搅碎成泥浆,依靠吸泥泵将泥浆抽出到地面进行处理。

这种盾构适用于除岩石以外一切土壤的开挖,无论有无地下水均能使用,但多适用于特别不稳定的软弱地层或地下水位高、带水砂层和黏土层及流动性大的土质,尤以冲积层和洪积层使用网格泥水加压式固定掌子面效果最好。

2. 机械化盾构的总体结构

上述几种机械化盾构,尽管其作用原理有所不同,但都由下列几个主要部分组成,即切削机构、盾壳、动力装置、拼装机、推进装置、出料装置和控制设备等。图 12-26 所示为切削轮式机械化盾构的结构简图。

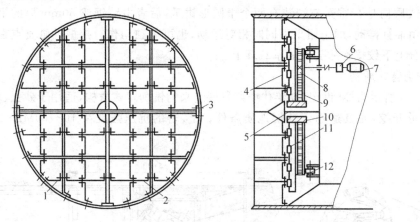

图 12-25 网格切割式盾构

1—主网格梁；2—次网格梁；3—拼装焊接面；4—挡土板；5—中心轴；6—针轮减速器；7—电机；8—摆线齿轮；9—针柱圈；10—轮鼓；11—刀架；12—支承滚轮

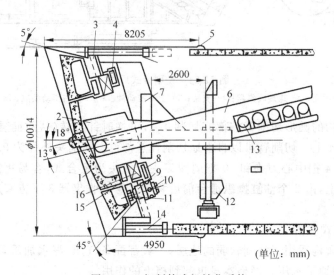

图 12-26 切削轮式机械化盾构

1—切削轮；2—卸土斗；3—隔墙；4—轴承座；5—盾尾密封；6—主输送机；7—油箱；8—轴承座；9—减速器；10—油马达；11—滚针轮；12—拼装器；13—油泵站；14—盾构千斤顶；15—大齿圈；16—主轴承

3. 切削部分

1) 切削刀

切削刀有三角形、螺旋形、片式、楔形和水力切削等形式。三角形式刀刃通常安装在切割轮的中心,起旋转定位的作用;螺旋形刀刃也是一种中心刀,适用于较硬的土壤,但由于制造成本高,一般较少采用;片式和楔形刀刃均用作周边刀,片式刀用于较软土壤的切削,楔形刀用于砂砾土或较硬的黏土;水力切削式刀是将 10MPa 的水通过喷嘴射入土壤,边旋转边喷割,适用于硬土或土层稳定性较好的地质。刀齿的形式一定要适应土壤的性质,特软的土壤无需用机械化盾构施工,若用机械化盾构,就必须预先加固土壤,如采用注药、冷冻或用网格切割式盾构等方式稳定掌子面;中硬土采用楔形、片式刀刃及组合式刀刃;在硬土中多采用行星式和錾式刀齿。

刀刃工作条件恶劣,承受的荷载非常复杂,需要承受极大的推压力、冲击力(遇土层中的石料时)和摩擦力等。因此,要求刀刃具有高强度、高韧性和耐磨性。

2) 切削面的形式

(1) 软地层中,由于盾构的切削面在掌子面土壤不能直立,所以要在刀盘面各刀刃之间的空当安装挡土板,以防土砂流入。挡土板应有工作孔,当发现土层中有漂石、木桩时,能及时取出。切削面形式有两种:伞形和直线形。伞形能保持一定的切削中心,挺进时不易产生方向上的偏差。直线形结构则相反,而且切削阻力增加10%~20%。

(2) 硬地层中,切削面在硬地层开挖的盾构,一般前面无需挡板,只用带刀臂的切削轮。

为使盾构适应地层变化,通常将盾构的切削面做成挡板可拆卸式。遇软地层时,装上挡板;遇硬地层时,卸下挡板,切削轮轴线与盾构轴线下倾,刀盘也向下倾,这是由于后壳的切口环上部向外伸出,可使掌子面稳定,减少坍塌。

3) 切削轮支承机构。该机构支承切削轮的旋转,承受切削反作用力。此外,为了提高作业效率,在拼装衬砌时,切削轮可继续切削,这样在切削轮的支承机构上有单独的顶进机构,因此,支承机构还要承受顶进时的反力。这三种荷载都使支承机构承受一定的轴向和径向力。

常用的切削轮支承方式有以下三种,如图12-27所示。

(1) 中心支承方式切削轮中心轴是心轴又是传动轴。在轴上有径向轴承1,轴端有轴向止推轴承2。这种支承方式的特点是支承和驱动方式简单,易于维修和保养。但是它占据了盾构中心部分,导致作业空间减小,安装排渣装置困难。中心支承式以采用泥水加压式盾构为宜,适用于中小直径的盾构。

(2) 圆周分散支承方式切削轮不是用主轴驱动,而是以切削轮内侧与圆筒连接,在圆筒周围和后端面装有径向轴承1和止推轴承2。在轴承处设有密封装置,防止土砂流入。这种支承方

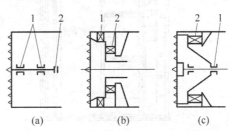

图 12-27 切削轮的支承方式
(a) 中心支承式;(b) 圆周分散支承式;
(c) 混合支承式
1—径向轴承;2—止推轴承

式的特点是径向和轴向荷载分散,盾构中心部分空间大,可保持一定的作业空间。由于支承部分与盾壳较近,不易对轴承进行保养、维修。

(3) 混合支承方式是中心支承和圆周分散支承兼用的形式,因此兼有二者的优点。这种方式的径向荷载由中心轴承支承,轴向荷载则由圆周滚子轴承支承。为防止泥砂侵入轴承,需要采用密封装置。

4) 切削轮顶进机构

该机构中的切削轮一面切削,一面需要顶进。顶进方式有两种,一种是随盾构的推进而前进,另一种具有独立的顶进机构,也就是盾构的推进与切削轮的顶进分开。

(1) 随盾构推进而顶进的方式是机械化盾构上最普遍的一种形式。随着盾构千斤顶的推进,旋转轮进行旋转切削。因此,在拼装衬砌管片时停止推进,切削轮也就停止了顶进。掘进工效受到拼装衬砌及运输工序的影响。由于切削轮的顶进阻力为盾构推进阻力的 1/20~1/10,所以,这种方式无需另外占用功率,也无需单独设计切削轮的顶进机构。

(2) 独立的切削轮顶进机构由于安装了独立的顶进机构,在安装衬砌管片、盾构停止推进时,可由独立顶推机构顶进,使切削轮仍可连续作业,从而提高了掘进工效。采用这种方式时,切削轮的顶进行程为一环衬砌管片宽度的一半,也就是拼装一次衬砌管片,切削轮需顶进两次。独立的顶进装置,是在中心轴后端设置顶进千斤顶,或者在切削轮后圆筒上设置顶进千斤顶。这样的机构既要在切削轮后圆筒上安装支撑和止推轴承,又要装置顶进千斤顶,使结构复杂化。但其优点是,在启动切削轮时,可将切削轮后退,减小切削轮的启动转矩。同时在切削中遇有大石、木桩等障碍物时,能退回切削轮,排除障碍后再顶进。

4. 盾壳

盾壳的作用主要是承受地层压力,起临时支护作用,保护设备及操作人员的安全;承受千斤顶水平推力,使盾构在土层中顶进;同时,它也是盾构各机构的骨架和基础。盾壳由切口环、支承环及钢板束通过铆接与螺栓连接而成,其结构如图 12-28 所示。

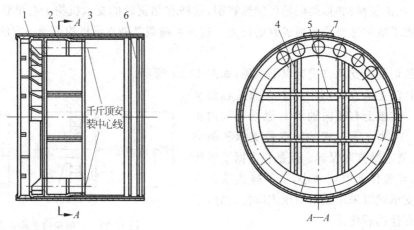

图 12-28 盾壳结构简图
1—切口环;2—支承环;3—钢板束;4—立柱;5—横梁;6—盾尾密封;7—盖板

5. 推进装置及调向原理

盾构在土层中掘进,是靠安装在盾壳支承环内的液压千斤顶(衬砌环为支承座)推动盾体向前顶进的。由于盾构内部空间狭窄、安装条件差以及盾构的工作情况与其他机械不同,盾构对于液压千斤顶有独特的要求,即结构简单、体积小、质量轻、便于安装和布置;各千斤顶之间同步性能要好;有必要的防护装置,避免灰尘、泥水和砂浆混入液压油或千斤顶内。

1) 液压千斤顶在盾构内的布置

盾构千斤顶的布置一定要使圆周受力均匀。千斤顶行程是一环衬砌环宽度加上适当余量。千斤顶在盾构内的布置需满足以下几点:

(1) 千斤顶轴线与盾构中心线要平行;

(2) 布置在靠近盾壳的内圆周圈上,尽量少占盾构空间,等距分布,并尽可能缩小千斤顶轴心线与砌块中心的偏心距;

(3) 安装台数一般是双数。

常用的布置方法有等分布置法、不等分布置法和斜面布置法等,如图 12-29 所示。

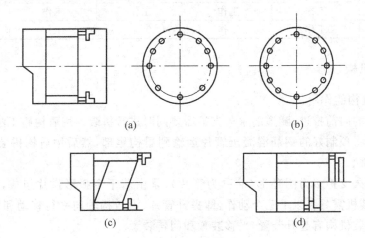

图 12-29 千斤顶在盾构内的布置方法
1—不等分布置;2—等分布置;3—斜面布置;4—上下不对称布置

不等分布置法是一般常用的方法,按盾构横断面垂直轴左右对称布置。千斤顶台数按顶力大小布置,如水平轴线下部顶力小,布置的千斤顶台数就相应减少。

斜面布置法中为了提高盾构掘进速度,一定要提高衬砌环的安装效率。采用斜面布置法可在两处同时安装衬砌环,一部分千斤顶安装中心线以下一半,另一部分千斤顶则在已安装好的下环上安装上半部衬砌块,可以实现两组同时作业,提高了安装效率。其缺点是使盾构长度增加,不太经济。

上下不对称布置法以盾构横断面水平轴线为界,下半部正常布置千斤顶,上半部滞后一衬砌环宽度布置千斤顶,可分别安装衬砌块,上下互不干扰。因此,该布置法可提高安装效率,加快盾构掘进速度,但这种方法在实际中应用较少。

2) 盾构调向原理

如图 12-30 所示,盾壳支承环内装有 4 组 8 个推进油缸。如果 4 个缸组同时动作,即获得盾构的直线前进;如按表 12-1 分别动作,则获得盾构的调向运动。

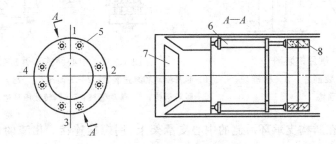

图 12-30 盾构的推进装置
1,2,3,4—四组推进油缸组;5—盾壳;6—推进油缸;7—切削轮;8—衬砌环

表 12-1　盾构调向作业表

油缸组	直线	左转	右转	上倾	下斜
1	工作	工作	工作	—	工作
2	工作	—	工作	工作	工作
3	工作	工作	工作	工作	—
4	工作	工作	—	工作	工作

6. 拼装机构

1) 拼装机构的作用

随着盾构的向前推进，隧道的永久支护需要同时进行拼装。用盾构施工法时，隧道的永久支护通常是将预制好的钢筋混凝土管片运输到盾构尾部，然后用盾构拼装机构（即机械手）逐片进行拼装。

隧道的永久支护多为圆环形（简称为管片），是由若干个弧形拱片组成，如图 12-31 所示。为此，拼装机需具备以下三个动作，即提升管片、沿盾构轴向平行移动和绕盾构轴线回转。相应的拼装机构有起升装置、平移装置和回转装置。

拼装机按支承方式的不同，有两种形式。一种是圆周支承，这种形式适用于较小直径的盾构，可充分利用盾构中心空间；另一种是中心筒式支承，它又分为单臂式和双臂门架式两种，主要用于较大直径的盾构，利用中心筒安装刮板（或皮带）输送机或管道设备。

2) 中心筒式双臂拼装机

如图 12-32 所示为中心筒式双臂拼装机，用于直径为 10m 的盾构。该拼装机由三个部分完成起升、平移和回转的动作。其结构特点是三个主要运动部件（即起升机构、平移机构和回转机构）都采用液压马达驱动。为满足安装管片时被吊装管片的微动要求，在举重钳架上有纵向摆动、轴向摆动及环向摆动机构。这三个动作均以手动蜗杆操纵。

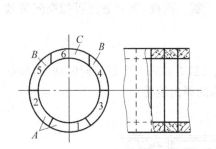

图 12-31　拱片拼装图
1,2,3,4,5,6—拼装顺序；A—标准块；
B—邻接块；C—封顶块

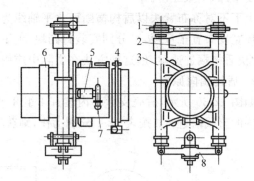

图 12-32　中心筒式双臂拼装机
1—起升驱动和减速装置；2—平衡箱；3—起升柱；4—平移机构；
5—回转机构；6—移动管柱；7—回转液压马达；8—举重钳

拼装机安装在盾构支承环后侧的中心支承架上，用螺栓连接。出渣的输送装置装在中心筒中。

(1) 起升机构。起升机构由液压马达驱动，经蜗轮蜗杆减速后，驱动螺杆转动。与起升臂连接在一起的螺母套在螺杆上，因此，当螺杆旋转（不能轴向移动）时，螺母与起升臂就作轴向升降。采用同步连接轴与四个齿数相同的齿轮来保证左右起升同步。

(2) 平移机构。平移机构如图 12-33 所示,液压马达 1 驱动蜗轮蜗杆,蜗轮轴上的小齿轮 4 驱动大齿圈 5,大齿圈圆周均布有 3 个小齿轮 6,后者的轮轴带有螺纹,螺母 7 与移动管柱 8(见图 12-32 中的件 6)刚性连接。因此,当小齿轮 6 旋转时,螺杆也旋转,螺母 7 带动整个拼装机作轴向移动。

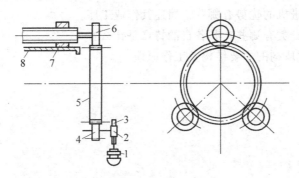

图 12-33　平移机构传动图

1—液压马达;2—蜗轮;3—蜗杆;4—驱动小齿轮;5—齿圈;6—平移小齿轮;7—螺母;8—移动管柱

(3) 回转机构。移动管柱上安装有大齿圈,其周围均布 3 套液压马达、减速装置和驱动小齿轮。回转液压马达经谐波减速器驱动小齿轮,从而带动大齿圈旋转。

7. 盾构施工的导向装置

盾构施工的导向装置的作用是随时指出盾构的顶进方向,使驾驶员能按设计线路控制机器顶进。在掘进中,地层阻力、刀盘切削反作用力及推进千斤顶作用力等的不均,会使盾构偏离既定的中心,这在施工中是不允许的。因此,导向装置是盾构的重要组成部分。

随着科学技术的发展,激光导向技术已开始用于隧道掘进工程中。其原理就是将有良好直线性光束的激光投射到盾构里,使操纵者及时地了解盾构的偏离、偏转情况,并随时纠正顶进方向,保证施工质量,提高施工速度。

8. 出渣装置

盾构掘进的同时需将挖掘下来的土及时地输送出盾构及盾构作业区。无论是哪一种形式的盾构,都必须设置出渣装置。

出渣装置的形式取决于所用盾构的施工方法。一般多用皮带输送机,也有的采用刮板输送机。泥水加压式盾构则只能采用真空管道输送出渣。20 世纪 70 年代以来出现了利用水力管道运输的方法,这种出渣方法便于设备在洞内的布置,且可不干扰其他材料的运输。

习　题

1. 隧道及地下工程施工机械有哪些?
2. 隧道施工中常见的装渣机械有哪些?

3. 隧道施工中的运输机械的分类有哪些？各有什么特点？
4. 试简述凿岩台车的用途及分类。
5. 简述喷锚机械的组成。
6. 简述衬砌模板台车的组成。
7. 全断面隧道掘进机分为哪几类？试述其各自的特点及适用范围。
8. 臂式隧道掘进机的优势有哪些？简述其作业工序。
9. 盾构机械的分类有哪些？其各自的特点是什么？
10. 简述机械化盾构的主要结构及工作原理。

参 考 文 献

[1] 李德武. 隧道[M]. 北京：中国铁道出版社，2004.
[2] 贺少辉，叶锋，项彦勇，等. 地下工程[M]. 修订本. 北京：北京交通大学出版社，2013.
[3] 关宝树，国兆林. 隧道及地下工程[M]. 成都：西南交通大学出版社，2000.
[4] 张庆贺，朱合华，黄宏伟. 地下工程[M]. 上海：同济大学出版社，2005.
[5] 徐辉，李向东. 地下工程[M]. 武汉：武汉理工大学出版社，2009.
[6] 关宝树，杨其新. 地下工程概论[M]. 成都：西南交通大学出版社，2001.
[7] 霍润科. 隧道与地下工程[M]. 北京：中国建筑工业出版社，2011.
[8] 施仲衡，张弥，宋敏华，等. 地下铁道设计与施工[M]. 西安：陕西科学技术出版社，2006.
[9] 仇文革，郑余朝，张俊儒，等. 地下空间利用[M]. 成都：西南交通大学出版社，2011.
[10] 李志业，曾艳华. 地下结构设计原理与方法[M]. 成都：西南交通大学出版社，2003.
[11] 冯卫星. 铁路隧道设计[M]. 成都：西南交通大学出版社，1998.
[12] 王后裕，陈上明，言志信. 地下工程动态设计原理[M]. 北京：化学工业出版社，2008.
[13] 徐干成，白洪才，郑颖人，等. 地下工程支护结构[M]. 北京：中国水利水电出版社，2003.
[14] 潘昌实. 隧道力学数值方法[M]. 北京：中国铁道出版社，1995.
[15] 蔡美峰，何满潮，刘东燕. 岩石力学与工程[M]. 2版. 北京：科学出版社，2013.
[16] 筑龙网. 隧道与地下工程施工技术案例精选[M]. 北京：中国电力出版社，2009.
[17] 黄成光. 公路隧道施工[M]. 北京：人民交通出版社，2001.
[18] 高波. 高速铁路隧道设计[M]. 北京：中国铁道出版社，2010.